U0948999

資治通鑑

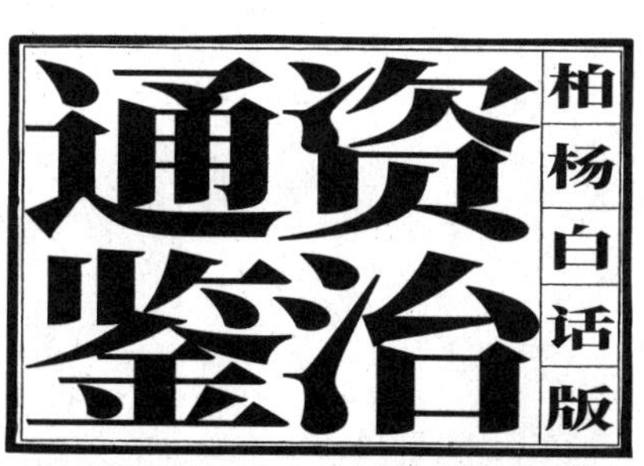

柏杨 著

人民东方出版传媒
東方出版社

第五部

赤壁之战

三国鼎立

寿春三叛

司马夺权

赤壁之战

导读

东汉王朝从一六〇年起，三十年间，中央政府在宦官群跟皇后家族长期斗争之下，已经瘫痪。不过政治功能仍随着堕力运转。然而，到一八九年，宦官消灭，高级将领董卓先生杀一个皇帝，换一个皇帝，中央政府遂成了植物人，虽有气息，已无神智，唯一的政治功能是：当割据军阀争夺地盘厮杀时，都宣称对它忠心耿耿；授人官爵时，成为被“表”的对象。

三世纪〇〇年代之后，二十年间，中国内战更烈，人民更苦，割据的军阀互相攻击，终于爆发两次决定性战役，一是官渡之战，一是赤壁之战。赤壁之战尤其重要，四十万人的尸体和鲜血，奠定天下三分的基础。

赤壁之战结束之时，是三世纪一〇年代结束之时，也是东汉王朝结束之时。但是，却不是战乱结束之时；而且恰恰相反，战乱正在升级。

柏杨　一九八五·一·一五

目录

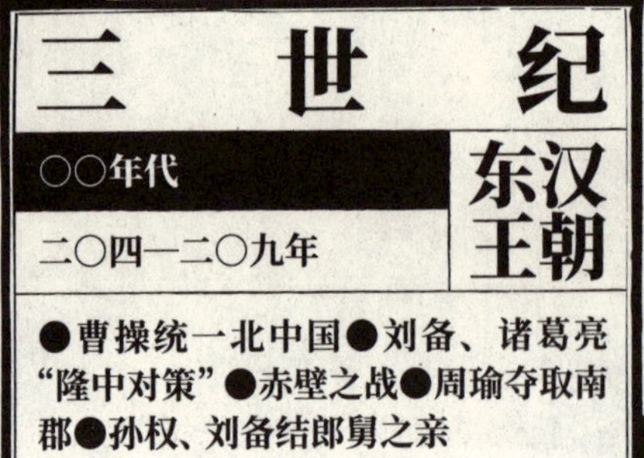

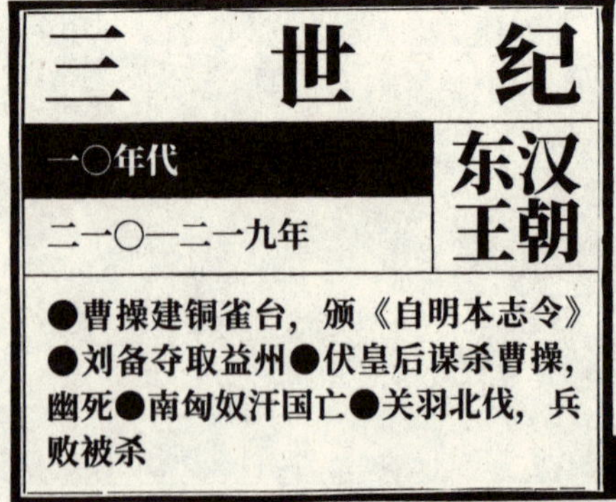

东汉王朝

- 曹操统一北中国。
- 刘备、诸葛亮“隆中对策”。
- 赤壁之战。
- 周瑜夺取南郡。
- 孙权、刘备结郎舅之亲。

- 罗马皇帝塞弗拉的儿子卡勒卡拉谋杀父皇不遂。

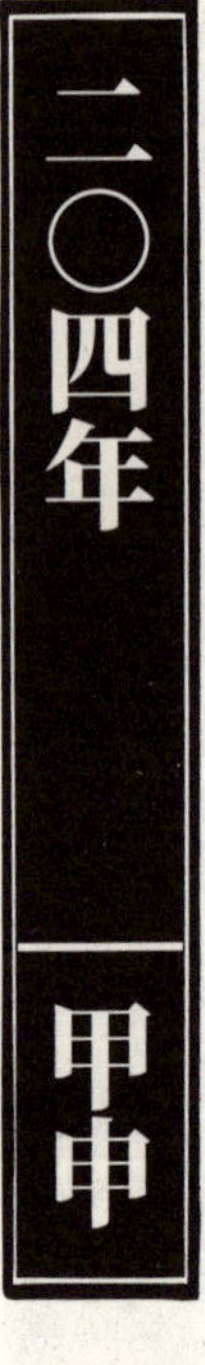

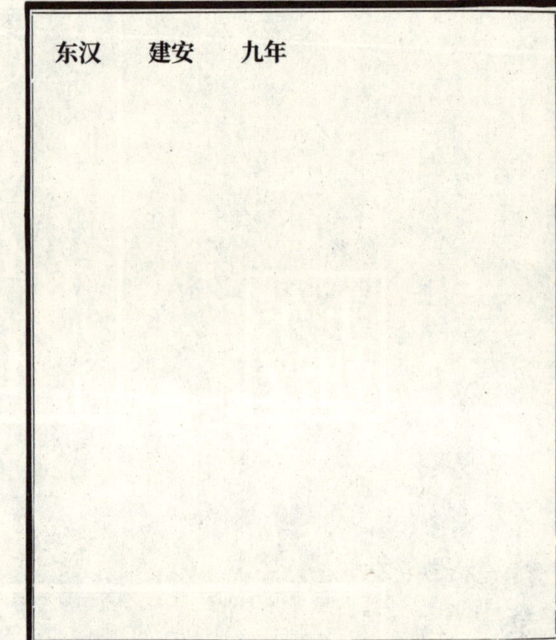

1 春季，正月，东汉王朝（首都许县〔河南省许昌市东〕）最高监察长（司空）曹操，北渡黄河，阻塞淇水，使流入白沟（流经河南省滑县、浚县境），以便运输军粮（淇水流经朝歌〔河南省淇县〕，在入卫河处，曹操用人工挖凿运河，使南通黄河，建立水运系统）。

二月，冀州（河北省中部南部）全权州长（牧）袁尚还不知道亡在眉睫，再向据守平原（山东省平原县）的青州（山东省北部）州长（刺史）袁谭，发动攻击，命部将审配、苏由，留守邺城（冀州州政府所在城，河北省临漳县西南邺城镇)。曹操大军推进到洹水(洹,音huán〔环〕。流经邺城之南),苏由打算作为内应,阴谋泄漏,出奔曹操。曹操遂抵邺城城下,堆筑土山,挖掘地道,发动猛烈攻击。袁尚任命的武安(河北省武安市)县长尹楷,驻军毛城(河北省涉县西北),保护通往上党郡(山西省长子县)的粮道。

夏季,四月,曹操留曹洪继续进攻邺城,亲自率军攻击尹楷,大破尹楷而回;又攻击固守邯郸(赵国首府,河北省邯郸市)的袁尚将领沮鹄(沮授的儿子),遂陷邯郸(击破尹楷,西方并州〔山西省中部〕援军及粮道断绝;攻陷邯郸,北方幽州〔河北省北部〕援军及粮道断绝)。

易阳(河北省邯郸市永年区东南)县长韩范、涉县(河北省涉县)县长梁岐,献出县城归降。偏将军徐晃建议曹操,说:“两个姓袁的还没有消除,所有县份,都侧起耳朵,探听我们如何对待这两个归降人物。对他们应该特别奖赏,作为其他各城的榜样。”曹操接受,封韩范、梁岐关内侯(准侯爵)。黑山变民集团(太行山一带)首领张燕(褚飞燕),派人请求援助,曹操任命张燕当平北将军。

五月,曹操改变急攻战术,铲平土山,填满地道,另行挖掘壕沟,把邺城(河北省临漳县西南邺城镇)围绕一周,长达四十华里。最初挖得很浅,可以涉水而过。审配在城上望见,纵声大笑,没有出兵破坏。然后,曹操一夜之间,挖出一条广二丈、深二丈的河床,把漳河(流经邺城西)的水引导注入。邺城(河北省临漳县西南邺城镇)遂跟外界完全隔绝,一粒粮食都不能入城,城中发生饥馑,人民饿死的超过一半。

秋季,七月,袁尚率大军一万余人,回救邺城(河北省临漳县西南邺城镇),还没有抵达,打算教守城主将审配,知道外界情况,先派主任秘书(主簿)钜鹿郡(河北省宁晋县西南)人李孚入城报告。李孚削制一根指挥棒，挂在马鞍之旁，戴着武官头巾，率领三个骑兵卫士，傍晚时抵达城下，自称司令官，从北方进入曹操大军营区，顺着标志，向东巡查，一路装腔作势，不断呵责围城将士，遇到犯规的，按犯规的轻重，分别处罚，遂通过大营，抵达邺城南方的正南门——章门对面，对负责围门的将士，大发雷霆，把他们捆绑起来。遂即打开营门，奔驰到城下，向城上呼喊。守军垂下绳索，把李孚吊上（胡三省注："不先经过营区，负责围门的将士，一定起疑，不可能接受捆绑；不接受捆绑，营门就不能打开。李孚出发时，已决定从南门而入。"）。审配等看到李孚，悲喜交加，欢声雷动，高呼万岁，围城将士报告曹操，曹操笑说："他不但入城，还要出城！"李孚知道围城军已加强戒备，不能再行冒充。请审配把城中老弱，全部驱逐出城，以节省粮食。乘夜，另选数千人，每人手拿白旗，从南面三个城门——凤阳门、章门（中阳门）、广阳门，分别出城投降。李孚跟三个骑兵卫士，穿上降人的衣服，杂在人群中，乘夜混出，突围而去。

袁尚大军既抵达邺城城下，曹操部下将领，都认为：面对"归师"，人人将殊死作战，不可抵抗，不如避开。（《孙子兵法》："归师勿遏，围师必缺，穷寇勿追。"即：返回基地的军队，不可阻截。包围敌人城池的军队，一定要留个使敌人可以逃亡的缺口。走投无路的敌人，不要紧追不舍。"）曹操说："袁尚如果从大路而来，我们就躲开；如果沿着西山（邺城西方诸山）而来，一举可以使对方覆没。"（胡三省注："从大道来，人怀救本之心，不顾胜败，有必死之志；沿山而来，可以前进，也可以后退，有倚险自保的意愿，没有誓死牺牲的决心。曹操对袁尚如此判断，正是兵法上观察敌人行动的契机。"）而袁尚果然沿着西山南下，抵达城东阳平亭，距邺城（河北省临漳县西南邺城镇）十七华里，紧傍滏水（滏阳河）扎营。夜间，燃起烽火，通知城中守军，城中也燃起烽火呼应。审配率军开北门出城，准备跟袁尚内外夹击，瓦解曹操的包围部队。曹操立即攻击审配，审配不能抵挡，撤退回城。曹操再攻击袁尚，袁尚大败，撤退到漳水转弯处筑营。曹操下令大军包围，包围圈还没有完成，袁尚心胆俱裂，不敢再战，派人晋见曹操，要求投降，曹操拒绝，攻击更为猛烈。袁尚乘夜逃走，据保祁山（河南省安阳市西），曹操再进军包围，袁尚部将马延、张颚等，阵前投降，袁尚兵团霎时瓦解，袁尚逃往中山国（首府卢奴〔河北省定州市〕）。

曹操把袁尚大营中的辎重，全部接收，得到袁尚的印信、符节、斧钺，以及衣服用具（除了符节、斧钺外，还有最高统帅〔大将军〕印信〔一九七年三月任命袁绍当最高统帅〕、邟乡侯印信〔一八九年十二月封袁绍邟乡侯〕，以及头盔一万九千六百二十个，弓、箭、盾、戟，不可胜数），拿着向城中展示，守军士气崩溃。但审配仍作垂死挣扎，号令说："没有关系，我们仍誓死坚守，曹操军队筋疲力尽，幽州（河北省北部）救兵正在中途（指幽州州长〔刺史〕袁熙部队），我们还愁没有主人领导？"曹操出营视察阵地，审配埋伏强弓狙击，几乎射中。

审配的侄儿审荣，当邺城（河北省临漳县西南邺城镇）东门（建春门）防卫官（东门校尉）。

八月二日夜，审荣私开城门，迎接曹操军进城；审配在巷战中被俘。辛评全家原被囚禁监狱，辛毗驰往监狱拯救，早已被审配屠杀，一家老幼全死。曹操部属捆绑审配，押解到大营，辛毗用马鞭抽打他的头，诟骂说："奴才，你今天死定了。"审配看着辛毗说："狗辈，正因为你们这些东西，才使冀州（河北省中部南部）破碎，我恨不得杀了你。而且，你今天有权教我活，教我死呀！"一会工夫，曹操传见，对审配说："前天我视察前线，你的弓箭可真多！"审配说："我还恨少！"曹操说："你效忠袁家，自不得不如此。"有

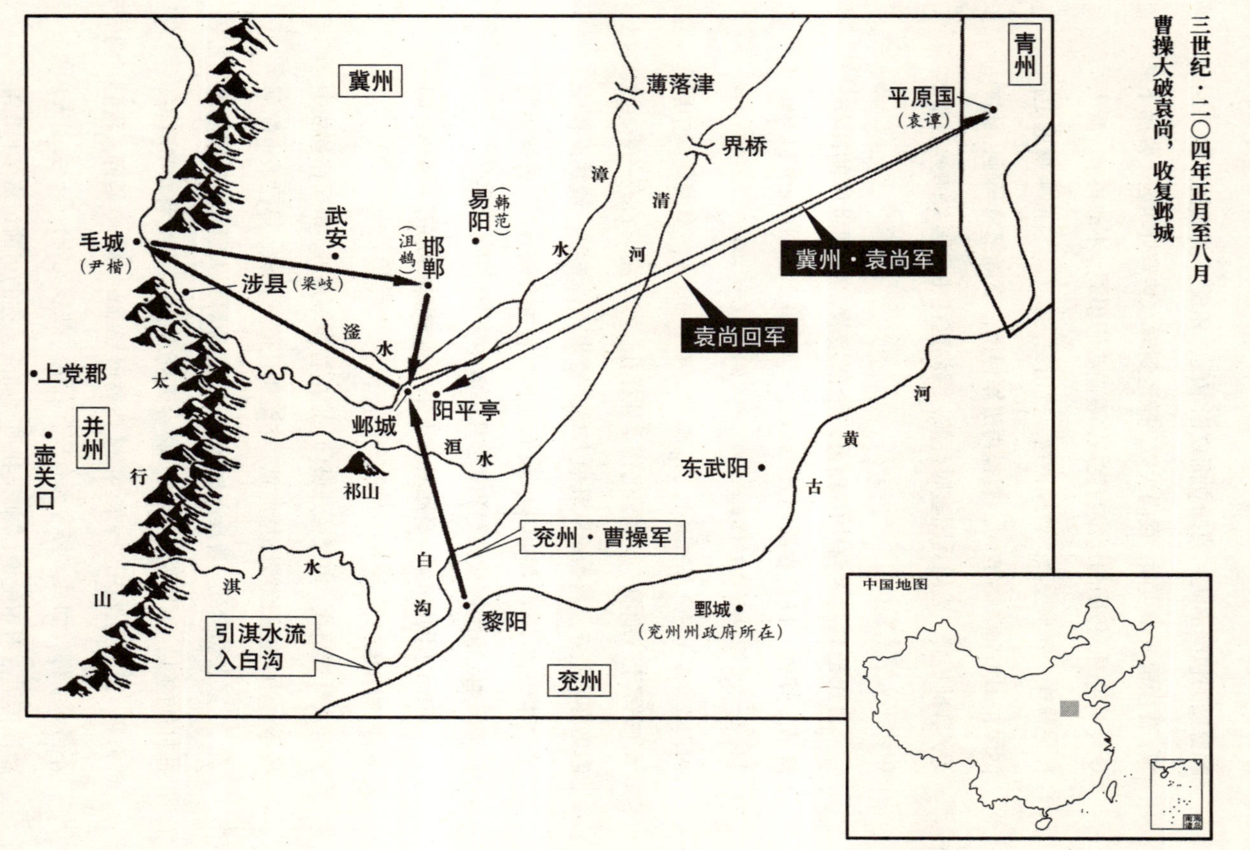

三世纪·二〇四年正月至八月

曹操大破袁尚，收复邺城

意宽恕他。然而审配意气轩昂，始终不说一句屈服的话。辛毗等又在旁哭号，要求报仇，曹操遂诛杀审配。冀州（河北省中部南部）人张子谦早已归降，跟审配素来仇视，对审配笑说："老哥，你比我如何？"审配大叫说："你是降臣，我是忠臣，虽然一死，岂羡你生？"临斩，呵责行刑手，让自己面向北方，说："我的主人（袁尚）就在北方。"

审配斥责辛毗："正因为你们这些东西，才使冀州破碎！"似乎理直气壮；可是，史书记载分明，使冀州破碎的，并不是辛毗，而恰恰是审配那批东西。审配以智囊闻名于世，却向主子袁绍层出不穷的贡献一些最馊的主意，打击唯一可以拯救冀州的沮授，而又违背当时长子继承的宗法制度，排斥袁谭，拥立袁尚，挑拨起严重的夺嫡斗争，使内部先烂。假使不是他阁下如此努力，岂能有以后的发展？他却倒打一耙，希望留下忠贞形象。

审配不过一个私欲如火的小政客而已，屠杀辛姓全家，证明他表面上虽然文质彬彬，内心却是一个暴徒。当然，总比被俘后摇尾乞怜，要高一级，但也不过高一级而已，不能抵销他颠覆冀州，颠覆袁绍家的恶行。

2 曹操亲自前往袁绍墓前祭奠，痛哭流涕，安慰袁绍的妻子，发还袁家的金银财宝，致送绸缎布匹，由政府供应生活费用。

当初，袁绍跟曹操一同起兵攻击董卓（参考一九〇年），袁绍问曹操说："如果大事不成，什么地方可以据守？"曹操说："你的意思如何？"袁绍说："我南靠黄河，北靠燕（河北省北部）代（山西省北部），收容蛮夷兵力，南下夺取政权，岂不是可以成功？”曹操说：“我不在乎土地，而只集结天下英才，正确领导，在什么地方都行。”

九月，东汉帝（十四任献帝）刘协（本年二十四岁）下诏，任命曹操兼冀州（河北省中部南部）全权州长（牧）。曹操遂辞去兖州（山东省西部）全权州长职务。

最初，袁尚命参谋官（从事）安平国（首府信都〔河北省衡水市冀州区〕）人牵招（牵，姓），前去上党郡（山西省长子县）督运军粮，还没有回来，袁尚已逃往中山国（首府卢奴）。牵招劝告并州（山西省中部）州长（刺史）高幹，迎接袁尚，结合二人军力，同守并州（山西省中部），观察变化，高幹拒绝。牵招遂投奔曹操，曹操命牵招仍担任冀州州政府参谋官（从事）。

曹操延聘崔琰当行政官（别驾），对崔琰说：“昨天翻阅户籍，可以征召到三十万人，冀州不愧是个大州。”崔琰回答说：“而今，全国九州（指《禹贡》九州），分崩离析，两位袁家兄弟，互相残杀，冀州人民，骨骸暴露在荒郊野外。没有听到中央政府的王师，慰问民间疾苦，拯救他们跳出火坑，却先计较武装力量，把武装力量摆在第一位，岂是敝州（冀州）人民对你的盼望？”曹操正色道歉。

许攸仗恃他的功劳（指乌巢之役，参考二〇〇年十月），态度傲慢，曾经在大庭广众中，呼喊曹操的乳名说：“阿瞒，如果不是我，你夺不了冀州（河北省中部南部）！”曹操笑说：“当然。”但心里大不高兴。后来，竟诛杀许攸。

3 冬季，十月，东井星旁，出现孛星。

4 高幹献出并州（山西省中部），归降曹操，曹操任命高幹继续担任并州州长（刺史）。

5 最初，曹操包围邺城（河北省临漳县西南邺城镇）时，已经归降曹操的青州（山东省北部）州长（刺史）袁谭，乘机背叛，出动军队夺取甘陵国（首府甘陵〔山东省临清市〕）、安平国（首府信都〔河北省衡水市冀州区〕）、勃海郡（河北省南皮县）、河间国（首府乐成〔河北省献县〕）；并攻击袁尚据守的中山国（首府卢奴〔河北省定州市〕），袁尚不能抵挡，逃往故安（河北省易县东南），投奔幽州（河北省北部）州长（刺史）袁熙。袁谭把袁尚的部队，全部接收，回军驻防龙凑（山东省平原县东）。曹操写信给袁谭，责备他背叛誓言，宣布断绝婚姻关系。等到把袁谭的女儿送回（曹操为儿子曹整娶袁谭的女儿事，参考去年〔二〇三〕十月），然后，大军开始进攻。

十二月，曹操进抵其门（今地不详），袁谭撤出平原（袁谭总部，山东省平原县），退守南皮（勃海郡郡政府所在县），沿清河（流经南皮县西）布防。曹操进入平原（山东省平原县），夺取附近各县。

6 曹操推荐并任命（表）辽东郡（辽宁省辽阳市）郡长公孙度当武威将军，封永宁乡侯。公孙度说："我已当了辽东王，永宁个屁！"（公孙度自称辽东侯、平州〔辽宁省〕全权州长，以独立王国自居。参考一九〇年。）把中央颁发的印信，送到军械库（武库）保管，根本不理。

本年（二〇四），公孙度逝世，儿子公孙康继位，把永宁乡侯的爵位，封给他的弟弟公孙恭。

袁绍曾经任用牵招当乌桓骑兵突击队司令（领乌桓突骑），曹操遂派牵招前往柳城（辽宁省朝阳市东南），安抚乌桓部落。正遇上乌桓峭王动员五千人的骑兵部队，打算南下援助袁谭。公孙康也正好派遣使节韩忠，送给峭王"代理单于"的印信。峭王迟疑不能决定，召集各部酋长会议，并请韩忠入座。峭王问牵招说："从前，袁绍说，奉天子之命，教我当代理单于；而今，曹操却说要奏请天子，教我当真正单于；辽东方面，又派人送来印信，大家都理直气壮，到底谁是真的？"牵招说："从前，袁绍代表天子发布诏书（承制），只因后来违犯天子旨意，由曹操接替；曹操已经说过，当奏请天子，封你当真正单于。辽东不过一个偏远的三等郡县，有什么资格封爵任官？"韩忠说："我们辽东，在沧海（渤海）之东，拥有百万雄兵，又得到夫余王国（大兴安岭东东北平原）和濊貊部落（朝鲜半岛东部）的拥护。现在这个世界，强大的才算数，曹操怎么敢唯我独尊？"牵招大声叱责说："曹操英明盖世，保护天子；对叛逆讨伐，对顺服怀柔，四海之内，一片平静。你们一小撮官兵，顽劣嚣张，仗恃边疆险要，违抗中央，竟打算擅自任官封爵，玩弄天子，依法应该诛杀，怎么敢侮辱中央重要官员（指曹操）？"抓住韩忠的头发，猛撞地面，拔出佩刀，就要砍下。峭王大吃一惊，来不及穿鞋，光脚奔上去，抱住牵招，请求赦免韩忠；左右臣僚都因惊怖过度，面无人色。牵招才回到座位，向峭王分析成败利害，跟福祸是非。大家全都离开座席，跪下接受中央命令。遂遣回辽东使节，下令援助袁谭的五千名骑兵，停止出发。

7 讨虏将军孙权所属的丹阳郡（安徽省宣城市宣州区）军区司令官（丹阳大都督）妫览（妫，姓。音guī〔规〕）、丹阳郡政府主任秘书（郡丞）戴员，刺杀郡长孙翊（孙翊是孙权亲弟。而妫览、戴员，是盛宪的党羽。盛宪当吴郡〔江苏省苏州市〕郡长时，曾荐举妫览、戴员当"孝廉"；后来，盛宪被孙权诛杀，妫览、戴员，逃亡山中躲藏；孙翊既当丹阳郡郡长，礼聘他们担任现职，二人遂乘机替故主盛宪报仇。此缘起于东汉王朝一任帝刘秀，亲眼看到西汉王朝末年知识分子向王莽歌功颂德的无耻，竭力提倡一种不向权贵屈服的“气节”“义行”，其中一项就是向恩主绝对效忠。士大夫对荐举他或聘任他的官员，跟日本武士、欧洲骑士对他们的恩主一样，不但要为恩主冒险犯难，还要为恩主牺牲性命。像臧洪只为了袁绍不救故主张超，竟叛袁绍〔参考一九五年〕；许贡的奴仆门客，竟刺杀孙策〔参考二〇〇年〕；沮授在被曹操俘虏后，仍要逃亡〔参考二〇〇年〕。妫览、戴员之刺杀孙翊，正是一种效忠恩主的“气节”。不过，普通情形是，一旦接受新恩主的礼遇，便不能再有二心）。将军孙河，驻军京城（江苏省镇江市），立即赶到宛陵（丹阳郡郡政府所在县），妫览、戴员，再击斩孙河；派人迎接中央政府（曹操）所任命的扬州（安徽省中部及江南地区）州长（刺史）刘馥（时扬州州政府设合肥〔安徽省合肥市〕，参考二〇〇年十月），请刘馥率军进驻历阳（安徽省和县），丹阳郡（安徽省宣城市宣州区）即可响应（历阳在长江北，丹阳在长江南，一江之隔）。

妫览迁到郡政府居住（直到二十世纪初期，地方政府首长的私宅，都在政府办公处所的后院），发现孙翊的妻子徐女士貌美如花，于是坚持要娶徐女士为妻；徐女士不能拒抗，只好假装应许，说：“丈夫刚死，总不能马上成婚，请等到本月月底，容我祭奠之后，脱下丧服，再由你做主。”妫览同意。徐女士秘密跟孙翊的亲信部将孙高、傅婴等联系，要求帮助，孙高、傅婴感动，流泪承诺，跟孙翊左右侍卫武士二十余人，秘密盟誓，布置妥当。

到了月底，徐女士果然摆下香案，向亡夫哭祭。哭祭已毕，立即脱下丧服，沐浴更衣，换上鲜艳的新娘装束，满面笑容，谈笑风生，喜不自胜。郡政府文武官员看到这项变化，悲伤感怀，深为惊愕。妫览派人秘密刺探，发现徐女士确是真心改嫁，遂不再起疑，放松戒备。而这时，徐女士已把孙高、傅婴秘密藏在卧室，然后派人请妫览入房。妫览兴高采烈的前往，徐女士出来拜见，刚刚拜下去，忽然大喊：“二位将军，现在可以动手！”孙高、傅婴一跃而出，当场格杀妫览；其他卫士，就在外庭格杀戴员。徐女士脱下艳装，再换丧服；砍下妫览、戴员人头，拿到孙翊坟上祭奠。消息传出，全军震骇。

孙权在椒丘（江西省南昌市新建区东北）得到变乱报告，立即回军，抵达丹阳（安徽省宣城市宣州区），把妫览、戴员余党，全部诛杀。擢升孙高、傅婴当营门官（牙门将）。其他有功官员，依照等级，分别赏赐。

孙河的儿子孙韶，年仅十七岁，招收老爹孙河的旧部，据守京城（江苏省镇江市）。孙权率军返吴郡（江苏省苏州市），经过京城时，已经入夜，为了试探孙韶的能力和胆量，下令作假的攻击，一霎时战鼓擂动，齐声呐喊。孙韶部队立即登城，传递号令，戒备森严，呼声震动天地，并作防御性的射击。孙权派人说明身份，城上才停止行动。天明之后，召见孙韶，任命他当承烈指挥官（承烈校尉），统率老爹孙河的部众。

1 春季，正月，东汉王朝（首都许县〔河南省许昌市东〕）最高监察长（司空）曹操，攻击青州（山东省北部）州长（刺史）袁谭的根据地南皮（勃海郡郡政府所在县，河北省南皮县）。袁谭作殊死战，曹操军伤亡惨重，打算稍向后撤，减缓攻势。参议官（议郎）曹纯（曹仁的老弟）说："我们孤军深入，难以维持太久，如果不能立即克敌，一旦后退，士气便会丧失。"曹操遂亲自擂动战鼓，作猛烈进攻，南皮城破，袁谭逃走，曹操军追赶，击斩袁谭。

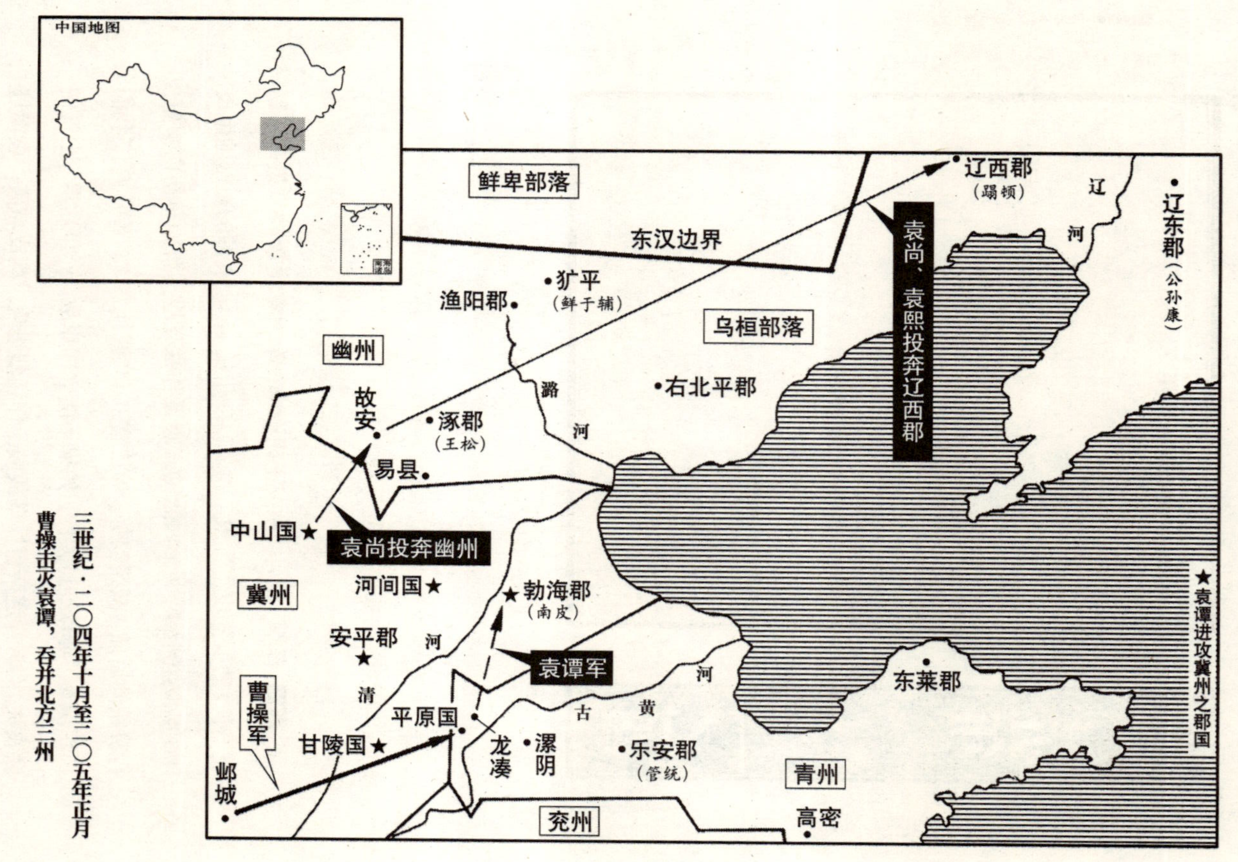

三世纪·二〇四年十月至二〇五年正月

曹操击灭袁谭，吞并北方三州

李孚自称冀州（河北省中部南部）州政府主任秘书（主簿），晋见曹操，建议说："而今，南皮城内，强杀弱、弱抗强，人心惶惶不安。应该任命一位新近归附，而又被旧政权下人民所信服的人士，负责沟通。"曹操即派李孚担任这项任务。李孚进城，宣布中央政策，使人民继续他们的正常生活，不准互相侵犯，社会秩序逐渐恢复。曹操诛杀郭图等跟他们的妻子。（胡三省注："郭图、审配，各自攀附，挑拨袁谭、袁尚相斗，引起战争，替曹操清除长驱直入的路上障碍。袁谭、袁尚既然两败俱伤，郭图、审配也被诛杀，祸福报应，历历不爽。"）

袁谭曾经派王修前往乐安（山东省高青县东南）督运粮秣，走到中途，听说南皮（河北省南皮县）紧急，率领部队折回增援，刚抵达高密（山东省高密市），接到袁谭被杀消息，下马大哭说："恩主已死，我往哪里去？"晋见曹操，请求收葬袁谭尸体，曹操批准，仍派王修前往乐安（山东省高青县东南）督运粮秣。袁谭所属各城，全都归降，只乐安（山东省高青县东南）郡长管统仍然坚守。曹操命王修击斩管统，砍下人头。王修认为管统是一个忠臣，在擒获管统后，解开他身上捆绑的绳索，命他前往晋见曹操。曹操大为欢欣，赦免管统，并任命王修当最高监察署秘书（司空掾）。

智囊郭嘉建议曹操，应大量延聘青州（山东省北部）、冀州（河北省中部南部）、幽州（河北省北部）、并州（山西省中部）知名之士当政府官员，收揽人心。曹操采纳。

官渡（河南省中牟县东北）之战时（参考二〇〇年），袁绍命他的秘书陈琳，撰写讨伐曹操文告；陈琳下笔，文情并茂，细数曹操罪恶，暴露曹操家世，极尽诋毁丑化的能事。（该项文告说："最高监察长〔司空〕曹操的祖父曹腾，本是一个寝殿侍奉宦官〔中常侍〕，跟恶名昭彰的左悺、徐璜，同属一代妖孽，蛮横凶暴；做出伤风败俗之事，虐待人民。曹操的老爹曹嵩，本是一个乞丐，被曹家豢养，用他贪赃枉法得来的钱，买官买爵，爬到高位，把金银财宝装到车辆上，运到权贵之家；窃取政府权力，企图颠覆政府。而曹操本人，是邪恶的、阉割过的宦官所遗留下来的丑类，既没有人品，更没有道德，狡猾骄悍，假冒侠义，喜爱混乱，乐于看到灾难。”）等到袁绍失败，陈琳归降曹操，曹操问他：“你当初替袁绍撰写文告，只可以攻击我本人，为什么攻击到我的祖先？”陈琳承认有罪，请求宽恕，曹操不再追究（陈琳的回答是：“箭在弦上，不得不发！”曹操大笑），任命陈琳跟陈留郡（河南省开封市东南陈留镇）人阮瑀，同时担任最高监察署文书官（记室）。

很多人每当被事实或理性逼迫得无法反驳的时候，很少有勇气承认自己的错误，反而抛弃主题，对主题之外的东西，诸如道德、私生活等，横加诬蔑，然后证明对方所持的事实不是事实，所持的真理不是真理。

这是惯用的“斗臭”手段，一千五百年前，曹操便谴责这种行为说：“你只可以攻击我本人，为什么攻击到我的祖先？”千余年来，大家习惯于这种斗臭手段，动不动就倾盆而出。当张三先生坚持黑是黑、白是白时，李四先生只要“揭发”他曾经在日本留过学，一脑筋反动的万世一系帝王思想，就足够打倒张三，而另行建立黑是白、白是黑的进步理论。

这跟丧失思考能力和鉴赏能力有关。假如每个人都能紧握主题不放，斗臭手段得不到市场，甚至反而有恶劣的回报时，自会绝迹。否则的话，我们就会一直被情绪控制，迷失在泥沼之中，围绕着事实旋转，永远远离事实。

2 之前，渔阳郡（北京市密云区）人王松，据守涿郡（河北省涿州市)，涿郡人刘放说服王松献出涿郡，归降曹操，曹操延聘刘放当最高监察署军事参议官(参司空军事)。

3 幽州(河北省北部)州长(刺史)袁熙，受到所属部将焦触、张南的攻击，跟投奔他的老弟袁尚，一同逃往辽西郡(辽宁省义县西)乌桓部落酋长蹋顿处。

焦触自称幽州州长(刺史)，胁迫所属各郡郡长、各县县长，一同背叛袁熙，归降曹操。焦触集合武装部队数万人，杀白马盟誓，下令说："如有人违抗，一律诛杀。"大家恐惧，不敢抬头，遂依顺序，用马血涂抹嘴唇。州政府行政官(别驾)代郡(河北省蔚县)人韩珩(音héng〔衡〕)说："我受袁家父子的厚恩，而今袁家破亡，我的智慧不能拯救，勇气不能死节，在大义上已经欠缺，如果再见风转舵，事奉曹操，绝不屈服。"所有在座的人，都面无人色。焦触说："发动大事，应建立大义。成功失败，不决定于一个人的意志。应该成全韩珩的志愿，勉励忠贞之士。"让韩珩自由离开。

焦触等归降曹操后，都封侯爵。

4 夏季，四月，黑山变民(太行山一带)首领张燕(褚飞燕)，率领他的部众十余万人，归降曹操。中央政府封张燕当安国亭侯(去年〔二〇四〕四月，已任命张燕当平北将军)。

5 故安(河北省易县东南)人赵犊、霍奴等，斩杀幽州(河北省北部)州长(刺史)跟涿郡(河北省涿州市)郡长(《资治通鉴》没有记载姓名，但此时幽州州长〔刺史〕应是焦触，涿郡郡长应是王松)。三郡境内的乌桓部落(上谷郡酋长难楼、辽东郡酋长苏仆延、右北平郡酋长乌延。参考一九九年春季)，攻击北疆右翼边防司令（右度辽将军）鲜于辅（参考二〇〇年）据守的犷平（北京市密云区东北）。

秋季，八月，曹操讨伐赵犊等，斩赵犊。渡潞水增援犷平，三郡乌桓部众解围，撤退出塞。

6 冬季，十月，并州（山西省中部）州长（刺史）高幹（时在并州州政府所在地晋阳〔山西省太原市〕），得到曹操讨伐三郡乌桓部落消息，遂背叛曹操，生擒上党郡（山西省长子县）郡长，进军扼守壶关口（山西省长治市东）。曹操命部将乐进、李典进击。

河内郡（河南省武陟县）变民首领张晟，有部众一万余人，在崤山（河南省三门峡市东南）、渑池（河南省渑池县西）之间，抢夺劫掠。弘农郡（河南省灵宝市东北）变民首领张琰，聚众起兵，跟张晟互相呼应。

河东郡（山西省夏县）郡长王邑，被调回中央；郡政府秘书官（郡掾）卫固，跟皇家警卫指挥官（中郎将）范先等，晋见京畿总卫戍司令（司隶校尉）钟繇，要求挽留王邑，钟繇拒绝。卫固等表面上是请求挽留王邑，实际上却跟高幹秘密通谋。曹操得到情报后，征求智囊荀彧的意见："关西（函谷关以西）将领们，表面归附，内心怀二志。张晟在崤山、渑池之间，发动游击战，向南跟荆州（湖北省及湖南省）州长刘表（时在襄阳〔湖北省襄阳市〕）勾结。卫固乘着这个机会，可能给我们造成重大伤害。今天的局势，河东郡（山西省夏县）是天下要冲之地，你替我物色一位贤能的人才，前去镇守。"荀彧说："西平郡（青海省西宁市）郡长、京兆（陕西省西安市）人杜畿，勇气足以担当灾难，智谋足以应付变局。"曹操遂调任杜畿当河东郡（山西省夏县）郡长。钟繇催促王邑移交，王邑带着郡长印信，直接从河北县（山西省芮城县），前往首都许县（河南省许昌市东）缴纳。卫固等派出数千人部队，切断陕津渡口（山西省平陆县西南太阳渡。对岸就是河南省三门峡市）。杜畿到达黄河南岸，数月之久，不能渡河。曹操派部将夏侯惇，讨伐卫固等，大军尚在中途，杜畿说：“河东郡有三万户人家，并不是全体叛乱，如果用大军相逼，紧张形势已成，虽然想全心向善，却无人领导，必然因过度恐惧，而听从卫固，卫固等势力反而转趋强大。讨伐他如果不能获胜，灾难不能结束；讨伐他如果获胜，一郡人民都受到创伤。而且，卫固并没有跟中央公开翻脸，虽然动员大军，外表上是要求旧长官留任。这种情形下，必不会谋杀新长官。我当出他们意料之外，仅乘一辆马车，直接前往郡政府上任。卫固这个人，谋略多而缺乏果断，一定先行假装接纳。只要给我一个月的时间，用计策稳住他，就足够了！”遂绕道从西方另一渡口——郖津（陕津渡口西方航空距离二十二公里。郖，音dòu〔豆〕）渡过黄河。

皇家警卫指挥官（中郎将）范先，态度强烈，打算斩杀杜畿，用以裹挟部众，但最后决定：用压迫使杜畿自动离开。于是，就在郡政府大门，诛杀秘书官（主簿）以下三十余人。杜畿谈笑举止，一如平常。卫固说：“杀了杜畿没有益处，只会招来恶名，而且他已在我们控制之下。”准许杜畿就任郡长。杜畿对卫固、范先说：“卫家、范家，是河东郡（山西省夏县）两大望族，我是一个外地人，所以只是批准你们的决定而已。然而，长官部属之间，存有大义，有福同享，有祸同担，遇到大事，应共同磋商。”任命卫固当郡政府军司令（都督）、代理主任秘书职务（行丞事），兼人事官（功曹）。而武装部队三千余人，全归范先统御。卫固等大为欢喜，表面上遂尊奉杜畿，但是却不把他放到心上。卫固打算扩大征兵，杜畿至为忧虑，对卫固说：“如果征兵的范围扩大，人民必定惊恐骚动，不如改用募兵，使实力逐渐增强。”卫固认为有理，接纳这项建议，而募集到的士兵很少。杜畿又劝卫固，说：“顾念家庭，人之常情，将领们和文职官员，不妨轮流休假，紧急时征召，并不困难。”卫固不愿因拒绝这项建议而招致大众怨恨，又完全接纳。于是，善良的人在外边，暗中相助；邪恶的人分散，各自回到各自的家。

不久，白骑变民集团（自黄巾民变以来，有张白骑之辈，在丛山中纷纷起兵〔参考一八五年二月〕。史书对这群变民的记载，十分简略）攻击东垣（山西省垣曲县）；并州（山西省中部）州长（刺史）高幹，进驻濩泽（山西省阳城县西）。杜畿知道有若干县城归附自己，于是，挺身而出，单独率数十名骑兵，登城固守。若干县城官民纷纷响应，只不过数十日，已集结到四千余人。卫固等遂公开跟高幹、张晟联合，共同向杜畿进攻，不能攻克；转向附近各县抢夺粮秣，又毫无所得。

曹操派参议官（议郎）张既，征调关中（陕西省中部）驻屯将领、安狄将军马腾等，会师攻击张晟等，大破张晟等联军，斩卫固、张琰等重要首领，赦免余党。

杜畿治理河东郡（山西省夏县），一切宽大。对人民诉讼案件，不动用法律，而只给他们分析大义事理，教他们回家思过；父老们都自相责备，不敢告状。杜畿劝勉人民耕田种桑，鼓励他们饲养家畜和郊野放牧，遂家家富足。然后，兴办学校，褒扬孝顺父母、友爱兄弟的人，修筑防御工事，加强战斗训练，河东郡遂保平安。杜畿在河东郡十六年，政绩常居全国第一。（杜畿的儿子是杜恕，杜恕的儿子是杜预。胡三省注，认为：“杜姓家族，在曹魏帝国及晋王朝时代，数世都做高官，必然有家族传记〔如墓志铭、家传之类〕，史书照抄，未免言过其实。”）

7 皇家图书馆长（秘书监）、宫廷随从（侍中）荀悦（“秘书监”于一五八年，十一任桓帝刘志时设立，最初不过管理图书，校勘正误，年俸六百石，以后地位逐渐重要），作《申鉴》五篇，奏报皇帝刘协。荀悦，是荀爽（荀淑的儿子）的侄儿。当时，中央权柄握在最高监察长（司空）曹操之手，皇帝不过恭恭敬敬的坐在那里而已。荀悦希望有积极作为，可是他的见解无法实现，只好著书立说。大概的意思是：

“治理天下的主要方法，在于先行消灭‘四患’，然后推行‘五政’。虚伪败坏风俗；私心败坏法治；行为放荡，败坏正常秩序；肆无忌惮，败坏制度。这四种现象如果不除，政令根本无法推行，谓之‘四患’。振兴农业照顾人民生活，分辨善恶挽救人心堕落，推广教育提高文化水平，建立武力支持中央威信，公平赏罚维持法律尊严，谓之‘五政’。

“人民如果不怕死，就不怕犯法有罪；人民如果不觉得生活快乐，就不会去做善事。所以，在高位的人，应该先使人民富庶，使他们安居，这就是照顾人民生活，用善恶作为标准，来定功罪；对于毁谤或赞誉，一定要确切查明，取得真凭实据，不只听他的言论，更要考察他的行为；不被他的名声所困扰，还要仔细查看他工作的成绩和效果；如此或许可以消除虚伪，免得大家效法；世上没有奸诈，民间没有淫乱，这就是挽救人心堕落。荣耀和羞辱，是赏罚的理论根据；依照礼教的规定，荣耀的赞扬或羞辱的斥责，只能加到‘君子’身上，希望改正他的内心；锁枷鞭打，则专门对付‘小人’，希望改正他的行为；如果不推广教育，中等阶层人士将堕落成‘小人’；如果推广教育，中等阶层人士将跃升成‘君子’；这就是提高文化水平。既然身居高位，则必须拥有武力，才能防备不可预测的变化，平时用来安抚内部，战时则是效命疆场的劲旅，这就是支持中央威信。赏或罚，是政治上重要权柄，君王绝不随便赏赐，并不是爱财，盖随意赏赐，便无法用来鼓励善用；君王也绝不随意惩罚，并不是怜恤那个人，而是随意惩罚，便无法遏阻犯罪。不应该赏赐而赏赐，是遏阻善行；应该惩罚而不惩罚，是鼓励罪恶；在高位的如果不遏阻下面的人的善行，不鼓励罪恶，则国法确立，这就是维护法律的尊严。

"'四患'消除，'五政'建立，诚心诚意执行，坚定立场，宁可简略，不可倦怠；宁可疏漏，不可放弃大节。如此，轻而易举的，就能获致太平。"

柏杨曰

荀悦是儒家学派重要的思想家之一，司马光对他尊崇备至。从这篇《申鉴》中，可看出儒家学派政治主张的精髓：一是阶级森严的定位，最高层的是"君子"，最低层的是"小人"。教育只能改变中间阶层人士，中间阶层人士接受教育后，可以跃升成"君子"；不接受教育时，则堕落成"小人"。至于"君子"是否还会堕落、堕落成为"小人"，以及"小人"是否会上升成为"君子"，没有说明。不过，很明显的，荀悦的论点："君子""小人"，永恒不变。

另一是，人民奴隶性的定位。荀悦强调：君王不可随意惩罚，并不是出于人权，而是不利于统治，意思至为明确：如果有利于统治，就可以随意惩罚。全部思想体系中，没有看到人的尊严，"仁政"并不是把人当人，而是把人当作工具。如何爱护工具和爱护人——把人当人，意义完全不同。

儒家政治主张的最高指导原则，只看到君王的统御价值，没有看到人民的人格价值。

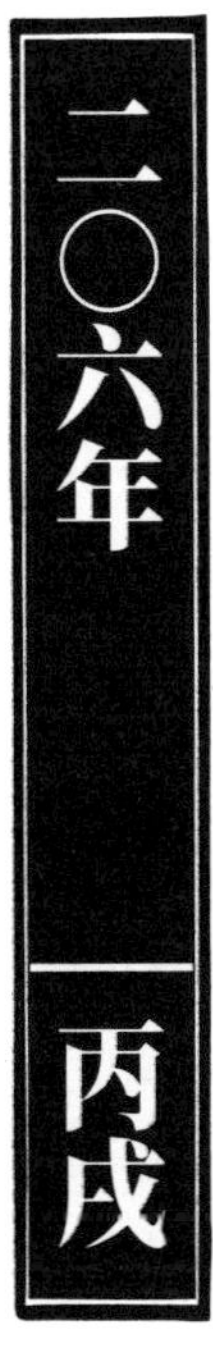

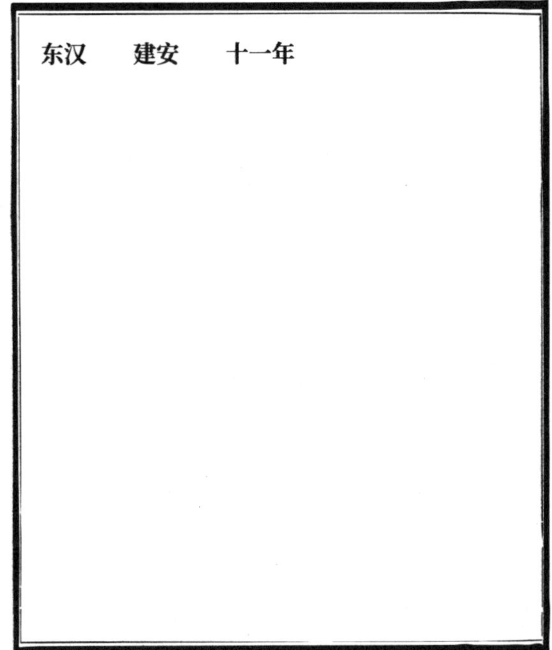

1 春季，正月，北斗星旁，出现孛星（北斗星，也称北斗七星，北方天际排列斗勺形状的七颗亮星，是大熊星座的一部分星群。七颗星名：天枢星、天璇星、天玑星、天权星、玉衡星、开阳星、摇光星）。

2 东汉王朝（首都许县〔河南省许昌市东〕）最高监察长（司空）曹操，率军亲征并州（山西省中部）州长（刺史）高幹，命世子（法定继承人）曹丕留守邺城（冀州州政府所在县，河北省临漳县西南邺城镇），派行政官（别驾从事）

崔琰，担任辅佐。

曹操大军包围壶关（山西省长治市北）。

三月，壶关投降，高幹亲自前往南匈奴汗国王庭（平阳，山西省临汾市）求救，单于（四十二任）挛鞮呼厨泉拒绝出兵。高幹单枪匹马，率几个骑兵卫士，向南逃亡，打算投奔荆州（湖北省及湖南省）全权州长（牧）刘表（时荆州州政府设襄阳〔湖北省襄阳市〕），中途经过上洛（陕西省商洛市），被民兵司令（都尉）王琰捕获，斩首。并州（山西省中部）全部平定。

曹操命陈郡（河南省周口市淮阳区）人梁习，以地方团队军政官（别部司马）身份，代理并州（山西省中部）州长（刺史）。这时，大乱之后，胡人、狄人等，声势盛大；官民背叛或逃亡时，都投奔他们，取得保护。各地民间领袖和英雄豪杰，每人都拥有武装部队，抵抗盗匪劫掠。梁习到职后，好言善语，征召他们归附，用尊贵的礼节延聘首脑人物，对有些人也保荐他们担任官员，到州政府任职。等到首脑人物都离开乡土，然后，梁习下令征兵，强迫青年充当志愿军。因为曹操大军不断出征，梁习就把这些志愿军，送给各将领作为战斗部队。等到首脑人物失去群众基础，再把他们的家属，陆陆续续送到邺城（河北省临漳县西南邺城镇），约有数万人之多。对于拒抗命令的，梁习出军讨伐，杀一千余人，归降的有一万余人。南匈奴汗国（王庭设平阳）单于（四十二任）挛鞮呼厨泉，态度恭顺，各部落王爷，都向梁习低头，负担捐税差役，跟汉人一样。边境完全肃清，盗贼绝迹，农夫遍布田野。梁习鼓励农业和养蚕纺织，严格执行法令，无论推动一件事或禁止一件事，都能贯彻。父老们一致称赞，认为自从有记忆以来，没有一个州长（刺史），能跟梁习相比。梁习遂遴选流亡并州（山西省中部）的外州知识分子，向中央保荐，诸如河内郡（河南省武陟县）人常林、杨俊、王象、荀纬，跟太原郡（山西省太原市）人

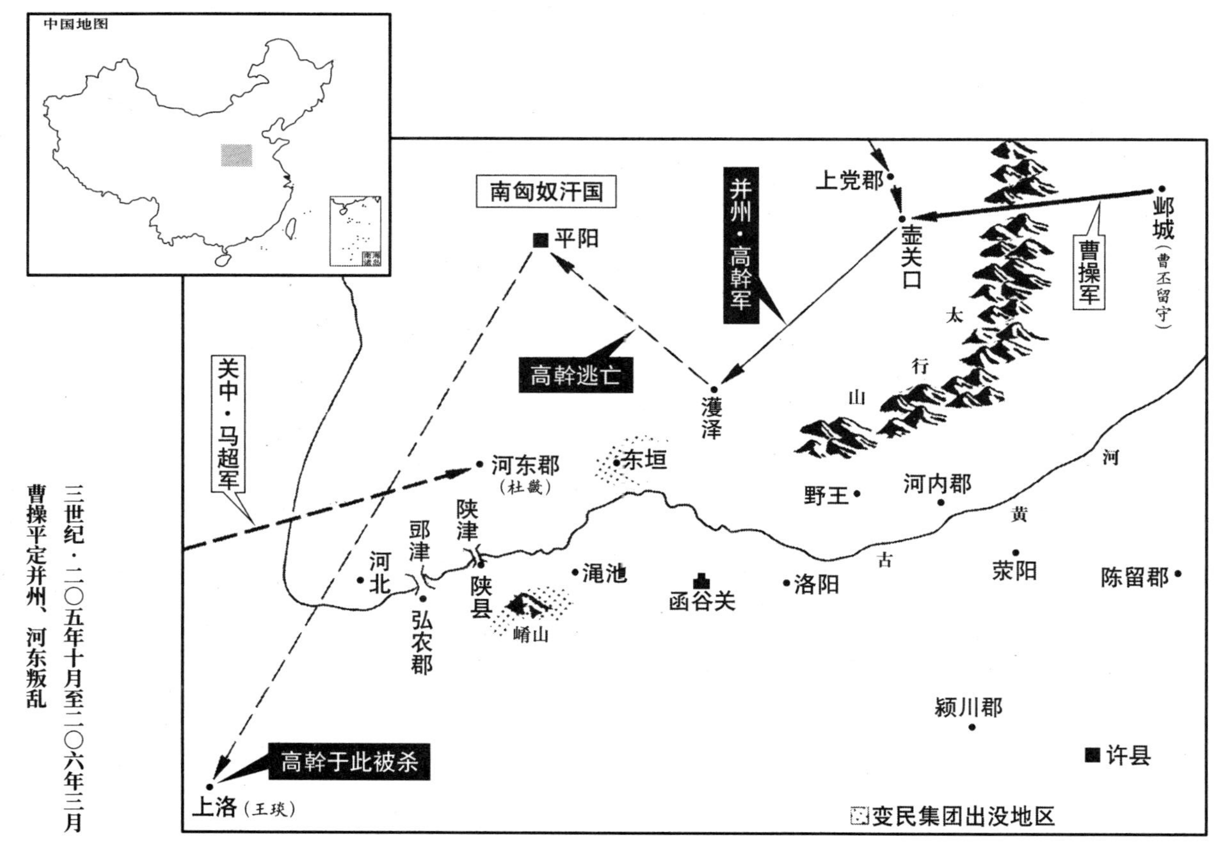

三世纪・二〇五年十月至二〇六年三月
曹操平定并州、河东叛乱

王凌等；曹操任命他们全都担任县长，以后均闻名于世。

3 最初，山阳郡（山东省巨野县东南大谢集镇）人仲长统（仲长，复姓），游学到并州（山西省中部），拜访州长（刺史）高幹，高幹待他十分优厚，征求他对时局的意见。仲长统对高幹说："你有英雄志向，却没有英雄才干；喜爱贤能人士，却不知道谁是贤能人士，你应该在这上面检讨。"高幹自以为能力高人一等，对仲长统的直言陈词，认为是一种冒犯，大不高兴；仲长统遂告辞他往。高幹既死，宫廷秘书长（尚书令）荀彧，保荐仲长统当宫廷秘书署助理（尚书郎）。仲长统有《昌言》一文，分析国家的治乱安危，大略说：

"当天下大乱，英雄崛起之时，上天并没有注定谁要成功；既没有注定谁要成功，大家才战斗不止。最后，仗恃智谋的，智谋穷尽；仗恃力量的，力量枯竭。形势既不允许继续维持现状，又不允许继续较量长短。于是，抓住头发，套住脖子，完全被我置于控制之下。等到第二代的继承人登上宝座，英雄已没有崛起的念头，士大夫和小民养成惯性，富贵只限于几个固定的家族，君王集威严于一身。

"在那个时候，坐在宝座上的即令是个白痴蠢才，也能使他的浩荡皇恩，充满天地，使他的威严，比拟鬼神。即令有数千个姬昌（周王朝一任王姬发的老爹）、孔丘之类的圣人，也无法用他们的'圣'；即令有数万个孟贲、夏育之类的勇士，也无法奋他们的'勇'。

"继承宝座的白痴蠢才君王，发现天下没有一个人敢违背他的旨意，自以为他的政权，跟天地一样，坚不可破，牢不可亡。私心遂没有节制，邪恶更发展到极致。君王和臣僚，同时为所欲为，上下一齐作恶，政治遂终于荒怠，人才终于摒弃，所亲信的重要干部，不过一群会巴结奉承他的马屁精。受到宠爱，或受到擢升的高级官员，全是皇后妃嫔的家属。

“于是，这个腐败的国家领导中心，把天下所有的脂油，全都熬光；敲尽人民的骨骼，吸取骨髓，人民身受怨毒，得不到保护，灾祸战乱，同时并发。四海一片沸腾，四方蛮夷纷纷背叛，向中国侵略，势如土崩瓦解，政权在一夕之间倾覆。从前被我养育哺育的小民，而今全成了要喝我鲜血的仇敌。眼睁睁看着大势已去，仍不觉悟，岂不是富贵之家必然产生的麻木不仁？过度溺爱必然产生的愚昧顽劣？生存和灭亡，互相交替，治理和战乱，互相循环，是天地运行的最高法则。”

4 秋季，七月，武威郡（甘肃省武威市）郡长张猛，击杀雍州（甘肃省中西部）州长（刺史）邯郸商，州政府讨伐，诛杀张猛。张猛，是张奂的儿子（张奂曾反对用高压政策对待西羌，参考一六八年）。

5 八月，曹操率军向东讨伐海盗管承，进抵淳于（山东省安丘市东北），派部将乐进、李典，击破海盗部众，管承逃往海岛。

6 昌豨再度叛变（昌豨归降曹操事，参考二〇一年），曹操命平虏指挥官（平虏校尉）于禁讨伐，斩昌豨。

7 本年（二〇六），东汉帝（十四任献帝）刘协（本年二十六岁）封故琅邪王（首府开阳〔山东省临沂市〕）刘容的儿子刘熙，继承琅邪王（刘容，是一任帝刘秀子刘京〔孝王〕五世孙。一九〇年，董卓强行迁都长安，刘容派老弟刘邈前往长安朝贡，当时曹操是东郡〔河南省濮阳市西南〕郡长，刘邈晋见皇帝刘协，极力称赞曹操忠诚，曹操对刘容心怀感激。稍后，刘容逝世，因没有嫡长子，封国撤除。本年，曹操回报。齐国（首府临淄〔山东省淄博市东临淄区〕）、北海国（首府剧县〔山东省昌乐县西〕）、阜陵国（首府阜陵〔安徽省全椒县东南〕）、下邳国（首府下邳〔江苏省睢宁县北古邳镇〕）、常山国（首府元氏〔河北省元氏县〕）、甘陵国（首府甘陵〔山东省临清市〕）、济阴国（济阴此时是郡，应是济北国，首府卢县〔山东省济南市长清区〕）、平原国（首府平原〔山东省平原县〕）等八个封国，全部撤除（曹操开始削弱刘姓皇家势力）。

8 先前，乌桓部落（河北省北部）乘着天下大乱，裹挟汉人十余万户。冀州（河北省中部南部）全权州长（牧）袁绍用皇帝名义（承制）把他们的酋长，都封“单于”，物色一些良家妇女，当作自己的女儿，嫁给他们。辽西郡（辽宁省义县西）乌桓酋长蹋顿，尤其强大，袁绍待他也最优厚（以上皆参考一九九年）。所以，袁尚、袁熙兄弟，投奔蹋顿（参考去年〔二〇五〕）。蹋顿不断侵入边塞掳掠，打算帮助袁尚恢复故有疆土。

曹操准备攻击，下令挖掘平虏渠、泉州渠，以运输粮秣（平虏渠南起今河北省青县，北至天津市静海区，贯通古滹沱河及易水。泉州渠南起天津市区，北至天津市宝坻区，贯通古清河跟鲍丘河〔潮白河〕。两条人工运河皆是自南而北，把各注入渤海湾而互不隶属的水系，连贯起来）。

9 讨虏将军孙权（根据地在吴县〔江苏省苏州市〕）攻击山贼盘踞的麻屯、保屯（今地皆不详），完全平定。

三世纪·二〇六年 东汉王朝末期封国分布

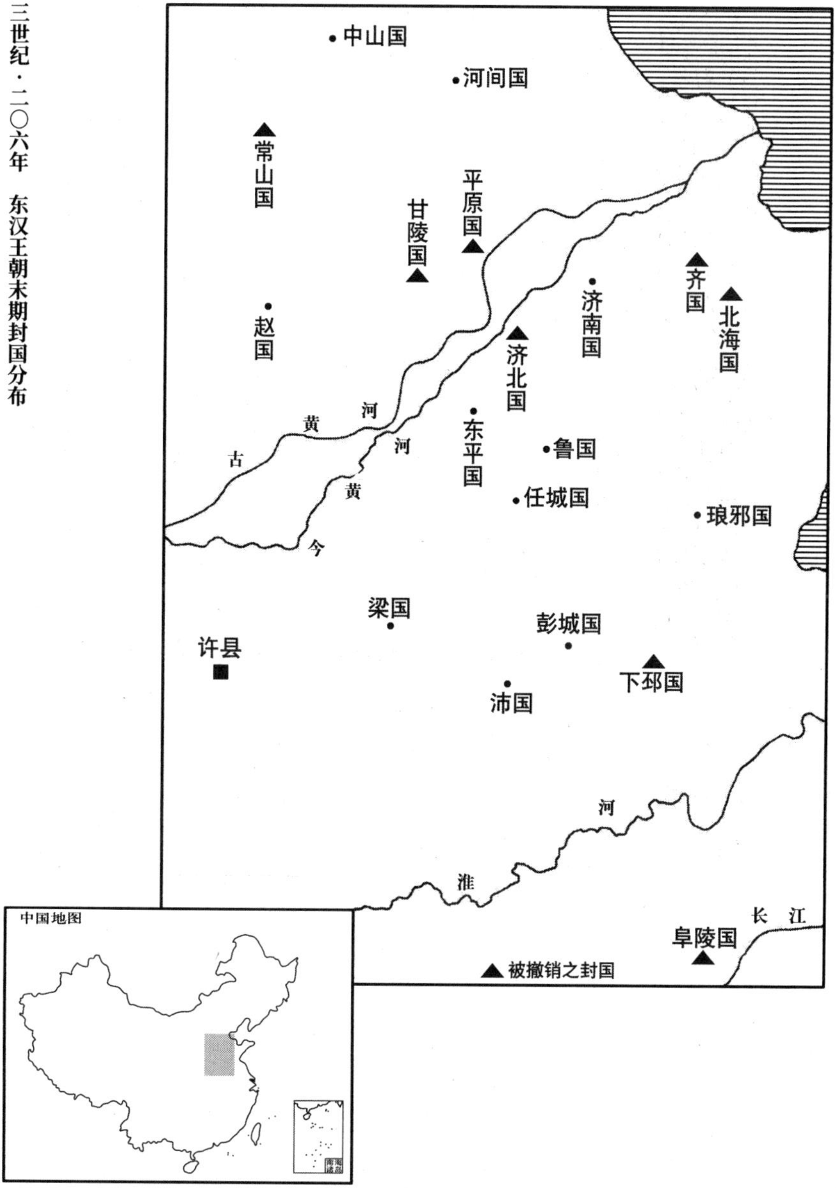

中山国
河间国
常山国
平原国
甘陵国
赵国
济南国
齐国
北海国
济北国
东平国
鲁国
任城国
琅邪国
古黄河
今黄河
梁国
彭城国
许县
下邳国
沛国
淮河
长江
阜陵国
▲被撤销之封国
中国地图
南海诸岛

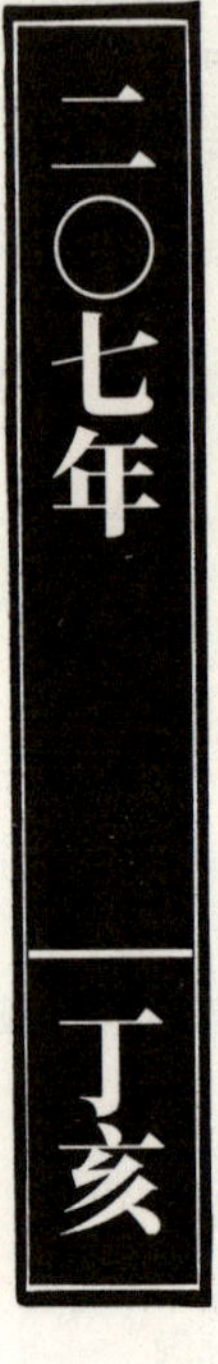

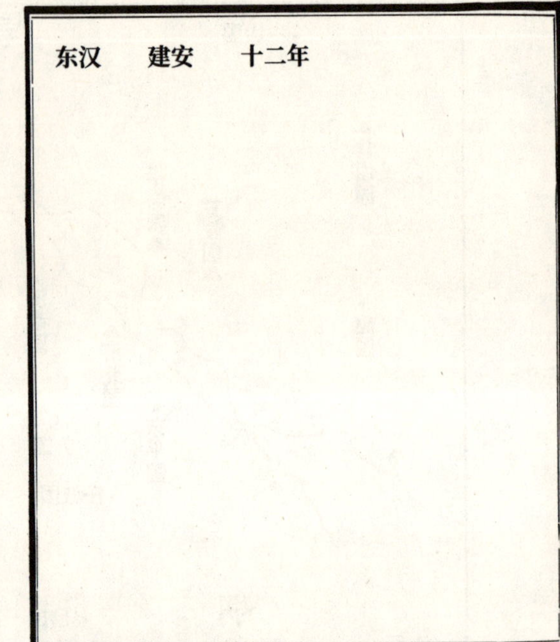

1 春季，二月，东汉王朝（首都许县〔河南省许昌市东〕）最高监察长（司空）曹操，从淳于（山东省安丘市东北）返邺城（河北省临漳县西南邺城镇）。

二月五日，曹操奏准东汉帝（十四任献帝）刘协（本年二十七岁），大封功臣二十余人，全是侯爵，并赞扬万岁亭侯荀彧的贡献。

三月，增加荀彧采邑一千户人家，又打算擢升荀彧当三公，荀彧命荀攸恳切辞让，凡十数次之多，曹操才打消原意。

2 曹操将向乌桓部落（河北省北部）发动大规模攻击。将领们纷纷反对，说："袁尚（时在辽西郡〔辽宁省义县西〕）不过一个逃亡的罪犯，蛮夷贪婪无厌，没有亲爱之心，岂会受袁尚利用？而今，远出塞外讨伐，刘备一定说服刘表（荆州〔湖北省及湖南省〕全权州长），袭击首都许县（河南省许昌市东），万一发生变化，我们无法反悔。”智囊郭嘉说：“明公（曹操）虽然威震天下，但乌桓部落（河北省北部）仗恃远在北方蛮荒，一定没有戒备。乘他们没有戒备，发动突击，可以立即破灭。袁绍对本国人民以及塞外蛮夷，都有恩德，而袁尚兄弟还活在世间，四州人民（四州：冀州〔河北省中部南部〕、青州〔山东省北部〕、幽州〔河北省北部〕、并州〔山西省中部〕；即袁绍故土）只因畏惧我们的强大，不得不服，我们并没有恩德加到他们身上。假定放弃他们，大军南下，袁尚用乌桓部众，作为资本，号召所有愿为旧主效死的豪杰之士，到那时，乌桓大军一旦出动，汉人、胡人，可能会全体响应，这种情势足以使蹋顿（乌桓部落酋长）动心，激起他非分的妄想。恐怕青州、冀州，将脱幅而去。刘表，是一个只会坐在那里发表高论的人物，深知自己的才能无法驾御刘备，重用刘备既恐怕无法控制，轻用刘备则刘备必然不接受指使。我们即令抽空全国兵力远征塞外，也不要担心。”曹操采纳。

曹操大军抵达易县（河北省雄县西北），郭嘉说：“军队一旦行动，就要迅速。远隔千里而进行奇袭，辎重太多，难以掌握先机。乌桓部众得到消息，一定加强戒备；不如留下辎重，减轻装备，一日强行二日路程，急速挺进，出他们意料之外。”

最初，袁绍几次派人到无终（天津市蓟州区），征聘田畴（参考一九三年），颁发将军印信，命他统御原来部众，田畴拒绝。等到曹操击败袁绍，河间国（首府乐成〔河北省献县〕）人邢颙（音yóng〔喁〕），对田畴说：“自从黄巾民变，二十余年，全国像滚水一样沸腾，人民流离失所。听说曹操法令森严，人民对于太多太久的战乱，早已厌倦；最后一定会归于平静，请准许我先去试探。”遂整理行装，返回故乡。田畴说:“邢颙是先知先觉的人!”曹操任命邢颙当冀州(河北省中部南部)州政府参谋官(从事),并征召田畴。田畴愤恨乌桓部落屠杀他故乡(右北平郡,河北省唐山市丰润区)士大夫,立志反击,却一直没有力量;所以听到曹操征召,立即嘱咐部属为自己准备行装。部属说:“从前,袁绍仰慕你,曾五次礼聘,你都不肯去;而今曹操第一次派人前来,你却好像迫不及待,什么原因?”田畴笑说:“这就是你们不知道的了(袁绍是无能之辈,而曹操英明盖世)。”随同使节前往大营,曹操任命他当蓨县(河北省景县。蓨,音tiáo〔条〕。西汉王朝大将周亚夫封条侯,封国在此)县长,随同大军进抵无终(天津市蓟州区)。

当时正逢盛夏,大雨不止,沿海一带,地势低洼,积水不退,泥泞难行,而乌桓部落沿边严守险关,大军无法前进。曹操十分忧虑,向田畴请教,田畴说:“这条道路,夏秋两季,全成沼泽,说它浅,车马难以通过;说它深,舟船不能行驶,是长久以来不能解决的最大难题。右北平郡(河北省唐山市丰润区)郡政府原来设在平冈(内蒙古宁城县西南),此地人民前往郡政府时,都出卢龙口(河北省迁安市西北),穿过柳城(辽宁省朝阳市南)。然而这条道路,从一世纪三〇年代以来(东汉王朝建立之初),迄今将近二百年(事实上只一百六十年左右),桥塌路断,无人行走,但是仍有残迹,可以寻觅。乌桓部落把主力军布防在无终(天津市蓟州区)对面,认为那是我们必经之道,不能前进时,自然撤退,所以戒备松懈。我们如果假装沮丧,宣称班师,另由卢龙口(河北省迁安市西北)挺进,越过白檀(河北省滦平县)险阻,再往北便进入乌桓部落(河北省北部)空虚的后防,路近而行动方便,在他们毫无防备之下,可以不经过战斗,生擒蹋顿。”曹操说:“好计谋!”遂向后撤退,在泥沼地带道路两旁,树立木杆,宣称:“现在天气盛暑,道路不通,且等到秋冬,再行出击。”乌桓部落斥候侦察回报，乌桓军司令部判断曹操确已回军。

曹操命田畴率领他的部众，充当向导，攀登徐无山（河北省玉田县北凤凰顶。此是田畴屯田基地），向北挺进，逢山开路，遇水搭桥，凿山、填谷，凡五百余华里，穿过白檀、平冈，又穿过鲜卑部落（内蒙古东部中部及以北地区）王庭（所在不详），向东直扑柳城。距柳城不到二百华里时，乌桓部落王庭方才发觉。袁尚、袁熙，跟蹋顿，以及辽西郡乌桓单于楼班（丘力居的儿子，参考一九九年）、右北平郡乌桓单于能臣抵之（都是袁绍所封），联合抵抗，率数万骑兵迎战。

八月，曹操攀登白狼山（辽宁省喀喇沁左翼县西南），突然跟乌桓联军遭遇，而乌桓联军军力强大。曹操军因系轻装，只有少数战士身穿铠甲，左右无不震恐。曹操由高下望，发现乌桓联军行动散漫，部伍凌乱，知道战斗力有限，于是命部将张辽当前锋，展开攻击。乌桓部落联军不能抵挡，崩溃。曹操大军追击，斩蹋顿及其他著名酋长以下；胡人、汉人投降的二十余万人。辽东郡乌桓单于速仆丸（苏仆延），跟袁尚、袁熙逃亡，投奔辽东郡（辽宁省辽阳市）郡长公孙康，仍拥有数千名骑兵部队。有人建议乘势追击，曹操说：“不必，我等待公孙康送来袁尚、袁熙的人头，用不着战争。”

九月，曹操从柳城（辽宁省朝阳市南）班师。

公孙康打算取袁尚、袁熙二人的性命，作为呈献给中央政府一大功劳。于是在马厩之中，埋伏精兵，然后延请袁尚、袁熙进入。还没有落座，公孙康发动埋伏，把二人生擒，立即诛杀，连同速仆丸（苏仆延）的人头，一并送给曹操。将领们询问曹操说：“在大军班师之后，公孙康怎会处决袁尚、袁熙？”曹操说：“公孙康一向畏惧袁尚、袁熙，我们如果急于进攻，他们势将结合在一起，拼力抵抗。只要稍微放松，他们就会自相残杀，形势如此。”曹操悬挂袁尚人头示众，下令三军，有敢哭一声的，处斩。牵招却祭奠悲哭（牵招事，参考二〇四年十二月），曹操嘉许他的道德勇气，保荐他当“茂才”。

此时已入冬季，天寒地冻，又逢大旱，二百华里内没有水源，又缺乏粮秣，遂屠杀战马数千匹充饥，挖凿地面三十余丈，才见到水。大军既平安抵达安全地带，曹操下令调查最初规劝讨伐乌桓的人是谁？大家不知道会发生什么事，每人心怀恐惧。然而，调查之后，曹操依照名单，重重赏赐，说：“我征讨乌桓部落，实在是危险万分，全靠侥幸，虽然成功，只能说是上天保佑，但这不是正常行动。各位的意见，才是万全智谋，所以奖励，以后不要闭口不言！”

袁绍杀田丰，刘邦封娄敬，曹操在大胜之后，反而奖赏反对他出军的谏士，狗熊和英雄，在此分界。狗熊最大特点是“智从己出”“恩从己出”，要处处显示他比别人英明；而英雄则处处不如人，处处需要别人的意见，而且唯恐别人不提出跟他相异的，甚至相反的意见。

田丰临刑时，叹息说：“给愚人策划，应该一死。”这是睿智之士的悲哀，田丰如果跟娄敬换一换位置，娄敬一定被诛杀，田丰当会是西汉王朝的一位侯爵，曹操度量之恢宏，头脑之清晰，大胜之后，并没有沾沾自喜，还回顾忠言，无怪能得部属死力。一个人的失败和成功，不是偶然！

3 冬季，十月三日，鹑尾星旁，出现孛星（传统天文学家，诸如蔡邕、陈卓，认为鹑尾星代表楚王国地区，即荆州〔湖北省及湖南省〕地区。孛星不是普通

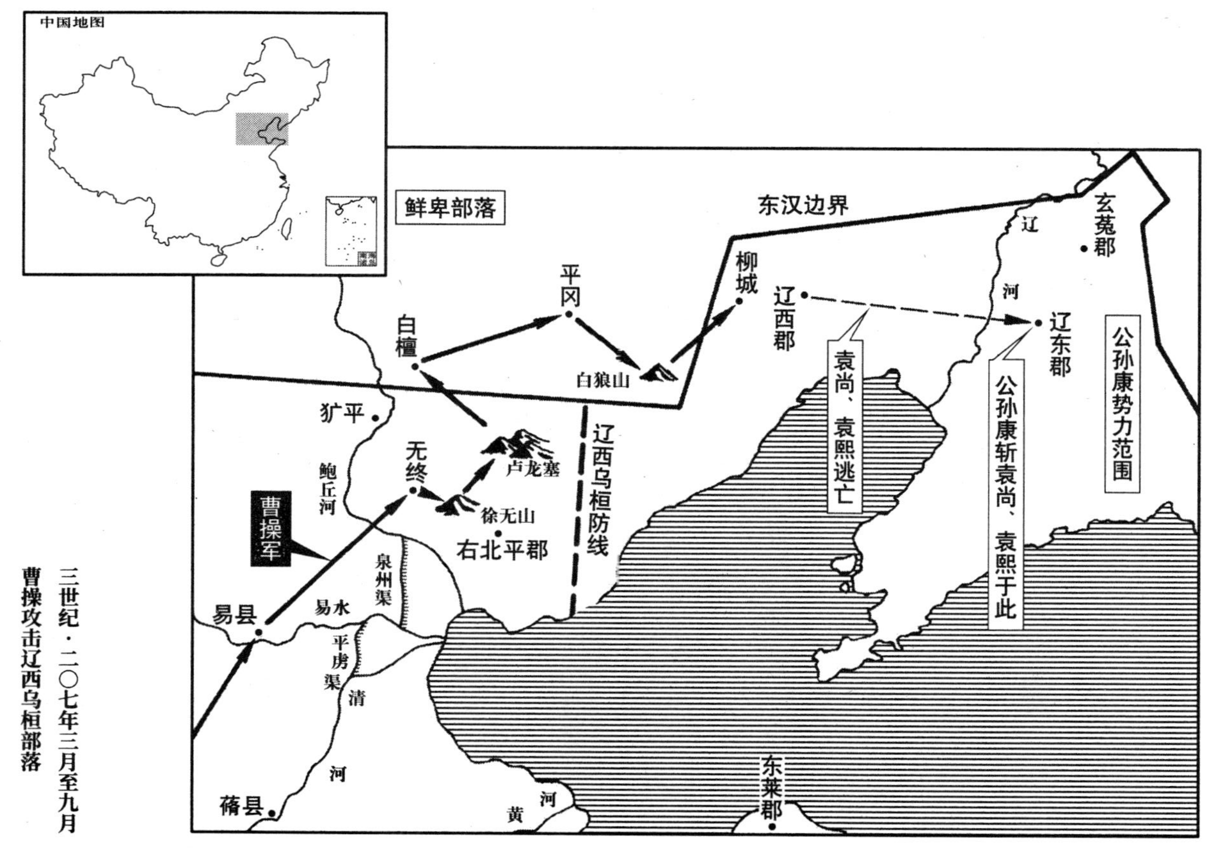

三世纪·二〇七年三月至九月
曹操攻击辽西乌桓部落

彗星，而是一种短尾巴彗星，古人认为是一种妖星，妖星出现，必有灾祸。既在鹑尾星旁出现，预告荆州将有事变）。

4 十月十七日，黄巾变民集团击斩济南王（首府东平陵〔山东省济南市章丘区〕）刘赟（河间王〔孝王〕刘开五世孙）。

5 十一月，曹操抵达易水（海河支流，发源于河北省易县），代郡（山西省阳高县）乌桓部落单于普富卢、上郡（故郡，陕西省榆林市东南鱼河镇）乌桓部落单于那楼，同来向曹操祝贺。

大军既回，曹操论功行赏，封田畴三等侯爵（亭侯），采邑五百户人家。田畴说："我原来只盼望为刘虞报仇，才率领部众向北逃亡（参考一九三年）。志愿不能达成，反而作为攫取利益的资本，不是我的本意。"坚决拒绝，曹操知道他出于至诚，并不勉强。

6 曹操北伐乌桓部落（河北省北部）时，刘备建议荆州（湖北省及湖南省）全权州长（牧）刘表袭击首都许县（河南省许昌市东），刘表不能接受。等到曹操凯旋班师，刘表对刘备说："没有听你的话，失掉这个大好机会。"刘备说："天下四分五裂，每天都有战争，大好机会多的是，岂会不再？如果能抓住下一次的大好机会，则这一次的失误，也没有关系。"

刘备的话，含有至理，不应为失去一个机会懊丧，而应把懊丧化作力量，等待第二个机会再来时，立刻抓住。问题是，人的生命有限，幸运之神往往敲门一次，只要稍稍犹豫，她便转往别家，永不再返。

7 本年（二〇七），讨虏将军孙权，向西攻击荆州（湖北省及湖南省）所辖的江夏郡（湖北省武汉市江夏区西金口街道）郡长黄祖，俘虏大批人民。

8 孙权娘亲吴女士病重，在病榻上召唤张昭等，嘱咐后事，才行逝世。

9 最初，琅邪郡（山东省临沂市）人诸葛亮，寄居襄阳（湖北省襄阳市）隆中（襄阳市西十公里），平常把自己比作管仲（前七世纪齐国宰相）、乐毅（参考前二八四年），然而当时的人，对他并不看重；只有颍川郡（河南省禹州市）人徐庶、崔州平，认为真是如此。崔州平，是崔烈的儿子（崔烈，参考一八五年三月）。

刘备投奔荆州后，向襄阳（湖北省襄阳市）人司马徽，询访人才，司马徽说："普通的知识分子和庸俗之辈，怎么懂得政治大事？懂得政治大事的，只有俊杰。在襄阳地区，就有'伏龙''凤雏'（"伏龙"，潜伏的龙。"凤雏"，等待飞翔的凤凰）！"刘备问是谁，司马徽说："诸葛亮、庞统！"

徐庶在新野（河南省新野县）晋见刘备，刘备对他非常器重，徐庶告诉刘备，说："诸葛亮是一条卧龙，将军愿不愿意见面？"刘备说："当然愿意，请你陪他一起来！"徐庶说："这位先生，你可以拜访他，他可不能晋见你；你最好亲自登门。"刘备于是拜访诸葛亮，去了三次，诸葛亮才跟刘备相见。于是，遣开左右侍从人员，秘密谈话，刘备说："东汉王朝倾覆，奸臣（指曹操）把持政权。我不考虑我的品德不够，不考虑我的力量不足，只盼望向天下展示大义。可是智短谋浅，直到今天，受到一连串挫败。然而雄心壮志，一如往昔，你以为应该如何？”诸葛亮说：“曹操已拥有百万大军，挟持皇帝，号令天下，声势强大，没有人可以把他击败。孙权盘踞江东（江苏省南部太湖流域），已历三代（孙坚、孙策、孙权），地势险要，人民归附，贤能的人才，都为他尽力；我们只能把他当作朋友，不能当作敌人。而荆州（河北省及湖南省），北方屏障汉水、沔水（汉水上游那一段。沔，音miǎn〔免〕），南方直到岭南的南海郡（广东省广州市），东方接连吴会（吴郡及会稽郡。此处是指孙权已占据的地区，包括今江西省），西方通往巴蜀（四川省），是一个战略上具有高度价值的国度，而主人（指刘表）不知道利用，恐怕正是上天赏赐给将军的资本。益州（四川省及云南省）四境，关隘险固，土壤肥沃，一望千里，是人间天堂。而主人（益州全权州长）刘璋，昏庸懦弱，北边又有张鲁压境（时据汉中郡〔陕西省汉中市〕，参考二〇一年），人民富庶，政府财力充沛，可是刘璋既不知道珍惜，又不知道运用，有智谋才能人士，希望出现英明的首领。将军既有皇家血统（刘备是西汉王朝六任帝刘启之后，参考一九一年），而信誉仁义，又四海闻名。如果掌握荆州（湖北省及湖南省）、益州（四川省及云南省），据守险要，跟境内境外的所有蛮夷，安抚结纳，和平共存，再跟孙权敦睦邦交，缔结盟好。然后，对内修明政治，对外掌握变局，则霸主大业，可以完成，东汉王朝可以复兴。”刘备说：“对极。”跟诸葛亮的情谊，日益密切。老友关羽、张飞，大不高兴，刘备向他们解释说：“我之得到诸葛亮，好像鱼得到水，你们不要多嘴。”关羽、张飞才不再啰唆。

诸葛亮跟刘备的一夕谈话，史学家称之为隆中对策，跟纪元前三世纪末韩信跟刘邦的一夕谈话——汉中对策，虽相隔四百年，但前后辉映，是中国历史上两大重要谋略，也是当时正确的政略战略最高指导原则。可惜的是，关羽刚愎自用，向孙权挑战（参考二一九年），引起一连串无法控制的反应，对策中的计划，全盘破坏。

具有高瞻远瞩能力的，世上能有几人？韩信就在项羽手下，项羽先生却不能发掘；诸葛亮就在刘表身旁，刘表也不能发掘。有眼无珠的蠢才，一旦手握权力，都自以为英明盖世，其实只不过跟摇尾系统在那里鬼混，图一个眼前欢乐而已。项羽至死都弄不清他到底犯了什么错误，刘表地下有知，恐怕也不见得会想得通。

人才，是所有行业——包括政治、包括军事、包括在门口摆个地摊，兴废成败的枢纽。得者兴，失者亡。即令今天，面对二十一世纪，仍是真理。

司马徽，高雅博学，有知人之明。同一个县（襄阳县，湖北省襄阳市）的庞德公，拥有盛大名望，司马徽把他当作兄长看待。诸葛亮每到庞德公家，都在榻前叩拜，庞德公起初也不阻止。庞德公的侄儿庞统，幼年时就非常朴实、沉默寡言，没有人认为他有才能，只有庞德公跟司马徽器重他。庞德公曾经赞扬诸葛亮是“卧龙”、庞统是“凤雏”、司马徽是“水镜”。所以，当司马徽跟刘备见面时，特别向刘备推荐二人。

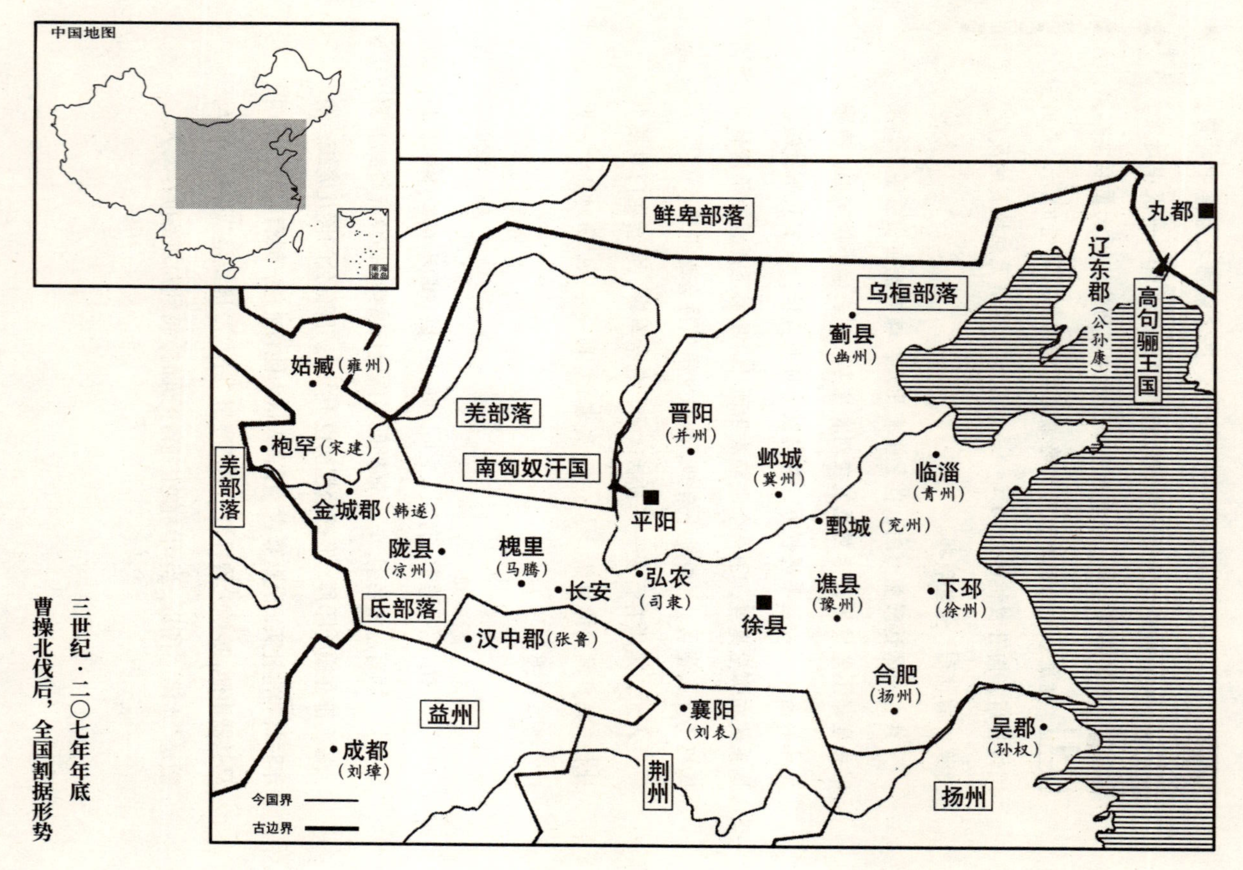

三世纪·二〇七年年底
曹操北伐后，全国割据形势

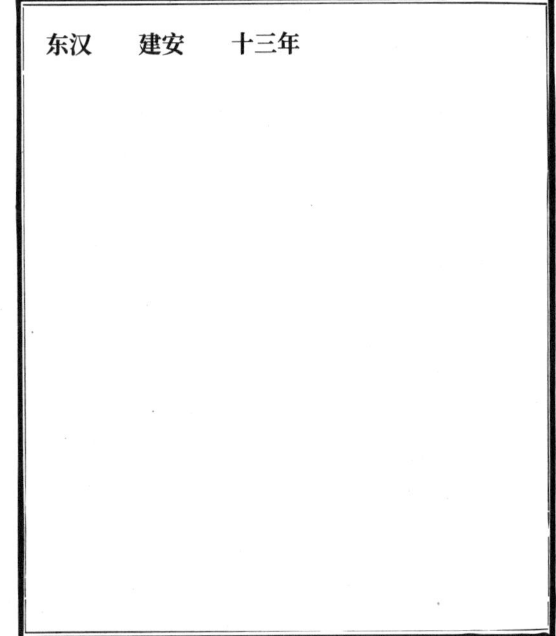

1 春季，正月，东汉王朝（首都许县〔河南省许昌市东〕）宰相（司徒）赵温，延聘最高监察长（司空）曹操的儿子曹丕。曹操上奏章弹劾说：“赵温延聘我家不成才的子弟，证明他用人不公，选拔不实。”赵温免职。

2 曹操返邺城（河北省临漳县西南邺城镇），挖掘人工湖，命名玄武池，训练水上部队（为南征长江流域各割据势力做准备）。

3 最初，巴郡（重庆市）人甘宁，背叛益州（四川省及云南省）全权州长（牧）刘璋，率部属八百人，投奔荆州（湖北省及湖南省）全权州长（牧）刘表（参考一九四年）。刘表是一个文官，不懂军事。甘宁看出不可能有成就，恐怕一朝崩溃，玉石俱焚，打算投奔当时尚在吴郡（江苏省苏州市）的孙策。可是刘表所属江夏郡（湖北省武汉市江夏区西金口街道）郡长黄祖，屯兵夏口（湖北省武汉市），无法越过。于是，再投奔黄祖，在黄祖手下三年之久，黄祖把他当作一个普通头目，姑且收留。后来，孙权攻击黄祖，黄祖战败。孙权所属的指挥官（校尉）凌操，从后急追。甘宁精于射箭，做黄祖的后卫，一箭发出，射死凌操，黄祖才算逃生。可是，等到收军回营，黄祖对甘宁仍跟过去一样。黄祖所属司令官（都督）苏飞，数次向黄祖推荐甘宁，黄祖都不理会（黄祖不过小型的项羽、袁绍、刘表，既有眼无珠，又缺乏感恩之情。这种小型人物如果到处充斥，历史的脚步和道德水准，都会停滞低落）。甘宁遂决心离开，但前防戒备森严，恐不能脱身。苏飞向黄祖推荐甘宁当邾县（湖北省黄冈市黄州区）县长，甘宁遂乘机逃亡，投奔讨虏将军孙权（时在吴县〔江苏省苏州市〕）。孙权部将周瑜、吕蒙，一齐向孙权推荐，孙权特别礼遇，把他当作旧有臣僚看待。

甘宁向孙权建议："东汉王朝一天比一天衰弱，曹操终有一天篡夺政权，荆州（湖北省及湖南省）地方，山川险要，位于我们西方，掌握长江上游。观察刘表，既没有深谋远虑，他的儿子比他还要顽劣，不是继承基业的材料。盼你早日行动，不可以落到曹操后面。最主要的，要先消除黄祖。黄祖年纪越来越老，头脑越来越昏，财物粮秣，全都缺乏；左右亲信，贪污放纵，官兵都心怀怨恨；战舰武备，破烂不堪，不知道保养；农民不愿耕种，军队没有纪律。你如果马上展开攻击，黄祖一定破灭。然后，擂起战鼓，继续西进，夺取楚关（即扞关，重庆市奉节县东），天地更为广阔，就可以进一步规划如何夺取巴蜀（指益州〔四川省及云南省〕）。”

孙权同意这个策略，当时张昭正好在座，疑惑说：“吴郡（江苏省苏州市）民心浮动，大军如果西行，恐怕后方发生变乱。”甘宁对张昭说：“主上（孙权）把萧何的重任，托付给你（萧何于西汉王朝建国时担任后勤工作），你留守后方，却担心变乱，怎么能效法古圣先贤？”孙权举杯向甘宁敬酒说：“兴霸（甘宁别名），我今年一定起兵讨伐，如果改变，如同此酒。军事由你全权处理，你只管拟定策略，克制黄祖。只要建立大功，还在乎张秘书长（张昭）的几句话？”

于是，孙权大军向黄祖发动总攻。黄祖用两艘蒙冲战舰（蒙冲战舰是一种用生牛皮蒙到狭长船身上的战舰，两侧下部开孔，容纳船桨；上部开窗，用以射箭及伸出长矛。机动性很大，来去如飞，敌舰无法接近。跟罗马帝国战舰，非常类似），封锁沔口（湖北省武汉市）；用棕榈搓成长绳，下系巨石，横亘江心，阻截敌船进入。战舰上驻军千人之多，交叉发射，箭如雨下，孙权舰队无法前进。偏将军董袭，跟地方团队军政官（别部司马）凌统（凌操的儿子），同时担任先锋，各率敢死队一百人，每人身穿两副铠甲（以防强弓），乘巨型战舰，直冲而上。董袭抽出佩刀，砍断两根横江长绳，蒙冲战舰失去控制，孙权主力遂向前挺进。黄祖命司令官（都督）陈就，率舰队迎战，孙权所属平北司令（平北都尉）吕蒙，奋勇攻击，亲手击斩陈就，砍下人头，悬挂示众。东吴（孙权）将士乘胜追赶，水陆并进，抵达黄祖基地沙羡（湖北省武汉市江夏区西金口街道），选拔精锐，猛烈攻击，城破，孙权下令屠城。黄祖杀出重围，被追兵击斩，数万男女，全被俘虏。

孙权事先做妥两个木匣，准备装黄祖跟苏飞人头。就在孙权摆下的庆功宴上，甘宁走下座位，向孙权叩头出血，涕泪交流，陈情说:“苏飞对我有恩,我,甘宁,如果没有遇到苏飞,早就死在水沟山谷,不能为将军效死。而今苏飞因为有罪缘故,应当处决,谨求将军饶他一命。”孙权感动,对他说:“好吧,完全因为你,把他释放。可是,他如果逃亡,该怎么办?”甘宁说:“苏飞得以免除身首分裂大祸,承受再生大恩,赶他都赶不走,岂会逃亡!如果他逃亡,我,甘宁的人头,愿代替他盛入木匣。”孙权下令赦免苏飞。

凌统怨恨甘宁射杀他的老爹凌操,时常打算报仇。孙权命令凌统,不准有任何行动,并派甘宁驻军其他地区,远离凌统。

4 夏季,六月,中央政府撤除三公官称(西汉王朝初年,三公是丞相、御史大夫、太尉;末年,三公是大司马、大司徒、大司空;东汉王朝三公是司徒、太尉、司空),恢复丞相、御史大夫(司徒是宰相,属三公之一;丞相更在宰相之上,跟现代国家的国务院总理相当,“相国”是一种比丞相更尊贵的称号,往往象征篡夺。一个人如果节节上升,表示他权力更大更强)。

六月九日,任命曹操当丞相。

曹操擢升冀州(河北省中部南部)州政府行政官(别驾从事)崔琰,当丞相府行政秘书(丞相西曹掾);最高监察署人事秘书(司空东曹掾)陈留郡(河南省开封市东南陈留镇)人毛玠,当丞相府人事秘书(丞相东曹掾);元城(河北省大名县东北)县长、河内郡(河南省武陟县)人司马朗,当主任秘书(主簿);司马朗的老弟司马懿,当教育秘书(文学掾)冀州(河北省中部南部)州政府主任秘书(主簿);卢毓,当司法助理官(法曹议令史)。卢毓,是卢植的儿子(卢植,参考一六八年六月)。

崔琰、毛玠,同时负责文官的选拔跟升迁、调差、黜免。所任用的官员,都是清廉正直人士。虽然有盛大的名望,但行为不检点的,始终不能进入政府。二人选拔敦厚务实人才,排斥花言巧语之辈；引进谦逊和睦的长者，压制结党营私的马屁精。因为这个缘故，天下知识分子，没有人不以清廉节操勉励自己，即令是贵族或最受宠爱的臣属，车轿衣服，不敢超过制度。甚至有一种现象，地方政府首长离职回乡时，竟蓬头垢面，衣服破烂，独自坐一辆柴车。文武官员到丞相府时，都穿国家规定的制服，徒步行路。在高位的官吏既如此廉洁，在下位的风俗，遂跟着转移。

曹操得到报告后，叹息说："用人如此恰当，天下自然治理，我还担心什么？"

司马懿自幼聪明通达，很有谋略。崔琰对司马懿的老哥司马朗说："你老弟头脑清晰，见解高明，能当机立断，你不如他！"曹操听到，加以延聘。司马懿推辞说他身患风湿，手足麻木。曹操大怒，打算逮捕下狱，司马懿恐惧，勉强接受征召。

5 丞相曹操命张辽驻防长社（河南省长葛市东北老城镇）。部队临开拔时，部分军人叛变，乘夜在营中纵火，震骇惊恐，一霎时全军混乱。张辽吩咐左右卫士："不要有任何反应，绝对不是全营都反，只是少数人制造机会，就是要我们惊慌失措！"亲率卫士数十人，在中央站定，下令说："没有参与叛变的，一律就地坐下。"不久，全营就告平静，捕获主谋分子，诛杀。

张辽驻屯长社，于禁驻屯颍阴（河南省许昌市），乐进驻屯阳翟（颍川郡郡政府所在县，河南省禹州市）。三位将领互相不服，意气用事，不能合作。曹操命最高监察署主任秘书（司空主簿）赵俨，兼任三个部队的参谋主任（兼参三军），遇到事情，从中调解训勉，三人才归于和睦。

6 最初，前将军马腾，跟镇西将军韩遂，情谊密切，结拜为异姓兄弟（时二人皆在凉州〔甘肃省东部南部〕）。但到了后来，因为部属们的摩擦，影响主帅间的感情，竟变成仇敌。

中央政府命京畿总卫戍司令（司隶校尉）钟繇、凉州（甘肃省东部南部）州长（刺史）韦端，从中调解；征召马腾驻军槐里（右扶风郡郡政府所在县，陕西省兴平市）。曹操准备南征荆州（湖北省及湖南省），派张既前往游说马腾，建议他放弃军权，到中央任职。马腾应许，但又犹豫不决。张既恐怕马腾变卦，遂使用盛大的仪式和尊敬，下令沿途各县，准备充分的物资，以供应马腾家族内迁时的庞大车队，各郡郡长都要亲到郊外迎接和护送。马腾无法抗拒，只好上路。

曹操推荐马腾当皇城保安司令（卫尉），任命他的儿子马超当偏将军，继续率领老爹的部队。马腾家族全部迁到邺城（河北省临漳县西南邺城镇）。

7 秋季，七月，曹操对荆州（湖北省及湖南省）全权州长（牧）刘表，开始发动攻击。

8 八月二十四日，擢升宫廷禁卫官司令（光禄勋）山阳郡（山东省巨野县东南大谢集镇）人郗虑（郗，音xī〔希〕），当最高监察长（御史大夫）。

9 八月二十九日，中级国务官（太中大夫）孔融，被绑赴街市斩首。

孔融仗恃自己的才干和声望，屡屡戏侮曹操，不根据正理，只求逞一时之快，二人感情遂告恶化（曹操待孔融不薄，参考一九六年）。曹操知道孔融名重天下，只好表面容忍，但内心十分厌恶。孔融又上书皇帝，建议遵守古代“王畿”（君王直辖地带）制度，京师（首都许县）四周一千华里以内，不可以建立封国（胡三省注：如果一千华里以内不可以建立封国，曹操便不能居住邺城〔河北省临漳县西南邺城镇〕。按：许县、邺城航空距离二百五十公里）。曹操发现，孔融不但对自己人身攻击，更要插手政治，越发不高兴。而孔融跟郗虑，素有裂痕。郗虑看出曹操心事，遂网罗孔融的罪状，命丞相府参谋总监（军谋祭酒）路粹，提出弹劾："孔融从前在北海国（首府剧县〔山东省昌乐县西〕）当宰相时，看到皇家颠沛不安，因而召集部众，打算背叛。后来又跟孙权的使节谈话，讽刺诽谤政府。更跟小民祢衡，放荡形骸，互相标榜，祢衡称赞孔融：'孔丘不死。'孔融称赞祢衡：'颜回复生。'（祢衡跟孔融是同一类型人物，参考一九六年。）大逆不道，应处重刑。"

曹操逮捕孔融跟他的妻子儿女，全部处决。

最初，京兆（陕西省西安市）人脂习（脂，姓），跟孔融感情至好，不断警告孔融："如果太过于刚强正直，一定招来灾祸。"等到孔融被杀，首都许县（河南省许昌市东）没有人胆敢收葬，脂习抚着孔融尸体，哭说："你弃我而死，我还为什么活？"曹操逮捕脂习，打算处死，但又改变主意，把他赦免。

10 最初，荆州全权州长（牧）刘表，有两个儿子：刘琦、刘琮。刘表续弦妻子蔡女士的侄女，嫁给刘琮，蔡女士遂特别喜爱刘琮，厌恶刘琦。蔡女士的老弟蔡瑁、刘表的外甥张允，都受到刘表的宠爱和信任，二人每天都在诋毁刘琦，赞誉刘琮。刘琦发现他不但被老爹日渐疏远，而且处境危险。于是，拜访诸葛亮，请给他帮助，诸葛亮拒绝回答（诸葛亮不但谨慎，而且警觉，只要一开口，便立即卷入夺嫡斗争）。后来，有一天，刘琦请诸葛亮共登高楼，却教人抽掉楼梯，对诸葛亮说："现在，上不到天，下不到地，话从你口说出，进入我一人耳朵之中，请指示一条逃生之路！”诸葛亮说：“你难道不记得，姬申生在内受到杀害，姬重耳在外获得平安？”刘琦恍然大悟，暗中设计离开（纪元前七世纪，晋国十九任国君献公姬诡诸，宠爱继妻骊姬，打算封她所生的儿子姬奚齐当太子。骊姬遂诬陷太子姬申生要毒死老爹，姬申生自缢，老弟姬重耳一看情势不对，出奔逃亡。二十一年后，姬重耳才返国继位）。

正好，江夏郡郡长黄祖被孙权击斩，刘琦要求前往接替，刘表遂任命他当江夏郡郡长。不久，刘表卧病在床，刘琦回襄阳（荆州州政府所在县，湖北省襄阳市）探病，蔡瑁、张允，恐怕见面之后，触动父子之情，刘表可能改变主意，命刘琦当合法继承人；就告诉刘琦：“老爹教你镇守江夏郡，责任十分重大，你离开岗位，放弃军队，贸然而来，老爹看见你，一定生气。使亲人心情不快，疾病只会加重，不是孝敬的道理。”遂把刘琦遏阻在房门之外，不准晋见，刘琦痛哭流涕告辞。刘表不久去世，蔡瑁、张允，遂拥护刘琮继任全权州长。刘琮把老爹的爵位，让刘琦继承，将侯爵印信，送给老哥。刘琦怒不可遏，把印信扔到地上，计划假借奔丧名义，发动军事攻击。而就在这时候，曹操大军南下。刘琦遂投奔江南（最后一句大概是抄写或刻版时，错误的放到这里；刘琦此时并没有投奔江南）。

章陵郡（湖北省枣阳市南）郡长蒯越，跟荆州（湖北省及湖南省）州政府人事秘书（东曹掾）傅巽等（巽，音xùn〔逊〕），建议刘琮归降曹操，说：“逆跟顺，有一定的规范；强跟弱，有一定的形势。我们以臣属的地位，拒抗皇家大军，是叛逆；以刚刚才接收到手的新政权，拒抗中央，是危局。依靠刘备去拒抗曹操，刘备绝对不是曹操的对手。三者我们都居于绝对劣势，如何阻挡敌人？而且，将军（刘琮）自问：你比刘备如何？连刘备都不能抵挡曹操，即令我们把全州皆投入战争，也不能保护自己。更明显的事是，刘备如果有能力抵抗曹操，也绝不会屈居将军（刘琮）之下。”刘琮遂决定归降。

九月，曹操南征大军抵达新野（河南省新野县）；刘琮表明态度，派人送上皇帝过去颁发的符节（此是中央政府颁发给刘表的荆州全权州长符节。参考一九二年十月），欢迎曹操。曹操的部将们都疑心可能有诈，娄圭说：“天下分崩，军阀割地称雄，都用皇家符节，提高身价。刘琮把符节送来，这是一片诚心。”曹操遂继续前进。

这时，刘备驻军樊城（湖北省襄阳市汉水北岸），刘琮归降曹操之事，不敢通知刘备。等到刘备发觉情形有异，派人去问刘琮，刘琮才命他的属官宋忠，到刘备那里，送上正式通知。而曹操本人，已到宛县（南阳郡郡政府所在县，河南省南阳市），刘备头上好像响了一声巨雷，大为惊骇，对宋忠咆哮说：“你们这些人，竟做出这种事，不早早通告，直到今天才教我知道，是不是过分？”拔出佩刀，直指宋忠，说：“纵是砍下你的人头，也不足以消除我的愤怒。我不愿被人议论，临走时还杀你们这种人！”命宋忠回去。刘备召集紧急军事会议，有人劝刘备攻击刘琮，荆州（湖北省及湖南省）立即可以到手，刘备说：“刘州长（刘表）临死时，把孤儿（刘琮）托付给我。违信背义，只图自己利益，不愿如此，死后有什么面目再见刘州长（刘表）？”遂率部众向南逃走（刘备不乘此时夺取荆州，是因为荆州已成了一个烫手山芋，夺取之后，内部既不能霎时间安定，曹操大军又如狂风暴雨，襄阳孤城根本不能固守）。

刘备部众经过襄阳，暂停马蹄，向城头呼唤刘琮，刘琮恐惧，不敢露面。刘琮左右亲信跟荆州（湖北省及湖南省）人士，很多追随刘备。刘备前往刘表坟墓致祭，哭泣告辞。将到当阳（湖北省当阳市东北），追随他的部众多达十余万人，辎重车数千辆，行动迟缓，每天只能前进十余华里。刘备派关羽率领船舰数百艘，约定在江陵（南郡郡政府所在县，湖北省江陵县）会师后，再决定行止。有人向刘备建议：

“行军必须迅速，应先保住江陵。我们的部众虽多，可是披有铠甲的武装战士太少。如果曹操大军追及，如何抵御？”刘备说：“创立大业，人民是根本，他们追随我，我怎能忍心舍弃？”

刘备在颠沛流离、危险艰难之中，更显示出他的信义；形势紧急，言谈不失正道。追悼刘表当年照顾之恩，至情感动三军；眷恋追随他的群众，使群众甘心跟他一同失败。终于建立大业，岂不应该！

11 刘琮的部将王威，游说刘琮，说：“曹操听说将军归降，刘备逃走，一定戒备松懈，轻装前进；如果给我数千名精锐骑兵，在险要的地方，发动突击，可以擒获曹操。一旦擒获曹操，将军便威震四海，不仅仅保有今天这个局面！”刘琮拒不采纳。

曹操知道江陵（湖北省江陵县）储存大量粮秣武器，恐怕刘备夺取。于是放弃辎重，率轻装备部队，先到襄阳（湖北省襄阳市），听说刘备已经南下，曹操特别遴选精锐骑兵五千人，紧急追击。一日一夜，奔跑三百余华里（跟刘备部众一天只行十余华里，成一强烈对比），在当阳（湖北省当阳市东北）长坂（当阳北），终于追到。刘备部众崩溃，刘备抛弃妻子儿女，跟诸葛亮、张飞、赵云等，在数十名骑兵护卫下逃走。刘备所有部众及辎重，全落入曹操之手。刘备智囊徐庶的娘亲也被俘虏，徐庶向刘备告辞，指着心说：“我跟将军共同建立霸主大业，全靠此方寸之地。而今娘亲失踪，方寸已乱，留在这里，对你没有帮助，请从此别去。”遂投奔曹操。

张飞率骑兵二十余人做刘备后卫，据守河岸，拆除桥梁，在马上横矛瞪目，大吼说：“我，张飞，有胆量的上来，决一生死。”曹操军没有人敢向前逼近。

有人向刘备报告："赵云已经向北逃走（意指归降曹操）。"刘备把手戟（一种佩刀）掷过去，说："赵云绝不会抛弃我。"不久，赵云怀抱刘备的儿子刘禅归来。刘备率残军跟关羽的船队会合，渡过沔水（汉水），遇到刘琦率一万余人前来接应，遂一同抵达夏口（湖北省武汉市）。

曹操驻军江陵，任命刘琮当青州州长（刺史），封侯爵。连同蒯越等，封侯爵的十五人。从监狱中释放韩嵩（韩嵩已被囚九年，参考一九九年十一月），用朋友之情相待，请韩嵩评估荆州（湖北省及湖南省）人士的优劣，一一擢升或任用。并任命韩嵩当藩属事务部长（大鸿胪），蒯越当宫廷禁卫官司令（光禄勋），刘先当宫廷秘书（尚书），邓羲当宫廷随从（侍中）。

荆州高级将领南阳郡（河南省南阳市）人文聘，驻军在外；刘琮归降时，征召文聘，打算共同行动。文聘说："我不能保全荆州，当在这里待罪！"曹操渡过汉水后，文聘才晋见曹操。曹操说："你怎么来得这么迟？"文聘说："先前，不能辅佐刘州长（刘表），贡献国家。刘州长（刘表）虽然去世，我希望据守汉水，保全州境。对仍在世上的孤儿（刘琮），不能辜负；对埋葬在地下的故主（刘表），无愧于心。大势所趋，身不由己，到了今天这种地步，悲哀羞惭，无颜早见！"唏嘘流涕，不能自已。曹操也感到悲怆，称呼他的别名（表示敬爱）说："仲业，你真是忠臣！"特别厚待，使文聘仍统御原来部队，当江夏郡（此是中央政府所设的江夏郡，郡政府在石阳〔湖北省汉川市〕）郡长。

最初，袁绍在冀州（河北省中部南部），派人迎接汝南郡（河南省平舆县西北射桥镇）士大夫、西平县（河南省舞阳县东南）人和洽（和，姓）。和洽认为冀州一片平原，民性强悍，是英雄豪杰夺取的地方，而荆州山川崎岖，民性柔弱，容易安身，遂投奔刘表，刘表用上宾的尊贵礼节招待他。和洽说："我所以不依靠袁绍（当时是冀州全权州长），为的是逃避那块兵家必争之地。对于乱世中昏庸和残暴的君王，不可以过度亲近。长久的留恋不去，鲨鱼群将发动攻击。"遂再向南迁，抵达武陵郡（湖南省常德市）。

刘表曾延聘南阳郡（河南省南阳市）人刘望之当参谋官（从事），刘望之的两位朋友，都因受到鲨鱼群的陷害，被刘表诛杀。刘望之也因为进言不合刘表之意，辞职回乡。刘望之老弟刘廙（音yì〔异〕），对刘望之说："赵鞅杀了窦鸣犊，孔丘中途即行折回（孔丘将到晋国拜访当权的国务官〔大夫〕赵鞅〔简子〕，走到黄河，得到赵鞅处决窦鸣犊、舜华消息；在河边叹息说："壮观的河水，滔滔而流，我却到此而止，岂不是命运安排！"端木赐说："请问为了什么？"孔丘说："窦鸣犊、舜华，是晋国两位最贤能的国务官〔大夫〕。赵鞅没有发达之前，依靠这两位踏入政坛。等到赵鞅官位已高，权力已大，却把二人诛杀，为的是要更向上攀登。我听说过，一个地方如果发生剖开孕妇肚子，杀害婴儿的惨事，麒麟〔中国传说中最仁慈的动物〕连近郊都不会来；把池塘的水抽光，捕捉鱼虾，蛟龙就永不降雨；捣毁鸟巢，掠取鸟蛋，凤凰也不再临天空。为什么？正人君子，哀伤他的同类。禽兽并不知道大义，还有所选择，何况是我！"遂中途折还）。而今，老哥既不能效法柳下惠，随波逐流（柳下惠担任军官，撤了三次职，他都不走。孟轲评论说："柳下惠不愿使他的长官蒙羞，也并不是看不起他干的这个小官。丢掉了不埋怨，穷困时不自怜；你是你，我是我。即令脱光了衣服站在我身旁，你岂能污染我？这正是同外界和谐，自己却不迷失。所谓跟日光同存，跟灰尘同舞"），就应该效法范蠡，泛舟到当权派的势力范围之外。可是，你却坐在家里，自认为可以跟时势隔绝，恐怕没有这种可能。"刘望之不接受，不久竟被刘表诛杀。刘廙投奔扬州（安徽省中部及江南地区）。

南阳郡人韩暨，逃避袁术的延聘，全家迁居到山都山（湖北省谷城县东南）；刘表也延聘他，韩暨又把全家迁到孱陵（湖北省公安县西南），刘表怀恨在心；韩暨恐惧，遂接受任命，当宜城（湖北省宜城市）县长。

河东郡（山西省夏县）人裴潜，也受到刘表的礼敬，裴潜暗中告诉王畅的儿子王粲，跟河内郡（河南省武陟县）人司马芝说："刘表不是霸主的材料，却竟然以姬昌（西伯，周王朝一任王姬发的老爹）的地位自居，失败会随时出现。"遂再向南，移往长沙郡（湖南省长沙市）。

曹操任命韩暨当丞相府政务管理官助理（士曹属），裴潜当丞相府军事参议官（参丞相军事）；和洽、刘廙、王粲，都当丞相府所属单位秘书（掾）或助理（属）司马芝当菅县（山东省济南市济阳区东。菅，音jiān〔肩〕）县长，用以顺从民心。

12 冬季，十月一日，日蚀。

13 最初，鲁肃得到刘表逝世消息，急向孙权建议："荆州（湖北省及湖南省）跟我们接壤相邻，江山险要，土地肥沃，广阔万里，人民富庶，如果能够夺取，将是帝王的资本。刘表刚刚死亡，两个儿子（刘琦、刘琮）内斗，军中将领，各分彼此。刘备，是天下枭雄，而跟曹操之间，裂痕很深，在刘表那里寄居，刘表对他的能力，深怀戒心，并不交付给他权柄。我认为，如果刘备能跟刘表的继承人，同心合力，团结一致，我们就跟他们和平共存，缔结友好；如果刘备跟刘表的继承人不能合作，则我们应另打主意，完成大业（指发动军事攻击）。我准备前往荆州，说是奉主上（孙权）之命，向刘表的两个儿子吊丧，并慰劳军中重要将领，同时说服刘备，请他安抚刘表留下的部众，精诚团结，共同抵抗曹操。刘备一定高兴接受我们的建议；如果达到目的，天下形势，可以安定；如果不迅速前往，恐怕落在曹操之后。"

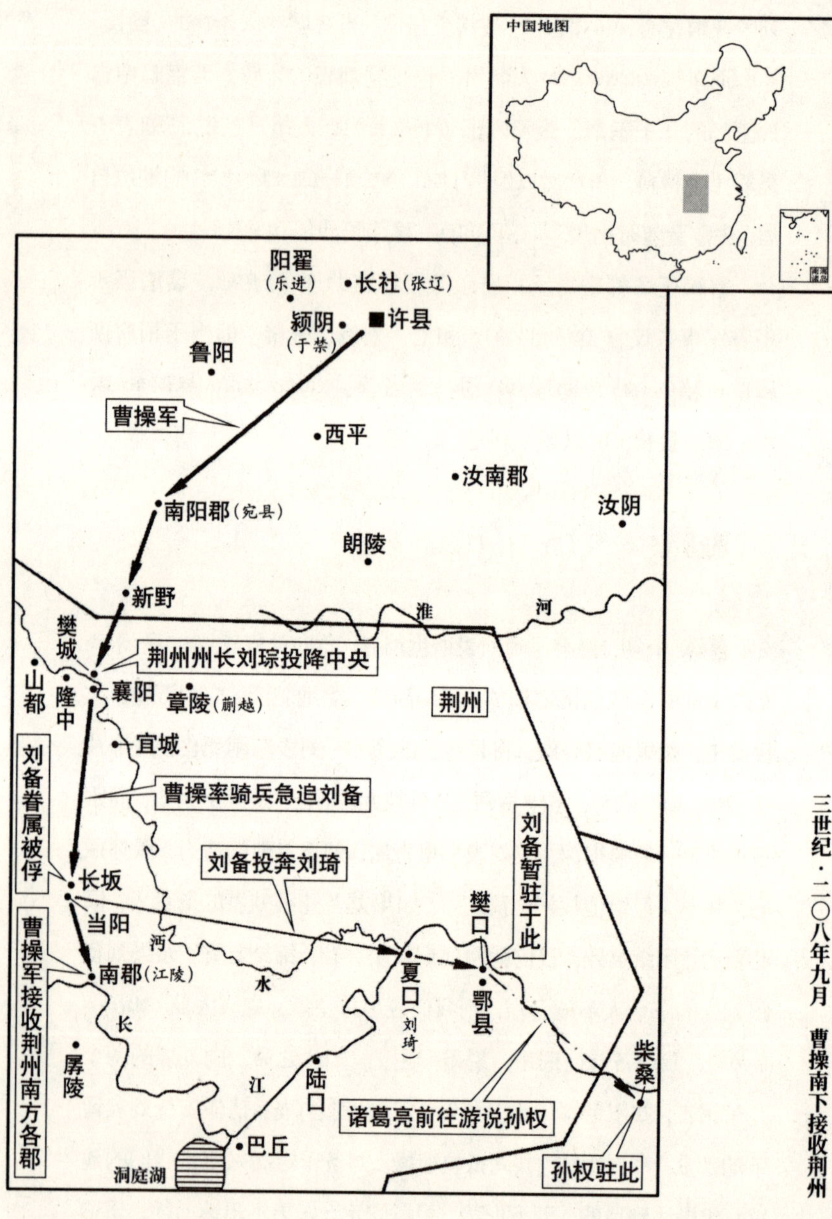

三世纪·二〇八年九月　曹操南下接收荆州

孙权立即派鲁肃上道，到达夏口（湖北省武汉市）时，听说曹操大军正向襄阳（荆州州政府所在县，湖北省襄阳市）推进，于是昼夜不停兼程赶路，等到抵达南郡（湖北省江陵县），刘琮已经归降曹操，刘备向南撤退。

鲁肃北上迎接刘备，在当阳（湖北省当阳市东北）长坂（当阳北），跟刘备会面。鲁肃传达孙权的盼望，分析天下大势，对刘备今后的动向，表示关切。于是询问刘备："你准备前往何处？"刘备说："苍梧郡（广西梧州市）郡长吴巨，是我的老友，打算投靠他。"鲁肃说："孙将军（孙权）聪明忠厚，礼贤下士，江表（即江东，江苏省南部太湖流域）英雄豪杰，全都归心，已拥有六个郡的土地，兵多将广，粮秣充足，足可以完成大事。为你着想，最好是派遣心腹人士，跟东方（孙权在东）结合，共同渡过难关。如果投靠吴巨，而吴巨是个凡夫俗子，又在遥远偏僻的边区，不久就会被人并吞，岂可以托身？"刘备大感欢悦。鲁肃又告诉诸葛亮："我，是诸葛瑾的朋友！"遂成为好友。诸葛瑾，是诸葛亮的老哥，逃难到江东（江苏省南部太湖流域），担任孙权的秘书长（长史）。

刘备采纳鲁肃的建议，率军进驻鄂县（湖北省鄂州市）的樊口（鄂州市西）。此时，曹操已夺取南郡（湖北省江陵县），大军将顺长江而下。诸葛亮对刘备说："形势危急，请派我前去向孙权求救！"遂跟鲁肃一同东行，抵达柴桑（江西省九江市）。诸葛亮晋见孙权，分析时局说："全国一片混乱，将军在江东（江苏省南部太湖流域）起兵，而刘州长（刘备——仍称他豫州〔河南省〕全权州长官衔）在汉水以南，集结部众，跟曹操争夺天下。如今，曹操大军所及，已摧毁主要劲敌，更击破荆州（刘表、刘琮），声威震动四海。英雄豪杰已没有用武之地，刘州长（刘备）撤退南下，盼望将军量力收容。将军如果能以吴越（江苏省南部及浙江省)的人力，与中国(指中央政府)抗衡，就应该早一天跟曹操断绝关系；如果不能，为什么不早一天命军中收藏武器，脱下铠甲，向北方归降？而今，将军表面上服从中央，内心却三心二意，到紧急时刻，却不决断，大祸将随时来临。”孙权说：“依照你的看法，刘州长(刘备)为什么不向北方归降？”诸葛亮说：“田横，齐王国壮士，尚且坚守大义，不肯屈辱(参考前二〇二年)；何况刘州长(刘备)是皇家苗裔(参考一九一年)，盖世英才，知识分子们对他的倾心，如同流水之归向大海。如果大事不成，只能说是天意，怎么能当曹操的部属？”孙权勃然大怒说：“我不能把全吴王国(指吴夫差时)的故土、十万人武装战士，拱手奉送，去受人控制。决心已定，只有刘州长(刘备)才可以抵挡曹操。可是，刘州长新近挫败，怎么担当此项艰难？”诸葛亮说：“刘州长(刘备)虽然在长坂(湖北省当阳市北)受到挫败，但集结部众，加上关羽的水军，还有精锐一万人。刘琦部属，加上江夏郡(湖北省武汉市江夏区西金口街道)郡政府部队，也不在一万人之下。曹操的南征大军，远道而来，身心疲惫。情报说：曹操为了追赶刘州长(刘备)，轻装备南下，一日一夜急行三百余华里，这正是：‘强弩之末，势不能穿鲁缟。’(《史记·韩安国传》：强弓射出的箭，到了极限，连鲁国纺织的薄薄绸缎都穿不过。)所以，《孙子兵法》引以为戒，认为：‘一定使上将跌倒(每天行军速度在百里以上，超过人体所能负荷)。’而且，北方部队不熟悉水战。荆州(湖北省及湖南省)人民所以归附曹操，只不过畏惧大军压境，并不心服。将军(孙权)如果真能指派一位猛将，率军数万人，跟刘州长(刘备)合作无间，一定可以击破曹操。曹操军败之后，会向北撤退。如此，荆州(湖北省及湖南省)跟东吴(指孙权)势力强大，鼎足三分的形势，完全奠定。成功失败的契机，就在今日分晓。”孙权大为高兴，召集部属会商。

正在这时，曹操写信给孙权，说："近来，奉天子（皇帝刘协）之命，讨伐叛徒，军旗向南，刘琮降服。现在，我亲率长江舰队八十万人，希望跟将军在吴王国故地狩猎。"孙权让部属传阅，恐惧抓住每一个人，大家面无人色，有的甚至害怕得还发出呻吟。秘书长（长史）张昭等说："曹操，是豺狼虎豹，挟持天子，讨伐四方，动不动就亮出中央政府招牌。今天跟他对抗，我们就更加名不正、言不顺。而且，将军唯一的屏障，就是长江，曹操既已取得荆州（湖北省及湖南省）土地，而刘表从前建立的江防舰队，蒙冲战舰、主力战舰，有数千艘，现在全降曹操。顺江而下，再加上步兵，水陆并进，长江险要，一半已在敌手。形势强弱，兵力多寡，至为明显。依我的意思，不如迎接大军，归顺中央。"只鲁肃不说一句话。稍后，孙权起身去洗手间，鲁肃追赶到走廊上，孙权知道他的意思，拉住他的手问："你要告诉我什么？"鲁肃说："刚才，观察大家的议论，可能引导将军走上歧途，不配讨论大事。要知道，像我鲁肃，可以归降曹操；像你将军，却不可以。为什么？我鲁肃迎降，曹操会把我送回家乡，给我一个官职，再倒霉不过，也会当一个最低级的参谋官（下曹从事），平常乘坐牛车，带着跟班，跟士大夫来往结交，步步上升，将来可能当上州长、郡长。而将军迎降，你要到哪里安身？请早日决定方向，不要听他们的意见。"孙权叹息说："大家的议论，使我失望，你的睿智分析，跟我的想法完全相同。"

鲁肃一段话，道破千古以来政治市场上一项最大秘密。野心家先考虑到个人一己的利害，才再动手挑选一个适合身材的"大义"外衣。

孙权所以跟曹操对抗，跟曹操是不是"国贼"无关，只是为了一己的私欲，曹操才不得不成为“国贼”，历史事件的发展，大多遵循这个轨道。斑斑往事，可以训练我们的鉴赏能力，人民眼睛如果能洞穿“大义”外衣，当可使野心家的私欲，不敢过分猖獗。

周瑜原被派往番阳（江西省鄱阳县），鲁肃劝孙权召回周瑜，共商大事。周瑜既返，对孙权说：“曹操名义上是东汉王朝宰相，其实是东汉王朝蟊贼。将军英雄盖世，又继承老爹（孙坚）、老哥（孙策）的基业，据守江东广大土地，广阔数千里，拥有足够使用的精锐部队，忠心不贰，自当横行天下，为东汉王朝洗清污垢。何况曹操亲自前来送死，怎么反而迎降？且向将军作一分析：北方边疆，仍没有平定；西方军阀首领马超、韩遂，仍驻屯关西（函谷关以西），始终是曹操的背后灾患（时马超、韩遂皆在凉州〔甘肃省东部南部〕）。而曹操却舍弃马匹，改用船舰，跟吴越（江苏省南部及浙江省）战士，在疆场争锋。现在，正是严冬，千里冰封，战马吃不到野草。曹操却驱逐这些北方部队，盲目的投入错综复杂的河川湖泊之间，水土不服，一定患病。这几点，都是统帅应考虑到的危险，而曹操却贸贸然不顾一切。将军之擒获曹操，就在这场决战之中。请拨付给我数万人精锐部队，挺进到夏口（湖北省武汉市），保证为将军击破来敌。”孙权说：“曹操老贼早就打算颠覆东汉王朝政府，自己篡位，只是顾忌袁绍、袁术、吕布、刘表，以及我——孙权。其他英雄都已消灭，只我还在，我跟曹操老贼，势不两立。你主张迎战，正合我的盼望，是上天把你赏赐给我！”抽出佩刀，向桌案砍下，坚决说：“任何一个人，再敢说迎降，跟这个书案相同（指诛杀）！”遂即散会。

当夜，周瑜再晋见孙权，说：“大家看到曹操书信，被他的‘水陆两军八十万’吓得惊惶震恐，已不能用理性分析虚实，才顺口说出迎降的话，没有什么意义。而今我们作一实际调查：曹操所谓中央政府兵团，不过十五六万，而且长途征战，早已疲惫不堪。新接收的刘表荆州（湖北省及湖南省）部队，充其量也不过七八万，而且军心不稳；用疲惫的士卒，统御军心不稳的部众，人数再多，也不用害怕。我只需要五万人的精锐部队，就足够克制敌人，请将军不必担心。”孙权感动，拍着周瑜的后背说：“公瑾（周瑜别名），你的见解，跟我相同。张昭、秦松等人，只顾自己的妻子儿女，一片私心，使我失望；只有你和鲁肃，跟我站在一边，这是上天把二位赏赐给我，做我的辅佐。五万人一时难以集结，但已征调三万人，船舰、武器，都准备齐全，你跟鲁肃、程普，先行出发，我当继续集结各地部队，尽量运送辎重粮秣，做你的后援。你在前方，如果胜利，一切解决；如果失利，请回来跟我合军，我当亲自跟曹操一决生死。”遂命周瑜、程普，分别担任左右翼总司令官（左右督），率军西上，跟刘备合力迎战曹操；命鲁肃当参谋长（赞军校尉），协助大军，贡献方略。

刘备驻军樊口（湖北省鄂州市西），每天都派人站在江边，向东眺望孙权大军。这一天，终于看见周瑜先头船只，立即飞奔报告刘备，刘备派人前往慰劳。周瑜说：“军令在身，不可以擅离职守，倘若能够委屈大驾前来会面，正是我的盼望。”刘备遂乘一艘小艇，拜访周瑜，说：“拒抗曹操入侵，这是睿智的决定，但不知大军数目？”周瑜说：“三万人。”刘备说：“可惜太少。”周瑜说：“已经够了，州长（刘备）且看周瑜破敌！”刘备请召唤鲁肃会晤，周瑜说：“军令在身，他恐怕不能擅离职守，如果一定想看到他，请去他的座舰！”刘备既惭愧又惊喜（既惭愧自己要求会见鲁肃的鲁莽，又惊喜周瑜治军严整）。

周瑜大军跟曹操大军，在赤壁（湖北省赤壁市西北周郎嘴镇）遭遇。

这时，曹操大军发生瘟疫，战斗力衰退。两军开始接触，曹操大军稍稍不利，遂停驻长江北岸乌林（湖北省洪湖市东北乌林镇），周瑜则据守长江南岸，双方遥遥相对。周瑜部将黄盖说："敌众我寡，难以继续僵持。曹操船舰，用铁链连锁，首尾相接，我们可用火攻对付。"遂集结蒙冲战舰跟主力战舰十艘，满载干燥芦草和木柴，船舱满灌脂油，用帐幕密密包好，竖起军旗，在船尾系上快艇（走舸——船夫多而战士少）。事先，黄盖派人送信给曹操，诈称投降。当发动突袭时，东南风正急，黄盖命十艘舰艇，先行到达江心，升起篷帆，其他舰艇则在后跟进。曹操官兵，都涌出大营，挤在那里，向江心指指点点，欢声雷动，认为一定是阵前起义来归的黄盖舰队。当黄盖疾驶到距曹操大营约二华里之遥时，各舰同时引火，风助火势，船行疾如流星，冲入曹操舰群，一片火海，延烧到岸上陆军营寨。顷刻之间，浓烟火焰，上冲霄汉，士兵、马匹，或被烧死，或坠入长江溺死，哭号震天，死伤不计其数。

周瑜等轻装备舰艇随后赶到，战鼓雷鸣，震天动地，曹操大军霎时崩溃。曹操无法控制，只好率领残军，从华容（湖北省潜江市西南）狭径（狭径在今湖北省监利市东，位古华容县东南七十公里），向西逃走。沿途泥泞不堪，路又阻塞，天际突然刮起狂风。曹操命老弱残兵身负野草铺路，骑兵部队才勉强通过。而身负野草铺路的老弱残兵，被人马践踏，陷在泥浆中，死亡不计其数。刘备、周瑜水陆并进，在后追击，一直追到南郡（湖北省江陵县）。曹操大军惨败之后，加上饥饿和传染病，丧生的超过半数（依曹操自称八十万，死亡当在四十万人以上。依周瑜估计二十三万，也死十二万人以上；一将成名万骨枯，可悲）。

曹操命征南将军曹仁、横野将军徐晃，留守江陵（南郡郡政府所在县），折冲将军乐进，留守襄阳（中央所设荆州州政府所在县，湖北省襄阳市）；

自率军北返首都许县(河南省许昌市东)。

14 周瑜、程普，率数万人庞大部队，跟曹仁隔长江扎营。还没有接触，甘宁请求先行夺取夷陵(湖北省宜昌市)，切断曹仁右臂。甘宁既抵夷陵，立即入城，戒备防守。

益州(四川省及云南省)将领袭肃(袭，姓)，率军归降周瑜(东吴既夺取夷陵，便跟益州接壤；益州将领初受压力)。周瑜上书孙权，建议把袭肃的部队，拨给横野警卫指挥官(横野中郎将)吕蒙。吕蒙极力称赞袭肃有胆识才干，而且心怀仰慕，主动归降，应该增强他的兵力才对，不应夺去他的军权。孙权嘉许吕蒙的看法，仍命袭肃率领他的旧部。

曹仁派出军队，包围夷陵(湖北省宜昌市)，甘宁被困，情势危急，向周瑜求救。将领们认为兵力单薄，没有能力派出援军。吕蒙对周瑜、程普说："请凌统留守江陵(湖北省江陵县)，我追随二位前往解围，不会费去太久时间。我敢担保，凌统至少可以支持十天(江陵跟夷陵，航空距离九十公里)。"周瑜接受，援军西进，在夷陵城下大破围城的曹仁部队，俘获战马三百匹，班师。将士战志高昂，周瑜遂率军横渡长江，在北岸筑垒，跟曹仁对抗。

十二月，孙权亲自包围合肥(扬州州政府所在县，安徽省合肥市)；命秘书长(长史)张昭进攻九江郡(安徽省寿县)所属的当涂(安徽省怀远县南马头城)，不能取胜。

刘备向东汉帝(十四任献帝)刘协(本年二十八岁)上书，推荐并任命(表)刘琦当荆州(湖北省及湖南省)州长(刺史。皇帝刘协在曹操控制之下，岂容刘备推荐并任命？刘备又如何派人到首都许县呈递奏章？乱世之中，"表"不仅没有实质，有时也没有形式，不过文字游戏)。

刘备率军南下，夺取荆州所属的南方四郡。武陵郡(湖南省常德

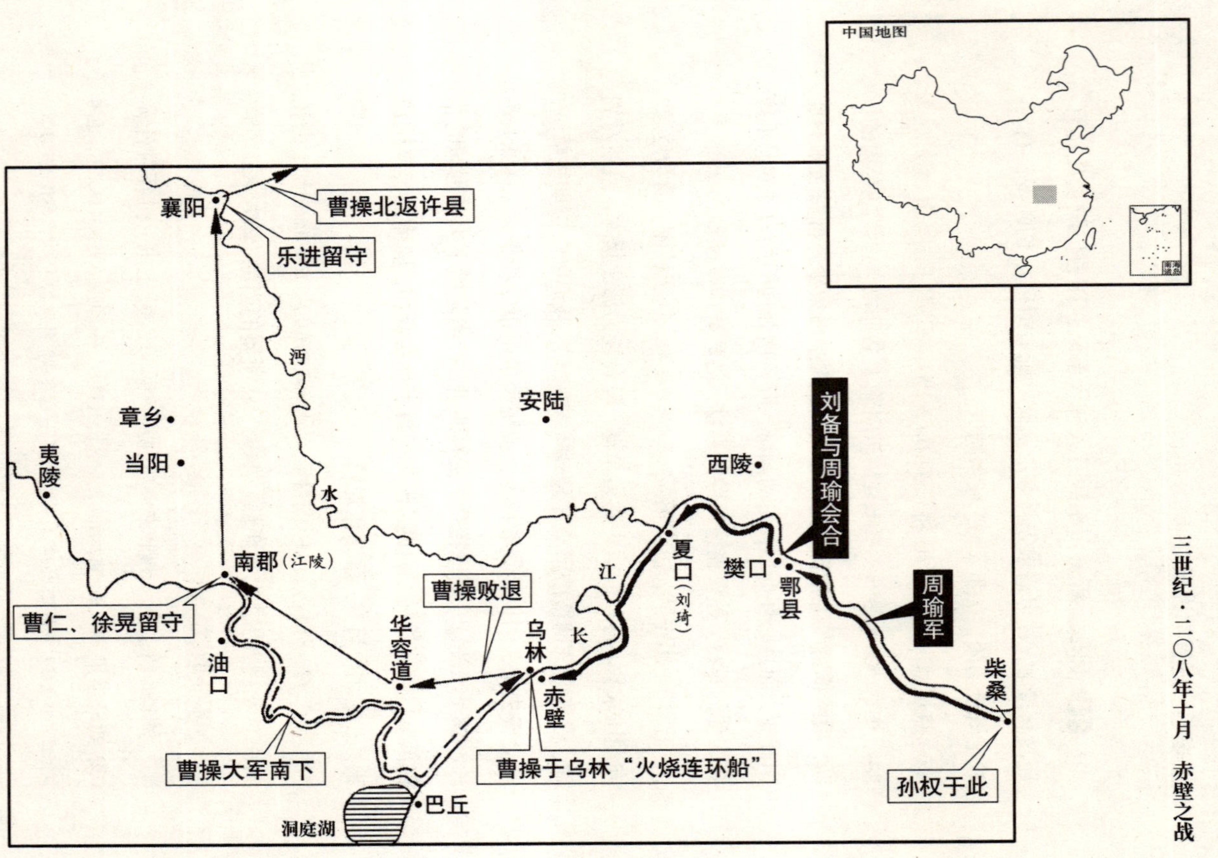

三世纪·二〇八年十月 赤壁之战

市）郡长金旋、长沙郡（湖南省长沙市）郡长韩玄、桂阳郡（湖南省郴州市）郡长赵范、零陵郡（湖南省永州市）郡长刘度，全都投降。庐江郡（安徽省潜山市）部队指挥官（营帅）雷绪，率领部众数万人，归降刘备。刘备任命诸葛亮当军师警卫指挥官（军师中郎将），督察零陵、桂阳、长沙三郡，征收田赋捐税，充实军费，再任命偏将军赵云兼桂阳郡（湖南省郴州市）郡长。

15 先前，益州（四川省及云南省）全权州长（牧）刘璋，听到曹操取得荆州（湖北省及湖南省）消息，十分震撼，派行政官（别驾）张松，晋见曹操祝贺致敬。张松短小精干，为人行为放荡，可是，他的真知灼见，超过常人。曹操当时轻易获得胜利，刘备也狼狈逃走；对其貌不扬的张松，认为并不是重要角色，不再像往日那样，对人亲切接纳。主任秘书（主簿）杨修建议曹操，延聘张松在中央当官，曹操拒绝。张松对曹操的轻视，心怀怨恨，返回益州（四川省及云南省）后，建议刘璋跟曹操断绝关系，转跟刘备结交，刘璋接受。

从前，姜小白（春秋时代齐国十六任国君桓公）只一次倨傲，自负他的功业，立刻就有九国背叛；而曹操也只一次倨傲，自负他的胜利，天下遂分裂为三。殷殷勤勤数十年累积下来的成果，在低头抬头的刹那之间，就被毁弃，岂不可惜！

夺取荆州之前，曹操有大海样的胸襟，气度广阔，礼贤下士，可钦可爱，使人甘愿为他肝脑涂地。以张绣的仇恨，一听来归，握手欢宴，封官晋爵（参考一九九年十一月）。以许攸的狂妄，得到投奔消息，连鞋子都来不及穿，光脚出迎

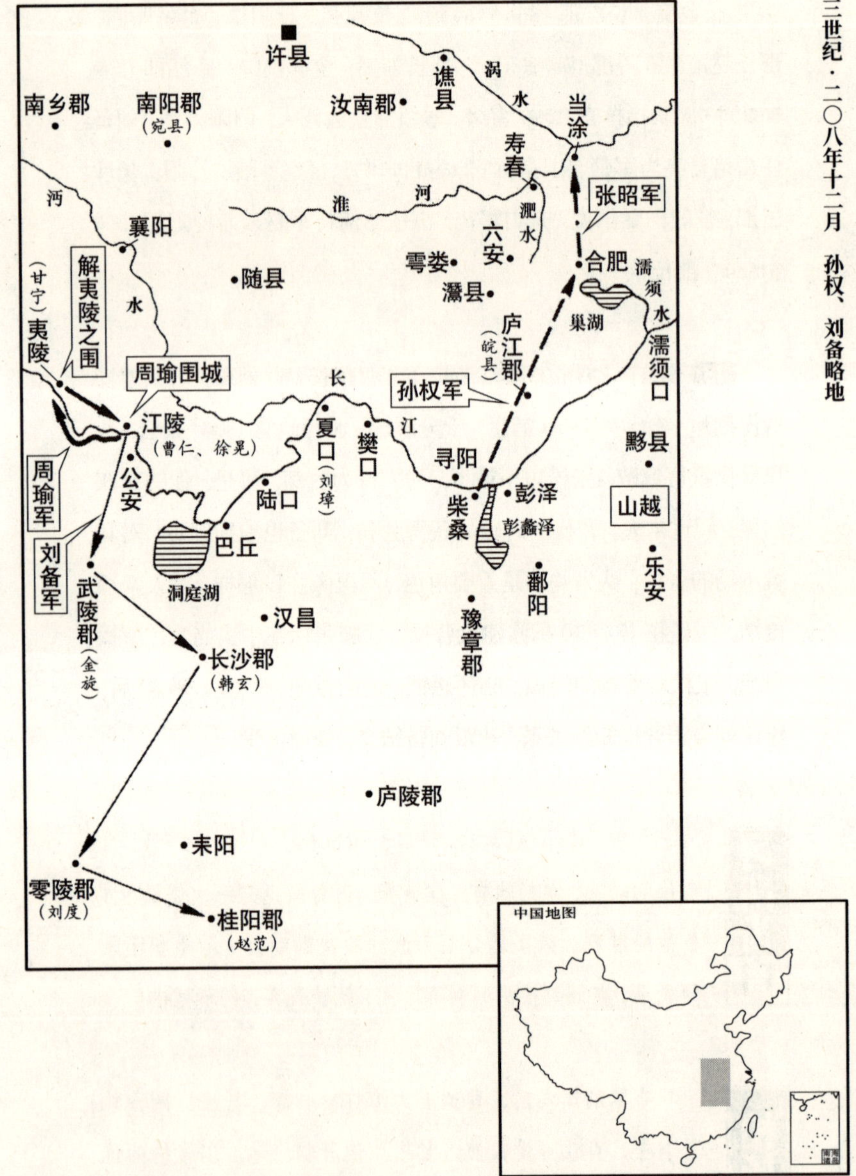

三世纪·二〇八年十二月 孙权、刘备略地

（参考二〇〇年十月）。以陈琳的恶毒攻击，为了爱才，也都宽恕。假使能用待三人者待张松，张松一旦倾心，益州天府之国，便入掌握，岂有刘备立足之地？

胜利能使人头昏，权力膨胀能使人大脑像滚水一样沸腾。曹操尚且如此，何况泛泛之辈？英雄豪杰，甚至任何一个前途如锦的人物，最容易犯的一项致命错误，就是沾沾自喜。在获得决定性胜利，或掌握决定性权力之后，对自己的智慧或能力，往往产生过高的评价——忽然间忘了自己是谁。伟大事业之不能完整，奇迹之不能保持，原因在此。岂止可惜，更为可悲！

16 曹操追念田畴的功劳，后悔准允他辞让封爵（参考去年〔二〇七〕十一月。如果没有田畴，乌桓部落〔河北省北部〕跟袁家兄弟残余，便无法扫除。曹操于赤壁惨败之后，已经冷静，思及北伐成功原因，不由于他英明的领导，而由于田畴和他的部众的效命，才有此举），说：“这是为了满足一个人的高尚志愿，而破坏国法。”仍封田畴三等侯爵（亭侯）。田畴上书皇帝，誓死不肯接受。曹操不许，打算强迫，但经过再三再四压力，田畴仍然坚持。有关单位遂提出弹劾：“田畴自命清高，违背圣人大道，斤斤计较小名小节，应免除官职，依法惩处。”曹操命世子曹丕，跟高级官员会议决定（帝位合法继承人称“太子”，爵位合法继承人称“世子”）。曹丕建议：“田畴的情形，跟斗子文逃避俸禄（《国语》：楚王国四任王〔成王〕芈熊颙，每次送给宰相〔令尹〕斗子文俸禄，斗子文一定逃走，等到芈熊颙收回俸禄，他再回来。有人问斗子文：“人生谁不追求财富，你却逃避，什么原因？”斗子文说：“当一个政府官员，必须保护人民。人民都很贫穷，我偏偏富有，是夺取了人民的财产，恐怕随时会被诛杀。我逃避的是死亡，不是财富。”），申包胥逃避奖赏一样（《左传》：吴王国大破楚王国军队，占领楚王国首都郢都〔湖北省江陵县〕。楚王国官员申包胥，前往秦国请求发兵援救，身靠宫墙，日夜哀哭，不进饮食，凡七天之久。秦国感动，遂出兵驱逐吴军，楚王国得以重建。楚王芈轸〔十三任昭王〕奖赏申包胥，申包胥说："我这样做是为君王，不是为自己，君王既已平安，我还要求什么？"遂逃走）。所以，最好不要勉强他，用以褒扬他的节操。"宫廷秘书（尚书）荀彧、京畿总卫戍司令（司隶校尉）钟繇，也认为应尊重田畴的决定。

但曹操非封田畴不可。田畴跟夏侯惇一向友善，曹操命夏侯惇前去说服，夏侯惇到田畴住处拜访，田畴知道夏侯惇来意，闭口不说一句话。夏侯惇只好告辞，临走时，仍要田畴接受，田畴说："我，是一个忘恩负义、逃避危险的人（指不能替恩主刘虞复仇，反而逃入徐无山。参考一九三年）。蒙受厚恩，得以活命，已是幸事（"蒙受厚恩"，是蒙受袁绍厚恩？还是蒙受曹操厚恩？甚至是蒙受公孙瓒厚恩？语不精确，往往如此），岂可以因为出卖卢龙塞（河北省迁安市西北），换取封爵？即令政府特别爱护我，难道我心不惭愧？将军知我最深，尚且见逼！一定要我接受，我只有一死，在诏书之前自杀。"话还没有说完，泪流满面。

夏侯惇报告曹操，曹操叹息，知道不可能使他屈服，遂撤销封爵之议，任命田畴当参议官（议郎）。

17 曹操最小的儿子曹仓舒病死，曹操哀伤怜惜，十分沉痛。最高监察署秘书（司空掾）邴原的女儿，也在幼年早亡，曹操请求让一对小儿女合葬。邴原拒绝，说：“生时没有结婚，死后合葬，不是古礼。我之所以有一点长处事奉明公（曹操），而明公之所以容纳我效劳，只为了我能坚守儒家学派经典。如果接受明公的命令，就成了庸俗之辈，还有什么意思！”曹操遂打消初意。

18 孙权命威武警卫指挥官（威武中郎将）贺齐，攻击丹阳郡（安徽省宣城市宣州区）所属黟县（安徽省黟县）及歙县（安徽省歙县）二县变民集团（黟，音yī〔衣〕。歙，音shè〔射〕）。黟县变民首领陈仆、祖山等二万户部众，驻屯林历山（黟县南），四周悬崖绝壁，无法进攻。贺齐屯兵一月有余，无可奈何。最后，秘密招募身手敏捷的壮士，在深山背后，人迹罕至的地方，乘夜进击，用铁斧砍树凿洞，悄悄爬到高处，投下布帛，把下面部队一一拉上，集结一百余人，分散四方，突然擂动战鼓，吹起号角，变民集团大为惊恐，岗哨跟守险的部队，全奔回大营。贺齐大军急行攀登，大破黟县变民集团。

孙权分割二县为六个县（始新县〔浙江省淳安县〕、新定县〔淳安县西南〕、休阳县〔安徽省休宁县〕、黎阳县〔安徽省黄山市〕、黟县、歙县），设立新都郡（郡政府设始新）；任命贺齐当郡长。

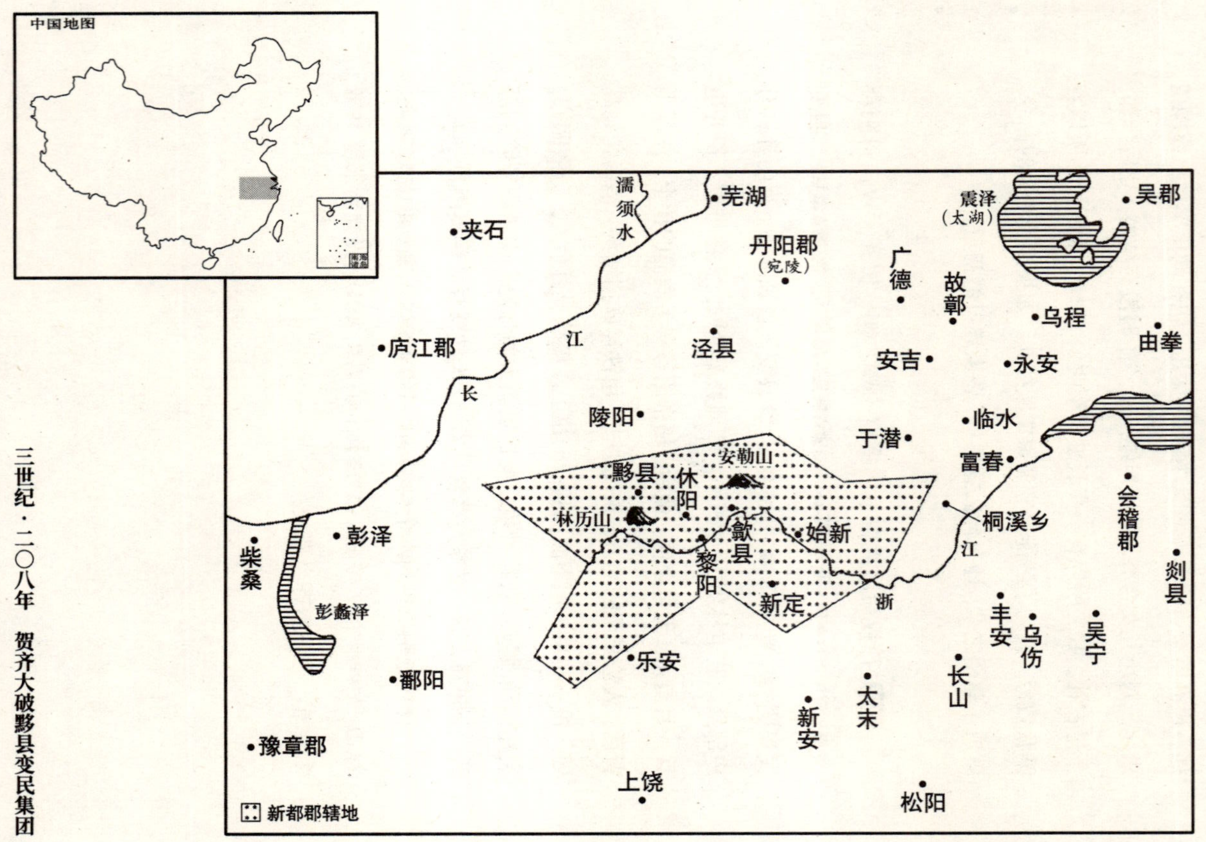

三世纪·二〇八年 贺齐大破黟县变民集团

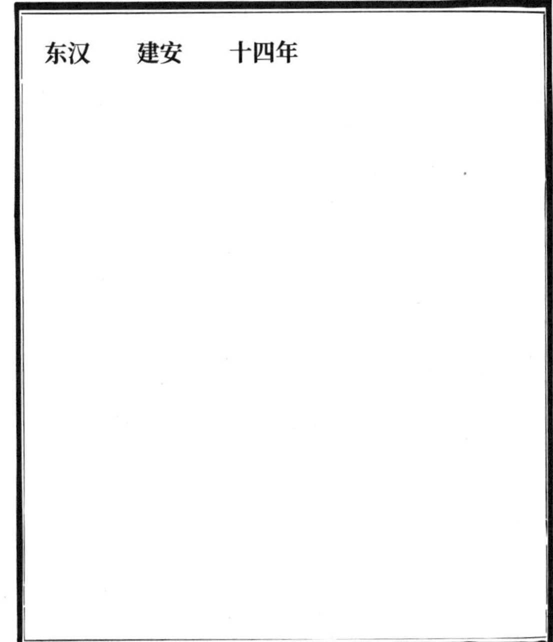

1 春季，三月，东汉王朝（首都许县〔河南省许昌市东〕）丞相曹操大军返抵谯县（豫州州政府所在县，安徽省亳州市）。

2 讨虏将军孙权，包围合肥（中央所设扬州州政府所在县，安徽省合肥市），很久不能攻克。孙权率领轻装备骑兵，打算亲自突击。秘书长（长史）张纮劝阻说："武器就是凶器，而战争十分危险。将军仗着一股锐气，轻视强大的敌人；大小三军，都为你担心。即令可以斩将拔旗，威震沙场，只不过一个将领的责任，不是统帅分内的事。但愿你压制孟贲、夏育（皆是古代勇士）的勇气，心怀霸主、王道的谋略。"孙权才停止。

曹操派将军张喜，率军救援合肥，一直没有到达。扬州（安徽省中部及江南地区）行政官（别驾）、楚国（即彭城国，首府彭城〔江苏省徐州市〕）人蒋济，秘密向州长（刺史）建议："假装接到张喜的军报，宣称步骑兵混合兵团四万人，已经抵达雩娄（河南省固始县东南。雩，音yú〔愚〕），特派主任秘书（主簿）前往迎接张喜。"主任秘书出城后，分别派三个信差，携带"援军挺进"消息，通知城中守将。在预计中：只有一个信差得以入城，而另两个信差将被孙权俘虏。

孙权相信这项假的情报，焚烧围城营具，撤走。

3 秋季，七月，曹操率领舰队，从涡水（淮河支流，于安徽省怀远县注入淮河）进入淮河，在淝水登岸，驻屯合肥（扬州州政府所在县，安徽省合肥市），以芍陂（安徽省寿县西南安丰塘镇）为中心，开荒垦田。

4 冬季，十月，荆州（湖北省及湖南省）地震。

5 十二月，曹操率军返谯县（安徽省亳州市）。

庐江郡（安徽省潜山市）人陈兰、梅成，占据灊县（安徽省霍山县）、六县（安徽省六安市）叛变。曹操派荡寇将军张辽讨伐，斩陈兰、梅成。遂命张辽跟乐进、李典等，率七千余人，驻屯合肥（扬州州政府所在县，安徽省合肥市）。

6 周瑜围攻曹仁据守的南郡（湖北省江陵县），已一年有余，杀伤敌人至重；曹仁不能支持，遂放弃南郡，向北突围。孙权任命周瑜兼南郡郡长，驻军江陵；程普兼江夏郡郡长，郡政府设沙羡（湖北省武汉市江夏区西金口街道）；吕范兼彭泽郡（江西省湖口县东）郡长；吕蒙兼寻阳（湖北省武穴市东北）县长。刘备向中央推荐并任命（表）孙权当代理车骑将军，兼徐州（江苏省北部）全权州长（空头官衔）。就在这时，原江夏郡（湖北省武汉市江夏区西金口街道）郡长刘琦逝世，孙权遂向中央推荐并任命（表）刘备兼荆州（湖北省及湖南省）全权州长（牧）。

周瑜把长江南岸（湖北省江陵县对岸，当时属南郡领土）分给刘备，刘备在油口（湖北省公安县，油水注入长江处）驻军，改名公安。

孙权把妹妹嫁给刘备（孙权今年二十八岁，妹妹年龄不详，如推测二十五岁左右，非不合理。古代早婚，二十五岁不可能不嫁，如推测二十岁左右，也非不合理；而刘备今年已四十九岁。二人年纪，相差二十四岁以上，明显的是政治婚姻），孙小妹才华敏捷，性情刚烈勇猛，有哥哥们的风范，侍婢一百余人，都全副武装，手执利刃，在旁侍候。刘备每次进入内宅，都忐忑不安（恐被谋害）。

曹操派出密使、九江郡（安徽省寿县）人蒋干，游说周瑜。蒋干以辩才闻名当时，长江、淮河之间，没有人能超过他。蒋干换上布制的衣服，改戴葛草织成的头巾（表示一介平民），宣称纯是私人情谊，拜访老友。周瑜亲到营门外迎接，就站在那里，对蒋干说："久别不见，思念甚苦，你翻山渡水，从遥远的地方（首都许县）到此，莫非是当曹操的说客？"遂即陪同蒋干，参观大营，检阅仓库、粮秣、武器装备，然后设下筵席，欢宴贵宾。周瑜把漂亮的侍女、漂亮的衣服首饰，以及珍贵的古董宝物，展示给蒋干，说："大丈夫生在世上，遇到知己的领袖，外表是君臣、是长官和部属；内心却情同骨肉，恩义如山，言听计从，有福同享，有祸同担。即令苏秦、张仪重生，岂能转移他的忠贞（苏秦、张仪事，参考前三三三年）！”蒋干一直微笑，不说一句有关政治的话。回来向曹操报告，指出周瑜胸襟广大，志向高远，不是言语所能动摇。

7 丞相府秘书（丞相掾）和洽，建议曹操说：“天下千万众生，才干和品德，都不相同，不可以只用一个标准选拔人才。过分的节俭朴素，用来约束自己可以，用来判断别人，就会失误。而今政府推行一项运动，凡是喜爱穿新衣服，或喜爱坐车的官员，都被抨击，说他们不够廉洁；而蓬头垢面，破衣破袄的官员，都被称赞廉洁。于是，迫使士大夫把衣服故意弄脏，把车马、轿舆、衣服都秘密收藏；政府高级官员，甚至自己携带饭盒，到官府进餐。建立榜样和改善风俗，必须中庸，只有这样，人们才能效法。现在提倡的是一种难以忍受的刻苦行为，用它来约束各阶层人士，勉强施行，最后必然不能延续。古人伟大的教化，精义在于通达人情，凡是激烈怪诞的行为，一定产生虚伪。”曹操认为他的见解好极。

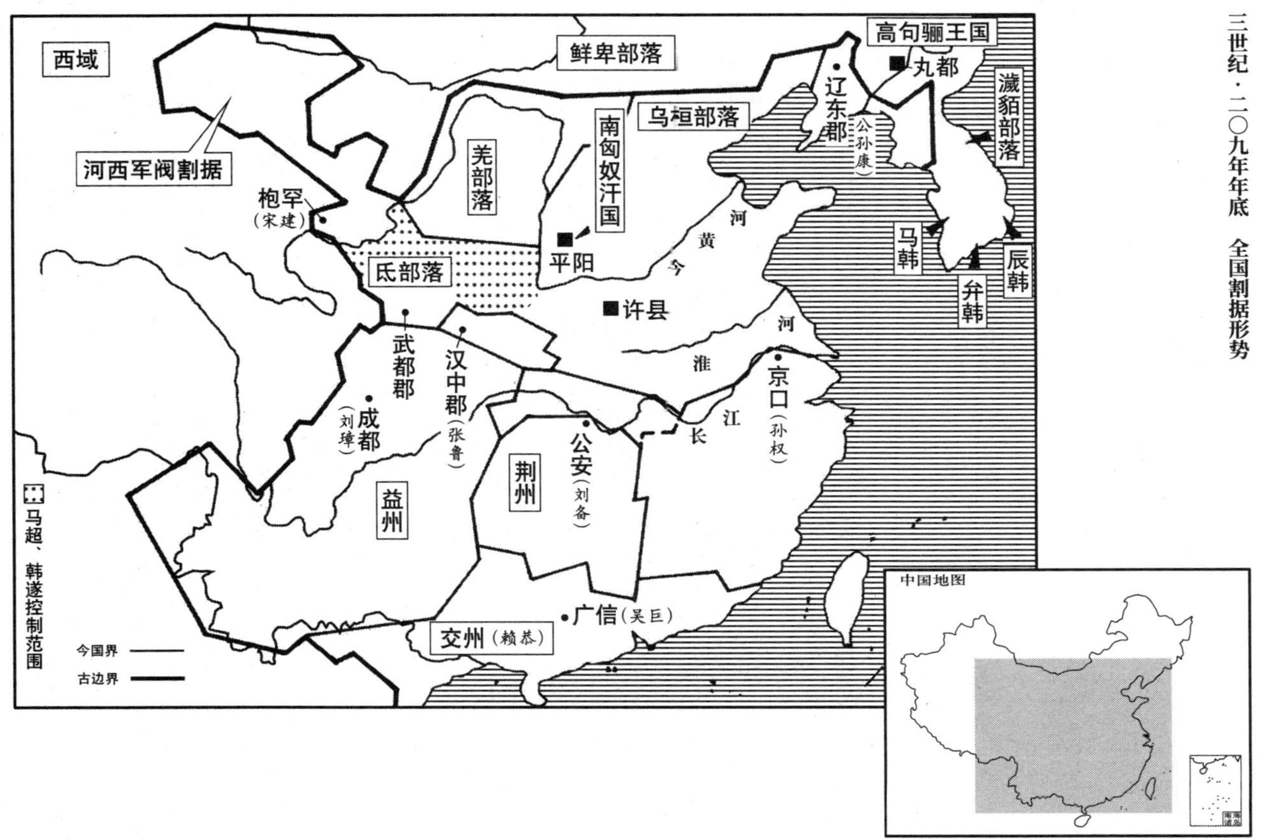

三世纪·二〇九年年底　全国割据形势

东汉王朝

- 曹操建铜雀台，颁《自明本志令》。
- 刘备夺取益州。
- 伏皇后谋杀曹操，幽死。
- 南匈奴汗国亡。
- 关羽北伐，兵败被杀。

- 罗马帝国皇帝卡勒卡拉，被刺身死。五十八年中（二一二—二七〇年）称帝者三十人，仅一人善终，余二十九人，皆死于非命，史称“三十暴君时期”。

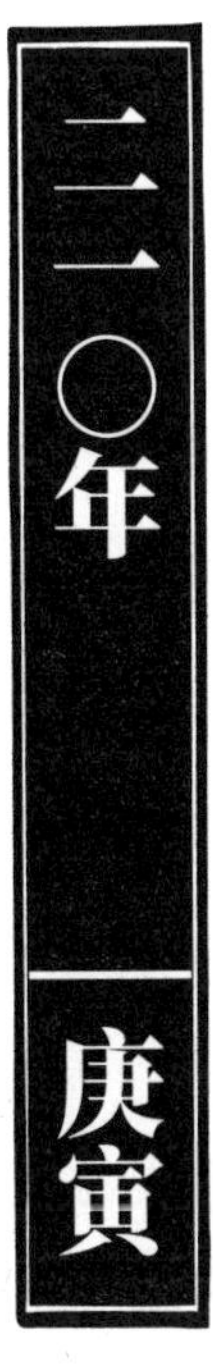

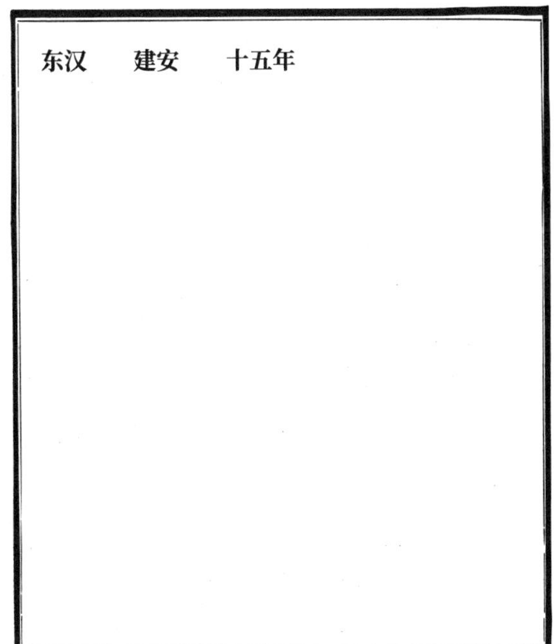

1 春季，东汉王朝（首都许县〔河南省许昌市东〕）丞相曹操下令："孟公绰当晋国赵、魏两大家族的元老，可以愉快胜任；但如果当滕、薛两小封国的国务官（大夫），便干不下去（元老悠闲，无权无责，国务官权大责重，没有能力的人，无法担任。参考八四年）。如果一定固执任用廉洁之士，姜小白（春秋时代齐国十六任国君桓公）怎么能称霸天下（管仲就不是廉洁之士）？各位朋友，请帮助我，在穷乡僻壤，发掘人才，只要他是人才，我一定任用。"

2 二月一日，日蚀。

3 冬季，曹操在邺城（冀州州政府所在县，河北省临漳县西南邺城镇）

兴筑铜雀台（这个铜雀台，在文学史上，占重要地位。故址在河北省临漳县西南，古邺城内西北隅。二一三年，更添筑金虎台。后来，又添筑冰井台，台与台之间，用双层道相连，共称“三台”。曹操逝世前，遗嘱说：“我死之后，埋葬西冈，跟西门豹庙宇相邻。我的姬妾侍女，都留在铜雀台上。你们应常常上去，眺望我西冈墓园。”后人哀悼这位英雄之死，作有《铜雀妓》《雀台怨》等诗篇。杜牧《赤壁》诗句：“东风不与周郎便，铜雀春深锁二乔。”〔大乔是孙策妻，小乔是周瑜妻，都美貌绝伦〕使铜雀台更为突出）。

4 十二月己亥日（十二月辛丑朔，没有己亥），曹操发表文告（《自明本志令》），说：

“我最初被保荐当‘孝廉’（时曹操二十岁），自己知道不是身藏深山的知名之士，恐怕世人把我当成凡夫俗子。为了推广教化，争取名声荣誉，所以在济南国（首府东平陵〔山东省济南市章丘区〕）时，铲除贪官、消灭污秽（曹操当济南国宰相，所属十余县，县长等官员多阿附权贵，贪赃枉法。曹操奏报中央，有八人免职，境内肃然），公平正直的选拔人才，因此受到豪门强族的怨恨。深恐怕招来杀身毁家之祸，所以声称有病，辞职回乡。那时年纪还轻，就在谯县（曹操故乡，安徽省亳州市）东五十华里，兴筑书房别墅，打算秋夏两季读书，冬春两季打猎，预期二十年，等到天下太平，再出来做官。

“然而，却不能如愿以偿，又受到中央征召，担任典军指挥官（典军校尉。参考一八八年八月），一心一意为国家讨伐盗贼（黄巾），建立功勋，只盼望死后墓碑上，题字：‘汉王朝故征西将军曹操之墓’，生平大志，不过如此，想不到不久就发生董卓之难，我遂兴起义军（参考一九〇年）。后来，兼任兖州（山东省西部）州长（刺史），击破黄巾变民集团三十万人（参考一九二年）；接着讨伐袁术，逼使袁术穷途末路而死（参考一九九年六月）；讨伐袁绍（参考二〇〇年），砍下他两个儿子（袁尚、袁谭）的人头（参考二〇五年、二〇七年）；再平定刘表（参考前年〔二〇八〕），全国统一。

“我，身为宰相，对一个做臣属的人来说，尊贵已到顶点，远超过昔日的愿望。假设国家没有我，不知道几人称帝，几人称王！也许有些人，看见我的力量日渐强盛，而我素来又不相信天命，因之随意猜测，认为我可能有篡夺东汉王朝政权之意；每一想到这些，耿耿于怀。所以特别向各位说明本末，全是肺腑之言。然而，如果打算要求我放弃军队，交还给有关机关，回到我的采邑武平侯国（河南省鹿邑县西北武平城村），则绝不可能。为什么？诚恐怕一旦离开军队，就会被人谋害。一方面为子孙打算，一方面也考虑到，我如果失败，国家会立刻陷于险境。所以，我绝不会为了一个虚名，而去接受实祸。

“不过，我的侯爵采邑面积，有四个县之多，人民有三万户，我岂有品德消受！社会仍然混乱，官位不可辞让；至于采邑封土，却可以拒绝。现在，向中央缴回阳夏（河南省太康县）、柘县（河南省柘城县）、苦县（河南省鹿邑县）三县，以及二万户人家，只保留武平（河南省鹿邑县西北武平城村）一万户人家。姑且减轻诽谤议论，减少我所承受的压力。”

曹操这项《自明本志令》，光明磊落，字字真挚。他坦率的承认：并不是从小就胸怀大志，而是时势推演，才把他推上高位。而既被推上高位之后，他就等于骑到猛虎背上，到死才能下来。他坦白的说明他面对的困局，这是专制政体特有的困局，任何人都无法突破，那就是：他不能放弃军权。韩信、韩馥等人的命运，都是活生生的前车之鉴。

大多数政治性文告，都是虚情假意，说些谎话、大话、空话。

《自明本志令》之可贵，曹操之可爱，就在于有异于此。

5 前荆州（湖北省及湖南省）全权州长（牧）刘表的部属，大多数归附现任荆州全权州长（牧）刘备，刘备因为周瑜所拨付的土地太少（荆州所属八郡，周瑜仅指定长江以南四郡），不能容纳他的部众，于是由公安（荆州州政府所在，湖北省公安县）亲自前往京口（孙权总部，江苏省镇江市），当面向孙权要求长江以北四郡。

南郡（湖北省江陵县）郡长周瑜得到消息，紧急上书孙权说："刘备是一代枭雄，又有关羽、张飞熊虎之将，绝不可能长久屈居人下。我认为必须抓住这个机会，把刘备扣留，给他兴筑广大豪华的住宅，多多供应他美女和其他声色犬马，使他耳目迷恋。然后，把关羽、张飞分开，各派驻一个地方；使像我周瑜这样的将领，得以率领他们作战，大事可以完成。如果把土地分割给刘备，作为他的资本，把三个人聚集在沙场之上，那就跟蛟龙遇到浓云大雨一样，不可能再留在水池之中。"彭泽郡（江西省湖口县东）郡长吕范，也劝孙权扣留刘备。但孙权认为曹操仍雄踞北方，正应该广揽英雄豪杰，拒不接受。刘备返回公安（湖北省公安县），稍后，听到这些内幕，叹息说："天下智谋之士，看法都差不多。当时诸葛亮曾经劝我不要去，正是忧虑会发生这种事情。然而，我正在危急，不得不去。细想起来，真是凶险，几乎逃不出周瑜的毒手。"

6 周瑜前往京口（江苏省镇江市）晋见孙权，说："曹操最近受到挫败，有腹心之忧（指曹操威望跌落，内部可能有人背叛），所以不能跟将军（孙权）再在战场上一决雌雄。我请求跟奋威将军同时西征，夺取蜀地（指益州〔四川省及云南省〕），并吞张鲁（时据汉中郡〔陕西省汉中市〕）；然后，奋威将军留下来镇守，跟凉州（甘肃省东部南部）地方民兵首领马超结盟。我则回来，跟将军（孙权）一同进军襄阳（中央〔首都许县〕所设之荆州州政府所在县，湖北省襄阳市），压迫曹操，北方大有可为。”孙权应允。奋威将军，是孙坚的侄儿（孙权堂兄）、丹阳郡（安徽省宣城市宣州区）郡长孙瑜。

周瑜返江陵（南郡郡政府所在县，湖北省江陵县），整理行装，可是，却在中途患病，生命垂危，上书孙权说：“命有长短，诚不必悲伤。只恨心中这一点微小的志愿，不能实现，再无法执行你的命令。如今，曹操在北，局势还不安定。刘备借住在西，好像家中养着一只虎豹。天下大事，不知道将在什么局面之下结束？这正是全体干部，奋发忘食之日，也是至尊（孙权）处心积虑之时。鲁肃性情忠烈，临事不乱，可以代替我的职位。幸而我的建议有可以采纳之处，死也不朽。”就在巴丘（湖南省岳阳市）逝世（年三十六岁）。孙权得到消息，大哭说：“周瑜有辅佐帝王的才能，却忽然短命而死，我将依靠何人？”亲自西上奔丧，在芜湖（安徽省芜湖市）迎接到周瑜的棺柩。周瑜有一个女儿、两个儿子。孙权教他的长子孙登，娶周瑜的女儿。任命周瑜的长子周循当骑兵总监（骑都尉），把女儿嫁给他。周瑜的次子周胤当农垦司令（兴业都尉），把孙家的女儿嫁给他。

最初，周瑜跟孙策结交（参考一九四年），孙权的娘亲吴太夫人又命孙权把周瑜当作兄长。当时，孙权官位不过是一个“将军”，所属将领以及宾客们，礼节还都十分简单，只有周瑜毕恭毕敬，一见面便以臣属自居。江夏郡（湖北省武汉市江夏区西金口街道）郡长程普，因为年长之故，屡屡凌辱周瑜，周瑜委曲求全，始终不跟程普计较。后来，程普受到感动，对周瑜十分敬重亲近，告诉别人说：“跟周瑜交往，好像饮下美酒，不知不觉就会沉醉。”

孙权重新部署兵力，命鲁肃当奋武指挥官（奋武校尉），接替周瑜的统帅位置，而命程普兼任南郡（湖北省江陵县）郡长。鲁肃建议把荆州（湖北省及湖南省）借给刘备，共同抵抗曹操，孙权允许。于是分割豫章郡（江西省南昌市）另设番阳郡（即鄱阳郡，江西省鄱阳县），分割长沙郡（湖南省长沙市）另设汉昌郡（湖南省平江县南）。再任命程普回任江夏郡郡长，鲁肃当汉昌郡郡长，驻军陆口（湖北省嘉鱼县西南陆溪镇。所谓“借荆州”，只是把长江以北及长江三峡以东一带土地借给刘备，使他能够从汉水流域，正面对抗中央政府辖地。至于原属荆州的陆口、汉昌、夏口一带，因为是孙权基地〔扬州〕的门户，所以仍牢牢把守，没有“借”出。除此之外，便只有对刘备管治长江以南四郡的承认，但四郡早已归降刘备，也不在“借”之列）。

最初，孙权对吕蒙说：“你现在手握权柄，不可以不读书。”吕蒙辩护说，不是他不读书，而是军中事情太多，没有时间。孙权说：“我岂是要你研究儒家经典，去当教书匠？只不过希望你大略有个印象，知道从前发生过什么事就够了。如果说没有时间，谁能比我更忙，我还常常读书，自以为大有裨益。”吕蒙才开始求学。后来，鲁肃路过寻阳（湖北省武穴市东北），跟吕蒙谈论，不由大吃一惊，说：“你今天的才识智略，已不是当年吴郡（江苏省苏州市）时代的吕蒙。”吕蒙说：“士别三日，就要刮目相待，大哥发现的未免太迟！”鲁肃遂拜见吕蒙的娘亲（“登堂拜母”，表示情义密切），结交成为好友，然后告辞。

刘备任命参谋官（从事）庞统，代理耒阳（湖南省耒阳市）县长，到官后，政事荒废，免职。鲁肃写信给刘备，说：“管辖一百华里面积的县长，不足以劳动庞统。如果使他当总务官（治中）、行政官（别驾），才可以看出他的才能。”诸葛亮也竭力推荐。刘备遂召见庞统，相谈之下，大为器重，任命庞统当总务官（治中），待他仅次于

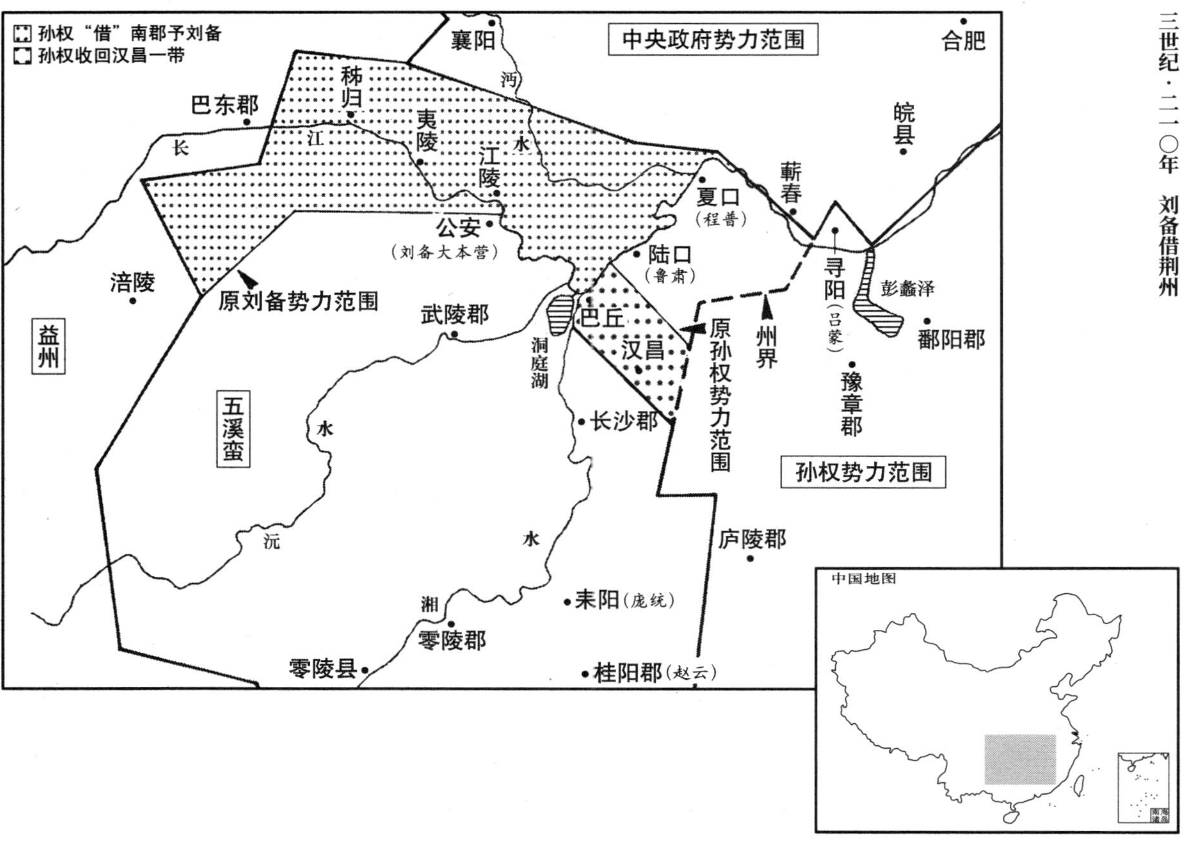
孙权“借”南郡予刘备
孙权收回汉昌一带
中央政府势力范围
襄阳
合肥
沔
秭归
巴东郡
夷陵
皖县
长
江
水
江陵
蕲春
夏口
（程普）
公安
（刘备大本营）
陆口
（鲁肃）
寻阳
（吕蒙）
彭蠡泽
涪陵
原刘备势力范围
巴丘
武陵郡
原孙权势力范围
州界
鄱阳郡
益州
汉昌
洞庭湖
豫章郡
五溪蛮
长沙郡
孙权势力范围
沅
庐陵郡
湘
耒阳（庞统）
零陵郡
零陵县
桂阳郡（赵云）
中国地图

待诸葛亮，跟诸葛亮同时担任军师警卫指挥官（军师中郎将）。

7 最初，苍梧郡（广西梧州市）人士燮，当交趾郡（越南河内市东北北宁省）郡长。交州（广西、广东及越南北部）州长（刺史）朱符，被蛮夷变民斩杀，州郡陷于混乱，士燮推荐并任命（表）他的老弟士壹代理合浦郡（广西合浦县东北）郡长、士䵋（音huì〔慧〕）代理九真郡（越南清化市）郡长、士武代理南海郡（广东省广州市）郡长。士燮性情忠厚，心胸开阔，中国本土知识分子，很多人前往投靠。士燮权威震慑一州，在广袤万里的土地上，尊严无以复加。每逢出入，警卫仪仗，都非常盛大，蛮夷全都归附。

中央政府派南阳郡（河南省南阳市）人张津，当交州（广东、广西及越南北部）州长（刺史），张津迷信鬼神，经常用赤红色的毛巾，缠到头上，弹琴、焚香、读道家学派书籍，声称可以帮助他升天，后来被部将区景斩杀。荆州（湖北省及湖南省）全权州长（牧）刘表，派零陵郡（湖南省永州市）人赖恭，接任张津留下的空缺。当时，苍梧郡（广西梧州市）郡长史璜逝世，刘表又派吴巨代理。中央政府直接颁发给士燮皇帝诏书，任命士燮当绥南警卫指挥官（绥南中郎将）、交州军区司令长官（董督七郡），仍兼交趾郡（越南河内市东北北宁省）郡长。

吴巨跟赖恭发生冲突（交州州政府及苍梧郡郡政府皆设在广信县〔广西梧州市〕），发兵攻击赖恭，赖恭逃走，奔还零陵郡。孙权任命番阳郡（江西省鄱阳县）郡长、临淮（江苏省泗洪县南〔此时没有临淮郡〕）人步骘，当交州州长（刺史），士燮兄弟归附孙权。吴巨表面上服从，内心另有打算，步骘把他引诱出来诛杀，声威震动全州。孙权擢升士燮当左将军，士燮派他的儿子到京口（孙权总部，江苏省镇江市）充当人质。从此，岭南（南岭以南）地区，开始隶属孙权。

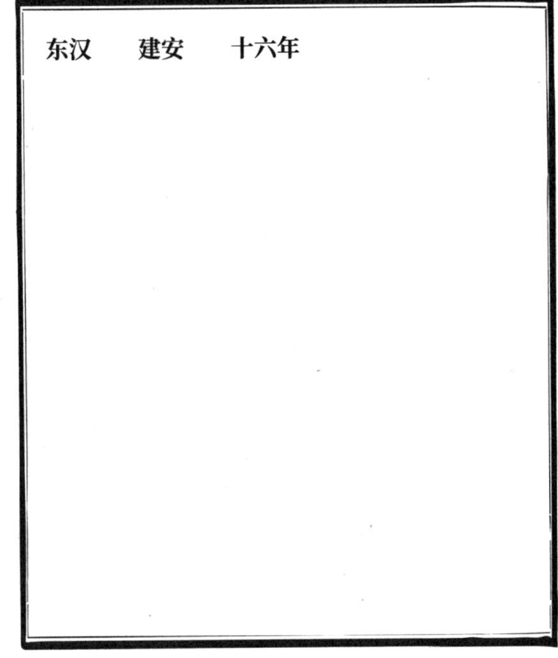

1 春季，正月，东汉王朝（首都许县〔河南省许昌市东〕）中央政府任命丞相曹操的长子曹丕，当高级皇家警卫指挥官（五官中郎将），设立官属，做丞相的助手（宫廷禁卫官司令〔光禄勋〕下，设高级皇家警卫指挥官〔五官中郎将〕、左翼警卫指挥官〔左中郎将〕、右翼警卫指挥官〔右中郎将〕。高级皇家警卫指挥官，仅只管辖高级警卫官〔五官〕，从来没有官属；仅只隶属宫廷禁卫官司令，跟宰相没有关系。至曹丕而权力为之一变，而其他官制，也逐渐更改）。

2 三月，曹操派京畿总卫戍司令（司隶校尉）钟繇，讨伐据守汉中郡（陕西省汉中市）的张鲁，命征西副将军（征西护军）夏侯渊，率军从河东郡（山西省夏县）出发，跟钟繇会师。丞相府仓库官助理（仓曹属）高柔劝阻说："大军一旦出动，韩遂、马超一定怀疑袭击他们，将集结起来对抗。应该先把注意力集中三辅（关中地区，陕西省中部），三辅如果平定，汉中郡（陕西省汉中市）可用一纸文告，使张鲁归附。"曹操不接受。

关中（陕西省中部）割据各地的将领，果然怀疑（胡三省注，认为曹操就是要逼他们叛变，然后加以消灭）。马超、韩遂、侯选、程银、杨秋、李堪、张横、梁兴、成宜、马玩等十人，联合叛变，共有部众十万人，据守潼关（陕西省潼关县）。曹操命安西将军曹仁，率领各军进逼，但下令不可以接战。命高级皇家警卫指挥官曹丕留守邺城（河北省临漳县西南邺城镇），奋武将军程昱当留守府的军事参议官（参丕军事），大本营警卫司令（门下督）广陵郡（江苏省扬州市）人徐宣当左翼军事总监（左护军），在邺城统御所有留守部队；乐安国（首府临济〔山东省高青县东南〕）人国渊当留守府秘书长（居府长史），统筹全局。

秋季，七月，曹操亲率大军，攻击马超等。很多参与决策人士都认为："关西（函谷关以西）士兵精于使用长矛，除非挑选精锐做前锋，不能抵挡。"曹操说："战场形势，在我之手，不在敌人之手。敌人虽精于使用长矛，我教他们长矛无用武之地，各位且在一旁参观。"

八月，曹操抵达潼关，跟马超等叛军，隔着关隘扎营。曹操对马超急剧的施加压力，暗中命徐晃、朱灵，率步骑兵混合兵团四千人，从蒲阪津（山西省永济市西黄河渡口），渡过黄河，在黄河西岸建立基地。

闰八月，曹操从潼关（陕西省潼关县）北渡黄河：士兵先乘船过去，曹操单独跟虎贲警卫武士一百余人，留在南岸断后，马超率步骑兵一万余人，发动攻击，箭如雨下，而曹操仍坐在小凳上，一动不动，许褚扶曹操上船，水手被流箭射中而死，许褚左手拿起马鞍，掩护曹操；右手执篙刺岸，使船驶入中流。指挥官（校尉）丁斐看到情况紧急，把所有供应大军的牛马，统统赶出，转移敌人注意，马超等叛军，纷纷抢夺牛马，果然大乱，攻势才告停止，曹操方平安渡过黄河。

曹操抵达蒲阪（山西省永济市）后，再渡黄河而西，然后沿着黄河修筑夹道，向南推进。马超等退到渭口（渭水入黄河处，也就是潼关）。曹操派军四处游击，使马超等无法判断曹操意向。然后，曹操工兵乘船进入渭水，搭建浮桥。深夜，部分主力部队已在渭水南岸筑营。马超等这时才发觉腹背受敌，乘夜攻击，被伏兵击败。马超等只好放弃潼关，撤退到渭水之南，派人向曹操表示，愿割让黄河以西（陕西省东部）土地，请求和解；曹操拒绝。

九月，曹操大军挺进，主力全部渡过渭水。马超等屡次挑战，曹操严守营垒，不作反应。马超等恐惧，坚持献出土地，并愿送儿子充当人质。智囊贾诩认为可以假装允许，曹操请教下一步如何？贾诩说：“挑拨离间！”曹操说：“我已经了解。”

韩遂请求跟曹操相见，曹操跟韩遂本是老友，于是，大军阵前，两马相交，寒暄问候，为时良久，但没有一句话谈到军事，只叙说当年京师（首都洛阳）种种往事和昔日亲友；说到高兴处，鼓掌大笑。这时，部队中汉人、胡人，围在四周，前后拥成一团。曹操笑对大家说：“你们要看曹操是不是？我也是一个人，并没有四只眼睛两张口，只不过智谋多一点罢啦。”会见后返防，马超等问韩

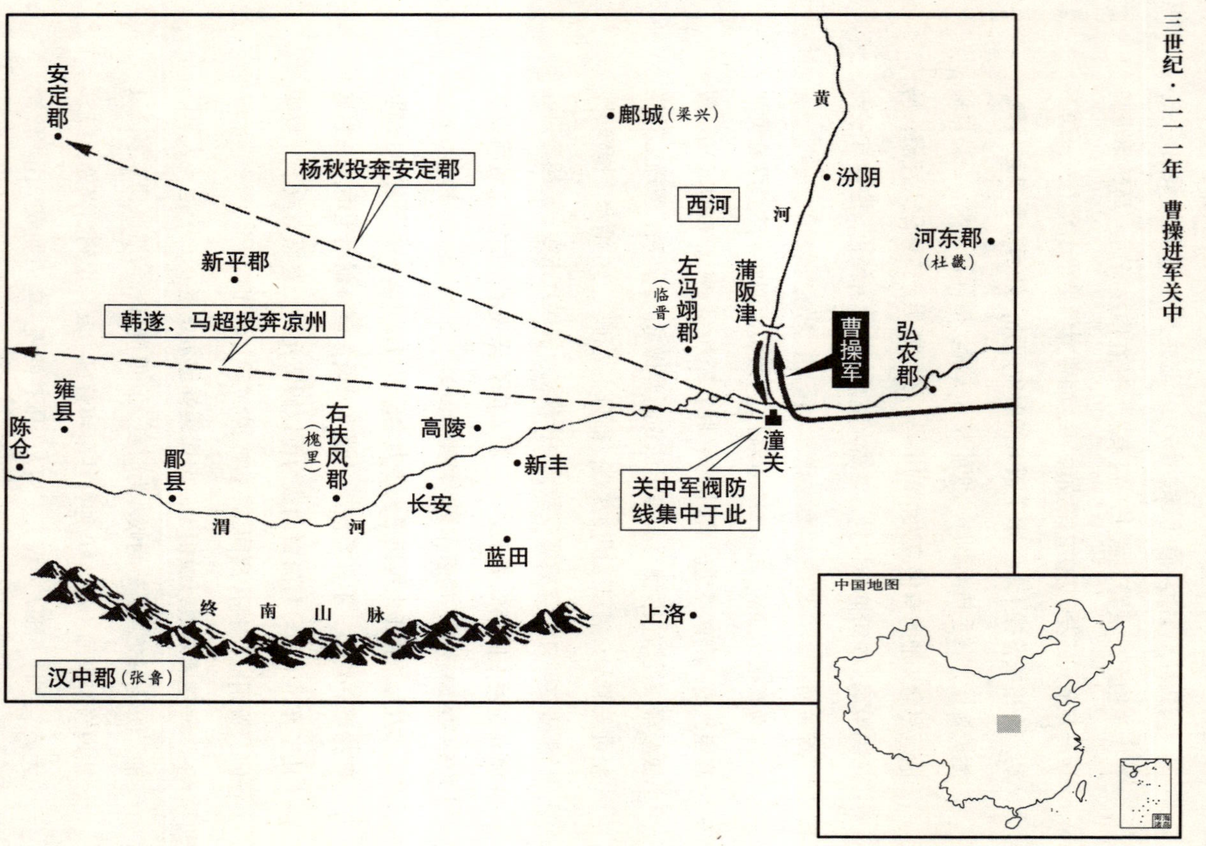

三世纪·二一一年 曹操进军关中

遂:“你们谈什么?”韩遂说:“没有谈什么。”马超等顿起疑心。不久,有一天,曹操又写信给韩遂,涂抹圈点之处很多,好像是韩遂改定的,信件在意料中的落入马超之手,马超等更加疑心。曹操估计敌人已离心离德,遂约定日期决战,先用轻装备部队突击,厮杀很久,然后投入野战军主力,大破马超叛军,斩成宜、李堪等。韩遂、马超逃奔凉州(甘肃省东部南部),杨秋逃奔安定郡(甘肃省镇原县东南屯字镇)。

将领们问曹操说:“当初,敌人主力据守潼关(陕西省潼关县),渭水北岸(河西)成为真空,我们不从河东(山西省西南部)直接攻击冯翊郡(陕西省大荔县),反而把重兵屯在潼关之下,然后再北渡黄河,为什么多此一举?”曹操说:“敌人据守潼关,我们重兵一旦进入河东(山西省西南部),敌人一定沿着黄河布防,严密把守渡口,我们就无法强渡。所以我把重兵集中在潼关城下,吸引敌人主力,黄河西岸的防备自然松懈。徐晃、朱灵两位将军,才能轻易取得西河(陕西省中部北部);然后,我才从潼关北渡黄河。敌人所以愿意割让西河(陕西省东部),就是因为有两位将军的大军已先进入。我们用车辆和树木,沿着黄河,向南修筑夹道,一方面为了安全,一方面向敌人示弱;渡过渭水后筑营,敌人猛攻而不应战,目的在使敌人骄傲,心浮气粗。他们果然不建筑营垒作长期对抗,而一味要求割地。我满口承诺,一切接受,在于使他们自以为获得安全保障,不再警觉。而我们养精蓄锐,攻击一旦开始,正是所谓‘疾雷不及掩耳’(《六韬·军势篇》:“巧者一决而不犹豫,是以疾雷不及掩耳”),战略战术,变化莫测,不能固执。”

最初,关中(陕西省中部)叛军每一个部队将领率军抵达,曹操便露出掩饰不住的喜悦,将领们问他缘故,曹操说:“关中(陕西省中部)

土地广阔，道路遥远，叛徒们如果各人留在他们的根据地，我们必须一一击破，没有一两年时间，不可能平定。而今集中在一起，人数虽多，却谁也不服谁，大军没有权威统帅，一战就可破灭。从来没有一场战役，这么容易取得胜利，所以心里高兴。”

冬季，十月，曹操从长安（陕西省西安市）向北讨伐漏网的叛将杨秋，包围安定郡（甘肃省镇原县东南屯字镇）。杨秋投降，曹操恢复他的官职爵位，留他安抚他的部众。

十二月，曹操从安定郡班师，命夏侯渊驻军长安（陕西省西安市），命参议官（议郎）张既当西都长安市长（京兆尹）。张既鼓励流亡在外的难民重返家园，振兴农村，重整城池，人民安居乐业。

3 韩遂、马超当初叛变时，弘农郡（河南省灵宝市东北）、冯翊郡（陕西省大荔县）两郡所属县城，很多起兵响应，只河东郡（山西省夏县）立场坚定，没有二心。曹操跟马超等，隔着渭水对峙时，大军粮秣跟所有军需，全都依赖河东郡。等到击败马超等，储备的军粮还剩下二十余万斛。曹操增加河东郡郡长杜畿年俸中二千石（郡长秩俸仅“比二千石”，“中二千石”是部长级最高秩俸）。

4 扶风郡（陕西省兴平市）人法正（法，姓），当益州（四川省及云南省）全权州长（牧）刘璋的参谋指挥官（军议校尉），刘璋把他当作一个平凡的部属，并不看重，而同是流亡客的那些同乡们，对他也怀轻视，心情十分烦闷。州政府行政官（别驾）张松，跟法正友好；张松自负他的才干，超过当世，而刘璋庸庸碌碌，毫无作为，使自己的才干无法施展，经常暗中叹息。

张松建议刘璋结交刘备，刘璋说：“应该派谁去？”张松保荐法正。刘璋命法正前往，法正推辞，但在刘璋的坚持下，他假装万不得已，才委屈万状的接受。等到从公安（湖北省公安县）晋见刘备回来，向张松简报：刘备有雄才大略，二人遂密谋迎奉刘备当益州之主。

不久（三月），曹操命京畿总卫戍司令（司隶校尉）钟繇，讨伐张鲁，进攻汉中郡（陕西省汉中市）。刘璋得到消息，内心恐惧。张松遂向刘璋建议："曹操的部队，天下无敌，如果运用张鲁的实力，攻击我们，谁能抵抗？刘备是阁下的同宗（二人皆是西汉王朝苗裔），更是曹操的仇敌，精通军事，如果能使他讨伐张鲁，张鲁一定降服。张鲁一旦降服，我们的声势转强，曹操即令南下，也无能为力。而今，本州（益州）将领庞羲、李异等，都自以为有天大的功劳（庞羲的女儿嫁给刘璋的长子刘循；迁都长安时代，庞羲曾携带刘璋的儿女跟诸侄，逃出长安；参考一九四年。赵韪之变时，李异击斩赵韪；参考二〇一年），态度傲慢，都心怀二志，企图跟外力勾结。如果我们得不到刘备的帮助，则敌军在外攻击，人民在内叛变，可是必然失败。"刘璋完全同意，遂派法正率四千人，前往迎接刘备。主任秘书（主簿）巴西郡（四川省阆中市）人黄权劝阻说："刘备以骁勇闻名于世，请他前来，把他当作部属，他一定不满足；把他当作宾客，则一国不容许有两个主人。如果客人有泰山般的安全，则主人一定有累卵般的危险。不如一切稍缓，关闭边界，等待天下尘埃落定。"刘璋不理，把黄权逐出成都（益州州政府所在县，四川省成都市），担任广汉郡（四川省广汉市）郡长。参谋官（从事）广汉郡（四川省广汉市）人王累，头下脚上，倒悬在成都城门，劝阻迎接刘备，刘璋一律不听。

法正到荆州（湖北省及湖南省），向刘备秘密献计，说："以将军的才干和英明，正应利用刘璋的昏庸。张松是高级重要干部，在内部作内应，用来夺取益州（四川省及云南省），易如反掌。"刘备迟疑不决。

庞统进言说：“荆州荒凉残破，人才已尽，东有孙权，北有曹操，很难向外发展。而益州户口一百万，土地肥沃，财产丰富，如果能当作自己资本，大业可以成功。”刘备说：“而今，跟我势如水火的，只有曹操。曹操严厉，我则宽厚；曹操凶暴，我则仁慈；曹操诡诈，我则忠信。事事跟曹操相反，才能成功。现在，为了小利，竟抛弃信义，面对天下，将如何善后？”庞统说：“战乱时代，固执一个标准，并不能安定天下。吞食弱小，兼并愚昧，逆取顺守，这些行为，一向受到古人赞扬。不妨等到事情过去之后，封刘璋一个广袤的采邑，大义有什么亏欠？今天不夺取，终会落入别人之手。”刘备认为正确。遂命诸葛亮、关羽等，留守荆州，赵云兼留守府军政官（领留营司马）。刘备率步兵数万人，进入益州。

孙权听到刘备西上消息，派船迎接妹妹（刘备之妻孙夫人）。孙夫人打算把刘备的儿子刘禅携回吴郡（江苏省苏州市）娘家，张飞、赵云紧急动员，封锁长江，孙夫人才把刘禅放回。

刘璋命沿途地方政府，随时供应刘备远征兵团军需物资，刘备进入益州州境后，好像游子回到自己家乡。刘璋赠送的财物，前后达一亿之多。刘备抵达巴郡（重庆市），巴郡郡长严颜，抚胸叹息说:“这正应验了‘独自坐在深山之中，放出老虎自卫’的谚语。”刘备从江州(巴郡郡政府所在县 · 重庆市)北上，经过垫江(重庆市合川区)，直赴涪县(四川省绵阳市)。刘璋率步骑兵三万余人，车辆豪华，色泽跟阳光互映，眩人耳目，跟刘备会面。张松命法正秘密通知刘备，要刘备就在会面时，发动袭击。刘备说:“此事不可以这么仓猝！”庞统说:“如果能乘会面时把刘璋捉住，将军可以不用一兵一卒，坐在那里得到一州。”刘备说:“我们刚到一个陌生的新地方，恩德和信义两缺，不可以冒险。”

会面之后，刘璋推举刘备代理全国武装部队最高指挥官(行大司马)兼京畿总卫戍司令(领司隶校尉)；刘备则推举刘璋当代理镇西大将军，兼益州(四川省及云南省)全权州长(牧)。所有的将领士卒，互相交往，欢宴达一百余日。刘璋更增加刘备远征兵团的部队及装备，充分供应给养，使北上攻击张鲁。又命刘备统御白水(四川省广元市北朝天镇)驻军。刘备连同刘璋拨付的军队在内，已有三万余人。车马、盔甲、武器、粮秣，无不丰盛。刘璋返成都(四川省成都市)，刘备远征兵团推进到葭萌(四川省广元市西南)；还没有对张鲁发动攻击，先行广树恩德，收买人心。

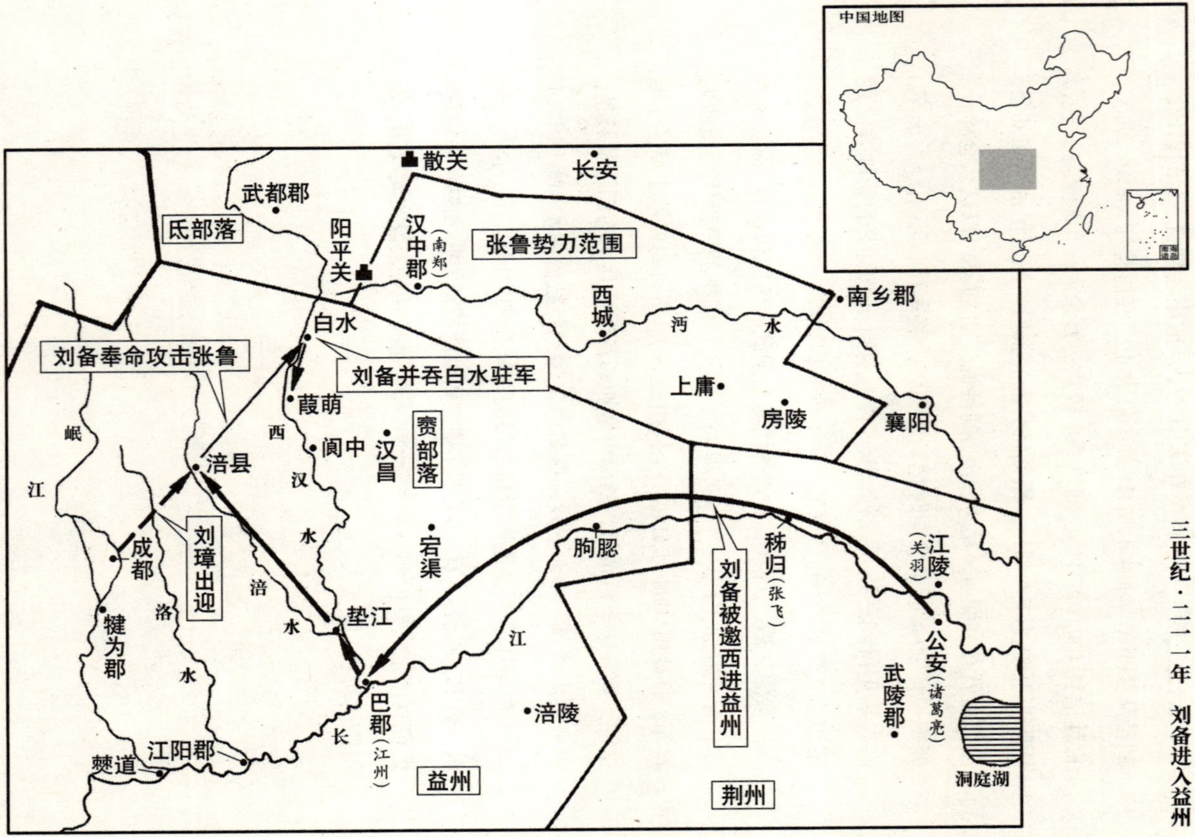

三世纪·二一一年　刘备进入益州

1 春季，正月，东汉王朝（首都许县〔河南省许昌市东〕）丞相曹操返邺城（河北省临漳县西南邺城镇）。东汉帝（十四任献帝）刘协（本年三十二岁）下诏，特别准许曹操："赞拜不名，剑履上殿，入朝不趋。"一切遵照萧何前例（萧何当初所享有的，仅只后两项；参考前二〇一年。董卓时，又增加"赞拜不名"，臣僚朝见天子，司仪在旁高声介绍"某官姓甚名谁"时，只称"某官"，不称姓名；只称"丞相"，不再加"董卓"；参考一八九年。曹操此举，公开显示他篡夺东汉王朝政府的野心）。

2 曹操西征韩遂、马超时，河间国（首府乐成〔河北省献县〕）人田银、苏伯，聚众起兵，引起幽州（河北省北部）、冀州（河北省中部南部）混乱。高级皇家警卫指挥官（五官将）曹丕，打算亲自率军讨伐，行政官（功曹）常林说："北方官民人等，喜爱太平，厌倦战争，归服中央，为日已久，奉公守法的占大多数。田银、苏伯不过一群狗羊，聚集在一起，造不成伤害。现在，大军远出，境外又有强大敌人（指孙权、刘备），将军镇守邺城（河北省临漳县西南邺城镇），身系天下安危（当时首都虽在许县〔河南省许昌市东〕，但曹操私人武力大本营则在邺城），轻率远征，即令平定敌人，也不算威风。"遂派将军贾信讨伐，叛军终被消灭。残余的变民一千余人，请求投降。参与意见的人，异口同声说："丞相（曹操）从前颁布过命令，凡是围城之后才投降的，一律诛杀。"留守府军事参议官（参军）程昱说："屠城举动，是天下大乱之际，暂时应变的办法。而今，天下已粗略平定，不可以随便杀戮。即令要杀，也应该先向丞相（曹操）报告。"大家都说："军事应该专断，不应该请示。"程昱说："专断的意义，指因应临时发生的紧急情况。而今，变民首领在贾信之手，所以我不愿将军擅自行动。"曹丕说："对极！"即向老爹曹操报告，曹操下令赦免。后来听说这是程昱的建议，高兴的说："你不但了解军事，同时还正确的协调别人父子间的亲情。"

一向惯例：击败敌人，报告杀伤人数时，为了夸张战功，总是十倍计算。留守府秘书长（长史）国渊报告杀伤人数，完全据实统计。曹操问他缘故，国渊说："讨伐境外敌人，故意多报，在于夸大战力，使人民震撼。河间国（首府乐城〔河北省献县〕）在封疆之内，对田银等叛逆，虽然传出捷报，我内心却感到羞耻。"曹操大为欣赏。

3 夏季，五月癸未日（五月壬辰朔，没有癸未），诛杀皇城保安司令（卫尉）马腾，屠三族（马腾家族全部内迁，参考二〇八年。至此老幼全死，报复他儿子马超去年〔二一一〕之叛）。

4 六月二十九日，日蚀。

5 秋季，七月，螟灾。

6 马超等残余部众，驻守蓝田（陕西省蓝田县），征西大军保护总监（征西护军）夏侯渊进击，全都平定。鄜县（陕西省洛川县东南）变民集团首领梁兴，掠夺冯翊郡（陕西省大荔县），各县震恐，县长不得不放弃城池，把县政府迁到郡政府所在地（临晋，陕西省大荔县）。有关人员认为当各返本县，据守险要。左冯翊（陕西省大荔县）郡长郑浑说："梁兴等已经破散，所以逃窜到高山深谷，虽然仍有人追随，但大多数出于胁迫。而今应做的事，是大开招降之门，广播政府威望和信誉。如果只知道据守险要，正是向他们显示政府已经无能为力。"遂动员官属和人民，修筑城池，严密防备。募集青年，组织民兵部队，跟变民集团作战，凡是抢夺到变民的财物、妇女，十分之三呈缴政府，十分之七由民兵自己留下享受，人民大为高兴，都愿参加追捕。变民中有些妻子被抢夺的，都向政府军投降。郑浑限令他们送回他们同党所掳掠的别人的妇女，然后再归还他们的妻子。变民集团遂告分裂，互相攻击，部众离散。郑浑又物色平常被人民尊敬的官员，分别前往高山深谷，传达政府的德意；出来投降的变民，前后相继，郑浑命各县县政府，迁回本县，安抚他们。

梁兴等恐惧，率残余部众在鄜城（陕西省洛川县）集结。曹操命夏侯渊协助郑浑进击，遂斩梁兴，部众全降。郑浑，是郑泰的老弟。

7 九月二十一日，皇帝刘协封皇子刘熙当济阴王、刘懿当山阳王、刘邈当济北王、刘敦当东海王。

8 最初，张纮认为，秣陵（江苏省南京市江宁区南秣陵街道）山川雄伟，形势险要，建议孙权作为将军府所在地。后来，刘备前往京口（江苏省镇江市）访问时（参考前年〔二一〇〕），经过秣陵，也建议孙权作为首府。孙权遂修筑石头城（南京市西北石头山），把首府迁到秣陵（自京口迁。秣陵也迁至石头城），改秣陵名建业。

9 孙权部将、寻阳（湖北省武穴市东北）县长吕蒙，听到曹操将再度东征消息，建议孙权在濡须水口两岸，建立城寨（濡，音rú〔如〕。濡须水，源出巢湖，东南注入长江）。将领们反对，说："上岸攻击敌人，离岸便登上船只，要城寨干什么？"吕蒙说："军事有利有不利，战争从来没有过百战百胜的场面，如果敌人强大的步骑兵猝然出现，人马奔腾，势如风暴，我们连跳到水里都来不及，怎么还能上船？"孙权说："对极。"遂在濡须水两岸，修筑城寨，称濡须坞（安徽省含山县西南跟巢湖市交界处，夹水筑垒，也称偃月坞）。

冬季，十月，曹操东征，攻击孙权。

10 宫廷秘书（尚书）董昭建议曹操，说："自古迄今，人臣拯救国家，从没有建立像你今天这样伟大的功业。有你今天这样伟大的功业，不可能长久屈居臣属地位。你深以为德行赶不上古代，内心感到不安，乐意于保持自己已有的名声节操。然而，你身为大臣，如果使人因这件大事，对你怀疑，不可以不多加考虑。”于是，跟侯爵、将领们商议，一致认为丞相曹操应晋级“公爵”，加颁“九锡”，用以表彰曹操对国家的特殊贡献（“九锡”，是旧王朝的丧钟，新王朝的喜讯。参考四年）。然而，宫廷秘书长（尚书令）荀彧有不同的意见，他认为：“曹操当初，本是大义起兵，一心一意，辅佐政府，安定国家，忠贞诚恳，谦恭退让。君子爱人，应砥砺他的品德，不应采取这种行动。”曹操大不高兴。

等到曹操东征孙权，上书刘协，要求荀彧到前线劳军，荀彧走到谯县（豫州州政府所在县，安徽省亳州市），才赶上大营，曹操遂留下他，以宫廷随从（侍中）、特级国务官（光禄大夫）身份，“持节”，担任丞相府军事参议官（参丞相军事）。曹操大军推进到濡须（安徽省含山县西南），荀彧因病，留在寿春（九江郡郡政府所在县，安徽省寿县），服下毒药，逝世。荀彧坚持大义，行为端正，而又有智谋，喜爱推荐贤能，死讯传出，时人惋惜。

孔丘对于仁爱，十分重视。认为仲由、冉求、公西赤等一些杰出的门徒，以及楚王国宰相（令尹）斗子文、陈文子等一些杰出的封国官员，都没有资格担当。却单单的赞扬管仲，岂不是因为他辅佐姜小白，有恩德于人民？姜小白的行为，事实上跟猪狗没有分别，管仲并不认为羞辱，反而当他的助手，因为管仲了解：在当时，如果没有姜小白，人民就跳不出火坑！东汉王朝末年，天下大乱，人民涂炭，非有绝高的才干，不能拯救天下苍生。荀彧如果不追随曹操，还能追随谁？

姜小白时代（前七世纪春秋时代），周王朝中央政府，虽然衰弱，但比起东汉王朝末年（二世纪九〇年代之后），可是强大得多。二世纪九〇年代，四海动荡，东汉王朝中央政府已成了一个空壳，连一尺一寸土地，连一个人民，都不能管辖。荀彧辅佐曹操，使东汉王朝复兴，推荐任用贤能人才，训练武装部队，掌握机要，制定谋略，征伐四方，连获胜利。于是转弱为强，化乱为治，十分天下，占有八分，他的功勋，岂在管仲之下？然而，管仲不为姜纠而死，荀彧却为东汉王朝尽节，可看出他的仁德，又在管仲之上。

可是，杜牧竟认为："荀彧劝曹操攻取兖州（山东省西部）时，就把曹操比作刘邦、刘秀；在官渡（河南省中牟县东北）劝阻曹操撤退时，也比为楚汉相争。等到大事已经完成，却企图在汉王朝留下声名，好像是教强盗小偷挖墙破柜，却炫耀他没有跟强盗小偷一同偷东西，难道他就不是强盗小偷？"

臣，司马光认为：孔丘有言："大话不根据事实，一定肤浅虚夸。"（"文胜质则史"，《论语》孔丘语）凡是写历史的人，记载历史人物的言辞，一定会加以修饰。把曹操比作刘邦、刘秀，楚、汉，是史学家的文字，怎么会是荀彧口中的话？用这个来贬责荀彧，并不是他的罪状。而且，假使曹操当了皇帝，荀彧就是开国功臣，跟萧何居于同等地位。荀彧不贪图这个富贵，却牺牲性命，去博取忠于汉王朝的名声，岂不是不近人情。

11 十二月，五诸侯星旁，出现孛星。

12 左将军刘备，驻军葭萌（四川省广元市西南），庞统建议说："现在，秘密派出精锐部队，昼夜不停的用双倍速度前进，直接袭击成都（益州州政府所在县，四川省成都市），刘璋（益州全权州长）既不懂军事，又从来没有防备，大军突然逼面，立即可以征服，这是上策。

杨怀、高沛，是刘璋部下著名将领，各拥有强大的兵力，据守白水关（四川省广元市北朝天镇），听说多次上书刘璋，要求把将军（刘备）送返荆州（湖北省及湖南省）。你可以通知他，说荆州发生紧急情况，打算回军赴援，一面下令整顿行装，表示即将开拔。这两位既敬慕你的英明，而又高兴你终于离去，一定会只率少数卫士，前来晋见惜别。就乘此机会，把他们生擒，吞并他们的部队，径向成都进发，这是中策。不然的话，我们撤退到白帝（重庆市奉节县东），跟荆州（湖北省及湖南省）联合，慢慢再决定方略，这是下策。如果犹豫不决，我们将被困在这里，不可能长久。"

刘备同意庞统的"中策"，正好，曹操大军东征，孙权要求刘备回军援救。刘备遂写信给刘璋，说："孙权跟我，唇齿相依。关羽的留守部队，十分微弱。如今不往救援，曹操一定夺取荆州，兵锋一转，势将侵犯益州（四川省及云南省）边界，灾难远超过北方的张鲁（汉中郡郡长），张鲁不过一个自保的小贼，不足挂虑。"因而要求增加一万士兵和军需物资。刘璋只答应拨付四千人，军需物资，随之减少一半。

刘备于是找到跟刘璋翻脸的借口，激怒他的部下说："我们替益州（四川省及云南省）讨伐强敌，殷勤劳苦，刘璋却如此吝啬，凭什么教我们将领卖命送死？"张松听到刘备要回荆州的消息，误以为是真的，写信给刘备及法正，说："今天，大事就可以完成，为什么放弃？"张松的老哥、广汉郡（四川省广汉市）郡长张肃，恐怕一旦事发，连累自己，遂向刘璋告密。刘璋斩张松，下令各关隘守将，不准跟刘备交往。刘备老羞成怒，召见白水关（四川省广元市北朝天镇）驻军司令官（军督）杨怀、高沛，责备他们对客人重大冒犯，把二人诛杀；进逼关门，吞并二人手下的部队，据守涪城（四川省绵阳市）。

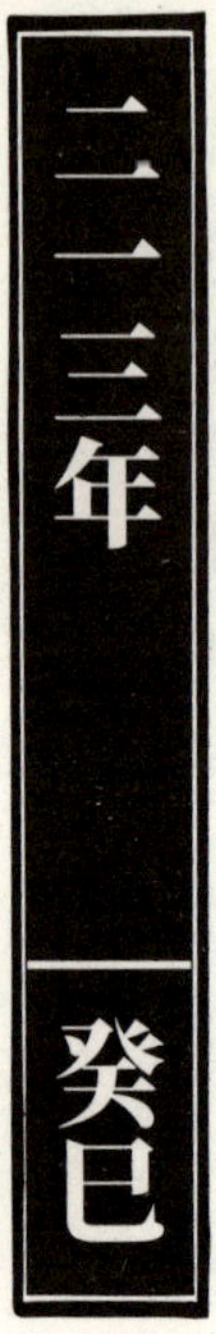

1 春季，正月，东汉王朝（首都许县〔河南省许昌市东〕）丞相曹操大举进攻濡须口（安徽省含山县西南），步骑兵混合兵团号称四十万，击破孙权江西（长江以西）大营，生擒司令官（都督）公孙阳。孙权亲率七万人的江东（江苏省南部太湖流域）兵团抵御。僵持一个月有余，曹操观察孙权的船舰、武器，以及军队的严整，叹息说："生儿子应该像孙权，至于刘表的儿子（刘琮），不过一只猪狗！"孙权写信给曹操，说："春季已到，江河水势将涨（春季天暖，遍地冰解），阁下应该早早撤退。”另附一小纸条：“阁下不死，我不能安枕。”曹操告诉手下将领说：“孙权不欺骗我！”遂即班师。

2 正月三日，东汉帝（十四任献帝）刘协（本年三十三岁）下诏，把全国十四州，合并成为九州（十四州：司隶〔京畿卫戍区〕、豫州〔河南省〕、冀州〔河北省中部南部〕、兖州〔山东省西部〕、徐州〔江苏省北部〕、青州〔山东省北部〕、荆州〔湖北省及湖南省〕、扬州〔安徽省中部及江南地区〕、益州〔四川省及云南省〕、凉州〔甘肃省东部南部〕、雍州〔甘肃省中西部〕、并州〔山西省中部〕、幽州〔河北省北部〕、交州〔广东、广西及越南北部〕。合并之后，撤销司隶、凉州、幽州、并州、交州，所属郡县，划归邻州。九州的位置面积，约略吻合上古的“禹贡九州”）。

3 夏季，四月，曹操返抵邺城（河北省临漳县西南邺城镇）。

4 最初，曹操在谯县（安徽省亳州市）时，深恐沿长江一带郡县，受孙权侵略，打算把居民强行迁移到内地。询问扬州（安徽省中部及江南地区）行政官（别驾）蒋济：“我从前跟袁绍在官渡（河南省中牟县东北）对抗时（参考一九九年、二〇〇年），强行迁移燕县（河南省延津县东北）、白马（河南省滑县）居民，住民仍聚集一起，没有走散，敌人也不敢掠夺。我如今打算强行迁移淮河以南居民，你以为如何？”蒋济回答说：“那时候，我们的军力弱，而敌人（袁绍）的军力强，如果不强行迁移，一定落入敌人之手。然而，自从击破袁绍以来，你的声威，震撼天下，人民信任中央，意志坚定，而且眷恋乡土，不愿离开，我恐怕将引起广泛的不安。”曹操不肯采纳，开始实施。人民互相传告，大为恐慌。西从庐江郡（安徽省寿县西南）、九江郡（安徽省寿县）、蕲春郡（湖北省蕲春县），东到广陵郡（江苏省扬州市），十余万户人家，全

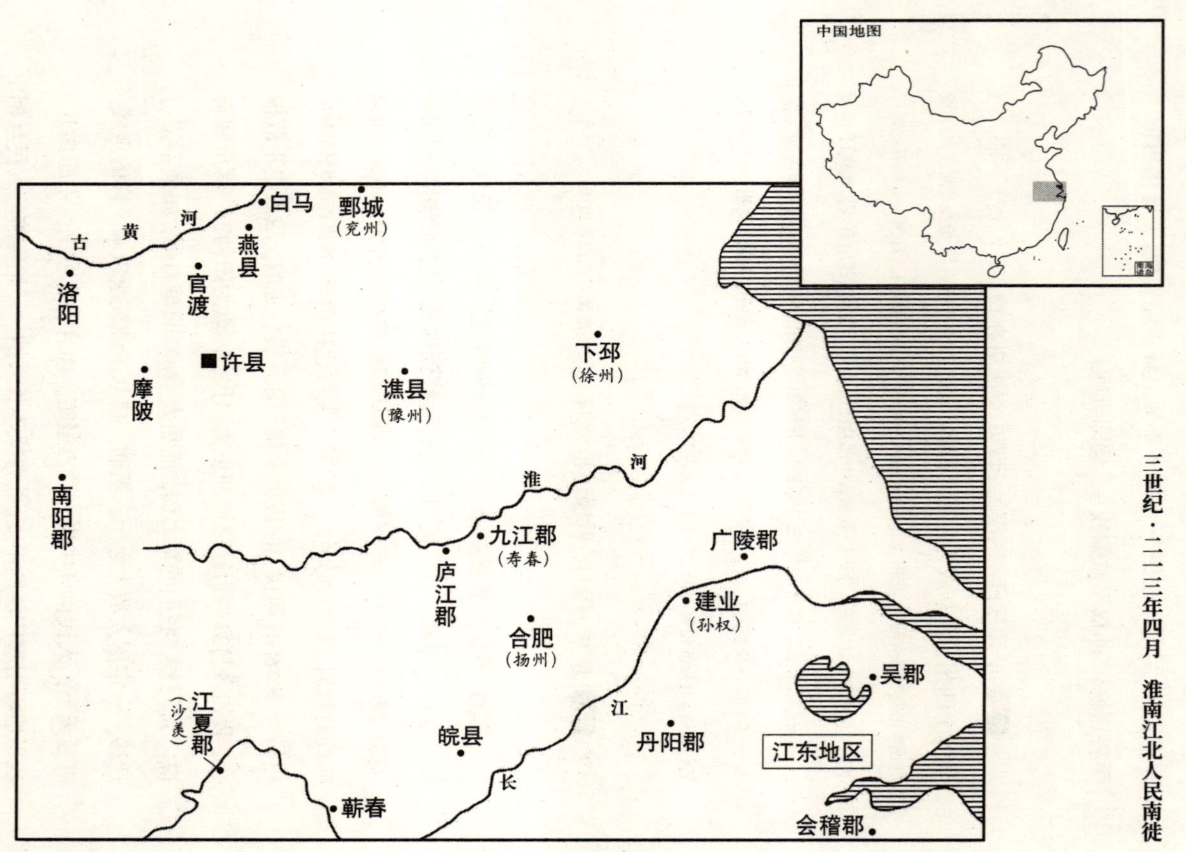

三世纪·二一三年四月 淮南江北人民南徙

都渡过长江，投奔江东（江苏省南部太湖流域，孙权辖地），江西（安徽省中部巢湖流域）人烟一空。合肥（扬州州政府所在县，安徽省合肥市）以南，只剩下一个皖城（安徽省潜山市），还有居民。

蒋济后来因公前往邺城（河北省临漳县西南邺城镇），曹操接见他，大笑说："本来的目的是免得人民落入敌人（孙权）之手，想不到反而把他们全驱逐到敌人那里。"擢升蒋济当丹阳郡（安徽省宣城市宣州区）郡长（遥领）。

5 五月十日，中央政府指定冀州（黄河以北）的十个郡国（河东郡〔山西省夏县〕、河内郡〔河南省武陟县〕、魏郡〔河北省临漳县西南邺城镇〕、赵国〔河北省邯郸市〕、中山国〔河北省定州市〕、常山郡〔河北省元氏县〕、钜鹿郡〔河北省宁晋县西南〕、安平郡〔河北省衡水市冀州区〕、甘陵郡〔山东省临清市〕、平原郡〔山东省平原县〕），作为曹操的采邑，称魏国，擢封曹操公爵——魏公，仍担任丞相，兼冀州（黄河以北）全权州长（牧），加"九锡"（参考四年），并赏赐：御车（大辂）、警卫车（戎辂）各一辆，黑色雄马八匹，龙袍龙帽，附带红色木屐，封国国君专用音乐，跟六佾舞蹈（佾，音yì〔意〕。佾舞，是一种方阵舞，纵横人数相等；纵八人横八人〔六十四人〕，称"八佾舞"，天子专用。纵六人横六人〔三十六人〕，称"六佾舞"，封国国君专用），朱红色大门，从斜坡台阶登堂，武装卫士三百人，象征权威的大刀巨斧各一个，红色弓一把，红色箭一百支，黑色弓十把，黑色箭一千支，美酒（秬鬯）一坛，附带舀酒用的白玉勺瓢一只（参考五年王莽事迹）。

6 天降大雨。

7 益州（四川省及云南省）参谋官、广汉郡（四川省广汉市）人郑度，

东汉王朝九州及魏国十郡

三世纪 · 二一三年

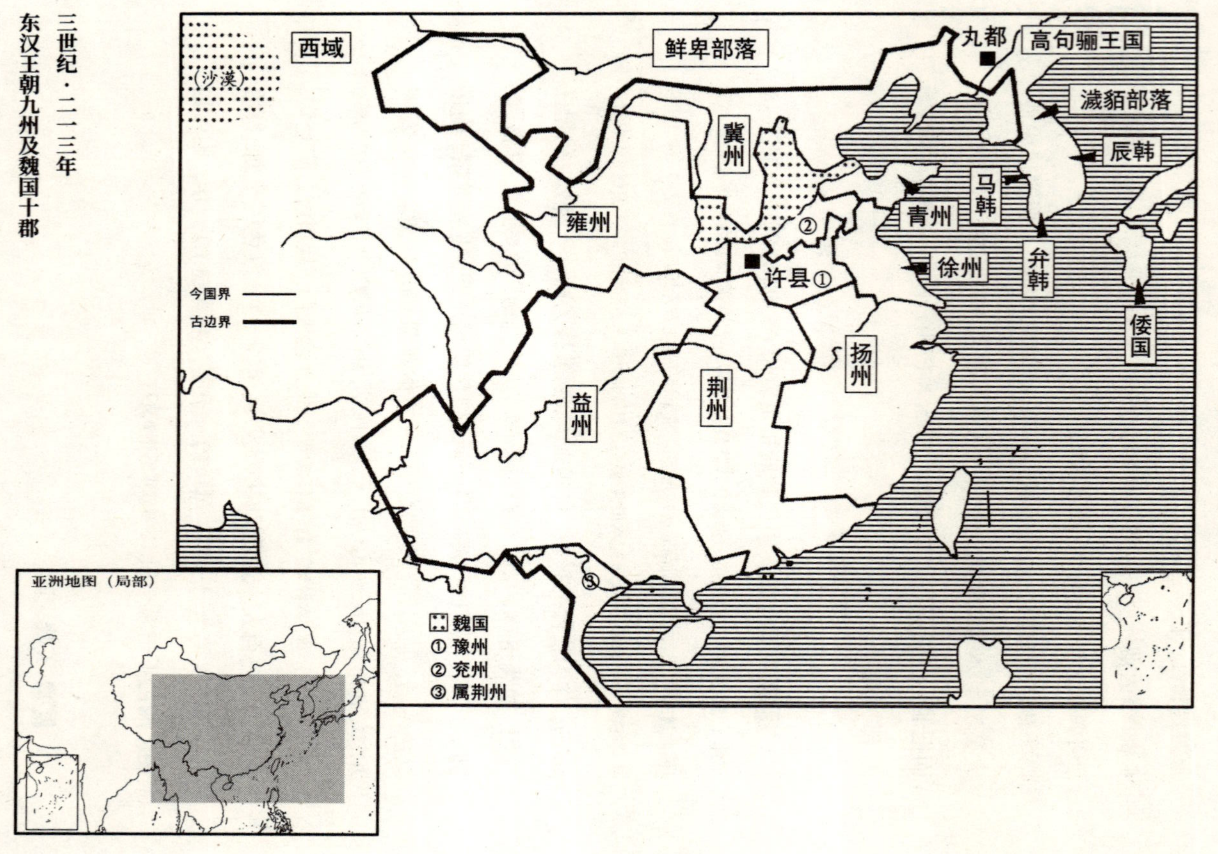

听到刘备已发动攻击，对全权州长（牧）刘璋说：“刘备孤军深入，士卒不满一万人（刘备率领的荆州兵团，有两万人，再加上刘璋增添，已达三万人。稍后吞并杨怀、高沛部队，益州兵即令奔散，荆州兵人数不会减少），裹挟或投降过去的部众，于心不服。尤其是，刘备没有粮秣辎重，全靠劫掠。针对这项弱点，我们最好坚壁清野，把巴西郡（四川省阆中市）、梓潼（四川省梓潼县）一带人民，强行迁移到内水（涪江）以西，所有仓库存粮，以及田野庄稼，全部放火焚毁。加高加厚所有城垒，挖深挖阔所有壕沟，安静的等待变化。刘备挑战，不作反应。他们得不到补给，不出一百天，一定逃走，等他们逃走时截击，可以生擒。”

刘备听到这项可怕的战略，恐惧忧虑交集，请教法正，法正说：“刘璋不可能采用，不必担心。”刘璋果然对他的部属说：“我只听说抵抗敌人，安抚人民；从没有听说迫害人民，躲避敌人！”拒绝郑度的建议。

刘璋派部将刘璝、冷苞、张任、邓贤、吴懿等，抵抗刘备，都被击败，退保绵竹（四川省德阳市北黄许镇）；吴懿投降。刘璋再派部将：大军保护总监（护军）南阳郡（河南省南阳市）人李严、江夏郡（湖北省武汉市江夏区西金口街道）人费观，统御绵竹（四川省德阳市北黄许镇）各路兵马，李严、费观也率所领部队投降。刘备军容更盛，分别派出将领，夺取附近郡县。

刘璝、张任，跟刘璋的儿子刘循，退守雒城（广汉郡郡政府所在城，四川省广汉市），刘备用大军包围，张任反攻，在雁桥（雒城东南）决战，大败，张任战死。

8 秋季，七月，魏国（首府邺城）开始建立天地祭坛（社稷），跟曹姓祖先祭庙。

9 魏公曹操，献出三个女儿给皇帝刘协，作为小老婆群第一级“贵人”（曹操三女：曹宪、曹节、曹华）。

10 最初，曹操追击马超时，抵达安定郡（甘肃省镇原县东南屯字镇），得到田银、苏伯叛变消息（参考去年〔二一二〕正月），即行回军。凉州（应是雍州〔函谷关以西〕）州政府军事参议官（参凉州军事）杨阜，警告说：“马超有韩信、英布的英勇，而且得到羌人、胡人的信服。如果回军，而又不能严密防备，陇上（即陇西，陇山以西）各郡，恐怕不再隶属中央。”

曹操回军后，马超果然卷土重来，率羌胡兵团，攻击陇上（即陇西，陇山以西）各郡县，各郡县纷纷响应，只剩下一个冀城（甘肃省甘谷县），是州郡政府所在（雍州州政府及汉阳郡郡政府），单独固守。马超吞并陇右（陇西，陇山以西）所有武装部队。据守汉中郡（陕西省汉中市）的张鲁，更派大将杨昂，率军助战，共集结一万余人，围攻冀城（甘肃省甘谷县），从正月围攻到八月，而救兵不至。凉州州长（刺史）韦康，派行政官（别驾）阎温，向驻屯长安（陕西省西安市）的征西大军保护总监（征西护军）夏侯渊告急，围兵数重，阎温乘夜从护城河游水而出。第二天，马超军发现水迹，顺着方向搜索，把阎温捕获。马超把阎温带到城下，命他告诉城中守军：“东方已无救兵！”阎温却向守军大喊说：“大军最多三天便到，各位努力。”城中守军感动流泪，高呼“万岁”！马超虽然大怒，只因攻城困难，太长时间无法攻破，乃慢慢劝说阎温，盼他改变主意。阎温说：“事奉君主，只有一死，没有二心。阁下怎么能够使长者口出不义之言？”马超遂斩阎温。

然而，救兵毕竟不来，城中不能支持，州长（刺史）韦康跟汉阳郡郡长，打算投降。杨阜痛哭劝阻说：“我跟我的老爹，以及我的

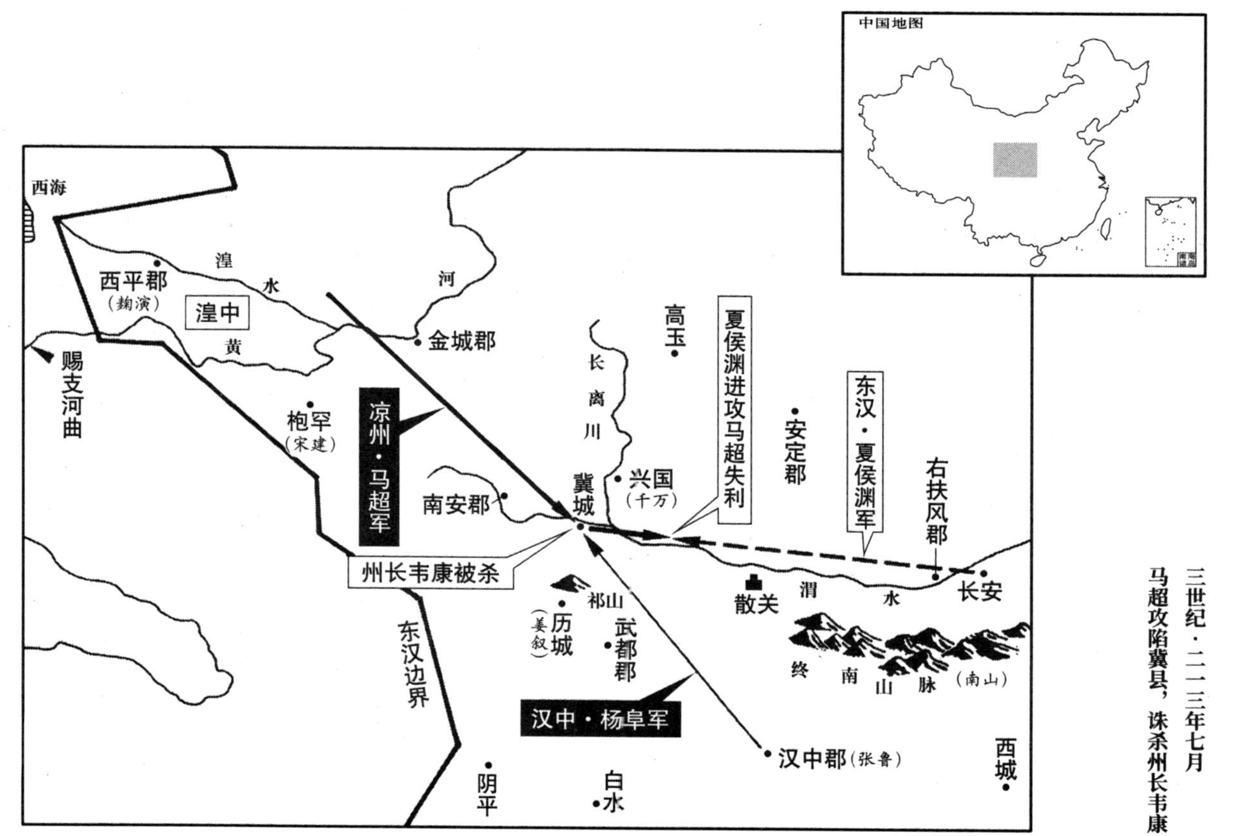

三世纪·二一三年七月
马超攻陷冀县，诛杀州长韦康

兄弟子侄，用大义互相激励，只求一死，不作其他想法，为的是帮助二位长官，坚守此城。今天为什么放弃就要建立的功业，而陷于叛逆恶名？”州长韦康、郡长都不能接受，遂开城门，迎接马超。马超既入城，诛杀韦康跟郡长；自称征西将军，兼并州（山西省中部〔此时无并州〕）全权州长（牧）、凉州军区司令长官（督凉州军事〔此时无凉州〕）。

曹操命夏侯渊救援冀城（甘肃省甘谷县），军锋未到，而冀城陷落。在距冀城二百余华里处，马超迎战，夏侯渊不利，攻势受阻。而号称“氐王”的氐民族部落酋长千万叛变，响应马超，驻军兴国（甘肃省静宁县南）。夏侯渊撤回原防地。

正好，杨阜的妻子逝世，向马超请假安葬。杨阜妻兄天水郡（即汉阳郡，甘肃省甘谷县）人姜叙，当抚夷将军，驻军历城（甘肃省西和县北），杨阜见到姜叙跟姜叙娘亲，流泪唏嘘，至为悲伤，姜叙说：“什么事使你这个样子？”杨阜说：“守城而城陷落，长官（韦康）被杀而不能同死，还有什么面目活在人世？马超背叛父母君王，屠杀州长（韦康），岂是我一个人忧心？又岂是我一个人不能尽责？一州士大夫都有耻辱。你手握重兵，却没有讨伐叛逆的心，这正是赵盾所以被肯定为‘弑君’的原因（晋国二十六任国君灵公姬夷皋暴虐，国务官〔大夫〕赵穿在桃园之内，诛杀姬夷皋。当时，主持国政的赵盾在外，回来后，国史官〔太史〕写：“赵盾杀了他的国君。”赵盾说：“我岂跟这件事有关？”国史官〔太史〕回答：“你主持国政，出国时没走出国境；回国后又不惩罚凶手，不是你杀的，是谁杀的！”）。马超虽然强大，但无情无义，缺点太多，容易图谋。”姜叙的娘亲慨然说：“好了，姜叙！韦州长（韦康）被杀，你也有责任，岂止杨阜？人，谁能不死，死于忠义，才是死得其所。你只管马上行动，不要管我。我自会为你小心，不会用我的余年，使你牵肠挂肚！”姜叙遂跟同郡

（天水郡）人赵昂、尹奉，武都郡（甘肃省成县）人李俊等，秘密磋商讨伐马超。又派人到冀城（甘肃省甘谷县），暗中结交安定郡（甘肃省镇原县东南屯字镇）人梁宽、南安郡（甘肃省陇西县东南）人赵衢，使他们在城中作为内应。马超命赵昂交出儿子赵月，当作人质，赵昂对妻子士异说："我的密谋如此，事情一定可以成功，可是赵月怎么办？"士异郑重的说："雪除长官的大耻，纵是砍头都不在意，何况一个儿子！"

九月，杨阜跟姜叙突击卤城（地望在今甘肃省天水市西北），赵昂、尹奉进据祁山（甘肃省礼县东北），号召讨伐马超，马超听到消息，大怒。赵衢说出一套理由，请马超出城作战。等到马超一出冀城（甘肃省甘谷县），赵衢跟梁宽立刻紧闭城门，把马超的妻子儿女，全部屠杀。马超陷于进退失据苦境，遂袭击历城（甘肃省西和县北），俘虏姜叙的娘亲，姜叙的娘亲诟骂说："你这个背叛父母的逆子（指不顾父亲马腾身在邺城充当人质，仍要造反），杀害长官（指州长韦康）的恶贼，天地岂能长久容你？你不早死，怎么还敢见人？"马超把她诛杀，又诛杀赵昂的儿子赵月。

杨阜跟马超决战，身负五处重伤；马超终于大败，向南逃亡，投奔汉中郡（陕西省汉中市）郡长张鲁。张鲁任命马超当教育总监（都讲祭酒。张鲁信仰五斗米教，门徒都要学习李耳的《道德经》，特设"都讲祭酒"高位，仅次于号称"师君"的张鲁）。张鲁打算把女儿嫁给马超，有人警告说："有一种人，连爹娘都不爱，怎么能爱别人？"张鲁才打消这个念头。

曹操酬劳讨伐马超有功的官员，封侯爵的十一人，杨阜封关内侯（准侯爵）。

11 冬季，十一月，魏国（首府邺城）建立政府，设政府秘书（尚书）、高级咨询官（侍中）、六部部长（六卿）。任命荀攸当政府秘书长（尚书令），凉茂（凉，姓）当政府秘书署执行官（仆射），毛玠、崔琰、常林、徐奕、何夔，当政府秘书（尚书）。王粲、杜袭、卫觊、和洽，当高级咨询官（侍中），钟繇当司法部长（大理），王修当农林部长（大司农），袁涣当宫廷禁卫官司令（郎中令）、代理最高监察长（行御史大夫事）。陈群当总监察官（御史中丞。秦汉王朝的文官制度，至此开始改变，官名如昔，而职位却大不一样，宫廷秘书署〔尚书〕脱离宫廷，成为政府的一个单位，以后更演变成中央最高权力机关——国务院〔尚书省〕，在国务院〔尚书省〕中，设立五部：①文官部〔吏部曹〕、②民政部〔左民曹〕、③外务部〔客曹〕、④军事部〔五兵曹〕、⑤财政部〔度支曹〕。而宫廷随从〔侍中〕，也脱离宫廷，成为政府中的独立官员，负责政府咨询工作——到了大分裂时代，成为监督院〔门下省〕最高监督长）。

袁涣得到的赏赐，全分散给别人，没有积蓄，家用不足时，就拿别人的，从不在乎小节，但大家都敬佩他的清廉。当时传言刘备已死，群臣都为这项好消息道贺，只袁涣不如此（原文：“群臣皆贺，惟涣独否。”是他不相信这项消息？还是相信而拒绝道贺？含糊不明）。

曹操打算恢复肉刑，下令给陈群：“从前藩属事务部长（大鸿胪）陈纪，认为死刑更为仁慈。总监察官（御史中丞）陈群，可否就你老爹的理论，加以引申？”陈群回答：“我老爹陈纪，认为汉王朝除去肉刑之后，却增加鞭打（参考前一六七年），本是一番爱心，想不到死于鞭打之下的人更多，正是名义上轻，实质上重。名义上轻，人民容易冒犯，实质上重，人民受到伤害。而且，杀人抵命，合乎古代法制；至于伤人，残害身体，剪下毛发，便不合情理。如果恢复古代刑法，犯强奸罪的割掉生殖器，犯强盗罪的砍掉双脚，就永远没有淫荡和挖洞的人。刑法三千条，虽然不可以全部恢复，但是像上面所举的几项，正是现在社会的严重问题，应该先行采用。汉王朝法律，犯‘唯一死刑’的囚犯，仁爱对他们已失去功效，固可以诛杀；但其他‘最高死刑’的囚犯，应该可以改判肉刑。如此的话，处罚的痛苦跟保存性命的喜悦，可以平衡。现在，用鞭死的方法，代替可以不杀的刑法，是重视人的四肢，而轻视人的生命。”

参加议论的人，只有钟繇跟陈群，持同一见解，其他的人都认为不可以施行。曹操因为四方征战，还没停止，考虑到大多数人的意见，遂作罢论。

二一四年

甲午

东汉　　建安　　十九年

1 春季，变民首领马超请求汉中郡（陕西省汉中市）郡长张鲁拨付一部分军队，向北攻击东汉王朝（首都许县〔河南省许昌市东〕）中央政府的凉州（甘肃省。去年〔二一三〕凉州并入雍州，此时已无凉州；只是史书未改），张鲁命马超回军包围祁山（甘肃省礼县东北）。姜叙向驻守长安（陕西省西安市）的征西大军保护总监（征西护军）夏侯渊，紧急求援。各将领认为应向丞相曹操先行请示，才可出动大军。夏侯渊说："魏公（曹操）远在邺城（魏国首府·河北省临漳县西南邺城镇），往返四千华里（邺城、长安，航空距离五百五十公里)，等到命令下达，姜叙已经溃败，还谈什么救急？”遂即出发，命张郃率步骑兵混合兵团五千人当前锋。马超败退。

韩遂（参考二一一年）驻军显亲（甘肃省秦安县西北），夏侯渊准备袭击夺取，韩遂撤退；夏侯渊尾追到略阳（甘肃省秦安县东北），距城三十余华里，将领们要求发动攻击。但有人建议应先攻击兴国（甘肃省静宁县南）氐民族部落。夏侯渊认为：“韩遂军全是精锐，而兴国城垣坚固，如果进攻，不可能马上攻克。不如先行攻击长离川（葫芦河，发源于宁夏西吉县，南流至甘肃省天水市注入渭河）一带西羌民族各叛变部落。羌人很多在韩遂军中服役，得到消息，一定回军援救他们的家乡。韩遂如果准许羌人部队离开，他的势力就会孤单；如果他援救长离川，则我们可以跟他野战，就能把他生擒。”

夏侯渊命属下司令官（督将）看守辎重，亲自率轻装备部队抵达长离川，攻击烧当羌部落军营；韩遂果然率大军援救长离川。将领们发现韩遂兵多，打算先行兴筑营垒，挖凿壕沟，再作决斗。夏侯渊说：“我们转战千里，为的是要歼灭敌人的野战军，而今却缩在营垒之中，士兵一定疲惫，不能再战。敌人虽多，容易打发。”擂鼓进攻，大破韩遂，遂包围兴国（甘肃省静宁县南）。氐民族部落酋长（氐王）千万，投奔马超；剩下的部众，全部归降。夏侯渊转击高平（宁夏固原市），及匈奴屠各部落，全都击破。

2 三月，东汉帝（十四任献帝）刘协（本年三十四岁）下诏，命丞相曹操朝会位置，在侯爵、亲王之上。改发金印、红色绶带，头戴“远游冠”（“金印”“红色绶带”“远游冠”，是亲王特有。“远游冠”跟“通天冠”相似，高九寸，帽顶稍稍倾斜。仅只靠文字形容，无法了解全貌）。

三世纪·二一四年 夏侯渊平定陇右

中国地图

高平

中央军击破匈奴屠各部落

长离川

汉阳

夏侯渊于长离川大破烧当羌部落及韩遂军

中央军击破氐部落，酋长千万投奔马超

兴国（千万）

显亲

略阳

中央兵团大破韩遂军

陇山

东汉·夏侯渊军

清水

冀城

渭水

永阳郡

祁山

汉中·马超军

历城（姜叙）

马超退回武都

3 夏季，四月，旱灾。

五月，大雨。

4 最初，曹操派庐江郡（安徽省寿县西南）郡长朱光，驻防皖城（安徽省潜江市），开田种稻。吕蒙警告孙权说：“皖城土地肥沃，如果等到稻熟收割，一定丰收，他们的部众势将增加，必须早早铲除。”

闰五月，孙权亲率大军进攻皖城，各将领打算兴筑土山，添制攻城武器。吕蒙说：“兴筑土山和添制攻城武器，需要相当时日。等我们做好，城里的防御工事，也会同时完成，援军又适时赶到，我们将束手无策。而且，因为大雨水涨，舰队才可以深入，延迟到几天之后，水位降低，舰队连大营都回不去，那才是一个危险局面。我看这个城，并不十分坚固。应鼓起三军锐气，四面八方，同时发动猛烈攻击，几个时辰，便可攻破。在水势仍涨期间，振旅班师，这是全胜之道。”孙权允许。吕蒙推荐甘宁当攻城指挥官（升城督）；甘宁身先士卒，手攀绳索，爬城而上。吕蒙率精锐后继，手擂战鼓，士卒奋勇攀登。拂晓时发动攻击，早饭时便全部占领，俘虏朱光跟男女数万人。

不久，援军张辽抵达夹石（安徽省桐城市北夹山），得到皖城陷落消息，即行撤退。

孙权任命吕蒙当庐江郡（安徽省潜山市）郡长，回军驻屯寻阳（湖北省武穴市东北。是孙权回军驻屯寻阳？还是吕蒙回军驻屯寻阳？不得而知）。

5 诸葛亮率军西上，增援荆州（湖北省及湖南省）全权州长（牧）刘备，留关羽镇守荆州（此时州政府设江陵〔湖北省江陵县〕）；诸葛亮跟张飞、赵云，逆长江而上，攻陷巴东郡（重庆市奉节县东），挺进到江州（重庆市），俘虏巴郡（郡政府江州县）郡长严颜。张飞向严颜咆哮说："大军既到，你为什么不投降，竟敢抵抗？"严颜说："是你们恶形恶状，侵夺我们土地。益州（四川省及云南省）只有断头将军，没有投降将军。"张飞大怒，命左右拉下去砍头，严颜面色举止，毫不改变，只说："砍头就砍头，何必发那么大的脾气？"张飞对严颜的胆量大为敬佩，解开他的捆绑，请到上座作为贵宾。于是，赵云从外水（岷江）深入，攻陷江阳郡（四川省泸州市）、犍为郡（四川省眉山市彭山区）。张飞则北上，攻陷巴西郡（四川省阆中市）、德阳（四川省江油市东北马角镇）。

刘备包围雒城（广汉郡郡政府所在城，四川省广汉市），将近一年。庞统被流箭射中，逝世（死年三十六岁。庞统被称为"凤雏"〔参考二〇七年〕，《三国演义》因之有死于落凤坡故事，使史迹有血有肉）。

法正写信给益州（四川省及云南省）全权州长（牧）刘璋，分析大势，强调说："刘备自从发兵以来，仍深怀当年那种倾慕之情，实没有负心之意，我建议似乎可以考虑使主人跟客人，变换位置，用以保护你的家族。"刘璋不理。

雒城不久陷落，刘备进围成都（益州州政府所在县，四川省成都市），诸葛亮、张飞、赵云，先后抵达会师。

马超（时在汉中郡〔陕西省汉中市〕）知道张鲁不足以计议大事，而张鲁的部将杨昂等，对马超的能力，又深为嫉妒，马超内心积郁。刘备命益州郡（云南省昆明市晋宁区东晋城街道。原文误为建宁郡，此时还没有建宁郡）视察官（督邮）李恢，前往游说，马超遂从武都郡（甘肃省成县）逃到氐中（甘肃省南部，氐民族所在），暗中写信给刘备，要求归降。刘备派人前往阻止，但秘密交付给他一支军队。马超遂抵达成都，在城北扎营，城中震动恐怖。

刘备包围成都数十日，命参谋指挥官（从事中郎）涿郡（河北省涿州市）人简雍，入城游说刘璋。当时，城中还有精兵三万人，粮秣绸缎，还可支持一年，军民士气轩昂，都愿决一死战（深恨刘备忘恩负义之故）。刘璋说：“我们父子在益州（四川省及云南省）二十余年（一八八年，刘焉到职；至今〔二一四〕二十七年），对人民没有特别的恩德。现在已有三年战乱，人民的肌肉脂肪，都化成肥料，滋润荒郊野草，这都是为了我一个人的缘故，我怎么能安心？”遂大开城门，跟简雍同乘一辆车子，出城投降，部属无不感伤流涕。刘备把刘璋送到公安（湖北省公安县），把属于刘璋的财产，全部归还刘璋，命刘璋仍佩“振威将军”印信（“振威将军”是中央政府任命，所以仍然保持）。

刘备进入成都，摆设筵席，犒劳士卒，取出库藏金银，分别赏赐将士，而把粮秣、绸缎，退回给当初缴纳的原主。刘备自兼益州（四川省及云南省）全权州长（牧）；任命军师中郎将诸葛亮当军师将军，兼益州郡（云南省昆明市晋宁区东晋城街道）郡长；南郡（湖北省江陵县）人董和当掌军警卫指挥官（掌军中郎将），兼左将军府总管（署左将军府事。中央政府任命刘备的官衔是左将军，左将军府是当时最高权力机关）。擢升偏将军马超当平西将军；军议指挥官（军议校尉）法正当蜀郡（四川省成都市）郡长、扬武将军；裨将军南阳郡（河南省南阳市）人黄忠当讨虏将军；参谋指挥官（从事中郎）糜竺当安汉将军；简雍当昭德将军；北海郡（山东省昌乐县西）人孙乾当秉忠将军；广汉县（四川省射洪市东南沱牌镇）县长黄权当偏将军；汝南郡（河南省平舆县西北射桥镇）人许靖当左将军府秘书长（左将军长史）；庞羲当军政官（司马）；李严当犍为郡（四川省眉山市彭山区）郡长；费观当巴郡（重庆市）郡长；山阳郡（山东省巨野县东南大谢集镇）人伊籍当参谋指挥官（从事中郎）；零陵郡（湖南省永州市）人刘巴当左将军府行政秘书（西曹掾）；广汉郡（四川省广汉市）人彭羕当益州州政府人事官（治中从事）。

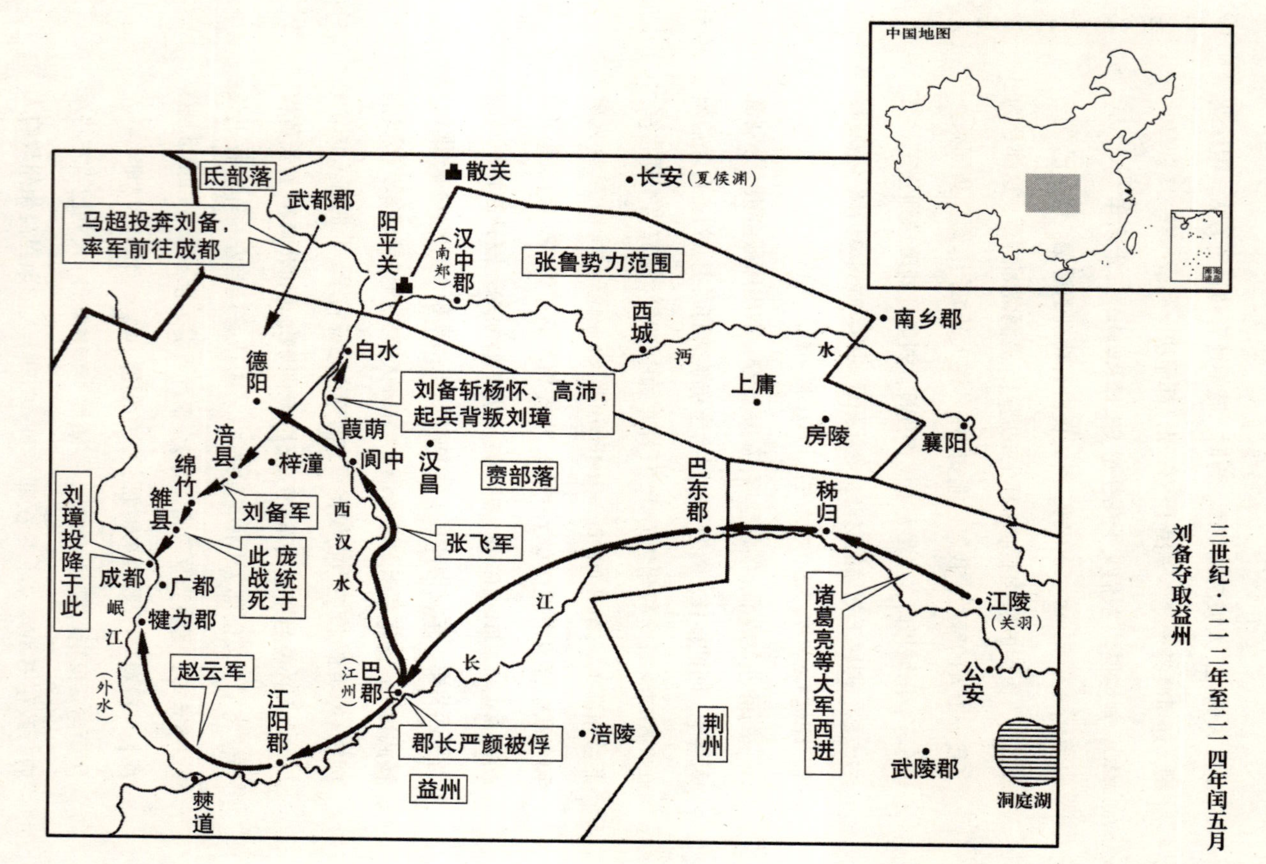

三世纪·二一二年至二一四年闰五月

刘备夺取益州

最初，董和当郡长（益州郡郡长），清廉公正，受到汉人跟蛮夷的信任和拥戴，蜀中（四川省）推崇他是善良本分的官员，所以刘备擢升他。

当刘备从新野（河南省新野县）逃奔南下时（参考二〇八年九月），荆楚（湖北省）知识分子，纷纷追随，只刘巴向北投靠曹操；曹操延聘他当秘书（掾），派他前往招降长沙郡（湖南省长沙市）、零陵郡（湖南省永州市）、桂阳郡（湖南省郴州市）。恰好碰上刘备大军夺取三郡，刘巴功败垂成，打算从交州（广东、广西及越南北部）乘船返回京师（首都许县），当时诸葛亮驻军临蒸（湖南省衡阳市），写信邀请，刘巴拒绝，刘备衔恨在心。后来，刘巴从交趾郡（越南河内市东北北宁省）绕道到蜀郡（四川省成都市），依靠刘璋。等到刘璋决定迎接刘备（参考二一一年），刘巴劝阻说：“刘备是一代奸雄，来了之后，一定害人！”等到刘备已经入境，刘巴再劝阻说：“使刘备讨伐张鲁，可是把猛虎放回山林！”刘璋全不听从，刘巴宣称有病，闭门不理外面事务。刘备进攻成都时，下令军中说：“有敢伤害刘巴的，屠灭三族。”等得到刘巴，大为高兴。

当时，益州（四川省及云南省）郡县，望风迎降，只黄权（广汉县〔四川省射洪市东南沱牌镇〕县长）闭城固守，直等到刘璋归降后，才开城归附。

原先情形是：董和、黄权、李严，本是刘璋任命的官员；吴懿、费观，本是刘璋的姻亲（刘璋的老哥刘瑁，娶吴懿的妹妹；而费观是刘璋母亲费女士的家人）。彭羕，本是被刘璋迫害的人物（刘璋处彭羕髡刑〔剃光头发〕、钳刑〔脚镣手铐〕，罚做奴工）。刘巴，本是刘备从前怀恨的人物。刘备把他们全部擢升到显明的高位，使每人都能发展才能，有志气的人士，无不兢兢业业，发愤从公。益州（四川省及云南省）人民，一团和睦。

最初，刘璋任命许靖当蜀郡（四川省成都市）郡长，当成都快要陷落时，许靖密谋翻过城墙，投奔刘备。刘备因此瞧不起这个人，不任命他担任任何官职。法正说:“天下之大,有一种只有虚名而没有实质的人,许靖就是这一类型(许靖跟堂弟许劭,有极高的知名度。名震天下的汝南郡〔河南省平舆县西北射桥镇〕“月旦评”,就由二人主持,连曹操都需要他们的赞扬〔参考一八四年〕。评论别人易,自己实践难)。然而,主公(刘备)开创大业,不可能向全国人民,挨家逐户,一一解释,所以对这种人,应该也加敬重,不使远近失望。”刘备才对许靖礼遇,命他当官。

包围成都时,刘备向全军承诺:“如果破城,州政府库藏的金银财宝,我不要一件。”等到攻克,官兵部众都放下武器,拥到仓库抢掠;搜刮一空的程度,竟使军事经费枯竭,刘备十分忧虑,刘巴建议说:“这件事容易解决,只要重新制定一种新钱,一枚钱值现在流行的一百枚钱,然后限制物价上涨,命官员依照官价,用旧钱兑换新钱。”刘备采纳。数月之间,政府库存充实。

当时,参与决策的人打算瓜分成都肥沃的土地和著名的庄宅,赏赐给有功的将领,赵云说:“霍去病曾因匈奴没有消灭,不要家产(参考前一一九年)。今天,强大的敌人,不仅仅是匈奴而已,将领们不可以当作太平盛世。必须等到全国统一,各人回到各人的家乡,在本土耕田种桑,才是恰当的时候。益州(四川省及云南省)刚受到战争破坏,田地庄宅都应该发还原主,教他们恢复旧业,平安定居,然后政府才可以征调他们纳税服役。要使他们心悦口服,就不可以夺取他们的财产,用来偏爱自己手下的将士。”刘备采纳。

刘备对刘璋发动攻击时,命警卫指挥官(中郎将)南郡(湖北省江陵县)人霍峻,留守葭萌城(四川省广元市西南)。据守汉中郡(陕西省汉中市)的张鲁,命部将杨昂引诱霍峻接受杨昂入城协防。霍峻说:“我的头可以得到,葭萌城得不到。”杨昂只好撤退。后来,刘璋部将扶禁(扶,姓)、向存等,率大军一万余人,由阆水(嘉陵江上游)逆流而上;

围攻霍峻，将近一年，霍峻守城部队才数百人，抓住围城军怠惰的间隙，遴选精锐，开城出击，大破围城军，斩向存。等到刘备平定全蜀（四川省），把广汉郡（四川省广汉市）分出若干县，另设立梓潼郡（四川省梓潼县），任命霍峻当郡长。

法正对外统辖首府（成都〔四川省成都市〕。法正身为蜀郡郡长，而蜀郡郡政府设在成都，等于首府市长），对内参与重要决策，爱恨分明；一顿饭的恩德、一瞪眼的怨恨，无不回报；于是，擅自诛杀好几位过去曾伤害过他的人。有人请诸葛亮干预，说："法正毫无忌惮，将军应该启禀主公（刘备），稍稍限制他作威作福。"诸葛亮说："主公（刘备）在公安（湖北省公安县）时，北方畏惧曹操的强大，东方畏惧孙权的逼迫，家庭之内，又畏惧孙夫人变生肘腋（孙女士婢女都带刀剑，可能为了老哥的利益，刺杀刘备）。幸而法正做主公的翅膀，使主公能翱翔天空，不再受别人控制。怎可以禁止法正，使他连稍稍称心快意都不行？"

诸葛亮辅佐刘备治理蜀地（四川省），用法严厉，很多人感到不满。法正对诸葛亮说："从前，高祖（西汉王朝一任帝刘邦）西入函谷关（河南省灵宝市东北），约法三章（参考前二〇六年），秦地（陕西省）人民，感恩戴德。而今，阁下权柄在手，控制一州（益州），刚刚占领这一片国土，还没有恩惠安抚；而且基于主人和客人的形势，客人的姿势应该降低。我建议手段稍微和缓，满足大家盼望。"诸葛亮说："你只知道其一，不知道其二。秦王朝政府横行暴虐，政令苛刻，人民痛恨，一个小民（指陈胜）大声呐喊，天下遂即土崩瓦解，高祖（刘邦）面对如此局面，自应该采用宽大政策。刘璋懦弱，情形恰恰相反，自从他老爹刘焉以来，留下父子两世的恩德，全靠繁杂的典章礼仪维系，互相拍马奉承，以致只有美言，没有美政，政府无威，刑罚虚设。蜀地（四川省）人士，一个个专权放肆，君臣之间的大道，逐渐破坏。用高官来笼络人，官高到了极限，反而使人轻视；用恩德来宠爱人，恩德一旦不继，就会立刻翻脸；弊端百出的原因在此。我今天用法律吓阻人民，法律彻底执行之后，人民才知道恩德；对官爵严格审查，人民得到官爵后，才感到荣耀。恩德和荣耀，相辅相成，上下都有适当的节制。政治的主要关键，在这上面明白显示。”

刘备任命零陵郡（湖南省永州市）县长蒋琬，当广都（四川省成都市南华阳街道）县长。有一天，刘备出游，突然前往广都，发现蒋琬百事荒废，而当时又沉醉不醒。刘备大为愤怒，打算把蒋琬处死。诸葛亮说：“蒋琬是国家栋梁材料，不是县长材料。他治理的方法是，只追求人民安居乐业，不追求自己表现，请主公再作考察。”刘备一向尊敬诸葛亮，赦免蒋琬不死，仅罢黜官职。

6 秋季，七月，魏公曹操出动大军攻击孙权（但以后并没有军事行动，而于明年〔二一五〕转攻张鲁），命幼子临菑侯曹植（本年二十三岁），留守邺城（魏国首府，河北省临漳县西南邺城镇）。曹操给他的儿子们谨慎的遴选官属，任命邢颙当曹植的侯爵府家务总管（家丞），邢颙处处用礼教规劝曹植，不肯宽容，遂跟曹植的气味不投。而随从助理官（庶子）刘桢，文章言谈，都渊博动人，曹植对他特别亲爱。刘桢写信给曹植，警告说：“侯爷，你采摘像随从助理官（刘桢）表面的鲜花，忘了家务总管（邢颙）那种秋季结出的果实。将替君上（指曹操）招致毁谤，罪过不小，使我感到恐惧。”

7 魏国（首府邺城）政府秘书长（尚书令）荀攸逝世。荀攸深怀智谋，行事严密。自从追随曹操东征西战，常常运筹帷幄之中，当时的人以及他的子弟，都不知道他说的什么。曹操常说：“荀彧推荐善良的人，不获任用，就不停止；荀攸排除邪恶的人，不看到免职，永不罢休。”又说：“两位荀秘书长（荀彧、荀攸）对人的评论，时间越久，越发现它的正确，使我一生不忘。”

8 最初（约一八四年），枹罕（音fú hǎn〔浮喊〕。甘肃省临夏市）人宋建，因凉州（甘肃省）大乱（二世纪八〇年代），自称河首平汉王（“河首”，黄河头部，即赐支河首〔青海省玛多县一段黄河〕）；更改年号，设置文武百官；他的独立王国，维持三十余年。

冬季，十月，曹操命夏侯渊从兴国（甘肃省静宁县南）出发讨伐，攻陷枹罕，斩宋建。

夏侯渊另派张郃等，渡过黄河，进入小湟中（青海省阿尼玛卿山西北）。河西（即小湟中）诸羌部落全都归降，陇右（陇山以西）地区，全部平定。

9 东汉王朝自从迁都许县（河南省许昌市东）以来（一九六年八月迄今），皇帝刘协不过只端坐他的宝座而已，左右侍从和武装卫士，全是曹家班的人。参议官（议郎）赵彦，常向刘协陈述时势及对策，曹操大感厌恶，于是诛杀赵彦。后来，曹操因事在金銮宝殿参见刘协，刘协无法控制自己的恐惧，遂说：“阁下如果愿意辅佐我，感激不尽；如果不愿意辅佐我，求你开恩，放我一条生路。”曹操脸色大变，频频行礼，请求告辞。旧有制度：身为三公，而又兼武装部队统帅时，每逢朝会，都由虎贲武士，手执利刀，左右挟持入殿。曹操既出，回顾左右，汗流浃背，从此不再参见。

柏杨曰

三公官位，已够崇高，三军统帅，更是大权在握。晋见皇帝时，皇帝却教虎贲武士，手执钢刀，在两旁挟持。对东汉王朝这种传统制度，我们怀疑它的存在。胡三省注释说“惧其为变”，简直不知所云。平常时期，三公统帅，都是皇帝亲信，根本不会“变”；非常时期，该三公统帅如果要变，像梁冀、董卓，岂容你钢刀挟持？曹操是何等人物，他如果乖得像一个婴儿，任你钢刀挟持，岂不早就身首异处？仇家也好，政客也好，何必玩“衣带诏”那一套？而刘协又何至哀哀求告，只要一点头，曹操就会当场身首异处。

而且，既然皇帝所有侍从卫队，都是曹家班的人，虎贲武士更关系性命，怎么会由非曹家班的人担任？所以，即令双刀加颈，曹操也不会汗流浃背。皇帝权力衰弱时，无力如此，皇帝权力强大时，不必如此。而何以有此记载，令人不解。

董承的女儿，是皇帝刘协小老婆群第一级“贵人”，曹操既诛杀董承（参考二〇〇年正月），斩草除根，要同时诛杀董承的女儿。刘协因董贵人怀孕，屡屡恳求，曹操不许。皇后伏寿因此大为恐惧，写信给老爹伏完，指控曹操残暴迫害，请老爹秘密对付曹操。伏完胆小，不敢反应。而就在十四年后的本年（二一四），事情外泄，曹操怒不可遏。

十一月，曹操派最高监察长（御史大夫）郗虑，“持节”，收缴皇后印信，命宫廷秘书长（尚书令）华歆充当郗虑的助手，率军进入皇宫，逮捕伏寿。伏寿紧闭屋门，藏到夹墙之中，华歆拆屋毁墙，把伏寿强行拉出。这时，刘协坐在殿外，请郗虑就座。伏寿已不成人形，披头散发，光着双脚，一面走一面哭，经过刘协身旁，哀号说："能不能救我一命？"刘协说："我也不知道我命尽何时？"对郗虑说："郗公，天下难道真有这种事！"伏寿被囚入宫廷事务署纺织厂附设监狱（暴室），处决。伏寿所生的两个皇子，全用毒酒灌死，兄弟及娘家人被杀的一百余人。

10 十二月，魏公曹操抵达孟津（河南省洛阳市孟津区东黄河渡口）。

11 曹操任命魏国政府秘书署助理（尚书郎）高柔当司法秘书（理曹掾）。旧有法令：出征士卒如果逃亡，就逮捕拷打他的妻儿，可是逃亡的仍然络绎不绝。曹操打算再加重处罚：扩大到逮捕拷打他的父母兄弟。高柔说："士卒逃亡，实在可恶，但是，我也听到有些人后来非常懊悔。我的意思是，应该宽大，饶恕他们的妻儿，使他们诱导他回心转意。逮捕拷打妻儿，已经使他们绝望，如果处罚更重，恐怕从今之后，军中人士，看见一人逃亡，想到诛杀将临到自己，也会跟着逃亡，弄到后来，可能无人可杀。重刑并不能阻止逃亡，反而鼓励逃亡。"曹操说："你说得对。"取消原议。

二一五年 乙未

东汉　建安　二十年

1 春季，正月十八日，东汉王朝（首都许县〔河南省许昌市东〕）皇帝（十四任献帝）刘协（本年三十五岁），擢升贵人（小老婆群第一级）曹节当皇后。曹节，是魏公、丞相曹操的女儿。

2 三月，曹操亲自率军攻击汉中郡（陕西省汉中市）郡长张鲁，打算从武都郡（甘肃省成县）西上，进入氐民族地区。氐人部落得到消息，立即堵塞道路。曹操命张郃、朱灵等，击破氐人部落抵抗。

夏季，四月，曹操从陈仓（陕西省宝鸡市东陈仓镇），出大散关（宝鸡市西南），抵达河池（甘肃省徽县）。氐王（氐民族部落酋长）窦茂，有部众一万余人，仗恃险要，拒绝归降。

五月，曹操攻陷河池（甘肃省徽县），屠城。

西平郡（青海省西宁市）、金城郡（甘肃省兰州市东）地方将领麹演（麹，姓）、蒋石等，共同斩杀韩遂，把人头呈献曹操。

3 最初，刘备在荆州（湖北省及湖南省），周瑜、甘宁不断要求孙权夺取蜀地（四川省。当时孙权尚未把长江北岸一带及长江三峡以东“借”给刘备，势力范围与益州〔四川省及云南省〕东北部接壤）。孙权派人告诉刘备说：“刘璋武备败坏，不能自保。如果蜀地（指益州〔四川省及云南省〕）落入曹操之手，荆州就会陷于险境。我准备先攻刘璋（益州全权州长），再攻张鲁（汉中郡郡长），使南方归于统一，即令有十个曹操，也不必忧虑。”刘备回信说：“益州人民富庶，地势险阻，刘璋虽然暗弱，足可以保护自己。而今把大军摆到蜀地（益州）和汉中地（陕西省南部），粮秣军备，转运万里，却打算战胜攻取，沙场上不致失利，恐怕孙武、吴起复生，都会感到困难。参与决策的人，看到曹操在赤壁（湖北省赤壁市西北周郎嘴镇）受到挫败，认为他的力量消耗已尽，不复再有远略。事实上，三分天下，曹操已有二分，势将在东海饮马，在吴会（吴郡及会稽郡）阅兵，怎么能满意于目前的局面，坐等年老？我们跟刘璋本属一条战线，无缘无故，先自己内斗，给曹操制造机会，使敌人有机会动手，不是久安之计。而且，我跟刘璋，都是刘姓皇族，靠着上天保佑，辅佐东汉王朝。刘璋得罪阁下左右，我同感恐惧，实在不敢听从你的计划，请求宽恕。”

孙权坚持派奋威将军孙瑜，率水军前往夏口（湖北省武汉市），刘备用舰队封锁江面，不准通过，对孙瑜说："你如果非夺取蜀地（四川省）不可，我宁可披散头发，逃入深山，也不能向天下失信。"命关羽驻军江陵（荆州州政府所在县，湖北省江陵县），张飞驻军秭归（湖北省秭归县），诸葛亮驻军南郡（此时南郡郡政府设于公安，湖北省公安县），刘备自己据守孱陵（湖北省公安县西南）。孙权无可奈何，只好命孙瑜撤退。等到刘备自己攻击刘璋，孙权跳起来诟骂说："这个狗娘养的老滑头，奸诈到如此地步。"

刘备命关羽留守江陵（湖北省江陵县），汉昌郡（湖南省平江县南）郡长鲁肃（时驻陆口〔湖北省嘉鱼县西南陆溪镇〕）辖土跟关羽交界，关羽不停的猜忌挑衅，使边境紧张情势升高，而鲁肃却始终用友善的态度回报。刘备夺取益州（四川省及云南省）之后，孙权派中央军政官（中司马）诸葛瑾，晋见刘备，要求交还荆州（鲁肃建议孙权把荆州借给刘备事，参考二一〇年），刘备拒绝，说："我正打算进攻凉州（此时无凉州，应指二一三年重划州界之前的凉州〔甘肃省东部南部〕），等凉州平定，一定把荆州交还。"孙权说："只是不想还罢了，空口说白话，拖延时日。"遂即派遣长沙郡（湖南省长沙市）、零陵郡（湖南省永州市）、桂阳郡（湖南省郴州市）三郡郡长等官员，命他们赴任。关羽把他们全都驱逐，孙权大发雷霆，命吕蒙统军二万人，攻击三郡。

吕蒙通知长沙郡、桂阳郡，二郡望风归降。只零陵郡郡长郝普坚守。刘备听到消息，从蜀地（四川省）亲自回到公安（湖北省公安县），派关羽争夺三郡。孙权亲自进驻陆口，统御各军，命鲁肃率一万人进驻益阳，堵截关羽。孙权用紧急军报召唤吕蒙，命吕蒙放弃零陵郡，回军协助鲁肃。吕蒙接到命令，密不宣布，连夜召集各将领，面授机宜，准备天色拂晓之时，就对零陵郡发动攻击。然后，吕蒙告诉郝普的老友、南阳郡（河南省南阳市）人邓玄之说："郝普听说世界上有忠义这回事，也打算效法，可惜他不知道时间不对。现在，刘备远在汉中郡（陕西省汉中市），被夏侯渊包围；关羽逗留南郡（指旧郡政府所在的江陵〔湖北省江陵县〕），我们领袖（孙权）亲自阻截。他们目前的处境是，头下脚上的倒挂在那里，连救自己不死都来不及，哪有多出来的力量照顾这里？如今，我估计我的兵力，经过周密计划，发动攻势，当天就可以破城。试问，到那时候，断送性命，有何裨益？却使百岁娘亲，在白发满头之时，受到诛杀，岂不悲痛？我想，郝普被困孤城，得不到外界音信，认为援军一定会来，才誓死抵抗。阁下不妨前去拜访，为他分析祸福。”邓玄之遂见郝普，把吕蒙的话告诉他，郝普大为恐惧，出城投降。吕蒙握住他的手，一齐下船，谈话既毕，把孙权的信拿出来给郝普看，忍不住鼓掌大笑。郝普这才知道刘备已返公安（湖北省公安县），关羽援军已抵益阳（湖南省益阳市），羞惭悔恨，无地自容。吕蒙命部将孙河（非二〇四年已死的孙河）留守，处理善后事宜，即日率军前往益阳。

鲁肃打算跟关羽面对面会谈，将领们恐怕发生变化，认为不可以如此安排。鲁肃说：“今天的事，应开诚布公，解释清楚。刘备虽然忘恩负义，不过是非还没有到最后结算关头，关羽岂敢为了他一个人的私欲，作重大的冒犯？”于是，邀请关羽会晤，双方兵马停留在百步之外，将领们仅只随身携带佩刀。在会议上，鲁肃责备关羽，不应该拒绝交还三郡（长沙郡、零陵郡、桂阳郡）。关羽说：“乌林之战（即赤壁之战，赤壁在长江南岸，乌林在长江北岸，两地遥遥相对；曹操大营驻扎乌林，崩溃也在乌林，称“乌林之战”较“赤壁之战”，更为确切），左将军（刘备）置身战场，全力击破强敌，怎么可能白白辛劳，连一块土地也分不到？老哥前来，难道是打算强行夺取？”鲁肃说：“不然。我跟刘州长（刘备）在长坂（湖北省当阳市东北）第一次见面，刘州长的部众，不能抵挡一小撮人马，穷途末路，士气低落，形势衰弱，打算向更远的地方逃窜（刘备本要投奔苍梧郡〔广西梧州市〕郡长吴巨）。当时，你们岂敢奢望拥有荆州？主上（孙权）哀怜刘州长（刘备）没有栖身之所，不爱自己土地，不惜自己民力，使刘州长有个立脚地方，解决他的困难。想不到刘州长自私自利，存心诈欺（指阻截孙瑜西征），辜负大恩，撕毁盟约。而今，西州（益州）已经得手，又打算吞并荆州全土，一个普通的凡夫俗子，都不忍心做出之事，何况盖世英雄的领袖人物？”关羽无言可答。

正好，传来消息，曹操将攻击汉中郡（陕西省汉中市）张鲁，刘备恐怕失去益州（四川省及云南省），派使节向孙权请求和解。孙权命诸葛瑾主持谈判事宜，重订友好同盟。遂中分荆州（湖北省及湖南省），以湘水作为边界，湘水之东的长沙郡（湖南省长沙市）、江夏郡（湖北省武汉市江夏区西金口街道）、桂阳郡（湖南省郴州市）三郡属孙权；湘水之西的南郡（湖北省公安县）、零陵郡（湖南省永州市）、武陵郡（湖南省常德市）三郡属刘备（事实上，零陵郡郡政府在湘水东岸。以湘水为界只是一个概念）。

诸葛瑾每次奉派前往蜀地（四川省），跟老弟诸葛亮只在会议上公开见面；会议过后，从不私相会晤（双方避嫌）。

4 秋季，七月，魏公曹操讨伐张鲁大军，进抵阳平关（陕西省勉县西）。张鲁打算献出汉中郡（陕西省汉中市）投降，老弟张卫不肯，率数万人固守关头，沿山筑墙，长达十余华里。

最初，凉州（甘肃省东部南部）参谋官（从事），跟武都郡（甘肃省成县）投降的人向曹操报告：“张鲁容易攻破，阳平关下，南北两山相距很远，敌人无法严密防守。”曹操相信。可是，等到兵临关下，却发现完全不是那么回事，不禁叹息：“别人的看法，很少能使人满

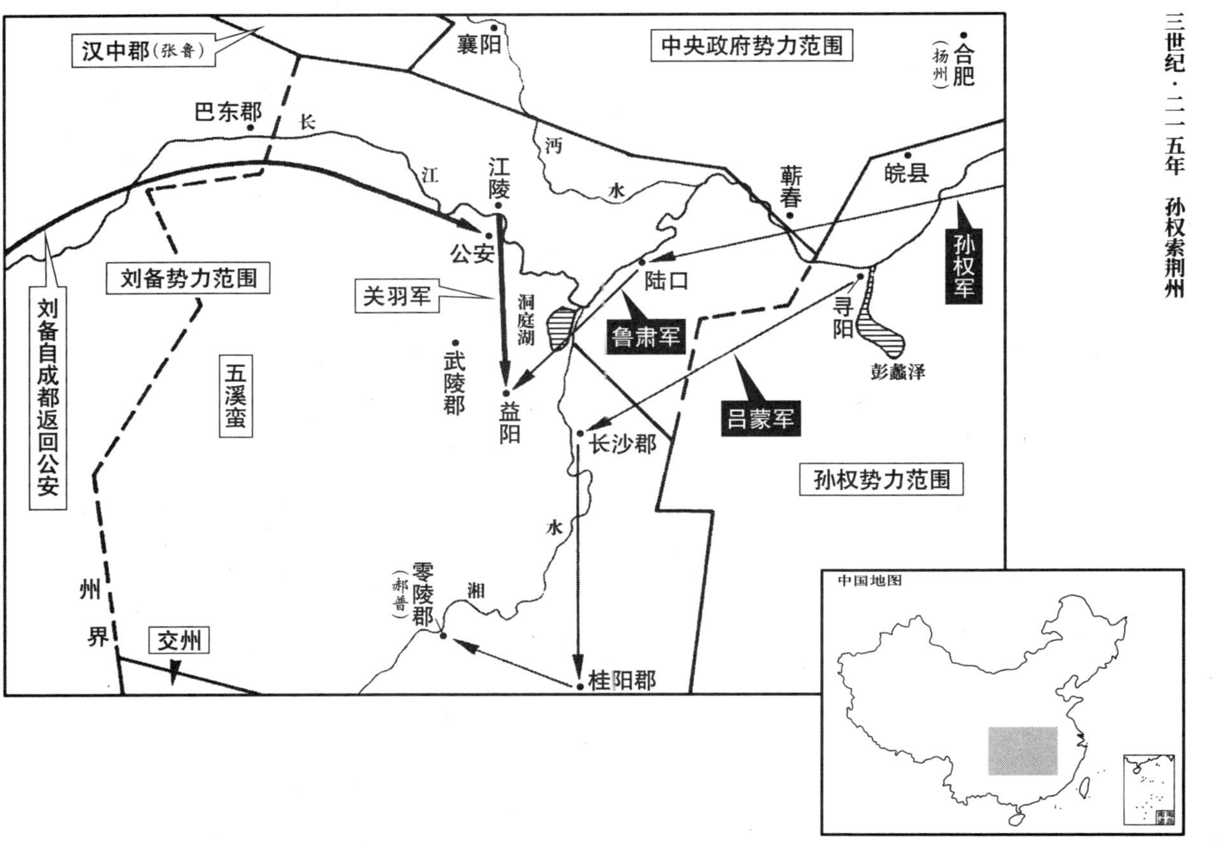

三世纪·二一五年　孙权索荆州

意。”进攻阳平山各垒，山陡如削，不能攀登，一时难以攻克，而士卒伤亡太多，粮秣又快吃尽，曹操心情沮丧，打算切断山下通道（阻挠追击），班师而回。派大军统帅（大将军）夏侯惇、将军许褚，传唤已攀登上山的部队撤退，想不到前锋在夜里迷失道路，阴差阳错，竟忽然闯入张卫另一大营，营中大惊，一时崩溃。魏国高级咨询官（侍中）辛毗、主任秘书（主簿）刘晔等，紧跟在部队之后，立即通知夏侯惇、许褚："已攻陷敌人重要据点，敌军瓦解。”夏侯惇、许褚不相信会有这种事，夏侯惇亲自察看，遂报告曹操。立即转向张卫大营攻击，张卫在黑夜掩护下逃走。

张鲁听到阳平关（陕西省勉县西）陷落消息，打算投降，阎圃劝阻说："在强大压力下投降，分量便轻。不如依靠杜濩（音huò〔祸〕），投奔朴胡（杜濩是賨族部落〔四川省东北部〕酋长；朴胡是板楯部落〔四川省阆中市一带。参考一一四年〕酋长），对峙一段时间，然后再采取行动，会增加自己身价。”于是，逃向南山（陕西省汉中市南郑区东南米仓山），进入巴中地区（四川省东北部）。左右打算纵火焚烧金银财宝跟仓库，张鲁说："我本来就想归顺中央政府，一直不能表达。今天逃避军锋，并不出于恶意，财宝仓库，都是国家物资。”加上封条后，撤退。曹操进入南郑（汉中郡郡政府所在县），对张鲁保护国家财产，深为嘉许。又因为张鲁心存善意，特别派人前去慰问。

5 丞相府主任秘书（丞相主簿）司马懿建议曹操："刘备用诈力劫持刘璋，蜀地（四川省）人民还没有归附，他却远在江陵（湖北省江陵县）争夺土地（指荆州三郡），这个机会不可错过。我们攻克汉中郡（陕西省汉中市），益州（四川省及云南省）震动，如果用大军压境，他们一定瓦解。圣人行事，既不可以违背时机，也不可以不顺应时机。”曹

三世纪·二一五年三月至七月 中央收复汉中郡

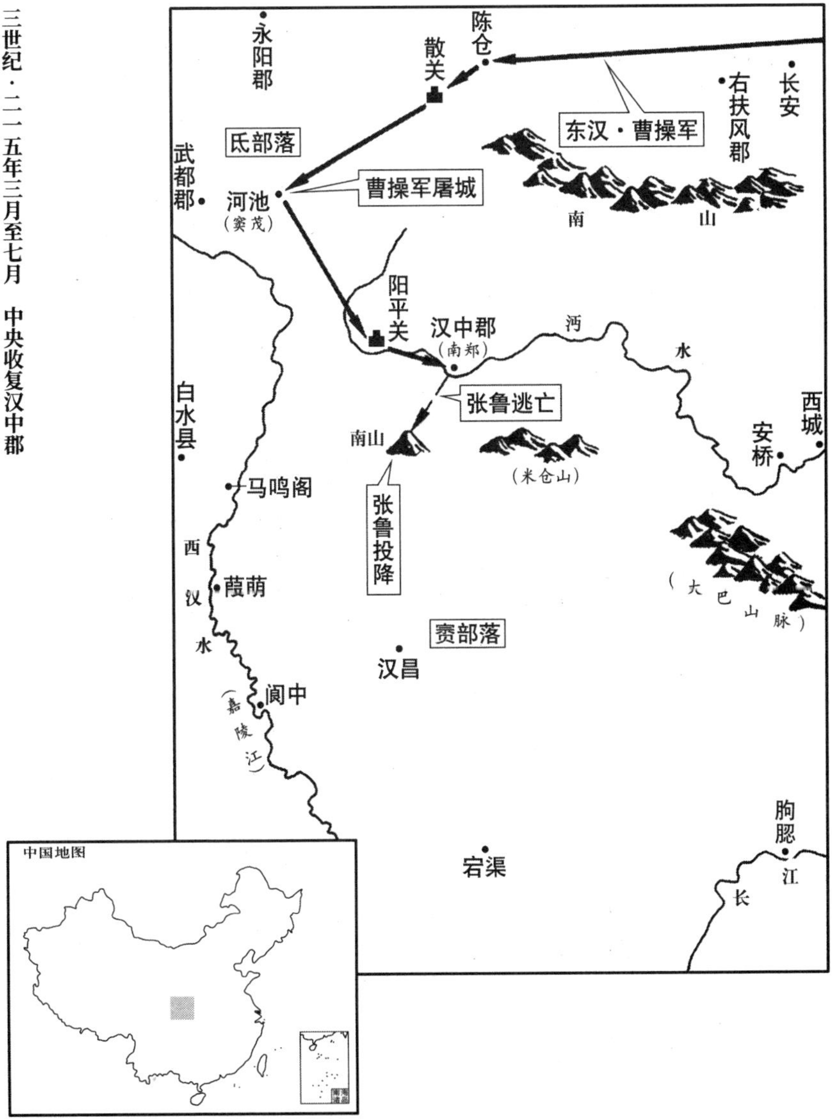

永阳郡
陈仓
散关
右扶风郡
长安
东汉·曹操军
氐部落
武都郡
河池
（窦茂）
曹操军屠城
南山
阳平关
汉中郡
（南郑）
沔
水
张鲁逃亡
南山
（米仓山）
张鲁投降
西城
安桥
白水县
马鸣阁
西
汉
水
（嘉
陵
江）
葭萌
阆中
賨部落
汉昌
（大巴山脉）
朐䏰
江
长
宕渠
中国地图

操说：“人，最痛苦的事，是不能自我满足。既得到陇地（指陕西省南部），又盼望蜀地（四川省）！”（东汉王朝一任帝刘秀，也曾有此感叹。不断征战的结果，厌倦之情，溢于言表。）刘晔说：“刘备，是人中豪杰，有谋略但反应较慢，而且夺取蜀地（四川省）的日子还少，蜀地（四川省）人民不见得为他尽忠。乘着我们刚刚击破汉中（陕西省汉中市）之际，蜀地（四川省）人民震恐，势将自己崩溃。以主公（曹操）的英明，顺着他们自己崩溃之势，施加压力，战无不胜，攻无不克。如果稍微拖延，诸葛亮身为宰相，精于治理国家，关羽、张飞身为大将，勇冠三军；蜀地（四川省）人民一旦安定，然后据守险要关卡，就不容易击败。今天不夺取，以后定有忧患。”曹操不能接受。

七天之后，蜀地（四川省）投降的人报告说：蜀中（四川省）一日之内，曾经发生数十次惊扰，将领们虽用诛杀镇压，仍不能安定。曹操问刘晔说：“今天再发动攻击，如何？”刘晔说：“蜀地（四川省）已大略就绪，时机已失，军事行动，已经太迟。”（时间仅隔七天，由可击变成不可击，判断的正确性，使人怀疑。曹操已兴致索然，再次询问刘晔，不过要封评论者之口，刘晔揣摩主人意愿，提供一个下台阶的工具。他如果坚持仍可出击，曹操岂会改变主意？）曹操遂班师。命夏侯渊当都护将军，统御张郃、徐晃等，镇守汉中郡（陕西省汉中市）；丞相府秘书长（丞相长史）杜袭，当御马总监（驸马都尉），兼汉中行政区总管（留督汉中事）；杜袭怀柔开导，人民自愿迁移到洛阳（河南省洛阳市东白马寺东）、邺城（魏国首府，河北省临漳县西南邺城镇）的，有八万余人。

6 八月，孙权亲率大军十万人，包围合肥（中央所设扬州州政府所在县，安徽省合肥市），当时，中央政府将领张辽、李典、乐进，率七千余人据守。曹操西征张鲁时，把一纸手令交给合肥军区大军保护总监（护军）薛悌，在信封上写："敌人到时，拆开。"等到孙权大军抵达，拆开手令，上面写："如果孙权亲至，张辽、李典出战，乐进守城，薛悌不可作战。"将领们认为众寡不敌，迟疑不决，张辽说："曹公（曹操）远征在外，等到援军来到，敌人早把我们击破。所以曹公手令要我们在敌人包围圈还没有完成时，迎头痛击，摧毁他们的锐气，先使人心安定，然后才可以固守。"乐进等都不作声，张辽大怒说："成败关键，在此一战。你们如果迟疑不决，我单独出马。"李典跟张辽，素不和睦，慨然说："这是国家大事，只看各人如何打算？我岂可以因私人恩怨，妨碍公义！我跟你一起迎战。"

张辽连夜募集敢死队壮士，遴选八百人，宰杀牛只，犒赏将士（史书上常出现这种记载，在决战前夕，总要用"牛酒"作为犒赏，可见士卒平日饮食多么简陋。只在拼命之前，才得一顿肉食）。第二天拂晓，张辽身披铠甲，手持铁戟，冲锋陷阵，杀数十人，斩二员大将，大喊自己的名字，直闯孙权元帅大旗。孙权大吃一惊，张皇失措，急奔上附近一座山丘，东吴卫士用长戟列成围墙保护。张辽叫骂，要孙权下来决战。孙权不敢稍动，但看到张辽兵力单薄，命大军把张辽重重围住，张辽奋勇攻击，率左右数十人破围而出。重围中的残余部队齐声呼喊："将军，你要抛弃我们？"张辽再翻身杀入重围，救出部众。孙权部队人马纷纷退后躲避，没有一个人敢上前阻挡。从早晨血战到中午，孙权军气势全失。张辽回城后，积极备战，大家心情才安定下来。

孙权在合肥城外十余天，无法攻克，只好撤退。大军已分别开拔，孙权跟各将领仍逗留逍遥津（合肥市东南）北，张辽遥遥望见，率步骑兵混合部队，发动奇袭。事情猝然发生，甘宁跟吕蒙等联合抵御，凌统率侍从搀扶孙权突围后，回军再跟张辽接战，左右全都阵亡，凌统自己也受重伤，猜测孙权已脱离险境，才向后退。孙权乘骏马奔上河桥，河桥南端已被破坏，塌陷一丈有余，没有木板。侍从官（亲近监）谷利追随马后，要孙权放松缰绳，紧抱马鞍，谷利在后用马鞭猛烈抽打，加强马的冲势，马遂一跃而登南岸。平东指挥官（平东校尉）贺齐率三千人在逍遥津南迎接，孙权才免于被俘。

孙权在船上摆设筵席，贺齐离开座位，流泪说："人主地位至尊，要考虑如何保护自己。今天发生的事，几乎变成大祸，部属们无不震动恐怖，好像失去了天地，但愿主公（孙权）当作终身鉴戒。"孙权亲自到他跟前擦去眼泪，说："十分惭愧，我会永记在心，不仅仅写成座右铭而已。"

7 九月，巴郡（此指刘璋分割巴郡之前的辖地〔中央政府不曾承认其分割〕，辖地包括今四川省东部及东北部）賨（音cóng〔从〕）民族部落（四川省东北部）酋长朴胡、杜濩、任约，各率他们的部众，归顺东汉王朝中央政府。中央分割巴郡，命朴胡当巴东郡郡长，杜濩当巴西郡郡长，任约当巴郡郡长，全封侯爵（三郡郡政府所在不详，中央政府只遥作声援。后来，三人被刘备击斩）。

8 冬季，十月，中央政府开始设立仅有名号的爵位，作为建立军功的酬报（即"名号侯"，只有名号，没有采邑封国，称为"虚封"。"名号侯"十八级，"关中侯"十七级，黄金印信，紫色绶带。另设"关内外侯"十六级，铜质印信，黑色绶带）。

9 十一月，张鲁（时在南山〔陕西省汉中市南郑区西南米仓山〕）率领家属，出来投降。曹操派人迎接，任命他当镇南将军，待他以宾客之礼，封阆中侯，采邑一万户人家。张鲁的五个儿子及阎圃，也都封侯爵。

阎圃劝阻张鲁不要当王（参考二〇一年），而曹操追封他侯爵，以后的人，谁还不归顺政府？“塞住泉源，流下的水自会停止”，岂不就是说这件事？如果不明白这个道理，而特别重视焦头烂额的功劳（焦头烂额事，参考前六六年），高级爵位和丰厚的赏赐，只限于从事作战的将领，则人民就会认为国家战乱，对自己有利。各仗军力，互相杀戮，战乱就不会停止。曹操这一封爵，可谓了解赏罚的基本原理。

程银、侯选、庞德，跟随张鲁一齐出降（程银、侯选，是关中〔陕西省中部〕割据将领。庞德，是马超部将。渭水和冀县之败，都投奔张鲁）。曹操恢复程银、侯选原来的官爵，任命庞德当立义将军。

10 张鲁逃亡巴中（四川省东北部）时，黄权向刘备建议：“如果没有汉中郡（陕西省汉中市），三巴就全被压制（三巴：巴东郡〔重庆市奉节县东〕、巴西郡〔四川省阆中市〕、巴郡〔重庆市〕），等于砍掉蜀地的右臂。”刘备任命黄权当大军保护总监（护军），率各将领，迎接张鲁，而张鲁已经出降曹操。黄权遂攻击朴胡、杜濩、任约，全都击破。曹操命张郃统御各军夺取三巴，打算把三巴居民强行迁移到汉中（陕西省汉中市）。张郃推进到宕渠（四川省渠县东北三汇镇），刘备命巴西郡（四川省阆中市）郡长张飞，出军阻截，对抗五十余日，张飞袭击，张郃败走，退返南郑（汉中郡郡政府所在县）。刘备也回成都。

11 曹操强行迁移从前韩遂、马超等的部众五千余人，命平难将军殷署等，督导执行，又任命扶风郡（陕西省兴平市）郡长赵俨，当关中（陕西省中部）大军保护总监（护军）。曹操命赵俨派出一千二百人的部队，增援汉中郡（陕西省汉中市），由殷署率领。而这一千二百人不愿前往；赵俨护送到斜谷口（陕西省眉县西南），刚刚折返，还没有回到基地，殷署部下已哗然叛变。赵俨所统的步骑兵混合部队一百五十人，都是叛军的亲戚、同乡，得到消息，十分震惊，每人都身披铠甲，手持武器，军心惶惶。赵俨镇静如常，耐心的开导他们，说明成败利害，关切慰问，态度诚恳。部属慨然说："无论生死，都追随总监（赵俨），不怀二心。"赵俨就命他们前往各营，召唤所相识的叛军，约八百余人，散布在原野之上。赵俨下令：只找出首领人物治罪，其他的人，一概不问。郡县逮捕的零星逃犯，也全都释放，于是相继投降。赵俨秘密呈报："最好派大将押解这批人前往大营（邺城），请派中央部队，镇守关中（陕西省中部）。" 140

曹操命将军刘柱，率二千人赴关中（陕西省中部），约定抵达之后，原来驻军再行出发。不久，秘密泄漏，各营震惊恐惧，群情激愤，已不能用空话安慰。赵俨遂宣称："要在韩、马旧部中，遴选温和敦厚的士兵一千人，留下来镇守关中（陕西省中部），其他的全送到东方。"遂召见各营主管军籍的官员，呈报名册，马上审查，定出差别。于是，被留下来的将领士卒，心情安定，拥护赵俨；而应遣送东去的，孤掌难鸣，不敢妄动。赵俨遂在一天之内，把应遣送东去的，全部强迫上路，而把所留的一千人，分布各处安置。刘柱部队不久抵达，赵俨劝告胁迫并用，连留下的一千人，也强迫东迁，跟在前面所遣的原来驻军之后，遥遥连接。安全抵达邺城（魏国首府）的，有二万余人。

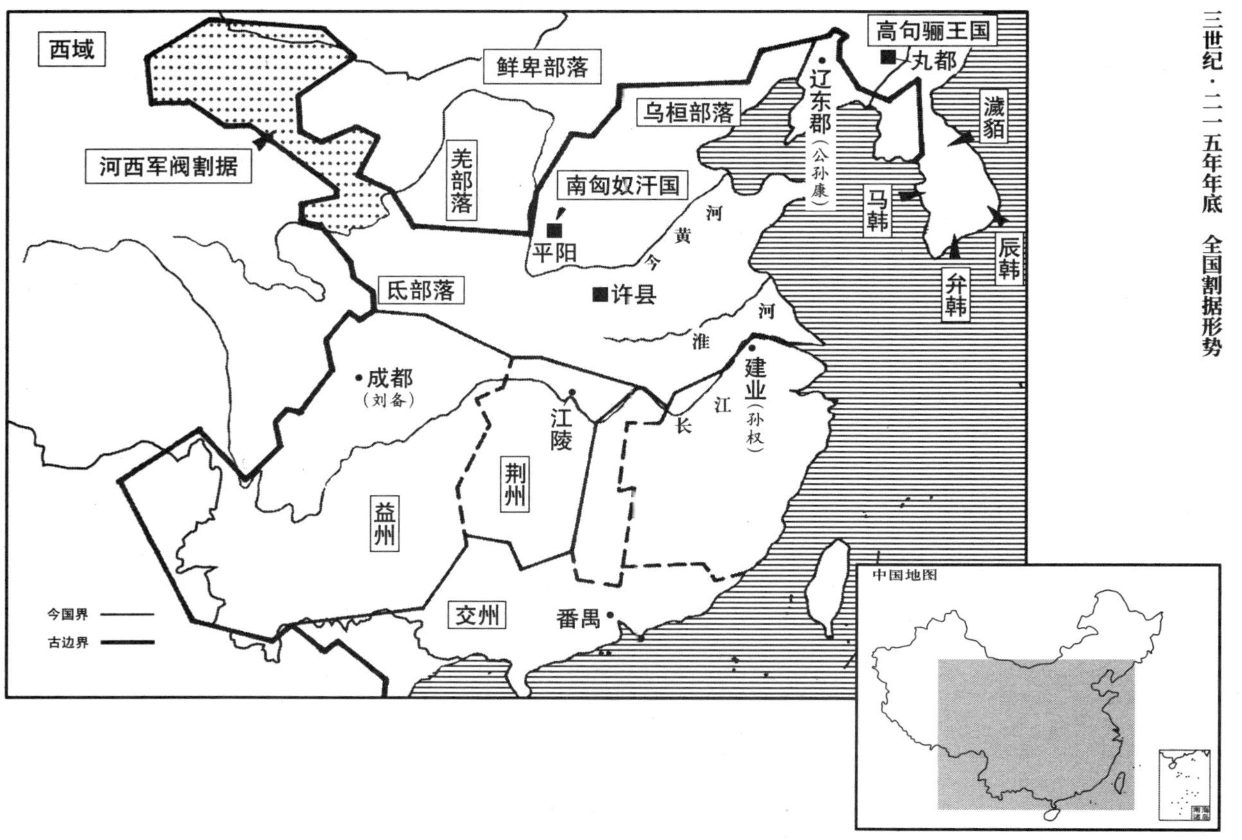

三世纪·二一五年年底　全国割据形势

1 春季，二月，东汉王朝（首都许县〔河南省许昌市东〕）魏公、丞相曹操，返抵邺城（魏国首府·河北省临漳县西南邺城镇）。

2 夏季，五月，东汉帝（十四任献帝）刘协（本年三十六岁）晋封曹操当魏王。

最初，魏国首府邺城警备区司令（中尉）崔琰，推荐钜鹿郡（河北省宁晋县西南）人杨训给曹操，曹操礼聘他。等到曹操晋封王爵，杨训上书歌颂曹操功德。有人讥笑杨训阿谀世俗、虚伪浮夸；责备崔琰不该推荐这种马屁精。崔琰向杨训索取奏章草稿观看，写信给杨训，说："呈递奏章，是一件好事。时机！时机！自会发生变化。"崔琰的本意是，讥刺议论的人，只知道苛责，不知道寻求事理。当时跟崔琰有仇的人，向曹操检举："崔琰态度傲慢，怨恨诽谤，意在悖逆侮辱。"曹操大怒，逮捕崔琰下狱，剃光头发，罚当奴工。检举者再检举："崔琰当奴工，会见宾客时，手捻胡须，双眼直往前看，好像对谁愤怒。"曹操下令把崔琰处死。

魏国政府秘书署执行官（尚书仆射）毛玠，对崔琰无辜受害，心情哀伤。又有人向曹操检举毛玠怨恨诽谤，曹操逮捕毛玠下狱。高级咨询官（侍中）桓阶、和洽，替他辩解，曹操听不进去。桓阶要求调查是不是真有其事，曹操说："检举人说，毛玠不但攻击我，而且为了崔琰的事，内心充满了怨恨。这是抛弃君臣之间的恩义，狂妄的为死友呼冤，简直不能忍受。"和洽说："假如这项检举是真的，毛玠的罪过当然严重，天地之间，不容他立足，我并不敢曲意维护毛玠，破坏君臣伦常。只因为毛玠历年以来，受到大王（曹操）宠信，刚直忠心，被大家忌惮，按理不应该有这种言论。然而，人心常有变化，应该深入调查，了解检举人和被检举人，到底是谁说谎。大王圣恩，不交付司法单位公开审判，反而使是非曲直，不能分明。"曹操说："我所以不深入调查，是成全毛玠跟检举人两方。"和洽说："毛玠果真有诽谤主公（曹操）的话，应该在街市斩首；如果毛玠没有说过这种话，检举人诬陷大臣，迷惑主公的心智，而竟不予追究，我私下感到不安。"曹操仍不肯深入调查，毛玠遂被罢黜，寿终自己家宅。

这时，丞相府行政秘书（西曹掾）沛国（首府相县〔安徽省淮北市〕）人丁仪，正在当权。毛玠之受到罪刑，丁仪尽了大力，所有臣属对他都十分畏惧，不敢正眼相看。魏国政府秘书署执行官（尚书仆射）何夔，以及丞相府人事管理官助理（东曹属）东莞郡（山东省沂水县东北）人徐奕，偏不奉承他。丁仪说坏话陷害徐奕，徐奕遂被逐出魏国政府中央，当魏郡（郡政府邺城）郡长，幸靠桓阶帮助，得以逃脱伤害。政府秘书（尚书）傅选对何夔说："丁仪已陷害了毛玠，你应该对他稍微礼敬。"何夔说："行为不义，只能害自己，怎能害人？这种邪恶心肠，在圣明的政府之中，不会长久！"

崔琰的堂弟崔林，曾经跟陈群共同评估冀州（黄河以北）人士，称赞崔琰居于首位，陈群认为崔琰的才智不足以保护自己，对崔琰略有贬辞。崔林说："大丈夫只看能不能遇到明主，像你们这些人，靠着谄媚保命，有什么可贵？"

3 五月一日，日蚀。

4 代郡（河北省蔚县）乌桓三个部落的酋长，都称"单于"，野蛮横暴，郡长无力控制。曹操任命丞相府粮食管理官助理（丞相仓曹属）裴潜当郡长，打算配属他精锐部队。裴潜说："那些单于自己知道行为不端，为时已久，今天中央大军忽然入境，他们一定惊恐拒抗；如果带的军队过少，他们又会毫不在乎，应该用谋略来制服他们。"遂只坐一辆车子到职，三位单于惊喜交集，裴潜恩威并用，他们全都慑服。

5 最初，南匈奴汗国（王庭设平阳〔山西省临汾市〕）臣民，长久的居住边塞之内，跟汉居民完全相同，但不缴纳田赋捐税。参与决策人士恐怕他们人口逐渐增加，可能无法控制，应早作预防。

秋季，七月，南匈奴单于（四十二任）挛鞮呼厨泉，到魏国（首府邺城）晋见魏王曹操，曹操遂把挛鞮呼厨泉强留在邺城（魏国首府），命右贤王挛鞮去卑，监理他的汗国。对挛鞮呼厨泉，每年致送丝绵、绸缎、金钱、粮秣，待遇视为侯爵，子孙仍保持单于封号。分汗国为五部（五部：左部定居兹氏〔山西省汾阳市〕，右部定居祁县〔山西省祁县〕，南部定居蒲子〔山西省隰县〕，北部定居九原〔新兴郡郡政府所在县，山西省忻州市〕，中部定居大陵〔山西省文水县〕），每部遴选有声望能力的贵族，担任统帅，另遴选汉人充当军政官（司马），作为监督（南匈奴汗国于五〇年内迁，迄今一百六十六年，人民完全接受汉文化。匈奴汗国自前二一四年崛起，于今年〔二一六〕覆亡，立国四百三十年，但匈奴人并没有退出中国政治舞台）。

6 八月，魏国（首府邺城）擢升司法部长（大理）钟繇当魏国相国。

7 冬季，十月，魏王曹操统军攻击孙权。

十一月，曹操抵达谯县（豫州州政府所在县，安徽省亳州市）。

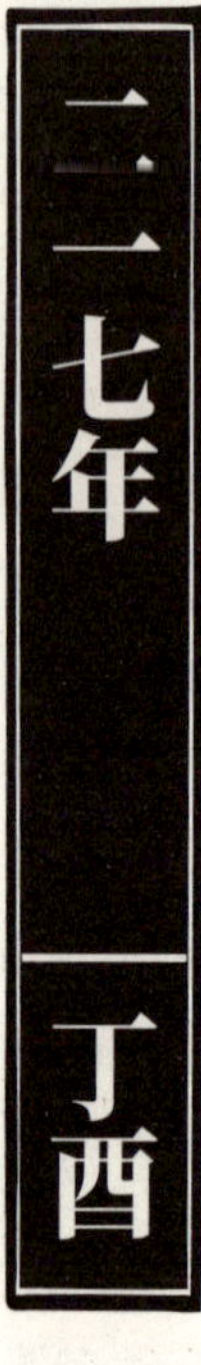

东汉　建安　二十二年

1 春季，正月，东汉王朝（首都许县〔河南省许昌市东〕）魏王曹操率军抵达居巢（安徽省巢湖市）；孙权坚守濡须（安徽省含山县西南）。

二月，曹操开始攻击。

最初，孙权部将、大军右翼保护总监（右护军）蒋钦，驻守宣城（安徽省宣城市宣州区西），芜湖（安徽省芜湖市）县长徐盛，逮捕蒋钦官属，上书指控罪行，该官属遂被斩首。等到孙权身在濡须（安徽省含山县西南），蒋钦跟吕蒙共同负责军事调度，蒋钦每次都赞扬徐盛。孙权问他，蒋钦说："徐盛忠心刚直，有胆量、有谋略、有胸襟，有领导万人以上的才能。而今大事未定，我当帮助国家寻求人才，岂敢为了私恨，遮蔽贤能？”孙权称许。

三月，曹操率军撤退（《资治通鉴》对此交代不明，初读似乎是曹操虎头蛇尾，力量已尽，不战而退。事实上是孙权望风迎降，史书故意说不清楚，以贬曹操），命伏波将军夏侯惇、司令官（都督）曹仁、张辽等二十六军，留守居巢（安徽省巢湖市）。

孙权无法承受曹操连年来不断的军事行动，决定采取当初拒绝采取的行动：向中央归降。派民兵司令（都尉）徐详，前往晋见曹操，提出请求，曹操允许，派人报聘，双方盟誓，愿重缔婚姻。

孙权命平虏将军周泰，留守濡须（安徽省含山县西南），统御朱然、徐盛大军。周泰出身寒微（这是袁绍那种以“四世三公”为荣耀的时代，贫苦家庭子弟，自遭轻视），大家都瞧他不起，内心不服。孙权特别摆下筵席，集合所有将领，命周泰解开衣裳，露出满身伤痕，孙权指着伤痕，逐一询问受伤经过，周泰就记忆所及，叙及当时战役情形，逐一回答。问罢，命穿上衣裳，孙权握住他的手臂，流泪说：“幼平（周泰别名），你为了我们兄弟，在战场上猛如熊虎，不惜身体、不惜性命，受到数十次创伤，全身肌肤，都是刀刻剑割，我怎么能忍心不把你看成骨肉，交给你军事重任（孙权曾追随老哥孙策，讨伐山越，驻军宣城〔安徽省宣城市宣州区西〕，一时忽略，疏于戒备，山越突然来袭，孙权刚爬上马背，刀锋已指前胸，周泰奋勇迎击，用身捍卫孙权，身受十二伤，当日，如没有周泰，孙权难以逃生。后来周泰在皖城攻黄祖，在赤壁拒曹操，在南郡战曹仁，在濡须抗魏军，都建功勋）？”筵席散后，孙权暂时留座，用自己的仪队作为前导，在盛大鼓角军乐中，送周泰回营。于是，徐盛等才心服口服。

2 夏季，四月，东汉帝（十四任献帝）刘协（本年三十七岁）下诏，命魏王曹操设置天子旌旗，出入戒严（警跸），限制行人，清除街道。

3 六月，魏国（首府邺城）擢升总参谋长（军师）华歆当最高监察长（御史大夫）。

4 冬季，十月，刘协命魏王曹操官帽上配挂十二个旒穗（旒，音liú〔流〕。古代君王皇冠上前后垂下来的玉石串珠），乘黄金装饰的车辆，驾马六匹；另有五种颜色的五辆副车（以上都是皇帝特有的威仪，曹操政治地位的上升，已势不可当）。

5 魏国（首府邺城）命高级皇家警卫指挥官（五官中郎将）曹丕当太子。

最初，曹操娶丁夫人，没有儿子。小老婆刘女士生儿子曹昂；卞女士生四个儿子：曹丕、曹彰、曹植、曹熊。曹操请丁夫人养育曹昂，而曹昂在穰城战死（参考一九七年），丁夫人悲哀哭泣，不能自止，曹操大为愤怒，跟丁夫人离婚，送出府门（曹操并不是没有父子之情，只是儿子为自己的荒淫而死，内疚实深。丁夫人永恒的哀伤，徒使曹操无地自容，因而老羞成怒），由卞女士继任夫人。曹植性情机警，多才多艺，学识丰富而反应敏捷，曹操特别喜爱。曹操打算把女儿嫁给丁仪。当大哥的曹丕，认为丁仪一只眼大，一只眼小，容貌丑陋，坚决反对。丁仪遂深恨曹丕，跟老弟禁宫咨询官（黄门侍郎）丁廙，以及丞相府主任秘书（丞相主簿）杨修，每每称赞临菑侯曹植的才干，建议曹操立曹植当法定继承人。杨修，是杨彪的儿子（杨彪，参考一九七年九月）。曹操用机密函件，向外界探访对两位儿子的印象，魏国政府秘书（尚书）崔琰，偏偏公开回答：“《春秋》大义，法定继承人应属于嫡子（《春秋公羊传》:“立嫡以长不以贤,立子以贵不以长。”)。而且,高级皇家警卫指挥官(五官中郎将曹丕),仁爱、孝顺、聪明,应该继承正统,我誓死维护这项原则。”曹植,是崔琰的侄女婿。政府秘书署执行官(尚书仆射)毛玠回答:“就在近代,袁绍因为不能分别嫡子、庶子,使家族覆灭,政权消失。罢黜、晋封,是一件大事,我不愿听到这项消息。”丞相府人事秘书(东曹掾)邢颙回答:“用庶子代替嫡子,是古代最大的禁忌,请殿下(曹操)多多考虑。”

曹丕感到不安,派人向中级国务官(太中大夫)贾诩,请求指教保护自己的方法,贾诩说:“盼望将军(曹丕)培养德性,放开胸襟,早晚不停的学习贫苦学生们学习的学业,不违背做儿子的道理,这样就够了。”曹丕采纳,深切的要求自己。

有一天,曹操摒除左右侍从,询问贾诩的意见,贾诩沉默不语,曹操说:“跟你谈话,你不作声,为什么?”贾诩说:“心里正在想一件事,所以不能立即回答。”曹操说:“正在想一件什么事?”贾诩说:“正在想袁绍、刘表父子(袁绍跟刘表,都因罢黜嫡子,改立庶子,而被消灭。袁绍父子事,参考二〇一年、二〇二年。刘表父子事,参考二〇八年)!”曹操大笑。

有一次,曹操出征,曹丕、曹植都在路旁送行。曹植歌功颂德,出口成章,左右都十分注意,曹操也大为高兴。相形之下,曹丕爽然若失。济阴国(首府定陶〔山东省菏泽市定陶区〕)人吴质附到曹丕耳朵上低声说:“大王(曹操)出发在即,你只要流泪就行了。”等辞别时,曹丕下拜,泣涕满面,曹操跟左右,也都伤感,于是人们都认为曹植辞藻华丽,但不如曹丕忠厚。曹植纵情任性,对自己不肯克制;而曹丕施用权术,矫揉做作,知道塑造自己形象。王宫里的人跟曹操左右,同时对他称道,曹操终于决定立他当太子。王宫女侍卫长（长御）齐向卞夫人致贺说："将军（曹丕）被封太子，天下人全都高兴，夫人应该把库房里的东西，全拿出来赏赐。"卞夫人说："大王（曹操）因曹丕年纪最大，所以定为合法继承人，我只能庆幸我免除了教导无方的责备，有什么理由高兴赏赐？"女官回来，向曹操报告，曹操愉快的说："怒时不形于脸色，喜时不忘记节制，最是难得。"

曹丕抱住参议官（议郎）辛毗的脖子，叫喊说："老辛，你知道不知道我多兴奋？"辛毗告诉他的女儿辛宪英（羊耽妻），辛宪英叹息说："太子的责任是：代替君王主持祭庙，管理国家。代替君王，不可不忧虑责任重大；管理国家，不可不恐惧治理困难，他应该忧虑恐惧才对，反而大喜若狂，如何能够长久？魏国国运难道能兴隆？"

6 很久之后，临菑侯曹植大开司马门（宫城外门），乘车奔驰御用大道（驰道）；曹操大为愤怒，斩宫门接待官（公车令）。从此对各封国国君（诸侯），开始严厉禁制，对曹植的宠爱，也开始衰退。曹植的妻子穿锦绣衣服，曹操在高台上（应是铜雀台）望见，认为她违背节约诏令，送回娘家，处死。

7 法正向刘备建议："曹操一举就收服张鲁，平定汉中郡（陕西省汉中市），却没有乘胜南下，图谋巴蜀（四川省），只命夏侯渊、张郃留守，他自己北返。并不是他才智不够，而是力量不够，一定有严重的内忧。我评估夏侯渊、张郃的才能，不能胜过我们的将领，我们如果发动攻击，定可攻克。占领汉中郡之后，推广农业，积蓄粮食，等待时机。上可以消灭敌人，尊崇皇家；中可以逐步夺取雍州

（函谷关以西）、凉州（此时凉州已撤销），开拓疆土；最下的收获，也可以据守险要，作长久打算。这是上天的赐与，机会不可丧失。”刘备认为明智；于是，率领各将领向汉中郡（陕西省汉中市）出发，分别派张飞、马超、吴兰等，进屯下辨（武都郡郡政府所在县，甘肃省成县）。

魏王曹操，命都护将军曹洪阻截。

8 鲁肃逝世，孙权命参谋主任（从事中郎）彭城（首府彭城〔江苏省徐州市〕）人严畯（音jùn〔俊〕），接任鲁肃的职位，率军一万人，镇守陆口（湖北省嘉鱼县西南陆溪镇）。大家都祝贺严畯这项升迁，严畯却坚决推辞，说：“我不过一个老实的书生，不懂军事。”情辞恳切，甚至流泪。孙权遂命大军左翼保护总监（左护军）、虎威将军吕蒙，兼任汉昌郡（湖南省平江县南）郡长，接替鲁肃遗缺。大家赞许严畯据实相让。

9 定威指挥官（定威校尉）吴郡（江苏省苏州市）人陆逊，向孙权建议：“克制大敌，平定变乱，非有充分人力不行。而山越（居住山区的江南土著）为患已久，盘踞深山，跟平地相隔。腹心的灾难不早日平息，不可以往远处发展。我们的武装部队应该扩大编制，挑选精锐。”孙权采纳，命陆逊当参谋本部右翼作战司令（帐下右部督）。

正好，丹阳郡（安徽省宣城市宣州区）变民首领费栈，起兵背叛，煽动山越（居住山区的江南土著）。孙权命陆逊讨伐，大破变民集团，遂在东方三郡（丹阳郡、新都郡、会稽郡）建立征兵制度，强迫青年入伍当兵，老弱则作为后备民户，集结精锐部队数万人；消除以前的残存盗匪，对所经过的地方，作一次清剿，遂西返驻屯芜湖（安徽省芜湖市）。会稽郡（浙江省绍兴市）郡长淳于式，弹劾陆逊：“随意逮捕人民，强夺财产，遍地愁苦。”陆逊后来到首府（建业，江苏省南京市）晋见孙权，言谈之间，称赞淳于式是一位尽责的官员，孙权说：“淳于式攻击你，你反而推荐他，什么缘故？”陆逊回答：“淳于式盼望人民安居乐业，所以对我控诉。如果我再反过来破坏他，混淆听闻，这种风气，不可以鼓励。”孙权说：“你这是忠厚长者做的事，一般人做不到。”

10 曹操命丞相府秘书长（丞相长史）王必，统御军队，总管首都许县军事（典兵督许中事）。这时，据守公安（湖北省公安县）的刘备部将关羽，势力强盛，京兆（陕西省西安市）人金祎，眼看东汉王朝政权将被曹操夺取，乃跟宫廷供应部长（少府）耿纪、首都许县政务总管（司直）韦晃、宫廷御医管理官（太医令）吉本、吉本的儿子吉邈、吉邈的老弟吉穆等，密商谋杀王必；然后挟持皇帝刘协，攻击魏国（首府邺城），南方联合关羽，作为后援。

东汉　建安　二十三年

1 春季，正月，吉邈率他的部众一千余人，乘夜攻击东汉王朝（首都许县〔河南省许昌市东〕）丞相府秘书长王必，焚烧大门，一箭射中王必肩膀；参谋本部作战官（帐下督）搀扶王必，逃奔首都许县（河南省许昌市东）南城。正好天亮，吉邈等部众溃散，王必跟颍川郡（河南省禹州市）人农耕区总管（典农中郎将）严匡，共同反击，全部斩首。

2 三月，东方天际，出现孛星。

3 都护将军曹洪，打算攻击驻屯下辨（武都郡郡政府所在县，甘肃省成县）的刘备部将吴兰，而张飞驻屯固山（下辨西北），宣称要切断曹洪军的后路，大家紧张狐疑。骑兵总监（骑都尉）曹休说："敌人如果有能力切断我们后路，应该不声不响，暗中埋伏；而今先行宣扬，他们没有这个能力，至为明显。应乘他的部队还没有集结，立即攻击吴兰，吴兰一破，张飞不能独留。"曹洪听从，大军出动，大破吴兰军，斩吴兰。

三月，张飞、马超撤退。曹休，是曹操的堂侄。

4 夏季，四月，代郡（河北省蔚县）、上谷郡（河北省怀来县）两郡乌桓部落酋长无臣氐等叛变。

当初，魏王曹操把代郡（河北省蔚县）郡长裴潜，召回京师（首都许县）当丞相府司法秘书（理曹掾）。曹操赞扬裴潜治理代郡的功勋，裴潜说："我对汉人虽然宽厚，但对胡人（匈奴人及乌桓人）却十分严峻。现在接任的新郡长，一定认为我太过严峻，事事改为宽厚。胡人一向桀骜不驯，过度宽厚，法纲一定松弛，法纲松弛，一定再转成严厉，胡人受到骤然的约束，遂会生出怨恨，最后甚至叛变。根据情势推测，代郡胡人将再度叛变。"曹操后悔太快召回裴潜。

数十日后，三单于叛变消息传来（乌桓部落三单于：普卢单于、无臣氐单于，另一单于名字不详）。曹操派他的儿子鄢陵侯曹彰，代理骁骑将军，出征讨伐。曹彰自幼精于骑马射箭，膂力超过常人。曹操警告曹彰说："在家我们是父子，接受政府命令之后，便是君臣，一举一动都要依照法令处理事务，你要切记。"

5 左将军刘备驻军阳平关（陕西省勉县西），都护将军夏侯渊，跟张郃、徐晃等（时都在汉中郡〔陕西省汉中市〕），与刘备拒抗，刘备派部将陈式等，断绝马鸣阁（四川省广元市北）隘道，徐晃击破陈式。张郃驻军广石（今地不详），刘备进攻，不能取胜，下令征调益州（四川省及云南省）部队急行增援。诸葛亮询问参谋官（从事）犍为郡（四川省眉山市彭山区）人杨洪的意见，杨洪说："汉中郡（陕西省汉中市），是益州（四川省及云南省）的咽喉，也是益州生死关键。如果没有汉中郡，等于没有蜀郡（四川省成都市），这是家门口的灾难，对发兵有什么犹豫？"这时法正追随刘备，正在前方。诸葛亮上表推荐杨洪代理蜀郡郡长（法正本是蜀郡郡长），杨洪把所有工作，全部妥善完成；于是任命杨洪当正式郡长。

最初，犍为郡（四川省眉山市彭山区）郡长李严，延聘杨洪当人事官（功曹），李严还没有离开犍为郡，而杨洪已主持蜀郡。杨洪推荐所属文书员（门下书佐）何祗，干练而有谋略；杨洪仍在蜀郡，而何祗已当广汉郡（四川省广汉市）郡长。所以西土（西中国，益州）人士，无不诚心悦服，认为诸葛亮能识拔人才，使他们竭尽才能。

秋季，七月，魏王曹操亲统大军攻击刘备。

九月，曹操抵达长安（陕西省西安市）。

6 曹彰攻击代郡（河北省蔚县）乌桓部落，亲身冲锋陷阵，铠甲上被射中数箭，而斗志更为激昂。乘胜追击，抵达桑干（河北省阳原县东）之北，大破乌桓部落，诛杀及俘虏数千人。当时，鲜卑部落（内蒙古东部中部及以北地区）酋长轲比能（鲜卑民族的一个旁支小部落；轲比能以勇敢闻名于世，执法公正，不贪财物，被推为"大人"），率数万人骑兵，在旁观战，判断强弱，看到曹彰奋力搏杀，所向无敌；遂请求归降，北方全部平定。

7 南阳郡（河南省南阳市）官员及人民，苦于差役（当时，供应曹仁军需）。

冬季，十月，宛县（南阳郡郡政府所在县）守将侯音叛变。南阳郡郡长东里衮（东里，复姓。衮，音gǔn〔滚〕），跟人事官（功曹）应余，同时逃出城外，侯音派骑兵追捕，流箭四射，应余用身体遮蔽东里衮，身中七处创伤而死；侯音骑兵生擒东里衮回城。当时征南将军曹仁，驻军樊城（湖北省襄阳市汉水北岸），镇守荆州（州政府设襄阳〔湖北省襄阳市〕）。魏王曹操命曹仁回军讨伐侯音。另一人事官（功曹）宗子卿游说侯音说："阁下顺应民心，兴起大事，远近莫不望风归附；然而，囚禁郡长，冒犯他却没有一点益处，为什么不放了他？"侯音允许。宗子卿遂于夜间跳出城墙，追随郡长东里衮，集结残余部众，包围侯音。正好，曹仁大军抵达，共同进攻。

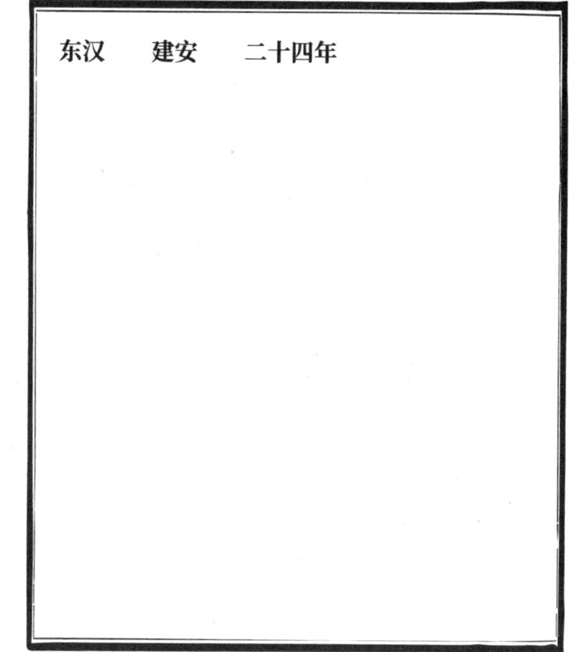

1 春季，正月，东汉王朝（首都许县〔河南省许昌市东〕）征南将军曹仁攻陷叛变的宛县（南阳郡郡政府所在县，河南省南阳市），屠城，斩守将侯音，再回军樊城（湖北省襄阳市汉水北岸）。

柏杨曰

宛县（河南省南阳市）人民受不了暴政的逼迫，才铤而走险，群起反抗。假定历史上有过顺天意应民心的军事行动，侯音领导的此次抗暴义军，正是顺天意应民心。

曹仁击破抗暴义军之后，不但诛杀义军，而且屠城。千万老弱丁壮、妇女幼儿，在政府军刀锋下，化成一堆血肉。历史上，不断出现的“人相食”，说明中国人的苦难。而不断出现的“屠城”悲剧，说明暴君暴官内心的卑怯残忍。使身为中国人的我们，感到羞耻和愤怒。然而，更感到羞耻和愤怒的是，屠城之后，暴政依旧。

2 最初，夏侯渊虽然屡战屡胜，曹操常警告他：“当一个将领，应当有害怕胆怯的时候，不可以完全仗恃勇敢。勇敢当然是基本，但行动必须依赖智慧计谋；一味不怕死，不过只能成为一个人的敌人。”

夏侯渊跟左将军刘备僵持，自去年（二一八）直到现在，刘备从阳平关（陕西省勉县西）南方渡过沔水（汉水），沿着山麓，稍稍向前推进，在定军山（勉县南）扎营。夏侯渊率军夺取，法正说：“时候已到！”刘备命讨虏将军黄忠在高处擂动战鼓，大声呐喊，开始攻击，夏侯渊军大败，遂斩夏侯渊，并斩益州州长（刺史）赵颙（曹操所任命，遥领），张郃不能独留，率军退回阳平关。

这时，元帅丧生，人心浮动，军中不安，不知如何才好。汉中郡军区司令长官（督汉中军事）杜袭，跟夏侯渊的军政官（司马）太原郡（山西省太原市）人郭淮，集结散兵溃卒，通令各军：“张郃是国家名将，刘备最为忌惮；今天事情紧急，非张将军不能领导。”遂推举张郃暂时继任元帅。张郃下令各军戒备，亲自巡视阵地，各将领都接受节制，军心转安。

第二天，刘备打算渡过汉水攻击，张郃部下将领们认为敌众我寡，无力抵挡，准备沿着汉水构筑阵地拒抗。郭淮说：“这只能暴露我们的弱点，而不能伤害敌人，不是好的计策。不如远离汉水，引诱刘备渡河，等他渡过一半，我们再发动攻击，可以击破。”阵势既布置完成，刘备犹豫，不敢渡河，郭淮遂坚守营寨，表示不再撤退；并把情形呈报曹操，曹操嘉勉他处理恰当。派使节送给张郃皇帝符节（“假节”“持节”），仍命郭淮当军政官（司马）。

3 二月三十日，日蚀。

4 三月，曹操从长安（陕西省西安市），穿过斜谷（陕西省眉县西南），沿途严密防守要害地带，接近汉中（陕西省汉中市）。刘备说：“曹操虽然亲自出征，已不能挽救颓势，我一定可以夺取汉川（汉中）！”集中兵力，据守险要，拒绝交战。曹操军粮都运到北山（大本营北方之山）之下，黄忠欲发动突击，在预定的时间内，不见回军。翊军将军赵云率数十人的骑兵斥候，出营察看，正逢曹操大军出动，双方猝然相遇，赵云下令攻击，一面搏斗，一面撤退。曹操大军被冲散后，立即集结，紧追不舍，直逼赵云大营。赵云入营后，大开营门，拔除旗帜，停止击鼓，呈现一片坟墓般死寂。曹操怀疑赵云故设埋伏，不敢进击，向后撤退。赵云营内突然战鼓雷鸣，天地震动，用强弓射击曹操大军后卫部队，曹操大军惊骇狂奔，自相践踏，很多人坠入汉水中溺死。第二天，刘备亲自到赵云军营视察战场，说：“子龙（赵云别名）一身都是胆！”

曹操跟刘备对峙一个多月，曹操大军官兵很多逃亡。

夏季，五月，曹操撤退，率领汉中郡（陕西省汉中市）所有部队，返回长安（陕西省西安市），刘备遂完全占领汉中郡。曹操恐怕刘备西上夺取武都郡（甘肃省成县）氐民族部众；用来进逼关中（陕西省中部）；询问雍州（函谷关以西）州长（刺史）张既意见，张既说：“有一个办法是：劝告氐人向北迁移，由政府供应粮食，用以躲避刘备。先到的氐部落，发给丰厚的赏赐，封他们官爵，利益所在，留在后面的一定羡慕。”曹操采纳，命张既前往武都郡，共计迁出氐民族五万余村落，定居扶风郡（陕西省兴平市）、天水郡（甘肃省甘谷县）两郡之间（曹操已决心放弃武都郡）。

5 武威郡（甘肃省武威市）人颜俊、张掖郡（甘肃省张掖市）人和鸾、酒泉郡（甘肃省酒泉市）人黄华、西平郡（青海省西宁市）人麴演等，分别夺取本郡，各人自称“将军”，互相攻击。颜俊派人送他的娘亲跟儿子给曹操，作为人质，要求援助。曹操问张既的意见，张既说：“颜俊外面借中央政府的声威，内心却一直傲慢悖逆，等到谋略完成，势力强大，然后再公开跟中央决裂。然而，现在蜀地（四川省）的事情还没有平定，我们无力西顾，应该让那批人同时并存，互相斗争。好像卞庄刺虎（参考前二〇四年），我们安坐一旁，静等收拾两败之局。”曹操说：“这是好主意。”一年余后，和鸾斩杀颜俊，武威郡人王秘又斩杀和鸾。

6 刘备派宜都郡（湖北省宜都市）郡长、扶风郡（陕西省兴平市）人孟达，从秭归（湖北省秭归县）向北进攻房陵（湖北省房县），斩曹操任命的房陵郡郡长蒯祺。又命义子副军警卫指挥官（副军中郎将）刘封，从汉中顺沔水（汉水下游）而下，统辖孟达的部队，跟孟达共同攻击上庸（湖北省竹山县西南上庸镇）。曹操任命的上庸郡郡长申耽，献郡投降。刘备擢升申耽当征北将军，兼上庸郡郡长；任命申耽老弟申仪当建信将军，兼西城郡（陕西省安康市）郡长（上庸、房陵、西城等地，原皆是汉中郡属县；中央政府收复汉中郡后〔二一五年〕，皆升为郡。如今，刘备已据有故汉中郡全境）。

7 秋季，七月，刘备自封汉中王，在沔阳（陕西省勉县）兴筑

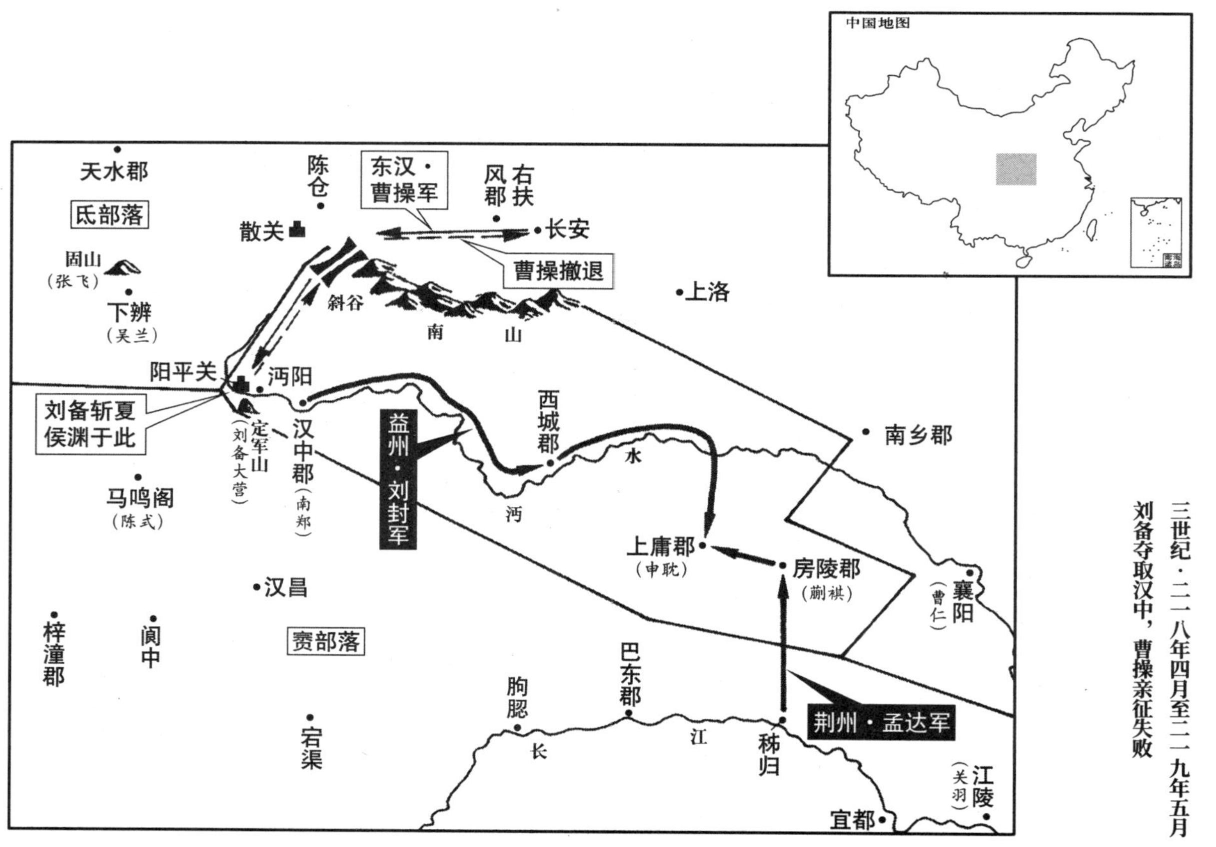

三世纪・二一八年四月至二一九年五月

刘备夺取汉中，曹操亲征失败

高台，由武装部队列阵，官属陪伴，宣读呈递皇帝刘协的奏章（奏章事实上不能上达，用宣读代替上达，表示仍居于臣僚地位，不敢自专）。奏章读毕，行礼，接受印信，戴上王冠（跟曹操的魏王王冠——“远游冠”一样）。把奏章派人乘驿马车，送往首都许县（河南省许昌市东），同时缴还“左将军”“宜城亭侯”（都是曹操所表授）印信。立儿子刘禅当太子；擢升牙门将军、义阳（河南省桐柏县东）人魏延当镇远将军，兼汉中郡（陕西省汉中市）郡长，镇守汉中。

刘备返首府成都（四川省成都市），任命许靖当皇家师傅（太傅）、法正当宫廷秘书长（尚书令）、关羽当前将军、张飞当右将军、马超当左将军、黄忠当后将军，其他将领依照等阶，都有擢升。派遣益州（四川省及云南省）前部军政官（前部司马）、犍为郡（四川省眉山市彭山区）人费诗，前往荆州（州政府设江陵〔湖北省江陵县〕），送给关羽前将军印信。关羽听说黄忠的官位跟自己相等，大发脾气，说：“大丈夫到死也不跟老兵站在一排！”拒不接受。费诗说：“开创伟大的帝王事业，不能只用同一类型的人。从前，萧何、曹参，跟高祖（西汉一任帝刘邦），是幼年时的玩伴；而陈平、韩信，不过是后来才投靠的亡命之徒。可是，排列官位，韩信最高（楚王），没有听说萧何、曹参口出怨言。而今，汉中王（刘备）因黄忠一时的战功（指斩夏侯渊），特别对他推崇。然而内心的亲疏轻重，黄忠岂能跟你相提并论？大王（刘备）跟你，二位一体，忧喜相同，祸福与共。我认为阁下不应斤斤计较官爵高下，以及俸禄多少。我不过一个平凡的送信使臣，奉命转达，阁下不接受，我就拍拍巴掌回去。只是可惜你做出这种事，恐怕后悔。”关羽顿时觉悟，遂即就职。

8 东汉帝（十四任献帝）刘协（本年三十九岁）下诏，封魏王曹操妻子卞夫人当王后。

9 孙权攻击合肥（去年〔二一八〕，孙权刚降曹操，今年又叛）。东汉政府各州部队，驻屯淮南（指淮河以南的九江郡〔安徽省寿县〕）。扬州（安徽省中部及江南地区）州长（刺史）温恢，对兖州（山东省西部）州长（刺史）裴潜说："这里显然发现敌踪，但不值得忧虑。值得忧虑的是，春雪初融，不久就遍地是水；征南将军曹仁悬军在外（驻屯樊城），没有长远准备。关羽一代骁将，恐怕曹仁会遇到困难。"

果然，就在这时候，关羽大规模向北进攻。

关羽命南郡（湖北省公安县）郡长麋芳，留守江陵（湖北省江陵县）；将军傅士仁，留守公安（湖北省公安县）。关羽亲自率军攻击曹仁据守的樊城。曹仁命左将军于禁、立义将军庞德等，驻防樊城之北。

八月，连绵大雨，汉水决口泛滥，平地水深数丈。于禁等七军全部覆没，于禁跟各将领攀登高岗，躲避洪水，关羽乘大型战舰，猛烈攻击，于禁等走投无路，投降。庞德孤守河堤，身披铠甲，手持强弓，箭不虚发，从清晨奋战，直到日过中午，关羽攻势更急，庞德箭已用尽，两军肉搏，庞德越战越怒，志气越壮，可是水势继续高涨，文武部属全都投降。庞德跳上一艘小船逃走，打算投奔曹仁大营，水流湍急，小艇翻覆，弓箭全失，庞德手抱覆船，被关羽生擒；但晋见关羽时，挺身站立，不肯下跪。关羽说："你的老哥（堂兄庞柔）身在汉中郡（陕西省汉中市），我打算命你担任将军，不早早投降，还等什么？"庞德诟骂说："你是什么东西，什么叫投降？魏王（曹操）统军百万，威震天下，你们刘备不过一个庸才，怎能抵挡？我宁为中央政府的鬼魂，不当盗贼的将军。"关羽遂斩庞德。曹操听到消息，说："我认识于禁三十年（曹操收兵兖州时，于禁就做部将），想不到面对危难，还不如庞德！”封庞德两个儿子侯爵。

关羽再猛攻樊城（湖北省襄阳市汉水北岸），城垣在大水中侵蚀，有些地方开始崩坏，守军恐惧。有人对曹仁说：“今天的危险，不是人力所能克服。应该在关羽的包围圈还没有完成之前，乘快艇乘夜逃走。”汝南郡（河南省平舆县西北射桥镇）郡长满宠说：“山洪暴发，来势虽然凶恶，但不能持久。听说关羽派出其他部队，前锋已经抵达郏县（河南省郏县。郏，音jiá〔夹〕）。首都许县（河南省许昌市东）以南，人民骚动。然而关羽却不敢再向前推进，为的是恐惧我们抄他的后路；我们如果逃走，黄河以南，将不再是国家领土。应该坚持到底。”曹仁说：“好极。”于是，把白马沉入水中，跟全军盟誓（刘邦曾沉白马对天盟誓；沉白马盟誓，当是古代最严肃的见证），同心固守。城中能作战的部队才数千人，而城垣不被洪水淹没的，只差几块木板。关羽乘战舰迫近，大军包围数重，内外消息，完全断绝。

关羽又派部将包围将军吕常驻防的襄阳（中央政府所设荆州州政府所在县，湖北省襄阳市）。曹操任命的荆州州长（刺史）胡修、南乡郡（河南省淅川县西南）郡长傅方，都投降关羽。

10 最初，沛国（首府相县〔安徽省淮北市〕）人魏讽，有迷惑群众的能力，声誉倾动邺都（邺城，河北省临漳县西南邺城镇）。魏国（首府邺城）相国钟繇，延聘他当行政管理官（西曹掾）。荥阳（河南省荥阳市）人任览，跟魏讽友情至厚；同郡人郑袤，是郑泰的儿子，每每警告任览：“魏讽是一个奸邪之辈，一定作乱。”

九月，魏讽秘密集结党徒，跟长乐宫保安官（长乐卫尉）陈祎，阴谋突击邺城；还没有到约定日期，陈祎心中恐惧，向政府告发。太子曹丕诛杀魏讽，牵连处死的达数千人（数千人是一个可怖的数字）。钟繇免职。

11 最初，丞相府主任秘书（丞相主簿）杨修，跟丁仪兄弟，阴谋拥立曹植当太子，高级皇家警卫指挥官（五官中郎将）曹丕十分忧惧。朝歌（河南省淇县）县长吴质，是曹丕的密友，曹丕曾把吴质藏到装绸缎的竹筐里，用车载到家里，秘密商议对策。杨修得到消息，报告曹操，曹操还没有着手调查。曹丕恐惧，紧急通知吴质，吴质说："没有关系。"第二天，装载绸缎的车辆，又神秘的进入曹丕家；杨修再向曹操报告，立即搜索，却搜索不到人，曹操从此怀疑杨修。后来，曹植骄傲狂妄，行为放荡（曹植私开司马门，曹操已经不高兴。曹仁被关羽围困樊城，危在旦夕，打算命曹植率援军往救，而曹植却沉醉不醒，无法受命），曹操对他的宠爱，日渐衰退，形迹也日渐疏远。曹植跟杨修友善，一直主动的跟杨修交往，杨修不敢拒绝，因为曹植思虑不够周密，杨修揣摩曹操的心意，预先写好若干问题的答案，交给曹植，对助理说："手令送过来，参考问题的性质回答。"于是，曹操的问题刚刚下达，答案已送到桌上，如此敏捷的反应，使曹操大为奇怪，经过调查，真相大白。再加上杨修是仲家皇帝袁术的外甥，种种因素，使曹操对杨修万分厌恶。于是，清算旧账，指控杨修以前曾经泄漏政府机密，结交封国国君（诸侯），逮捕杨修，处斩。

12 魏王曹操任命杜袭当留守府参谋长（留府长史），进驻关中（陕西省中部）。关中地方部队将领（营帅）许攸（不是二〇〇年从袁绍那里投奔的许攸），坐拥部众，不肯归降，而又口说大话，诋毁曹操。曹操气得发疯，打算先行讨伐。很多臣属劝阻，说："对许攸应用怀柔手段，用来共同对抗面前的强敌（关羽）。"曹操把佩刀横到双膝上，面色铁青，拒绝任何建议。杜袭晋见，打算进言，曹操不等他开口，就说：“我已下定决心，你不必多费唇舌。”杜袭说：“如果你的决心是对的，我当然帮助你完成；如果你的决心不对，即令已经下定，也应该修正。殿下先堵我的嘴，对待臣属岂不是不够开明？”曹操说：“好吧，许攸羞辱我，应该怎么对付他？”杜袭说：“你认为许攸是个什么样的人？”曹操说：“平凡的小人物。”杜袭说：“这就对了，只有贤人了解贤人，只有圣人了解圣人，一个平凡的小人物，怎么能了解一个不平凡的大人物？而且，豺狼当道，却先去捕捉狐狸，人们一定认为你故意躲避强敌，专去欺负弱小。发动攻击，谈不上英勇；向后撤退，谈不上仁慈。我听说，千钧重量的巨弓，不为一只小老鼠发箭；万石重量的大钟，不被一根小草撞出声音。现在一个区区无名的许攸，怎么有资格劳动你的神圣威力？”曹操说：“好极。”厚待许攸，许攸遂即归降。

13 冬季，十月，曹操返洛阳（河南省洛阳市东白马寺东）。

14 陆浑（河南省嵩县东北）变民首领孙狼等聚众起兵，击杀县政府主任秘书（主簿），到南方晋见关羽；关羽发给孙狼印信，拨付一部分部队，命他回去从事游击战争。首都许县（河南省许昌市东）以南郡县，很多响应关羽。关羽声威，震撼中国本部，曹操甚至考虑把皇帝刘协迁出许县，躲避关羽的攻势。丞相府作战军政官（丞相军司马）司马懿、行政管理官助理（西曹属）蒋济，向曹操报告说：“于禁等失败，由于被洪水淹没，不由于战场失利，对国家实力，没有损害。刘备跟孙权，外表上很亲密，实际上十分疏远，互相猜忌。关羽的成功，孙权绝不愿看到。我们可以派人劝说孙权抄关羽的后路，承诺把长江以南地区，封给孙权，作为回报，则樊城的包围，自然解除。”曹操采纳。

最初，鲁肃曾经建议孙权，认为曹操雄踞北方，应该安抚结纳关羽，同仇敌忾，不可以失去和睦。等到吕蒙接替鲁肃（二一七年），驻军陆口（湖北省嘉鱼县西南陆溪镇），认为关羽素来骁勇，有扩张土地的野心，而且，据守长江上游；目前僵持的局势，不可能长久。因而向孙权秘密建议，说：“如果令征虏将军孙皎守卫南郡（湖北省江陵县），潘璋驻军白帝（重庆市奉节县东），蒋钦率领机动部队一万人，沿着长江，上下游弋，支援敌人威胁的据点。而我，进军襄阳（湖北省襄阳市）据守。这样的话，何必畏惧曹操？何必依靠关羽？而且，关羽君臣一伙（指刘备），自负他们的诈欺本领和颠覆能力，投奔一个地方，背叛一个地方，绝不可以把他们当成可以推心置腹的好友。关羽所以还没有向东方进攻的缘故，只因领袖（孙权）英明，以及我吕蒙等这些将领，仍然存在。不乘今天我们还强大时反击，一旦我们去世，再想努力，已力不从心。”孙权说：“我们先攻击徐州（江苏北部），然后再攻击关羽，如何？”吕蒙回答说：“曹操远在黄河之北，镇抚幽冀（此指设于邺城的魏国政府。当时中央政府〔首都许县〕形同虚设，北中国〔中央势力范围〕大小事务皆直接禀告邺城），来不及照顾东方（徐州在冀州之东）。徐州驻守的部队，并不足以保护领土。我们如果攻击，一定可以夺取。然而徐州地势平坦，位居水陆交通要道，四通八达，是适合骑兵的战场。领袖（孙权）今天占领徐州，十天之后，曹操一定反攻，即令用七八万人防守，也难保防守得住。不如攻击关羽；长江险要，将全部置于我们控制之下，国力上升，而且防守容易。”孙权认为他的分析正确。

孙权曾经为自己的儿子，向关羽求婚；关羽诟骂孙权的使臣，一口拒绝，孙权怒不可遏。等到关羽进攻樊城（湖北省襄阳市汉水北岸），吕蒙上书说："关羽讨伐樊城，却在后方留下相当多的部队，当然是怕我们突袭。我身体不好，时常生病，请求把若干部队调返建业（江苏省南京市），我也以治病为名回来。关羽听到消息，必然抽调他的后备部队，增援襄阳（湖北省襄阳市）。然后，我们出动大军，昼夜不停，逆江而上，袭击他空虚的大本营基地，则南郡（湖北省江陵县）可以夺取，关羽可以擒获。"于是，宣称病重，孙权发布公开命令，征召吕蒙返首府建业（江苏省南京市）就医，而实际上却秘密磋商大计。

吕蒙经过芜湖（安徽省芜湖市）时，定威指挥官（定威校尉）陆逊对吕蒙说："关羽就在邻境，你怎么远离？以后可能发生变化，难道你不忧虑？"吕蒙说："事实如此，但我病势沉重！"陆逊说："关羽自负他的勇猛，欺凌别人。刚刚取得大胜，一定意态骄傲，谋略疏漏。他专心北伐，并不在乎我们。尤其听说你有病在身，将更不戒备。如果出其不意，发动突击，一定会把他制服。你看到领袖（孙权），请妥善计议。"吕蒙说："关羽一向英勇，平常已经难以跟他为敌，而且他又据有荆州（湖北省及湖南省），恩德信誉，已根深柢固。加上刚刚建立大功，声势更壮，不容易对付。"

吕蒙抵达首府建业（江苏省南京市），孙权问："谁可以接替你的位置？"吕蒙回答："陆逊考虑深远，有能力担当重任，观察他心胸气宇，可以赋给他重要工作。而且，他缺少知名度，所以也引不起关羽的猜忌，没有人比他是更恰当的人选。如果由他接替，应命他特别隐藏锋芒，只全力从事备战，一定可以达到目的。"孙权于是召见陆逊，擢升他当偏将军、右翼司令官（右部督），接替吕蒙的职位。陆逊抵达陆口（湖北省嘉鱼县西南陆溪镇），写信给关羽，颂扬他的功业跟美德，深自谦卑，还暗示愿意向他效忠，托付前程。关羽大为满意，捐弃过去所有嫌隙，抽出军队，北赴樊城增援。陆逊据实向孙权报告，提出擒服关羽的战略。

关羽接收于禁等人的军队，有数万人，粮秣短缺，无法供应，于是夺取孙权所属湘水关卡仓库稻米（刘备跟孙权的势力范围，双方同意以湘水为界〔参考二一五年〕，所以双方都在湘水码头，设立关卡）。孙权得到报告，认为时机已到，立即出动大军，向关羽作毁灭性的攻击。

孙权打算命征虏将军孙皎当左翼总司令官（左部大督）、吕蒙当右翼总司令官（右部大督）。吕蒙说："至尊（孙权）认为孙皎有此能力，就专用孙皎；认为我有此能力，就应专用我。从前，周瑜、程普同时担任左右翼总司令官（左右部督），率军进攻江陵时（参考二〇八年），虽然周瑜有实质权力，但程普仗恃他是老将，而且都是总司令官，并不能和睦相处，几乎使军队溃败，现在应引以为戒。"孙权大悟，向吕蒙道歉说："请你担任总司令官（大督），孙皎作为后备部队。"

曹操攻击汉中（陕西省汉中市）张鲁时，命平寇将军徐晃，驻屯宛城（南阳郡郡政府所在城，河南省南阳市），以协助驻屯襄阳（湖北省襄阳市）的征南大将军曹仁（南阳在襄阳稍东北，航空距离一百二十公里）。后来，于禁兵团瓦解，徐晃推进到阳陵陂（今地不详），关羽派出部将进驻偃城（湖北省襄阳市北），徐晃遂就近扎营，通过侧翼小径，挖掘壕沟，故意显示将一直挖掘到偃城之南，切断关羽部将后路，关羽部将即烧营退走。徐晃既得到偃城，连接军营，稍稍向前推进。曹操命参议官（议郎）赵俨，当曹仁的军事参议官（参军事），跟徐晃同时前往。其他援军，都还没有到达，而徐晃一支孤军，没有力量解围。但将领们却大呼小叫，催促拯救曹仁。赵俨对各将领说："敌人的围城工事，极为坚固，洪水仍然很大，我们士兵人数太少，战斗力薄弱。而曹仁隔绝在围城之中，不知道我们抵达，不能发挥内外夹攻的威力。

我们如果单独行动，将使城里城外，全受创伤。现在如进逼围城军，派间谍通知曹仁，使他知道外有救兵，用以鼓励将士：计算主力军不过十日即可到达，定能坚守。然后内外一齐发动，一定击破强敌。如果因救援行动太慢而受到责罚，由我全部承担，跟各位无关。”将领们大喜。徐晃进抵距关羽围城阵地只三丈之遥，挖凿地道，用射箭传书，跟曹仁通数次消息。 170

孙权写信给曹操，请求讨伐关羽，作为对中央政府的报效，并请求保守秘密，免得关羽戒备。曹操询问臣僚意见，大家一致认为应接受孙权的意见，保守秘密。董昭说：“军事行动，崇尚权术，而以获得最大利益为前提。我们可以向孙权承诺绝对保守秘密，但是却暗中故意泄漏。关羽听到孙权将要参战，如果回军保护基地，樊城的包围自然解除，我们先得到实际利益。并且可以使他们两个盗匪集团（指孙权和刘备），像两匹用缰绳套头、铁勒锁口的斗马，互相厮咬踢腾；我们可以静坐一旁，等待他们筋疲力尽。假定绝对保守秘密，使孙权完成他的如意算盘，不是上等策略。同时，围城中的将士，不知道外有救兵，眼看粮秣不能继续支持，一定恐惧不安。万一发生变化，灾难不小；公开这项秘密，有其必要。而且，关羽这个人，强梁骄悍，自认为江陵、公安二城，一定坚守，绝不会马上撤退。”曹操说：“好极。”即命徐晃把孙权的信，分别用箭射入围城和关羽大营（我们不知道哪一份是正本，哪一份是拷贝），围城中将士得到消息，一片欢腾，士气上升百倍。关羽果然犹豫不决，不愿回军（关羽可能怀疑孙权信件的真实性，如果因一纸伪造信件而功败垂成，将使英名扫地。而且即令是真，也会如董昭判断的，关羽太高估他的统御能力，认为两城一定坚守）。

曹操亲自统率大军，从洛阳（河南省洛阳市东白马寺东）出发，南下援救曹仁。臣僚一致认为：“大王（曹操）如果不立即行动，可要注定失败。”只有高级咨询官（侍中）桓阶提出异议，说：“大王（曹操）认为曹仁等人能不能处理当前的困境？”曹操说：“能。”桓阶说：“大王是不是恐怕曹仁等二人（另一人是襄阳守将吕常）不尽全力？”曹操说：“不是。”桓阶说：“那么，你为什么要亲自出马？”曹操说：“我恐怕敌人太多，徐晃等力量不够。”桓阶说：“曹仁等被困在重围之中，所以死守孤城，没有二心，只因有大王在外作为声援的缘故。他们居于非死不可的险地，一定有拼死求生的决心。在内有战死之志，在外有强大的声援。大王控制六军（《周礼》：天子拥有六军〔每军一万二千五百人〕，大封国三军，中等封国二军，小封国一军。战国时代之后，“三军”“六军”，成为全军的代名词，也不再有古代意义），不立即发动，是显示我们有的是多余的军力。为什么忧愁失败，非亲自出征不可？”曹操认为他的分析有理，遂驻军摩陂（河南省郏县东），先后派出殷署、朱盖等十二个梯次部队，增援徐晃。

柏杨曰

刘邦是中国历史上最幸运的君王，他只苦战七年（前二〇八至前二〇二），便取得全国统治权。刘秀则苦战十五年（二二至三六），才统一天下。曹操是最艰难的创业英雄之一，他苦战了三十年之久（一九〇至二一九），不过使北中国粗定而已，政权并不稳固，仍需要他南征北讨。纵是钢铁好汉，经过三十年艰辛，也都磨损，何况肉体人身？曹操攻击张鲁时，仰望高山峻岭，就有一种胆怯的悔意，阴差阳错取得胜利后，对于唾手可得的益州（四川省及云南省），已鼓不起兴趣，留下“得陇望蜀”一句著名成语，为自己遮羞（参考二一五年七月）。樊城之围，竟使他考虑到迁都，可看出情势严重，然而他虽不断派出援军，自己却迟迟的没有积极行动，救兵如救火，这种事如果发生在十年之前，不可能如此反应。

三世纪・二一九年七月至十月　关羽北伐

中国地图

南海诸岛

洛阳

东汉・曹操军

陆浑

变民孙狼
响应关羽

许县

郏县

摩陂

陈郡

中央政府势力范围

郡长傅方投降关羽

南阳郡
（宛县）

荆州兵团

吴房

汝南郡

东汉・徐晃军

南乡郡

淮　河

偃城

庞德被斩、于禁投降于此

房陵

樊城
（曹仁）

襄阳
（吕常）

随县

荆州・关羽军

孙权势力范围

秭归

章乡

沔

麦城

水

夏口

宜都郡

南郡（江陵）
（麋芳）

鄂县

公安
（傅士仁）

陆口（吕蒙）

长　江

尤其可注意的是两位智囊的高论，劝阻向益州进军的刘晔先生，最初竭力坚持，认为刘备不堪一击；然而七天之后，却忽然又认为刘备安如泰山，不可动摇，何以转变得如此之快？而桓阶更是奇妙，竟肯定不必往救，只要遥作声势，就可胜利。公孙瓒地下有知，当引为知己。这些怪诞的言论，只有一个解释是合理的，那就是，他们看出曹操对战争的厌倦和畏惧，给他找出一个退缩的理论根据，用以保持他的尊严。

明年（二二〇）正月——也就是三个月后，曹操先生即行逝世，如果说今年（二一九）此时，也已面有病容，身体已经不适，并不离谱。英雄老去，不复当初；继承人只会做官，不会做事，遂使中国三分。

15 关羽围城部队总指挥部，设在一座较高土丘上，而另在其他四个土丘上，设四个分指挥部。徐晃扬言要攻击总指挥部，却秘密集结部队，攻击四个分指挥部；四个分指挥部不能支持，关羽亲率步骑兵五千人应战，徐晃掉转兵锋，直接攻击关羽，关羽败走。围城阵地中，壕沟跟鹿角（一半埋在地下削尖了的木桩）多达十重，徐晃急追关羽，同时进入大营（关羽军已来不及关闭营门，说明两军缠斗惨烈），再度大破关羽军，傅方、胡修同时战死。关羽不能支持，只好解围撤退。但水上船舰，继续巡弋沔水（汉水）；樊城、襄阳间交通，仍被切断。

吕蒙进抵寻阳（湖北省武穴市东北），把全部精兵埋伏在船舱之内，由平民水手摇橹划桨，船上官兵都装扮成商人，昼夜不停，顺长江逆流而上。遇到关羽设置的江边眺望岗哨或斥候，一律擒拿捆绑，是以关羽不知道一把利刀已在背后举起。留守江陵的南郡郡长麋芳，跟留守公安的将军傅士仁，深恨关羽平常对他们的轻视。关羽北伐，麋芳、傅士仁供应军需，有时不能及时到达，关羽宣称：“等我回来，当用军法制裁。”二人大为恐惧。就在此时，吕蒙命曾经当过骑兵总监（骑都尉）的虞翻（虞翻曾因被控诽谤，免职贬逐丹阳郡〔安徽省宣城市宣州区〕，吕蒙请求以平民身份随军），写信给傅士仁，分析成败利害；傅士仁接到信后，即刻投降。虞翻对吕蒙说：“我们是一支诡秘的部队，应该要傅士仁跟我们同行，而留我们的将领守城。”遂偕同傅士仁前往南郡（湖北省江陵县），麋芳已经登城守备，吕蒙请傅士仁出面，麋芳遂开城投降。

吕蒙进入江陵（湖北省江陵县），释放被囚禁的于禁；俘虏关羽跟部将们的家属，亲切安抚慰问，下令军中：“不准侵犯民家，不准拿民家一针一线。”吕蒙部属中一位官员，跟吕蒙是同郡（汝南郡〔河南省平舆县西北射桥镇〕）人，擅自拿民家一个斗笠，盖到铠甲之上；铠甲固然是政府公物，但吕蒙仍认为他违犯军令，不可以因为他是乡里故旧而破坏军令，流泪悲哀，而仍处斩。军中震恐战栗，社会秩序立即建立，东西遗失在路上，都没有人敢捡。吕蒙早晚派人安慰地方长老，问他们需要什么。有病的供给医药，贫寒饥饿的供给衣服食粮。关羽库存的金银财宝，全部封存，等待孙权亲来接收。

16 关羽得到南郡（湖北省江陵县）陷落消息，立即回军南下。曹仁集合将领们会议，一致说：“我们正好乘关羽惊恐畏惧之际，追赶上把他擒获。”赵俨说：“孙权侥幸的利用关羽出征机会，抄他的后路。关羽一定会回军反击，孙权怕我们利用他们双方都疲惫的当儿，从中取利，所以采取低姿势，说话卑微，表示归降投效，目的只在坐看我们战斗，等待胜败揭晓。而今，关羽失去基地，孤军独进，我们应该使他存在，用以危害孙权。如果穷追猛打，消灭关羽，则孙权将以对付关羽之心，转而对付我们，大王（曹操）必然深为忧虑。”曹仁遂按兵不动，解除戒备。曹操听说关羽败走，恐怕将领们追击，急下令停止，一如赵俨判断。

关羽不断派人跟吕蒙联系，吕蒙对关羽的使节，特别厚待，并让他走遍全城；家家户户都向使节报告平安，有些还亲笔写信给军中子弟，作为见证。使节回去后，将领士卒们私下向他探问消息，当大家都知道家属如故，而且比过去还过得更好时，于是，军心浮动，人无斗志。

不久，孙权到达江陵，刘备所委任的荆州（州政府江陵）将领和官员，全都归降。只有人事官（治中从事）武陵郡（湖南省常德市）人潘濬，声称有病，不肯晋见。孙权派人去他家用床抬来，潘濬把脸伏到床席上，不肯抬头，流泪泣涕，悲哀呜咽不已。孙权称呼他的别名（承明），安慰解释，辞意恳切，命左右亲近用手帕为他擦泪。潘濬这才起身，下床拜谢，孙权任命他当总务官（治中），荆州方面军事，全向他征求意见。武陵郡参谋官（部从事）樊伷（音zhòu〔皱〕），煽动各地部族，企图献出武陵郡，归附汉中王刘备。官员向孙权报告，要求派一万人前往讨伐，孙权不接受，特别召见潘濬听取意见。潘濬回答说：“五千人就足够擒获樊伷。”孙权说：“你怎么那样看轻他？”潘濬说：“樊伷是南阳郡（河南省南阳市）著名的大姓（东汉王朝一任帝刘秀的娘亲姓樊），口才敏捷，但没有内涵。我知道一件事，樊伷曾经请州政府官员饮宴，直到中午，竟没有东西可吃，十几个人只好一哄而散。犹如观察一个侏儒，只要看他身体的一部，就推测他身体的全部。”孙权忍不住大笑，遂派潘濬率五千人前往，果然击斩樊伷，讨平叛乱。孙权任命吕蒙当南郡（湖北省江陵县）郡长，封孱陵侯，赏赐钱一亿、黄金五百斤；命陆逊代理宜都（湖北省宜都市）郡长。

十一月，汉中王刘备任命的宜都郡郡长樊友，弃城逃走，各县县长跟各部族酋长，都归降陆逊。陆逊请孙权颁发金印、银印、铜印，分别送给他们。随即进击拒绝归降的将领詹晏等，以及秭归（湖北省秭归县）豪族们的地方团队，他们也都归降。计前后斩杀、俘虏、招降的，以万为单位计算。孙权擢升陆逊当大军右翼保护总监（右护军）、镇西将军，晋封娄侯，进驻夷陵（湖北省宜昌市），防守峡口（宜昌市西北）。

关羽知道自己穷途末路，遂向西撤退，抵达麦城（湖北省当阳市东南）。孙权派人游说他归降，关羽假装承诺，在城头遍插旌旗，树立稻草假人，然后逃走。这时大军已经瓦解，左右只剩下十余个骑兵。孙权早已派出朱然、潘璋，切断他逃亡通道（关羽向西投奔刘备）。

十二月，潘璋的军政官（司马）马忠，在章乡（当阳市东北）生擒关羽跟他的儿子关平，斩首，荆州（湖北省及湖南省）平定。

柏杨曰

关羽是二、三世纪之交、东汉王朝末年的名将，他的英勇被当时及后世所肯定。然而，他在中国历史上的地位和在人民心目中的形象，得以永垂不朽，历时一千六百年而始终光芒四射，却不由于他的英勇，而由于他对刘备个人的效忠，这项效忠，被解释为“道义”。尤其是十七世纪清王朝，以满洲民族控制汉民族之后，在关羽身上找到政治号召的取向，强调道义、强调满洲人跟汉人是异姓兄弟，海枯石烂，情义不变。不仅中国人崇拜关羽，就是在朝鲜半岛，也遍地都是关羽庙，受到万家香火。跨国英雄，关羽先生是第一人。

不过，抛开《三国演义》这本影响力最大的小说，仅就史书上提供的资料，关羽实在没有资格在历史上占据一席之地。他虽然英

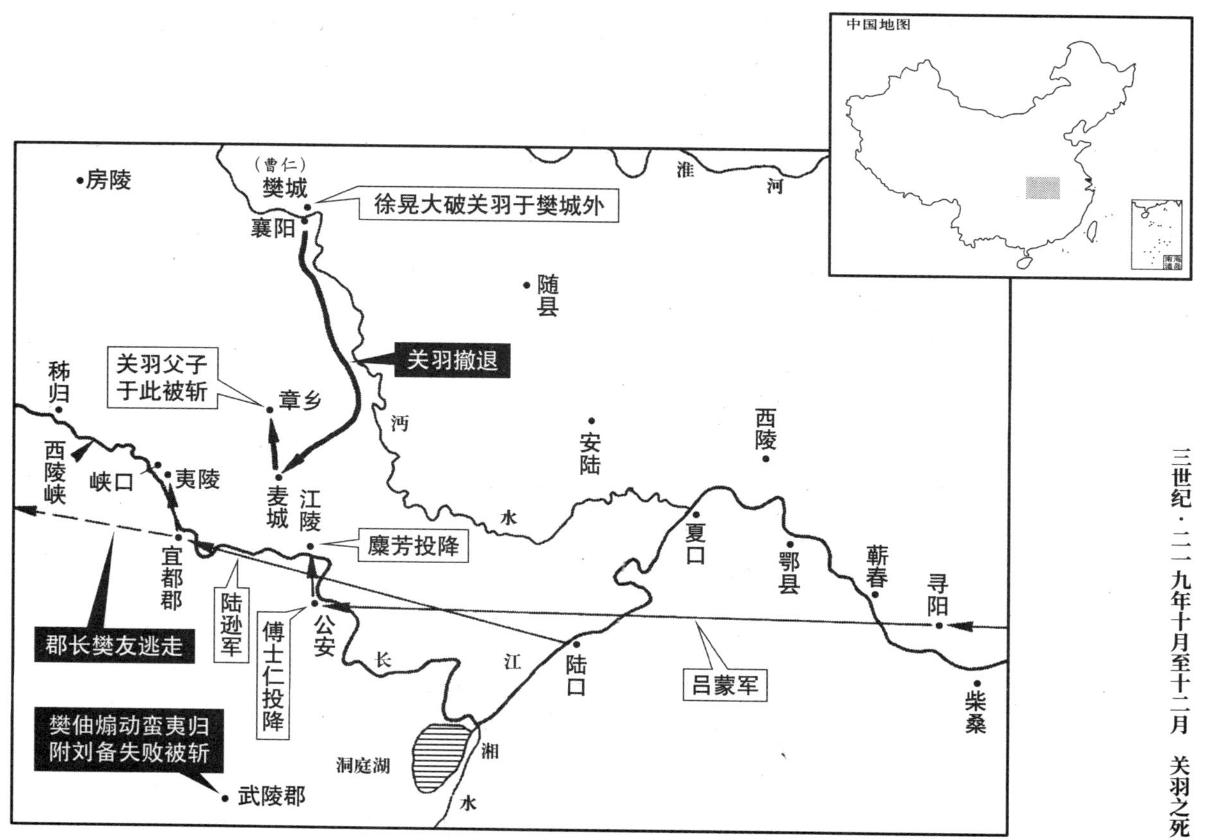

三世纪·二一九年十月至十二月 关羽之死

勇，但事实上不过一个莽汉，既缺谋略，又缺修养，而且心胸狭窄、不识大体。他眼睛只有一个主子和一个小圈圈。一开始就排斥诸葛亮，是刘备把他说服；继而排斥黄忠，如果不是费诗能言善道，谁都不能逆料它的演变：那将是，刘备如果不支持关羽，关羽可能生出二心；如果支持关羽，黄忠可能背叛，糜芳、傅士仁就是例证。

效忠，必须使被效忠的对象受益，才是真正的效忠。如果只对自己有益——教头目瞧瞧，俺可是为你使出吃奶力气啦，那就不是真正的效忠，而是蠢血沸腾的表态。结果往往使被效忠的对象受害，替被效忠的对象，把天下人得罪净光。关羽先生之对待孙权跟鲁肃，就是如此。本来可以亲密相处的至亲和盟友，却用粗暴愚妄的手段，逼成死敌。陆逊几封谦卑的信，关羽竟会心花怒放，证明他只是个浅碟子。而在失败后，又派人跟吕蒙交往，使节遂被利用，作为敌人的传信鸽，使全军瓦解。纪元前四八二年，吴王吴夫差在黄池，探马驰报首都姑苏陷落，吴夫差立即诛杀探马灭口，为的是怕走漏消息，军心动摇。关羽如果稍有头脑，封锁都来不及，何至使节往返？而且不断往返，不知他希望获得什么？大军解围撤退，反击江陵之日，情势跟当年彭城落入刘邦之手，项羽敌前撤退，反击彭城一样（参考前二〇五年三月），项羽一举就击溃刘邦部队，关羽复仇之师，却边走边散，这是什么样的统帅？

关羽从没有指挥过大兵团作战，突然发动灭国性攻击，乘人不备，创造了震撼全国的奇迹，但徐晃不过二流角色，都无法抵挡，不得不解除樊城之围。吕蒙背后还没有下手，关羽已经在疆场上战败。即令战胜，大军北进，跟沙场老将曹操面对，我们没有理由相信关羽定会获胜。更显出关羽低能的一件事是，他把基地托付给恨他入骨而又被他轻视的两位将领。刘邦成功，靠萧何主持关中；刘秀先生成功，靠寇恂主持河内；曹操先生成功，靠枣祗主持许县屯田。只有关羽的基地建立在火山口上。刘邦对萧何不断加官晋爵，为的是把萧何套牢，免得他发生变化，关羽却宣称回军之后，要惩处二位留守主管，不像是一个历经沧桑的大将，反而像是一个纵情任性的暴发户。

关羽基本的错误是他破坏了诸葛亮先生十二年前的隆中对策，如果像隆中对策设计的，跟孙权保持和睦，汉中方面同时出军，局势当可改观。由于关羽一人的冲动，遂使全盘战略，成为虚话。

17 最初，偏将军吴郡（江苏省苏州市）人全琮，上书孙权，陈述攻击关羽的策略。孙权恐怕事情泄漏，不作回答。等到已经擒获关羽，孙权在公安（湖北省公安县）设置筵席，对全琮说："你从前提出的建议，我虽然没有答复，可是今天的捷报，也是你的功劳。"封全琮当阳华亭侯（此时孙权仍未有授予侯爵的资格，当是代中央行使职权〔表〕）。孙权再任命刘璋当益州（四川省及云南省）全权州长（参考二一四年闰五月，时在公安〔湖北省公安县〕，如今孙权打算利用刘璋的前任益州全权州长身份，向益州发出政治号召），进驻秭归（湖北省秭归县），但刘璋不久逝世。

吕蒙来不及接受封爵，旧病复发；孙权把他安排到行馆旁边，医疗照顾，无微不至，医生给他针灸时，孙权悲痛忧戚，盼望常探视他的病情，又怕打扰他的安宁，于是在墙上凿一个小洞，悄悄观察，看到吕蒙可以吃下少量食物，就欢喜得回顾左右，有说有笑；不然的话，就叹息不止，晚上不能入睡。稍后，吕蒙病势稍轻，孙权大喜，下令赦免罪犯，作为庆祝，文武百官也都齐集道贺。然而，吕蒙竟然去世，得年四十二岁。孙权万分悲痛，特别指定三百户人家，洒扫吕蒙的坟墓。

后来，孙权跟陆逊评论周瑜、鲁肃、吕蒙，孙权说：“周瑜雄壮刚烈，胆量和智谋，超过别人；击破曹操，开拓荆州（河北省及湖南省），很少人可以跟他相比。鲁肃由周瑜推荐给我，我跟他促膝长谈，第一次便谈到帝王大业（参考二〇〇年），这是一件兴奋的事。后来，曹操乘着征服刘琮的声势，扬言率数十万水陆大军，顺长江而下，我问所有将领，请教如何因应，没有一个人发言，而张昭、秦松，却主张派出使节，拿着正式公文书，前去迎接；只有鲁肃驳斥反对，劝我迅速召回周瑜，把军事责任交给他，迎战曹操大军（参考二〇八年十月），这是第二件兴奋的事。后来，虽然劝我把土地（荆州）借给刘备（参考二一〇年），是他的一项失策，但并不减少前两次的贡献。姬旦（周公）不会要求一个人十全十美，所以我忘记他的失策，而尊敬他的功勋，常把他当作邓禹（邓禹在东汉王朝一任帝刘秀称帝之前是大功臣，但之后对赤眉变民的几场重要战役之中，却全都被打败，最后要冯异收拾残局。参考二七年）。吕蒙年轻时，我认为他做事不怕艰难，果断而有胆识，但也不过如此而已。想不到他年长之后，学问增进，谋略不同寻常，仅次于周瑜，只是不如周瑜那样谈笑风生、英姿焕发。然而，应付关羽的方法，胜过鲁肃。鲁肃在回答我的信上说：‘一个帝王的兴起，都有人替他铲除道路上的障碍，关羽不值得顾忌。’这是鲁肃力量办不到，只在面子上说说大话，我也原谅他，不轻易责备。然而他统御军队，构筑营垒，令出必行，有禁必止，从来没有差错，无论军营之中或所辖的境界之内，没有一个人不尽忠职守，社会秩序良好，路不拾遗，他治理军民的方法，至善至美。”

18 孙权跟于禁乘马并行，虞翻向于禁吼叫：“你不过一个俘虏，怎么有资格敢跟我们的领袖（孙权）并肩骑马？”扬起马鞭要打于禁，孙权喝止他。

居于绝对安全地位，义愤填膺，正颜严色，在主子面前指控别人的“过失”，态度激烈得甚至痛哭流涕，咆哮如雷，用别人的眼泪或鲜血，换取一点蝇头小利，这是官场文化的特有产品，名之为“一脸忠贞学”。

虞翻愤怒的要鞭打于禁，正是“一脸忠贞学”中精彩的一页，孙权虽然喝止他，但对他的一脸忠贞，当留下深刻印象，自会擢升他的官位或增加他的俸禄。似乎只有堕落的社会，才培养出来这种特技表演，我们用这种特技表演作为标准，检查社会的性质和当事人的品质，会得到一个正确答案。

19 孙权向曹操归降臣服时，曹操征调张辽等各将领（时皆在合肥〔安徽省合肥市〕一带防备孙权）全部回军援救樊城（湖北省襄阳市汉水北岸），军队还没有到，包围已经解除。徐晃整顿部队，返回摩陂（河南省郏县东），曹操亲自到七华里外迎接，摆下盛大筵席，宴请将领。向徐晃举杯敬酒，说：“保存樊城、襄阳，是将军的功劳。”也厚厚的赏赐桓阶，任命桓阶当魏国政府秘书（尚书）。

曹操认为荆州（指襄阳）残破，打算把原住民及沿汉水左右两岸的农垦部队，全部迁走。丞相府作战军政官（丞相军司马）司马懿说：“荆楚（湖北省）人士，容易激动。关羽刚被击败，一些恶棍叛徒，或逃亡、或躲藏，仍在观望。如果把所有善良的人，都强迫迁走，既伤害他们的心意，而又使逃亡躲藏的人，永不敢回归。”曹操说：“你说得对。”遂即停止。后来，逃亡躲藏的人，果然纷纷返回。

20 曹操上书刘协，推荐孙权当骠骑将军，“假节”（持节），兼荆州（湖北省及湖南省）全权州长（牧），封南昌侯。孙权派指挥官（校尉）梁寓，到首都许县（河南省许昌市东）进贡，又把朱光等送回（庐江郡〔安徽省潜山市〕郡长朱光被俘事，参考二一四年闰五月）。

孙权上书给曹操，自称“臣”，强调说，“称臣”是上天的旨意。曹操把孙权的奏章向外公开，说：“这娃儿想教我坐到火炉上。”魏国高级咨询官（侍中）陈群等都说：“汉王朝政权已经结束，并不从今天开始。殿下（曹操）功劳品德都达到高峰，人民注目仰望。所以连远方的孙权，都向你称‘臣’，这是‘天’‘人’感应，众口一辞。殿下应该坐上正式宝座，还有什么可以犹豫？”曹操说：“如果上天的旨意，果然如此，我宁愿当姬昌（周文王）。”

教化，是国家的紧急工作，伧俗的官员并不了解；风俗，是天下的重要大事，庸碌的君王往往忽略。只有明智的君子人物，深谋远虑，然后才能知道它们对社会贡献之大、影响之久。刘秀（东汉一任光武帝）正碰上西汉王朝晚年衰败，群雄并起，天下大乱。于是，以一介平民，发愤起兵，继承祖先留下的事业，讨伐四方，每天忙碌，但是仍然崇尚儒家学派经术，用贵宾的礼仪，延聘儒家学派学者，扩大设立学校，研究礼仪圣乐，统一大业固然完成，教育文化也普及大众。

接着是刘阳（东汉二任明帝）、刘炟（东汉三任章帝），遵循祖先的遗志，亲自驾临国立大学，拜望三老五更（参考五九年。“三老”“五更”，是一种尊衔，皇帝在儒家学派中遴选德高望重的“三老”一人，“五更”一人，奉养在国立大学之中，待以父兄之礼，向全国人民显示“孝”“悌”的重要性），倒转呈上经书，请求传授道理（“倒转呈上经书”，原文“横经”，就是把经书展开后，倒转成相反方向，呈给教师，教师立刻就可读下去)。上自三公、部长，下至郡县政府大小官员，都任用了解儒家学派经典，而行为又端正的人；政府及宫廷的虎贲武士，全学习《孝经》。匈奴汗国贵族子弟，也都进入国立大学。

于是，教化在高阶层建立，风俗在低阶层完成。忠厚廉洁人士，不但受到政府高级官员的尊重，而且受到广大人民的仰慕；卑劣邪恶之辈，不但不见容于政府，也不见容于乡里。自从三代(夏商周)灭亡，教化风俗之美，从没有像东汉王朝那样兴盛。可是，刘肇(东汉四任和帝)以后，皇亲国戚掌权，受宠爱的奸邪小人物，主持政务，奖赏和惩罚，没有标准，贿赂公开，贤能的跟愚劣的，混淆不分，是非对错，恰恰颠倒，混乱已达极点。然而政府仍能绵延不绝，因为上面有三公跟部长级官员，诸如：袁安、杨震、李固、杜乔、陈蕃、李膺等，跟皇帝在金銮宝殿上，面对面争执，用公义扶持大厦的倾危；下面则有一介平民，诸如：符融、郭泰、范滂、许劭等，建立民间舆论，用以拯救矫正政府的错误措施。

所以，政治虽然腐败，而风俗并不靡烂，甚至甘愿被杀被诛。有人在前面受刑而死，后面的人仍忠义奋发，紧追不舍，随着前人的脚跟，接受屠戮，视死如归。难道只有他们特别贤能？不过是刘秀、刘阳、刘炟遗留下的教化，使他们如此。当那个时候，假如有英明的君王发愤振作，则汉王朝政府，仍然不可限量。不幸的是，伤害颓废之余，又加上重重的一击，那就是刘志(东汉十一任桓帝)、刘宏(东汉十二任灵帝)的昏乱暴虐。宠爱奸邪，胜过宠爱骨肉；屠杀忠良，胜过屠杀仇敌。累积太多人的愤怒，造成全国人民的怨恨，遂使何进征召外军，董卓抓住机会，袁绍之类，乘势兵连祸结。结果是：皇帝四处流亡，皇家祭庙和天地神祇的祭坛，全成废墟，政府动荡倾覆，人民好像坠入炭火之中。上天的旨意已经明显，任何人都不能挽救。

然而，州郡拥兵割据的军阀，虽然互相吞噬，却一直尊崇汉王朝皇帝，作为政治号召。以曹操的残暴骄横，加上对天下建立的大功，心里早就没有东汉王朝皇帝的影子，但直到他死亡那天，仍不敢废除汉王朝皇帝而自己即位，难道是他不愿意？不过是畏惧名义，强行克制自己而已。从这个观点来看，教化怎么可以懈怠？风俗怎么可以忽视？

教育文化和风俗习惯的功能和重要性，不容否认。问题是，如果该政权腐败到极点，则任何美好的教育文化和任何美好的风俗习惯，都阻挡不住它的崩溃。而且，因为社会有一个公正价值标准的缘故，反而更加强摧毁的力量，使该王朝政权崩溃加速。一团糨糊的教育文化和风俗习惯，因为是非不分、黑白不明，人民丧失鉴别是非黑白的能力，才使一些早就应该被埋葬的政权，仍在那里拖泥带水的挣扎，贻害苍生。

司马光先生指出："自从三代灭亡，教化风俗之美，从没有像东汉王朝那样兴盛。"这句话使人有太大的感伤。司马光赞扬的"东汉王朝"，只指刘阳、刘炟当皇帝的那段时间，屈指计算，仅仅三十二年，而三代的最后一代周王朝，于前二五六年灭亡，直到司马光撰写《资治通鉴》的十一世纪，一千二百年间，只出现了三十二年美好的教化和美好的风俗，即令断代到东汉王朝末期，四百年间，才出现三十二年治世。说明中国人的幸福日子，是何等之少；相对的，灾难的日子，又何等之多！司马光用曹操不敢篡位之类的例证，归功于教化的成功。如果教化的功能仅表现在政治号召，而对人民的水深火热，无动于衷。那么，我们认为，美好的教育文化和美好的风俗习惯，应该改换新的内涵。

三国鼎立

导读

二世纪八〇年代爆发的黄巾民变，使中国陷入改朝换代型的大混乱之中，人口死亡率高达五分之四，许多流传民间的英雄美人故事轶闻，都建立在这个可怖而且是长期的大屠杀之上。结果是三国时代来临，三世纪二〇年代，东汉王朝消灭，曹魏帝国、蜀汉帝国、东吴帝国，同时并存在中国国土之上，中国历史事迹，开始它的复杂场景。

《三国鼎立》包括三国时代的高潮，英雄人物诸如刘备、诸葛亮、张飞，以及魏延，相继死亡。但《三国鼎立》最大的贡献，是对家喻户晓的诸葛亮“六出祁山”，作一精密的厘清，事实是：诸葛亮一共有过五次北伐——在这五次北伐中，二出祁山。只有《资治通鉴》能为我们作出这种明确的叙述。可是，《资治通鉴》问世九百年之久，为什么不能引起反应，那应归咎于古老的文言文不能使知识普及之故。我们用现代语文译出之后，再配以地图，就可一目了然。

柏杨　一九八五·二·一五

目录

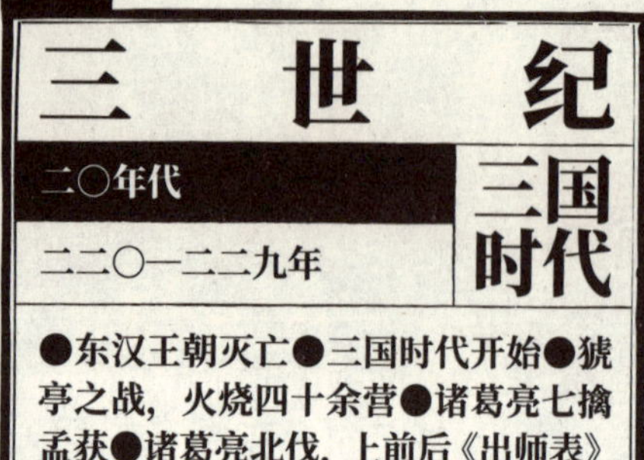

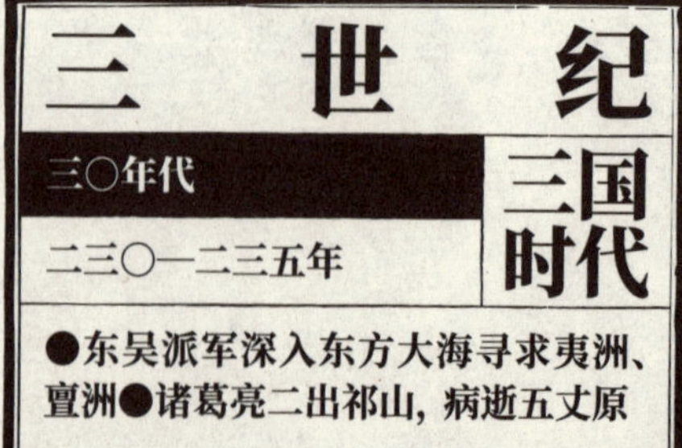

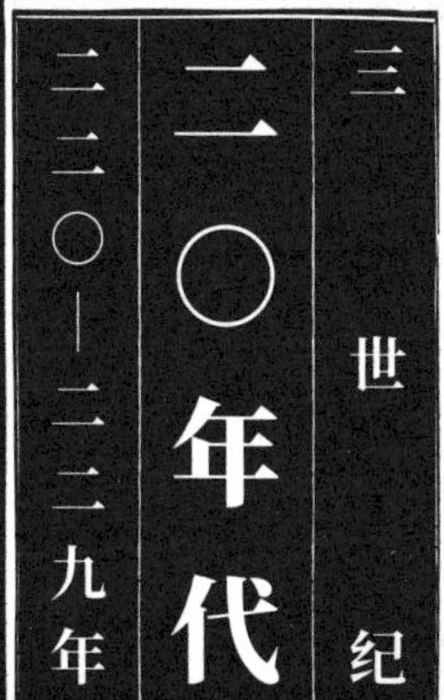

三国时代

- 东汉王朝灭亡。
- 三国时代开始。
- 猇亭之战，火烧四十余营。
- 诸葛亮七擒孟获。
- 诸葛亮北伐，上前后《出师表》。

- 罗马皇帝伊加拉巴拉斯淫暴过度，被禁卫军诛杀，在位四年，年仅十八岁，娘亲也被处决，亚历山大继位。
- 安息王国亡，萨萨尼帝国代兴，史称波斯王国萨萨尼王朝（二二六—六五一年）。

二二〇年 庚子

东汉	建安	二十五年
	延康	元年
曹魏	黄初	元年

1 春季，正月，东汉王朝（首都许县〔河南省许昌市东〕）魏王（首府邺城〔河北省临漳县西南邺城镇〕）曹操抵达洛阳（河南省洛阳市东白马寺东）。

正月二十三日，曹操逝世。

曹操知人善用，可以洞察人的虚情假意；发掘提拔奇才异能之士，不管他出身如何微贱，按照才干交付工作，都能使人胜任愉快。跟敌人作战，面对敌阵，心意安详，好像不愿意作战。但一旦捕捉到时机，立刻乘胜追击，气势昂扬，威不可当。对建立功勋、应该赏赐的，一掷千金，毫不吝啬；对没有功勋的，一分一毫，都不付与。执法严峻急切，有冒犯的，一定诛杀，有时犯人流泪哭泣，但绝不赦免。素性节俭，不喜爱豪华富丽。所以才能削平群雄，几乎统一中国。

曹操逝世时，太子曹丕正在邺城（魏国首府），大军骚动不安，僚属打算秘不发丧。议论官（谏议大夫）贾逵认为如此大事，不可能守住秘密，遂向天下宣布。有人建议应撤换各郡郡长和各县县长，全部任命沛国（首府相县〔安徽省淮北市〕）或谯县（安徽省亳州市）人士担任（曹操是沛国所属谯县人，目光如豆者流，认为别人都不可靠，只信任乡亲）。魏郡（河北省临漳县西南邺城镇）郡长、广陵郡（江苏省扬州市）人徐宣，厉声制止，说："而今，远近一体，每人都有效忠之心，如果专用沛谯人士，将伤害所有保卫国家的忠臣！"遂停止行动。

青州兵团忽然擂动战鼓，将领们各自率领部众，离开洛阳，向东移动（曹操在济北国〔首府卢县，山东省济南市长清区〕击破青州黄巾变民集团，投降的达三十万人，家属百余万人。曹操遴选精锐组军，称"青州兵团"。参考一九二年）。大家认为应下令阻止，对反抗命令的，加以讨伐。贾逵说："不可以这样做。"特别发布一份长篇文告，通令沿途各郡县，充分供应粮秣。鄢陵侯曹彰从长安（陕西省西安市）奔丧，询问贾逵："先王（曹操）的印信在什么地方？"贾逵严肃的说："魏国有法定继承人，先王（曹操）的印信，你不应该关心！"

噩耗传到邺城（魏国首府），太子曹丕哭号不已，太子随从官（中庶子）司马孚规劝说："大王（曹操）去世，天下依靠殿下（曹丕）做主，上当为祖宗祭庙，下当为万国万民，怎么能效法小民们的孝行！"曹丕很久才止住哭声，说："你的话对。"当时，臣属们刚听到消息，聚集在一起哀哭，行列错乱，司马孚厉声喝阻说："君王（曹操）离世，天下震动，应该早日拜见合法继承人，安定人心，难道你们只会哭？”命臣属退出，动员禁卫部队，办理丧事。司马孚，是丞相府作战军政官（丞相军司马）司马懿的老弟。

文武百官认为太子即位，应有东汉王朝皇帝的诏令，政府秘书（尚书）陈矫说：“大王（曹操）在外逝世，天下恐惧，太子（曹丕）应克制悲哀，立即登位，用以维系远近人心。而且大王（曹操）心爱的儿子（曹彰）正守在棺柩之旁，万一发生变化，国家就陷于危局。”遂即准备官式礼仪，一日之内，全部齐全。第二天早晨，宣布王后（卞女士）诏令：命太子继承魏王王位，大赦（此时已不再理会东汉王朝傀儡皇帝。大赦，仍只赦魏国〔首府邺城〕囚犯）。不久，东汉帝（十四任献帝）刘协（本年四十岁），派最高监察长（御史大夫）华歆，带着诏书，致送曹丕丞相印信、魏王印信，仍兼冀州（黄河以北）全权州长。尊王后卞女士为王太后。

2 东汉王朝政府改年号延康（之前是建安二十五年，之后是延康元年）。

3 二月一日，日蚀。

4 二月十六日，东汉政府擢升中级国务官（太中大夫）贾诩当全国武装部队总司令（太尉）；最高监察长（御史大夫）华歆当魏国相国，魏国司法部长（大理）王朗当魏国最高监察长。

5 二月二十一日，把曹操安葬在邺城（魏国首府，河北省临漳县西南邺城镇）高陵（高陵在邺城之西，曹操遗命：“你们常常登铜雀台，望我西陵墓田。”因高陵在邺城之西，有时也称西陵）。

6 曹丕的老弟鄢陵侯曹彰等，纷纷返回他们的封国。临菑国（山东省淄博市东临淄区。临菑侯曹植封地）监察礼宾官（监国谒者）灌均，揣摩曹丕的意愿，上书指控："临菑侯曹植，常常沉醉，狂悖傲慢，劫持胁迫钦差大臣。"曹丕把曹植贬作安乡侯。右翼治安秘书（右刺奸掾）、沛国（首府相县〔安徽省淮北市〕）人丁仪，跟他老弟王宫咨询官（黄门侍郎）丁廙，以及丁家所有男子，全部诛杀。丁家弟兄，都是曹植的党羽（夺嫡斗争开始清算，血债血还，丁仪等全家付出性命）。

谚语说："贫穷的人，用不着学习，自然会节俭；卑微的人，用不着学习，自然会谦恭。"并不是人性有差别，而是环境逼迫。曹操如果能早日遏止曹植等的野心，那才是贤明的措施，就不会使他们产生非分愿望。曹彰心中怀恨，都没有办法；至于曹植，岂有力量制造灾难？而竟然使杨修因倚靠曹植遇害，丁仪也因有人揣摩主人意愿，而被灭族，可哀。

7 魏国（首府邺城）开始设立散骑侍从官（散骑常侍）四人、顾问官（侍郎）四人。所有宦官，官位不能超过王宫各单位主管（诸署令。王宫各单位：左尚方署、右尚方署、中尚方署、中黄门署、左藏署、右藏署、左校营、甄官署、奚官署、黄门署、掖庭署、永巷署、御府署、钩盾署、中藏府、内者署等）。把诏书刻在竹简上，用金粉涂字，收藏到祭庙的石室之中（使子子孙孙戒惧宦官当权）。

当时，魏国（首府邺城）政府正在遴选高级咨询官（侍中）、散骑随从官（常侍），一些在曹丕左右能够说上话的旧日亲信，曹丕就在其中指派，不再征调别人。司马孚说：“储君新坐王位，应该援引天下英才贤能，怎么能够因为一时际遇，互相推荐？如果做官的管道不正常，这个官便不尊贵。”曹丕遂在这些人之外物色。

8 魏国政府秘书（尚书）陈群，认为东汉王朝遴选官员，并不能网罗全部人才，于是创立“九品任官条例”；州政府和郡政府，都设立考选官（中正），负责主持考察遴选工作，物色州郡中有能力而又有见识的人才，评估这些人物，论断他品德能力的高下（影响中国政坛及社会数百年之久的“九品中正”，本年〔二二〇〕产生，九品是：上上、上中、上下；中上、中中、中下；下上、下中、下下。一个人一旦被论断品级，就明显的影响他的前程）。

9 夏季，五月三日，东汉帝刘协追尊魏王曹丕的祖父曹嵩为太王、祖母丁女士为太王后。

10 魏王曹丕擢升安定郡（甘肃省镇原县东南屯字镇）郡长邹岐当凉州（即雍州，函谷关以西）州长（刺史）。

西平郡（青海省西宁市）人麴演，联合邻郡，起兵背叛，拒绝邹岐（麴演是西平郡郡长，曾诛杀韩遂〔参考二一五年〕，在凉州有极高威望，所以得到邻郡响应）。张掖郡（甘肃省张掖市）人张进，生擒郡长杜通。酒泉郡（甘肃省酒泉市）人黄华（参考去年〔二一九〕五月），也不接纳郡长辛机；都自称郡长，响应麴演的行动。而武威郡（甘肃省武威市）三种胡部落也叛变（三种，部落名，不是三个种族），武威郡郡长毌丘兴（毌丘，复姓），向金城郡（甘肃省兰州市东）郡长兼西羌保安司令（护羌校尉）、扶风郡（陕西省兴平市）人苏则告急。苏则将发兵援救，郡政府官员都认为变民力量正在巅峰，应出动中央大军才行。当时，将军郝昭、魏平，驻屯金城郡（甘肃省兰州市东），奉有命令，不准越过黄河。苏则遂集合郡政府高级官员，跟郝昭等商议："变民集团虽然声势浩大，然而都是新凑合的部众，有些更出于胁迫，不见得跟首领同心。乘他们内部还有间隙，急行攻击，善良分子一定会离开邪恶的人，归降我们，我们的军力增加，相对的也就是敌人的人数减少。既可以得到增加部队的实质利益，又可以加倍提高士气；出军讨伐，一定可以把对方击破。如果等待中央大军，拖延时日一久，善良分子不能回归，只有跟邪恶的人合作，善恶一旦合而为一，就难以使他们分散。所以，虽然有命令，如果违抗它而能对国家有贡献，我们应该专断。"

郝昭等同意，于是出动军队援救武威郡，三种胡部落望风投降。苏则、郝昭等遂跟武威郡郡长毌丘兴，攻击张进盘踞的张掖郡（甘肃省张掖市）。麹演得到消息，率步骑兵三千人迎接苏则，声称前来协助作战，实际上准备在内部发动突袭；苏则引诱麹演见面，当场诛杀，把尸体拖出来展示，麹演的党徒们霎时惊恐逃走。苏则遂同各军包围张掖郡，破城，斩张进。盘踞酒泉郡（甘肃省酒泉市）的黄华大为恐惧，请求投降。河西走廊（甘肃省中西部）全部平定。

最初，敦煌郡（甘肃省敦煌市）郡长马艾，在任内去世，郡政府官员推举人事官（功曹）张恭代理秘书长（行长史事）；张恭派儿子张就前往中央，请求派遣郡长。正好黄华、张进叛变，打算跟敦煌郡联合，于是，在中途生擒张就，用钢刀架到脖子上，要求结盟；张就拒绝，秘密写信给老爹张恭："您领导敦煌全郡，忠义显示天下，岂能因身陷困境，就作改变？而今，政府大军就要抵达，只要出兵从后边牵制黄华就够了，不愿您因父子之爱，而使做儿子的饮恨黄泉。"张恭立即率军进攻酒泉郡，另派精锐骑兵二百人跟官属，

三世纪·二二〇年五月　东汉政府平定河西

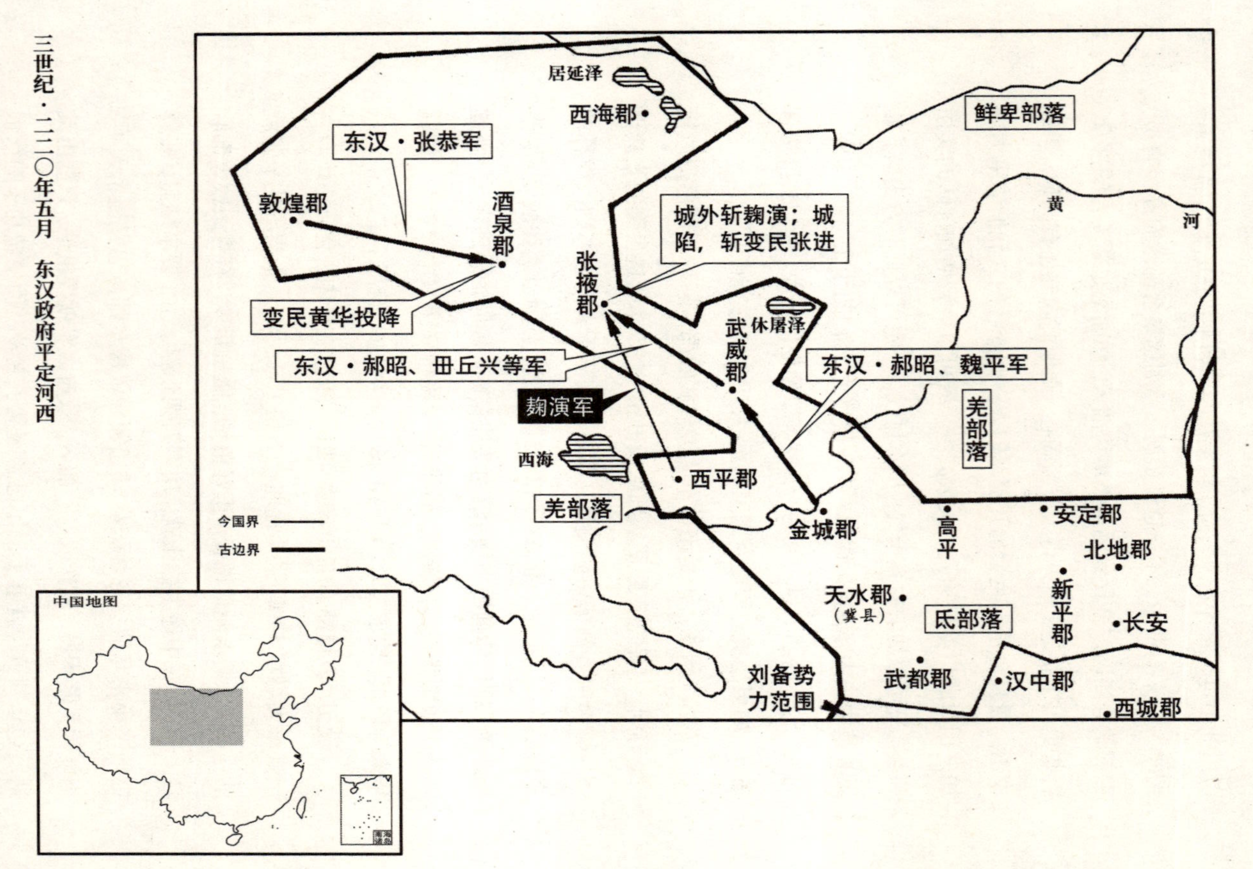

绕道酒泉郡北方边塞，向东迎接新任郡长尹奉。黄华本来要率军援救张进，但西方张恭部队压境，恐怕攻击后路，所以不能行动，终于投降；张就竟得以保全性命，尹奉也到郡任职。皇帝刘协下诏封张恭关内侯（准侯爵）。

11 六月二十六日，魏王曹丕率军南巡。

12 秋季，七月，孙权派人向东汉王朝政府（首府许县）进贡。

13 汉中王刘备（首府成都〔四川省成都市〕）所属的将军孟达，驻军上庸郡（湖北省竹山县西南上庸镇），跟副军警卫指挥官（副军中郎将）刘封，发生冲突。刘封凌辱孟达，孟达遂率私人部队（部曲）四千余家，投降（投降谁？司马光版《资治通鉴》本年是曹魏帝国黄初元年，自应是投降曹魏帝国。但孟达先生投降之日，世界上还没有曹魏帝国这码子事，东汉王朝中央政府以及皇帝先生，仍然存在，自应是投降东汉王朝。再如："开始设置散骑侍从官〔散骑常侍〕"，是谁设置？"名""实"不符，这是坚持年号者一大难题。到无法解决时，只好打马虎眼）。

孟达仪容端庄，举止从容，曹丕十分喜爱，请他跟自己同乘御车，任命孟达当散骑侍从官（散骑常侍）、建武将军，封平阳亭侯。把房陵郡（湖北省房县）、上庸郡、西城郡（陕西省安康市）合并成新城郡（郡政府设房陵〔湖北省房县〕。此时房陵、西城仍属刘备，孟达只是在上庸遥领），任命孟达当新城郡郡长，交给他西南方面的任务。作战参谋长（行军长史）刘晔说："孟达有一种侥幸心理，而且仗恃他的才能，喜爱权谋，没有感恩之情，不会怀念道义。新城郡跟刘备、孙权的辖区接壤，如果有什么变化，将给国家制造灾难。"曹丕不理。命征南将军夏侯尚、右将军徐晃，会同孟达，向刘封发动袭击。上庸郡（湖北省竹山县西南上庸镇）郡长申耽，背叛刘封，投降。刘封军败，逃还成都。

最初，刘封是罗侯（罗县，今湖南省汨罗市）寇家的儿子，刘备刚到荆州（湖北省及湖南省。刘备于二〇一年九月投靠荆州全权州长刘表）时，还没有儿子，遂收刘封当义子。诸葛亮忧虑刘封刚愎凶猛，刘备死后，没有人可以控制，劝刘备乘此机会除掉。于是，刘备命刘封自杀。

14 武都郡（甘肃省成县）氐部落酋长（氐王）杨仆，率领部众，向东汉王朝归附。

15 七月二十日，曹丕抵达谯县（安徽省亳州市，曹丕故乡），在东郊盛大赏赐六军，并宴请父老，设置杂耍、乐队，以及各种节目助兴，官员和人民都来向曹丕祝贺，从早到晚，联欢而散。

子女为父母守三年之丧，上自天子，下到平民，一律遵从，即令是三代（夏商周）王朝的末期，战国时代七雄（韩、赵、燕、魏、齐、楚、秦）的乱世，也没有人敢在父母刚死了之后十天半月，“反哭”（送葬后回祭庙再作最后一次哀哭）之日的当天，就脱掉丧服、丢掉丧杖！到了刘恒（西汉王朝五任帝），变更古代制度，人道和纲纪，全部败坏；道德本来已比当年低落，风俗本来已比古代颓废，曹丕既然继承两汉王朝制度，接受两汉王朝礼仪，处于沉重的哀痛之中，却设宴享乐。身为继承大业的第一代，即行坠毁王化的基础。等到接受东汉王朝皇帝的禅让，更公开收纳东汉王朝皇帝的两个女儿（参考本年〔二二〇〕十一月一日）。所以我们就知道王朝不会太久，政权一定短促。

孙盛的评论，跟辛宪英（参考二一七年）的评论一样，都是事后圣人。曹丕既继承两汉王朝制度，刘恒制定而又被后人遵守的制度，难道不是两汉王朝制度，而是唐王朝制度？从曹丕不守三年之丧，便可看出王朝不久，政权短促；那么，从刘恒不守三年之丧，又看出什么？

我们不赞成曹丕在老爹死后，不过半年，便大肆荒唐；但也不赞成任何扭曲的对历史事件的评论。

16 魏王曹丕任命丞相府总监（丞相祭酒）贾逵，当豫州（河南省）州长（刺史）。

这时，全国初步安定，州长（刺史）对所属郡县，多不能管辖。贾逵说："根据'六条'规定（六条事，参考前一〇六年），州的任务是，监察郡长以下官员。所以在任命州长（刺史）时，特别强调他严厉干练，必须具有纠举不法的才能；而不赞扬他安静宽厚和仁爱的品德。而今，郡县政府官员目无法纪，盗贼公行，州长（刺史）明明知道，却不理会，天下还用什么作为标准？"于是，对郡长以下，放纵犯法的官员，全都奏报免职。贾逵一面训练武装部队，一面整顿纪律，开垦梯田，兴筑灌溉用的河渠；官员及平民，一致称道。曹丕说："贾逵才是真正的州长（刺史）。"通令全国，都要效法豫州（河南省）；封贾逵关内侯（准侯爵）。

17 魏国皇家左翼警卫指挥官（左中郎将）李伏、天文台主任秘书（太史丞）许芝，上书说："魏国应该代替东汉王朝兴起，证据载在神秘预言书，斑斑可考（李伏引《孔子玉版》，许芝引《春秋汉含孳》《玉版谶》《佐助期》《孝经中黄谶》《易运期谶》。各书不但内容神秘，连书名也难解）。"文武百官因之纷纷上书，要求曹丕上顺天心，下符民望（劝进大臣，第一批有：辛毗、刘晔、傅巽、卫臻、桓阶、陈矫、陈群、苏林、董巴；第二批有：司马懿、郑浑、羊秘、鲍勋）。曹丕拒绝。

18 冬季，十月十三日，篡夺大事终于开始。东汉帝（十四任献帝）刘协，向刘邦（西汉王朝一任帝）祭庙焚香禀告，命代理最高监察长（行御史大夫）张音，“持节”，把皇帝御玺、诏书，送给曹丕，要求禅让。曹丕上书三次，谦恭的不肯接受，但刘协坚持。于是在繁阳（河南省临颍县西北，登极后改名繁昌）兴筑高台。

十月二十九日，曹丕登上高台，接受皇帝御玺，正式称帝（一任文帝）。在郊外祭祀天地、名山、大川；改年号（之前是东汉王朝延康元年，之后是曹魏帝国黄初元年），大赦。

柏杨曰

东汉王朝自一任帝刘秀于二五年建立，于本年（二二〇）无声无息灭亡，历时一百九十六年。事实上，自一八九年董卓罢黜十三任帝刘辩，扶立十四任帝刘协，东汉王朝便不存在，幸而曹操崛起，于一九六年把刘协接到许县（河南省许昌市东），使东汉王朝勉强延长二十五年寿命，刘协也享受二十五年的温饱荣耀。没有曹操，刘协可能饿死洛阳，即令落到任何一个割据军阀，诸如袁绍、孙权、刘表、刘备之手，命运不可能比现在更好，刘协应该是中国亡国之君中最幸运的一位。

《资治通鉴》是一部编年史，然而，在正文中，我们只看到刘协把皇帝宝座让给曹丕，却看不到东汉王朝灭亡，曹魏帝国代之而兴的记载。仅从文字上检查，曹丕既然坐上东汉皇帝的宝座，当然仍是东汉的皇帝，并没有一个字提及改朝换代。

曹丕以魏王的身份夺取东汉王朝的政权，传统史书只称之为“魏”，单音单字是中国文字最大的缺点，不能精确的表达事物。一个王朝亡，一个王朝兴，应该是“魏王朝”才对，但是一个国家不能允许有两个以上的王朝，却能分裂为若干独立的政权。所以，我们对控制全国的政权，称为“王朝”，对分裂情形下的独立政权，依它首领名号，分别称“帝国”“王国”。历代当权人士，或由于脑筋僵化，或由于政治利益，往往在一个名称上打滚。五千年来，称“魏”的政权，就有四个，难以辨识，万般无奈中，史学家只好在上面加一个字，作为区别，好像“王二麻子的剪刀”，有“真王二麻子”，有“正王二麻子”，有“东王二麻子”，有“西王二麻子”，有“真正王二麻子”。对于“魏”，我们只好分别称“魏”（前三六九年），“曹魏”（就是曹丕先生本年建立的国度），“冉魏”（三五〇年），以及“北魏”（三八六年。中国历史上称“汉”的有八个，称“燕”的有七个，称“凉”的有五个，称“夏”“周”“宋”的各有四个，也只好分别在它们头上加点花草，跟保持一人一名一样，保持一个政权一个名号，免得鱼目混珠，把我们读史的人累死）。

19 十一月一日，曹魏帝国皇帝（一任文帝）曹丕，封东汉王朝已逊位的末任（十四任）帝刘协公爵——山阳公。在刘协的封国（山阳国，今河南省焦作市）内，准许继续奉行东汉王朝的历法，继续使用只有天子才可以使用的礼仪和圣乐；封刘协的四个儿子侯爵（本来都是亲王，参考二一二年九月）。曹丕追尊祖父曹嵩为太皇帝；老爹曹操为武皇帝，祭庙称太祖；尊称娘亲卞女士为皇太后。东汉王朝时代所有王爵，一律改封崇德侯；所有侯爵，一律改封关中侯。其他臣僚的官爵，按照等级，分别擢升。撤销魏国时代的“相国”，改称“司徒”；撤销“御史大夫”，改称“司空”。刘协呈献两个女儿给曹丕当小老婆。

曹丕打算改变元旦（正朔）的位置（夏王朝元旦定于正月一日，商王朝元旦定于十二月一日，周王朝元旦定于十一月一日，秦王朝元旦定于十月一日。前一〇四年，西汉王朝七任帝刘彻改用夏王朝历法〔元旦定于正月一日〕，直到二十一世纪不变〔除武曌等个别例外〕）。高级咨询官（侍中）辛毗说：“我们魏王朝继承姚重华（黄帝王朝七任帝）、姒文命（夏王朝一任帝）正统，上应天时，下顺万民。至于子天乙（商王朝一任帝）、姬发（周王朝一任王），依靠武力平定天下，才改变元旦位置。孔丘说：‘遵行夏王朝的时令。’《左传》说：‘夏王朝历法，位于天地正中。’何必跟它相反？”曹丕认为正确，采纳。当时，文武官员同声歌颂曹魏王朝（此时其他地方政权〔刘备、孙权、公孙恭〕还没有宣布独立），并对已灭亡的东汉王朝多有指摘。只散骑侍从官（散骑常侍）卫臻特别向大家解释禅让的意义，称赞东汉王朝的美德。曹丕每次见到卫臻，都保证：“天下珍宝，当跟刘协共享。”

曹丕打算追封娘亲卞太后的父母，政府秘书（尚书）陈群上书说：“陛下（曹丕）以至圣的品德，承受天命，创立大业，改革制度，当作为后世永恒的典范。而古代经典，从来没有妇女分封采邑，接受爵位的规定。在记载礼仪的书上只说：‘妇女依附丈夫的爵位。’（《礼记》：“妇人无爵，从夫之爵。”）秦王朝违背古法，两汉王朝继承这项错误，不是先王（古代君王）的经典。”曹丕说：“你的见解很对，不必施行。”把这项规定，作为永不改变的制度，交付政府秘书署（尚书）档案室（台阁）保管。

20 十二月，开始整修洛阳（河南省洛阳市东白马寺东）宫殿。

十二月十七日，曹丕迁都洛阳。

21 曹丕问高级咨询官（侍中）苏则说：“你从前一连攻破酒泉郡（甘肃省酒泉市）、张掖郡（甘肃省张掖市），西域（新疆及中亚东部）曾经派使节前来敦煌郡（甘肃省敦煌市），呈献直径有一寸大的珍珠，还能不能再买得到？”苏则回答说：“如果陛下能统一中国，恩德传播沙漠（新疆塔克拉玛干沙漠），即令不想要珍珠，珍珠也会自己跑来。必须开口要它，才能得到，有什么光彩？”曹丕无法对答。

22 曹丕征召皇家东翼警卫指挥官（东中郎将）蒋济，担任散骑侍从官（散骑常侍）。

当时，曹丕下诏给征南将军夏侯尚，诏书说：“你是皇家的心腹重要将领，赋给特别权力，随你作威作福、杀人饶人。”夏侯尚拿给蒋济看。蒋济回到京师（首都洛阳）时，曹丕问他有什么见闻，蒋济说：“看不见善政，只看见亡国言语。”曹丕勃然大怒，面色铁青，问他原因。蒋济报告这件事情，然后说：“‘作威作福’，《书经》明白的列为鉴戒（《书经·洪范》：“臣属不可以作威作福，臣属如果作威作福，会伤害你的家，危害你的国。”），天子说话，不可以乱开玩笑，古代君王一言一行，都很谨慎，请陛下明察。”曹丕立即追回该项诏书。

23 曹丕打算强迫迁移冀州（河北省中部南部）士卒眷属十万家，到河南（河南省洛阳市东白马寺东）定居（洛阳早已残破，人烟稀少，所以想到这项办法，充实京畿）。可是，当时天正大旱，又有蝗虫灾害，人民饥馑，政府各单位认为不可施行，可是曹丕意志坚决。高级咨询官（侍中）辛毗跟政府官员一同请求晋见，曹丕知道他们前来劝阻，板起面孔等待，大家发现势态严重，都不敢开口，只辛毗说：“陛下打算强迁民家，是为了什么？”曹丕说：“你认为不对？”辛毗说：“确实不对。”曹丕说：“我不跟你讨论。”辛毗说：“陛下不认为我不成才，把我安排在你的左右，担任咨询工作，怎么能不让我表达意见？我所陈述的，不是私情，而是考虑到国家的安危，怎么能这么向我发脾气？”曹丕不回答，站起来就走，辛毗在身后追赶，拉住曹丕的衣襟，曹丕用力夺回衣襟，愤愤进入皇宫。过了很久，曹丕再出来，说：“佐治（辛毗别名），你怎么逼我这么急？”辛毗说：“如果强迫移民，既失民心，又没有粮食供应，我不敢不竭力争取。”曹丕稍作让步，只迁移一半——五万家。

曹丕曾经出外打猎，对文武官员说：“射野鸡，可真快乐！”辛毗说：“对陛下说，当然快乐；但对文武官员，却苦不堪言。”曹丕不说话，但以后出猎的次数，大为减少。

曹魏　黄初　二年
蜀汉　章武　元年

1 春季，正月，曹魏帝国（首都洛阳〔河南省洛阳市东白马寺东〕）皇帝（一任文帝）曹丕（本年三十五岁），封参议官（议郎）孔羡当宗圣侯，负责祭祀孔丘（一年，西汉王朝十四任帝刘箕子，封褒成君孔霸的曾孙孔均当褒成侯；直到二三年，新王朝亡，爵位撤销。三七年，东汉王朝一任帝刘秀，封孔均的儿子孔志仍当褒成侯；九二年，东汉王朝四任帝刘肇，改封孔志的儿子孔损当褒亭侯，世世相传。一九〇年，天下大乱，封国撤销。曹魏帝国一任帝曹丕封孔丘二十一世孙孔羡当宗圣侯，采邑一百户人家。后来，二六七年，晋王朝一任帝司马炎，封孔丘二十三世孙孔震当奉圣亭侯。四七三年，北魏帝国封孔丘二十七世孙孔乘当崇圣大夫；四九五年，北魏帝国七任帝元宏，改封孔丘二十八世孙孔珍当崇圣侯。五五〇年，北齐帝国一任帝高洋，改封孔丘三十一世孙孔长当恭圣侯。五八〇年，北周帝国四任帝宇文赟，改封孔长当邹国公。隋王朝一任帝杨坚，仍维持旧封；六〇八年，二任帝杨广，改封当绍圣侯。唐王朝二任帝李世民，于六三七年，改封孔丘后裔孔伦为褒圣侯）。

2 三月，曹魏帝国擢升辽东郡（辽宁省辽阳市）郡长公孙恭（公孙度次子，公孙康老弟）当车骑将军。

3 曹魏帝国恢复使用五铢钱（董卓废除五铢钱，参考一九〇年六月）。

4 蜀中（四川省）传言东汉末任（十四任）皇帝刘协，已被谋杀。汉中王刘备（时在成都〔四川省成都市〕）发丧追悼，改穿丧服，追称刘协“孝愍皇帝”。文武官员争相证实祥瑞出现，请求刘备继位皇帝。益州（四川省及云南省）前部军政官（前部司马）费诗，上书劝阻说：“殿下（刘备）认为曹操父子，逼迫主上，篡夺帝位，所以才流亡万里之外，集合部众，行将讨伐曹家盗贼。而今，大乱还没有克服，却先自己当上皇帝，深恐怕引起人心疑惑。从前，高祖（刘邦）跟项羽相约，先击破秦王国的，即位当王。等到咸阳（陕西省咸阳市）屠城，擒获嬴婴（秦王朝三任帝），而仍推辞谦让；何况殿下到今天还没有迈出大门，就打算自立？我愚昧的认为：殿下不应采取这项策略。”刘备大不高兴，贬谪费诗当永昌郡（云南省保山市）郡政府驻地参谋官（部永昌从事。永昌跟成都航空距离八百公里，中隔万山，是中国地势最险恶的地区。这是一种谋杀性的放逐，用以报复他的反调）。

夏季，四月六日，刘备（本年六十一岁）在武担山（成都西北）之南即皇帝位（一任昭烈帝），大赦，改年号章武，任命诸葛亮（本年四十一岁）当丞相、许靖当宰相（司徒。刘备建立的政权，仍称汉王朝，因首都设在蜀郡〔四川省

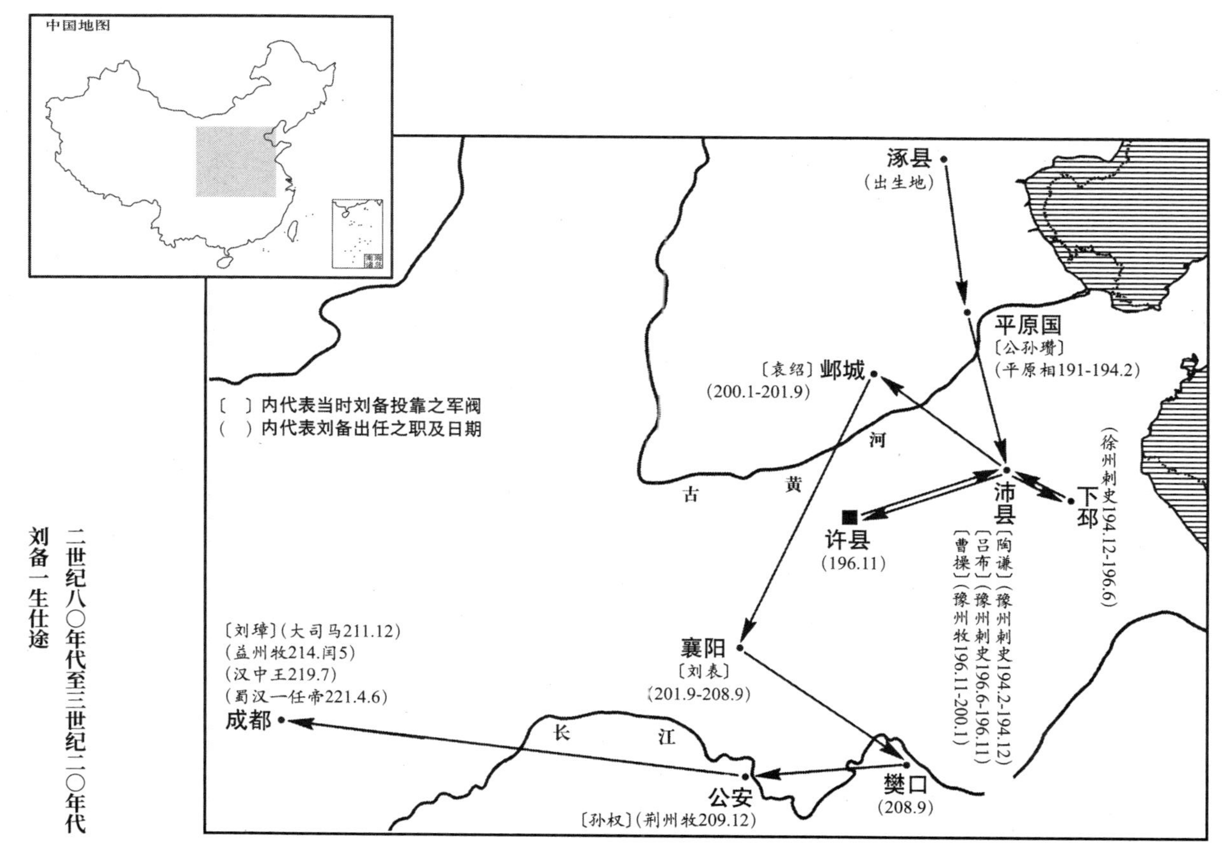

二世纪八〇年代至三世纪二〇年代
刘备一生仕途

成都市〕之故，我们称之为“蜀汉”，以区别“西汉”“东汉”。中国于本年进入“三国时代”，曹魏帝国跟蜀汉帝国对抗；孙权在理论上仍是曹魏帝国的藩属）。

天生小民，他们不能自己治理自己，必须联合拥戴一个君王治理。假设他能够禁止残暴，铲除奸恶，保护人民生命财产，奖赏善行，惩罚罪犯，使社会不致陷于混乱，他就是一位理想的君王。三代（夏商周）之前，四海之内的封国，何止一万？有人民，有祭祀天地神坛的，通常都称之为“国君”。集结万国而加以统御，建立制度，创造法律，发号施令，天下都不敢违背的，通常称之为“君王”。君王的品德衰退，强大的封国能够率领其他封国，尊崇君王的，通常称之为“霸主”。所以，自古以来，天下混乱，封国互相争夺，有时候君王宝座甚至虚悬，这种情形很多（其实并不很多，只有一个，指前八四一年至前八二八年，十四年间，周王朝集体领导，史称“共和”）。

秦王朝焚书坑儒，而西汉王朝兴起，阴阳家学派的学者，开始传播“五德循环”学说（君王宝座更换，犹如金木水火土之相生相克），认为秦王朝不属于“正统”，而是“闰位”（畸形旁支，犹如阴历之有闰月），在“木”“火”之间，只能算“霸主”，不能算“君王”，于是“正”（正统）“闰”（闰位）的争论兴起。等到汉王朝（东汉王朝）倾覆，三国鼎足并立。之后，晋王朝衰弱，失去控制，五胡扰乱中国（五胡：匈奴、鲜卑、羯、氐、羌。五胡乱华事，参考四世纪、五世纪），南宋帝国及北魏帝国，进入南北朝时代，分治南北，各国有各国的史书，互相诋毁排斥。南方人诟骂北方人“索虏”，北方人诟骂南方人“岛夷”。

朱全忠（朱温，后梁帝国一任帝）取代唐王朝（参考九〇七年四月），中国四分五裂。李存勖（后唐帝国一任帝）进入汴京（后梁首都，河南省开封市），把朱全忠比作后羿（夏王朝六任帝）、王莽（新王朝一任帝），把后梁当权的年代和年号，全部抹杀。但这是一种偏激的自私心理，不是公正的通论。我知道我愚昧，实在不了解前代所谓的“正”（正统）“闰”（闰位）是什么，而只认为：一个领袖人物，如果不能统一中国，即令具有天子之名，却并没有天子之实。虽然华夷有别，仁爱、残暴有别，大国、小国有别，强大、弱小有别；但事实上，跟古代列国，毫无差异。岂能够单独尊崇某一国“正统”，而其余的全是“僭伪”？

如果说上下交替的是正统，则陈帝国继承谁？北魏帝国又继承谁？如果说居于中国本部中原地带是正统，则汉赵帝国、后赵帝国、前燕帝国、前秦帝国、后秦帝国、胡夏帝国，所拥有的疆土，都是五帝三王首都之所在（五帝：黄帝王朝一任帝姬轩辕、三任帝姬颛顼、四任帝姬夋、六任帝伊祁放勋、七任帝姚重华。三王：夏王朝一任帝姒文命、商王朝一任帝子天乙、周王朝一任王姬发）。如果说道德水准高的是正统，则即令是再小的国，也有英明的君王；而三代（夏商周）之时，岂没有淫恶的暴君？所以，“正”（正统）“闰”（闰位）论调，从古到今，都没有一定的标准，使人能坚持不疑。

臣，司马光，所著述的《资治通鉴》，只打算说明国家的兴衰，记载人民的悲欢，使读者自己判断什么是善，什么是恶；什么是得，什么是失！作为勉励或警惕。并不打算建立像《春秋》那种褒贬的法则，用它来消除混乱，使社会秩序纳于正轨。所以，“正”（正统）“闰”（闰位）之间的关系，我不敢多谈，只是根据事实，平铺直叙。

周王朝、秦王朝、两汉王朝、晋王朝、隋王朝、唐王朝，都曾经统一中国，把君王宝座，传给后代，子孙虽然微弱无力，流浪逃亡，但总算继承祖宗的大业，有复兴的可能性。跟他斗争的四方豪杰，都是他的旧日臣僚，所以这些君王可以用天子的残余权威，施加压力。可是，如果其他国家的土地、规模，跟自己一样，名号也跟自己一样（都是帝王）；而且从来就没有君王跟臣属关系，则只能当作同等地位的独立国家，平等相待。既然彼此平等，势均力敌，就不应该分别高低，这样才不至于曲解事实，接近大公无私。

问题是，当天下分裂的时候，不可以没有“年”“月”“日”“时”来记载事情发生的先后。东汉王朝把政权传给曹魏帝国，曹魏接受；曹魏帝国把政权传给晋王朝，晋也接受；晋王朝把政权传给南宋帝国、传给陈帝国、传给隋王朝、传给唐王朝、传给后梁帝国、传给后周帝国，然后由我们宋王朝继承。所以，不得不用曹魏、晋、南宋、南齐、南梁、陈、后梁、后唐、后晋、后汉、后周的年号，记载其他各国的史实，并不是尊崇谁和鄙视谁，更跟所谓的“正”（正统）“闰”（闰位）无关。

刘备跟两汉王朝皇家之间的关系，传说中，他是西汉王朝中山（靖）王刘胜的后裔（参考一九一年），可是，血缘疏远，已无法查考他是第几代，和他的直系尊亲属的名字。这就跟南宋帝国一任帝刘裕，宣称他是西汉楚（元）王刘交的后裔；南唐帝国一任帝李昪（音biàn〔变〕），宣称他是唐王朝吴王李恪的后裔（参考九三九年二月），情形一模一样。是非真假，难以辨识。所以，不敢把刘备跟刘秀（东汉王朝一任帝）、司马睿（晋王朝七任帝）相比，使他继承东汉王朝的正统。

梁启超《论正统》曰

中国史学家最大的错误，没有比强调“正统”这件事，更为严重的。强调“正统”的人，认为天下不可以一天没有君王，于是乎有“统”。又认为“天无二日，民无二主”，于是乎有“正统”。“统”的意义是：上天建立，人民尊崇；“正”的意义是：只有一家是“真”，其他的全都是“伪”，千余年来，头脑简单的儒家学派知识分子，钻到这个牛角尖里，挥动手臂，瞪大眼睛，用笔墨口舌，努力奋战，东拉西扯，杂乱不可收拾。其实，一句话就可说明，那就是：自己被奴性所束缚，而又打算煽动后人的奴性而已。

“统”这个名词，始于《春秋》,《春秋公羊传》说：“为什么称‘春王正月’？大一统罢了。”这就是后世儒家强调“正统”的根据。却不知道“大一统”是对“三统”而言（“三统”，指夏商周三代的正朔〔元旦的位置〕；也有人认为夏王朝崇拜黑色，商王朝崇拜白色，周王朝崇拜红色，也称“三统”。玄秘难解）,《春秋》的主旨很多，而“通三统”是重要关键。“通三统”的意义，正是说明：天下者，是天下人的天下，不能被一姓一家据为私人财产。跟后世儒家所谓的“统”，恰恰相反。只因野心家想把国家据为己有，而又恐惧人民不能同意，才宣称：“这是上天赐给我的，我生下来就有这项特权，不允许别人插手。”“统”既建立，然后他就有理由作威作福，淫虐残暴，人民也就不能说他不义。稍微有点思考力，不肯屈辱的人，就立刻罩上“不忠”“不敬”“大逆”“无道”等凶恶的罪名，加以铲除、摧毁。

《礼记》说：“得到多数人民拥护的，才可以当君王。”所以，没有“统”则罢，有“统”的话，无论创业或继业，如果抛弃人民，“统”属于谁？西洋各国历史，主要的是叙述一国国民的起源，以及发达、进步、盛衰、兴亡的原因和结果。因为，人民有“统”，君王无“统”。所谓君王的“统”，不过是一家的家谱，一人的传记，不可以假冒国家历史，更不必劳动史学家哓哓争论。把国家正统隶属于君王，等于把全国人民视同无物。全国人民的人格人权，永远堕入九渊，无法自立，都是这种论调造成的灾害。不扫除君王就是正统的错误见解，却打算写作历史，史书即令再多，不过增加人民的痛苦。

“统”的意义已够荒谬，“正统”不“正统”，更不知从何说起。当然，它有它的论据，这论据且深入人心。“正统”之坚持，始于晋王朝，而盛于宋王朝。朱熹《通鉴纲目》所肯定的“正统”是：秦王朝、西汉王朝、东汉王朝、蜀汉帝国、晋王朝(包括晋帝国)、南宋帝国、南齐帝国、南梁帝国、陈帝国、隋王朝、唐王朝、后梁帝国、后唐帝国、后晋帝国、后汉帝国、后周帝国。清王朝十八世纪，弘历(清王朝六任帝)的《御批通鉴》，接续下去，于是：宋王朝、元王朝、明王朝、清王朝，所谓“正统”，不过如此如此，这般这般。所根据的理论，作为衡量“正统”不“正统”的标准，大概有六项：

一、用土地大小判断。凡是统一中国，无论他是什么样的人，都尊奉他是正统，如晋王朝、元王朝。

二、用政权存在久暂判断。虽然统一中国，但宝座坐的时间太短，都不是正统，如西楚王朝、新王朝。

三、具有前代君王血缘的是正统，如蜀汉帝国、晋帝国、宋帝国，其他的都是僭伪。

四、凡是首都建立在前代首都所在地的是正统，如曹魏帝国，其他的全是僭伪。

五、后一个王朝被称为正统，它所继承的王朝也就成为正统，如因唐王朝之故，隋王朝成了正统；因宋王朝之故，后周帝国成了正统。

六、汉人建立的王朝是正统，如南宋帝国、南齐帝国、南梁帝国、陈帝国，其他民族建立的王朝全是僭伪。

以上六项，互相矛盾。这一项合理，那一项就说不通；那一项合理，这一项就说不通。根据朱熹的《通鉴纲目》《通鉴辑览》等规定，更前后冲突，进退失据，没有一定标准。试问：如果得地多的是正统，前秦鼎盛之时，比东晋版图，大出数倍。而宋金交争时代，金帝国的疆域，占当时中国的三分之二，这种情形，谁是正统？谁是僭伪？如果用政权的久暂来决定，北魏立国的时间，远超过南宋、南齐、南梁、陈（北魏一百七十一年；南宋六十年、南齐二十四年、南梁八十六年、陈三十三年）；吴越、南汉立国时间，远超过后梁、后唐、后晋、后汉、后周（吴越七十二年、南汉五十五年；后梁十七年、后唐十四年、后晋十一年、后汉三十三年、后周十年）；西夏始于九世纪八〇年代，终于十三世纪二〇年代，凡三百五十余年，几乎跟两汉王朝、唐王朝时间相等，而疆域广袤万里，这种情形，谁是正统？谁是僭伪？

如果用前代皇家血缘来决定，则春秋时代的杞国、宋国，同时并存；周王朝也不得不成为僭伪。而明王朝的李槃，更认为北周帝国的藩属萧岿（南梁帝国八任帝）是篡贼。一六六一年，清王朝入主中国已十八年，明王朝残余政权皇帝朱由崧（十八任）、朱聿键（十九任）、朱由榔（二十任），尚在人间，而且仍使用他们的年号（弘光、隆武、永历），这种情形下，谁是正统？谁是僭伪？如果以前代旧都来决定，则汉赵、后赵、前燕、前秦、后秦、胡夏、北魏，所拥有的土地，全是五帝三王首都所在。金帝国辖下的人民，都是汉、唐留下来的人民。这种情形下，谁是正统？谁是僭伪？

如果以后代王朝为主来决定，晋王朝既是正统，晋王朝的母体曹魏，为什么就不是正统？有人认为蜀汉和晋都是正统，可是，晋王朝政权是从曹魏那里夺取，难道变成从蜀汉那里夺取？唐是正统，唐的前代隋王朝随着也成了正统，可是隋王朝的母体北周，北周帝国的母体北魏，为什么又不是正统？有人说陈帝国是正统，又说隋王朝是正统，隋岂是因灭了陈帝国才建立政权的？这种情形，谁是正统？谁是僭伪？如果以汉人为主体来决定，爱国心切，又有民族大义，但仍陷在“统”的迷魂阵中。数千年来，都无法用它来厘定一切。后唐帝国、后晋帝国、后汉帝国的皇帝，不过沙陀民族的三个小部落，窃据巴掌般大小的土地，大家却厚着脸皮说他们是正统。自宋王朝之后，直到明王朝，百余年间，黄帝子孙，没有尺寸土地，而史学家所谓的正统，却仍然存在。这种情形，谁是正统？谁是僭伪？坚持“正统”理论的学者，不能自圆其说。

正统论所以兴起，原因有二：

其一，当时的臣属，对本国存有私心。司马光所指：“南宋、北魏以来，各国有各国的史书，互相排斥。南方人诟骂北方人‘索虏’，北方人诟骂南方人‘岛夷’。后梁帝国取代唐王朝，中国四分五裂。李存勖进入汴京，把朱全忠比作后羿、王莽，把后梁当权的年代和年号，全部抹杀。这都是偏激的自私心理，不是公正的通论。”诚是真理。自古以来，关于正统的争执，莫过于曹魏跟蜀汉。坚持“首都说”的，认为曹魏帝国是正统，坚持“血缘说”的，认为蜀汉是正统。陈寿坚持曹魏是正统，习凿齿坚持蜀汉是正统。因为陈寿生在晋王朝，而习凿齿生在晋帝国。晋王朝首都是前代王朝首都，假定不采纳“首都说”，晋王朝就是僭伪，陈寿所以称曹魏是正统，目的在于证实晋是正统。习凿齿时，晋王朝南渡，假如不用“血缘说”，而用“首都说”，则汉赵、后赵、前秦、后秦成了正统，晋帝国反而成了僭伪；习凿齿所以肯定蜀汉是正统，目的在于肯定晋帝国是正统。

之后，司马光主张曹魏是正统，而朱熹主张蜀汉是正统。因为司马光生在宋王朝，朱熹生在宋帝国。宋王朝篡夺后周，建都故都汴京，跟晋篡夺曹魏，建都洛阳，同一模式。司马光采“首都说”，把曹魏当作正统，也正是使宋王朝居于正统。宋王朝南渡后，跟晋王朝犯了同一毛病，朱熹采“血缘说”，把蜀汉当作正统，也正是使宋帝国成为正统。总而言之，都是为了当时头顶上君王的利益，贡献才智。清王朝在偏远异域崛起，入主中国，跟辽帝国、金帝国、元王朝，完全雷同。所以，一六四五年，清政府讨论历代帝王祭祀问题时，教育部（礼部）上书说："宋王朝曾向辽帝国进贡，宋帝国皇帝曾向金帝国皇帝称侄，对辽、金君王的祭祀，似不应遗漏。"几乎认为辽、金是正统，宋是僭伪。由此可以说明，数千年来喋喋不休的讨论"正统""不正统"，"僭伪""不僭伪"，都是当时的主子跟主子的奴才，因缘附会，为了保护一个家族的私有财产干出的勾当。想不到时过境迁之后，作史的人仍在那里慷他人之慨，在鸡虫之间争辩，真不知道哪里来的精神。

其二，由于浅陋的儒家学派知识分子，不了解经典的本意，奴性发作，并企图煽动别人的奴性发作。这批头脑腐败的学者，认为帝王者，至为神圣，一个国家，连一个时辰都不可以没有神圣，而又不可以同时有两个神圣。当大家都不是神圣的时候，在一群"乱臣""贼子""大盗""狗偷""仇寇""夷狄"之中，必须找出一个人或一个家族，把他当作木偶一样祝贺说："他就是神圣。"当这类神圣太多的时候，则必须在其中再找出一个人或一个家族，膜拜说："他可是真神圣。"其他的则仍是"乱臣""贼子""大盗""狗偷""仇寇""夷狄"。

最奇异的还是，同一个人，甲史书称他是"匪"，乙史书则称他是"贤"。甚至在同一书中，今天称他"匪"，明天则称他"贤"。神圣就是神圣，乱贼就是乱贼，匪就是匪，贤就是贤。何以一人之身，同时并兼两种人格？谚云："成则为王，败则为寇。"这才是坚持"正统论"的唯一标准。如完颜亮（金帝国四任帝），《宋史》称他是"贼"是"虏"是"仇"；《金史》则变成了某祖某皇帝，两书都是中国史学家写的，又都列为"正史"。而"诸葛入寇""丞相出师"（《三国志》）的矛盾，更不多论。像朱全忠（后梁帝国一任帝）、朱棣（明王朝三任帝），开始时称他们叛徒盗匪，忽然之间，却成了某祖某皇帝。而曹丕、司马炎，从称名道姓，一会工夫称“公”，接着称“王”，接着称“帝”，也不必多论。

然而，我不能不为匈奴单于挛鞮冒顿、突厥可汗阿史那咄苾之徒悲哀，也不能不为西汉王朝七国之乱的七国、晋王朝八王之乱的八王，以及刘安、朱宸濠之徒悲哀。我不能不为上官桀、董卓、桓温、苏峻、侯景、安禄山、朱泚、吴三桂之徒悲哀。我不能不为陈胜、吴广、新市变民、平林变民、铜马变民、赤眉变民、黄巾变民集团首领，以及窦建德、王世充、黄巢、张士诚、陈友谅、张献忠、李自成、洪秀全之徒悲哀。假使他们的运气好，百尺竿头，再进一步，坐上帝王宝座，成了“承天广运圣德神功肇纪立极钦明文思睿哲显武端毅弘文宽裕中和大成定业太祖高皇帝”，就不愁后世没有博学多才、正言谠论，倡导天经地义的史学家，不尊奉唯谨。胆敢“腹诽”(参考前一一七年)，罪状就是“大不敬”。胆敢批评，罪状就是“大不道”。这不是过激之言，试想一想，朱元璋(明王朝一任帝)的品格，怎比得上窦建德？萧衍(南梁帝国一任帝)的才干，怎比得上王莽(新王朝一任帝)？赵匡胤(宋王朝一任帝)的武功，怎比得上项羽(西楚王国一任王)？李存勖(后唐帝国一任帝)的强大，怎比得上挛鞮冒顿(匈奴汗国二任单于)？杨坚(隋王朝一任帝)传国的长久，怎比得上李元昊(西夏帝国一任帝)？朱全忠(后梁帝国一任帝)拥有土地之广，怎比得上洪秀全(太平天国一任帝)？可是那些比不上人的角色，在数千年历史上，居然成了神圣。我没有办法解释，只好解释为：“幸与不幸！”于是，历史也者，一场赌博，一场儿戏，鬼怪之域，势利之窝。用这种标准写历史，怎么不驱逐天下人都去当禽兽？而腐烂了的儒家学派知识分子，仍大声嚷嚷：“正统也者，天之经，地之义，人之伦，国之本，民之防。”我不得不深恶痛绝这批人毒害天下，如此之甚。

不讨论“正统”则罢，一定要讨论“正统”，我认为，自从周王朝之后，中国历史上根本就没有正统。第一，蛮夷不能当正统，则元、后唐、后晋、后汉、北魏、北齐、北周、辽、金，一定摒弃。第二，篡夺不能当正统，则曹魏、晋、南宋、南齐、南梁、陈、北齐、北周、隋、后周、宋、唐，也一定摒弃。第三，盗匪不能当正统，则后梁、明、西汉、东汉，也一定摒弃。然则，谁才是正统？回答是：正统应以国家为主体，不应以君王为主体；应以人民为主体，不应以一人一家为主体，抛开国家而只看君王，抛弃人民而只看一人一家，就没有"统"，更没有"正统"。一定要确定正统的话，则应该效法英国、日本等君主立宪之国，用宪法决定帝王继承的法则。当新君即位之时，把遵守宪法的誓言，向人民宣布，而人民也接受他的誓言。这样，才不违背"多数人民产生君王"的大义，才算是"正统"。

问题是，中国数千年历史，何处有此？竟然有人整天在讨论统不统，正不正，我不得不怜悯他们的愚蠢，而厌恶他们的荒妄。盼望以后能出现优良的史学家，在中国人民盛衰、强弱、主奴这三方面，加以留意。

梁启超《论纪年》曰

有人问我："你之驳斥'正统论'，言之已尽。然而，传统史学家之讨论正统，用意并不一定都像你所说的那样。因为，只要有历史，必定有纪年；而纪年，必定要用帝王们的年号。因而不得不选择一个当主干，而把其他的当畸形旁支，司马光已说得十分详细。"我回答说："假定如此的话，我便跟你讨论'纪年'。"

凡是记号，目的在使人节省脑力。所以记号必须简单，不可繁杂。当各国没有交通之前，各自记各自的年，不可能不谋而同，这是无可奈何的事。等到各国既已相通，交涉事件日益增多，而各国之年，因记号不同，遂互不相符，不但使人脑筋辛劳，且处理事务，十分不便。孔丘作《春秋》，首先指出："封国国君不可以改变年号。"在于使一万种并于一种，使繁杂归于简单，含有深刻意义。

然而，一个地区之中，同时有数种纪年，固然造成困扰。就是一百年岁之内，纪年的记号不断变更，造成困扰的程度，同等严重。为什么？前一种是横的复杂，后一种是纵的复杂。中国史学家却坚持用帝王的年号纪年，岂不是认为帝王是一国最庞大的动物？问题是，帝王在位最长的，没有超过六十年（清王朝四任帝玄烨在位六十一年〔梁启超计算有误，事实上在位六十二年〕，在中国数千年中，独一无二）。时间最短的，有的五年，有的三年，有的两年，有的一年，甚至半年。而且，古代君王在位期间，有的能改十数次年号，乱七八糟，难以追究。根据《齐氏纪元编》所载年号，"正统""僭伪"加在一起，不下一千余个。单单以史学家所谓的"正统"年号，自前一四〇年起，直到今天十九世纪末叶，二千年间，共有三百一十六个。现在，不妨在这三百一十六个年号里，随意找出一个，询问各位学者，恐怕学问再大的人，我敢确定他不知道该年号的时间位置。于是乎，强记年号，遂成为史学家或读者一项重要的课题，把精力用到这上面，实在浪费。

我们读西洋历史，看他们说几千几百年，或者说几世纪，一眼就可看出距离今天多少年。有人在翻译时把它改成中国年号，说"唐某号某年""宋某号某年"，则茫茫然不知道它指的什么（把西文书译成中文书，改用中国年号，最没有道理。不但混乱难记，也违背"名从主人"原则。如果叙述中国历史而用西历，荒谬更不待言）。中国人熟悉中国人的符号，超过熟悉外国人的符号。可是中国人对中国人的符号，竟感到难如登天，原因何在？在于一个极为简单，一个极为复杂。只要对此了解，则用帝王年号纪年的方法，必然的不能长久存在于今天文明世界。

西方人用耶稣纪元，也不过是一千四百年以后的事。古代巴比伦人，用拿玻纳莎王作纪元（前七四七年）。希腊人开始时，用执政官或大祭司在位之年作纪元，以后改用和灵大祭作纪元（前七六七年）。罗马人用罗马城初建之年作纪元（前七五三年）。回教国家用教祖穆罕默德避难之年作纪元（六二二年）。犹太人用《旧约·创世纪》开天辟地作纪元（前三七六一年）。自耶稣创教后，教会用耶稣钉死十字架之年作纪元。到第六世纪，罗马一位教士，倡议改用耶稣降生之年作纪元，而今，世界采用的超过一半。这是西洋纪年符号逐渐改进，由繁到简的历程。主要的是：除非是生在极端野蛮时代，绝对没有以帝王年号作为纪年的事——当然有例外，只有中国、朝鲜、日本诸国而已。

有人问：“那么，中国当用什么纪年？”回答是：从前，上海强学会刚开办时，大书：“孔丘卒后二四七三年。”当时会中一二伧俗之辈，吓得伸舌流汗，脸色铁青，惊恐说：“这是不奉本朝（清）正朔（年号），崇奉耶稣！”却不知道这是司马迁的创见。《史记·老子列传》大书：“孔丘卒后二七五年。”而其余各国各世家，都写“孔丘卒后”，此司马迁开万世纪元的发明。近来经过学者讨论，认为当纪念生日，不应纪念死日。用孔丘卒年，不如用孔丘生年，而今用此纪年的，已有数家报社。见识开阔的人著书，也往往采用，势将传播天下。

用孔丘生日作为纪元，有四项特点：

符号简单，记忆容易，其一。不必阿附祸国的民贼，争夺“正”“闰”，其二。孔丘是中国至圣，用作纪年，使人产生尊崇教主之念，爱国思想，油然而兴，其三。中国历史事迹，在孔丘之后，才开始增多，所以使用方便。在孔丘之前，则仿效“西历纪元前”，作

"孔丘纪元前"。好在史迹不多，不足为病，其四。有此四项优点，则孔丘纪元，足可以推行百世而不动摇。有人认为中国人是黄帝子孙，打算用黄帝纪元。有人认为孔丘托古改制，打算用伊祁放勋（尧）纪元。有人认为中国在姒文命（夏王朝一任帝）时正式开辟，打算用姒文命（禹）纪元。有人认为中国统一于秦王朝，打算用秦王朝作为纪年。凡此等等，全都在事理上难以解释，在公义上有所欠缺，不值得一一辩驳。所以，用孔丘生日作为纪元，以后史学家应会认同。

年号纪元一定要变，并不仅仅由于"正统""闰位"之争的无聊。但是，一旦纪元不用帝号年号，史学家纵然想争"正统""闰位"，也失去工具。不然，像王莽的昏虐，武曌的淫暴，而史学家却不得不用他们的"始建国""天凤""地皇""光宅""垂拱""永昌""天授""长寿""延载""天册""万岁登封""神功""圣历""久视""长安"等年号，放在"建元"（中国第一个年号）之下，"光绪"（梁启超写此文时清王朝年号）之上，造成中国历史的污点，岂不过分。何况，污染中国历史的，又岂止王莽、武曌？

司马光是一位极端的保守分子，十一世纪时，领导旧党，跟主张改革的王安石领导的新党对抗，对宋王朝和中国人民，造成严重的伤害。可是，在"正统"问题上，他却有重要的突破。梁启超认为司马光把"正统"给曹魏，是为了宋王朝的利益，我认为他的判断正确，但也可能有另一个原因，迫使他不得不做这样的决定，那就是，如果把"正统"给蜀汉帝国的话，"二六四年"便成了大空位（二六三年蜀汉亡于曹魏，而曹魏在二六五年才亡于晋）。换句话说，如果不用司马光的办法，就在二六四年，中国史书上便标不出该年是哪一年？这是一项实质上的困难。

"正统""僭伪""年号""正朔"之类的争执，司马光和梁启超所作的驳斥，我们全都同意。而且了解，司马光所作的这项突破，在当时的政治环境下，冒有很大风险。所以他才不得不作长篇大论，耐心解释。因为他可能被罩上忠“贼”不忠“汉”的铁帽，脑浆崩裂。梁启超迟生了八百年，当然拥有更多的资料和更积极的见解。不过，每个人都无法超越他的时代太远，所以在司马光版的《资治通鉴》上，仍不得不差异处理，像“正统”君王称“帝”，“僭伪”君王称“主”。而梁启超也只能走到孔丘纪年，不能再进一步，所以他认为用耶稣纪年，其荒谬不容置疑。

我们最大的幸运是站在前人的肩膀上，所以超过前人（同样道理，后人也会站在我们肩膀上，超过我们），能有更好的条件和更好的工具，解决这个问题。那就是，我们直接的使用耶稣纪元。孔丘纪元跟韩国的檀纪、泰国的佛历一样，固然有梁启超所赞扬的特色，但它仍孤立于世界之外，当全世界十分之九的国家都使用耶稣纪年（比梁启超时的二分之一，已大量增多），单独另创一个系统，似乎多此一举。结果仍然得列一个年份对照表，何必再找一个新的绊脚石？纪年只是计时的工具，工具越方便越锐利越好，不应管它是什么人制造。若干对耶稣深恶痛绝的国家，照样使用耶稣纪元，并不伤害国家的尊严。《中国人史纲》首创此例，《柏杨版资治通鉴》跃马继进。并不是我们聪明睿智，而是司马光、梁启超给我们的启示，至为深刻；古史书带给我们的困扰，沉重而繁琐，必须解决，而我们庆幸已经解决，后人会失笑做这件事有什么了不起，但只有突破桎梏的当事人——包括司马光在内，才知道桎梏的僵硬性和杀伤威力。

5 孙权把首府从公安（湖北省公安县）迁到鄂城（湖北省鄂州市），把鄂城改名武昌。

6 五月十二日，蜀汉帝国（首都成都）皇帝刘备，封夫人吴女士当皇后。吴皇后，是偏将军吴懿的妹妹，曾嫁给刘璋的老哥刘瑁。封儿子刘禅当皇太子，为刘禅娶车骑将军张飞的女儿当太子妃。

7 当初，魏王曹操进入邺城（河北省临漳县西南邺城镇）时（参考二〇四年八月），还是高级皇家警卫指挥官（五官中郎将）的曹丕，看见袁熙的妻子中山（河北省定州市）人甄洛，美貌非常，不由神魂飘荡。曹操遂聘甄洛做曹丕的妻子，生下儿子曹叡。等到曹丕当上皇帝（参考二二〇年十月），安平（河北省衡水市冀州区）人贵嫔（小老婆群第一级）郭女王，正受宠爱。甄洛被留在邺城，跟曹丕不能见面，大失所望，忍不住口中抱怨。郭女王打小报告陷害，曹丕暴跳如雷。

六月二十八日，曹丕派人前往邺城，强迫甄洛自杀。

8 曹丕因为皇家祭庙仍在邺城（河南省临漳县西南邺城镇）之故，特别在洛阳皇宫建始殿，祭祀老爹曹操，祭礼像普通民家。

9 六月二十九日，日蚀。曹魏帝国（首都洛阳）有关单位奏请罢黜全国武装部队总司令（太尉）贾诩。曹丕下诏说："天变灾异，主要的是谴责元首，而竟把过失推给四肢，岂是姒文命（禹）、子天乙（汤）归罪于己的本意？文武百官应各尽职责，以后如果天地神灵再发出警告，不要弹劾三公。"

10 蜀汉帝国（首都成都）皇帝刘备，封他的儿子刘永当鲁王、刘理当梁王。

11 刘备深以关羽被孙权袭杀为耻，准备对孙权发动攻击。翊军将军赵云反对，说："国家的敌人，是曹操，不是孙权。如果先灭曹操，则孙权自然归附。而今曹操虽然去世，儿子曹丕篡位。正当乘着人心不服之际，早日夺取关中（陕西省中部），占据黄河、渭水上游，讨伐叛乱，关东（函谷关以东）义士，势必携带粮食，驱策马匹，迎接王师。不应该放弃曹魏，而先跟孙权交锋。会战一旦开始，不可能立刻判定胜负，不是上等策略。"文武官员劝阻的非常之多，刘备全听不进去。广汉郡（四川省广汉市）平民秦宓（音mì〔蜜〕），上书警告刘备："天时不当，出军必然不利。"刘备逮捕秦宓，囚入监狱，后来才把他释放。

最初，车骑将军张飞，雄壮勇猛，仅次于关羽。关羽对部属士卒非常照顾，但对士大夫却态度骄傲。而张飞恰恰相反，礼敬士大夫，却不体恤士卒。刘备常常告诫张飞："你杀人太多，每天鞭打壮士，却教他们在你左右服侍，这可是制造灾祸的做法。"但张飞不能改正。刘备下令各军动员，将攻击孙权，张飞当率领一万人由阆中（巴西郡郡政府所在县，四川省阆中市）到江州（巴郡郡政府所在县，重庆市）会师。开拔前夕，帐下部将张达、范彊，刺杀张飞，拿着张飞人头，投奔孙权。刘备听到张飞大营司令官（都督）有表章上奏的报告，惊骇说："苍天，张飞已死！"

关羽、张飞，都被称为"万人之敌"，是当世的虎臣勇将。关羽报恩曹操，张飞义释严颜，都有国士风范。然而，关羽刚愎自负，张飞暴躁寡恩，正由于这些缺点，使他们事败身死，这是正常现象。

12 秋季，七月，蜀汉帝国大军东进，孙权派人求和。南郡（湖北省江陵县）郡长诸葛瑾写信给刘备："陛下跟关羽的关系，比跟先帝（刘协。当时传言刘协已死）的关系，哪一个较亲？荆州（湖北省及湖南省）土地，比起全国，哪一个较大？双方既都是你的仇敌，选择打击对象时，也应有先有后。了解这几项，就很容易下定判断。"刘备不理。

当时，有人传播谣言，说诸葛瑾已派出亲信，跟刘备秘密交往。孙权说："我跟诸葛瑾，有同生共死的盟誓，诸葛瑾之不负我，犹如我之不负诸葛瑾。"然而谣言更烈，而且绘影绘声，听起来跟真的一样。镇西将军陆逊上书建议：既明知道诸葛瑾绝对没有此事，应该有所表示，免得他内心不快。孙权回答说："诸葛瑾跟我共事多年，恩情如同骨肉，互相了解至深。他的为人，非正道的路不走，非大义的话不说。刘备从前曾派他老弟诸葛亮到吴郡（江苏省苏州市），我曾经告诉诸葛瑾：'你跟你老弟同一个娘亲，是至亲兄弟，而且老弟追随老哥，名正言顺，为什么不想办法留下诸葛亮？诸葛亮如果留在你的身旁，我当写信给刘备解释，主意你要自己决定。'诸葛瑾说：'我老弟失身刘备，君臣之分已经确定，在大义上没有二心。他不能留，犹如我不能往。'这话足以上感神明，今日岂会有此？前些时接到一些虚妄的报告，当时我就转给诸葛瑾过目，并亲笔写信给他。我跟诸葛瑾，可谓神交，不是外面一些流言所可以离间。知道你的关心，特别把你的表章加封转给诸葛瑾，使他知道你的心意。"

蜀汉帝刘备，派将军吴班、冯习，率武装部队四万人，在巫县（重庆市巫山县）击败孙权部将李异、刘阿，进逼秭归（湖北省秭归县）。武陵郡（湖南省常德市）蛮夷，都派人前往蜀汉，要求进军。孙权命镇西将军陆逊，担任总司令官（大都督），"假节"（帝王才有符节，才可以教人"持节”“假节”，孙权官职，原是东汉王朝的“骠骑将军”“假节”“荆州州长”“南昌侯”。曹魏帝国建立后，孙权的态度不明。而将军或侯爵，都不能使人“持节”“假节”，而今竟发出符节，说明建立独立政权的心理准备，已经完成），率领将军朱然、潘璋、宋谦、韩当、徐盛、鲜于丹、孙桓等共五万人抵御。

13 曹魏帝曹丕的老弟：鄢陵侯曹彰、宛侯曹据、鲁阳侯曹宇、谯侯曹林、赞侯曹衮、襄邑侯曹峻、弘农侯曹干、寿春侯曹彪、历城侯曹徽、平舆侯曹茂，一律晋封公爵，只安乡侯曹植，改封鄄城侯。

14 曹魏帝国（首都洛阳）兴筑陵云台（洛阳城内）。

15 最初，曹丕要文武官员判断：刘备会不会出兵为关羽复仇。大家一致认为：“蜀汉不过一个小国，名将不过一个关羽，关羽既死，大军已破，全国忧愁恐惧，所以不可能出兵。”只高级咨询官（侍中。进入三国时代，官制改变，主要的是若干宫内官转为宫外官〔即政府官〕，虽保持原名，但性质已不相同。“侍中”改译为“高级咨询官”，所属“侍中省”译“咨询署”；另外，“尚书”改译为“政务署”“中书”改译为“立法署”）刘晔说：“蜀汉虽然小弱，但刘备却准备用武力锻炼自己壮大。所以，势必动员大军，用以表示绰绰有余。而且，关羽跟刘备，义如君臣，恩同父子；关羽死于敌人之手，如果不能出兵复仇，在情分上就有缺憾。”

八月，孙权派人前往洛阳，正式归降曹魏帝国，向曹丕称臣，奏章恭敬卑微，并送于禁返国（在刘备复仇大军压力下，孙权不得不向曹丕屈膝）。文武官员一致道贺，只刘晔警告说：“孙权无缘无故，投降归附，内部一定有紧急情况。孙权前杀关羽，刘备一定出兵复仇。外有强大敌人，民心不安，又怕中国（曹魏）乘机动手，所以才献出土地，向我们归降，一则阻止中国（曹魏）的攻击，二则利用中国（曹魏）的声势，振奋国内人心，而使敌人惊疑。天下三分，中国（曹魏）拥有十分之八，蜀汉跟孙权，只不过各保一州（蜀汉帝国只据益州〔四川省及云南省〕，孙权只据扬州〔安徽省中部及江南地区〕）。受到山川阻隔，有急难时，互相救援，这是微弱小国有利的地方。想不到却自己互相攻伐，是上天决心灭亡他们，谁也阻挡不住。我们应出动大军，渡江进击。蜀汉攻击他的边境，我们攻击他的心脏，孙权之亡，不出十日。孙权亡，则蜀汉势力孤单，即令把孙权土地割一半给蜀汉，蜀汉也不能长久存在，何况蜀汉只得到他们的边境，我们却得到他们的本土。”曹丕说：“别人投降称臣，我们却乘机翻脸，恐怕阻塞天下英雄归降之心。不如接受，而去袭击蜀汉的背后。”刘晔说：“蜀汉远而孙权近，蜀汉发现中国（曹魏）攻击它的背后，一定回军迎战，缠斗不止。现在，刘备正在盛怒，起兵攻击孙权，听说我们也出动大军，知道孙权一定覆亡，心里高兴，一定迅速挺进，跟我们争夺孙权土地，绝对不会克制自己的怒气，作一百八十度转变，反而援救孙权。”曹丕不理，遂接受孙权投降。

孙权之存亡关键，间不容发，刘晔的谋略如果实施，中国历史将从二二一年开始重写。曹丕不是一个开创性的雄才，夺得帝位后，已经踌躇志满，不知道天下江山，每一寸都要血汗换取。如果曹操迟死三年，对这个天赐良机，定有闪电反应。假定有幸运之神的话，幸运之神正专心一意看顾孙权，使曹丕沉醉在恍惚之境。试看他的理论根据：“别人投降称臣，我们却乘机翻脸，恐怕阻塞天下英雄归降之心。”这话在群雄并起时，是至理名言；而今，孙权之外，不过只剩下刘备，还有其他什么英雄？难道能鼓励出刘备归降之心？

16 于禁的头发胡须，全都雪白，形容憔悴（他内心受到压力的沉重，全部显现），晋见曹丕，流泪叩拜。曹丕安慰他，引用荀林父、孟明视例证（前五九七年，楚王国攻击郑国，晋国国务官〔大夫〕荀林父救郑，跟楚军在邲邑〔河南省郑州市东古城村〕会战，晋军大败。晋国国君姬孺〔二十八任景公〕仍用荀林父，灭赤狄部落〔山西省长治市北一带〕。前六二七年，秦国大将孟明视，向郑国发动奇袭，在崤山〔河南省西境〕被晋国伏兵生擒。获释后，秦国国君嬴任好〔九任穆公〕仍委以重任，遂称霸西戎），任命于禁当安远将军，教他前往邺城（河北省临漳县西南邺城镇）祭拜曹操墓园（高陵）。而曹丕却事先在曹操墓园房舍中，绘出“关羽战胜”“庞德发怒”“于禁降服”壁画。于禁看见，惭愧悔恨，发病，逝世。

于禁率大军数万之多，战败不能死节，投降敌人。后来释放回国，曹丕罢黜他可以，诛杀他可以，而竟用壁画羞辱他，不像是一个君王。

专制独裁头目，大都残忍无情，自己怕死怕得要命，却偏偏喜欢慷他人生命之慨，要求别人为他而死。西汉七任帝刘彻，天天求仙找药，希望长生，可是对李陵战败被俘，却大发雷霆，不但诛杀李陵全家，连司马迁也处腐刑。曹丕比刘彻似乎稍好，于禁陷入敌手，含羞而归，曹丕也恰当的援引荀林父、孟明视例证，并不是不明事理，也不是不知道用人之道，可是却用绘画小动作，逼人于死，证明一项事实：说得明白并不就是真正明白，理智明白并不保证他一定有能力实践他的理智判断，观察一个人，绝对不要只听他说什么，还要了解他想什么和看他做什么。

17 八月十九日，曹魏帝国（首都洛阳）派祭祀部长（太常）邢贞，前往武昌（湖北省鄂州市），封孙权当吴王，加九锡（参考四年）。刘晔说："不可这么做。先帝（曹操）东征西讨，十分天下，已统一八分，威严震撼海内。陛下（曹丕）受禅即位，品德配合天地，声誉传播四方。孙权虽然有英雄才能，不过是已经灭亡了的东汉王朝的骠骑将军、南昌侯而已，官爵轻微。何况他所管辖下的官员小民，都有畏惧中国（曹魏）之心，不可能接受他的控制，共成大事。万不得已，一定非接受他归降不可，也只能擢升他的将军称号，封他十万户人家的侯爵，不可以一下子就封王爵。王位跟天子之间，只不过距离一个台阶，礼仪服装，跟天子相似。孙权如果只是一个侯爵，江南（长江以南）人民跟他并没有君臣之分。我们信任他的诈降，立即封他当王，尊崇他的位号，代他确定君臣关系，等于在老虎身上又加两翅。孙权既接受王位，在击败蜀汉入侵部队之后，外貌上尽力事奉中国（曹魏），使吴国境内大家都知道这件事；但在内部却做出无礼行动，激怒陛下。等到陛下赫然震怒，兴兵讨伐，他就委屈万状的告诉他的国民：'我献身事奉中国（曹魏），不爱惜金银财宝，随时进贡，不敢失去臣属的礼节，可是他们无缘无故发动攻击，一定要使我国残破，俘虏我国人民，当他们的仆人和婢女。'吴国人民没有理由拒绝相信，一旦相信这些话而引起愤怒，上下同心，战力可能增加十倍。"曹丕又不理。

各将领因孙权归降，大家都松懈下来。只征南大将军夏侯尚，更加强攻守战备（时夏侯尚驻防宛县〔河南省南阳市〕）。

山阳郡（山东省巨野县东南大谢集镇）人曹伟，素来以才华闻名于世，听说孙权归降，就以平民的身份，写信给孙权，要求贿赂，想在京师（首都洛阳）结交权贵。曹丕接到报告，诛杀曹伟。

18 吴国（首府武昌）兴筑武昌城（湖北省鄂州市）。

19 最初，曹魏帝国（首都洛阳）皇帝曹丕，打算任命杨彪当全国武装部队总司令（太尉），杨彪推辞说："我曾经当过东汉王朝的三公，正逢乱世，不能对国家有丝毫贡献。如果再做曹魏帝国的臣属，对于帝国的文官制度，不见得是一种荣耀。"曹丕才停止。

冬季，十月二日，文武百官早朝时，请杨彪也到金銮宝殿，当作国家的贵宾，赏赐给他延年手杖（手杖名"延年"，一种有节的木棍）、有靠背的椅子；使他身穿平民衣服、头戴皮帽，跟皇帝见面。任命他当特级国务官（光禄大夫），年俸中二千石，朝会时，位置仅次于三公，特准家门口放置"行马"（一种阻止通过的路障，现代公路封锁时，仍然使用。古代放于宫门或高官大门之前，属于特殊荣誉），设置武装卫队，表示对他的尊崇。杨彪八十四岁时逝世。

20 曹魏帝国（首都洛阳）因谷米昂贵，废除五铢钱。

21 曹魏帝国凉州（甘肃省中西部）卢水（可能是石羊河）胡人治元多等叛变，河西走廊（甘肃省中部）陷于混乱，曹魏帝曹丕召回凉州州长（刺史）邹岐，任命西都长安市长（京兆尹）张既继任，另派军事总监（护军）夏侯儒、将军费曜等随后出发。卢水胡部落变民七千余骑兵部队，在鹯阴口（甘肃省靖远县。鹯，音zhān〔沾〕）迎战。张既扬言政府军将从鹯阴口渡河，暗中却由且次（甘肃省武威市东南）直出武威，卢水胡部落变民认为神明下降，退回显美（甘肃省永昌县东）；张既遂据守武威。费曜这时才从后赶到，而夏侯儒还在中途。张既慰劳赏赐将士，打算再行进击，将领们都说："士卒已经疲惫，而强盗的锐气正盛，难以取胜。"张既说："我们部队已没有存粮，应当夺取敌人的存粮，敌人如果发现我们在布置包围圈，会立即退到深山。我们如果追击，道路艰难危险，粮秣难以为继；如果班师，他们就出来抢劫。这样的话，军事行动就不能停止。正是所谓：一天放松敌人，百世都有灾祸。"遂进逼显美（甘肃省永昌县东）。

十一月，卢水胡变民部队数千骑兵，利用风势，打算纵火焚烧政府军大营，将士恐慌。张既在深夜埋伏三千人，命军事参议官（参军）成公英，率数千骑兵挑战，诈败，向后狂奔逃命，卢水胡变民部队争先追击。而伏兵在他们背后突起，截断后路，首尾夹击，大破卢水胡变民部队，斩杀及俘虏数万人；河西走廊全部平定。

后来，西平郡（青海省西宁市）人曲光叛变，击斩郡长。将领们打算进击，张既说："只不过曲光等一小撮人叛变，其他人未必跟他同心。如果大军压境，官员和平民，以及羌人、胡人，一定认为政府不能分辨是非，因而使他们更互相依靠，这是在老虎身上再插翅膀。曲光打算利用羌人、胡人，我们应使羌人、胡人先对他攻击；提高赏额，把他们的战利品，全部赏赐给羌胡，在外阻挠曲光的扩张，在内离间他们的感情，不必经过战事，用政治手段就可解决。"于是用正式公文通告诸羌部落：被曲光所牵连的，一律赦免，能斩杀变民首领的，更加赏赐封爵。于是，曲光的部属斩曲光，交出曲光人头，所有人民都平安如故（史书只记载某人叛变，却很少说明某人为什么叛变，使人无法判断类似曲光这一类变民首领，是冥顽不灵的恶棍？或是抗暴起义的英雄？在资料缺乏下，我们推断准是又一次的官逼民反）。

22 曹魏帝国（首都洛阳）钦差大臣邢贞，抵达吴国（首府武昌）。吴国官员认为孙权的官衔应是“上将军”“九州总督”（九州伯——天下只有九州，九州全管，便是天子职位），不应该接受曹魏帝国的封爵。孙权说：“九州总督这个名称，没有听说古代有过。各位不必认为我接受别人封爵是一种羞耻，从前刘邦也曾接受项羽封号当汉王（参考前二〇六年二月）。做人行事，要有勇气面对现实。一个虚名，对我有什么损失？”决定接受。遂前往驿马车总站（都亭），等候邢贞。邢贞乘车直入大门，没有下车，张昭对邢贞说：“既讲礼仪，则不能没有敬意；既讲法令，则不能没有实践。阁下妄自尊大，岂不是认为江南（长江以南）人少力弱，没有一把匕首？”邢贞遂即下车。皇家警卫指挥官（中郎将）琅邪郡（山东省临沂市）人徐盛，怒不可遏，对他的左右同列说：“我们不能奋斗牺牲，为国家夺取许县、洛阳，吞并巴蜀（蜀汉帝国），竟使领袖跟邢贞这样的人盟誓，岂不羞辱？”忍不住痛哭流涕。邢贞听到，对他的随从人员说：“江东（江苏省南部太湖流域）文武官员这种情形，不可能久居别人之下！”

吴王孙权派高级国务官（中大夫）南阳郡（河南省南阳市）人赵咨，前往京师（首都洛阳）答谢。曹魏帝曹丕问说：“吴王（孙权）是一个什么样的领袖？”赵咨回答：“聪明、仁慈、智慧，又有谋略。”曹丕教他举出例证，赵咨说：“在平凡人中擢升鲁肃、吕蒙，是聪明；得到于禁而不诛杀，是仁慈；收复荆州（湖北省及湖南省）而不流血，是智慧；据守三州（荆州、扬州、交州），虎视天下，却屈身陛下，是谋略。”曹丕说：“吴王（孙权）是不是喜爱读书？”赵咨说：“吴王（孙权）拥

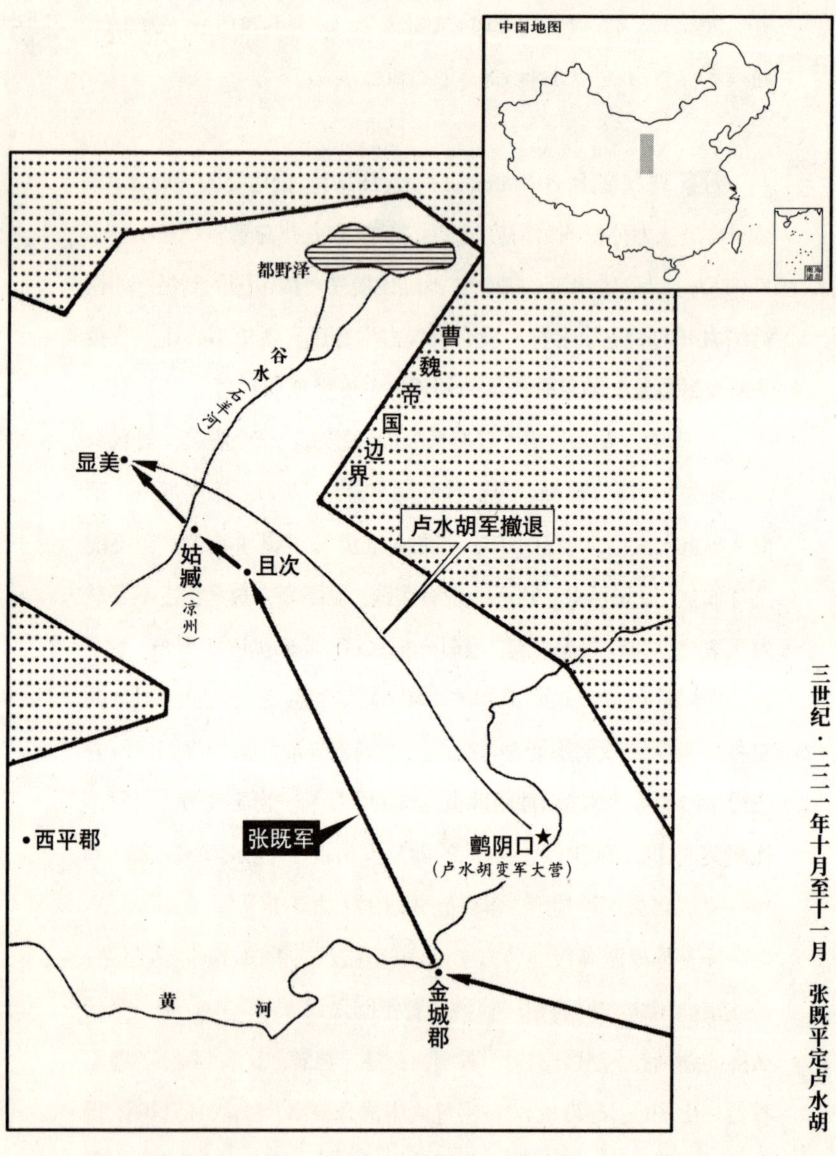

三世纪·二二一年十月至十一月　张既平定卢水胡

有战舰万艘，武装部队百万，任用贤能，志在经略四方。稍有闲暇，就博览群书。从历史典籍中，吸收深意，不像一些平凡的知识分子，去钻研章句。”曹丕说：“吴国是不是可以征服？”赵咨说：“大国有讨伐大军，小国有抵抗准备。”曹丕说：“吴国有没有能力攻击我们？”赵咨说：“百万雄壮的武装部队，又有长江、汉水作为屏障，如果发动攻击，并不困难。”曹丕说：“吴国像你这样的官员，有几个人？”赵咨说：“特别通达睿智的，有八九十人；像我这样，车载斗量，数都数不清。”

曹丕派人向吴国要求进贡“雀头香”“大贝”“明珠”“象牙”“犀角”“玳瑁”“孔雀”“翡翠”“斗鸭”“长鸣鸡”；吴国文武官员大不满意，说：“荆州（湖北省及湖南省）、扬州（安徽省中部及江南地区）进贡物品，有一定常规。现在所要求的东西，不合礼制，不应该给他。”孙权说：“我们西北正在跟刘备对峙，吴国人民，全靠曹魏帝国，才能获得安息休养。而且，他们要求的，在我看来，不过一堆瓦片、一堆石头，有什么可珍惜的？曹丕在父丧期间，所追寻的不过如此，怎么跟他谈论道理！”照单呈献。

23 吴王（首府武昌）孙权，封他的儿子孙登当太子，谨慎的给他选择师傅朋友：命南郡（湖北省江陵县）郡长诸葛瑾的儿子诸葛恪、绥远将军张昭的儿子张休、司法部长（大理）吴郡（江苏省苏州市）人顾雍的儿子顾谭、偏将军庐江郡（安徽省潜山市）人陈武的儿子陈表，一同担任太子助理官（中庶子）。进太子宫则讲解儒家学派的经典，出太子宫则维护左右；一同骑马射箭，称为“四友”。孙登接待他的臣属，大体上都用平民的礼节。

24 十二月，曹魏帝曹丕，出发巡视东方。

25 曹丕打算封吴王（首府武昌）孙权的儿子孙登万户人家的侯爵；孙权认为儿子年纪太幼，上书辞让。于是，派遣王府行政管理官（西曹掾）吴兴（福建省浦城县）人沈珩，前往京师（首都洛阳）叩谢，并进贡地方特产。曹丕问说："吴国是不是恐怕我们南下？"沈珩说："不怕。"曹丕说："为什么？"沈珩说："我们信任盟誓上的话：'永归于好！'所以不怕。如果大国不遵守盟誓，我们自有因应。"曹丕又问："听说太子孙登将要入朝，是不是有这回事？"沈珩说："我在吴国时，政府会议，我没有参与；官员饮宴，我没有座位；所以这样的消息，我不曾听说。"曹丕嘉许他的回答。

吴王孙权在武昌（湖北省鄂州市），登上钓台，邀宴文武官员，大家醉成一团，孙权命人用冷水把他们泼醒，说："今天要喝个够，喝得人事不省，才算罢休。"张昭板起面孔，一语不发，走了出去，坐上车子。孙权派人把张昭找回来，说："为的是大家同乐，你怎么发起脾气？"张昭回答说："从前，子受辛（商王朝末任帝纣帝）曾经有七华里大的酒池，整夜痛饮，当时也认为同乐，不认为是坏事。"孙权沉默，感到羞惭，下令结束。

又有一次，孙权跟文武官员欢宴，自己起身亲自敬酒，虞翻趴到地上，假装醉倒。等孙权过去，却立刻起身就座。孙权七窍生烟，手执佩剑，当场就要击杀虞翻，在座的无不惶恐。只农林部长（大司农）刘基，起身抱住孙权，劝阻说："大王（孙权）三杯老酒下肚，就手杀正直人士，即令虞翻有罪，天下谁又知道？大王因为能够容纳贤才，集结部众，所以四海之内，望风仰慕，而今一旦废弃美德，可以不可以？”孙权说：“曹操还杀孔融（参考二〇八年八月），我杀虞翻，不过小事。”刘基说：“曹操轻率的谋害高级知识分子，天下人一致抨击。大王仁义，可以跟伊祁放勋（尧）、姚重华（舜）媲美，为什么去比曹操？”虞翻因此得免一死。之后，孙权下令左右：“从今开始，我酒醉后要杀人时，都不可以杀。”刘基，是刘繇的儿子（刘繇，参考一九四年十二月）。

26 最初，曹操征服蹋顿（参考二〇七年），乌桓部落（河北省北部）遂逐渐衰微，鲜卑民族（内蒙古东部中部及以北地区）转盛，酋长步度根、轲比能、素利、弥加、厥机等，透过阎柔，向朝廷进贡，请求准予在边界贸易；曹操为了宠络他们，向东汉政府推荐，一律封他们王爵。

轲比能本是一个弱小部落的酋长，因为勇敢、廉洁、公平，受到大家尊敬归附，进而控制其他部落，在鲜卑诸部落中，最为强大，从云中郡（内蒙古托克托县）、五原郡（内蒙古包头市）起，向东直到辽河（流经辽宁省境），都属鲜卑管辖。轲比能跟素利、弥加，各有势力范围，互不侵犯。而轲比能部落接近中国（曹魏）边塞，中原的亡命之徒，多向他投奔。素利在辽西郡（河北省卢龙县东）、右北平郡（河北省唐山市丰润区）、渔阳郡（北京市密云区）塞外，路途遥远，所以对边境从没有造成灾害。

曹魏帝曹丕，擢升平虏指挥官（平虏校尉）牵招，当鲜卑保安司令（护鲜卑校尉。司令部设昌平〔北京市昌平区南〕）；南阳郡（河南省南阳市）郡长田豫，当乌桓保安司令（护乌桓校尉。司令部设蓟县〔北京市〕），镇守安抚。

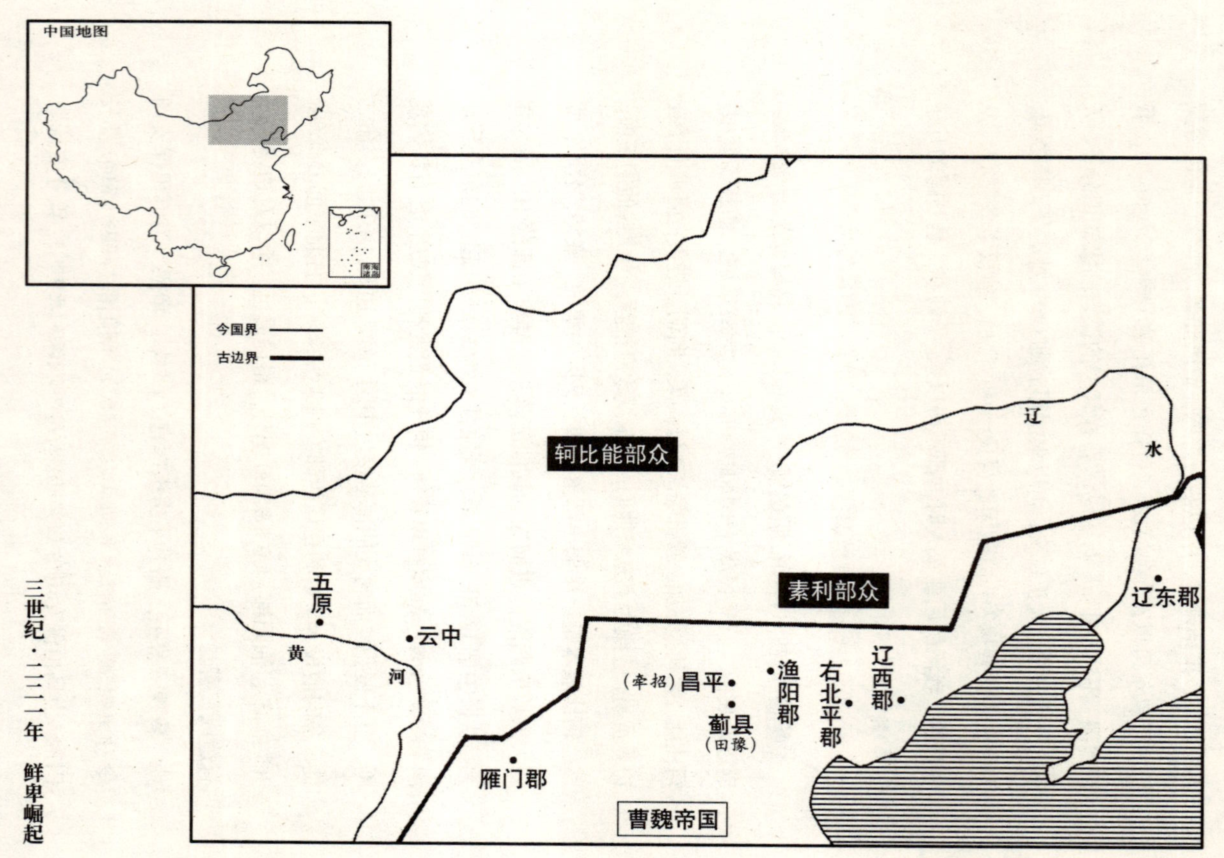

三世纪·二二一年　鲜卑崛起

曹魏	黄初	三年
蜀汉	章武	二年
东吴	黄武	元年

1 春季，正月一日，日蚀。

2 正月五日，曹魏帝国（首都洛阳〔河南省洛阳市东白马寺东〕）皇帝（一任文帝）曹丕（本年三十六岁）前往许昌（河南省许昌市东。本名许县，曹丕迁都洛阳后，改名许昌）。

3 曹丕下诏："现在的奏事官（上计吏）、孝廉，都是古代所重视的贤才，如果限定他们的年龄，则姜子牙、姬晋，就无法在前世留下名声（姜子牙〔吕尚〕，渭水一个渔夫，八十余岁时，姬昌〔周王朝一任王姬发的老爹〕尊为师傅。姬晋，周王朝的太子，喜爱吹笙，能发出凤凰鸣叫般的声音，遨游伊水、洛水之间，自幼便有好的信誉，后来，登缑氏山，乘一只黄鹤，升天成仙而去。姜子牙年老，姬晋年少）。今后各郡、各封国推荐贤才时，不要受年龄拘束。知识分子只要通晓经典治事的法则，公务官员只要通晓法令规章，到了京师（首都洛阳）后，即行考试任用。如果有人诈欺虚伪，有关单位应马上纠举。”

4 二月，鄯善王国（新疆若羌县）、龟兹王国（新疆库车市）、于阗王国（新疆和田市），各派使臣到曹魏帝国进贡。从此，中原跟西域（新疆及中亚东部）交通恢复。曹魏帝国政府，在西域再设戊己指挥官（戊己校尉。指挥部设高昌〔新疆吐鲁番市东南四十公里〕）。

5 蜀汉帝国（首都成都〔四川省成都市〕）皇帝（一任昭烈帝）刘备（本年六十二岁）从秭归（湖北省秭归县）出发，准备对吴王（首府武昌〔湖北省鄂州市〕）孙权攻击，人事官（治中从事）黄权劝阻说：“吴国人强悍，我们的船舰顺流而下，前进容易，后退困难。我愿担任先锋，面对敌寇，请陛下坐镇后军。”刘备不许；任命黄权当镇北将军，负责统御长江以北各军。刘备亲率各将领，沿着长江南岸，翻山越岭，抵达夷道县（湖北省宜都市）的猇亭（湖北省宜昌市猇亭区，北临长江）。

吴国各将领纷纷请求迎战，总司令官（大都督）陆逊说：“刘备率军东下，斗志高昂，锐不可当。而且扎营高处，据守险要，难以攻击。即令攻克，战事仍不能结束；如果失败，就伤害到我们主力，不是一件小事。目前只有激励将士，多方思考对策，观察变化。如果这一带是一片平原，我们可能遇到突击追逐的困扰；而今，敌人沿山扎营，不但无法发挥威力，反而困在树木乱石之间，筋疲力尽；我们应耐心的等待机会到来。”各将领不了解其中含意，认为陆逊心里畏惧，都感到愤怒。

蜀汉帝国派高级咨询官（侍中）襄阳（湖北省襄阳市）人马良，从佷山（湖北省长阳县西南。佷，音hěn〔很〕），前往武陵郡（湖南省常德市）；携带大量金银绸缎，用以赏赐五谿各蛮夷部落（“谿”“溪”相通。五谿：武陵郡有五谿：雄溪、樠溪、沅溪、酉溪、辰溪。地区包括湖南省西部、贵州省东部），封授他们官爵。

6 三月一日，曹魏帝国（首都洛阳）封皇子齐公曹叡当平原王；皇弟鄢陵公曹彰等，全晋封王爵。

三月十日，再封皇子曹霖当河东王。

7 三月三十日，曹丕前往襄邑（河南省睢县）。

8 夏季，四月十四日，曹魏帝国（首都洛阳）擢升鄄城侯曹植当鄄城王。

这时，曹魏帝国所有亲王，只拥有一个王爵的虚名，寄住在采邑之上，没有实质力量。各封国不过配备一百余人老弱残兵，充当警卫。隔绝在京师（首都洛阳）千里之外，不准到京师朝见，曹丕并在各封国设立保安官（防辅）、监国礼宾官（监国谒者），负责监视。亲王虽有王爵的尊号，却和一个平民差不多，甚至想当一个平民而不可得。法令对亲王的拘束十分严厉。有关各亲王罪行的报告，不断涌到皇帝曹丕案头。只北海王曹衮，谨慎好学，没有过失。王府教育官（文学）、保安官（防辅）互相磋商说：“我们奉命监视大王行动，有过失时当然奏报，有善行时也应该让上面了解。”遂联名上书，赞美曹衮。曹衮听到消息，大为惊恐，责备教育官（文学）说：“洁身自好，是普通人的本分；各位却奏报皇上，恰恰增加我的负担。而且，如果有真正的善，还怕不反映上去？而突然间联名上书，对我可没有益处（东汉王朝北海王刘睦，也曾有此恐惧。参考七四年）。”

9 四月二十九日，曹丕返许昌（河南省许昌市东）。

10 五月，曹魏帝国（首都洛阳）政府，把长江以南八个郡称荆州（湖北省南部及湖南省）；把荆州原辖的长江以北各郡，另设郢州（湖北省北部。作为把新荆州封给孙权的准备）。

11 蜀汉（首都成都）大军自巫峡（三峡之一，长八十公里，在重庆市巫山县境）建平郡（重庆市巫山县）直到夷陵（湖北省宜昌市），军营相连（建平至夷陵，航空距离一百四十公里）。建立数十个指挥部（屯），任命冯习当总司令官（大都督），张南当前锋司令官（前部督）。自正月到六月，跟吴军相对，僵持不决。

刘备命吴班率数千人进入平地筑营，吴军将领打算攻击，陆逊说：“此中定有诡计，且稍等待。”刘备发现吴军没有反应，只好下令山谷中的八千伏兵撤出。陆逊说：“所以没有听从各位建议攻击吴班，正是判断敌人一定有什么阴谋。”于是，上书孙权，说：“夷陵（湖北省宜昌市）是重要险隘，国家门户（长江三峡，水流湍急，出西陵峡口，山势始平，而夷陵〔湖北省宜昌市〕正当西陵峡口）。虽然很容易夺取，但是也很容易失守。一旦失守，不仅损失一个郡而已，整个荆州，都陷于可忧的危境。今天之战，一定要取得决定性胜利。刘备违背天意，不留在他自己的巢穴，却自行前来送死，我虽然没有才干，但承奉您的威望和感召，用顺讨逆，击败他就在眼前，没有什么值得担心。我最初怕他们水陆同时并进，想不到他们反而舍弃船舰，仅用陆军，而又处处扎营。观察他们的布置，看不出有什么特别谋略。但愿至尊（孙权）高卧，不要挂念。"

闰六月，陆逊准备对蜀汉兵团发动攻击，将领们同声说："要攻击就应在一开始时攻击，而今使敌人深入国境五六百里，僵持七八个月，凡是要害之处，他们都已加强守备，这时再行攻击，不会得到利益。"陆逊说："刘备是一个狡猾的家伙，历尽沧桑。当他刚刚抵达之时，精神集中，不可以侵犯。现在，驻扎已久，没有办法占到我们的便宜，兵卒疲惫，士气沮丧，阴谋诡计，已经枯竭。抓住它的角，拉住它的脚，正在今日。"先行试攻一个营垒，战况不利。将领们又说："这不过是白白牺牲。"陆逊说："我已有了破敌之计。"

陆逊命士卒每人拿一束茅草，采取火攻，遂夺取营垒。乘火势蔓延，陆逊下令全面出击，斩蜀汉总司令官冯习、前锋司令官张南及胡人部落酋长（胡王）沙摩柯，砍下人头；连破四十余营。蜀汉将领杜路、刘宁，走投无路，投降。刘备登上马鞍山（湖北省宜昌市西北），集结部队，四面环绕，陆逊命各军四面攻击，蜀汉兵团不能抵挡，遂土崩瓦解，死数万人。刘备乘夜逃走，驿马车站管理员，亲自把铠甲堆到隘口焚烧，阻断追兵（刘备进入夷陵〔湖北省宜昌市〕郡界后，沿途设立驿马车站，直通白帝〔重庆市奉节县东〕。兵败军溃，幸赖驿马车站管理员，搬运败兵丢弃的铠甲，在隘口焚烧，使吴军无法前进。烧铠断道的地方，名石门，位于湖北省秭归县西）。刘备仅得保住性命，逃入白帝（重庆市奉节县东），船舰、武器、装备、水陆军用物资，霎时丧失将尽，尸首浮满长江，顺流而下。刘备恚恨惭愧，愤慨说：“我竟被陆逊挫败羞辱，岂非天意！”将军义阳（河南省桐柏县东）人傅彤负责殿后，部属官兵全都战死，而傅彤斗志更烈，吴军劝他投降，傅彤诟骂说：“吴狗！大汉将军，岂肯投降！”战死。总事务官（从事祭酒）程畿率舰队向西逆江撤退，部众说：“追兵就要赶到，应该转乘快艇！”程畿说：“我自从军以来，不习惯敌前逃命。”也战死。

最初，吴国安东警卫指挥官（安东中郎将）孙桓，在夷道（湖北省宜都市）攻击蜀汉兵团的前锋部队，陷入包围，向陆逊求救。陆逊说：“现在还不可以。”将领们说：“孙桓，是领袖的家族（孙桓是京城将军孙河的儿子，孙权的族侄），正处于危境，怎么能不发兵？”陆逊说：“孙桓深得军心，而城垣牢固，粮食充足，不必忧虑。等我的计划实施，用不着救他，包围自会解除。”等到取得决定性胜利，蜀汉兵团果然溃散奔回。孙桓后来见到陆逊，说：“当时，实在恨你不肯救援，事情过去后，才知道你的调度自有精密设计。”

最初，陆逊当总司令官（大都督），所属将领，有些是当年孙策的旧部，有些是孙家尊贵的亲属，各有强硬的后台，作为仗恃，不情愿听从命令。陆逊手按剑柄，说：“刘备名满天下，连曹操都对他心存忌惮，而今疆场相见，是一个强大的敌人。各位都受到领袖的恩宠，应该一团祥和，共同消灭这个强敌，上报大恩。而大家却不服从指挥，为什么如此？我虽然是一介书生，但是受命于主上，主上所以委屈各位，使各位接受统御，只是认为我有可以称道的地方，能够忍辱负重。各人有各人的责任，岂允许推辞？军法俱在，各位不要存心违犯。”等到击败刘备，谋略多出于陆逊，将领们才心服口服。孙权听到这件事，问陆逊说：“你当初为什么不向我纠举谁不肯接受命令？”陆逊说：“我身受重恩，而各将领有的是大王跟前的亲信，有的是大王过去的卫士，有的是有过贡献的功臣，都是大王应该跟他们共同成就大业的人。我内心一直倾慕蔺相如、寇恂谦卑的行为，这样才可以成就大事（蔺相如事参考前二七九年，寇恂事参考二六年）。”孙权大笑赞许，擢升陆逊当辅国将军，兼荆州全权州长，改封江陵侯。

最初，蜀汉帝国丞相诸葛亮（本年四十二岁），跟政务署长（尚书令）法正，性格喜好，都不相同，但都互相推崇对方的公义；诸葛亮对法正的睿智和谋略，十分敬佩。等到刘备进攻吴国失败，而法正早已逝世。诸葛亮叹息说：“法正如果仍在，一定有办法阻止领袖东征。即令东征，也不会受到挫折。”（胡三省注：从诸葛亮这段话，可以看出，诸葛亮也不认为刘备东征是对的；然而，却没有出面劝阻，因为刘备正在盛怒，无法劝阻。而大军顺流而下，并不是没有战胜的可能。然而，军情变化莫测，在于随机应变，所以说法正如在，当能控制局势。）刘备逃到白帝（重庆市奉节县东），吴国将领徐盛、潘璋、宋谦等，纷纷上书孙权，认为：“刘备一定可以擒获，我们应继续进击。”孙权询问陆逊的意见，陆逊跟朱然、骆统，上书说：“曹丕正在集结部队，表面上扬言帮助我们讨伐刘备，内心别有图谋，应尽快班师。”（曹操不追击关羽，陆逊不追击刘备，英雄所见略同。睿智人物针锋相对，三国所以鼎立！）

最初，曹魏帝曹丕，听说蜀汉大军，用树木栅栏，连营七百余华里，对文武官员说：“刘备不懂军事，岂有营寨延伸七百华里而能拒敌的？‘树林、原野、洼地，前无进路，后无退路，在这些地方筑营的，一定被敌人击败！’刘备犯了兵家大忌。孙权的捷报，不

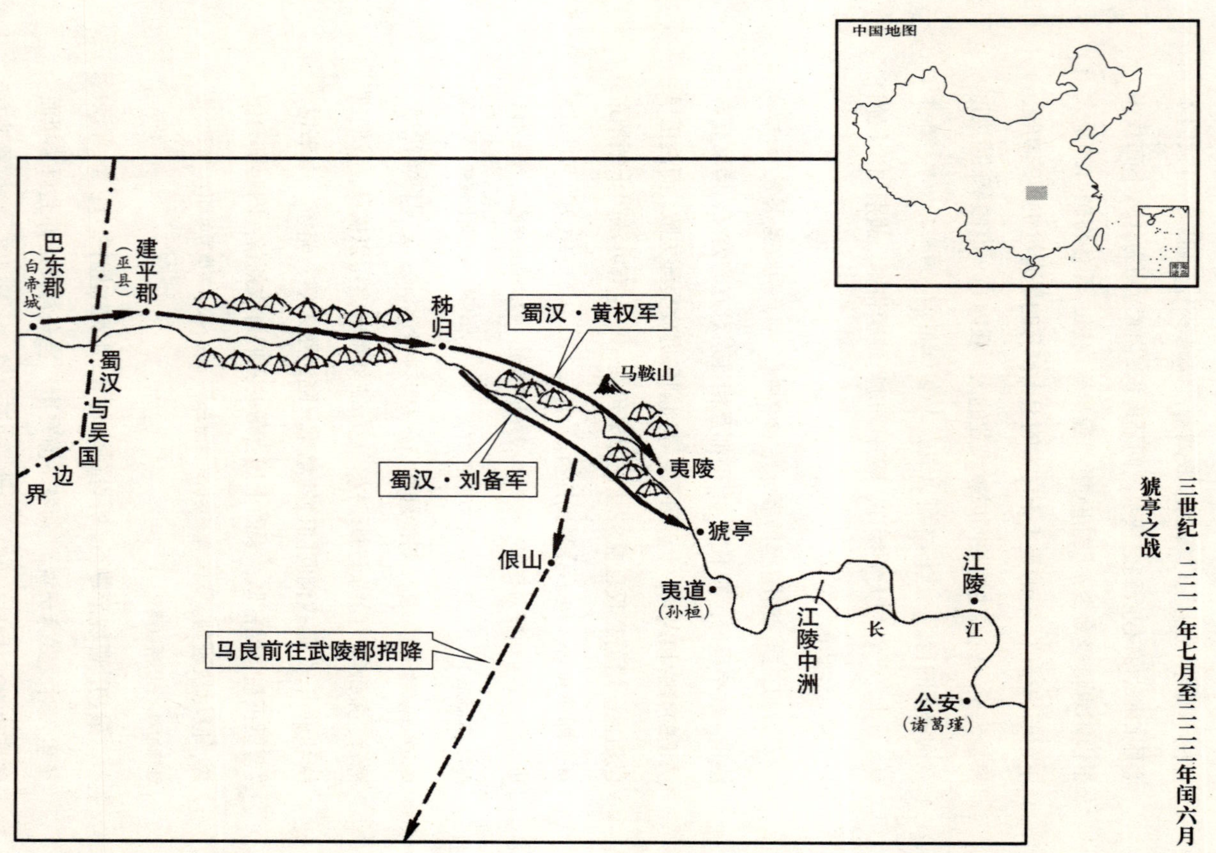

三世纪·二二一年七月至二二二年闰六月

猇亭之战

日可至。”七天后，击败蜀汉的捷报，果然到达。

12 秋季，七月，曹魏帝国（首都洛阳）所属的冀州（河北省中部南部）蝗虫灾害严重，饥馑。

13 蜀汉帝刘备既败，镇北将军黄权留在长江以北，道路断绝，不能返回。

八月，黄权率领他的部众，投降曹魏帝国（首都洛阳）。蜀汉帝国有关单位奏请逮捕黄权的妻子儿女，刘备说：“是我辜负黄权，不是黄权辜负我。”待他的家人跟从前一样。

曹魏帝曹丕问黄权说：“你抛弃叛逆，效忠政府，莫非是追随古人陈平、韩信之后（陈平事参考前二〇五年五月，韩信事参考前二〇六年七月）？”黄权回答说：“我受刘主（刘备）过度恩宠，既不可以投降吴国，而又无法回归，才把性命交给陛下。而且，败军之将，得免一死，已经万幸，怎么能谈到追随古人？”曹丕欣赏，任命黄权当镇南将军，封育阳侯（名号侯，没有采邑），加衔高级咨询官（侍中），使陪同乘车。蜀汉投降到曹魏的人，传言蜀汉政府已诛杀黄权的妻子儿女，曹丕下令发丧。黄权说：“我跟刘主（刘备）、诸葛亮，推心置腹，深知我的志向，我认为这是谣言，并不确实，请求延期举行，等待进一步消息。”后来果然证实黄权的判断。马良则死在五豁地区（湖南省西部及贵州省东部）。

14 九月三日，曹魏政府（首都洛阳）下诏：“妇女干预政治，是混乱的根源。从今以后，文武百官不准直接向皇太后奏事，皇后家族不准担任辅政大臣，不准随意加封爵位，授予采邑。把这诏书传给后世！如果有违背的，天下人共同诛杀。”卞太后每次接见家族亲戚，都不改变她平常的态度，常说：“居家过日子，应当节俭，不应当盼望赏赐，有此一念，就会放荡。娘家人可能会抱怨我待他们太薄，但我自有原则。我事奉武帝（曹操）四五十年，过惯节俭日子，不能一下子变得奢侈豪华。娘家人有违犯禁令的，还要罪加一等，不会有金钱粮食的帮助和特别的赦免。”

15 曹魏帝曹丕，将擢升贵嫔（小老婆群第一级）郭女王当皇后，皇家警卫官（中郎）栈潜（栈，姓）上书说：“皇后妃妾的品德，影响到国家的盛衰治乱。所以圣哲的君王，对选立皇后，至为慎重，一定在历代尊贵的家庭中，物色窈窕淑女，才可以统御六宫（“六宫”的实质意义不明。《礼记》：“天子皇后有六个宫。”《婚义》：“天子有皇后，立六宫，三夫人，九嫔，二十七世妇，八十一御妻。”郑玄注释说：“六宫就是指皇后，妇女把‘寝室’称‘宫’；宫的意义就是隐蔽，所以‘宫’就是‘寝殿’，皇后‘正殿’〔正寝〕一，‘偏殿’〔燕寝〕五。”一个皇后而有那么多睡觉的房子，不可思议，郑玄恐怕自己也不了解。臣僚小民不敢直接称皇后，遂用“正宫”“中宫”代替皇后；不敢直接指称皇宫，遂用“六宫”代替皇宫），虔诚的奉祀皇家祭庙。《易经》说：‘家庭正常，国家安定。’（《易·家人》：“夫夫妇妇而家道正，家道正而天下定矣。”）由家庭延伸到国家，这是历代圣君的传统。《春秋》记载姬衅夏的话：‘没有擢升小老婆当正妻的礼仪。’（《左传》前四七一年：春秋时代鲁国二十八任国君〔哀公〕姬蒋，打算把一位宠爱的小老婆〔公子姬荆的娘亲〕擢升当正妻〔夫人〕，命主管官员姬衅夏找出礼仪程序，姬衅夏回答说：“没有。”姬蒋大怒说：“你是负责礼仪的人，而立夫人，又是国家的大典，怎么能说没有？”姬衅夏说：“周公〔鲁国一任国君姬伯禽的老爹姬旦〕、武公〔九任国君姬敖〕，娶薛国女儿；孝公〔十二任国君姬称〕、惠公〔十三任国君姬弗湟〕，娶宋国的女儿。自桓公〔十五任国君姬允〕以下，都娶齐国的女儿。这种礼仪程序倒有，如果擢升小老婆当正妻，可是从来没有。”姬蒋不理。）姜小白（齐国十六任国君桓公）在葵丘（河南省民权县东北），跟各封国国君盟誓：‘不要擢升小老婆当正妻。’（参考前六五一年）而今宫中受到宠爱的妇女，声势往往次于君王。如果仅因宠爱就使她们登上皇后宝座，那就是使卑贱的人突然富贵，我恐怕到了后世，下面的人将要欺压上面的人，甚至排除上面的人。扰乱法令制度的行为，将使变乱从上面开始。”曹丕不听。

九月九日，擢升郭女王当皇后。

16 最初，吴王（首府武昌）孙权派于禁的军事总监（护军）浩周（浩，姓）、作战军政官（军司马）东里衮（东里，复姓），晋见曹魏帝曹丕，代他表达真心诚意，言辞极为谦卑恭敬。曹丕问浩周等：“孙权是不是可以信赖？”浩周认为孙权一定臣服，东里衮则认为孙权一定不会臣服。曹丕对浩周的话，大感喜悦，认为是真知灼见，所以封孙权“吴王”，再派浩周到吴国。浩周对孙权说：“陛下（曹丕）不相信大王会派儿子入京（首都洛阳）担任侍卫（人质），我用全家百口人命担保。”孙权感动，涕泪交集，沾湿衣襟，而且指天发誓。可是，浩周返回首都洛阳后，孙权的儿子却没有来，只一味花言巧语，左推右拖。曹丕打算派高级咨询官（侍中）辛毗、政务执行官（尚书）桓阶，前往吴国跟孙权盟誓，催促人质上道。孙权推辞，不肯接受。曹丕这才发现他上了孙权的圈套，大为愤怒，打算讨伐。刘晔说：“孙权刚刚获得胜利，上下一心，而且有江河湖川相阻，不可能仓猝之间，把他制伏。”曹丕不信。

九月，曹丕命征东大将军曹休（时驻寿春〔安徽省寿县〕）、前将军张辽、镇东将军臧霸，率军出洞口（安徽省和县南长江渡口）；最高统帅（大将军）曹仁（时驻合肥〔安徽省合肥市〕），率军出濡须（安徽省含山县西南）；上军大将军曹真、征南大将军夏侯尚（时驻宛城）、左将军张郃、右将军徐晃，包围南郡（湖北省江陵县）。吴国建威将军吕范，率五个兵团，及江防舰队，抵抗曹休；左将军诸葛瑾（时驻公安〔湖北省公安县〕）、平北将军潘璋、将军杨粲，增援南郡；裨将军朱桓，据守濡须，阻挡曹仁。

17 冬季，十月三日，曹魏帝曹丕，指定首阳山（河南省洛阳市偃师区西北）东麓，作为他死后坟墓所在，开始准备后事，一切从简，不埋藏金银玉石，一律用瓦器陶器。下令把这项诏书，保管在皇家祭庙，副本存政务署（尚书）、皇家图书馆（秘书）、三府（宰相府〔司徒府〕、最高监察署〔司空府〕、全国武装部队总司令部〔太尉府〕）。

18 吴王（首府武昌）孙权因为扬越（江西省及浙江省）一带蛮夷，还没有完全征服，有心腹之忧，乃谦卑的上书曹丕，请求准许他改过自新，说："如果我的罪行不蒙赦免，一定不容许我存在，我当呈献国土人民，投奔交州（广东、广西及越南北部），直到老死。"又写信给浩周说："打算代儿子孙登，向皇家求婚。"又说："只因孙登年纪还小，打算派孙劭、张昭，护送孙登同时入京（首都洛阳）。"曹丕报书说："我跟阁下，大义已定，岂愿劳师动众，远临长江、汉水？孙登早晨上道，我晚上便召回大军。"

孙权拒绝，谈判决裂。孙权（本年四十一岁）遂改年号黄武，沿长江布防（改年号就是不奉正朔，不再使用曹魏帝国的年号。在年号制度之下，这就是独立宣言，吴王国出现。但因中国历史上有三个国家名"吴"，史学家只好在国名上为他们加上花草，称孙权的"吴"为"东吴"〔因在东方之故〕，以区别"吴"〔战国时代〕跟"南吴"

〔小分裂时代〕。历史发展到此，三国时代正式开始）。

曹丕自许昌（河南省许昌市东）御驾亲自南征，撤销郢州，恢复荆州（分割荆州，本用以封孙权；孙权既叛，已无必要）。

十一月十一日，曹丕抵达宛城（南阳郡郡政府所在城，河南省南阳市）。曹休在洞口（安徽省和县南长江渡口），上书说："我愿率领精锐，像老虎一样，跃步江南（长江以南）。使用敌人的粮秣军资，一定传出捷报。如果我不幸丧生，也请陛下不要挂念。"曹丕恐怕曹休迫不及待的南渡长江，用驿马车传递命令，禁止前进。高级咨询官（侍中）董昭正好在旁边，说："我看陛下忧容满面，莫非是担心曹休渡江？现在，渡江攻击之事，事实上谁都不愿冒此危险！即令曹休有这个雄心壮志，形势也不允许他独断独行，必须得到将领们的支持。像镇东将军臧霸等，一个个财既富有，官又尊贵，已没有更大的企图，唯一的希望是终其天年，保守官位俸禄而已。怎么肯甘心把自己投入危地，以求侥幸？假如臧霸等不能挺进，曹休豪气一定沮丧。我认为，即令陛下下令他们渡江，他们也会犹豫拖延，不见得便奉命唯谨。"不久，长江忽起暴风，东吴王国建威将军吕范船舰的锚链缆绳，一齐吹断，船舰被暴风吹到曹休营寨之外，曹休斩杀及俘虏近千人，东吴军溃散。曹丕得到报告，下令各军渡江；各军不能立即出动，而东吴援军船舰，已经抵达，集结残兵败将，退回江南（长江以南）。曹休命臧霸进击，不能获胜，将军尹卢战死。

19 十一月三十日，日蚀。

20 东吴王（首都武昌）孙权，派中级国务官（太中大夫）郑泉，前往蜀汉帝国（首都成都）访问；蜀汉帝国中级国务官（太中大夫）宗玮也到东吴报聘。东吴跟蜀汉恢复来往（这是低层次来往，使敌对气氛降低，但还不能恢复邦交）。

21 蜀汉帝刘备听到曹魏兵团大举南下消息，写信给陆逊，说："强盗（曹魏帝国）已进入长江、汉水，而我将再向东方攻击，将军认为后果会是什么？"陆逊回答说："怕的是你的大军刚刚残破，创伤没有恢复。如果双方亲善，你也只能自己休息自保，没有余力起兵。如果不做此决定，打算在惨败之后，遥远的送上大门，势将无处可以逃生。"

22 蜀汉帝国（首都成都）汉嘉郡（四川省雅安市名山区北）郡长黄元叛变。

23 东吴王国（首都武昌）建武将军孙盛，率一万余人，进驻江陵中洲（湖北省枝江市长江中小岛），作为南郡（湖北省江陵县）外围据点。

三世纪·二二二年十月 三国鼎立

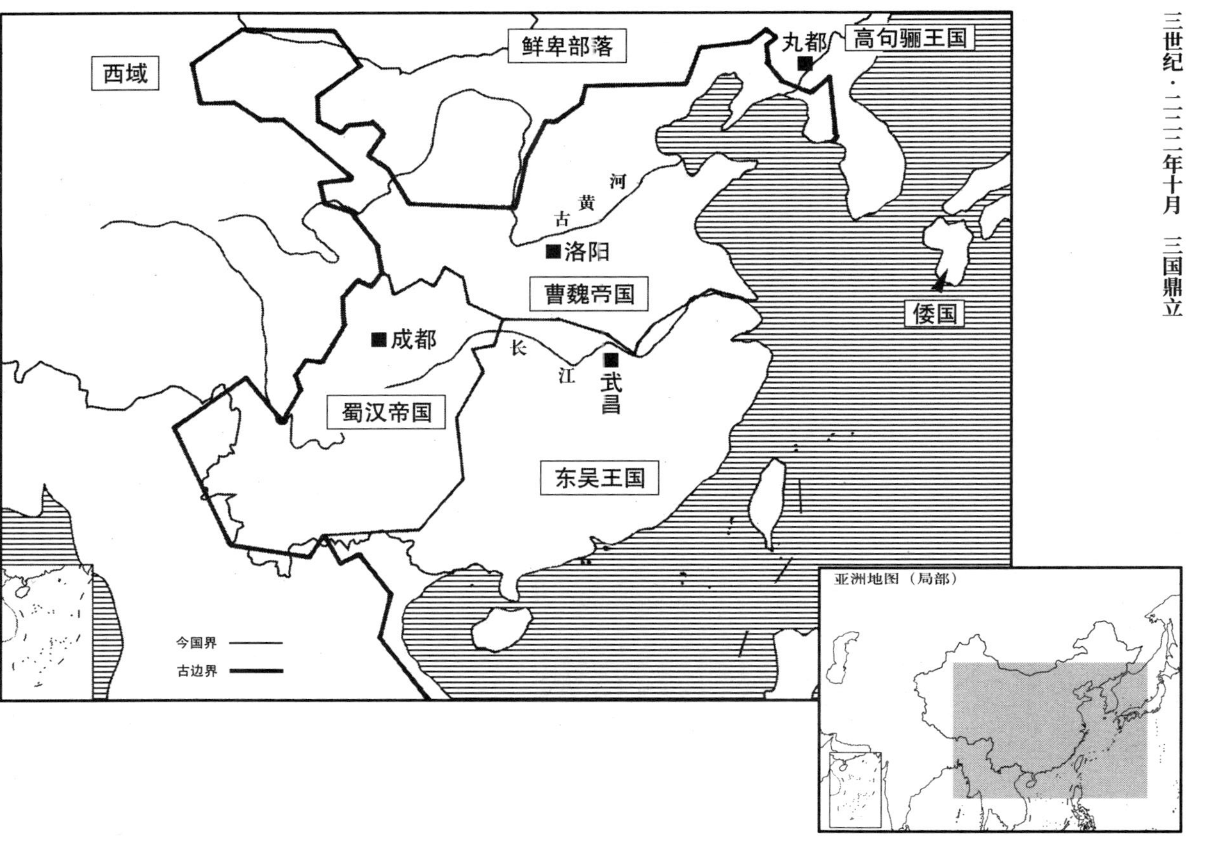

二二三年 癸卯

曹魏	黄初	四年
蜀汉	章武	三年
	建兴	元年
东吴	黄武	二年

1 春季，正月，曹魏帝国（首都洛阳〔河南省洛阳市东白马寺东〕）上军大将军曹真，命左将军张郃，攻击东吴王国（首都武昌〔湖北省鄂州市〕）驻屯江陵中洲（湖北省枝江市长江中小岛）军队，大破东吴军，遂占领江陵中洲。

2 二月，蜀汉帝国（首都成都〔四川省成都市〕）丞相诸葛亮（本年四十三岁）前往永安（重庆市奉节县东。即白帝城，去年〔二二二年〕闰六月，刘备撤退到此后，改名永安）。

3 曹魏帝国（首都洛阳）最高统帅（大将军）曹仁，率步骑兵混合兵团数万人，攻击濡须（安徽省含山县西南），声称打算先攻击东方的羡溪（濡须东三十公里）。东吴裨将军朱桓，分出一部分军队，增援羡溪防务；刚刚开拔，曹仁即直扑濡须。朱桓听到消息，急下令前往羡溪的援军折回，但已来不及，曹仁大军已经到达。当时，朱桓手下跟全部战斗部队才五千人，各将领心里恐惧，朱桓解释说："两军交锋，胜利或失败，在于将领是否卓越，不在于士卒人数多少。各位认为：曹仁行军作战，比我朱桓如何？《兵法》虽然指出：'客军加倍，主军减半。'但那是指平原战斗，没有城垣可以据守，或者双方战力相等。而今，曹仁既不是智勇之人，加上他的士卒胆怯恐惧，千里跋涉，人困马疲。我跟各位共同守卫这个高墙大城，南靠长江，北靠山陵，以逸待劳，用主动控制被动，正是百战百胜的局势。即令曹丕亲自前来，都不必忧虑，何况曹仁？"

朱桓命拔下城头旌旗，停止击鼓，显示空虚脆弱，用来引诱曹仁。曹仁派他的儿子曹泰，直接进攻濡须城；又派将军常雕、王双乘巡逻快艇（油船——就是牛皮筏，跟黄河上游的"羊皮筏"一样，不过在牛皮之外再加上一层油漆，作为保护），袭击中洲（濡须水中小岛）；而朱桓部众的妻子儿女，都在中洲。散骑侍从官（散骑常侍）蒋济说："敌人盘踞西岸，船舰都在上游。而我们深入中洲（小岛），可是自己跳进地狱，是危亡的办法。"曹仁不接纳这项意见，自己率一万人留守橐皋（安徽省巢湖市西北。橐，音tuó〔驼〕），作为曹泰后援。朱桓命其他将领阻截常雕，而亲自迎战曹泰，曹泰焚烧营垒，向后撤退。朱桓遂斩常雕，生擒王双，曹魏军在阵前淹死的有一千余人。

最初，吕蒙病重，东吴王孙权（本年四十二岁）问他：“你如果不能再起，谁可以代替你的职位？”吕蒙回答说：“朱然。他胆量过人而有操守，可以托付大任。”朱然，是九真郡（越南清化市）郡长朱治姐姐的儿子；本姓施，朱治收养为自己的儿子，那时当昭武将军。吕蒙逝世后，孙权命朱然“假节”，镇守江陵（湖北省江陵县）。等到曹魏上军大将军曹真等，围攻江陵，击败孙盛。孙权派诸葛瑾等率军赴援，被夏侯尚击退。江陵遂陷入重围，内外交通，完全切断。守军很多人患上肿病，能够作战的只剩下五千余人。曹真等在城外堆筑土山，挖掘地道，架起高台，向城里射击，箭如雨下。东吴将士面无人色，只有朱然一如平常，丝毫没有恐惧之意，而专心督促勉励士卒，抓住机会出击，攻破曹魏军两个据点。曹魏军围攻六个月，江陵县长姚泰率军守卫北门，看到围军强大，守军人少，而粮秣又快要吃尽，恐怕终会陷落，阴谋作为曹魏军的内应，被朱然发觉，斩姚泰。

这时，长江水浅，曹魏征南大将军夏侯尚打算用船舰把步骑兵运到中洲（长江中小岛）上驻扎，建立浮桥，使跟江北相连。大家认为：这样做一定可以攻克江陵（湖北省江陵县）。高级咨询官（侍中）董昭上书给曹魏帝（一任文帝）曹丕（本年三十七岁）说：“武皇帝（曹操）的智勇，超过一般人，但作战之时，心中常怀畏惧，从不敢低估敌人到这种地步。军事行动，前进容易，后退困难，本是正规法则。平原之上，没有险阻，进退都有危机。一定要深入险境的话，必须考虑到撤退时道路上的安全。战争，有时胜、有时败，不可能只一味打如意算盘。而今进入江中小岛之上，至深；靠浮桥维持敌前交通，至危；大兵团行动而只此一条道路，至窄。这三项都是兵家最大的禁忌，今天却全部出现。一旦敌人集中力量，向浮桥发动不断的攻击，万一桥断，小岛上的精锐部队，不会再属于帝国，势将落入东吴之手。我心中有无限忧虑，夜不能安眠，饥不能进餐，而参与议论的人却洋洋得意，不知道担心，使人困惑。再加上长江水位，一旦暴涨，请问：有什么方法防御？如果迅速撤退，固然不能击破敌人，但还可以留下完整的部队。怎么竟面对覆灭，毫无知觉？请陛下明察。”

曹丕立即下诏，命夏侯尚迅速撤出。此时，东吴船舰已从东西两面，向前航进，准备夹击；而曹魏军只能利用一线浮桥，向北离去，大家争先恐后，挤成一团，几乎阻塞，最后总算是全部渡完。而东吴平北将军潘璋，已做好草船，打算焚烧浮桥，正逢夏侯尚退军，才停止行动。十余日后，长江水位暴涨，曹丕对董昭说：“你判断这件事，怎么如此准确！”这时传染病流行，曹丕下令停止所有南征行动，各军班师。

三月八日，曹丕返洛阳。

最初，曹丕问全国武装部队总司令（太尉）贾诩说：“我打算讨伐抗命的叛逆分子，统一天下。东吴、蜀汉，哪一国居第一优先？”贾诩说：“采取攻势的，军事第一；建立根本的，崇尚品德教化。陛下顺应天人，接受禅让，安抚全国上下，如果专行推广文化教育，等待时机成熟，削平他们割据，并不困难。东吴、蜀汉，虽是巴掌大的小国，但背有群山作为依靠，前有千水作为保护。刘备有英雄之才，诸葛亮善于治国；孙权知道敌我的虚实和优点弱点，陆逊精于大兵团作战。蜀汉据守险要，东吴利用江湖，都不是仓猝之间，可以底定。军事行动的原则是，先有取胜的把握，然后再发动战争，酌量敌人的力量，确定因应的方法，才能万无一失。我内心预料，我们的将领中，没有一人是刘备、孙权的对手。即令陛下御驾亲征，天威相逼，也看不出必胜的迹象。从前，姚重华

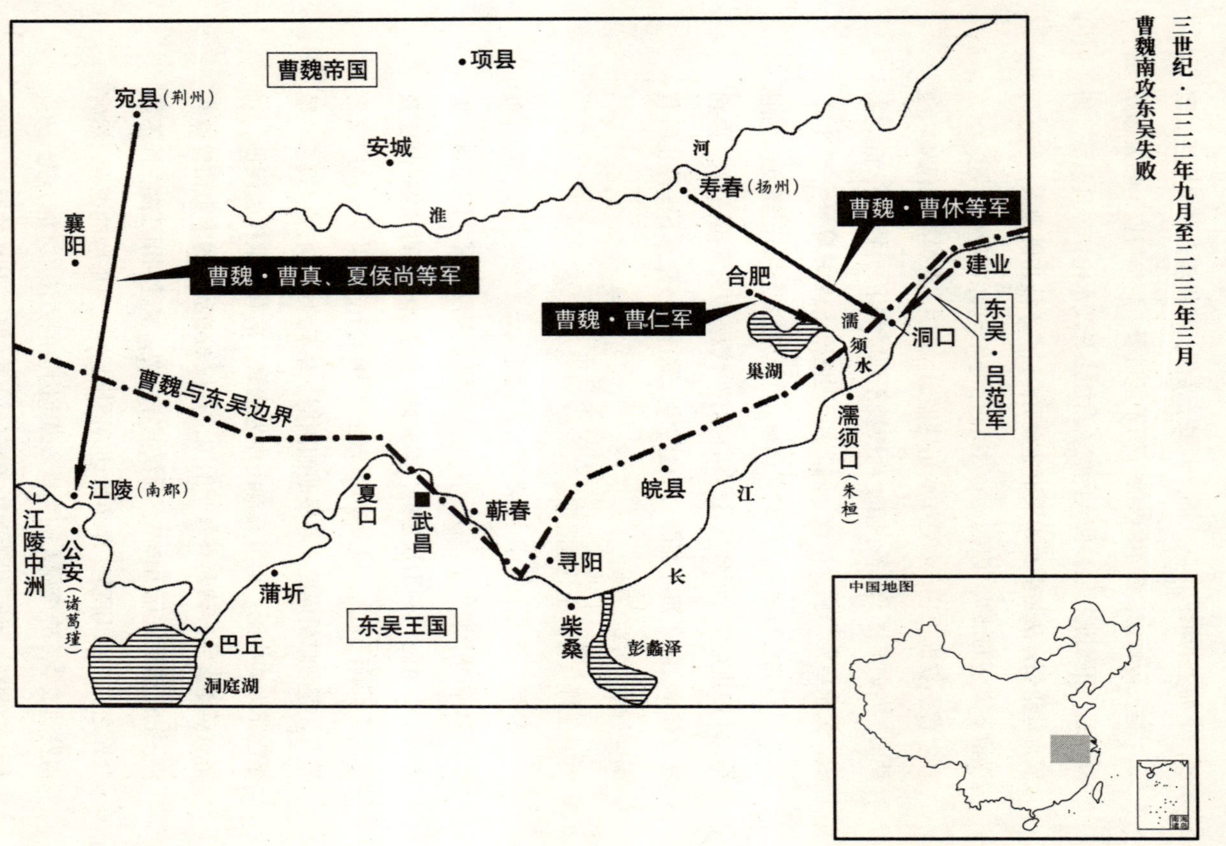

三世纪·二二二年九月至二二三年三月
曹魏南攻东吴失败

(舜)作'武装舞蹈'(干戚舞),而苗民族归降("干戚舞","干"是"盾牌","戚"是"大斧"。《周礼》:"舞有六种:帔舞、羽舞、皇舞、旄舞、干舞、人舞。"干舞就是兵器舞,也称武舞。古时舞蹈,有文武之分,文官执羽毛,武官执盾斧。《尚书·舜典》说:"姚重华推广文化道德,在台阶两旁,分别举行文武舞蹈;七十天后,苗民族顺服")。我的意思是,当今应该政治第一,军事第二。"曹丕不理,而大军竟无功而返。

4 三月十九日,曹魏帝国全国最高统帅(大将军)、陈侯(忠侯)曹仁逝世(年五十六岁)。

5 最初,蜀汉帝国(首都成都)汉嘉郡(四川省雅安市名山区北)郡长黄元,因不受丞相诸葛亮重视,听说蜀汉帝(一任昭烈帝)刘备患病,恐怕刘备一旦病故,诸葛亮可能对他不利。所以率领全郡叛变,纵火焚烧临邛城(四川省邛崃市)。这时,诸葛亮正到东方探望刘备,首都成都空虚,防卫单薄,黄元越发没有忌惮。益州人事官(治中从事)杨洪,报告太子刘禅,派将军陈忽、郑绰,讨伐黄元。大家认为:黄元如果不能进围成都,一定会由越嶲郡(四川省西昌市)南下,盘踞南中(云南省)。杨洪说:"黄元性情凶暴,没有恩德信誉,怎么会有这种力量;充其量不过顺青衣江而下,盼望皇上(刘备)平安,自己捆绑,把性命交给皇上;如果发现有什么变化,就投奔东吴逃命而已。只须命陈忽、郑绰,在南安峡口(四川省乐山市)阻截,就可以生擒。"

黄元兵败,果顺青衣江东下。陈忽、郑绰把他捉住,斩首。

6 刘备病危,命丞相诸葛亮,辅佐太子刘禅;命政务署长(尚书令)李严,当诸葛亮的助手。刘备对诸葛亮说:"你的能力,超过曹丕十倍，一定可以安邦定国，完成复兴大业。如果刘禅可以辅佐，就请辅佐；如果他没有这种才干的话，你可以代替他接收政府。”诸葛亮哭泣说：“我怎敢不竭尽全力，效忠国家，贞节不二，一直到死！”

刘备又下诏给太子刘禅，说：“人，五十岁死亡，就不算夭折；我年已六十有余，还有什么遗憾？只是对你们兄弟，深为怀念。努力，努力！不要因为小恶就去做，也不要因为小善而不去做。只有贤能和品德，可以使人敬服。你的父亲德行不够，不配你效法。你跟丞相（诸葛亮）共事，要侍奉他像侍奉你父亲一样！”

夏季，四月癸巳日（四月己未朔，没有癸巳），刘备在永安（重庆市奉节县东）逝世（年六十三岁），尊号“昭烈皇帝”。

陈寿曰

刘备弘毅宽厚，明于知人，恩加部属，有刘邦的胸襟风度和英雄器宇。后来把国家以及孤儿，托付给诸葛亮，心神都出至诚，诚然是君臣之间的至正大公，古今典范。刘备的权术谋略，不如曹操，所以基础也就比较狭窄。然而百折不挠，始终不肯屈居曹操之下，也是推测曹操的气量，必不能长久包容自己。他之不安于现状，不仅仅是夺取政治上的利益，同时也是为了躲避灾祸。

丞相诸葛亮，把刘备棺柩运回成都。任命李严当中央军事总监（中都护），留镇永安（重庆市奉节县东）。

五月，太子刘禅登极（二任帝），年十七岁。尊皇后穆女士为皇太后，大赦，改年号建兴（之前是章武三年，之后是建兴元年。而本年同时又是曹魏帝国的黄初四年、东吴王国的黄武二年。真是鼓儿词上所说：“你过你的年，我过我的年。”

我们使用“纪元”工具，本年是二二三年，只有一个年，便十分清楚）。封诸葛亮当武乡侯，兼益州全权州长（牧）；国事无论大小巨细，全由诸葛亮裁决。诸葛亮遂整顿政风，建立文武官员任职制度，修订法令规章。下令给他的部属，说：“高级助理（参署）的工作，重点在于集合大家的智慧，扩大忠贞的影响。如果厌恶小的事情，动辄躲避嫌疑，就难以深入了解，将因为疏忽缺失的缘故，造成很大的损失。深入了解而有收获，那就好像在一堆破烂草鞋中，捡到珍珠。可是，人们却不肯尽心。只有徐庶，对这些事，从不懈怠；还有董和，担任这项职位七年之久，对于困难问题，甚至作十次讨论，一定在拟定可行的方案之后，才来告知。各位如果能学到徐庶的十分之一，能学到董和的辛苦勤劳、尽忠国家，我就可以减少错误！”又说：“往年，我跟崔州平初交，屡次听到他指责我的过失；后来结识徐庶，又承他谆谆教导。之前，跟董和共事，他对我知无不言，言无不尽；之后，跟胡济共事，他对我有很多规劝。虽然我性情愚鲁，不能完全吸收；然而跟这四位先生，始终和好，这至少可以说明我绝不会不喜爱直言。”胡济，是丞相府主任秘书（主簿），义阳（河南省桐柏县东）人。

诸葛亮曾经亲自校阅公文、检查账目，主任秘书（主簿）杨颙，一直走到桌前，进言说：“国家有一定的制度，官员职权分明，不允许上下侵犯。请问明公用一个家庭作为例证：主人教奴仆耕田，教婢女烧饭，教鸡早晨啼鸣，教狗吠叫盗贼，牛去载重，马去长途跋涉。这样的话，财产没有浪费，所追求的都能满足，从从容容，高卧堂上，每天只不过吃饭饮酒就够了。忽然间，有一天，他打算所有工作全由他一个人来做，不再交付别人，于是，四肢劳苦，事务烦琐，身心疲惫，精神枯竭；结果，每一件事都做不好。并不是他的智慧能力不如奴婢鸡狗，而是他不能了解分工的精义。所以，古人说：‘坐在那里探讨国家大事，称为三公；站起来执行三公的决策，称为士大夫。’丙吉不过问街上死人，而忧虑牛只发喘（参考八八年注），陈平不知道全国粮食出入的数目和价格，而说：‘自有负责人。’（参考前一七九年）他们都深刻了解分工的精义。而今，明公负责国家大事，却亲自核算校对文书账目，整天汗流浃背，岂不是过度辛苦！”诸葛亮表示感谢。后来，杨颙逝世，诸葛亮哭泣三天。

7 六月十七日，曹魏帝国（首都洛阳）任城（威）王曹彰逝世。

六月二十七日，全国武装部队总司令（太尉）魏寿（肃）侯贾诩逝世（年七十七岁）。

8 曹魏帝国大水成灾。

9 东吴王国（首都武昌）平东将军贺齐，袭击曹魏帝国所属的蕲春郡（湖北省蕲春县），俘虏郡长晋宗后撤退（晋宗本是东吴王国将领，叛降曹魏，曹魏帝国任命他当蕲春郡郡长）。

10 最初，蜀汉帝国所属的益州郡（云南省昆明市晋宁区东晋城街道）民间首领雍闿，斩杀郡长正昂（正，姓）；通过东吴王国所属的交趾郡（越南河内市东北北宁省）郡长士燮，归附东吴。后来，又把新任郡长、成都人张裔生擒，送给东吴。东吴任命雍闿当永昌郡（云南省保山市）郡长。蜀汉帝国所属永昌郡政府人事官（功曹）吕凯、秘书长（府丞）王伉，率军封锁边界，雍闿不能前进；于是命同郡人孟获，煽动各地蛮夷；各地蛮夷遂纷纷起兵响应：牂柯郡（贵州省福泉市）郡长朱褒、越嶲郡（四川省西昌市）蛮夷酋长（夷王）高定，先后叛变，归附雍闿。

诸葛亮因为国家新遭遇到大丧(刘备逝世),对这些叛变集团,一味加以安抚,不采取军事行动;只专心推广农业,关闭边境所有关隘,使人民得到休息,并积蓄粮秣,准备以后使用。

11 秋季,八月十一日,曹魏帝国擢升司法部长(廷尉)钟繇,当全国武装部队总司令(太尉);总弹劾官(治书执法)高柔,代理司法部长。这时,三公没有什么事,而又很少参与国家政务。高柔上书说:

"三公是辅佐皇帝的高级官员,国家的栋梁,人民瞻望的对象。既把他们放在三公高位,却又不让他们处理政事,他们就也乐得修身养性,不作任何建议,这显然不是政府尊崇他们的本意。政府任命大臣,是要他们对困惑的国事,提供意见。古代,无论是刑事案件或政治措施,一旦发生疑难,就在'槐棘堂'共同讨论(按照《周礼》:议事堂左边设三棵槐树,摆下三公座位;右边设九棵棘树,摆下部长级官员〔孤卿大夫〕座位。为什么要设槐棘?郑玄解释说:"'槐'音'怀',意思是关怀参与的人。'棘',木质是红颜色,而外面又有刺,象征忠心耿直。"古代审问官司时,公堂设在棘木之下,就是此意)。从今以后,政府有刑狱大事以及政治疑难,最好多向三公询问意见。三公在每月一日、十五日朝见时,陛下也可以延请他们到跟前,讨论得失,广泛的了解各方面的反应,才可以补充陛下的听闻,扩大教化。"

曹丕高兴的采纳。

八月十五日,曹丕在荥阳郡(河南省荥阳市)打猎,乘势向东游逛。

九月十九日,抵达许昌(河南省许昌市东)。

12 蜀汉帝国(首都成都)政务署执行官(尚书)义阳人邓芝,建议诸葛亮说:"而今,主上幼弱,又刚坐上尊位,应该派出使节,跟东吴恢复邦交。”诸葛亮说：“很久以来，我都在考虑这件事，只是得不到适当的人选。今日，我终于得到。”邓芝问那人是谁，诸葛亮说：“就是你！”遂派邓芝以皇家警卫指挥官（中郎将）身份，前往东吴王国聘问。

冬季，十月，邓芝到达武昌（东吴首都，湖北省鄂州市）。这时，东吴国王孙权仍没有跟曹魏帝国完全断绝，正狐疑不安，不敢决定要不要接见邓芝。邓芝直接上书给孙权，说：“我今天来此，也是为了东吴的利益，不仅是为了蜀汉的利益。”孙权遂跟邓芝见面，说：“我诚心诚意的打算跟贵国重修旧好，可是又怕你们皇帝幼弱，国土太小，而又受到逼迫，将被曹魏乘机侵犯，不能保全。”邓芝回答说：“贵我两国，占有四个州的广大地区（荆州、扬州、交州、益州）。大王是当世英雄，诸葛亮也是一代豪杰。蜀汉有重重险要，固若金汤；东吴有三条江河（长江、汉水、濡须水）作为保障。集合两国长处，好像嘴唇和牙齿，密切依靠。进可以吞并天下，退可以造成鼎足三分的形势，这是自然之理。大王如果归附曹魏，曹魏必然盼望大王到京师（首都洛阳）朝见，其次也会要求太子前往充当侍卫（人质）；如果拒绝，他们就振振有词，讨伐叛逆，而蜀汉大军再顺流东下。万一呈现这种情况，长江以南之地，不会再为大王所有。”孙权沉默不语。很久很久，说：“你分析得对。”遂跟曹魏决裂，专心跟蜀汉联合（去年〔二二二〕十月，孙权建立年号，跟曹魏断绝关系，且曹魏大军已经发动过一次攻击。邓芝今年〔二二三〕晋见孙权时，史书却说仍跟曹魏没有决裂，时间上似有失误。此事可能发生在去年）。

13 本年（二二三），蜀汉帝（首都成都）刘禅，娶车骑将军张飞的女儿当皇后。

二二四年 甲辰

曹魏　黄初　五年
蜀汉　建兴　二年
东吴　黄武　三年

1 春季，二月，曹魏帝国（首都洛阳〔河南省洛阳市东白马寺东〕）皇帝（一任文帝）曹丕（本年三十八岁），从许昌（河南省许昌市东）返首都洛阳。

2 二世纪九〇年代以来，学校教育全都废弃（已三十余年）。

夏季，四月，曹魏帝国在京师（首都洛阳）重建国立大学（太学），延聘教授（博士），依照两汉王朝传统制度，用儒家学派的五经考试（学校考试制度，始于西汉王朝七任帝刘彻〔参考前一二四年〕。十四任帝刘箕子时〔一世纪〇〇年代〕，每年甲等录取四十人当宫廷禁卫官〔郎中〕，乙等录取二十人当太子宫禁卫官〔太子舍人〕，丙等录取四十人递补地方政府教育官〔文学〕。东汉王朝时，首都洛阳设立“五经博士”十四人，各人用各人所了解的经书，作为标准课本。《古文尚书》《毛诗》《谷梁传》《左传》，虽不设立特定的专任教授〔学官〕，但程度好的，也可以升任教授）。

3 东吴王（首都武昌〔湖北省鄂州市〕）孙权（本年四十三岁）派辅义警卫指挥官（辅义中郎将）吴郡（江苏省苏州市）人张温，前往蜀汉帝国（首都成都〔四川省成都市〕）报聘。从此，两国之间的信函和使节，络绎不绝。有关重大事件，孙权经常命陆逊直接告诉蜀汉丞相诸葛亮（本年四十四岁），并另行雕刻一个印信放在陆逊那里。孙权每次写信给蜀汉帝（二任）刘禅（本年十八岁）及诸葛亮，信差经陆逊那里时，总是先拿给陆逊过目。有不妥当的地方，授权给陆逊，请陆逊随意修改，修改后重新缮写，加盖孙权印信封发。

蜀汉再派邓芝拜会东吴，孙权对邓芝说：“如果天下太平，两位帝王分别治理自己的国家，岂不是一件乐事。”邓芝回答说：“天上没有两个太阳，地上没有两个君王（《孟子》载孔丘语）。如果消灭曹魏，大王不能深刻的认识上天旨意，到那时候，君王广布他们的恩德，群臣各尽他们的忠心，恐怕将擂起战鼓，战争不过刚刚开始！”孙权大笑说：“你真诚实，岂不正是如此！”

4 秋季，七月，曹魏帝曹丕，向东视察，抵达许昌（河南省许昌市东）。

曹丕打算动员全国武装部队，向东吴王国发动大规模攻击。高级咨询官（侍中）辛毗劝阻说：“现在，天下稍微有点安定，土地广阔，人民稀少，却打算在这个时候征召他们，我看不会有什么裨益。先帝（曹操）使用精锐部队南征，每次到达江岸，即行班师。而今，六军人数跟当年一样，并没有增加，却用他们去兴仇结怨，这不是一件容易的事。最高的策略是，让人民获得休养，扩大开荒垦田。十年之后使用，就可以一举平定，不必再作第二次出动。”曹丕说：“依照你的意思，是不是把这件事留给子孙？”辛毗回答说：“从前，姬昌（周文王）把暴君子受辛（纣）留给儿子姬发（周王朝一任王），只因为他知道时机还没有成熟！”曹丕不接受；遂留下政务署执行长（尚书仆射）司马懿镇守许昌。

八月，曹丕下令船舰备战，亲自登上御舟，顺着蔡河（在安徽省阜阳市注入颍水）、颍水（在安徽省寿县西南正阳关镇注入淮河），进入淮河，抵达寿春（安徽省寿县）。

九月，曹丕抵达广陵（江苏省扬州市）。

东吴王国接受安东将军徐盛的建议，沿长江南岸，搭建木架，外面包裹芦草，做成假城墙、假城楼，从石头（江苏省南京市西北）直到江乘（江苏省南京市东北），连绵相接数百华里，一夜之间，全部完成；一面在长江上集结船舰，紧急备战。这时江水正涨，波涛汹涌，曹丕到达江边，长叹说：“我们虽然有战力强大的骑兵千万，却没有用处，看情形无法攻击。”正好暴风突起，曹丕乘坐的御舟，锚链截断，失去控制，随波涛漂荡，几乎翻覆。事定之后，曹丕询问群臣：“孙权会不会亲来？”大家一致认为：“陛下御驾亲征，孙权恐怖，一定动员全国力量对抗，而他猜疑心重，又不敢把军队交给一个将领，只有亲自统御。”刘晔说：“孙权认为陛下以至尊的御体为重，不会亲到前线。同时他一定把渡江越湖的任务，交给其他将领；而由自己坐镇后方，所以不可能亲来。”曹丕在江边逗留数天，孙权并没有反应，曹丕下令班师。

这时，征东大将军曹休上书，说投降的人供称："孙权已到濡须口（安徽省含山县西南）。"中央禁军总监（中领军）卫臻说："孙权只仗恃长江，绝不敢渡江挑战，这一定是心里畏惧，故意制造出来的假情报。"审问投降的人，果是东吴守将派出的间谍。

5 东吴王国辅义警卫指挥官（辅义中郎将）张温，自幼享有盛名，祭祀部长（太常）顾雍，认为当时没有人能跟他相比，诸葛亮对他也十分尊重。张温推荐同郡（吴郡）人暨艳（暨，姓）当政务署考选司司长（选部尚书）。暨艳喜爱批评政府，弹劾百官，对三署警卫官的资格又审查的非常严格（"三署"：宫廷禁卫官司令〔光禄勋〕下有三署：高级警卫指挥官署〔五官署〕、左翼警卫指挥官署〔左署〕、右翼警卫指挥官署〔右署〕），大多数都予以贬降，有时还贬降数级，能维持原来官阶的，不到十分之一。而一些贪官污吏，志趣卑劣之辈，却被任命当军官，安置在军营或丞相府中。暨艳又经常揭发别人阴私，显示他洞察细微的能力。同郡（吴郡）人陆逊、陆逊的老弟陆瑁跟执法监察官（侍御史）朱据，都规劝他。陆瑁写信给暨艳，说："圣人的最大特点是赞扬别人的嘉言义行，而怜恤别人的愚昧软弱；忘记别人的过失，而常念及别人的功勋，完成美好的教化。国家大业，刚刚开始建立，将来还要统一天下，这正是刘邦当初不问缺点，只问优点的时代。如果一定要把善恶好坏，明显的划出界限，而把'月旦评'（参考一八四年五月）当成标准，固然可以砥砺风俗，推广教化，但是却不容易实行。应该学习古代孔丘的泛爱哲学和近代郭泰那种广阔的包容胸襟（参考一六四年二月），才可以对正道有所裨益。"朱据也写信给暨艳，说："天下还没有完全安定，只用清廉的人，排除混浊的人，恰恰阻塞改过自新之路。如果一律罢黜，恐怕后患无穷。”暨艳全不接受。于是遍地都是怨恨和愤怒，纷纷向孙权控诉暨艳跟考选助理官（选曹郎）徐彪：“专用私人，爱恨不由公理。”孙权下令暨艳、徐彪自杀。

张温素来跟暨艳、徐彪的见解相同，也被牵连，免职，逐回本郡（吴郡）担任卑微的低级职员，在家逝世。最初，张温势力最高时，余姚（浙江省余姚市西）人虞俊叹息说：“张温才干有余而智慧不足，有华美的外表，却没有厚重的实质。怨恨聚集在他身上，恐怕有破家的灾难，我已经看到征兆。”不多久，灾难果然发生。

6 冬季，十月，曹魏帝曹丕，驾赴许昌（河南省许昌市东）。

7 十一月二十九日，日蚀。

8 鲜卑部落（内蒙古东部中部及以北地区）酋长轲比能，诱杀另一酋长步度根（参考二二一年十二月）的老哥扶罗韩；步度根从此深恨轲比能，互相攻击。步度根比较微弱，遂领部众一万余篷帐，退保太原郡（山西省太原市）、雁门郡（山西省代县西南）。

本年（二二四），步度根亲到曹魏帝国首都洛阳，进贡朝见。轲比能更为强大，攻击东部酋长（大人）素利，而曹魏帝国的乌丸（乌桓）保安司令（护乌丸校尉）田豫，乘虚攻击轲比能的后路。轲比能派他的将领琐奴阻截，田豫击破琐奴。轲比能从此叛离曹魏帝国，不断进攻边塞，幽州（河北省北部及辽宁省）、并州（山西省中部），深受伤害。

二二五年 乙巳

曹魏	黄初	六年
蜀汉	建兴	三年
东吴	黄武	四年

1 春季，二月，曹魏帝国（首都洛阳〔河南省洛阳市东白马寺东〕）下诏，任命陈群当镇军大将军、随驾总司令、主管御营机要（录行尚书事）；司马懿当抚军大将军，留守许昌（河南省许昌市东），负责中央留守府（后台）文书处理（督后台文书）。

三月，曹魏帝（一任文帝）曹丕（本年三十九岁）前往召陵（河南省漯河市郾城区东），挖掘讨虏渠（流经漯河市郾城区东北。准备攻击东吴王国）。

三月二十八日，曹丕前往许昌（河南省许昌市东）。

2 曹魏帝国并州（山西省中部）州长（刺史）梁习，攻击鲜卑部落（内蒙古东部中部及以北地区）酋长轲比能，大破鲜卑部众。

3 蜀汉帝国（首都成都〔四川省成都市〕）丞相诸葛亮（本年四十五岁）率军南下，对南中（云南省）叛乱集团首领雍闿等采取行动。军事参议官（参军）马谡，送出数十华里。诸葛亮说："多年以来，我们虽然在一起不断共同制定策略，但今天仍要请你指教。"马谡说："南中（云南省）仗恃路途遥远，山川险阻，叛乱不服，为时已久。今天把他们击败，明天他们又反。你正准备集中全国之力北伐，跟强大的敌人周旋。蛮夷了解政府内部空虚，叛乱的时间就越提前。如果全部屠杀，以求永绝后患，既失去仁爱之心，又不可能把他们仓猝之间完全消灭。军事行动，攻心是上等谋略，攻城属于低级层次；心理作战是上等谋略，沙场作战是低级层次，但愿你能使蛮夷心服。"诸葛亮听信他的建议。马谡，是马良的老弟（马良死于五谿地区，参考二二二年八月）。

4 闰三月二十四日，曹魏（首都洛阳）帝曹丕，率领水军舰队，再度攻击东吴王国，命文武百官出席御前会议讨论。总监察官（宫正）鲍勋劝阻说："王师屡次出征，始终不能战胜，原因是东吴跟蜀汉，唇齿相依，仗恃山川险阻，我们难以攻克。去年（二二四），御舟在长江中漂荡，几乎被隔绝在南岸。陛下身陷危境，臣属们胆都吓破，当时，皇家祭庙几乎倾覆（指曹丕可能淹死或被俘），可以作百世的鉴戒。而今又率军袭击遥远的敌人，每天要消耗黄金千斤，势将使中国（曹魏）破产。狡猾的敌人正在展示他们的威风，我内心认为不可以兴兵。"曹丕大为震怒，把鲍勋降级成总弹劾官（治书执法）。

鲍勋，是鲍信的儿子（鲍信，参考一九〇年正月）。

夏季，五月二日，曹丕抵达谯县（豫州州政府所在县，安徽省亳州市）。

5 东吴王国（首都武昌）丞相、北海郡（山东省昌乐县西）人孙劭逝世。

最初，东吴王国要选任宰相，大家一致推荐张昭。东吴王孙权（本年四十四岁）说："方今国家多事，官位高时，责任也跟着重大，不是优待大臣的办法。"现在孙邵逝世，文武百官再推荐张昭，孙权说："我怎么不敬爱张昭？只不过丞相的职务，太过繁重，而这位先生的性情刚强激烈，他所作的建议，万一我不能接受，一定会有怨恨之情，对他没有益处。"

六月，孙权擢升祭祀部长（太常）顾雍当丞相、主管政府机要（平尚书事）。顾雍这个人，性情沉默，不多说话，举动适合时宜。孙权曾经赞叹说："顾雍不说话则已，一说话一定抓住要点。"到了筵席上饮酒欢乐的时候，左右唯恐孙权酒后有什么失礼的举动，可是顾雍却坚持非晋见不可，是以孙权不敢特别纵情肆意，因此常说："顾先生在座，使人不快乐。"顾雍受到的尊重，往往如此。最初，顾雍兼政务署长（领尚书令），封阳遂乡侯，接受封爵后回家，家人仍不知道，后来才听说，不禁大吃一惊；等到担任宰相，所选任的文武官员，都用各人的才能做标准，心中不存成见。顾雍时常到民间访问，遇到对政治有益的事情，就秘密向孙权报告。如果孙权采纳，就把这项主动发掘问题的功劳，归美于孙权；如果孙权不采纳，顾雍始终不会泄漏一字，孙权因此对他非常倚重。然而，在金銮宝殿上有所陈述，面色和态度虽然十分恭顺，可是却坚持公正。军国大事的得失，除非亲眼看见，绝不批评。孙权曾经命立法官（中书郎）到顾雍那里，请教若干疑难，如果跟顾雍的意思相合，可以施行，顾雍就跟他一起研究，反复讨论，摆下酒席；如果跟顾雍的意思不合，顾雍就面目严肃，一语不发，也没有任何招待。立法官回去后报告孙权，孙权说："顾先生高兴，事情可以实行；顾先生不说话，事情一定有问题，我当再加考虑。"江防将领，都想建立功业，报效国家，很多人拟具计划，建议向曹魏帝国发动突击。孙权询问顾雍。顾雍说："我曾经听说，兵法上反对贪图小利，他们的建议，不过为了个人的利益，专求表现，不是为了国家的利益，陛下应该禁止。如果不能宣扬国威，使敌人受到损害，则任何建议，都不应采纳。"孙权听从。

6 曹魏帝国（首都洛阳）利成郡（江苏省连云港市赣榆区西）政府军蔡方等叛变，斩郡长徐质，推郡人唐咨做首领。曹魏帝曹丕命骑兵指挥官（屯骑校尉）任福等讨伐平定。唐咨从海道南下，投奔东吴王国，东吴任命唐咨当将军。

7 秋季，七月，曹魏帝国封皇子曹鉴当东武阳王。

8 蜀汉帝国（首都成都）丞相诸葛亮，率军到达南中（云南省），连战连胜。

诸葛亮大军从越巂郡（四川省西昌市）进入，斩雍闿、高定。分别派遣庲降军区（总部设味县〔云南省曲靖市〕。庲，音lái〔来〕）司令（庲降督）益州郡（云南省昆明市晋宁区东晋城街道）人李恢，从益州郡（此时李恢驻平夷〔贵州省毕节市〕）南进；大本营警卫司令（门下督）巴西郡（四川省阆中市）人马忠，从牂柯郡（贵州省福泉市）南进。两路大军击破各县叛军后，跟诸葛亮会师。

孟获集结雍闿余众，继续抵抗。孟获素来受当地蛮夷和汉人的尊敬佩服，诸葛亮下令不准对他杀害，定要生擒。不久果然生擒，命他参观蜀汉兵团的营寨和阵地，问他说：“我们的军队怎么样？”孟获说：“过去因为不知道虚实，所以战败。而今参观你的营阵，如果仅只如此，我们取得胜利，易如反掌。”诸葛亮笑起来，释放孟获，命他卷土重来。经过七次生擒和七次释放，最后一次，诸葛亮又要释放，孟获不肯再走，说：“你有上天的神威，南人（南中人民）从此不再造反。”诸葛亮遂挺进到滇池（益州郡郡政府所在县）。益州郡（云南省昆明市晋宁区东晋城街道）、永昌郡（云南省保山市）、牂柯郡（贵州省福泉市）、越嶲郡（四川省西昌市）四个郡，全部平定。诸葛亮分别任命蛮夷酋长担任郡县政府首长，有人提出异议，诸葛亮说：“如果由中央委派官员，就必须留下军队保护。这些驻防军的粮秣供应，是一大难题，此其一。这些蛮夷刚刚受到挫败，有的人老爹阵亡，有的人老哥丧命，怨恨仍在，仅派官员而不驻防军队，定有后患，此其二。多少年来，他们斩杀和驱逐的官员太多，自己知道罪名太重，当然猜疑不安，如果由中央委派首长，他们不会相信对他们不再报复，此其三。我所以不留军队、不运粮草，只不过盼望社会秩序粗略的复原，蛮夷、汉人粗略的相安。”

诸葛亮于是网罗蛮夷中所有有才干、有影响力的豪杰，以及孟获等，全都委派他们充当官员。而征收他们的金银、丹漆、牛马等，供应军事和国家的需要。从这个时候起，在诸葛亮有生之年，他们再没有叛变过。

9 八月，曹魏（首都洛阳）帝曹丕，率水军舰队从谯县（豫州州

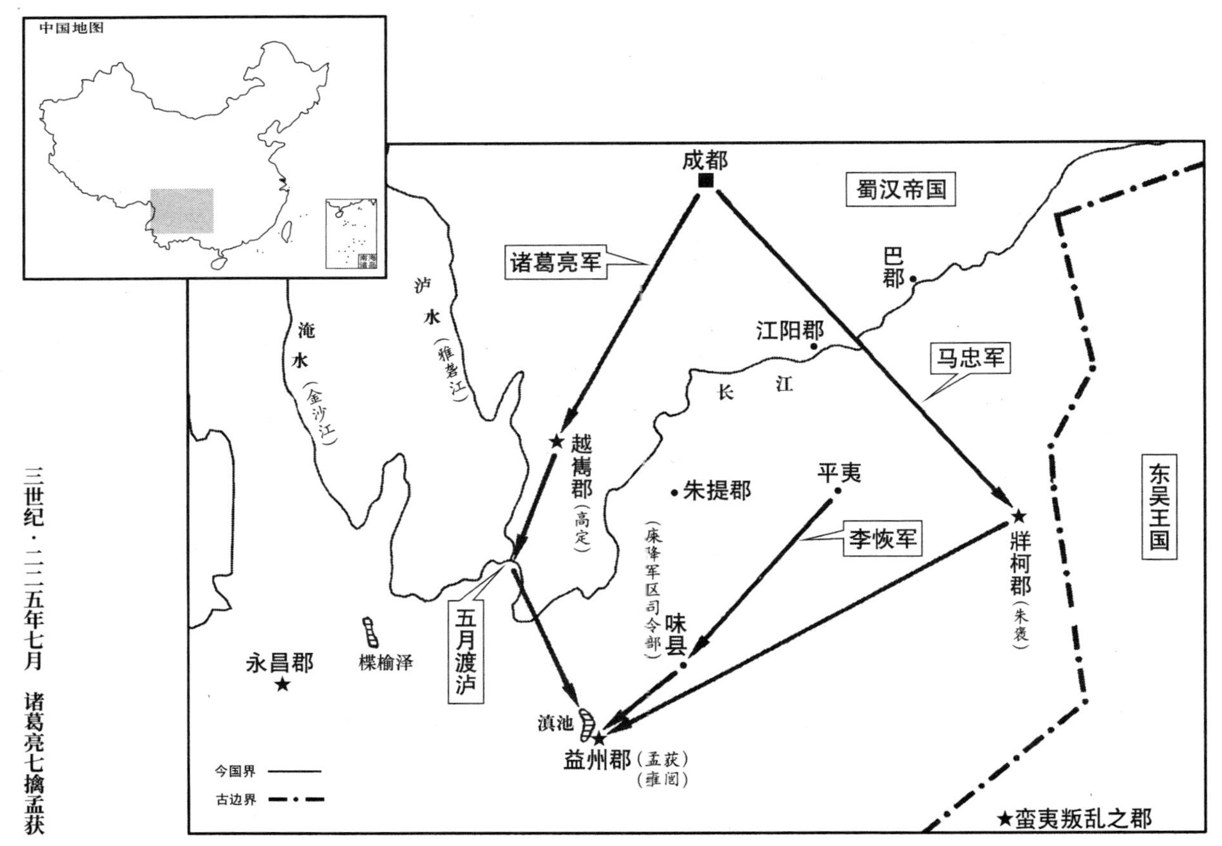

三世纪·二二五年七月　诸葛亮七擒孟获

政府所在县，安徽省亳州市）进入涡水，再进入淮河。政务署秘书（尚书）蒋济，上书指出水路难以通行，曹丕不理。

冬季，十月，曹丕抵达广陵故城（江苏省扬州市），亲到长江北岸观察形势，武装部队十余万，旌旗招展数百华里，大有跨过长江的壮志。东吴王国（首都武昌）戒备森严，沿江拒守，而天气寒冷，已开始结冰，舰队不能进入长江。曹丕看到波涛汹涌，叹息说："苍天，这正是注定用它分割南北！"下令班师。东吴王国将领孙韶（参考二〇四年十二月）派部属高寿等，率敢死队五百人，在曹丕归途狭路上，突击曹丕御营，曹丕大惊。高寿夺得曹丕的备用御车，加上"羽盖"（用翡翠色羽毛编织的车顶装饰），呼啸撤退。数千艘战舰，拥挤在河冰之中，不能前进。参与决策的人打算乘势留下部分军队，在原地开荒屯田。蒋济认为："这一带东边紧傍高邮湖（江苏省高邮市），北边又接近淮河。一旦水势上涨，敌人舰队可以迅速到达，容易发动攻击，不可以选择这个地方。"曹丕采纳。

曹丕先行出发，回到精湖（江苏省高邮市北），河水渐浅，曹丕遂把全部舰队，留给蒋济。船舰相连，长达数百华里。蒋济挖掘四五道运河，牵引船舰集中。事先筑好闸门，阻断湖水，把最后一只船舰都拖进之后，大开闸门，舰队才得以进入淮河，返回基地。

10 十一月，曹魏帝国（首都洛阳）东武阳王曹鉴逝世。

11 十二月，东吴王国（首都武昌）番阳郡（江西省鄱阳县）变民首领彭绮，攻占郡县，部众有数万人。

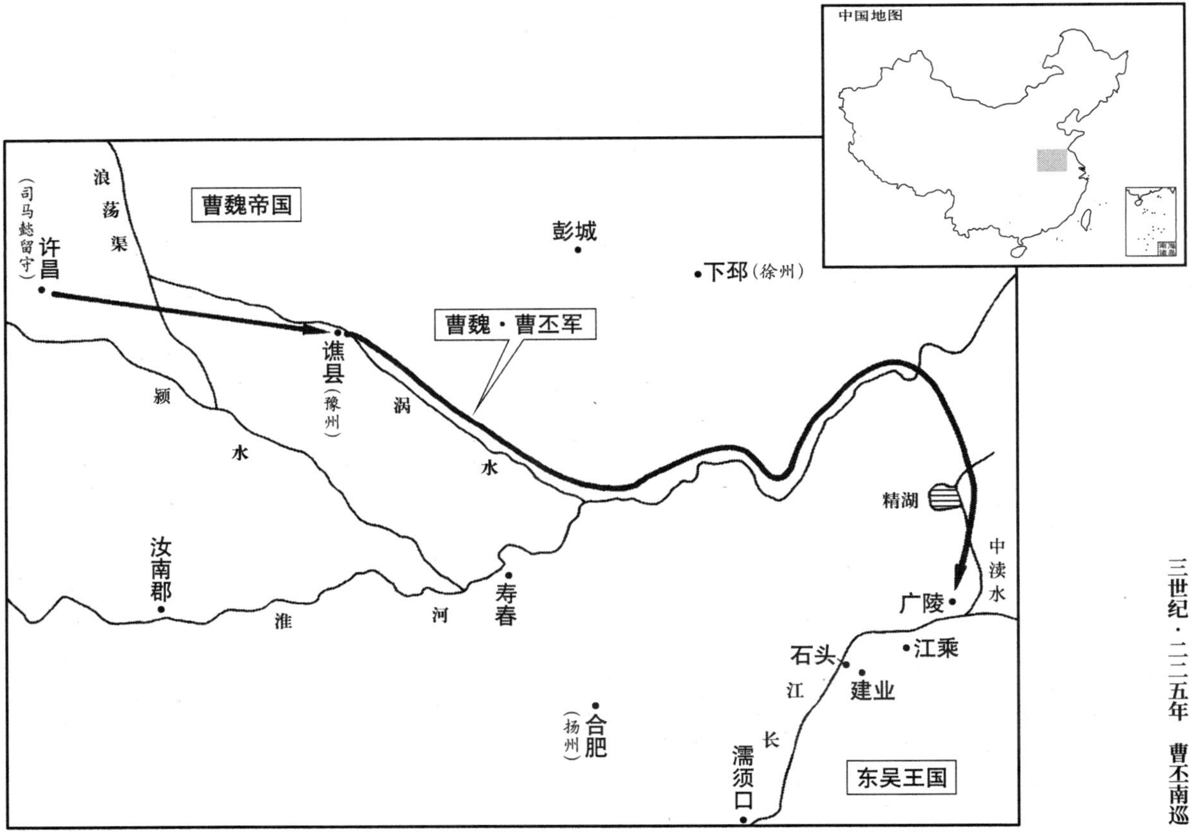

三世纪·二二五年 曹丕南巡

二二六年 丙午

曹魏　黄初　七年
蜀汉　建兴　四年
东吴　黄武　五年

1 春季，正月十日，曹魏帝国（首都洛阳〔河南省洛阳市东白马寺东〕）皇帝（一任文帝）曹丕（本年四十岁），返抵首都洛阳，对蒋济说："对任何事情都不可以不研究，前些日子在山阳湖（高邮湖，江苏省高邮市）被困，我决定烧毁一半船舰。幸亏你想办法挽救，舰队竟然跟我差不多同时到达谯县（豫州州政府所在县，安徽省亳州市）。而你每次所作的建议，都跟我的意见相合。从今以后，讨伐孙权的计划，请你仔细考虑，提出讨论。"

2 蜀汉帝国（首都成都〔四川省成都市〕）丞相诸葛亮（本年四十六岁）准备从汉中郡（陕西省汉中市）出军向曹魏帝国（首都洛阳）攻击。命前将军李严当后勤司令官（知后事），移驻江州（巴郡郡政府所在县，重庆市），命军事总监（护军）陈到，驻屯永安（即白帝城，重庆市奉节县东），隶属李严。

3 东吴王国（首都武昌〔湖北省鄂州市〕）辅国将军陆逊，因为驻防的地方，粮食短缺，所以上书东吴王孙权，要求命令各将领在平时从事开荒垦田，增加可耕地面积。孙权（本年四十五岁）回答说："好极，我父子先请领可以容纳八头牛和八张犁耕种的荒田。虽然不能跟古代君王相比，但是盼望跟大家共同劳动。"

4 曹魏（首都洛阳）帝曹丕当太子的时候，妻子之一的郭女王的弟弟，犯法有罪，魏郡（河北省临漳县西南邺城镇）西部民兵司令（西部都尉）鲍勋，依法处理。曹丕向他说情，鲍勋拒绝，因此怨恨鲍勋。曹丕当皇帝后，鲍勋又不断直言规劝，曹丕更是愤怒，决心杀他。

去年（二二五），讨伐东吴王国，大军班师，驻屯陈留郡（河南省开封市东南陈留镇），鲍勋担任总弹劾官（治书执法）。郡长孙邕晋见皇帝出来，顺便拜访鲍勋。当时，营垒还没有动工，只有标杆，孙邕没有走大道，而斜穿小路。大营负责官员刘曜要检举他，鲍勋因营垒并没有完成，没有检举的必要。曹丕听到这件事，认为报复的机会已到，下诏说："鲍勋指鹿为马，逮捕下狱。"司法部依法判处五年有期徒刑。司法三官（大法官〔廷尉正〕、狱政官〔廷尉监〕、覆判官〔廷尉平〕），认为太重，依法改判罚款黄金二斤。曹丕暴跳如雷，号叫说："鲍勋非死不可，你们竟然包庇他。逮捕司法三官，交给军法总监（刺奸），我要教你们十只老鼠，同埋一个巢穴。"钟繇、华歆、陈群、辛毗、高柔、卫臻等，一同上书，说明鲍勋的老爹鲍信对曹操的贡献（参考一九〇年正月至一九二年四月），要求赦免，曹丕不准。司法部长（廷尉）高柔拒绝执行命令，曹丕大怒若狂，征召高柔到政务署（尚书台）问话，等高柔一出门，立刻派使节到司法部诛杀鲍勋。鲍勋既死，曹丕才命高柔回去。

骠骑将军都阳侯曹洪，家产富有，但性情吝啬。曹丕当太子时，曾经向曹洪借绸缎一百匹，竟不能如数借到，曹丕也怀恨在心。现在终于抓住一个机会：曹洪的门客犯法，于是逮捕曹洪下狱，判处死刑。文武官员一齐拯救，不能挽回。卞太后大怒，责备曹丕说："当初，梁国（首府睢阳〔河南省商丘市〕）沛县（江苏省沛县）之战，没有曹洪，我们哪有今天（参考一九〇年三月）？"又告诉郭女王："今天曹洪被杀，明天我就教皇帝罢黜你这个皇后。"郭女王向曹丕不断哭泣哀请，才饶曹洪一命，但仍免除官职，剥夺爵位采邑。

5 最初，曹魏帝国（首都洛阳）皇后郭女王，没有儿子，曹丕命她抚养平原王曹叡，因曹叡的娘亲甄洛死于处决（参考二二一年六月），所以一直没有指定曹叡当合法继承人。曹叡侍奉继母郭女王，十分谨慎，郭女王也非常钟爱这位继子。有一天，曹丕、曹叡打猎，遇到一只母鹿带着一只小鹿，曹丕一箭把母鹿射死，命曹叡射那只小鹿。曹叡流泪说："陛下已经杀了它的妈妈，我不忍心再杀它的儿子！"曹丕放下弓箭，恻然心伤。

夏季，五月，曹丕病危，才晋封曹叡当太子。

五月十六日，曹丕召见中军大将军曹真、镇军大将军陈群、抚军大将军司马懿，同时接受遗诏辅政。

五月十七日，曹丕逝世（年四十岁）。

曹丕天性喜爱文学，下笔成章，见闻广阔，学识渊博，才华和功力具备。如果再有开阔的胸襟、公平的诚心，立定大志、坚持正道，克制私念、推广恩德，则即令追随古代的圣贤君王，也不会相距太远。

6 曹魏帝国（首都洛阳）太子曹叡（本年二十三岁）继位皇帝（二任明帝），尊皇太后卞女士为太皇太后，皇后郭女王为皇太后。

最初，曹叡住在东宫，不跟文武官员结交，不过问政治，只专心读书。当了皇帝后，群臣都想看到他的风采。过了几日，曹叡单独召见高级咨询官（侍中）刘晔，谈论了一天，政府文武百官，紧张的等待消息。刘晔既出宫廷，大家问他对曹叡的印象如何，刘晔说："嬴政（秦王朝一任帝）、刘彻（西汉王朝七任帝）者流，只是才干器宇稍弱。"

曹叡刚接管政权，陈群上书说："政府文武百官，如果只会随声附和，而不会分辨是非黑白，是国家的灾难。但如果根本不能和睦相处，则一定建立党羽，跟别人互相仇视。一旦有了党羽和敌人，则无论赞誉和诋毁，就失去公正。公正没有标准，则真假混乱，事实扭曲。这些，都应该深入查考。"

五月癸未日（五月辛丑朔，没有癸未），曹叡追尊娘亲甄洛"文昭皇后"。

五月壬辰日（五月没有壬辰），曹叡封皇弟曹蕤当阳平王。

六月九日，把曹丕安葬在首阳陵（河南省洛阳市偃师区西北首阳山）。

7 东吴王（首都武昌）孙权，听到曹魏帝国皇帝死亡消息。

秋季，八月，孙权御驾亲征，进攻曹魏帝国的江夏郡（湖北省云梦县），郡长文聘坚守。曹魏政府打算出军援救，曹叡说："孙权熟悉水上作战，而今竟敢离开水面，对陆地上的城垣进攻，只不过希望守城将士没有防备。而今，文聘已经据城抵抗，说明孙权的突击没有成功。攻方人数总要超过守方人数的两倍，所以，孙权不能久停。”在此之前，曹魏政府派诉讼监察官（治书侍御史）荀禹，慰劳边疆，正好走到江夏，采取紧急措施，征调所经过各县的民兵，连同他自己的卫队，集结步骑兵一千人，登上附近山陵，燃起火把。孙权怀疑可能是大军的先头部队，即行撤退。

8 八月十二日，曹魏帝国封皇子曹冏当清河王。

9 东吴王国左将军诸葛瑾等，攻击曹魏帝国的襄阳郡（湖北省襄阳市）。司马懿击破攻击，斩东吴军将领张霸；曹真又在寻阳（湖北省武穴市东北）击破东吴军另一将领。

10 东吴王国丹阳郡（江苏省南京市）、吴郡（江苏省苏州市）、会稽郡（浙江省绍兴市）山地居民，再聚众起兵，攻陷所属各县。东吴王孙权把三郡险要地区，划在一起，另行成立东安郡（郡政府设富春〔浙江省杭州市富阳区〕），命绥南将军全琮，兼任郡长。

全琮到职后，赏罚公正，招抚变民归降，数年之间，招抚到一万余人。等到一切安定，孙权命全琮返回牛渚（即采石〔安徽省马鞍山市西南〕），撤销东安郡。

11 冬季，十月，曹魏帝国清河王曹冏逝世。

12 东吴王国辅国将军陆逊，上书建议孙权多用恩德，少用诛杀，减少赋税，免除人民差役，说：“忠心直言，不能详细陈述，请求宽容我，准许一一说明。”孙权回答说：“《尚书》记载：‘我有错误，你要帮助我改正。’你说你不敢详细陈述，那怎么能称忠心直言？”命有关单位就政治应该改革事项，分别列出。派初级禁卫官（郎中）褚逢，亲自送给陆逊跟诸葛瑾，如果有不妥之处，请他们删除或增添。

13 十二月，曹魏帝国擢升钟繇当皇家师傅（太傅），曹休当全国武装部队最高指挥官（大司马），兼扬州（州政府设合肥〔安徽省合肥市〕）军区司令长官（都督扬州诸军事），华歆当全国武装部队总司令（太尉）；王朗当宰相（司徒）；陈群当最高监察长（司空）；司马懿当骠骑大将军。

华歆把官位让给管宁，曹叡不准。另征召管宁当特级国务官（光禄大夫），命青州（山东省北部）州政府派出安车和官员，前往迎接（管宁是北海郡〔山东省昌乐县东南〕人，归青州管辖），管宁仍不肯接受（管宁，参考一九一年）。

14 本年（二二六），东吴王国交趾郡（越南河内市东北北宁省）郡长士燮逝世，东吴王孙权任命士燮的儿子士徽当安远将军，兼九真郡（越南清化市）郡长；任命指挥官（校尉）陈时，接任士燮所留下的交趾郡郡长。交州（广东、广西及越南北部）州长（刺史）吕岱，认为交趾郡远在天边，上书请准中央，划出海南三郡（交趾郡、九真郡、日南郡）称交州，任命将军戴良当州长（刺史）；划出海东（不知何以称海东）四郡（苍梧郡、南海郡、郁林郡、合浦郡）称广州，吕岱自己当州长（刺史）。命戴良跟陈时，一同南下。这时，士徽已自称交趾郡郡长，率领私人军队，拒绝戴良入境，戴良遂逗留合浦郡（广西合浦县东北）。

交趾郡（越南河内市东北北宁省）人桓邻，是士燮任用的官员，向士徽叩头劝阻，请求迎接戴良。士徽勃然大怒，用竹棍把栢邻捶死。栢邻的老哥栢治，率私人军队攻击士徽，不能取胜。吕岱上书中央政府，要求讨伐士徽。率军三千人，乘船舰昼夜不停，渡海出击。有人说："士徽凭仗士家数代遗留下的恩德，全州人都附和他，不可轻视。"吕岱说："士徽虽然心怀叛志，却料不到大军会突然降临。如果我们行动秘密，使他来不及准备，一定可以击破；如果我们推进得太慢，使他们有充分的时间登城拒守，七郡（交州原有七个郡）各地各种蛮夷，风起云涌，纷纷起兵响应，到那时候，即令有再大智慧，谁都束手无策。"于是大军出发，经过合浦郡（广西合浦县东北），跟戴良一同前进。吕岱任命士燮的侄儿士辅当客座参谋官（师友从事），派士辅去游说士徽，士徽率六兄弟出降，吕岱把他们全部诛杀。

怀柔远方，安定本土，最重要的是信守。吕岱把士辅当作教师和朋友，命他传达誓言。士徽兄弟露出脊背，由衷信赖，推心置腹，把性命交给对手。吕岱却把他们屠灭，目的不过是向上级表现他有重大功劳。头脑冷静的人从这一点上，可以推断吕岱的后裔，一定没落。

士徽的大将甘醴、栢治，率部众攻击吕岱，吕岱奋勇迎战，大破甘醴、栢治。

于是撤除广州，四郡恢复隶属交州。

吕岱进攻九真郡（越南清化市），斩杀及俘虏数万人。又命参谋官（从事）更向南方深入，传播东吴王国的声威，压迫塞外扶南（柬埔寨）、林邑王国（越南中部）、堂明（老挝南部）各国国王，各国国王都派使臣向东吴王国进贡。

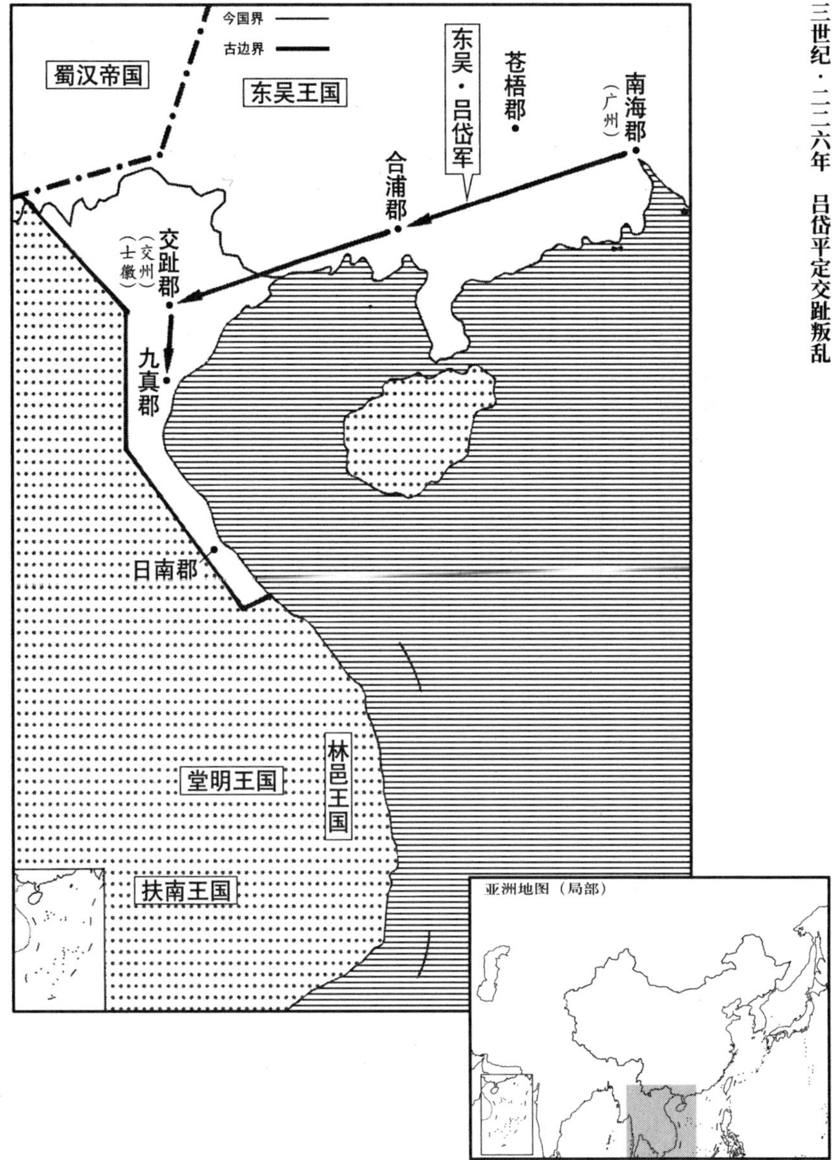
今国界
古边界
蜀汉帝国
东吴王国
东吴·吕岱军
苍梧郡
南海郡（广州）
合浦郡
交趾郡（交州）（士徽）
九真郡
日南郡
林邑王国
堂明王国
扶南王国
亚洲地图（局部）

二二七年 丁未

曹魏　太和　元年
蜀汉　建兴　五年
东吴　黄武　六年

1 春季，东吴王国（首都武昌〔湖北省鄂州市〕）解烦部队司令（解烦督）胡综（二二二年，刘备东下攻击东吴时，孙权因全国兵力太少，命胡综到各地征集丁壮，得到六千人，命名“解烦”，大概是“解除烦恼”之意）跟番阳郡（江西省鄱阳县）郡长周鲂，联军进攻变民首领彭绮，擒获。

最初，彭绮聚众起兵（参考前年〔二二五〕十二月），宣称是正义之师，归附曹魏帝国（首都洛阳〔河南省洛阳市东白马寺东〕），讨伐东吴王孙权。曹魏帝国认为如果乘此机会向东吴王国进攻，一定会有收获。曹魏帝（二任明帝）曹叡（本年二十四岁），询问政府立法署长（中书令）太原郡（山西省太原市）人孙资，孙资说：“番阳郡（江西省鄱阳县）地方团队，前后有数次举兵起义，可是，人数太少，谋略太陋，不久就告溃败。从前，文皇帝（曹丕）曾经秘密研究敌人形势，洞口（安徽省和县南长江渡口）之役（参考二二二年十一月)，我们斩杀敌人一万人左右，俘获船舰千余艘；可是，只几天时间，他们的人跟船就又会合在一起。我们围困江陵（湖北省江陵县）时（参考二二三年二月），孙权只剩下一千数百人卫士，驻防东门，情势如此窘迫，并没有引起他们国内土崩瓦解，说明他们法令已纳入正轨，上下相依，人民向心力很强。用此预测彭绮，恐怕他还没有资格成为孙权的心腹大患。”本年，彭绮果然败亡。

2 二月，曹魏帝曹叡，在邺城（河北省临漳县西南邺城镇）给娘亲甄洛，建筑墓园（甄洛在邺城被迫自杀）。宰相（司徒）王朗前往视察工程进度，看到人民痛苦，而曹叡仍不停的大肆兴建宫殿，遂上书劝阻说：

“从前，姒文命（大禹）打算拯救天下的灾难，故意使他的宫殿十分简陋，衣服饮食也十分节俭。姒勾践为了加强御儿（浙江省桐乡市西南崇福镇）边疆的防务，对自己及家属，约束克制，并推广到全国。西汉王朝的刘恒（文）、刘启（景），打算弘扬祖先伟大的勋业，连价格仅二千两黄金的高台，都不肯浪费，而且只穿黑色丝绸（参考前一五七年）。霍去病不过一个中等材料的将领，尚且知道匈奴还没有消灭，不治家产房舍（参考前一一九年）。大计方针如果指向远方，就必须省略眼前的享受；全力对付外国的时候，就必须国内节俭。而今，建始殿前面，足够容纳朝会时的文武百官；崇华殿后面，足够容纳宫廷妃妾；华林园（芳林园）、天渊池，也足够摆设筵席，游乐欢宴。不妨先筑成基础，修建城垣，其他工程，都延后到丰收之年。现在专心劝导耕田，重点集中农业，并加强军事训练，则人民富庶，兵力强大，敌人自然臣服。”

3 三月，蜀汉帝国（首都成都〔四川省成都市〕）丞相诸葛亮（本年四十七岁）准备率大军进驻汉中郡（陕西省汉中市）；任命秘书长（长史）张裔、军事参议官（参军）蒋琬，负责主持大本营留守府。临出发时，上书（《前出师表》）给蜀汉帝（二任）刘禅（本年二十一岁）说：

“先帝（刘备）开创大业，还没有完成一半，便中途逝世。而今，天下分裂为三个独立国家，而我们益州（四川省及云南省——即蜀汉帝国版图）更是民穷财尽，百业萧条，这正是危急存亡的关头。然而，负责捍卫国家的官员，在内部勤劳奋发，毫不懈怠；忠义的志士，在疆场杀敌，舍生忘死；都只因身受先帝（刘备）特别恩遇，而全部回报给陛下（刘禅）。所以，陛下应广为听取各方面的意见，使先帝的恩德，发扬光大；使志士的豪气，更加恢弘。不可以自己轻视自己，引用跟事实不符合的譬喻，用来阻塞忠良的规劝。

“宫廷和政府，虽是两个单位，却是一个整体。赏罚、奖惩、擢升、贬谪，不应该有所不同。如果发现作奸犯科之徒，或发现忠诚善良之士，都应交付有关机关，讨论如何惩罚，或如何奖赏，用以显示陛下的公平和明察，不应该因为私心之故，使宫廷跟政府执法时，有两种标准。

“高级咨询官（侍中）郭攸之、费祎，禁宫咨询官（黄门侍郎）董允等，都是人才，纯洁忠贞，先帝特地选拔他们，留给陛下。我认为宫廷中的事，无论大小，全都跟他们磋商，然后实施，必能够弥补缺失，有所裨益。将军向宠，性情和平，是一位军事专家，曾经受过考验，先帝赞扬他的能力（猇亭之败，只向宠率领的军队保持完整），所以大家推举他当留守府司令官（督）；我认为军事方面的事，无论大小，都跟他磋商，然后实施；必能够使将领和睦，优秀的和拙劣的，各有恰当安排。

“亲近贤才，疏远奸佞，使西汉王朝兴隆；亲近奸佞，疏远贤才，使东汉王朝瓦解。先帝在世之时，每跟我谈到此事，没有一次不叹息痛恨桓帝（刘志）、灵帝（刘宏）。高级咨询官（侍中）郭攸之、费祎，政务署执行官（尚书）陈震、丞相府秘书长（长史）张裔、军事参议官（参军）蒋琬，都是忠贞纯正，能为国家死节的志士，盼望陛下亲近他们，信任他们，则两汉王朝的复兴，可以计日而待。

“我本是一介平民，在南阳郡（河南省南阳市）耕田务农，乱世之中，只求保全性命，不求扬名群雄。先帝不认为我出身卑贱，亲自屈驾三次，到舍下草屋之中，垂询当世时势。使我衷心感激，愿意为先帝奔走效力。后来天翻地覆，而就在大军溃败之际，危险疑难之时，我接受任命；从开始到今天，整整二十一年。

“先帝知道我做事谨慎，所以在逝世时委托我国家大事，受命之后，夜以继日，心情沉重忧虑，深恐没有成绩，那将伤害先帝，认为他缺乏知人之明。所以，五月盛暑，南渡泸水（金沙江），深入寸草不生的蛮荒。而今，南方已经平定，武装部队已经训练完成。自应激励三军，向北讨伐，平定中原。我当尽全力，铲除邪恶，消灭叛逆，使两汉王朝复兴，返回旧都（洛阳），这正是我报答先帝，尽忠陛下的本分。至于行政措施，斟酌利害，竭进忠言，则是郭攸之、费祎、董允的本分。

“请陛下授我全权，讨伐叛贼，复兴王朝，如果没有成绩，就处罚我，祭告先帝在天之灵。如果郭攸之、费祎、董允等疏忽失职，就应该责备他们，显明他们的罪过。陛下也应不断检讨，访问垂询什么是正道，采纳忠良们正当的建议，深思先帝的遗诏；能够如此，我已受恩，不胜感激。而今，就要远离，面对奏章，流泪泣涕，不知所言。”

大军遂即出发，进驻沔水（汉水上游）北岸阳平关（陕西省勉县西）石马城（即阳平关）。

诸葛亮延聘广汉郡（四川省广汉市）郡长姚伷（音zhòu〔皱〕）当丞相府秘书（掾）；姚伷推荐不少文武官员。诸葛亮赞扬说："对国家最大的忠心，使国家受到最大的裨益，莫过于推荐贤才。推荐的人在推荐时，往往受自己偏好局限。而今姚伷推荐的人，有刚有柔，有文有武，可以说博学正道。但愿各位秘书都以姚伷的做法作为榜样，完成我的盼望。"

4 曹魏帝曹叡，听到诸葛亮已到汉中郡（陕西省汉中市），打算作先发制人的大举反攻；询问散骑侍从官（散骑常侍）孙资，孙资说："当年，武皇帝（曹操）南征南郑（汉中郡郡政府所在县），攻取张鲁，阳平关战役，陷入危境，靠运气才勉强成功（参考二一五年七月）。后来又亲自前往救出夏侯渊的部队（参考二一九年三月），曾经屡次谈及，说：'南郑简直是上天为人间特设的地狱，褒斜谷简直是五百华里长的石穴！'指出地理形势的凶恶，并且庆幸夏侯渊的部队能够脱离险境。武皇帝（曹操）用兵如神，深刻了解：蜀汉盗贼在丛山上栖身，东吴匪徒在江湖上逃窜，都加以容忍，暂时躲开。从不责备将士不尽全力，也从不争一朝一夕的一口气，这正是知道可以胜利时才作战，知道有不能克服的困难时，便主动撤退。如果我们大军深入南郑，讨伐诸葛亮，不但道路险阻，而且我们在南方镇守四州（荆州、徐州、扬州、豫州），遏阻东吴水贼的精锐部队，有十五六万人之多，必须征调参战；除此之外，恐怕还要征集更多的兵力。于是，天下势将一片混乱，费用也相对增加，陛下必须深切考虑。攻击方面的战斗力量，必须是守军的三倍（守军如果五万人，攻军就要十五万人）。所以，不如只用现有的部队，命各将领分别把守险要关卡，威力就足可以使强敌恐惧、疆场平安、将士在虎帐之中倒头大睡、人民不会受伤害。只要数年的时间，中国（曹魏）日渐强盛，东吴、蜀汉，自己就会疲惫萎缩。”曹叡遂停止行动。

5 最初，曹魏帝国一任帝曹丕，废除五铢钱（参考二二一年十月），改为以物换物，用谷米绸缎，直接交换。民间诈欺的方法遂越来越多，纷纷把谷米浸湿，把绸缎减薄减稀，谋取大利。虽然用严厉的刑罚吓阻，却吓阻不住。农林部长（大司农）司马芝等全体官员讨论，认为：“使用钱币，不但可以使国家富庶，还可以免除刑罚泛滥，现在如果再发行五铢钱，公私都有裨益。”

夏季，四月十日，再发行五铢钱。

6 四月十九日，曹魏帝国在首都洛阳，开始兴建皇家祭庙（曹姓皇家祭庙原在邺城）。

7 六月，曹魏帝国任命司马懿当荆豫军区司令长官（都督荆豫州诸军事），司令部设宛城（南阳郡郡政府所在城，河南省南阳市）。

8 冬季，十二月，曹魏帝曹叡，封贵嫔（小老婆群第一级）河内郡（河南省武陟县）人毛女士当皇后。

最初，曹叡当平原王的时候，娶河内郡人虞女士当王妃；等到曹叡当皇帝，虞女士却不能顺理成章晋升皇后。太皇太后卞女士（曹叡祖母）对她安慰。虞女士说：“曹家有个传统，喜爱贱货，从来不尊敬正派世家。皇后的责任是使宫廷安定，君王的责任是使政府运转，相辅相成。假如不能有好的开始，便不能有好的结局，可能由此而破灭国家，摧毁祭庙。”虞女士遂被逐回邺城（河北省临漳县西南邺城镇）王宫（太皇太后卞女士，本是邯郸〔河北省邯郸市〕妓女。皇太后郭女士，由小老婆擢升正妻。而皇后毛女士，又出身河内郡〔河南省武陟县〕平民之家。虞女士气愤之余，一篙打落了一船人，连好心肠安慰她的祖母卞女士，也一起诟骂进去。依那个时代的情势，虞女士被逐回邺城，还是幸运的。“慎言”的意义，应是指此）。

9 最初，曹操跟他的儿子曹魏帝国一任帝曹丕，都讨论过要恢复肉刑，但也都因正在军事时期，没有实行。等到曹叡即位，皇家师傅（太傅）钟繇上书说：“应该采用刘启（西汉王朝六任帝）颁布的法令：斩首的，如果要求用砍断右脚代替，应该批准；其他黥刑（脸上刺字）、劓刑（割掉鼻子）、刖刑（砍断左脚）、宫刑（割掉生殖器）的，应该采用刘恒（西汉王朝五任帝）颁布的法令，改为髡刑（剃光头发）、笞刑（鞭抽棍打）。这样，每年可以有三千人留下生命。”曹叡命三公及部长级官员讨论。

宰相（司徒）王朗，认为：“中国废除肉刑，已有数百年之久，今天一旦实施，恐怕人民对新法的好处还没有看见，恢复肉刑的消息，已传到敌人的耳朵，不是怀柔远方人士的办法。现在不妨依照钟繇打算减轻的那些死罪，一律减成髡刑（剃光头发），如果觉得髡刑太轻，可加倍判处十年的有期徒刑（髡刑主刑是剃光头发并处有期徒刑五年以下）。国内人民死里逃生，身受重恩，国外则听不到用砍脚代替脚镣的恐怖震耳的叫声。”

参与讨论的有一百余人，多数赞成王朗的意见。而曹叡认为东吴、蜀汉都没有消灭，仍把此案搁置。

10 本年（二二七），东吴王国（首都武昌）昭武将军韩当逝世，他的儿子韩综淫乱，不守法令，恐怕上级追查。

闰十二月，韩综率领他的家属跟私人军队，投奔曹魏帝国（首都洛阳）。

11 最初，曹魏帝国（首都洛阳）新城郡（湖北省房县）郡长孟达，受到一任帝曹丕的宠信（参考二二〇年七月），又跟政务署长（尚书令）桓阶、征南大将军夏侯尚友情很深。等到曹丕逝世，桓阶、夏侯尚也先后逝世，孟达开始感觉到孤单，而且失去安全感。诸葛亮得到消息，诱导他再回蜀汉帝国（首都成都），数次通信之后，孟达暗中接受。

孟达跟魏兴郡（陕西省安康市）郡长申仪，素有裂痕，申仪遂向中央检举。孟达得到消息，惶恐畏惧，打算即行起兵叛变。司马懿写信给孟达，宽解安慰，表示对他深信不疑；孟达犹豫，不能当机立断，而司马懿大军已秘密出动。各将领认为，孟达跟东吴、蜀汉，都已取得联系，应继续观察，再作决定。司马懿说："孟达无信无义，现在他正犹豫不定，应该在他下定决心之前把他解决。"大军急行，用加倍速度挺进，八天就到新城郡城下。东吴王国、蜀汉帝国，都派出将领向西城安桥（陕西省安康市西南）、木阑塞（陕西省旬阳市东北）援救孟达，司马懿分别派将领阻截。

最初，孟达写信给诸葛亮，说："宛城（河南省南阳市。时司马懿驻宛城）距首都洛阳八百华里，距我一千二百里，听到我起兵的消息，当上书皇帝，等诏书询问，再上奏解释，这么一往一返，最快也要一个月时间，那时我的城垒已经坚固，各军已准备妥当。我这里地势凶险，司马懿一定不会亲自出征；对于其他将领，我可是毫不担心。"等到司马懿大军突然抵达，孟达写信通知诸葛亮说："我起兵才八天，敌人已临城下，竟如此神速！"

二二八年 戊申

曹魏 太和 二年
蜀汉 建兴 六年
东吴 黄武 七年

1 春季，正月，曹魏帝国（首都洛阳〔河南省洛阳市东白马寺东〕）荆豫军区司令长官（都督荆豫州诸军事）司马懿，对新城郡（湖北省房县）开始攻击，十六天而城破，斩郡长孟达。

魏兴郡（陕西省安康市）郡长申仪，在魏兴的时间太久，自己擅自雕刻印信，声称代表皇帝，随意任官封爵。司马懿召见他，当场扣押，解回洛阳（申仪认为他有告密之功，一定获得奖赏，所以一召就来）。

2 最初，曹魏帝国征西将军夏侯渊的儿子夏侯楙，娶曹操的女儿清河公主（胡三省注：清河公主本来要许配给丁仪，而被曹丕阻止），曹丕从小就跟他亲善。曹丕即位后，任命夏侯楙当安西将军、关中（陕西省中部）总督，镇守长安（陕西省西安市），回到老爹夏侯渊当年镇守的

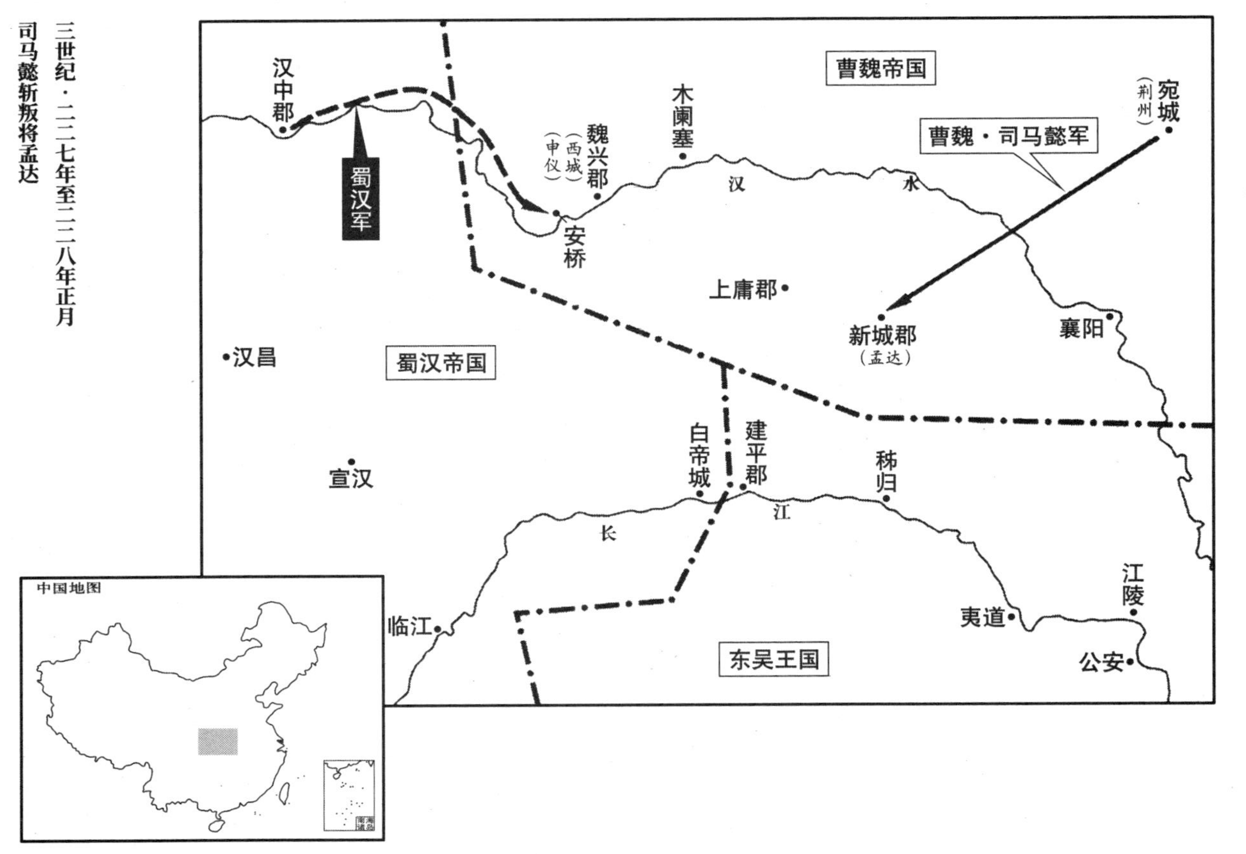

三世纪·二二七年至二二八年正月
司马懿斩叛将孟达

地方（夏侯渊镇守长安事，参考二一一年十二月）。

蜀汉帝国（首都成都〔四川省成都市〕）丞相诸葛亮（本年四十八岁）将对曹魏帝国发动攻击。军事会议上，丞相府军政官（司马）魏延建议：“听说夏侯楙是曹魏皇家的女婿，既没有胆量，又没有谋略。请交给我精锐部队五千人，另交给我五千人的后勤补给。从褒中（陕西省汉中市西北河东店镇）出发，沿着秦岭南麓东行，到达子午谷（子午谷长三百三十公里，北起陕西省西安市长安区西南，南至石泉县；北方出口称“子口”，南方出口称“午口”，悬崖绝壁，栈道桥梁无数，至为险要），即入谷北进，不过十天，就可进抵长安。夏侯楙一听说军临城下，必然逃走。那时候，长安城里，只剩下作战监察官（督军御史）和西都长安市长（京兆太守）；曹魏政府的粮仓，以及民间粮食，足够维持我们部队给养。等到曹魏帝国在东方集结兵力，最快也要二十天左右，而丞相的大军，从褒斜谷（陕西省太白县西南褒河山谷）北上，也应抵达长安城下。如此，咸阳（陕西省咸阳市）以西，就可一举收复。”诸葛亮认为危险性太大，不如从平坦的大道进军，直接夺取陇右（陇山以西），可以有万全的把握取得胜利，却不必有任何冒险，遂拒绝魏延的计划。

柏杨曰

任何人都无法十全十美，也无法万能。只有一种人是十全十美和万能的，那就是“摇尾系统”口中所谓的“英明领袖”，简直这个也懂，那个也精，上通天文，下通地理；上自外太空辐射线，下到阴沟里忽然发现一只土拨鼠，他都可以发出正确的指示。不过，任何“英明领袖”到最后都会现出原形——他仍是一个普通人，而普通人的最大特点，就是他无法十全十美，无法万能。

诸葛亮也是如此，他是中国历史上最伟大的政治家之一。在漫

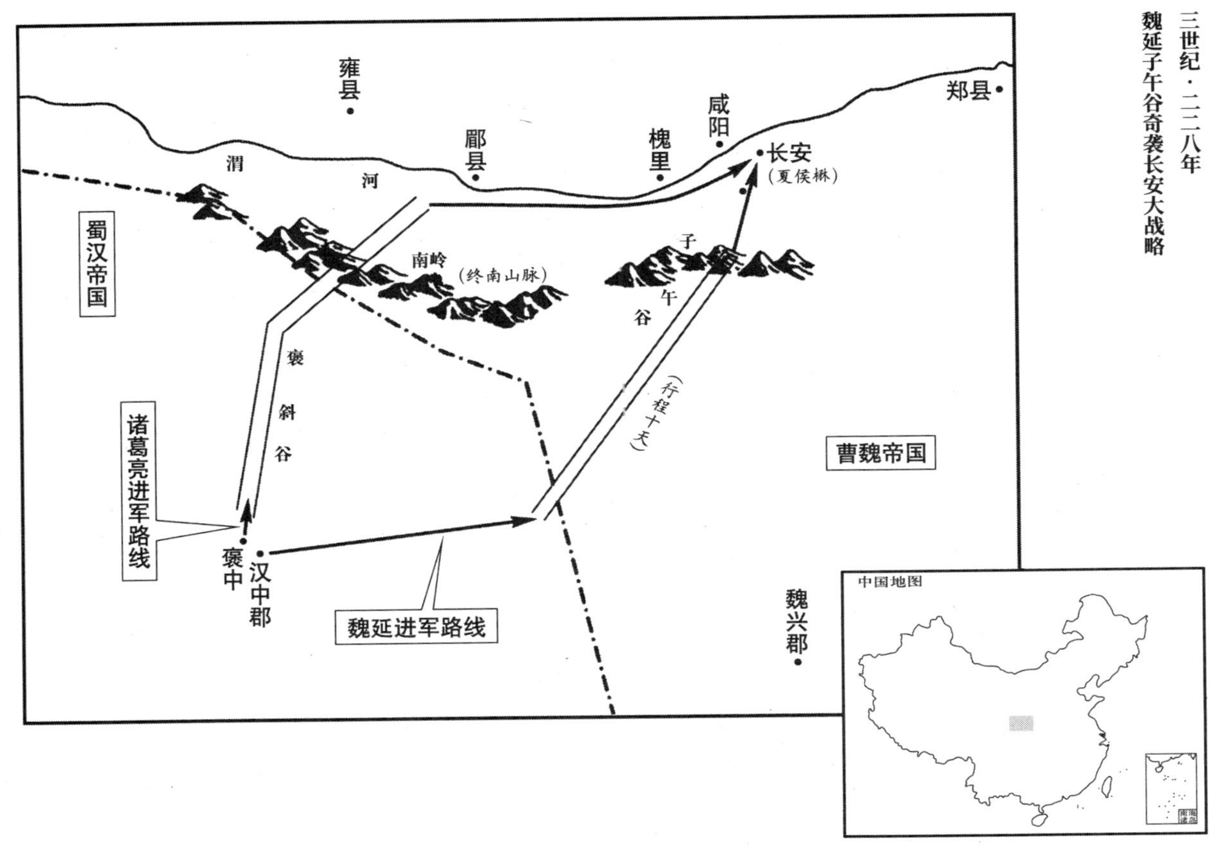

三世纪·二二八年
魏延子午谷奇袭长安大战略

长的五千年中，伟大的政治家，不过管仲、公孙鞅、王猛、王安石、张居正，以及诸葛亮等寥寥几个人而已。然而，政治家跟军事家不同，身为政治家的诸葛亮好像一个篮球教练，现在却教他在足球场上担任教练，他的球队不能击败对方，在情理之中。

魏延的子午谷袭击战略，是一个极具挑战性的大战略，跟当年韩信暗度陈仓（参考前二〇五年）没有分别；跟曹操进击袁尚的柳城白狼山战役（参考二〇七年），更十分相似，全都危险万状。当时，如果陈仓道上，或白檀塞上，设有伏兵，韩信、曹操二人的命运，将无法想象。问题是，恰恰没有伏兵，所以获得成功。军事行动，有赖冒险。在已知的史料上，看不出子午谷设有伏兵，夏侯楙的智谋，还不到这种水准。而且，从稍后的报导，却看出不仅子午谷一线而已，而且是曹魏全国，都没有戒备。所以乍听到一向静悄悄的西南边陲，忽然大军压境，全国立刻震动。

诸葛亮认为子午谷战略太过冒险，但魏延并不是盲目冒险，而是正常冒险，因为对手恰恰是花花公子夏侯楙之故；对手如果是司马懿，大军一进入谷口，就等于进入地狱。所以魏延的大战略一旦被否决，便永无再行的可能。从此，曹魏帝国安如磐石，诸葛亮的出兵祁山，对曹魏帝国的伤害，不过隔山打牛，徒消耗士卒性命。

诸葛亮的错误决策，由于他天生的谨慎性格，使他追求万全。偏偏军事上没有万全，所以他用尽心力，不能寸进。魏延是当时名将，而终于英雄无用武之地，被驱逐到错误的地点，打绝望的战争，而最后还被诬以谋反，身死自己人刀下，一恸。

诸葛亮扬言：大军将进入褒斜谷（陕西省太白县西南褒河谷），直接攻击郿县（陕西省眉县）；并命镇东将军赵云、扬武将军邓芝，据守箕谷（陕西省太白县），故布疑阵。曹魏帝（二任明帝）曹叡（本年二十五岁）果然派曹真当关右（函谷关以西）军区司令长官（都督关右诸军），进驻郿县防堵。而诸葛亮已亲率大军，深入西北，进攻祁山（甘肃省礼县东北），军容整齐，军令严明。

最初，曹魏帝国认为，刘备已经去世，数年之间，蜀汉帝国毫无动静，一片沉寂（诸葛亮巩固后方的七擒孟获之战，远在边陲蛮荒），所以对蜀汉帝国，毫不防备。忽然间听到诸葛亮开始北伐，无论政府与民间，同时感到恐惧。天水郡（甘肃省甘谷县）、南安郡（甘肃省陇西县东南）、安定郡（甘肃省镇原县东南屯字镇），都叛离曹魏，归附蜀汉帝国。关中（陕西省中部）像听到晴天霹雳，上下震动。曹魏帝国政府一时不知道如何因应。曹叡说："诸葛亮一向依靠山势保护，今天自投罗网，正跟兵法上逼迫敌人上门的谋略相合（《孙子兵法》："善战者致人。"此时此地，曹叡不过说说大话，安定民心），一定可以击破诸葛亮。"下令动员步骑兵五万人，命右将军张郃率领，西上阻截。

正月丁未日（正月辛酉朔，没有丁未），曹叡亲往长安（御驾亲征，鼓舞士气）。

最初，蜀汉帝国越嶲郡（四川省西昌市）郡长马谡，才干器宇，超过常人，喜爱谈论军事，诸葛亮认为他是一个奇才，十分器重。一任帝刘备临逝世时，告诉诸葛亮说："马谡言过其实，不可以交给他重要任务，你要注意。"诸葛亮不同意，所以此次出兵北伐，命马谡担任军事参议官（参军），每次见面谈论，往往从白天谈到夜晚，甚为契合。等到攻击祁山（甘肃省礼县东北），诸葛亮不用沙场旧将魏延、吴懿当先锋，而命马谡统御各军，进抵街亭（甘肃省张家川县北）。马谡却举动失常，琐碎苛刻，违背诸葛亮的指示，放弃水源和城垒，竟在山上筑营。曹魏右将军张郃大军抵达后，切断水源，等到蜀汉军渴得瘫痪时，张郃发动攻击，大破马谡兵团，蜀汉军崩溃。

诸葛亮陷于进不能进、守不能守的窘境，只好撤退；裹挟西县（甘肃省礼县东北〔祁山东北〕）居民一千余家，返回汉中（陕西省汉中市），逮捕马谡下狱，处斩。诸葛亮亲自到灵堂祭奠，痛哭流涕，抚养马谡子女，跟他仍在世时一样。蒋琬对诸葛亮说："从前，楚王国杀成得臣，姬重耳大喜过望（前六三二年，楚晋在城濮〔山东省鄄城县西南〕会战，楚军大败。然而晋国国君姬重耳，忧形于色，说："楚军统帅成得臣仍在，我们的灾难恐怕难以结束。"不久，楚王国斩成得臣，姬重耳如释重负，喜不自胜）。天下还没有平定，先杀智囊，岂不可惜。"诸葛亮流泪说："孙武所以能够无敌天下，在于执法公正严明。所以姬扬干违法，魏绛诛杀姬扬干的仆人（《左传》前五七〇年：晋国三十任国君〔悼公〕姬周，主持各国国君高阶层会议时，姬周的老弟姬扬干犯法，国务官〔大夫〕魏绛，处决姬扬干的仆人。姬周认为魏绛正直，命魏绛主持新军）。现在，四海分裂，战争不过刚刚开始，如果再不严格执行法纪，我们用什么讨伐盗贼（曹魏帝国）！"

柏杨曰

一个问题的发生，常因切入点不同，观察深度不同，见解不同，结论有时候竟会恰恰相反。马谡事件，就使我们面对这项困惑。

俗话说：胜败乃兵家常事。除了韩信一人之外，历史上所有名将，都打过败仗。打败仗而不惩罚，军纪荡然，军队当然瓦解。但是如果败一次就斩一将，恐怕所有将领都会死光，包括蜀汉帝国的开国皇帝刘备在内，岂不也要在白帝城斩首？诸葛亮第一次北伐便大败而归，丧师辱国，为什么仅贬三级？

马谡并没有叛国，只是战败，不过缺乏指挥大部队实战的临场经验而已。刘邦如果命张良率军深入垓下，项羽可能击溃十面埋伏。马谡是一个智囊型的谋略人才，放在帷幄之中，可以决胜千里之外，对孟获七擒七纵的攻心战略，出自他的建议。诸葛亮把他放到千里之外，是逼他死于帷幄之中。人，应尽其才。如果赦免他，而留在身旁，再经历练，将来辅佐姜维，可能又是一个局面。

法治是理想的秩序，但法治不能僵化，不能违背现实形势。我们为马谡悲，为诸葛亮惜！

马谡大败之前，裨将军巴西郡（四川省阆中市）人王平，一再警告马谡，马谡无动于衷。等到失败，士兵四散逃命，只有王平所率领的一千人，擂动战鼓，固守营寨；张郃疑心可能设有埋伏，不敢进逼。王平才慢慢集结各军的散兵游勇，向后撤退（王平没有受过教育，认识的字不超过十个）。诸葛亮既斩马谡，又斩将军李盛，更剥夺将军黄袭等的部队。只王平受到明显的宠爱荣耀，任命王平当军事参议官（参军），接管警卫部队（统五部），兼大本营总监（当营事），晋级讨寇将军，封三等侯爵（一等县侯，二等乡侯，三等亭侯）。诸葛亮上书蜀汉帝（二任）刘禅（本年二十二岁），自请贬降三等。刘禅贬诸葛亮当右将军，兼代丞相职务。

当大军在西方溃败之时，驻守箕谷（陕西省太白县）的赵云、邓芝，也受到攻击。赵云集中兵力，步步设防，损失不大，但也被贬为镇军将军。诸葛亮问邓芝说："街亭（甘肃省张家川县北）失利时，大军四散，各自逃生，将顾不了兵，兵也顾不了将。箕谷失利，大军仍能保持完整，是什么缘故？"邓芝说："撤退之时，赵云亲自断后，辎重粮秣，没有任何损失，秩序井然，部队毫不紊乱。"赵云军仓库中有剩余的绸缎，诸葛亮命他拿出来赏给将士，赵云说："打了一场败仗，怎么还能有赏？请全缴进赤岸（陕西省留坝县北）粮仓，等到十月，用作冬季犒劳。"诸葛亮深为感动（箕谷是褒斜谷的北口，从箕谷南下，即进入褒斜谷的栈道。栈道横梁，一端凿进悬崖绝壁，一端悬空深谷之上，而由竖柱顶住——竖柱下端斜插谷壁，上端承住横梁。赵云撤退后，纵火烧毁这项艰巨的栈道一百余华里；以致数年之久，无法修复。后来好不容易修复，二三四年诸葛亮病死五丈原，魏延又把它焚毁。栈道蜿蜒惊险，俗称："千梁无柱。"当时赵云驻守箕谷的赤岸屯垦区，邓芝驻守箕谷的赤岸口，两军营地相距很近，可是山道艰难，也只能遥遥呼应而已。蜀汉帝国在赤岸设有粮仓，供应大军）。

有人建议诸葛亮，应征集更多的部队。诸葛亮说："我们在祁山、箕谷的部队，都比敌人要多，不但不能击败敌人，反被敌人击败，关键不在兵少，而在将领的指挥能力。我还打算把部队更加精简，显明赏罚，反复检讨，厘订多种应变计划。如果这些做不到，部队人数再多，有什么用？从今之后，各位爱国忧时人士，但求指摘我的缺失，我可以保证：大事可以平定，敌人可以消灭，只须一抬脚时间，功业可以成就。"于是详细调查，连最微小的功劳，都不遗漏；对于为国牺牲的壮烈事迹，一一发掘。诸葛亮承认自己所犯的错误，深深责备自己，把这次错误，在国内公开宣布。加强军事训练，储蓄粮秣，准备再次出击。士气高昂，人民忘掉曾经遭受过挫败（胡三省注：善败者不亡，就是如此）。

诸葛亮大军攻击祁山（甘肃省礼县东北）时，曹魏帝国天水郡（甘肃省甘谷县）郡政府军事参议官（参军）姜维，亲到大营归降。诸葛亮对姜维的胆识和智谋，有深刻印象，遂延聘他当粮食秘书（仓曹掾），但教他主持军事业务。

曹魏帝国关右军区司令长官（都督关右诸军）曹真，讨伐归降蜀汉帝国的安定（甘肃省礼县东北）等三郡，全部平定。曹真认为：诸葛亮检讨祁山（甘肃省礼县东北）之败，以后一定改变战略，攻击陈仓（陕西省宝鸡市东陈仓镇）；命将军郝昭驻防陈仓，修筑城垣，加强防御工事。

3 夏季，四月八日，曹魏帝国皇帝曹叡，由长安返回首都洛阳。

曹叡命燕国（北京市）人徐邈，当凉州（甘肃省中西部）州长（刺史）。徐邈推广农业，鼓励耕田，积存米谷；建立学校，擢升正直清廉人士，罢黜贪官污吏。对待羌人、胡人，不挑剔他们的小过，但他们如果犯了大罪，就通知他们部众的首领，教他们知道所犯的是什么法条，然后斩首示众。人民由是敬畏他的威望和信誉，凉州境内，恢复正常社会秩序。

4 五月，曹魏帝国大旱。

5 东吴王国（首都武昌〔湖北省鄂州市〕）国王孙权（本年四十七岁），命鄱阳郡（江西省鄱阳县）郡长周鲂（音fáng〔房〕）在山越（住在山区的江南土著）中，秘密物色一位北方（曹魏帝国）也知道的著名首领，命他引诱曹魏帝国扬州（州政府设合肥〔安徽省合肥市〕）州长曹休，跳进圈套。周鲂说："山越首领，不过一些小丑，恐怕靠不住，事情万一泄漏，曹休就不会上钩。我愿意充当这个角色，派我的亲人，拿我的信件去跟曹休联系，声称我受到谴责，恐怕被杀，打算献上全郡，归降曹魏帝国，求他派军接应。"孙权允许。于是，孙权不断派出政务署助理（郎官）到鄱阳郡，向周鲂查问各种事务，周鲂亲自到郡政府大门，剃光头发（自处髡刑），请求宽恕。情报立刻传到曹休那里，曹休率步骑兵十万人的混合兵团，南下皖城（东吴庐江郡郡政府所在城，安徽省潜山市），接应周鲂。曹魏帝曹叡，又命司马懿（时驻宛县）攻击江陵（东吴荆州州政府所在县，湖北省江陵县），贾逵（时驻西阳〔河南省光山县〕）攻击东关（即濡须坞〔安徽省含山县西南〕）。三路大军，同时并进。

秋季，八月，东吴王孙权，抵达皖城（安徽省潜山市），任命陆逊当总司令官（大都督），把君王诛杀部属时特用的铜斧（黄钺）交给陆逊使用。孙权亲自拿着马鞭，晋见陆逊（这是一种殊礼，表示对统帅的尊敬，可看出孙权对此次战役，有过高的盼望。上古时代，君王任命统帅后，往往跪下来亲自推车）。任命朱桓、全琮当左右翼司令官（左右督），各率军队三万人，迎击曹休。

曹休立刻发觉他中了圈套，但他仗恃自己的庞大兵力，不在乎圈套，决心继续前进。朱桓向孙权建议说："曹休不过由于皇族关系（二任帝曹叡的族叔），才身负重任，并不是智勇双全的名将。一经接触，他必大败；一旦大败，他必逃走。逃走路线，一定经过夹石（安徽省桐城市北夹山）、挂车（桐城市西南挂镇村），这是两条险恶的窄径，如果派出一万人，用树木石头，把它阻塞，可以把曹休的部众和曹休本人，全部俘虏。我请求率我手下的部队，负责把两路切断。如果靠大王神威，曹休能够归降，我们就可以长驱直入，夺取寿春（安徽省寿县），占领整个淮河以南土地，进而把目标定向许昌（河南省许昌市东）、洛阳。这是万年难逢的良机，不可丧失。"孙权转问陆逊，陆逊不同意，计划中止。

曹魏帝国政务署执行官（尚书）蒋济，上书皇帝曹叡，说："曹休深入敌人国土，跟孙权的精兵对决，而东吴大将朱然等，据守长江上游，恰在曹休的背后，我看不到有利可图。"前将军满宠也上书说："曹休虽然明智果决，但是很少机会指挥大兵团作战，这次进军路线，背靠群湖，面对大江，前进容易，后退困难，这正是军事上所谓的'悬挂之地'（《孙子兵法·地形篇》：有畅通之地，有悬挂之地。我可以往，他可以来，是"畅通之地"；我可以往，但难以回军，是"悬挂之地"。指如同半空悬挂，吊下来易，拉上来难）。大军如果进入无彊口（安徽省庐江县西），应该严密戒备。”满宠上书还没有批下，曹休大军已越过无彊口，进抵石亭（安徽省潜山市东北），展开决战。陆逊自己面对敌人中央主力，而命朱桓、全琮担任左右两翼，三路并进，冲击曹休的埋伏部队，把埋伏部队逐出险要地带，大军尾追而前，直抵夹石（安徽省桐城市北夹山），斩杀及生擒一万余人，俘虏牛马骡驴车辆等一万辆，曹休的辎重武器粮秣，几乎完全丧失。

最初，曹休上书皇帝，要求接应周鲂，曹叡命贾逵率军向东方进发，跟曹休会师。贾逵说：“东吴在东关（濡须坞〔安徽省含山县西南〕）没有备战，说明各路大军，都集中皖城（安徽省潜山市）。曹休深入，必定失败。”遂对自己的部队，重新部署，水陆同时进发。约行二百华里，俘虏东吴人民，得到曹休战败、东吴军已切断夹石（安徽省桐城市北夹山）噩耗。贾逵部下的将领们大为震动，不知道如何是好，打算停止前进，等待后备部队增援。贾逵说：“曹休溃败，道路断绝，进不能战，退不能归，命运险恶，恐怕支持不到天黑。东吴军没有后继，所以只能追击到夹石。我们如果迅速前进，出他们意料之外，正是先摧毁他们士气的办法。东吴部队发现我们后，一定撤退。如果等待援军，届时，东吴已据守关隘，切断道路，我们再多的兵有什么用？”于是，昼夜挺进，沿途分别布置旗帜和鼓声，作为疑阵。东吴军看到贾逵兵团，果然大吃一惊，即行撤退；曹休才脱离困境。贾逵据守夹石，供应曹休军粮秣，曹休军声势迅速恢复。

最初，贾逵跟曹休感情恶劣（曹魏一任帝曹丕，打算命贾逵“假节”〔代表皇帝发号施令〕，曹休说：“贾逵脾气暴躁，很容易欺侮其他将领，不可以使他手握大权。”曹丕遂打消此意，贾逵因此深怨曹休）；等到曹休失败，全靠贾逵，才得幸免。

6 九月二十九日，曹魏帝国封皇子曹穆当繁阳王。

曹休上书皇帝曹叡，请求加罪，曹叡因曹休是皇族，不加追究。但曹休惭愧气愤交集，背上生疮。

九月庚子日（九月丁巳朔，没有庚子），曹休逝世。曹叡命前将军满宠接替曹休遗缺，坐镇扬州（州政府设合肥〔安徽省合肥市〕）。

7 曹魏帝国乌桓保安司令（护乌桓校尉）田豫，攻击鲜卑部落（内蒙古东部中部及以北地区）酋长郁筑鞬；郁筑鞬岳父轲比能派骑兵三万人援救，把田豫包围在马城（河北省怀安县）。上谷郡（北京市延庆区）郡长阎志，是阎柔的老弟，一向受到鲜卑人敬重信赖，前往轲比能军营，解释劝告，轲比能才解围而去。

8 冬季，十一月，曹魏帝国宰相（司徒）王朗逝世。

9 蜀汉帝国（首都成都）右将军、代理丞相诸葛亮，听到曹休兵败，曹魏大军东下，关中（陕西省中部）空虚，打算北伐，文武官员都疑心军事行动不应频繁，表示反对（二月街亭之败，大家顿失信心，可能认为北伐不自量力。而且不满一年，再动员大军，人民负荷沉重。最温和的见解也会认为：即令北伐，也要稍稍延后）。诸葛亮遂上书（《后出师表》）皇帝刘禅，说：

“先帝（刘备）深知：‘汉贼不两立’（汉是蜀汉，贼是曹魏），中央政府不能长期的流亡边陲，所以委托我担负起讨伐盗匪（曹魏）重任。以先帝的圣明，衡量我的才干，固然早已了解我的能力不足，而敌人正在强大。问题是，如果我们不去讨伐盗贼（曹魏），我们同样会被灭亡。与其坐在这里等待灭亡，为什么不主动出击？所以，毫不犹豫的交付我这项重任。我接受诏命那天，睡不能入寐、食不能下咽，唯一想到的事，就是在北伐之前，先安定后防。虽在五月盛

中国地图

阴陵

河

淮

寿春

安风

曹魏帝国

合肥（扬州）

六安

曹魏·曹休军

巢湖

曹魏·贾逵军

曹魏与东吴边界

东关（濡须坞）

濡须水

夹石

无彊口

濡须口

东吴追击曹休

石亭

曹休大败于此

江

长

皖城（庐江郡）

东吴王国

东吴·孙权军

三世纪·二二八年八月 石亭之战

暑，仍南下渡过泸水（金沙江），深入寸草不生的蛮荒。并不是不爱惜自己，只是想到，帝王大业，不可以偏安在蜀郡（四川省成都市）这么一小块地方。所以，身冒危险，冲破困难，恪奉先帝（刘备）的遗命。然而，议论纷纷，认为我们的政策错误。而今，曹魏西方已受到创伤（指二月北伐），东方又有军事上的挫折（指曹休之败）。兵法上所说的'抓住时机'（乘势），而这正是进击的最好时机。恭敬的把我的见解，作一陈述：

"高帝（西汉王朝一任帝刘邦）的睿智，像日月一样光明，谋臣的策略，像大海一样难测，但仍要历经危险，身受创伤，才获得平安。现在，陛下不如高帝（刘邦），谋臣不如张良、陈平；而竟然打算用遥远漫长的计划，去博取胜利，坐在那里等尘埃落定，这是我所不解的现象之一。从前刘繇（扬州州长）、王朗（会稽郡郡长），都是州郡首长；平常日子，谈笑风生；口中全是安邦定国大计，引用的都是圣人的至理名言。然而对人怀疑，不肯信任；对事畏惧，不敢实行；今年不作战，明年不出征，以致眼看着孙策，势力强大，吞并全部江东（江苏省南部太湖流域。刘繇事参考一九五年十二月，王朗事参考一九六年八月）。这是我所不解的现象之二。

"曹操智慧绝顶，谋略超人，指挥大军，可以媲美孙武、吴起。然而，在南阳被敌围困（被张绣击败，参考一九七年正月），在乌巢冒生死之险（攻击淳于琼，参考二〇〇年十月），在祁连身陷危境（祁连，当为祁山，在祁山围袁尚，参考二〇四年），在黎阳亲冒刀锋（应袁谭之邀北上，参考二〇三年十月），在白狼山面临溃败（跟乌桓对决，参考二〇七年八月），在潼关几乎丧生（马超之役，参考二一一年闰八月），然后才缔造一个安定假象。何况，我的才干不够，却打算在百无一失，一点危险都没有的情况下，平定天下，这是我所不解的现象之三。曹操曾五次进攻昌霸（昌豨），都不能使昌霸永远降服（参考二〇一年九月）；四次企图越过巢湖南下，一连遭受四次失败；信任李服（即王服），李服反咬一口（参考一九九年十二月）；委任夏侯渊，夏侯渊军败身亡（参考二一九年正月）。先帝对曹操的才智能力，由衷称赞，曹操都免不了这些困扰和失策，何况我不过只是一匹劣马，怎能保证百战百胜，这是我所不解的现象之四。自从我到汉中（陕西省汉中市），不过一年，而名将一连逝世：赵云、阳群、马玉、阎芝、丁立、白寿、刘郃、邓铜，以及大部队长、小部队长，有七十余人；还有突击队将领、冲锋队将领、賨人兵（賨，音cóng〔从〕，四川省东北部嘉陵江流域一带蛮族）、青羌兵（指西羌）、游击骑兵（散骑）、正规骑兵（武骑），一千余人，也都先后死亡，这都是数十年内，集合的四方精英，不是一个州所能产生的人才。再过几年，势将不战而消耗三分之二，到那时候，我们用什么对付敌人？这是我所不解的现象之五。而今，人民穷困，士卒疲惫，军国大事，不可能停止运行。既不可能停止运行，则停在原地不动和出发进攻，人民辛劳和国家开支，完全一样，如果不乘曹魏正跟东吴兵连祸结，内部正在空虚，发动攻击，却打算用我们一个州（益州）的地区，跟曹魏作持久战，这是我所不了解的现象之六。

"世界上，最难判断的是天下大势和时事变局。昔日，先帝（刘备）在楚地（湖北省）兵败，当时，曹操拍掌大快，认为天下大乱终于结束。想不到先帝东连吴越（孙权。参考二〇八年十月），西取巴蜀（四川省。参考二一四年闰五月），挥军北征，斩下夏侯渊人头（参考二一九年正月），这正是曹操判断错误，汉王朝即将复兴的契机。然而，想不到东吴叛盟，关羽覆没（参考二一九年十二月），秭归挫败（参考二二二年闰六月），曹丕称帝（参考二二〇年十月）。任何事情都是如此，难以预知。我鞠躬尽力，死而后已。至于成功或失败，不是我所能预料。"（从这份《后出师表》，可知当时蜀汉帝国弥漫的苟安心理，只图目前享受，反对北伐，诸葛亮不得不一一解剖分析。“鞠躬尽力，死而后已”。更见心情沉重。）

十二月，诸葛亮率军出散关（陕西省宝鸡市西南大散岭上），包围陈仓（陕西省宝鸡市东陈仓镇）。而陈仓早有准备，诸葛亮不能攻克，命陈仓守将郝昭的同乡靳详，在城外向郝昭招降。郝昭登上城楼，回答说：“曹魏国法，你最熟悉。我的为人，你所深知。我受国家的深恩，而家中人口又多（如果归降，势将全门诛杀），你不必多说，我只有一死，请你回去向诸葛亮致谢，尽管进攻。”靳详回报诸葛亮，诸葛亮命靳详再往，说：“你人马单薄，白白牺牲。”郝昭对靳详说：“我已把话说完，我认识老友，箭可不认识老友。”靳详只好告辞。

诸葛亮认为蜀汉远征军部众数万，而郝昭守军不过一千余人，又预料东方（曹魏首都洛阳）救兵不可能及时赶到，于是开始攻城，使用云梯、撞车，战况猛烈。郝昭用火箭（箭上捆绑火炬）密集射击云梯，云梯起火燃烧，梯上战士全都烧死。郝昭又用绳索拴上石磨，捶击撞车，撞车全毁。诸葛亮再制造百尺高架，用乱箭压制城中守军，一面运土填塞护城河，准备直接攀城而上。郝昭在城内再筑一道城墙阻挡。诸葛亮挖凿地道，打算派突击队从地道突入城中，郝昭又在城内挖掘横沟阻截。

诸葛亮猛攻二十余日，曹魏帝国关右军区司令长官（都督关右诸军）曹真，派将军费耀等赴援。曹魏帝曹叡又命驻屯方城（河南省叶县西南）的右将军张郃，率军攻击诸葛亮；曹叡驾临河南城（河南省洛阳市），摆下筵席，亲自给张郃饯行，问张郃说：“等到将军抵达，陈仓（陕西省宝鸡市东陈仓镇）会不会陷落？”张郃知道诸葛亮远征军深入敌人国境，缺乏粮秣；屈指计算，说：“等我抵达时，诸葛亮早已撤退！”张郃日夜挺进，还没有到，诸葛亮果然粮秣告罄，回军。曹魏帝国将军王双追击，诸葛亮反击，斩王双。

曹叡下诏，封郝昭当关内侯。

10 最初，辽东郡（辽宁省辽阳市）郡长公孙康逝世，儿子公孙晃、公孙渊年纪还幼，部属们遂拥立公孙康的老弟公孙恭；而公孙恭愚劣昏庸，根本不能处理政事。公孙渊逐渐长大，胁迫老叔公孙恭，交出郡长宝座；上书曹魏帝曹叡，陈述经过，请求批准。高级咨询官（侍中）刘晔说："公孙家的官位，是东汉王朝时代所任命（参考一九〇年），而竟然成了世袭。水路大海阻隔，陆路有群山阻断，对外结交蛮夷，距离中央绝远，难以控制。而他们一家，当权日久，今天如果不加以诛杀，定有后患。可是等到他已怀二心，发兵守险，我们再行讨伐，将有很多困难。不如乘他刚刚就位，固然有党羽，但也有仇敌。出其不意，大军突然压境，高悬赏额，可以不必战斗，即行平定。"曹叡不采纳，遂任命公孙渊当扬烈将军，兼辽东郡郡长。

11 东吴王（首都武昌）孙权，擢升扬州（江南地区）全权州长（牧）吕范当全国武装部队最高指挥官（大司马），印信还没有颁发，而吕范逝世。

最初，孙策命吕范负责财务。当时孙权年纪还小，往往私下向吕范借贷或索取，吕范一定报告孙策，不敢独断专行，孙权对他大为怨恨。后来，孙权代理阳羡（江苏省宜兴市）县长，有些私人开支，有时候，孙策下令严格审查，人事官（功曹）周谷为他制造假账，使他不受责备，孙权十分感谢。但等到孙权主持全局，认为吕范忠诚，特别信任；认为周谷伪造文书，摒弃不再录用。

二二九年 己酉

曹魏	太和	三年
蜀汉	建兴	七年
东吴	黄武	八年
	黄龙	元年

1 春季，蜀汉帝国（首都成都〔四川省成都市〕）右将军、代理丞相诸葛亮（本年四十九岁），命部将陈戒，攻击曹魏帝国（首都洛阳〔河南省洛阳市东白马寺东〕）的武都郡（甘肃省成县）、阴平郡（甘肃省文县）二郡。曹魏帝国雍州（州政府设长安〔陕西省西安市〕）州长（刺史）郭淮，率军救援。诸葛亮抵达建威（甘肃省西和县），郭淮向后撤退；诸葛亮攻陷二郡后，即行班师。

蜀汉帝国皇帝（二任）刘禅（本年二十三岁）擢升诸葛亮再任丞相。

2 夏季，四月十三日，东吴王国（首都武昌〔湖北省鄂州市〕）国王孙权（本年四十八岁）正式登极，坐上皇帝宝位（一任大帝），大赦，改年号黄龙（之前是东吴王国黄武八年，之后是东吴帝国黄龙元年）。文武百官全体集合，孙权把功劳归给周瑜。绥远将军张昭，举起笏板（笏，音hù〔户〕。古代君王和臣僚，在金銮宝殿上相见时，手里都拿一块狭长形板子，称“笏板”；用玉石、象牙，或竹片做成，在上面记事备忘），打算歌颂功德；还没有开口，孙权说：“如果当初听张先生的话，早当了乞丐，今天正在讨饭（指张昭主张迎降曹操。参考二〇八年十月）！”张昭大感羞惭，伏在地上，汗流浃背。

孙权追尊老爹孙坚“武烈皇帝”、老哥孙策“长沙桓王”，封儿子孙登当太子，封孙策的儿子孙绍当吴侯。任命诸葛恪当太子左辅、张休当太子右弼、顾谭当太子主任秘书（辅正）、陈表当太子护卫司令官（翼正都尉。“左辅”“右弼”，是上古时天子的四辅之二。〔其他之二是“前疑”“后丞”〕，新王朝皇帝王莽时代，曾出现过这种古官，现在孙权用到太子身上。“辅正”“翼正都尉”都是东吴创制的新官称），而谢景、范慎、羊衜等，都被任命担任太子宾客。于是东宫（太子宫）号称人才济济。太子孙登请高级咨询官（侍中）胡综撰写《宾友评鉴》，文章说：“英才卓越，超过一代，有诸葛恪。洞察时势，分析深入，有顾谭。辩才流畅，能解困惑，有谢景。学问深厚，跟言偃、卜商一样博学，有范慎。”羊衜私下反驳胡综说：“诸葛恪粗心大意，顾谭精明残暴，谢景华而不实，范慎心胸狭窄。”诸葛恪等听到这些批评，对羊衜怀恨在心。但后来这四个人，都归失败，完全应验羊衜的观察。

孙权派人向蜀汉帝国简报他即位情形，表达两国皇帝互相尊重、共存共荣的愿望。蜀汉政府官员反应强烈，认为跟孙权交往毫无益处，而孙权竟然称帝，站在大义立场，孙权显然是叛逆，应跟他断绝关系。丞相诸葛亮说：

“孙权早就有僭位叛逆之心，我们所以不太追究的原因，好像捕鹿，我们抓住角，希望他抓住脚而已。今天如果公开的一刀两断，他一定恨我们入骨，我们势必把武装部队调到东方，跟东吴对抗，必须等到把他们的国土并吞之后，才可以图谋中原（曹魏帝国）。可是，东吴的贤能人才，还是很多；文武将相又一团祥和，绝不可能用一天工夫，把他们消灭。于是，势必僵持不下，坐在那里，眼看着胡须变白，反而使北方贼寇（曹魏帝国）得到利益。不是最高的谋略。

“从前，孝文帝（西汉王朝五任帝刘恒）对匈奴的态度，十分谦恭。先帝（刘备）跟吴郡（江苏省苏州市）地方政权（孙权）结盟，彼此十分优遇。都是一时权宜之计，用以应付变局，深思远虑。不应像一个无知小民，一时愤怒，就要发作。而今，议论纷纷，都认为孙权的目的，就是要求三国鼎立，不再为复兴汉王朝（东汉）尽力，志向只在保护长江，已没有舍船登岸之情。抱着这样看法的人，都似是而非。为什么？正因为他的智慧和能力，不能超越，只好以长江为界，先求自保。

“孙权不能渡长江北上，犹如曹魏不能渡汉水南下，不是力量有余而不去做，也不是有重大利益而不去取。如果我们大军，出动讨伐曹魏，上等计策是，孙权一定会想占领曹魏的国土，留作以后规划使用。至少，孙权也会掳掠曹魏人民，开拓疆域，在国内提高声望威信。他们不是呆坐在那里一动不动之人。即令他呆在那里，一动不动，但对我们却和睦亲善，我们北伐时，不但没有东顾的忧患，而曹魏武装部队，也不能全部西调。仅这方面的利益，已经够大。孙权僭位叛逆这件事，不应该特别强调。”

遂派皇城保安司令（卫尉）陈震，前往东吴帝国，祝贺孙权登极。孙权跟蜀汉帝国签订盟约，等到消灭曹魏帝国后，平均分配领土：豫州（河南省）、青州（山东省北部）、徐州（江苏省北部）、幽州（河北省北部及辽宁省），归属东吴；兖州（山东省西部）、冀州（河北省中部南部）、并州（山西省中部）、凉州（甘肃省中西部），归属蜀汉；司州（京畿总卫戍司令〔司隶校尉〕辖区）则以函谷关（河南省新安县）为界，东属东吴，西属蜀汉（瓜分线含糊不明，幽州跟青州不接壤，当中被冀州分隔；而又没有提到扬州、荆州、雍州。本年，曹魏帝国有十二州：司隶州〔京畿总卫戍司令部设洛阳〕、青州〔州政府设临淄，山东省淄博市东临淄区〕、幽州〔州政府设蓟城，北京市〕、冀州〔州政府设信都，河北省衡水市冀州区〕、兖州〔州政府设廪丘，山东省郓城县西北〕、徐州〔州政府设下邳，江苏省睢宁县北古邳镇〕、豫州〔州政府设谯县，安徽省亳州市〕、扬州〔州政府设合肥，安徽省合肥市〕、并州〔州政府设晋阳，山西省太原市〕、荆州〔州政府设宛城，河南省南阳市〕、雍州〔州政府设长安，陕西省西安市〕、凉州〔州政府设姑臧，甘肃省武威市〕。东吴帝国有三州：扬州〔州政府设建业，江苏省南京市〕、荆州〔州政府设江陵，湖北省江陵县〕、交州〔州政府设番禺，广东省广州市〕。蜀汉帝国有一州：益州〔州政府设成都，四川省成都市〕）。

东吴帝国绥远将军张昭，因年老多病，呈请辞职，缴还所辖部众。孙权改命他当辅吴将军，朝会时位置仅次于三公，并改封娄侯，采邑一万户人家。张昭每次朝见，言辞严厉，义形于色，曾经直率的冒犯孙权的旨意，以后遂不肯到金銮宝殿上朝见。后来，蜀汉帝国使臣前来报聘，赞扬自己国家的美德，文武百官，张口结舌，无法答对。孙权叹息说："如果张先生在座，使臣连话都说不出，岂有吹牛的机会？"第二天，派宦官（中使）问候张昭，并亲自前去拜见，张昭急忙离开席位（古人坐草席）请罪，孙权跪下来阻止。君臣坐定之后，张昭仰起头说："从前，太后（吴女士）、桓王（孙策），并没有把我老臣托付给陛下，而是把陛下托付给老臣。我所想到的只是竭尽臣节，报答厚恩。却只因见解肤浅，违背旨意。然而，

三世纪·二二九年
蜀汉、东吴协议瓜分曹魏国土

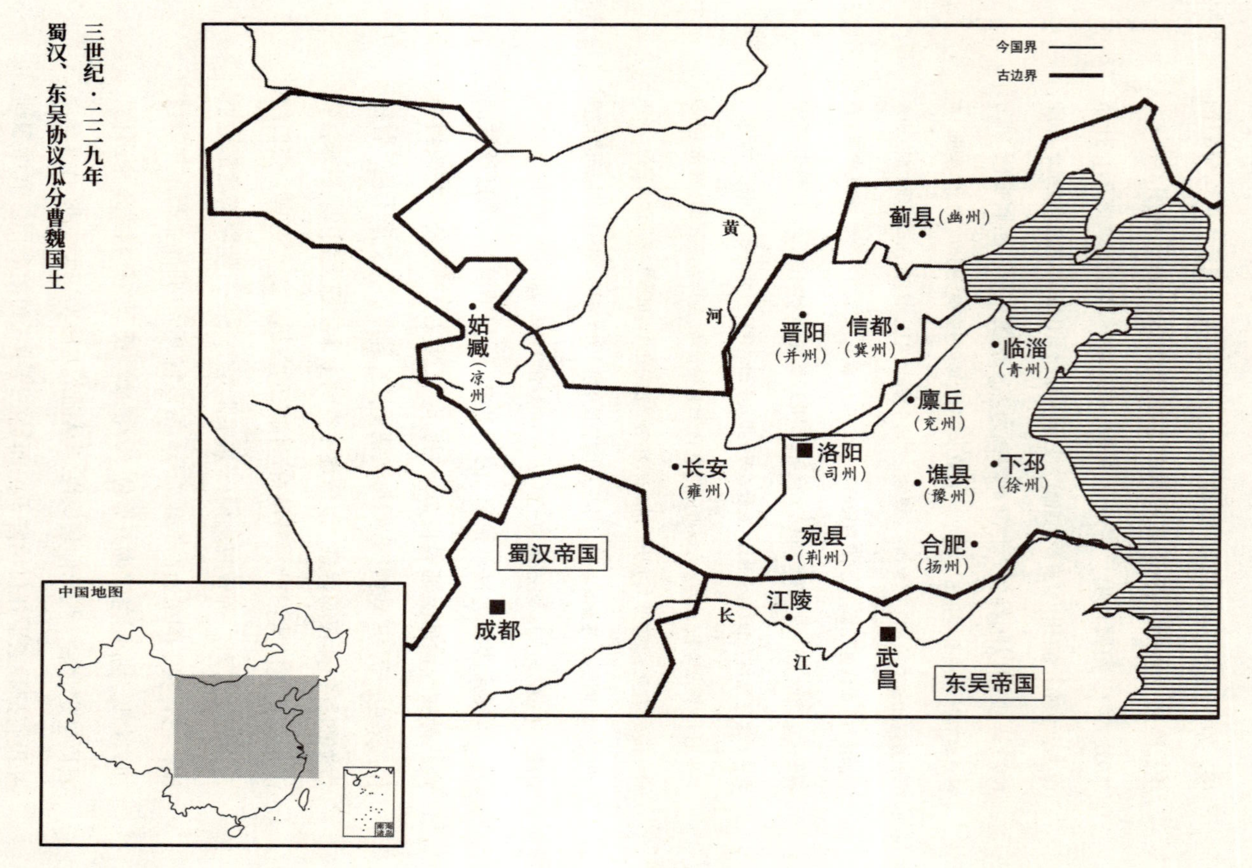

一片忠心，侍奉君王，此生不变。要我为了荣华富贵，去巴结奉承，我做不出这种事。”孙权连连道歉。

3 曹魏帝国元城（哀）王曹礼逝世。

4 六月二十一日，曹魏帝国繁阳王曹穆逝世。

5 六月二十六日，曹魏帝国皇帝（二任明帝）曹叡（本年二十六岁）追尊高祖父、东汉王朝皇后宫总管（大长秋）曹腾“高皇帝”，曹腾夫人吴女士“高皇后”。

6 秋季，七月，曹魏帝曹叡下诏：“古礼规定，王后没有儿子时，应遴选庶子继承大宗（嫡子系统），自应纳入正统（大宗，嫡子系统），奉守公义，不能再顾及原来的亲情。西汉王朝时，刘病已（十任宣帝）继承刘弗陵（八任昭帝）的帝位（事实上是继承九任帝刘贺的帝位），而竟尊称他亲生老爹刘进‘皇考’（参考前六五年三月）；刘欣（十三任哀帝）以封国国君的身份入继，而董宏等竟然引用已灭亡了的秦王朝例证，迷惑当时政府（参考前七年四月），既尊称老爹刘康为恭皇，在京师（首都洛阳）建立祭庙（参考前五年四月）；又宠爱身为藩属姬妾的傅昭仪，使她比同长信宫的太皇太后王政君。在金銮宝殿上，讨论尊卑顺序，同时建立四个太后宫（参考前五年四月），体制礼教，受到过度破坏，人神同时发怒，拒不保佑。更把忠言直谏的师丹，判处重罪（参考前六年九月），以致招来丁太后和傅昭仪受到火烧酷刑（丁傅二人坟仅被铲平，而没有火烧之事）。从此，继任君王，跟在脚后效法（东汉王朝六任帝刘祜，尊老爹刘庆为孝德皇，参考一二一年三月。十一任帝刘志，尊祖父刘开为孝穆皇、老爹刘翼为孝崇皇，参考一四六年九月。十二任帝刘宏，尊祖父刘淑为孝元皇、老爹刘苌为孝仁皇，参考一六八年闰三月。他们的妻子，也都被尊称为“后”）。

从前，鲁国国君姬兴（二十任文公），在祭祀的时候，把老爹姬申（十九任僖公）的灵位，放在伯父姬启（十八任闵公）灵位的前面，这种‘逆祀’罪恶，都由于夏父弗忌的一派胡言（前六二五年，夏父弗忌对此解释说：“我亲眼看见，新鬼大，旧鬼小；先祭大，后祭小，顺序应该如此。”）。宋国国君子鲍（二十四任文公）的葬礼，奢侈过度，大家一致抨击华元（前五八九年，子鲍逝世，才开始厚葬。有些人遂判断宋国当权派人物华元，已有野心）。

现在，我下令三公、部长级官员，以及有关单位，应把上述的这些错误行为，作为鉴戒。皇家后裔之中，将来万一有人以封国国君身份，入承皇帝大统，应该明了做人后代的大义。如果甘心去当邪恶的马屁精，谄媚当时君王，妄图为亲生父母、祖父母等，建立尊号，干犯正统，称老爹为‘皇’，称娘亲为‘后’，国家重要大臣，对那些邪恶的马屁精，应立即诛杀，绝不赦免。这份诏书，刻在竹简之上，藏在祭庙之中，载明在国家法典之内（曹叡迄今还没有儿子，唯恐将来由侄儿辈继承帝位，各自尊奉亲爹，把他挤到一旁）。”

7 九月，东吴帝国由武昌（湖北省鄂州市）迁都建业（江苏省南京市），全部使用原来旧有的官舍建筑，没有增加或改建。留太子孙登、政务署执行官（尚书）、九部部长（九卿）在故都武昌（湖北省鄂州市）；而由上大将军陆逊，辅佐太子，并负责处理荆州（湖北省南部及湖南省）以及属于扬州的豫章（江西省南昌市）等三郡事务，监督全国军政大事。

南阳郡（河南省南阳市）人刘廙，曾经著《先刑后礼论》，同郡人谢景在陆逊面前，特别称道。陆逊呵责他说：“礼教的优点，多过刑罚。刘廙用邪恶的道理，抨击圣人的教化。阁下而今在东宫（太子宫）

任职，应该坚持仁义，传播恩德声音。像刘廙这样的言论，不必再提。”

太子孙登写信给西陵（湖北省宜昌市）防卫司令（督）步骘（音zhì〔制〕），请求指导教诲；步骘于是把此时荆州地区的事务跟重要官员的行谊，一一分析回答。遂即上书给孙登，赞扬说：“我曾经听说，君王不亲自处理小事，只要教文武百官，在他们的岗位上尽忠职守就够了。所以姚重华（舜）任命九位贤才，担任官职（姒文命当工程官〔司空〕、子契当国防官〔司徒〕、姬弃当农业官〔后稷〕、皋陶当司法官〔士〕、益当水利官〔朕虞〕、垂当矿业官〔共工〕、夷当祭祀官〔秩宗〕、龙当监察官〔纳言〕、夔当音乐官〔典乐〕。参考前四三年九月注），姚重华本人便不再操心；不出大门，天下完全治理。贤才所在之地，能在万里之外决定胜负，他们是国家的珍宝，兴衰的契机。但愿太子留意，则是天下幸运。”

讨虏将军府秘书长（讨虏长史）张纮，回吴郡（江苏省苏州市）迎接家属，中途卧病逝世（张纮应在二一一年孙权初都建业之时逝世，司马光误置于本年）。临死之前，把呈递孙权的奏章（遗表）交给儿子，奏章说：“自古以来，主持国家的人，都决心修明政治，打算媲美太平盛世，可是治理的结果，多不能实现，并不是缺少忠臣和贤能辅佐，而是君王无法克制自己的私情私欲，不能信任忠臣和贤能辅佐。人之常情是，畏惧艰难，趋向容易，喜爱相同意见，厌恶相反意见。于是，跟治理国家的轨道，恰恰相反，古书说：‘听从善言，势如登天，困难得很；随从邪恶，好像山崩，一下子就陷下去。’（《周礼·天官》：“从善如登，从恶如崩。”）说明为善多么不易。君王继承祖先的基业，居于没有人提出异议的自然优势，掌握天下八种权柄的威严（《周礼·天官》：一是爵位、二是俸禄、三是赏赐、四是安置、五是活命、六是剥夺、七是罢黜、八是诛杀）。更容易欣赏赞扬的话，对任何事都不需要征求别人同意。在这种情形下，忠臣义士贡献使君王感到困难的方案，提出使君王听起来不顺耳的建议，跟君王之不能契合，岂不在意料之中？忠臣义士一旦疏远，就难免生出猜疑，花言巧语的小人就在等待这个机会。君王被一些表演忠心的小动作，感动得迷迷糊糊；被一些私欲私情的小恩小爱，诱惑得贪恋不舍。于是好人和坏人混杂一起，任用或罢黜，遂完全失去标准。所以成了这个样子，全由于受到私心私欲控制。因之，英明的君王特别警觉，征求贤才，好像饥渴的人希望得到饮食。接受规劝，永不厌倦，压制自己的情欲，用大义斩断私恩。则在上位的人才不致发表荒谬的任命，在下位的人也不再抱非分的希望。”孙权看到，感动流泪。

8 冬季，十月，曹魏帝国把平望观改称听讼观（观在首都洛阳城北华林园），皇帝曹叡常说：“监狱，关系国家的安危！”每次判决大的刑事诉讼，曹叡常亲自听取报告。

最初，战国时代初期，魏国国君魏斯（一任文侯）的教师李悝，著《法经》六篇（《法经》是中国最早的法典，分《盗法》《贼法》《囚法》《捕法》《杂律》《具法》），公孙鞅接受这项法律观念，在秦国实行变法。萧何制定西汉王朝法律，增加到九篇，后人更增加到六十篇。除了法律外，又增加法令三百余篇，判例九百零六卷。每个世代都有增有减，十分杂乱，以致审讯判决，没有常规，后代的人如马融、郑玄等，就有十多家，更添注很多解释。一直到曹魏帝国建立，常用的法令，还有二万六千二百七十二条，共七百七十三万多字，阅览越发困难。曹叡下诏，命只采用郑玄一人解释。政务署秘书（尚书）卫觊上书说："刑法，是国家的珍宝，但人们在私下谈论时，往往对它轻视。监狱官员，掌握人民性命，而担任这项职务的人，却品行卑劣。国家衰乱，未尝不是由于这个缘故，我建议设立法律律师。"曹叡批准。

曹叡又下诏，命最高监察长（司空）陈群、散骑侍从官（散骑常侍）刘卲等，修改两汉王朝法规，制定新律十八篇、州郡令四十五篇、文官令（尚书官令）、军律（军中令），共一百八十余篇；虽然比萧何时代的正律九篇要多，但其他附属的法令，已大大减少。

9 十一月，曹魏帝国在首都洛阳兴建的皇家祭庙落成。把曹腾（高帝）、曹嵩（太帝）、曹操（武帝）、曹丕（文帝）四人的牌位，从邺城（河北省临漳县西南邺城镇）迎接过来供奉。

10 十二月，曹魏帝国改封雍丘王曹植为东阿王。

11 蜀汉帝国（首都成都）丞相诸葛亮，把大本营迁到南山（秦岭）之下平原地带，在沔阳（陕西省勉县）兴筑汉城，在成固（陕西省城固县）兴筑乐城（以陕西省汉中市为中心，汉城在汉中市之西，乐城在汉中市之东）。

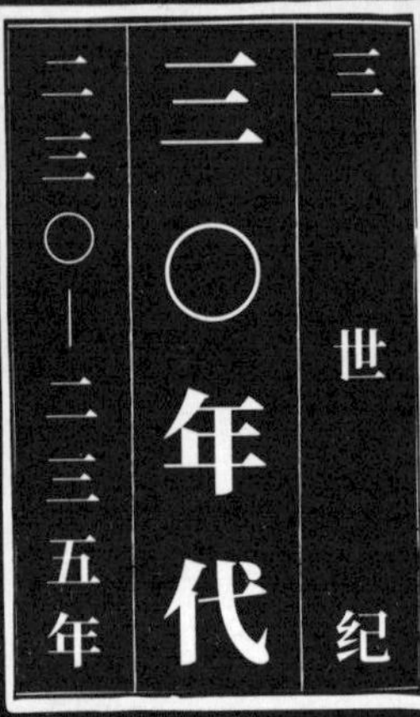

- 东吴派军深入东方大海寻求夷洲、亶洲。
- 诸葛亮二出祁山，病逝五丈原。

- 蓬提尼斯当罗马主教。
- 罗马皇帝亚历山大击败波斯；不久被刺身死（二三五年）。马克西明继位皇帝，暴虐凶残。

曹魏	太和	四年
蜀汉	建兴	八年
东吴	黄龙	二年

1 春季，东吴帝国（首都建业〔江苏省南京市〕）皇帝（一任大帝）孙权（本年四十九岁），命将军卫温、诸葛直，率武装部队一万人，深入东方大海，寻求传说中的夷洲、亶洲，打算俘虏两地人民，增加国力。上大将军陆逊、首都卫戍司令（卫将军）全琮，一齐劝阻，认为："桓王（孙策）当初创立基业时，军队不满五百人，而江东（江苏省南部太湖流域）现有的部众足够使用，不应该遥远深入渺茫世界；万里之外，袭击别人，风浪波涛，难以预测。而且，人民一旦改变环境，

必然会因水土不服，生疾患病。本来打算增加国力，反而更伤害国力；本来求利，反而蚀本。加上那些地方的人民，跟飞禽走兽一样，得到他们，对事业毫无帮助；没有他们，也不会使我们的部众减少。”孙权拒不接受。

2 曹魏帝国（首都洛阳〔河南省洛阳市东白马寺东〕）政务署执行官（尚书）、琅邪郡（山东省临沂市）人诸葛诞，立法官（中书郎）南阳郡（河南省南阳市）人邓飏等（飏，音yáng〔洋〕），结合成一个互相抓痒的小圈圈，你赞美我，我赞美你。宣称：散骑侍从官（散骑常侍）夏侯玄等四人是“四聪”，诸葛诞等八人是“八达”。夏侯玄，是夏侯尚的儿子。总立法长（中书监）刘放的儿子刘熙，立法署长（中书令）孙资的儿子孙密，文官司司长（吏部尚书）卫臻的儿子卫烈等三人，还没有资格进入圈圈，但因为他们的老爹都是在位的当权人物，特别容纳，称为“三豫”。

代理宰相（行司徒事）董昭，上书皇帝（二任明帝）曹叡（本年二十七岁），说：

“凡是拥有天下的君王，没有不尊重朴实忠信人士，而痛恨虚伪。因为他们破坏教化，扰乱治安，伤风败俗。最近，魏讽在一〇年代伏诛（参考二一九年九月）、曹伟在二〇年代处死（参考二二一年八月）。陛下前后颁布的诏书，无不深刻的斥责浮华不实，打算消灭使人咬牙切齿的邪恶势力。可是，执法的官员，却畏惧邪恶势力，不敢纠举，破坏风俗的行为，遂越来越趋严重。

“我暗中观察，现代青年，不再把学问当作根本，却专门结交党羽，乐此不疲；高级知识分子不再追求高尚的孝悌清廉境界，却趋炎附势，只为了攫取一点小名小利，结成党派，你恭维我天下第一，我叹息你怀才不遇。把诋毁当作刑杀，把褒扬当作奖赏。对归附自己的，赞美的言论如倾盆大雨；对拒绝归附自己的，就百般挑剔，横肆诬蔑，还互相勉励说：‘现在是什么年头？有什么担心的！只怕你人际关系不够，朋友不多！不要忧虑人家不知道自己，只要纳入小圈圈，就像吃了仙丹妙药，人家对你连说话都会细声细调。’

“我又听说，有人教他的家奴或宾客，冒充高级官员的属下差役，出入宫廷，书信来往，探问机密。像这一类事情，都是法令所严禁，刑罚所不赦；即令是魏讽、曹伟的罪行，也不会比他们更重。”

曹叡同意董昭的看法。

二月四日，曹叡下诏：“社会风气之朴实和华丽，随着教育文化而改变。兵荒马乱以来，儒家学派经典的研究工作，完全荒废。青年们的兴趣和进取方法，不再受经典约束。岂不是教导不恰当，任用官员时，从不考虑他品德的缘故！现在严格调查，从政务署助理（郎吏）开始，学问可以通晓儒家学派一种经典，才干可以担任地方政府首长的，应参加国立大学教授（博士）主持的考试，考试成绩优等的，录用；其他华而不实，不务正道的人，罢黜。”

于是，诸葛诞、邓飏免职。

3 夏季，四月，曹魏帝国皇家师傅（太傅）钟繇逝世。

4 六月十一日，曹魏帝国太皇太后卞女士逝世。

秋季，七月，卞女士安葬。

5 曹魏帝国最高指挥官（大司马）曹真，认为蜀汉帝国（首都成都〔四川省成都市〕）不断侵犯国境，请求出动大军，从褒斜谷（陕西省太白县西南褒河山谷）深入，作惩罚性的讨伐；如果各将领数道同时进击，可以获得大胜。曹叡批准这项军事计划，下诏：最高统帅（大将军）司马懿，逆汉水而上，由西城（陕西省安康市）向西攻击，跟曹真在汉中（陕西省汉中市）会师。其他将领，分别从子午谷（陕西省宁陕县北）、武威（应为建威，甘肃省西和县）同时并进。最高监察长（司空）陈群劝阻说："当年，太祖（曹操）到阳平（陕西省勉县西）攻击张鲁（参考二一五年七月），尽量携带豆子小麦，增加粮食的存量。可是，还没有攻下张鲁，粮食已感不足。而今，我们既没有周密的准备，褒斜谷地形又非常凶险，无论进退，都十分困难。转运输送，敌人一定阻截抄掠，如果防止阻截抄掠，就必须多派部队防守险要，那么大军战斗力就会减弱，不可不精密思考。"曹叡采纳陈群的建议。

曹真再上书，要求从子午谷（陕西省宁陕县北）进击。陈群再陈述军事行动的缺点和军费的庞大负担。曹叡把陈群的奏章交给曹真参考，曹真不理会陈群的奏章，遂即出动。

6 八月五日，曹魏帝曹叡，向东视察。

八月十九日，抵达许昌（河南省许昌市东）。

7 蜀汉帝国（首都成都）丞相诸葛亮（本年五十岁），得到曹魏兵团入侵消息，把大军集结在成固（陕西省城固县）赤坂（陕西省洋县），严阵以待（曹魏兵团逆汉水而上，跟从子午谷南下，一定在城固会师），另征召李严率二万人前来汉中（陕西省汉中市）增援；向蜀汉帝（二任）刘禅（本年二十四岁）推荐李严的儿子李丰，当江州（巴郡郡政府所在县，重庆市）司令官（江州都督），办理后勤供应（李严本是江州都督，既率军北上，遗缺命他儿子接任）。

就在这时候，大雨不停，连降三十余日，栈道完全断绝，曹魏帝国全国武装部队总司令（太尉）华歆上书说：“陛下神圣的品德，上比姬诵（周王朝二任王）、姬钊（周王朝三任王），但愿以专心治理国家为第一优先，其次再考虑征战。国家建立在人民基础之上，而人民必须穿得暖、吃得饱。如果能使中国（曹魏）没有饥寒的灾难，人民没有游离的心理，则两个盗匪集团（东吴跟蜀汉）的粉碎，可以马上看到。”曹叡回答说：“盗匪集团仗恃山川险要，我的父亲（曹丕）和祖父（曹操）曾经劳苦讨伐，还不能削平，我怎么敢自命不凡，肯定可以把他们消除？只是各位将领认为，如果不试探一下，敌人不可能自己倒毙，所以展示军力，看看有没有可乘之机。如果时候仍没有到，姬发都曾经中途班师（前十二世纪七〇年代，周部落酋长姬发，打算向商王朝末任帝子受辛总攻，在孟津〔河南省洛阳市孟津区东〕举行结盟会议，参加的有八百个封国国君，都认为可以采取军事行动，姬发说：“时机还没有成熟，天命还不是时候。”即行撤退）。这是历史的镜子，我不会忘记应该做什么。”

宫廷供应部长（少府）杨阜上书说：“从前，姬发（周王朝一任王）渡黄河北伐子受辛（纣）的时候，有白色鲤鱼跳进姬发乘坐的御船。君王和臣僚的脸色，全都变得苍白。那本是一件祥瑞的兆头，他们还心怀忧虑恐惧；何况面对真正的天象变异，能不战栗？现在东吴、蜀汉，都还没有平定，上天却屡显奇象，各军刚刚出发，便大雨不停，被隔绝在穷山恶水之中，已有多日，转运粮秣，肩挑背负，沉重劳苦，费用日渐增加；一旦接济中断，便完全违背当初的计划。古书说：‘有利便攻，有难就退，是最大的军事智慧。’（《左传》前五九七年）凭空使大军困处在山谷之间，前进毫无所获，后退又无决心，不像是王者之师。”

散骑侍从官（散骑常侍）王肃也上书说：“古人有言：‘千里转运粮秣，士兵们一定陷于饥饿；等候砍来的柴煮饭，临睡时还不能吃饱。'这还是平原上军事行动的后果;何况深入险地,开山辟路,艰苦程度,高出百倍。而今,又加上淫雨不止,山道崎岖,又陡又滑,部众困在一起,有力难施,因道路太远之故,粮秣供应不上,这是军事行动最大的禁忌。听说曹真出动已经半月,子午谷(陕西省宁陕县北)才走一半,开山凿路,全部由战士负担,盗匪(蜀汉)兵团坐在那里,安逸的等待我们疲劳的部众,更是军事行动最怕遭遇到的危境。谈到前代,姬发(周王朝一任王)讨伐子受辛(商王朝末任帝),大军已出函谷关(河南省新安县),中途仍然折返;谈到近代,武帝(曹操)、文帝(曹丕)南征孙权,虽到达长江,却不强渡(参考二二五年十月),岂不是上顺天意,下顺时机,知道如何变通?全国人民都相信:陛下会因大雨困苦,让他们休息;等到日后再次出击,再使他们效命。人民乐意于冒险犯难,才会不顾死亡,全力以赴。"王肃,是王朗的儿子(王朗,参考前年〔二〇八〕十一月)。

九月,曹叡下诏曹真,命大军撤退。

8 冬季,十月十一日,曹魏帝曹叡,返回首都洛阳。当时,政务署左执行长(左仆射)徐宣,留守京师(曹魏帝国政务署,设署长〔尚书令〕一人、左右执行长各一人,文官司司长〔吏部尚书〕、民政司司长〔左民尚书〕、外务司司长〔客曹〕、军事司司长〔五兵尚书〕、财政司司长〔度支尚书〕,计五司司长〔五曹尚书〕,共称"八座")。曹叡回京后,各单位负责人把徐宣批示过的公文,再呈给曹叡过目,曹叡说:"我决定跟徐宣决定,有什么不同!"不再审阅。

9 十二月,曹魏帝曹叡把娘亲甄洛,改葬邺城(河北省临漳县西南邺城镇)朝阳陵(因原葬处地势低下)。

10 东吴帝国（首都建业）皇帝孙权，扬言攻击曹魏帝国的合肥（扬州州政府所在县，安徽省合肥市）。曹魏征东将军满宠，奏请征调兖州（山东省西部）、豫州（河南省）各军，在合肥集结。而东吴兵团不久即行退回，曹魏帝曹叡下诏复员。满宠认为："东吴兵团既大规模出动，没有攻击就忽然撤退，定有诡计，必是等我们军队离开后，再乘虚而入。"上书请求暂不复员。十余天后，东吴兵团果然重来，攻打合肥，不能夺取，只好班师。

11 蜀汉帝国（首都成都）丞相诸葛亮，任命蒋琬当丞相府秘书长（长史）。诸葛亮数度外出征战，蒋琬在后方筹划调度，使粮秣及兵源，十分充足。诸葛亮常说："蒋琬忠心而又有雅量，他会跟我共同襄助帝王大业。"

12 曹魏帝国（首都洛阳）青州（山东省北部）人隐蕃（隐，姓），逃到东吴帝国（首都建业），上书给皇帝孙权说："我曾经听说，子受辛（纣）暴虐无道，他的老哥子启，首先逃离本国（参考前一一二三年）；刘邦宽厚英明，陈平首先前往投靠（参考前二〇五年三月）。我今年二十二岁，舍弃故土，归降有道圣君，幸蒙上天保佑，得以保住性命抵达。我来此已有很多日子，有关单位首长不过把我看成一个普通的义士，没有再考察鉴别，以致我具体的意见和精密的方案，不能呈献陛下。再三叹息，困惑不已。谨到宫门呈递奏章，请求召见。"

孙权遂即召见，隐蕃叩谢，回答问题和分析时势，仪态从容，见解精辟。高级咨询官（侍中）、右翼禁军司令（右领军）胡综在座，孙权问胡综对隐蕃的印象如何，胡综回答说："隐蕃上书的语气，类似东方朔；反应迅速，口才敏捷，类似祢衡，但才能赶不上他们。”孙权又问：“他能担任什么样的官职？”胡综回答说：“不可以教他管理人民，不妨教他在首都附近，当一个小职员。”孙权认为隐蕃言论中很多地方谈到刑罚监狱，于是任命他当司法部狱政官（廷尉监）。

左将军朱据、司法部长（廷尉）郝普，不断向孙权保荐隐蕃有辅佐帝王的才能。而郝普跟隐蕃尤其亲密，常抱怨隐蕃的官位太低。于是隐蕃门前车马云集，摇尾系统占满客厅房舍，从首都卫戍司令（卫将军）全琮以下，都倾心结交；只有太子宾客羊衜跟政务署宣诏助理（宣诏郎）、豫章郡（江西省南昌市）人杨迪，拒绝跟隐蕃来往。祭祀部长（太常）潘濬的儿子潘翥（音zhù〔柱〕），也跟隐蕃在一起，还送礼物给隐蕃。老爹潘濬听到消息（此时潘濬随同太子孙登，留在武昌〔湖北省鄂州市〕），大为愤怒，写信责备潘翥说：“我受国家恩宠，志在用生命回报。你身在首都（建业〔江苏省南京市〕），应当心存谦恭，亲近贤能，学习善行。为什么跟一个变节的叛逆交往，而且还送礼物给他？身在远方，听到这项消息，心头震撼，脸上发热，十数日来，愁闷惆怅。信到之后，立即前往信差那里，接受一百棍的惩罚，索回送出去的礼物。”当时人们对潘濬这种反应，认为怪诞不可思议。

不久，隐蕃打算在东吴帝国发动政变，消息走漏；隐蕃逃亡，中途被捕，斩首。孙权严厉责备郝普，郝普惶恐，自杀。朱据剥夺入朝晋见皇帝的权利，很久之后，才解除这项禁令。

13 东吴帝国武陵郡（湖南省常德市）五谿蛮夷叛变，孙权认为南方疆土（交州〔广东、广西及越南北部〕）已经安定，征召交州（州政府设番禺〔广东省广州市〕）州长（刺史）吕岱，回军驻屯长沙郡（湖南省长沙市）沤口（今地不详）。

曹魏　太和　五年
蜀汉　建兴　九年
东吴　黄龙　三年

1 春季，二月，东吴帝国（首都建业〔江苏省南京市〕）命祭祀部长（太常）潘濬，“假节”，会同吕岱，率军五万人，讨伐武陵郡（湖南省常德市）五谿蛮。

蜀汉帝国（首都成都〔四川省成都市〕）丞相诸葛亮（本年五十一岁）新延聘的丞相府秘书长（长史）蒋琬，是潘濬的姨兄（娘亲姐妹的儿子）；武陵郡（湖南省常德市）郡长卫旌，上书检举潘濬派出密使跟蒋琬联系，有寄托归附的意思。东吴帝（一任大帝）孙权（本年五十岁）说：“潘濬不会做这种事。”把卫旌的奏章交给潘濬，征召卫旌返回首都建业，免职。

2 东吴帝国（首都建业）航海部队，由卫温、诸葛直率领，深入东方大海一年有余，士卒因患病或传染瘟疫而死的十分之八九（去年〔二三〇〕出发时一万人，已八九千人丧生，每天平均有二十五具尸体抛入大海，诚是可哀）。可是，亶洲（日本）绝远，根本找不到，仅只抵达夷洲，掠夺数千人而返。卫温、诸葛直被控徒劳无功，诛杀。

3 蜀汉帝国（首都成都）丞相诸葛亮，命李严以中央军事总监（中都护）身份，主持汉中郡（陕西省汉中市）留守府。李严改名李平（改名一定有原因，可惜没有说明）。诸葛亮统率各军，向曹魏帝国（首都洛阳〔河南省洛阳市东白马寺东〕）发动第四次大规模攻击，包围祁山（甘肃省礼县东北；当时守将是贾栩、魏平），制造“木牛”，用以转运粮秣（《资治通鉴》仅提“木牛”，以后才提“流马”。木牛流马到底是什么？迄今没有一个使人满意的答案。《诸葛亮集》所载：“木牛者，方腹曲头，一脚四足，头入领中，舌着于腹……”更使人糊涂。《事物纪原》认为：“木牛就是有前辕的小车，流马就是一人推动的独轮车。”然而，山路不但忽高忽低，而且碎石满路，兽力拉动的小车，或许可以行走，人力推动的独轮车，恐怕寸步难行。西汉王朝初年，牛车已经盛行，何至历经三百年才有小车出现？不合常情。然而，木牛流马在史书上又言之确凿，我们只有等待专家考证）。这时，曹魏帝国最高指挥官（大司马）曹真患病，曹魏帝（二任明帝）曹叡（本年二十八岁）命最高统帅（大将军）司马懿西上接替，进驻长安（陕西省西安市），督促车骑将军张郃、后将军费曜、征蜀军事总监（征蜀护军）戴陵、雍州（陕西省中部及甘肃省南部）州长（刺史）郭淮等阻截。

三月，曹真逝世。

4 自从去年（二三〇）十月起，到本年（二三一）三月，曹魏帝国不曾降雨。

5 曹魏帝国最高统帅（大将军）司马懿，命费曜、戴陵，率精锐部队四千人，驻守上邽（甘肃省天水市）；其他所有军队，全部出动，向西救援祁山（甘肃省礼县东北）。张郃打算拨出一部分军队驻防雍县（陕西省宝鸡市凤翔区）、郿县（陕西省眉县）；司马懿说："如果前方部队能够单独挡住敌人，你的主张是对的；如果前方部队没有这种力量，却把大军分成前后，兵力分散，楚国三军之所以被英布击破，原因在此（英布叛变，楚国出兵阻截，分为三军，打算一军败时，其他二军可以支援。结果，英布击溃一军，其他两军跟着瓦解。参考前一九六年）。"遂全军推进。诸葛亮留下一部分军队，继续围攻祁山，而亲自前往上邽（甘肃省天水市）。郭淮、费曜等迎战，诸葛亮击破二军，乘势收割田野小麦，跟司马懿在上邽之东相遇。司马懿缩小防御面，依靠险要扎营，拒绝作战，诸葛亮向后撤退。

司马懿尾随蜀汉军，抵达卤城（地望在甘肃省天水市西北）。车骑将军张郃说："敌人远来攻击，要求决战，无法达到目的，认为我们最大的利益是不接受挑战，将用长远计划把我们困死。而且祁山（甘肃省礼县东北）守将，知道援军已经接近，人心自会安定。我们不妨把大军暂时驻扎，派出奇袭部队，绕到敌人背后。不应该像现在这样，只敢尾随，不敢逼近，使我们的威望丧失。诸葛亮一支孤军，粮食又少，眼看就走远了。"司马懿不接受，仍继续尾随，等到接近时，下令登山筑营，绝不接触。将领贾栩、魏平，不断要求出击，激愤说："你害怕蜀汉像害怕老虎，如何不教天下耻笑？"司马懿面对各将领坚持出击的情绪，十分焦虑。

夏季，五月十日，司马懿命张郃出奇兵攻击蜀汉军司令部守卫总监（无当监）王平（何平）的南围（围攻祁山部队的南方营堡），而司马懿大军跟诸葛亮正面对峙，作为牵制。诸葛亮派魏延、高翔、吴班迎战。曹魏兵团大败，士卒死亡三千人，司马懿退回阵地。

六月，诸葛亮粮秣告尽，撤退，司马懿命张郃追击，抵达木门（甘肃省礼县东北〔祁山东〕），蜀汉军反击，利用高处地形，布置埋伏，箭石俱发，一块巨石击中张郃右膝，张郃伤重逝世。

6 秋季，七月十五日，曹魏帝国皇子曹殷诞生，大赦。

7 曹魏帝国二〇年代建国以来，禁制各亲王的法令，十分严厉，甚至姻亲之间，都不敢来往。东阿王曹植，上书给侄儿皇帝曹叡说：

“伊祁放勋（黄帝王朝六任帝）教化天下，先从亲属开始，再推广到关系疏远的人民，是由最近伸展到最远。姬昌（周王朝一任王姬发的老爹）先做出榜样给他的妻子，再做出榜样给他的兄弟，然后用来治理国家。陛下有伊祁放勋的显明品德，又有姬昌谨慎恭谨的仁爱之心，皇后妃妾，一团和睦；九族亲属，全受到恩惠；文武百官，争先效命。政府之中，不废公务；万民之间，蒙受体恤。亲属可以交往，喜庆丧吊可以互通，真正是推己及人，恩德广被。

“至于我，人际之间的关系，早已断绝，在圣明时代，却受到囚禁待遇，暗中深感哀伤。我从不敢奢侈的盼望再去结交朋友，互诉心曲，骨肉重聚。可是，连有婚姻关系的亲戚，都不能问候，兄弟手足的友爱，也被切断。喜庆丧葬的消息得不到，庆贺吊唁的礼教遂完全废除。恩情因为隔离，而逐渐疏远，好像马路上的行人，互相之间，漠不关心。虽是一家，情分之冷淡，犹如北方的胡人跟南方的越人。

“我现在一切都被禁止，永远没有到京师（首都洛阳）朝见陛下的希望。此心倾向皇家，情绕宫廷，只有神明可知。上天旨意如此，我又如何敢去违背？但是想到各亲王弟兄，岂不也常有‘戚戚具尔’的思念！（《诗经 · 行苇》：“戚戚兄弟／莫远具尔。”意思是：“友好的兄弟／莫使远离。”）！但愿陛下像天降甘霖一样，颁下诏书，使各封国之间，得以互通音信，四时节日，能够互送礼品，敦睦骨肉恩情，成全兄弟义理。妃妾的家属，也允许她们致送衣物或化妆用品，每年多一次跟家人团聚的机会，使亲王也能享受到其他皇亲国戚，和文武百官的待遇。如果这样，则古人的赞叹、《诗经》的赞美（如“戚戚具尔”），将在当今圣世重现。

“我惶悚的自问：能力薄弱，不如一刀一锥。然而，看到陛下所擢升的官员，如果不把我当作皇族的一员，暗中度量，并没有不如他们之处。如果能允许我卸下远游冠（亲王帽），戴上武官帽，舍弃红色绶带（亲王公爵的印信绶带都是红色的），佩上青色绶带（司令官、散骑侍从官等，都头戴武冠，身携青色绶带印信），或教我担任御马总监（驸马）、御车总监（奉车）之类官职，在京师住家，手执马鞭，帽边插笔（古代史官入朝，把笔插在帽旁，以便随时记录），等到天子出游，随从左右；天子返宫，待命殿前。幸蒙圣上垂问，随时回答。侍奉天子左右，对天子偶尔忘记的事，作适时补充。这就是我诚心诚意的最大愿望，连做梦都不能忘记。

“我羡慕《诗经 · 鹿鸣》所描述的君臣欢宴，也常吟咏《棠棣》‘兄弟不是外人’的告诫（《鹿鸣》：“呦呦鹿鸣／在那里正吃野萍／我有可爱的朋友／敲瑟吹笙。”“呦呦鹿鸣／在那里正吃野蒿／我有可爱的朋友／品德至高。”“呦呦鹿鸣／在那里正吃野芹／我有可爱的朋友／鼓筝弹琴。”《棠棣》：“海棠开花／枝叶美丽／再好的世人／不如兄弟。”“或死或丧／兄弟才亲／横尸原野／只有兄弟会来找寻。”《棠棣》共五首，没有“兄弟不是外人”〔兄弟匪他〕。但《頍弁》篇中有这句话〔頍弁，音kuǐ biàn·傀变〕：“仰头戴上皮帽／怎么如此相爱相亲／你的菜既香／你的酒又纯／并没有什么特别／只因兄弟不是外人。”）。再思念《伐木》求友的意义，而终于感怀《蓼莪》父母之恩难以回报的悲哀（《伐木》：“砍木柴的声音叮叮，鸟鸣叫的声音嘤嘤。从寂静的深谷中飞出／飞上巨大的树顶。嘤嘤的声音不止／一直在寻求友情／何况是一个人／无友何以为生。”《蓼莪》：“粗壮茂盛的蒿菜／已经不是微贱小草／可怜的爹娘／生我辛劳。”共六首，都是怀念父母的）。一年四季，每过节日，落寞孤独，左右只有奴仆，面前只有妻子儿女，谈话没有对象，见解无法陈述。听到音乐，抚胸沉痛；举起酒杯，长长叹息。

“我知道，狗马的一片忠心，并不能感动主人；犹如人类的一片诚意，不能感动上天。杞梁的妻子因丈夫战死，望城痛哭，城墙崩塌（《左传》前五五〇年杞梁死。《列女传》演绎成为哭倒城墙。后世又栽赃到嬴政大帝身上，把杞梁妻变成孟姜女）。邹衍尽忠君王（燕王国五任王姬乐资），君王把他下狱，邹衍仰天哀号，当时正是夏天，却降下霜雪。对这些事，我一向深信不疑，可是用我的心相比，那些不过都是虚话。向日葵朝向太阳，虽不能得到照射，但朝向之心，至死不变。我暗中以向日葵自比，至于能不能赐给天地般恩惠，日月星般光明，权在陛下。《文子》说过：‘不要抢先享福，也不要抢先惹祸。’下情能不能上达，兄弟们十分忧虑。只我单独首先发言，为的是不愿圣明之世，竟有人得不到皇帝的恩泽，盼望陛下的圣光，普照世界，使恩德更为明显。”

侄儿皇帝曹叡用诏书回答，说：“教化的推行，有时兴隆，有时衰落，并不一定一开始就完善，也不一定结局非坏不可，而都是形势所迫，不得不如此。现在的法令，不过只要求各封国的兄弟，尽量减少人情应酬；妃妾家属，尽量减少衣物脂粉；并没有禁止各封国来往问候的命令。想是有些官员恐怕受到谴责，矫枉过正，才形成你所说的局面，已下令有关单位，照你的意见办理。”

曹植再上书说：

“从前，刘恒（西汉王朝五任帝）从代国（首府晋阳〔山西省太原市〕）出发时，怀疑首都可能发生变化，宋昌说：‘首都长安之内，有朱虚侯刘章、东牟侯刘兴居，是皇家血亲；首都长安之外，有齐王刘襄、楚王刘交、淮南王刘长、琅邪王刘泽，都是磐石般的皇族，请不要怀疑。’（参考前一八〇年九月）请陛下三思，古代姬昌（周王朝一任王姬发的老爹），曾依靠两位弟弟姬虢仲、姬虢叔，完成王业。而姬诵（周王朝二任王）则依靠两位叔父姬奭（召公）、姬旦（周公），使天下太平。近代则有宋昌‘磐石’的譬喻。我曾经听说，绵羊蒙上虎皮，见了草就高兴，见了豺狼就发抖，忘掉它身上的虎皮。任用的将领们如果不够优秀，结果就会如此。所以俗话说：‘最大的忧患：是做事的人不了解他做的什么事；了解应该怎么做事的人，却不能去做。’

“从前，姬鲜（管国国君）、姬度（蔡国国君），被放逐或被处决，姬旦（周公）、姬奭（召公）在政府作为辅佐。羊舌鲋（音fù〔富〕）身被刺杀，羊舌肸（音xī〔希〕）对国忠心不移（《左传》前五二八年：晋国邢侯跟雍子为争夺田产，发生冲突，国务官〔大夫〕韩起，命羊舌鲋审判，发现雍子有罪。雍子把女儿献给羊舌鲋，羊舌鲋就做一百八十度转变，判定邢侯有罪。邢侯怒火不可遏止，就在王宫中，格杀羊舌鲋跟雍子。韩起询问羊舌鲋老哥羊舌肸的意见，羊舌肸认为三个全都有罪，并不偏袒老弟）。周王朝‘三监之乱’（三监：周王朝成立之初，在东方建立三个封国：管国、蔡国、霍国，监视商王朝残余部众组成的殷国，称为“三监”。万想不到，前一一一五年，“三监”竟跟殷国合作，起兵讨伐中央当权的姬旦，苦战三年，被姬旦用强大的武力击溃），我会引以为戒。但姬旦（周公）、姬奭（召公）辅佐，不必远求，皇家宗亲和封国国君之中，定有这种人才。

“使天下注目的人，必是掌握权柄的人，所以谋略可以转变主人的地位，威望可以迫使下面的人服从。在政府之中，不一定是皇家亲属，只要他有权柄，即令再疏再远，照样举足轻重。权柄不在手中，再亲再近的人，也没有分量。夺取齐国政权的，姓田，并不姓姜（参考前三七九年）；瓜分晋国的，姓赵姓魏，并不姓姬（参考前四〇三年）。唯请陛下明察：有利的时候，霸住官位不放，危险的时候，就赶快逃开，都是异姓（非皇族）臣属；祈求国家平安，家属富贵，有福同享，有祸同当的，都是皇族子弟。而今恰恰相反，皇族疏远，异姓亲近，使我十分困惑。而今，我跟陛下齐踏薄冰，同蹈炭火，攀登山峰，渡过涧水，寒冷潮湿，温暖燥热，无论什么情况，都同甘共苦，怎能离开陛下？

“我内心极度悲愤怨苦，上书陈情，如果有不合圣意的地方，请求不要销毁，而交给皇家档案室保管，等我逝世之后，或许能引起陛下的思念。如果有一丝一毫使陛下觉得可以考虑的，请在金銮宝殿上公开宣布，由博古通今的饱学之士，对我奏章中不合理的地方，提出纠正。能够这样，我的愿望已经满足。”

曹叡看了后，用措辞感人的诏书，作为回答。

八月，曹叡下诏说：“先帝（曹丕）曾颁布诏令，不准亲王们留在京师（首都洛阳），只因当时幼主在位，由皇太后主持国事，为的是防微杜渐，关切国家的盛衰。我看不见各亲王，已有十二年（二二〇年迄今），悠悠情怀，能不思念？现在下令，所有亲王跟皇族的公爵侯爵，各派他们的嫡子一人，于明年（二三二）正月，前来京师，参加元旦朝会。但以后如果再发生幼主临朝、母后在宫的情形，仍应依照先帝的规定办理。”

8 蜀汉帝国（首都成都）丞相诸葛亮进攻祁山（甘肃省礼县东北）时，李严（李平）主持汉中郡（陕西省汉中市）留守府，负责后方勤务，督运粮秣辎重。正好连绵降雨，道路困阻，李严（李平）恐怕供应不继，遂派军事参议官（参军）狐忠（狐，姓。狐忠就是马忠，自幼在舅父家长大，从母姓狐，名笃。后来恢复父姓，改称马忠），司令官（督军）成藩，声称奉皇帝（二任）刘禅（本年二十五岁）指示，命诸葛亮班师。

然而，当诸葛亮班师时，李严（李平）却假装大吃一惊，说："粮秣如此充足，为什么回军？"又打算诛杀粮秣督运官（督运）岑述，以解脱粮秣事实上接济不上的责任。同时上书刘禅，说："大军假装撤退，打算引诱敌人深入。"诸葛亮收集李严（李平）前后亲笔写的书信和奏章，发现严重矛盾。诘问李严（李平），李严（李平）无法解释，低头承认错误。于是，诸葛亮上书弹劾李严（李平）前后各种罪恶。皇帝刘禅下诏：李严（李平）免职，撤销封爵采邑，软禁梓潼郡（四川省梓潼县）。

诸葛亮再任命李严（李平）的儿子李丰当皇家警卫指挥官（中郎将）兼军事参议官（参军事），写信给李丰说："我跟你们父子，同心合力，效忠汉王朝皇家。推荐老爹当中央军事总监，主持汉中留守府（都护典汉中），而委任你镇抚东关（重庆市，东方关隘），自认为至诚相待，公私友谊，可以保持到底，竟想不到中途发生变化！如果总监（李严）能想到他的过失，不再诡辩自解；也愿你跟蒋琬，推心置腹，共同效力。则阻塞可以开通，逝去可以复还（暗示仍将起用李严〔李平〕）。请细思劝诫，体会我心！"

诸葛亮又写信给蒋琬、董允，说："孝起从前曾告诉我，说：'李严（李平）腹中，诡计多端，大家都认为不可接近。'我认为只要不刺激他，诡计便没有地方使用。想不到苏秦、张仪之事重演（参考前三三三年)，大出意外，这件事可告诉孝起。”孝起，皇城保安司令(卫尉)南阳郡(河南省南阳市)人陈震的别名。

9 冬季，十月，东吴帝国(首都建业)皇帝(一任大帝)孙权，命皇家警卫指挥官(中郎将)孙布，向曹魏帝国(首都洛阳)诈降，企图引诱曹魏扬州(州政府设合肥〔安徽省合肥市〕)州长(刺史)王淩。孙权在阜陵(安徽省全椒县东南)设下埋伏，等待王淩进入。孙布派人告诉王淩说：“道路太远，不能逃脱追兵，请出军迎接。”王淩把孙布的信呈报中央，请准予派军出迎。征东将军、扬州军区司令长官(扬州都督)满宠，认为其中定有阴谋，不肯拨付军队，而以王淩的名义，写一回信给孙布，说：“阁下知道什么是正，什么是邪，打算躲避灾祸，顺应天意，舍弃暴政，回归正统，非常值得嘉许。本打算派军迎接，可是，兵力太少，不足以保护你；如果出动大军，势必走漏消息，远近都会知道。请你先把这种志向，严格保密，等到时机成熟时，再做决定。”

正好满宠接到中央征召的命令，返回首都洛阳晋见皇帝，临走时，下令司令部秘书长(长史)：“如果王淩要迎接孙布，不可交给他军队。”王淩要不到军队，便单独行动，派出一个部队长(督将)，率步骑兵七百人，南下迎接。走到埋伏阵地，孙布乘夜突击，部队长逃走，七百人死伤超过一半。王淩是王允的侄儿（王允，东汉王朝宰相，参考一九二年）。

之前，王淩上书指控满宠：年纪老迈，又喜爱饮酒，不适合担任独当一面的大员。曹叡将召满宠回京，御前监督官（给事中）郭谋建议说："满宠曾当过汝南郡（河南省平舆县西北射桥镇）郡长、豫州（河南省）州长（刺史），二十余年，在边疆建立功勋。等到镇守淮南（指扬州〔安徽省中部〕），东吴对他十分忌惮。如果情形并不像王淩指控的那样，突然召回满宠，反而暴露我们弱点。不如声称问他东方敌情，见面后再做决定。"曹叡听从。满宠既到首都洛阳，曹叡发现他体格健壮，精神饱满，遂加以慰劳，命他回任。

10 十一月二十日，日蚀。

11 十二月二十日，曹魏帝国全国武装部队总司令（太尉）华歆逝世（年七十五岁）。

12 十二月三十日，东吴帝国（首都建业）大赦，改明年（二三二）年号嘉禾。

二三二年 壬子

曹魏	太和	六年
蜀汉	建兴	十年
东吴	嘉禾	元年

1 春季，正月，东吴帝国（首都建业〔江苏省南京市〕）皇帝（一任大帝）孙权（本年五十一岁）的幼子、建昌侯孙虑逝世。太子孙登从武昌（湖北省鄂州市）到首都建业，晋见老爹孙权，诉说久离老爹膝下，缺少早晚问安，没有尽到儿女孝道，又保证陆逊忠贞勤奋，西方没有任何顾虑。于是，遂留在京师（首都建业）。

2 二月，曹魏帝国（首都洛阳〔河南省洛阳市东白马寺东〕）把亲王们的采邑，由“郡”改称“国”。

3 曹魏帝（二任明帝）曹叡（本年二十九岁）的爱女曹淑死亡，曹叡万分悲痛，追称“平原懿公主”，在首都洛阳建立祭庙，埋葬南陵；命娘亲甄洛已亡故了的侄孙甄黄，跟爱女合葬，追封甄黄侯爵，并给他设立继承人，继承他的爵位。入土时，曹叡还要亲自把棺柩送到墓地；而又打算前往许昌（河南省许昌市东）。最高监察长（司空）陈群抗议说：“八岁以下的婴儿死亡，没有丧葬的礼仪。何况未曾满月，而竟然用成人的礼仪相待，特别给她缝制官服，文武百官又为她穿上丧衣；早晨晚上，都要到棺前哀哭，自从开天辟地，还没有听说过这种事情。而陛下更要前往墓地，亲自送葬。希望陛下停止这些毫无益处，反而会招来伤害的举动，这是天下人民一致的心愿。又听说陛下还打算驾临许昌，皇太后宫和皇后宫全体上下，一齐东行；政府大小官员，全都觉得十分怪诞，至为惊骇。有人揣测陛下要躲避宫中霉运，有人揣测可能乘势迁移新的环境，有人揣测还有其他缘故。我认为：吉祥、凶险，全是天命；灾祸、幸福，人们自己可以掌握。用搬家的方法祈求平安，不可能得到益处。如果认为一定可以得到益处，则不妨整修金墉城西宫（金墉城是一座巨宫，位于洛阳城西北角，它在不久即将来临的晋王朝“八王之乱”时代，扮演主要角色），以及孟津（河南省洛阳市孟津区东黄河渡口）别宫，都可以暂时安住，为什么一定要把整个皇宫的人，暴露在旷野露天之下，公私开支，都庞大得难以计算。而且，民间的善心人士，尚且不轻易搬动，为的是保持乡里安宁，使乡亲们不致心情惶恐。何况陛下，身为皇帝，万王之王，一举一动，怎么可以如此轻率？”宫廷供应部长（少府）杨阜也抗议说：“文皇帝（曹丕）、武宣皇后（曹叡祖母卞太皇太后）逝世，陛下都不送葬，为的是以国家为重，防备发生事故，为什么对一个尚在怀抱中的婴儿，却非送葬不可？”曹叡不理。

三月七日，曹叡向东游逛（当然是举宫尽出）。

4 东吴帝国（首都建业）派将军周贺、指挥官（校尉）裴潜，乘船从东海，北上辽东（辽宁省），向曹魏帝国所属的辽东郡（辽宁省辽阳市）郡长公孙渊购买马匹。

最初，虞翻性情粗疏刚直，很多次在酒醉之后，犯下错误；而他又喜爱诋毁别人，所以受到很多抨击。皇帝孙权曾经跟张昭谈论到神仙，虞翻指着张昭说：“那些都是死人，却硬嘴巴说他们是神仙，世界上哪里有神仙？”孙权对虞翻的恼怒，累积很久，最后终于把他贬谪到交州（州政府设番禺〔广东省广州市〕）。

等到孙权派周贺等泛海前往辽东，虞翻听到消息，认为当前的急务，应是讨伐五谿蛮（前年〔二三〇〕五谿蛮背叛；去年〔二三一〕命潘濬、吕岱讨伐），辽东位于很远的天涯地角，即令前来归附，都不必重视；反而派人前往购买马匹，既不是国家之利，又恐怕人财两空。打算上书规劝，可是又不敢上书；写好表章后，请交州州长（刺史）吕岱过目，吕岱拒绝传呈。憎恨虞翻的人立刻告密，孙权再把虞翻放逐到苍梧郡（广西梧州市）猛陵县（广西梧州市西）。

5 夏季，四月六日，曹魏帝曹叡，抵达许昌（河南省许昌市东）。

6 五月，曹魏帝国皇子曹殷逝世。

7 秋季，七月，曹魏帝国擢升皇城保安司令（卫尉）董昭当宰相(司徒)。

8 九月，曹魏帝曹叡，前往摩陂(河南省郏县东)，整修许昌皇宫，兴建景福殿、承光殿。

9 曹魏帝国所属辽东郡(辽宁省辽阳市)郡长公孙渊，阴谋独立，跟东吴帝国(首都建业)不断交往。曹魏帝曹叡命汝南郡(河南省息县)郡长田豫，统率青州(山东省北部)各军，从海道北上；命幽州(河北省北部及辽宁省。辽东郡属幽州)州长(刺史)王雄，从陆地西进，同时进军讨伐。散骑侍从官(散骑常侍)蒋济劝阻说："凡不是威胁到生存的敌人(相吞之国)，以及既不侵略又不叛变的藩属，不应该轻易的对他们讨伐。讨伐他们而不能彻底制服，是强迫他们跟我们对抗。所以说：'豺狼在路上挡道，不要去管狐狸。'把大害铲除之后，小害就会自行消失。而今，海边之地(指辽东)，数世以来，都一直听命中央，每年都派人前来京师呈送工作报告，保荐该郡'孝廉'，进贡从来不断，官员们对辽东都特别推崇。即令一举把辽东征服，获得的人民不能使我们强大，获得的财产也不能使我们富足。可是，万一失败，反而结下仇恨，自毁信誉。"曹叡不接受。田豫等果然劳而无功，曹叡只好下令回军。

田豫认为，东吴帝国买马使节周贺等，行将南返。时已冬季，海上浪大风急，必不敢深入大海，一定沿着海岸线航行，非经过成山(山东省荣成市东北成山角)不可，而成山没有港口可以容纳巨舟，他们一定登岸；于是派出部队把守成山。周贺等归途中抵达成山，恰好遇到大风，果然登岸躲避，田豫发动攻击，斩周贺等。

东吴帝国皇帝孙权接到败报，才想起虞翻的建议，下令召回虞翻，而虞翻已死，只运回棺柩。

10 十一月二十八日，曹魏帝国陈（思）王曹植逝世（年四十一岁）。

11 十二月，曹魏帝曹叡，返回许昌宫。

12 曹魏帝国高级咨询官（侍中）刘晔，十分受到皇帝曹叡的亲近尊重。曹叡打算攻击蜀汉帝国（首都成都〔四川省成都市〕），政府官员一致反对。刘晔晋见曹叡时，却表示赞成。但是出宫后跟文武百官讨论时，则跟大家的立场一致，表示反对。刘晔有胆量，有见识，言之有物，无论正面反面，都有理论的跟事实的根据。中央禁军总监（中领军）杨暨，也是曹叡亲信，对刘晔也十分亲近尊重，坚决反对出军。杨暨每次去皇宫晋见皇帝出来，一定拜访刘晔，刘晔就向他分析不可出军的原因。后来，杨暨跟曹叡讨论此事，恳切劝阻，曹叡说："你是一介书生，怎么懂得军事？"杨暨说："我的话固然没有分量，可是刘晔是先帝（曹操及曹丕）时的智囊，他也认为不可出军。"曹叡说："怪了！刘晔在我面前，却是认为可以出军。"杨暨说："我可以跟他当面对质。"

于是，曹叡召见刘晔，询问刘晔的意见，刘晔闭口不答。后来，刘晔单独晋见，抱怨曹叡说："攻击一个国家，是一个重大事件。我能够参与这个重要的密谋，连睡觉时，都恐怕说梦话把它说出来，泄漏军机，增加我的罪过！怎么可在人前提及？军事行动，诡秘莫测。大军未动之前，越秘密越好，而陛下公开谈论，恐怕敌人已经听到。"曹叡向他道歉。

刘晔出宫，责备杨暨说："渔夫钓到一条大鱼，就尽量放线，尾追在它之后，必须等它筋疲力尽，可以制服的时候，才收回钓线，所以每次都有收获。君王的威严，岂止是一条大鱼？你诚然是一位正直的臣僚，然而处理事情的方法，却很拙劣，应该仔细思量。”杨暨也向他道歉。

然而，终于有人拆穿刘晔底牌，向曹叡报告说：“刘晔并不是真正的忠心，他只是观察陛下的意向，顺势迎合而已。陛下不信的话，不妨试他一试，把陛下所反对的事情，当作赞成的事情，告诉刘晔，问他的意见。他如果反对，是他的见解果然跟陛下的见解，常常相合。如果每项他都赞同，他就露出原形。”曹叡用这个方法验证，果然发现刘晔实情，从此跟他疏远。刘晔也察觉到自己的失策，懊恨之余，精神开始恍惚，遂被逐出中枢，出任藩属事务部长（大鸿胪。高级咨询官〔侍中〕常在皇帝左右，属于智囊阶层，有强大的影响力。部长不过主持一部事务，难以再跟皇帝接近）。不久，刘晔忧虑而死。

灵巧诈伪，不如拙笨诚恳，是千古真理。以刘晔的聪明智慧，反应灵敏而又中肯，如果坚守道德和仁义的立场，以忠信为本；即令是古代的大贤，又有谁能比得上他！但是刘晔只信任自己的才能，不够敦厚、不肯诚实；以致内失君王信赖，外失朋友情谊，终于自己造成自己的危局，岂不可惜！

13 刘晔曾经陷害政务署长（尚书令）陈矫，指控陈矫横行专权。陈矫恐惧，告诉儿子陈骞。陈骞说：“主上（曹叡）圣明，而您是国家高级官员，实在不能融洽，了不起不当三公。”数日后，曹叡的怒气果然消失。

政务署助理官（尚书郎）、乐安郡（山东省邹平市东北）人廉昭，以才能卓越，受到皇帝曹叡的宠信，喜爱挑剔官员们细小过失，向曹叡表态。禁宫咨询官（黄门侍郎）杜恕，上书说：

“我看到廉昭弹劾政务署左秘书长（左丞）曹璠，认为曹璠被指控有罪，而向上级提出报告时，没有依据诏书规定，应深入追究。陛下遂再下诏责备质问，说：‘其他应该处罚的人，另行奏报。’政务署长（尚书令）陈矫，上书只敢说不敢逃避责任惩罚，却不敢陈述理由答辩，辞意恳切悲恻，我暗中为政府惋惜。

“古代帝王，所以能维持世风，抚育人民，没有一人不是因为得到民心的爱戴，竭尽群臣的贡献。而今，陛下日理万机，十分辛劳，有时还在灯火之下，处理公务。可是很多事情，仍然停顿，刑法禁令，也都废弛，追究原因，不仅仅由于臣属没有尽到忠心，而更是主上用人并不恰当。

“百里奚在虞国时，不过一个愚劣之辈，但到秦国之后，却成为国君的智囊（参考前三三八年）。豫让在中行家里，不过一个苟且偷安之徒，但到了智家，却显示他的忠烈（参考前四〇三年）。古人方面，这是明显的例证。如果陛下认为当今之世，没有优秀人才，使政府缺乏贤能的辅佐；那么，岂能追寻已逝的姬弃（后稷，周王朝远祖）、子契（商王朝远祖）？或者坐着等待未来的俊杰？

“现在被称为贤能的人，都已经做了大官，而且享受丰厚的俸禄；然而，侍奉君王的节操，并没有建立；奉公守法的精神，也并没有表现。原因何在？在于对他们从不授权，而忌讳又多。我认为，忠臣不一定就是亲信，而亲信也未必都忠心耿耿。平常疏远的臣属，批评别人，陛下疑心他公报私仇；称赞别人，陛下又疑心他怀有偏见，并不公正。于是，左右亲信遂利用这种态势，更为强调疏远臣属们的罪过，使他们对恶的不敢批评，对善的不敢称赞；因为，无论如何反映，都有罪嫌。

“陛下应当考虑的是，如何鼓励官员们有开阔的心胸，培养官员们正道的气节；使他们能自行向古人看齐，名垂史册。而陛下不但没有这样做，反而使像廉昭这种人，在其中挑拨离间。我恐怕发展的结果，高级官员终于会装聋作哑，为了保持官位，占据一个栖身之地后，坐在那里，睁大眼睛瞧着政治上失误，一语不发。这对后代而言，可是一个鉴戒。

“从前，姬旦（周公）警告他的儿子、鲁国第一任国君姬伯禽说：‘不要使大臣抱怨你不信任他！’他如果没有才干，就不可以让他当大臣；既让他当大臣，就不能不信任。《书经》记载：伊祁放勋（黄帝王朝六任帝）不断谈论姚重华（黄帝王朝七任帝）的功劳，褒扬他除去四凶（共工、驩兜、姒鲧、三苗。参考八六年四月注），并不认为对有罪的可以不问，对犯小过的也要像对犯大过的同等处罚。

“政府中官员，没有人承认自己没有才干，而只认为陛下对他们不信任；也没有人承认自己无知，而只认为陛下并没有向他发问。陛下为什么不遵照姬旦对善人信任、姚重华对恶人排除的指示？命高级咨询官（侍中）、政务署秘书（尚书），坐的时候在中枢襄助，行的时候随从御驾；由陛下亲自垂询，让他们尽言。则文武百官的品德行为，可以完全了解；忠良者擢升，愚劣者摒退，谁还敢推托犹豫，不竭尽才能？

“以陛下的英明，亲自跟臣僚讨论政事，使文武百官，都能贡献才智。则贤能和愚劣，干练和昏弱，完全看陛下如何适当的交给他们工作。用这种方法解决问题，什么问题不能解决？用这种方法建立功业，什么功业不能建立？每逢边疆告警，陛下诏书上总是说：‘谁对此事忧心？只我自己忧心！’最近诏书上，又说：‘忧虑公事，忘掉私事的，不会有这种人。只要先忧虑公事，再忧虑私事，就可把事情办妥！’

“恭读这些诏令，深佩陛下对于下情，了如指掌；但也怪陛下不追本探源，而只指出末节。一个人有没有才能，受他先天禀赋的限制。就是由我观察，我也认为政府中没有一位官员，能够称职。英明君王使用人才，应使有能力的人毫无保留的竭尽全力；而对没有能力的人，应该不准他盘踞官位。遴选时没有遴选到真正人才，不是过错；整个中央政府竟容纳这种不适当的人，才十分怪异。

“陛下明知道某人没有竭尽全力，却代他忧愁没有竭尽全力；明知道某人根本没有才能，却教他负责处理业务；岂止是君王辛劳，臣下安逸而已，而是，纵令圣贤同时并出于世，也不能把国家治理得好。陛下常担心政务署（台阁）不能保守秘密，人情请托不能彻底断绝，特别制定‘出入法条’，还派遣凶狠的官吏，防守大门；这些措施，只不过治标，不能治本。

“从前，东汉王朝六任帝刘祜时，宫廷供应部长（少府）窦嘉，延聘司法部长（廷尉）郭躬一身清白的侄儿（当时郭躬已经去世多年），引起强烈反应，大家纷纷指控，提出弹劾。而最近京畿总卫戍司令（司隶校尉）孔羡，延聘最高统帅（大将军）司马懿放荡的弟弟（司马通），有关单位却不说一句话。那种望着风向，迎合脸色的态度，比受到指示还要顺服。这都是不按实情遴选人才的后果。窦嘉身是皇亲（窦嘉是东汉王朝三任帝刘炟正妻窦皇后的娘家人，参考九二年六月表解），郭躬又不是国家重臣，尚且如此；用今天的情形跟古代相比，都归因于陛下没有坚持有罪必罚，没有阻塞结党营私的源头。

“制定出入禁令，派遣恶吏守门，都不是治世常规。假使我的建议中一小部分蒙陛下采纳，何至担心邪恶不消灭，而去豢养像廉昭之辈？本来，揭发奸恶，就是尽忠。然而，小人去做此事，世人却万分憎恶，为的是，他们不了解情理，而只知道苟苟且且，一味向上进取。如果陛下再不考察事件来龙去脉，必然会产生一种印象，认为违背舆论，跟全国人民对抗的，才是为公忘私；窥探别人隐秘，打别人小报告的，才是履行节操。一个以国家为己任的磐磐大才，岂能做出此事！他们依照正道，不肯如此。假使天下人都背弃正道而去谋取眼前一点政治利益，最值得人担忧，陛下怎么能够快乐起来！”

杜恕，是杜畿的儿子（杜畿，参考二〇五年十月）。

曹叡曾经突然前往政务署，政务署长（尚书令）陈矫阻住大门，跪下问说：“陛下要去哪里？”曹叡说：“我想看看公文。”陈矫说：“这是我分内的工作，陛下不适宜做这种事。如果我不称职，则请免我的职；陛下应该回去。”曹叡惭愧，乘车返宫。

曹叡曾经问陈矫：“司马懿忠贞不贰，能不能称为国家大臣？”陈矫说：“政府官员对他都很仰望，但国家能不能依靠他，我不知道。”

14 东吴帝国（首都建业）上大将军陆逊，率军向曹魏帝国所属的庐江郡（安徽省寿县西南）进攻，曹魏帝国参与决策的人，都认为应发兵救援。征南将军满宠说：“庐江虽然是个小城，但是守将强悍，守军精良，可以抵抗一段时间。东吴兵团离开船舰，登上陆地，进军二百华里，没有后继部队，他们不来，还想引诱他们来，现在应随他们的意。只怕他们想撤退时，却无法撤退。”率军直趋杨宜口（即阳泉，庐江郡郡政府所在县），打算阻截东吴兵团的归路。陆逊得到消息，连夜回军。

这时，东吴帝国每年都有攻击曹魏帝国边境的行动。曹魏帝国征南将军满宠上书说：“合肥城（安徽省合肥市），南面是巢湖，更南是长江，北面跟寿春（安徽省寿县）又远（两地航空距离九十公里）。盗匪集团（东吴帝国）如果围攻，可以得到船舰帮助。我们往救，必须先击破他们主力，然后才能解围。他们攻击，极为容易，我们支援，却十分困难。我建议调出城内守军，在合肥城西三十华里，有奇险可以固守的地方，另行兴筑城寨，用以引诱他们上岸，我们就在平地切断他们的退路，应是上策。”中央军事总监（护军将军）蒋济参加讨论，反对说：“调兵出城，是向天下显示我们脆弱，好像一望见敌人的烟火，就慌慌张张摧毁自己的堡垒，可以说是不战而先败。一旦到这种地步，我们将受到无限劫掠的苦难，势必被逼退到淮河以北。”曹叡遂批驳满宠计划。

满宠二度上书说：“《孙子兵法》说：‘战争，是一种诡诈的行为。明明有能力，偏偏显示没有能力。使敌人因我们的衰弱而骄傲，更使敌人认为我们内心恐惧。’这是故意使表里不一的策略。《孙子兵法》又说：‘引诱敌人，必须呈现足以使敌人动心的形势。’而今，敌人还没有来，我们就转移阵地，把部队后调，就是要造成使敌人动心的形势。目的在于引诱他们远离船舰水域，深入陆地，然后选择有利的时机，发动攻击，在战场上取得胜利，自会得到利益。”政务署执行官（尚书）赵咨认为满宠的计划是一个好的谋略。曹叡遂下诏批准。

曹魏	太和	七年
	青龙	元年
蜀汉	建兴	十一年
东吴	嘉禾	二年

1 春季，正月二十三日，摩陂（河南省郏县东）水井中，发现青龙（摩陂因此改名龙陂）。

二月，曹魏帝国（首都洛阳〔河南省洛阳市东白马寺东〕）皇帝（二任明帝）曹叡（本年三十岁），前往摩陂观看青龙，更改年号（之前是太和七年，之后是青龙元年）。

2 辽东郡（辽宁省辽阳市）郡长公孙渊，派指挥官（校尉）宿舒、宫廷禁卫官司令（郎中令）孙综（公孙渊以一个郡长身份，而有“郎中令”官属，可看出他自定的身价），携带奏章，前往建业（江苏省南京市）晋见东吴帝国（首都建业〔江苏省南京市〕）皇帝（一任大帝）孙权（本年五十二岁），自己称“臣”。孙权高兴得手舞足蹈，下令大赦。

三月，孙权派祭祀部长（太常）张弥、首都建业警备区司令（执金吾）许晏、将军贺达，率海军一万人的舰队，满载金银财宝，跟“九锡”（参考四年）所用的物品，从东海北上，赏赐给公孙渊，封公孙渊当燕王。政府全体官员，包括丞相顾雍，都竭力劝阻，认为公孙渊不可信赖，不可对他宠爱太厚。一定要这样做的话，顶多派遣一个低级官员和少数部队，护送宿舒、孙综返航就够了。孙权不接受。辅吴将军张昭说：“公孙渊企图背叛曹魏帝国，害怕曹魏帝国讨伐，所以向遥远的我们求援，他本来的意思，可绝不是要当我们的藩属。如果他忽然改变主意，用我们的人头，向曹魏帝国表态，派出去的两位使节，恐怕永远不会回来，到时候，只落得被天下耻笑。”孙权用各种方法想说服张昭，张昭越发坚持他的见解。孙权不能忍耐，手握剑柄，大怒说：“帝国上上下下，进皇宫参拜我，出皇宫参拜你，我尊敬你，已到极限，可是你总是在大庭广众之中，毫无忌惮的对我顶撞，我真怕我会做出我不愿做出的事。”张昭呆呆的凝视着孙权，说：“我虽然知道我的话陛下绝不会采用，但我仍竭尽忠心，不敢闭口。只因为太后仙逝的时候，把我这个老臣，呼唤到榻前，吩咐我辅佐陛下的话，犹在耳际。”不由痛哭流涕。孙权感动，把佩刀扔到地上，相对流泪，但仍派张弥、许晏出发。张昭对孙权拒绝听信他的劝告，十分恼怒，宣称有病，不再朝见。孙权深恨他骄傲不驯，下令用泥土把张昭家的大门塞住。张昭也大发脾气，在内部又加上一道土墙，表示誓死不出。

3 夏季，五月十八日，曹魏帝国（首都洛阳）北海王曹蕤逝世。

4 闰五月一日，日蚀。

5 六月，曹魏帝国首都洛阳南宫体育馆（鞠室）失火。

6 鲜卑部落（内蒙古东部中部及以北地区）酋长轲比能，引诱效忠中国（曹魏帝国）、散布边塞的另一鲜卑部落酋长步度根（步度根散布中国边塞事，参考二二四年）；倾心跟步度根结纳，感情遂恢复当日和睦。轲比能亲自率一万骑兵，南下迎接步度根的辎重到陉岭（句注山，山西省代县西北）之北。曹魏帝国并州（州政府设晋阳，山西省太原市）州长（刺史）毕轨，上书要求出军，对外威胁轲比能，对内镇压步度根。曹魏帝曹叡看到奏章，下令说："步度根既受轲比能的引诱，警觉性一定很高，毕轨的军事行动，千万不要越过句注山（山西省代县西北，也称雁门山〔雁门关所在〕，又名西陉山、陉岭。是古代要塞）。可是诏书到达时，毕轨已挺进到阴馆（山西省朔州市东南，句注山与阴馆间航空距离十公里）。派将军苏尚、董弼，追击鲜卑部落。轲比能命他的儿子，率一千余骑兵迎接步度根，跟苏尚、董弼猝然相遇。苏尚、董弼败退，轲比能追击，追到楼烦（山西省宁武县）决战，苏尚、董弼全军覆没。步度根及泄归泥（扶罗韩的儿子）部落，一齐叛变出塞，跟轲比能联络，侵犯边疆。

曹叡命骁骑将军秦朗，率中央军讨伐。轲比能逃往瀚海沙漠

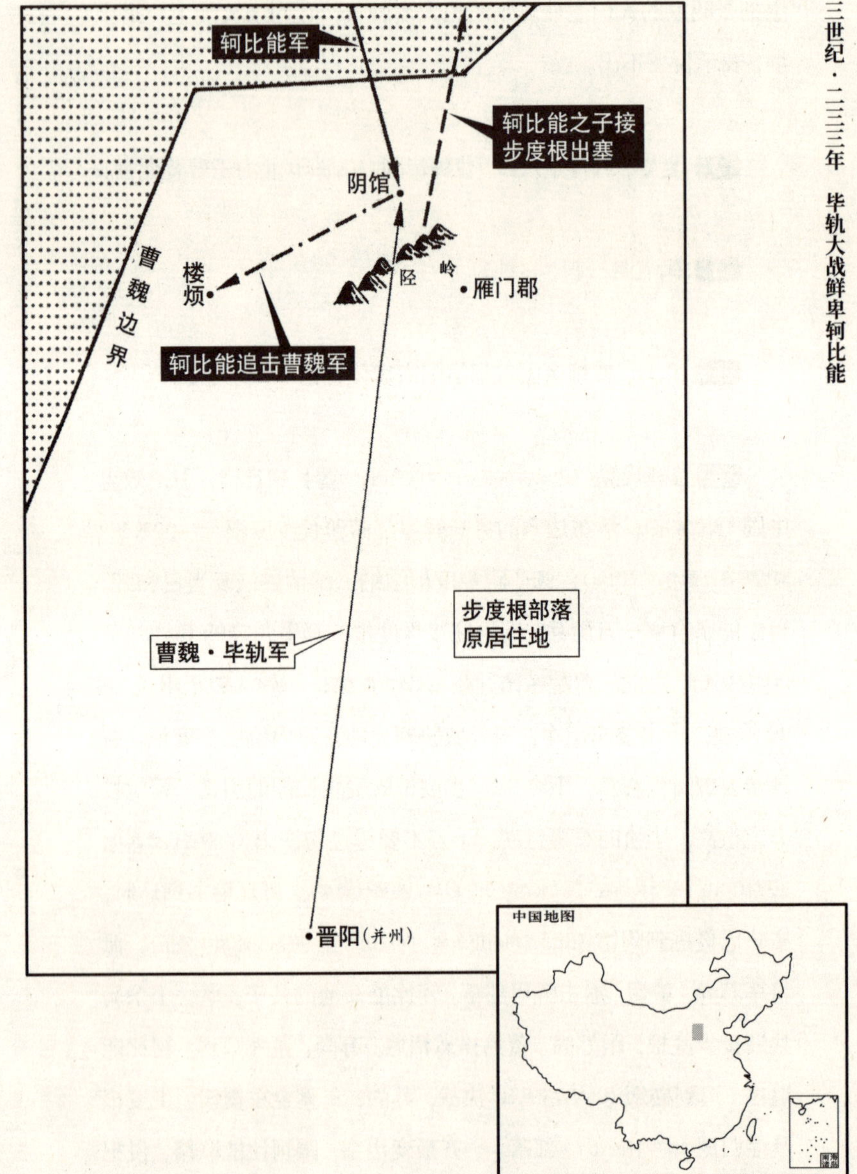
轲比能军
轲比能之子接
步度根出塞
阴馆
曹魏边界
楼烦
陉岭
雁门郡
轲比能追击曹魏军
步度根部落
原居住地
曹魏·毕轨军
晋阳(并州)
中国地图

以北；泄归泥率部众归降；步度根仍追随轲比能，但不久就被轲比能诛杀。

7 辽东郡（辽宁省辽阳市）郡长公孙渊，知道跟东吴帝国（首都建业）相距遥远，中隔大海，难以依靠。霎时间翻脸无情，逮捕东吴帝国派遣的封爵使节——昨天还是贵宾的张弥、许晏等，一齐斩首，把人头送到曹魏帝国京师（首都洛阳），表示忠心不变。东吴帝国所赏赐的金银财宝，以及武装部队一万人，全部吞没。

冬季，十二月，曹魏帝国回报公孙渊的忠心，擢升公孙渊当全国武装部队最高指挥官（大司马），封乐浪公。

东吴帝孙权得到消息，几乎发疯，咆哮说："我活到六十岁，人世间各种艰难困苦，全都尝过。想不到被鼠辈玩弄，栽到他手里，把人气死。我如果不能砍下那耗子的头扔到海里，就再没有脸君临万国；即令把国家搞亡，我也要干。"

陆逊上书说："陛下以神明威严的英姿，承受天命，开国立基。在乌林（湖北省洪湖市东北乌林镇，赤壁对岸）击败曹操，在西陵（湖北省宜昌市）击破刘备，在荆州（湖北省及湖南省）击擒关羽；这三个敌人，都是盖世英雄，陛下给他们严重的挫折；圣明的教化抚育四方，连荒郊的野草，都跟着顺服。正要扫荡中原，统一天下，却因为不能忍耐小的气愤，发出雷霆万钧的震怒，违背'千金之子，坐不垂堂'的古训，忽视身为君王的贵重身份，我感到万分困惑。我曾经听说：'立志走万里路的人，绝不半途而废，停脚不前；立志成就伟大事业的人，绝不因为细微的小事，而危害大局。'强大的敌人压在边境，荒服还没有称臣进贡（《书经·禹贡》，除"京畿"外，把天下分为五服："甸服""侯服""绥服""要服""荒服"，每"服"五百里，"荒服"最远，另有"九服"之说，名

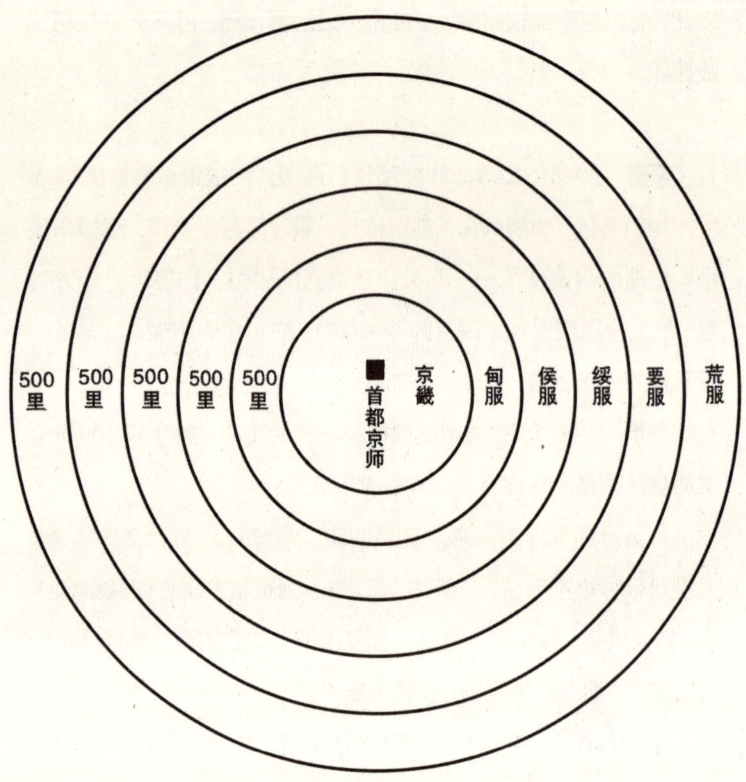

《禹贡》五服

称不同，意义则一。参考二〇〇年七月）。而陛下乘船，跨海远征，敌人必然会抓住这个机会。事到临头再去忧虑，后悔已来不及。如果皇家大业不断传出捷报，公孙渊那里，用不着讨伐，他自会臣服。而今为什么只为了贪图辽东（辽宁省）的人口和马匹，对江东（东吴帝国）安定的基石，却毫不珍惜！”

政务署执行长（尚书仆射）薛综上书说：“从前，刘奭（西汉王朝十一任元帝）打算乘船，薛广德要用自刎的鲜血，阻止车辆前进（参考前四三年），为什么？只因为水火无情，十分危险，不宜于帝王接近。现在，辽东（辽宁省）不过一个蛮荒小国，没有坚固的城堡，没有备战的设施，所有的只是一些轻型武器，而又不够锋利，当权的人像一群狗羊，不懂治国之道。如果发动攻击，一定可以克服，事情确如陛下诏书的指示。然而，辽东地方，贫苦寒冷，庄稼不能生长，人民熟悉骑马，移动无常。突然间听到大军压境，自知不能抵抗，一定像受惊了的鸟兽一样，四散逃亡，到时候连一个人一匹马都看不见，只不过占领了一片空地，毫无意义；这是不应出兵的原因之一。大海无际，惊涛骇浪，所以曾经发生‘成山之难’（参考去年〔二三二〕九月），海上航行，随时都有变化，巨风暴雨，谁都无法避免，于是刹那之间，人船全被吞没；即令有伊祁放勋（尧）、姚重华（舜）的高贵品德，孟贲、夏育的无敌勇敢，都没有地方施展，这是不应出兵的原因之二。沉重的浓雾，笼罩天空；咸苦的海水，在下面沸腾翻滚；将士们容易双腿发肿，并且互相传染，凡是航行海上的人，都难躲开这种灾难，这是不应出兵的原因之三。上天使陛下当我们的君王，陛下就应该运用时机，削平叛逆，使人民安居、社会富庶。而今，叛逆集团（曹魏帝国）就要消灭，四海之内，刚获得初步安定，竟违背既定的大计方略，去寻找不必要的危险；不考虑全国安全，只图出一时忍不住的气愤，既不是建国的重大方案，可却是开天辟地以来从没有过的举动。所以群臣才紧张不安，呼吸不敢出声，饮食不知其味，入寝不能安席！”

政务署考选司司长（选曹尚书）陆瑁上书说：“北方曹魏盗匪集团，跟我国土地相接，决策上只要稍有错误，他们就会立刻抓住机会。我们所以到万里重洋之外购买马匹，委屈自己，跟公孙渊结交，为的是急于解除眼前的马荒，永除心腹大患（指曹魏帝国）。现在反而要抛弃根本，而去追求末梢；看不见眼前，而去注意遥远的万里之外。因愤怒而改变正常轨道，因激动而发动大兵，这正是敌人巴不得我们去做的事，不是我们东吴帝国最好的国策。根据军事理论，只要比较双方投入战争的形势，谁疲惫？谁旺盛？谁劳苦？谁精力充沛？则谁胜谁败，就可一目了然。而且即令在辽东（辽宁省）沓渚（音tà zhǔ〔榻主〕，辽宁省大连市西旅顺口区）登陆，距公孙渊所在地辽东郡城（辽宁省辽阳市），仍相当遥远（航空距离三百二十公里）。而且登陆之后，大军势必分割，主力担任攻击，其次的保卫舰队，老弱的担任运送粮秣。所以大军人数虽多，并不能全部使用。加上徒步行军，身上背着粮食，长途跋涉，深入敌境。敌人多的是战马，自然会不断发动截击。像公孙渊这种老奸巨猾，如果跟曹魏帝国并没有完全决裂，那么，战争一旦发生，他们如同唇齿相依，一定互相援助。即令他陷于孤立，无依无靠，也会吓得向远方逃亡，不可能短期内把他消灭。诛杀还没有加到他头上，我们内部的山越（居住山区的江南土著）将乘我们空虚，纷纷起事；恐怕不是万全长久的谋略。”

孙权全不理会。

陆瑁再上书说：“军事行动，古代用它对内镇压暴乱，对外威服四方蛮夷。但是要在主要的敌人已经铲除、天下太平、政府官员从容不迫的反复讨论之后，才可出动。如果全国像滚水一样沸腾，九州各拥有强大兵力，互相为敌，大多数都会先求巩固自己的基地，珍惜人力，节俭开支，从来没有恰恰在这时候，不顾眼前，却好高骛远，削弱自己武装部队的战斗能力。从前，赵佗背叛，自称皇帝，当时天下安定，人民富足，然而，刘恒（西汉王朝五任文帝）仍认为大军远征，并不容易，而宁愿用政治手段解决（赵佗事，参考前一七九年）。而今，首恶元凶（曹魏帝国）还没有扑灭，边界之上，不时传来警报，不应该把公孙渊放到第一位，但愿陛下抑制盛怒，冷静思考，暂时停止动员。然后秘密策划，等待下一步的行动，这是天下人的福气。”

孙权这才停止（陆瑁最后一则奏章，疲弱无力，孙权所以接受，不过是盛怒的情绪已平，适可而止。他如果坚持北伐，恐怕舰队还没有抵达辽东〔辽宁省〕，曹魏帝国大军已在建业〔江苏省南京市〕大摆筵席，庆祝灭国之功）。

孙权屡次派人去安慰张昭，向他道歉，张昭坚称他确实患病，不能起床。孙权有次出宫，经过张昭家门，呼唤张昭，张昭说他病重，就要断气。孙权放火烧他的大门，想把他烧出来，张昭仍然不动，孙权只好教人把火扑灭，停在门门等候。很久之后，张昭的儿子们把张昭从床上扶起来出门相见，孙权请他上车，一同回宫，深切责备自己。张昭不得已，以后才参加朝会。

历史上君王和臣属之间，翻脸无情的固多如牛毛，始终和睦的也并不是没有。不过，即令和睦到看起来似乎水乳交融之境，但在严格的君臣礼法规范之下，不可避免的一直隐藏着一种君尊臣卑的距离感，难有真正水乳交融的

实质。反过来看孙张之间，亦师亦友，火攻土掩的戏剧景观，充满真挚和温馨。时间越到近代——最糟的是明王朝和清王朝，君王如猫，臣属如鼠，只有兽性，没有人味。

最初，东吴帝国使节张弥、许晏等，抵达襄平（辽东郡郡政府所在县，辽宁省辽阳市），公孙渊阴谋下手前，先把东吴兵团拆散，安置各地。担任差遣的密使（中使）秦旦、张群、杜德、黄强等，连同士兵六十人，被安置在玄菟郡（辽宁省沈阳市）；玄菟郡在辽东郡（襄平，辽宁省辽阳市）北二百华里（航空距离七十公里），郡长王赞统辖居民二百户人家（郡政府所在，居民只二百户，每家即令平均十口，不过两千人。说明当时偏远郡县，地广人稀）。秦旦等被分配住到民家，由民间供应饮食。

四十余日之后，秦旦跟张群等商议说："我们远在异域，不能完成使命，被抛弃此地，跟死亡没有分别。观察这个郡城形势，自卫的能力，非常薄弱。我们如果同心协力，放火焚烧城郭，击斩郡长，为我们国家报仇雪耻，然后一死，也无遗恨。总比苟且偷生，做长期的囚犯要好得多。"张群等同意，于是秘密约定，在八月十九日夜间暴动。

然而，到了八月十九日中午，郡民张松告密。郡长王赞集结部队，关闭城门。秦旦、张群、杜德、黄强等跳出城墙逃走。这时张群膝盖生疮，无法跟上他们，杜德搀扶着他，一起亡命，山谷道路，崎岖险恶，苦撑六七百华里，张群伤势更重，再不能向前迈步，躺到草地上，大家守着他悲哭。张群说："我不幸身负重创，随时都会死亡。你们最好快快逃走，希望活着回去。空守在这里，一齐死在穷山恶水之中，有什么益处？"杜德说："我们离家万里，活一齐活，死一齐死，怎能忍心抛弃你。"于是催秦旦、黄强先走，杜德单独留下，守着张群，每天采摘些野果给他吃。秦旦、黄强走了数日，到达高句骊王国首都丸都（吉林省集安市）。

秦旦、黄强随机应变，宣称奉东吴帝国皇帝孙权诏书，特来赏赐高句骊王国国王（十一任东川王）高位宫（六任王〔太祖王〕高宫族孙）跟他的左右大臣，不过所有赏赐的金银财宝，全被辽东劫夺。高位宫大为高兴，接受命令，派使节随着秦旦，一同去迎接张群。再派奴仆二十五人，送秦旦等从海上返回东吴帝国，上书孙权，愿做臣属，进贡貂皮一千件，鹖鸡皮十件（鹖，音hé〔盒〕。鹖鸡，一种斗鸡）。

秦旦等晋见皇帝孙权，悲喜交集，不能自制。孙权被他们的智勇感动，一律任命当指挥官（校尉）。

8 本年（二三三），东吴帝孙权，出兵打算包围曹魏帝国（首都洛阳）的合肥新城（安徽省合肥市西北，去年〔二三二〕满宠所建），但因新城距水太远，舰队停泊二十余日，不敢下船。曹魏帝国征南将军满宠对将领们说："孙权得到我们移城的报告，在大庭广众中，一定说过吹牛大话，今天进军到这里，希望建立功勋，虽然不敢攻击，但最后一定会登岸炫耀，展示实力。"遂秘密派出步骑兵六千人，在淝水隐蔽处埋伏。孙权果然率军登岸炫耀，满宠伏兵攻击，杀数百人，东吴军逃走，有人还坠水淹死。

孙权又命卫将军全琮攻击六安（安徽省六安市），也不能攻克。

9 蜀汉帝国（首都成都）庲降军区（总部设味县〔云南省曲靖市〕。庲，音lái〔来〕）司令官张翼，用法严峻，南方蛮夷首领刘胄叛变，丞相诸葛亮（本年五十三岁）任命军事参议官（参军）、巴西郡（四川省阆中市）人马

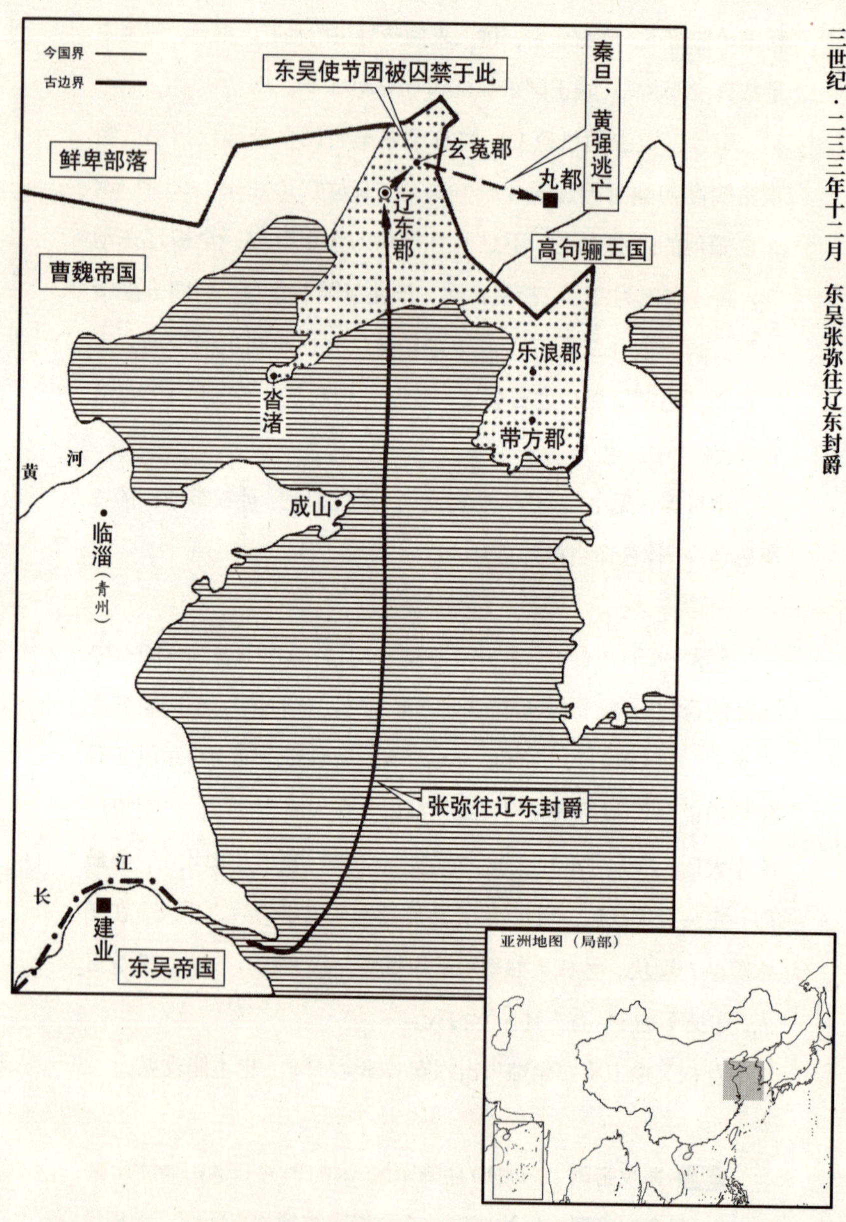
今国界
古边界
东吴使节团被囚禁于此
秦旦、黄强逃亡
鲜卑部落
玄菟郡
丸都
辽东郡
高句骊王国
曹魏帝国
乐浪郡
沓渚
带方郡
黄
河
成山
临淄（青州）
张弥往辽东封爵
江
长
建业
东吴帝国
亚洲地图（局部）

忠，接替张翼，征召张翼回京（首都成都）。使节告诉张翼，应火速归去，听候处分。张翼说："不然。我因为蛮夷叛变，没有能力平息，才召我回去。可是，接替我的官员，还没有来到，而我正身临战场，应当转运粮食，储存谷米，作为消灭盗贼的资本，岂可以因为受到罢黜，就废弃公务？"尽心筹划，毫不懈怠。等马忠抵达，才束装就道。

马忠就利用张翼充足的准备，击破叛夷，斩刘胄。

10 蜀汉丞相诸葛亮推广农耕，充实军备，训练部队，为解决山区运输困难，制造"木牛""流马"（参考二三一年二月），把军粮运送到褒斜谷口（陕西省汉中市西北），修复褒斜谷（陕西省太白县西南褒河山谷）栈道，使人民获得充分休养，三年之后，再作运用（这是追叙前年〔二三一〕时的措施，明年〔二三四〕，休养已整三年）。

二三四年

甲寅

曹魏 青龙 二年

蜀汉 建兴 十二年

东吴 嘉禾 三年

1 春季，二月，蜀汉帝国（首都成都〔四川省成都市〕）丞相诸葛亮（本年五十四岁），率十万人庞大北伐兵团，从褒斜谷（陕西省太白县西南褒河山谷）向曹魏帝国（首都洛阳〔河南省洛阳市东白马寺东〕）发动第五次（也是最后一次）攻击，一面派使节前往通知东吴帝国（首都建业〔江苏省南京市〕），同时出兵。

2 三月六日，东汉王朝末任帝（十四任献帝）、被曹魏帝国封山阳公的刘协逝世（年五十五岁）。曹魏帝国皇帝（二任明帝）曹叡（本年三十一岁）改穿丧服，为故君祭悼。

3 三月二十五日，曹魏帝国大赦。

4 夏季，四月，曹魏帝国瘟疫流行。

5 曹魏帝国洛阳宫崇华殿火灾。

6 蜀汉帝国（首都成都）丞相诸葛亮，出褒斜谷，抵达郿县（陕西省眉县），在渭水南岸扎营布阵。曹魏帝国最高统帅（大将军）司马懿率军渡过渭水，背靠渭水构筑营垒抵御，对将领们说："诸葛亮如果攻击武功（陕西省武功县西），顺着山势向东挺进，将给我们造成压力；如果向西进入五丈原（陕西省眉县西），我们就平安无事。"诸葛亮果然推进到五丈原。曹魏帝国雍州（州政府设长安〔陕西省西安市〕）州长（刺史）郭淮建议司马懿说："诸葛亮一定要夺取北原（五丈原渭水之北部分），我们应先入据守。"将领们多不同意。郭淮说："如果诸葛亮横跨渭水，控制五丈原全区，再进击北山（汧山），就可以切断通往陇右（陇山以西）的交通线，会引起汉人、羌人、胡人的巨大动乱，不是国家之利。"司马懿遂命郭淮进屯北原，正在筑垒，蜀汉兵团已经涌到，郭淮迎击，遏止蜀汉兵团攻势。

诸葛亮因为以前数次出击，都因粮秣无以为继，不得不退，于是改变战略，决定采取军事屯田政策，沿渭水河岸，由武装战士开垦当地居民田亩外的荒田；当地农民乐于接受，战士也一切奉公，没有私弊。

7 五月，东吴帝国（首都建业）皇帝（一任大帝）孙权（本年五十三岁），呼应蜀汉帝国（首都成都）北伐行动，率军推进到巢湖湖口（安徽省巢湖市），直指合肥新城（安徽省合肥市西北，二三二年满宠所建），对外宣称大军十万。又派上大将军陆逊、左翼军事总监（左都护）诸葛瑾，率万余人，进入江夏郡（湖北省鄂州市）沔口（湖北省武汉市，汉水入长江口），直指襄阳（湖北省襄阳市）；将军孙韶、张承，进入淮河，直指广陵（江苏省扬州市）、淮阴（江苏省淮安市淮阴区）。

六月，曹魏帝国征南将军满宠，打算率各军救援合肥新城，殄夷将军田豫说："东吴这次是一项大规模的攻击，并不是贪图一点小利，他们把合肥新城当作一块吸铁石，企图引诱我们大军集中。我建议：让他们放手攻城，挫折他们的锐气，而不应迎头痛击。坚城既无法夺取，他们将士却疲惫不堪，等他们士气低落时再反攻，就可以获得最大胜利。东吴这帮匪徒，如果有头脑的话，一定不敢攻城，自动撤退。我们如果立即进军，正好中了他们的奸计。"

当时曹魏帝国东方的野战部队，正逢轮流休假，满宠上书请求派中央直属部队，并征召休假中的将士，集中力量迎战。散骑侍从官（散骑常侍）广平郡（河北省邯郸市永年区东南广府镇）人刘劭建议说："东吴部队人数众多，而又刚到，意志集中，气势正锐。满宠因守军太少，而又在自己防地上作战（兵法谓之"散地"），如果进击，一定劳而无功。他之请求支援，并没有错误。我认为，出动步兵五千人就行了，但应派精锐骑兵三千人，先行出发，扬言大军数道并进，造成先声夺人的震撼形势。骑兵抵达合肥（安徽省合肥市）时，作扇面形状展开，多带旌旗，多擂战鼓，在城下展示兵力后，即向东吴兵团的背后出发，切断他们退路和粮道。东吴兵团听到大军已动，而骑兵又要切断他们的退路和粮道，一定震惊逃走，不战自破。"皇帝曹叡批准。

满宠打算放弃合肥新城，引诱东吴兵团深入寿春（安徽省寿县。合肥、寿春，航空距离九十公里）。曹叡拒绝说："从前，刘秀（东汉王朝一任帝）派军占领略阳（甘肃省秦安县东北），终于击破隗嚣（参考三二年春季）。先帝（曹操和曹丕）东方固守合肥（安徽省合肥市），南方固守襄阳（湖北省襄阳市），西方固守祁山（甘肃省礼县东北），敌人进攻，每次都在城下把他们击败，因为地理上的形势，绝不许后退。即令孙权攻合肥新城，一定不能攻克。各将领应该坚守，我当亲自出征，等我到时，恐怕孙权已经逃走。"

曹叡命征蜀军事总监（征蜀护军）秦朗，率步骑兵二万人，支援司马懿抵御诸葛亮，下诏司马懿："我要你坚守营垒，摧毁敌人的士气，使他们想进攻无法进攻，想决战无法决战，用时间换他们的粮食，粮食耗尽，又没有地方可以抢夺，自然撤退，等他们撤退时进击，可以大获全胜。"

秋季，七月，曹叡乘御舟，亲自东征。

满宠募集敢死队，烧毁东吴军攻城武器，射死孙权的侄儿孙泰；而东吴将士很多染上疾病。曹叡御驾距合肥还有数百华里，扮演迷惑敌人角色的先锋部队，已经抵达。孙权最初认为曹叡不可能亲自出马，所以当得到曹叡亲率大军就要来到的消息时，即行班师。由淮河进击的孙韶部队，也跟着班师。

进攻襄阳的陆逊，派亲信韩扁，送奏章给孙权，中途被曹魏军巡逻队生擒，诸葛瑾大起恐惧，写信给陆逊说："圣驾（孙权）已返，敌人又擒获韩扁，对我们的军情，了如指掌，而且水位将行降低，应该迅速撤退。"陆逊不作回答，反而继续督促部属种植蔓菁、豆子；跟各将领下棋，骑马射箭，游戏欢乐，一如平常。诸葛瑾说：

“陆逊智足谋多，一定有他的道理。”亲自前去探望陆逊，陆逊说：“曹魏军知道圣驾（孙权）已回，不再担忧东方，势将全力对付我们。而且所有要害地方，都已把守。我们的军心，已经不稳，随时都会溃散。所以必须使军心安定，再施计谋，然后才能脱险。假定今天便开拔回军，曹魏军会看出我们的恐惧，对我们施加压力，结局不可收拾。”

于是，陆逊跟诸葛瑾密谋，由诸葛瑾统御舰队。而陆逊在岸上集结部众，向原目标襄阳（湖北省襄阳市）进击。曹魏军素来敬畏陆逊，即行调回各军，回城守卫。诸葛瑾率舰队离开港口（直到现在，我们都不知道陆逊、诸葛瑾身在何处？史书不曾叙明，读者必须自己推断），陆逊从容调动大军，虚张声势，前往江边登船；曹魏军不敢逼近。船舰抵达白围（湖北省襄阳市西北，白河〔淯水〕跟汉水汇合处营寨），声称打猎，暗中派将军周峻、张梁等，攻击江夏郡（曹魏帝国的江夏郡）所属的新市（湖北省京山市东北）、安陆（曹魏江夏郡郡政府所在县，湖北省云梦县）、石阳（湖北省汉川市），斩杀及俘虏一千余人而回。

曹魏帝国文武官员认为司马懿，正跟诸葛亮在西方对峙难解，建议曹叡御驾前往长安（陕西省西安市），曹叡说：“孙权逃走，诸葛亮胆都吓破，司马懿足可以克制他，我不用忧虑。”遂进抵寿春（安徽省寿县），根据各将领的功劳，分别等级赏赐和升官封爵。

8 八月二十日，曹魏帝国把东汉王朝末任帝刘协，安葬禅陵（河南省修武县北）。

9 八月二十九日，曹魏帝曹叡，前往许昌（河南省许昌市东）。

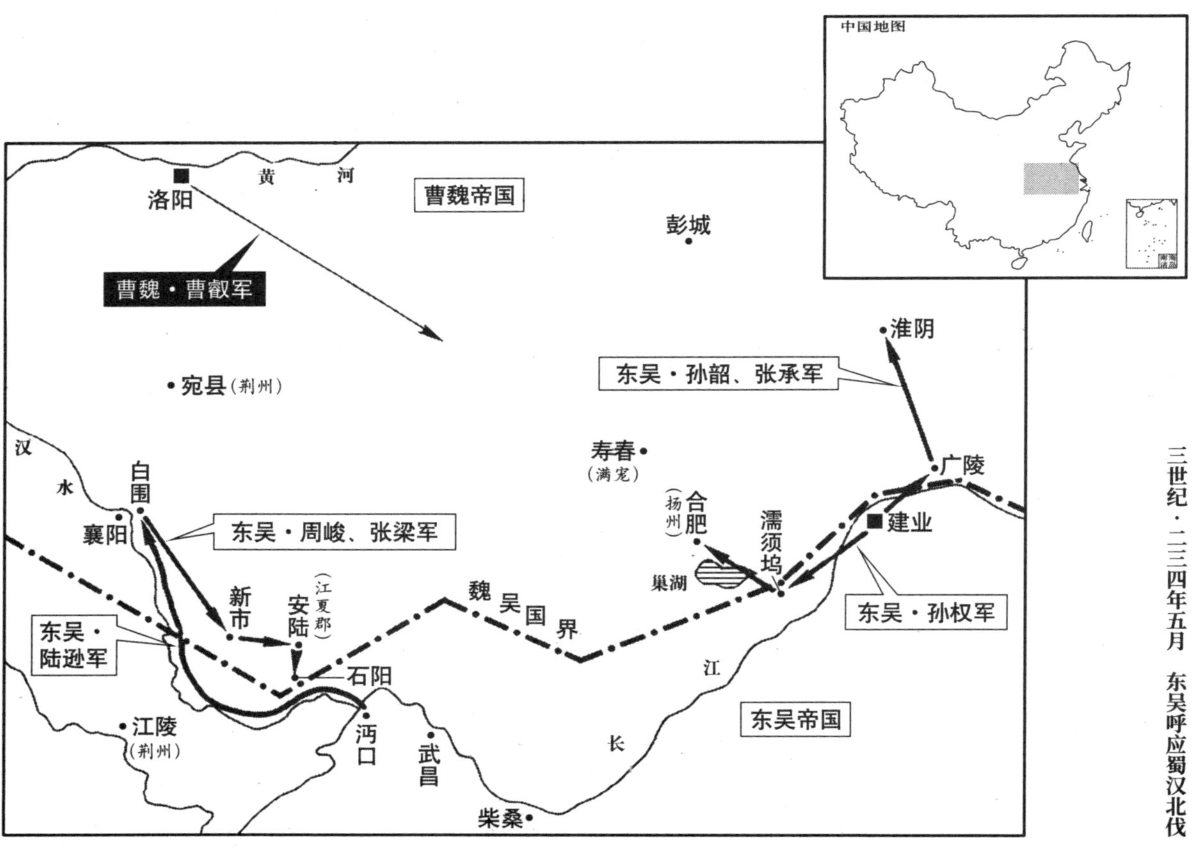

三世纪·二三四年五月　东吴呼应蜀汉北伐

10 司马懿跟诸葛亮，在五丈原（陕西省眉县西）僵持一百余日，诸葛亮不断挑战，司马懿坚守营垒不出，诸葛亮派人把妇女用的首饰衣服，送给司马懿（侮辱他怯懦如同妇女），司马懿大怒，上书皇帝曹叡，要求出军。曹叡命皇城保安司令（卫尉）辛毗，手拿皇帝符节，担任总参谋长（军师），前往大营，严厉制止。蜀汉帝国军事总监（护军）姜维，对诸葛亮说："辛毗带着皇帝符节前来，司马懿再不可能应战了。"诸葛亮说："司马懿根本无心应战，所以大张旗鼓，坚决要求非应战不可，是摆出姿态，借皇帝的权威，堵大家的嘴。统帅在外，对天子的命令有时候都可以不接受。假如司马懿有能力击败我们，岂有千里之外请求准许他出军之理？"

诸葛亮派使节到司马懿军营，司马懿只问关于诸葛亮吃饭睡觉以及每天处理事务多少等小节，绝不谈及军情。使节回答说："我们丞相一早便起床，很晚才就寝，二十板以上的军法处分，都要亲自裁决，饭量不过数升（"升"的大小不得而知，是"米"是"饭"不得而知，是"饭"是"面"不得而知，一顿或一天或一月不得而知）。"司马懿告诉别人说："诸葛亮食少事烦，怎么能活得长久！"

诸葛亮病情沉重，蜀汉帝（二任）刘禅（本年二十八岁）派政务署执行长（尚书仆射）李福，到前线探望病情，并询问国家大计方针。李福既到，跟诸葛亮磋商，在得到明确指示后，告辞返京（首都成都）。走了只几天，李福又匆匆赶回。诸葛亮说："我知道你回来的意思，我们虽然长谈一天，仍然觉得有些事还没有谈到，特地要我决定。你所问的事，蒋琬是适当的人选。"李福道歉说："以前实在忘记请示，先生百年之后，谁可以担当国家大事？所以中途匆匆折回。请再指示：蒋琬之后，谁可以继任？"诸葛亮说："费祎。"李福再问费祎之后，诸葛亮不作答复。

本月（八），诸葛亮在五丈原军营逝世（年五十四岁）。秘书长（长史）杨仪，率军撤退。当地居民跑去报告司马懿，司马懿追击。姜维命杨仪采取紧急措施，大军突然战鼓雷鸣，本来向南的旌旗突然反转向北，直指司马懿。司马懿急行收军，不敢进逼。于是杨仪步步为营，直到进入褒斜谷（陕西省太白县西南褒河山谷）之后，才为统帅诸葛亮发丧。当地居民遂有一句俗话："死诸葛亮吓走活司马懿！"司马懿听到，笑说："我能预料他活时的事，不能预料他死后的事。"司马懿视察诸葛亮留下的残营废垒，叹息说："他真是天下奇才。"追到赤岸（陕西省留坝县北），追赶不上，方才回军。

最初，蜀汉帝国前翼总参谋长（前军师）魏延，勇猛超过常人，善待部属，受到战士爱戴。每次随诸葛亮出征，都向诸葛亮请求交付精锐部队一万人，另行出击，跟诸葛亮在潼关（陕西省潼关县）会师，仿效当年韩信跟刘邦分道并出前例（参考前二〇六年），诸葛亮都不允许。魏延常认为诸葛亮懦弱胆怯，抱怨自己的才干无处施展。而秘书长（长史）杨仪，干练敏捷，诸葛亮每次出军，杨仪总揽全局，筹划粮秣，熟练而效率极高，从不拖泥带水，立刻就处理妥当。所以，军事上的调度，都由杨仪决定。魏延性情高傲，大家都让他三分，只杨仪对魏延心怀轻视，不假辞色，魏延对杨仪也深为愤怒，二人互相怀恨，势同水火；诸葛亮珍惜二人才干，不忍心偏袒。

费祎曾经出使东吴帝国，东吴帝孙权酩酊大醉，问说："杨仪、魏延，不过两个放牛的家伙，对国家虽然有鸡叫狗吠一样普通的小小贡献，实际上并不重要。不过既然已经任用他们，就不能轻看。万一有一天没有了诸葛亮，恐怕将发生祸乱。你们这群呆瓜，不知道考虑这些，难道留给下一代解决？"费祎回答说："杨仪、魏延之不和睦，不过是为了鸡毛蒜皮般一点私愤，并没有英布、韩信那种难以驾御的野心。而今正在全力对付强大的敌人，希望统一天下；事业成功，需要人才；伟大事业成功，需要更多人才。如果不用他们，只不过为了防备后患，就跟为了防止惊涛骇浪，而放弃船只一样，不是长远的计划。”

诸葛亮病重时，跟杨仪以及军政官（司马）费祎等，共同商议一旦病故退军方案，命魏延负责断后，而姜维更在魏延之后；如果魏延不接受命令，大军仍依原计划进发。诸葛亮去世，杨仪秘不发丧，命费祎拜访魏延，探听他的意向。魏延说：“丞相不在，魏延还在，丞相府官属和眷属，可以运送棺柩返国，我当率各军继续攻击敌人，怎么为了一个人死亡，就废弃天下大事？何况，我魏延是什么人，怎能做杨仪的部下，当他的后卫？”于是，跟费祎共同拟具应变计划：决定谁应护灵南下，谁应留在前线拒敌；教费祎亲笔书写，跟魏延联名，昭告所有将领。费祎骗魏延说：“我应该回去向杨秘书长解释，杨秘书长是个文官，不太懂军事，一定不会反对你的部署。”费祎出营上马，狂奔而去。魏延后悔放掉他，但已来不及阻止。

魏延派人侦察杨仪行动，发现杨仪依照诸葛亮原先指示，各营开始陆续撤退。魏延暴跳如雷，在杨仪本人还没有动身之前，率领手下部队，抢先出发；为了阻延杨仪行程，魏延一进入褒斜谷，立即纵火焚烧栈道。于是，魏延、杨仪，各自向皇帝刘禅上书，指控对方叛变，一天之内，十万火急军报，几次抵达京师（首都成都）。刘禅惊疑，询问高级咨询官（侍中）董允、留守府秘书长蒋琬，董允、蒋琬都保证杨仪，但不敢保证魏延。

杨仪既被栈道阻断，命士兵凿山开道，昼夜兼程，紧随魏延之后。而魏延已先出褒斜谷（陕西省太白县西南褒河山谷），据守褒斜谷南口，派军阻截杨仪等，杨仪命将军王平（何平，王平初从母姓，后恢复父姓何，遂称何平）应战，王平斥责魏延的先头部队说："丞相刚刚去世，尸首还有余温，你们怎么敢如此！"魏延部属知道魏延理屈，拒绝为他效命，于是一哄而散。魏延无可奈何，单人独马，跟几个儿子逃亡，奔向汉中（陕西省汉中市），杨仪派将领马岱追击，捕获，父子一齐斩首，屠杀魏延三族。蒋琬率中央直属部队各营战士，向北迎丧赴难，已走数十华里，得到魏延已死消息，才行回军。开始时，魏延打算诛杀杨仪，希望大家公推他接替诸葛亮辅政，所以并不向曹魏帝国投降，根本没有反叛之意。

柏杨曰

对于并没有发生的事，假定它发生而加以评论，最容易信口开河。但是，魏延是蜀汉帝国残存的唯一大将，应无异议。子午谷大战略如果付诸实施，它成功的可能性极高，昔日刘邦对付项羽场面，又将重演。而魏延一直要求单独进军，诸葛亮偏偏不肯放手，不仅魏延自己叹息怀才不遇，千年之后，我们也为魏延叹息。这次内部火并，如果魏延取得胜利，他可能变成董卓第二，但也可能使战局改观。可惜，我们无法验证。唯一可以验证的是，杨仪不久就露出原形，不过"一脸忠贞学"的人物，一旦没有了官做，立刻改变立场。而魏延在没有了官做时，不过夺官而已，并没有反叛，但他却身负反叛恶名，三族被屠。

魏延死后，蜀汉帝国命运已定，再无复兴之机。

11 蜀汉帝国北伐大军返抵首都成都，皇帝刘禅下诏大赦，封诸葛亮当忠武侯。最初，诸葛亮上书刘禅，说："我在成都，有桑树八百棵，耕田十五顷，供给子弟饮食衣服，绰绰有余，我没有别

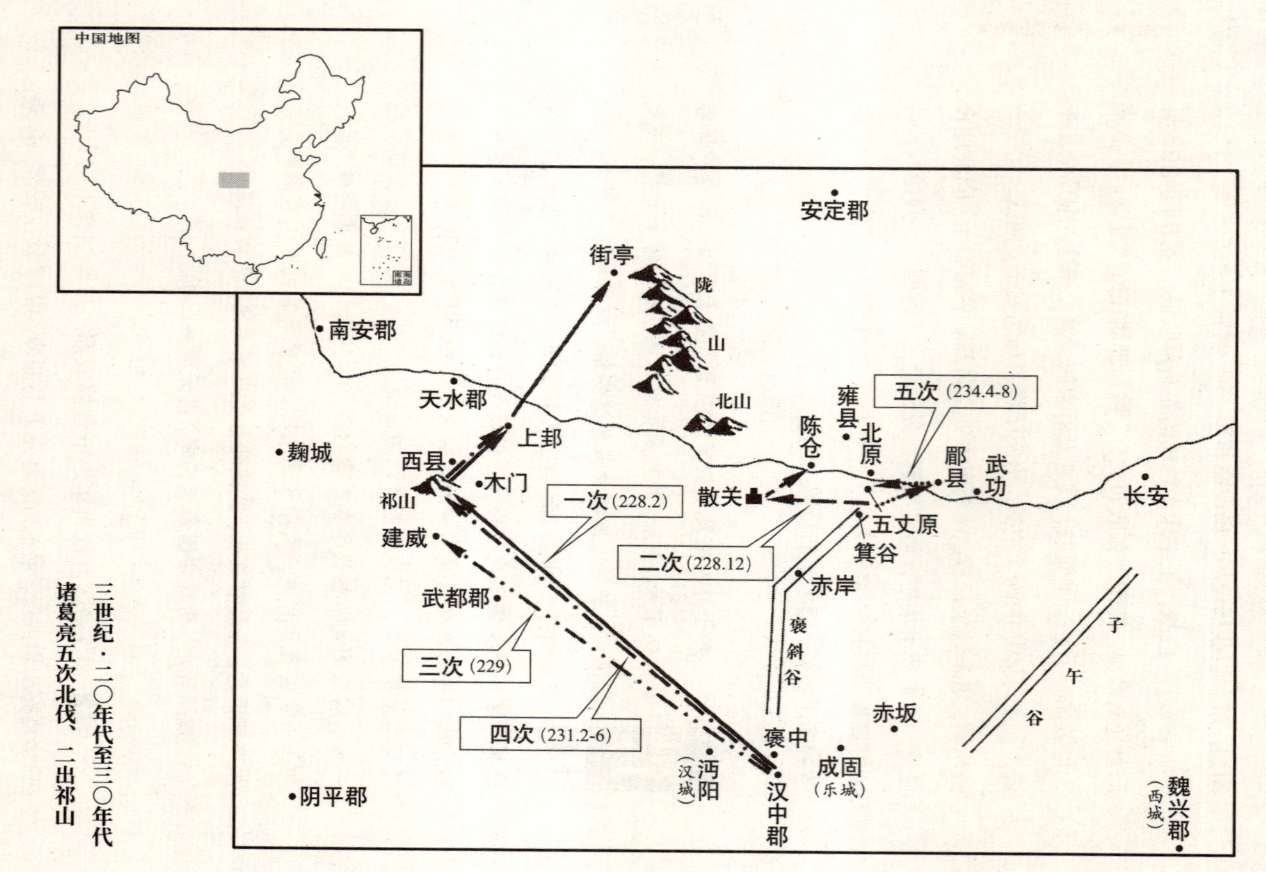

三世纪·二〇年代至三〇年代
诸葛亮五次北伐、二出祁山

的收入，所以财产不会增加。我死的那天，绝不让家里有多余的布匹，外面有多余的钱财，辜负陛下。”诸葛亮去世后，果然如此。

丞相府秘书长（长史）张裔，常称赞诸葛亮说：“丞相奖赏时，再疏远的人，都不会遗漏；处罚时，再亲近的人，都不会因私心宽恕；没有功劳的人得不到官爵，权势再大的人不能逃避刑责。这就是使贤能的和愚劣的，都忘身报国的原因。”

诸葛亮当丞相，安抚人民，建立文官制度，限制官员权力，一切遵照法令规章，诚心追求公道。对忠心耿耿、有益于国家的人，即令是仇家，也要赏赐；对违犯国法、工作懈怠的人，即令是至亲，也要处罚。承认自己错误而情有可原的，再重的罪都可减轻；花言巧语，死不认错的，再轻的过失，也要处刑。善行虽小，也会奖励；恶行虽微，也会贬谪。人情世故，都有深刻了解，对事件一定探讨它的根源，对理论一定考察它实践的结果，极端厌恶虚伪。全国人民对他都心怀敬畏，刑罚虽然严苛，但没有人怨恨，因为他公平正直，明察秋毫，堪称治国的伟大政治家，可以跟管仲（春秋时代齐国宰相）、萧何（西汉王朝相国）相比。

假如找一个对中国人思想和行为影响深远的历史人物，诸葛亮先生是其中之一。这位伟大的政治家在中国人民心灵中留下的形象，直到今天，依然深刻，最明显的是刘备“三顾茅庐”的故事，被知识分子认为是无上荣耀，人人都希望被长官赏识，在自己百般不情愿的状态下，出来担任官职。它的流弊遂使有些热衷于此的官僚政客，也要披上被“征召”的外衣，即令是民主时代的竞选，也希望形容为被动的参与。在最后，大家只好呆坐在那里，每天盼望大家伙三顾他的茅庐，盼望不到时，便怨天恨地。

其次是诸葛亮那种“纶巾羽扇”指挥大军作战的从容态度。每个人都想在谈笑之间，使最困难的问题，获得解决。流弊比三顾茅庐更为严重，因为人们只学会了从容，而没有创造出从容必备的条件。犹如只羡慕一朝成名的荣誉，而忘了千日千夜的刻苦耕耘，以致历史上常有“带汁诸葛亮”的大小场景。这是一个只务外表，不务实际的陷阱，诸葛亮地下有知，当会感到遗憾。

诸葛亮的政治才能，是第一流的，无懈可击，张裔和陈寿的评论，已塑出一个万人膜拜的典范。然而，司马光引用陈寿的评论时，似乎故意删去一段，那段话是：“诸葛亮长于治理军事，短于奇谋诡计，政治能力优于作战能力，所以连年劳师动众，不能克敌制胜。从前，萧何推荐韩信，管仲推荐王子城父，都是因为知道自己的缺点，不可能十全十美。诸葛亮手下却没有韩信、城父，所以功业堕坏。”这是最公正的评估。事实上马谡就是张良，魏延就是韩信、城父，问题不是没有名将，而是没有伟大的统帅，诸葛亮身兼将相，而过分谨慎的性格，跟军事上必须有的冒险精神，互相冲突。他培养的接班人，都是保守有余，进取不足，使我们徘徊扼腕，无限痛惜。

12 最初，蜀汉帝国外籍兵团指挥官（长水校尉）廖立，自认为才干和声望，都应该担任副丞相的角色，对他的官位职位，不断抱怨嘲讽，诸葛亮把他贬降为平民，放逐到汶山郡（四川省汶川县）；等到诸葛亮逝世，廖立流泪说：“我将一生困在蛮荒了。”李严（李平）听到噩耗，也发病而死（李严事，参考二三一年八月）。李严（李平）一直盼望诸葛亮重新起用自己，用以戴罪立功，补偿过去过失，李严了解诸葛亮之后的当权者，不可能再接纳他的复出。

从前，管仲夺取伯氏采邑三百多家，并入自己采邑，伯氏终生没有怨言。圣人认为这是一件难事。诸葛亮能使廖立哭泣、李严身故，他们岂止没有怨言而已。水面至平，连邪恶的人都用水作为标准；镜子最明，连丑陋的人都忘掉愤怒。水平镜明，虽然呈现对方原形，对方却没有怨恨的缘故，因为水和镜没有私心。水和镜正因没有私心，自可以免除怨恨。何况伟大的政治家，怀着乐于看到别人活下去的仁心，流露哀怜宽恕别人错误的爱惜之情。用法律制裁时不得不用法律制裁，处罚的是他们自己所犯的罪。无论赏赐擢升，都不出于私心，无论诛戮斩杀，都不由于私愤，天下难道还有谁不服？

13 蜀汉帝国各地人民，要求给诸葛亮建立庙宇，皇帝刘禅不准；人民遂每逢节日，在路旁的高地上遥祭。步兵指挥官（步兵校尉）习隆等上书说：“请在诸葛亮墓（诸葛亮安葬陕西省勉县南五公里的定军山）附近的沔阳（陕西省勉县），建立一座庙宇，禁止私人祭祀。”刘禅这才同意。

刘备托孤给诸葛亮，而且明言要诸葛亮自己接管政权，诸葛亮如果真的接管政权，可真是名正言顺，没有人能阻挡得住。然而，诸葛亮不但没有顺水推舟，坐上宝座，反而拥戴一个仅只十七岁，不过高级中学一二年级的大孩子，“鞠躬尽瘁，死而后已”。在现实政治中，皇帝的宝座，谁的力量大，谁就可以往上坐。但我们对能往上坐而不肯坐的忠臣义士，仍备感尊敬。因为，那正是大丈夫有所不为的情操。没有这种有所不为的情操，便容易堕落成一个无所不为的下三滥货色。诸葛亮的有所不为，使我们顶礼。

刘禅在诸葛亮在世时，敬畏交加。可是，却在诸葛亮死后，拒绝为他建立庙宇。而立庙之举，在专制封建社会，是一项最大的荣誉，比现代社会建立铜像，意义更大，因为有庙宇就有香火，地下幽魂，还可享受。

刘禅批驳的理由是什么，史书上不载。但我们可以推测：刘禅本年（二三四）已二十八岁，皇帝的线条开始分明，可能早就不耐烦“权臣”对他的控制。皇宫自成一个体系，从以后黄皓的出现，可知刘禅早已有他自己的摇尾系统，即令刘禅自己甘愿接受拘束，摇尾系统也不准他接受，清王朝三任帝福临在他叔父兼义父的多尔衮死后，立刻翻脸（参考一六五一年），历史不过提前一千四百年上演而已。不同的是，蜀汉政府仍在诸葛亮指定的继承人之手，刘禅还不敢在大计方针上改变，但抓住小节，忍不住要表表他对诸葛亮的反弹和厌倦之情。

14 蜀汉帝刘禅擢升左将军吴懿当车骑将军，“假节”，驻屯汉中郡（陕西省汉中市）。擢升丞相府秘书长（长史）蒋琬当政务署长（尚书令），统筹全国大事；不久再加授蒋琬代理总督（行都护），“假节”，兼益州（四川省及云南省）州长（刺史）。这时，大军突然失去元帅（诸葛亮），全国上下，惶悚不安。蒋琬从一个普通的幕僚长崛起，超居文武百官之上，既没有悲哀的容貌，也没有沾沾自喜的脸色，神采举止，跟平常一样，因此人心渐渐钦佩归服。

东吴帝国（首都建业）得到诸葛亮病故消息，恐怕曹魏帝国（首都洛阳）乘机征服蜀汉帝国；于是，特别增加巴丘（湖南省岳阳市）守军一万人，一则作为援军，二则如果蜀汉帝国瓦解，用来瓜分领土。蜀汉帝国得到消息，也增加永安（巴东郡郡政府所在县，重庆市奉节县东）的边防部队，防备突变。蜀汉帝刘禅命皇家右翼警卫指挥官（右中郎将）宗预，出使东吴，东吴帝孙权问说："东方与西方，好像一家人，但听说你们增加永安的守军，为了什么？"宗预说："贵国增加巴丘的屯兵，跟我国增加永安的守军，都是自然之势，不必深究。"孙权大笑，认为宗预说话得体，对他的礼遇，仅次于邓芝（参考二二三年八月）。

15 东吴帝国（首都建业）首都东区民兵司令（左辅都尉）诸葛恪，认为丹阳郡（江苏省南京市）山势险要，郡民强悍，拒抗政府法令。从前虽然出动军队镇压，但所俘虏的不过全是外县居住平地上的人民；其他的人躲藏在深山之中，没有办法肃清。诸葛恪屡次请求皇帝孙权交给他去办，保证三年之内，可以征集到丁壮战士四万人。大家都认为："丹阳郡地大山多，道路崎岖，跟吴郡（江苏省苏州市）、会稽郡（浙江省绍兴市）、新都郡（浙江省淳安县）、番阳郡（江西省鄱阳县）等四个郡的疆土相接（丹阳郡并不跟会稽郡相接，而跟庐江郡〔皖城，安徽省潜山市〕相接；不知何以有此之误），周围一千华里，谷壑万重，深山里的人，从来没有进过城市，更没有见过政府官员。只知道手拿武器，奔跑荒野，等到满头白发时，就死在森林之中。被政府通缉的逃犯和凶恶的暴徒，也都投奔深山。山中有铜矿、铁矿，可以自己制造刀枪铠甲。山民风俗，崇拜武力，喜爱战斗，翻山越岭，穿过丛林荆棘，好像鱼入大海、猿猴攀登树木，抓住机会，就出山抢掠。帝国政府每次派军征剿，想寻找到他们的巢穴，却一直寻找不到。当作战时，他们一哄而上，打败时就像鸟一样向四方逃散，自从前世以来，都没有办法制伏。”全都反对。

诸葛恪的老爹诸葛瑾听到这件事后，也认为事情不可能成功，长叹说：“这个孩子如果不能使家门兴旺，一定使家门屠灭。”

但诸葛恪坚持一定可以成功，孙权遂任命诸葛恪当抚越将军兼丹阳郡（江苏省南京市）郡长；使他有权执行自己的计划。

16 冬季，十一月，曹魏帝国首都洛阳地震。

17 东吴帝国（首都建业）祭祀部长（太常）潘濬，讨伐武陵郡（湖南省常德市）五谿蛮，已历数年（参考二三一年二月），斩杀及俘虏数万人，各地蛮夷受到致命创伤，从此衰落，一方归于平静。

十一月，潘濬返回武昌（江夏郡郡政府所在县，湖北省鄂州市）。

二三五年 乙卯

曹魏	青龙	三年
蜀汉	建兴	十三年
东吴	嘉禾	四年

1 春季，正月八日，曹魏帝国（首都洛阳〔河南省洛阳市东白马寺东〕）任命全国武装部队最高指挥官（大司马）司马懿当全国武装部队总司令（太尉）。

2 正月丁巳日（本月辛巳朔，没有丁巳），曹魏帝国皇太后郭女王逝世。曹魏帝（二任明帝）曹叡（本年三十二岁）几次向这位嫡母，询问娘亲甄洛临终情形，郭女王忧惧而死。

柏杨曰

郭女王之死，使曹魏帝国宫廷中长达二十年之久的夺床斗争恩怨，作一总结。当曹丕还是东汉王朝魏国太子时，六位妻子中的两位——甄洛和郭女王之间的苦战，已白热化。二二一年，曹丕正式建立曹魏帝国，带给甄洛的不是喜讯，而是一包毒药。郭女王对情敌甄洛最恶毒的一击是：指控甄洛生的儿子(曹叡)不是曹丕的儿子，而是甄洛前夫袁熙的儿子。郭女王柔情蜜意的对曹丕说："我倒不认为甄洛真的怀着袁家的孩子，虽然有那种可能性。七八个月生产，也没有什么不对。但我害怕的是，这种消息传播出去，有一天，曹叡继承皇位，万一有野心家拿这作为借口，拒绝对他效忠，就可能影响帝国的安全。"为了此事，曹丕亲自到邺城向甄洛查询，甄洛大哭说："你当了皇帝，有权选择皇后，但你不该血口喷人，诬蔑亲生之子，我儿已经十六岁，你忍心这么糟蹋你的骨肉？"但甄洛仍难逃一死，幸而，曹叡小娃的命运在一场围猎中，获得转机(参考二二六年)。曹叡即位之后，直到二二九年，祖母卞太皇太后逝世，郭女王失去保护伞，抚养曹叡长大成人的李夫人，才把甄洛惨死的情形，告诉曹叡。曹叡这时已有复仇力量。有一次，他向郭女王询问："我娘亲死时，头发披面，用糠塞口，可是你的主意？"郭女王大吃一惊，她所恐惧的事终于到来，但她已不敢承认她所做过的事，只能哀号说："是谁拨弄是非，挑拨我们母子感情？"接着为了证明她的清白，她要求开棺验尸——她当然知道在祖先崇拜的封建社会中，一个儿子，即令他是皇帝，也不敢开娘亲的棺。但郭女王没有料到曹叡举出人证，在无可闪躲时，她分辩说："你娘亲之死，是你老爹干的，为什么问我？"忽然间，郭女王发现她已身陷冰窖，颤声说："你身为人子，难道仇恨亲爹，枉害继母？"

然而，这不是枉害，这是复仇。年已五十岁的郭女王，现在付出当初夺床胜利的代价，历史重演十五年前的镜头，曹叡派出杀手，强逼郭女王喝下跟他娘亲喝下的同样的毒酒，再同样的使郭女王头发披面，用糠塞口。

这是一件漂亮的复仇，郭女王面对毒酒时的哭泣，掩盖不住世人对这项复仇成功发出的感叹。我们赞美宽恕，但也同情复仇，要求被害人无条件宽恕，是一种“德之贼也”的邪恶心肠，有些仇恨，可以宽恕；有些仇恨，不可以宽恕。

3 蜀汉帝国（首都成都〔四川省成都市〕）丞相府秘书长（长史）杨仪，既击斩魏延，自以为建立大功，应该接替诸葛亮的官位。但诸葛亮生前已留下秘密指示，认为杨仪胸襟狭窄，没有包容性，所以把大事交托蒋琬。杨仪返抵首都成都，被擢升当中央总参谋长（中军师），但不负实际责任，十分悠闲。最初，杨仪在一任帝刘备时，当政务署执行官（尚书），蒋琬不过政务署助理（尚书郎）。虽然到了后来，同时担任丞相府军事参议官（参军）、秘书长（长史），但杨仪每次都随同诸葛亮行动，负责繁剧的重要工作，自己认为资格比蒋琬老，才能比蒋琬高，而现在蒋琬却超过自己。于是，他怨恨愤怒，形诸言语行动，整天唉声叹气。人们怕他毫无节制的横发牢骚，都不敢跟他来往。只有后翼总参谋长（后军师）费祎，还不时拜访安慰他。杨仪对费祎发泄心里的怨恨，把撤军的往事，再重复叙述，告诉费祎说：“当初，丞相（诸葛亮）刚逝世的时候，我如果率领大军，投降魏国（曹魏帝国），怎么会沦落到今天这种寂寞地步，教人后悔已来不及。”

费祎秘密报告皇帝刘禅（本年二十九岁），刘禅下诏，剥夺杨仪所有官职，贬作平民，放逐到汉嘉郡（四川省雅安市名山区北）。杨仪到了汉嘉郡，再上书刘禅，攻击诋毁，措辞激烈，刘禅命郡政府逮捕杨仪，杨仪自杀。

4 三月十一日，曹魏帝国把皇太后郭女王安葬（当然是头发披面，用糠塞口）。

5 夏季，四月，蜀汉帝刘禅，擢升蒋琬当最高统帅（大将军），主管政府机要（录尚书事）；由费祎接替蒋琬的遗缺，当政务署长（尚书令）。

6 曹魏帝曹叡，有一种建筑宫殿的狂热，既兴建许昌宫（参考二三二年九月），又兴建洛阳宫——昭阳殿、太极殿、总章观；观高十余丈；而仍不断征调民夫，民间种桑耕田，几乎停顿。最高监察长（司空）陈群上书说："从前，姒文命（夏王朝一任禹帝）继承伊祁放勋（黄帝王朝六任尧帝）、姚重华（黄帝王朝七任舜帝）的盛世，仍然住简陋的宫殿，穿朴素的衣服。何况今天，我们处在天下大乱之后，人口减少，全国人民，比起西汉王朝刘恒（西汉王朝五任文帝）、刘启（西汉王朝六任景帝）时代，不过一个大郡（西汉王朝人口最多时，有五千九百万。东汉王朝人口最多时，有五千万。三国鼎立后，曹魏帝国人口只四百四十三万，东吴帝国人口只二百五十万，蜀汉帝国最少，只一百零八万。三国人口合计，不过八百零一万。自黄巾民变到改朝换代大混战，四十余年间，人口锐减五分之四，四千余万人死亡。说明杀戮之惨和中国人灾难之重），加上边境正在对抗，将士劳苦，万一再发生水灾旱灾，更值得深忧。从前，刘备自成都到白水（关城，陕西省宁强县西北阳平关镇），沿途兴筑宾馆（《典略》：从成都到白水关，四百余华里，起馆舍，筑亭障)。太祖(曹操)知道刘备正在奴役他的人民，消耗他的人力资源。而今中国(曹魏)也如此做，恐怕正是东吴、蜀汉的盼望。这是安和危的契机，请陛下明察。”曹叡回答说：“帝王事业和帝王宫殿，应该并行。等到把敌人消灭之后，只要停止军事行动就可以了，那时候再不会大兴土木。这正是你的责任——萧何当初就是在这种情形下，督造未央宫(萧何建未央宫，豪华盖世。参考前二〇〇年二月)。”陈群说：“从前，刘邦(西汉王朝一任帝高祖)的对手只有项羽，项羽亡后，而秦王朝旧有的宫殿，全都烧毁。萧何兴筑武器库、粮食库，都是因应紧急需要，而刘邦仍责备它过于华丽。现在，两个强大的盗匪集团(东吴、蜀汉)还没有平定，形势跟古代完全不同。人为了满足自己的私欲，都会有一套摆在桌面上光明正大的理由。何况以皇帝之尊，谁敢违背？之前，陛下要拆掉武器库，说是不可以不拆掉；后来，陛下要重建武器库，又说是不可以不重建。陛下一定要兴筑宫殿，我们纵有万种理由，都没有用。如果陛下留意历史教训，回心转意，也不是我们做臣属的影响力。刘阳(东汉王朝二任明帝)要盖德阳殿，钟离意劝阻，刘阳立刻停止，可是后来仍继续兴筑，等到落成，对文武百官说：‘钟离意如果仍在，我这个殿可盖不成。’帝王岂怕一个臣属？只是为了造福人民而已。我没有能力使陛下听完我的话，自问不如钟离意。”曹叡稍稍减省。

曹叡沉迷在美女阵中，皇宫小老婆群的官位和俸禄，比照政府文武百官(魏王曹操时，第一级“夫人”、第二级“昭仪”、第三级“婕妤”、第四级“容华”、第五级“美人”。一任帝曹丕时，第一级“贵嫔”、第二级“夫人”、第三级“淑媛”、第四级“昭仪”、第五级“修容”、第六级“婕妤”、第七级“容华”、第八级“美人”、第九级“顺成”、第十级“良人”。二任帝曹叡时，第一级“贵嫔”、第二级“夫人”，位爵极尊，无所比；第三级“淑妃”，位比相国，爵比亲王；第四级“淑媛”，位比最高监察长〔御史大夫〕，爵比公爵；第五级“昭仪”，比一级侯爵〔县侯〕；第六级“昭华”，比二级侯爵〔乡侯〕；第七级“修容”，比三级侯爵〔亭侯〕；第八级“修仪”，比关内侯；第九级“婕妤”，比中二千石；第十级“容华”，比真二千石；第十一级“美人”，比二千石；第十二级“良人”，比千石)。自贵人(应为贵嫔)以下，到担任宫廷洒扫的宫女，有数千人之多。遴选读书识字的美女六人，担任“女秘书”(女尚书)，授权给她们处理政府官员呈报的奏章；认为可行的，就代替皇帝批准。司法部长(廷尉)高柔上书说：“从前，刘恒(西汉王朝五任帝)珍惜十家的费用，不去兴筑一个小小台殿。霍去病忧虑匈奴为害中国，不去盖房买屋(参考前一一九年)。何况今天的浪费，不仅两千两黄金(参考前一五七年)；所忧虑的，不限于北方蛮夷。我建议，先粗略的完成现在正盖的这些宫殿，充当朝会和宴会之用，使被征召充当工匠的民夫，返回家园，恢复农民工作。等到两方面(东吴和蜀汉)平定，再继续兴建。《周礼》：天子后妃姬妾，共一百二十人(正妻“王后”一人、小老婆群“夫人”三人、“嫔”九人、“世妇”二十七人、“御妻”八十一人)，小老婆群的人数，已经够多。现在皇宫里的后妃姬妾数目，超过这数倍，皇上的子嗣未能昌盛(曹叡迄今没有儿子)，恐怕跟这个有关。我愚昧的认为，只需要选择少数端庄贤淑的美女，留在皇宫，其他的都遣送她们回家。使陛下得以休息静养，清心寡欲。如此，《螽斯》多子多孙(参考一三一年)的征兆，可能出现。”曹叡回答说：“你分析的很清楚，其他的事情，也盼望你进言！”

这时，狩猎法令严峻而残酷，杀死皇家禁地一只鹿的人处死刑，财产没收。告密的人，加重赏赐。司法部长(廷尉)高柔，再上书说：“近年以来，农民被强征民夫，充当各种劳役(如兴建宫殿之类)，耕田人数，已大大减少。又加上狩猎禁令：麋鹿闯到民间农田之中，啃食庄稼嫩苗，到处伤害，农家损失，不可计算。农民虽然设立木栅障碍，但材料脆弱，仍阻挡不住。就在荥阳郡（河南省荥阳市）一带，周遭数百华里之广，一年都没有收成。方今，天下粮食生产得很少，麋鹿蹂躏的却很多。万一仓猝之间，爆发战争，要动员大军，或水旱天灾，寸草不长，我们将用什么抵御敌人侵犯？只有恳求陛下准许农民捕捉那些践踏他们庄稼的麋鹿，放宽狩猎禁令，人民才能维持生活，万家才能称颂。”

曹叡又打算铲平北邙山（河南省洛阳市孟津区东南，首都洛阳城跟黄河之间的横亘山脉），在上面建筑高台，遥望孟津（河南省洛阳市孟津区东黄河渡口），皇城保安司令（卫尉）辛毗规劝说：“地形构造，天生的有高有低、有上有下，如果反其道而行，可是逆天行事。再加上耗费人力，人民无法负担这份苦役。而且，一旦九河（泛指天下河流）堤岸决口，洪水成灾，山脉五陵，全都铲成平地，将用什么阻挡！”曹叡才停止。

宫廷供应部长（少府）杨阜上书说：“陛下谨奉武皇帝（曹操）开创的大业，固守文皇帝（曹丕）遵循的方向，实应该不断回溯古圣先贤的治绩，考察各王朝末代的暴政。假使当初刘志（桓）、刘宏（灵）不摧毁刘邦（高祖）的法令制度，不破坏刘恒（文）、刘启（景）的谦恭节俭风气；那么，我们太祖（曹操）虽然神圣威武，也没有用处，而陛下又怎么会有今天这种尊贵？而今，东吴、蜀汉，都没有平定，大军仍羁留边疆。国内各种修建工程，只有请陛下一切节约。”曹叡用诏书回答，诏书上用辞谦敬。

杨阜再上书说：“伊祁放勋（尧）住在茅屋之中，万国升平。姒文命（禹）住在简陋的宫殿里，天下安居乐业。到了商王朝和周王朝，宫殿高度，也没有超过三尺，宽度也不过只容纳九桌筵席。可是，到了姒履癸（桀），用玉石建造家屋，用象牙装饰走廊；而子受辛（纣）更兴筑倾宫、鹿台（方三华里，高千丈），遂把他们的王朝政权断送。芈围（楚王国十任王灵王）因兴建章华台，而身受大祸（芈围兴建章华台劳民伤财是事实，身受大祸也是事实，但身受大祸不由于章华台，而由于久游乾溪〔安徽省亳州市东南〕不归。前五二九年，王弟芈弃疾突击首都郢都〔湖北省江陵县〕，芈围的军队溃散，芈围上吊自杀）。嬴政（秦王朝一任帝）因兴建阿房宫，只传位两代，便归消灭（事实上传位三代）。不顾人民劳动力的极限，只顾自己声色犬马的享受，没有一个逃过覆亡的命运。陛下应该效法伊祁放勋（尧）、姚重华（舜）、姒文命（禹）、子天乙（汤）、姬昌（文）、姬发（武）；不应该效法姒履癸（夏桀）、子受辛（殷纣）、芈围（楚灵）、嬴政（秦皇）。然而，陛下不但没有这样做，反而只管自己的快乐舒适，只关心自己的宫殿楼台，势必招来政府倾覆、国家灭亡的灾难。君王是头，臣属是四肢，要活一齐活，要死一齐死，有福共享，有祸同当。我虽然愚劣卑怯，却不敢忘掉作一个直言忠臣的大义。言辞不激烈，便不能感动陛下，陛下如果不理会我的建议，恐怕皇祖（曹操）、烈考（一任帝曹丕）的福分，将坠落在地，跌成粉碎。假使我的一死能弥补错失的万分之一，则我死之日，仍是有生之年。手扶棺木，沐浴更衣，听候诛杀。”奏章呈递后，曹叡感动，亲手写诏书回答。

曹叡曾经头戴便帽，身穿短袖上衣（不仅古人而已，直到二十世纪三〇年代，中国才开始有人穿短袖，曾引起当时社会的震骇；尤其对女人的短袖〔短仅及肘〕，甚至破口大骂），杨阜问曹叡说：“在礼仪上，这是什么制服？”曹叡不作回答，但从此之后，不穿法定的衣裳，便不接见杨阜。

杨阜又上书要求遣散没有陪过宿的美女，遂召见宫廷御衣库（御府）官员，查问宫女人数，官员依照传统规定，回答说：“这是国家机密，不可以泄漏。”杨阜大怒，下令责打一百大板，斥责说：“国家的机密，不信赖部长（九卿），难道只信赖你这个低级小吏？”

曹叡听到报告，对杨阜更是敬畏。

散骑侍从官（散骑常侍）蒋济上书说："从前，姒勾践鼓励人民生育，准备将来复国之用（前四九一年，被吴王国俘虏的越王姒勾践，释放回国后，下令：年轻人不准娶年长妇女，年老人不准娶年少妇女。女子十七岁不嫁、男子二十岁不娶，惩罚他们的父母。将分娩时报告政府，由国家医生免费接生。生男孩，赏赐酒二壶、狗一只。生女孩，赏赐酒二壶、猪一只。生三个孩子，由政府供应乳母。生两个孩子，由政府供应食物）。姬平（燕王国四任王昭王）慰问人民的疾病贫苦，准备雪耻复仇（参考前三一二年）。所以贫穷的越王国终于灭掉强大的吴王国，弱小的燕王国也终于征服劲敌齐王国。而今，两个强大的敌人（东吴与蜀汉）如果不能在我们手中铲除，百世的后代，都会责备陛下。以陛下英明神武的策略，如果分别缓急，暂停可以缓办的事情，而专心讨伐盗匪（东吴与蜀汉），我认为并不困难。"

立法官（中书侍郎）东莱郡（山东省龙口市东黄城集村）人王基，上书说："我听说，古人用水譬喻人民：'水可以使船航行，水也可以使船翻覆。'（《孔子家语》孔丘语）颜渊说：'东野子驾车，马已筋疲力尽，而仍拼命奔跑，一定把马跑死。'（《荀子》：鲁国国君姬宋〔二十七任定公〕向颜渊询问东野子的驾车能力，颜渊说："东野子的驾车技术太好了，但他会把马跑死。"姬宋说："你怎么知道？"颜渊说："从前，姚重华〔舜〕很会支配民众，造父很会驾驶车马。姚重华从不把民众的力量使尽，造父也从不把马匹的力量使尽。所以，姚重华不会丧失民众的拥戴，造父不会丧失马匹的生命。可是，今天观察东野子驾车，马力已尽，而他仍继续驱策，结果不问可知。"）现在，人民的劳役苦差，一个接连一个，男女分隔天涯，不能团聚。盼望陛下警惕东野子的错误措施，注意到水能覆舟的譬喻；使奔驰的马，在没有跑死之前，停下脚步；使人民在筋疲力尽之前，获得休息。从前，西汉王朝统治全国，到刘恒（五任文帝）时代，所有封国国君，都是刘姓皇家子弟，应该是一派升平，而贾谊洞烛先机，已经忧虑，他形容当时的局势说：‘把火苗放到柴堆之下，自己躺在柴堆上面，却认为十分安全！’（参考前一七四年）现在，贼寇（东吴与蜀汉）还没有消灭，勇猛的将领一个个手握重兵。加以限制则无法应付敌人，但手握重兵太久，一定尾大不掉，遗下祸患给子孙。正当王朝鼎盛的时候，不去倾全力铲除灾患，将来如果子孙软弱无能，恐怕是皇家最大的忧虑。假使贾谊从地下起来，比起他那个时代，将更要焦心痛哭。”曹叡听不进去。

宫廷事务管理官（殿中监），督促劳役苦工，擅自逮捕总监察署（御史台）所属的图书管理官（兰台令史）。政务署右执行官（右仆射）卫臻，查办奏报，曹叡下诏说：“宫殿不能完成，我最关切，你查办此事，是何居心？”卫臻说：“古代有禁止官府互相侵犯的法令，并不是厌恶他们工作努力，而是收到的利益太小，而破坏制度的害处太大。我发现特务情报官（校事）作风，都类乎此（曹操当权后，设立“校事”，使调查臣属部下的言行）。如果宽恕不理，我恐怕各机关势将互相越权越职，甚至凌辱上级。”政务署执行官（尚书）涿郡（河北省涿州市）人孙礼，乘势请求停工。曹叡下诏说：“我采纳你忠直的建议，立刻把民夫差役，遣送回乡！”监工官员要求再延长一个月，宫殿就可完成。孙礼不再重新奏请，而直接前往工地，声称奉到圣旨，民夫差役，一律释放。曹叡对孙礼的出奇制胜，大为欣赏，没有责备。曹叡对群臣的忠直言论，虽然不能完全听从，但都宽大包容。

秋季，七月，洛阳崇华殿失火。曹叡问高级咨询官（侍中）兼天文台长（太史令）泰山郡（山东省泰安市东）人高堂隆说：“这是什么过失引起的？古书上有没有祈求神灵的规定？”高堂隆回答说：“《易传》（京房著）说：‘在上位的人不知道俭省，在下面的人不知道克制，罪恶的大火焚烧他的房舍。’又说：‘君王增高他的楼台，天火生灾。’这正是君王一味修饰他的宫殿，不知道人民财力已经枯竭，上天降下大旱，火从高处烧起。”曹叡再下诏问高堂隆：“我曾经听说，刘彻（汉武）时候，柏梁台大火之后，刘彻反而兴建更多更大的宫殿，用来克制（参考前一〇四年），意义何在？”高堂隆回答说：“这是蛮夷巫师的主张，不是圣贤的指示。《五行志》记载：‘柏梁台大火之后，发生江充巫蛊惨案（参考前九一年）。’从这项记载，说明巫师建议兴筑建章宫，并没有克制灾难的功能。现在要做的事是，应该释放民夫差役；宫殿规模，务求节约，把烧毁的崇华殿清扫干净，不要立即再大兴土木，则瑞草、嘉禾，一定出现京师（首都洛阳）。如果仍继续耗尽人力体力，榨枯人民财产，不是招致祥瑞、安抚远方人民的方法。”

7 八月十一日，曹魏帝曹叡，返回首都洛阳。

8 八月二十四日，曹魏帝国封皇子曹芳当齐王、曹询当秦王。曹叡没有儿子，收养这两位养子，皇宫禁地，事情极端秘密，没有人知道他们的亲生父母是谁。有人说，曹芳，是任城王曹楷的儿子（曹楷是曹彰的儿子、皇帝曹叡的堂弟）。

9 曹魏帝曹叡，下诏重建崇华殿，改名九龙殿（当时各郡、各封国奏称看到真龙，前后九次，所以共看到九条龙），另行挖凿水道，使谷水流经九龙殿前（谷水，发源于河南省渑池县西，向东流经洛阳，于偃师区注入洛水），用白玉砌出水井，绸缎包住栏杆；水从巨大的玉雕蟾蜍口中流入，再从巨大的玉雕神龙口中吐出。命国立大学教授（博士）扶风郡（陕西省兴平市）人马钧，制造指南车，并制造其他百种游戏，都用水力推动（有木人击鼓、木人吹箫、木人跳绳、木人斗剑、木人捣米、木人推磨、木人斗鸡，精巧百端）。

陵霄阁刚刚搭好鹰架，就有鹊鸟在上面筑巢。曹叡向高堂隆询问是什么预兆，高堂隆回答说："《诗经》说：'喜鹊有巢／斑鸠占居。'而今大兴宫殿，更筑陵霄阁，喜鹊在上面搭巢，应是宫殿不能完成，此身不能进住的预兆。上天的意思好像在说：'宫殿没有完成之前，就落到其他姓氏的人手中。'这是上天的警告。天道不偏不私，只赐福给善良的人。子太戊（商王朝十任帝中宗）、子武丁（商王朝二十三任帝高宗），看到天变灾异（子太戊时，金銮宝殿上长出稻谷和桑树；子武丁时，野鸡飞到祭祀用的大锅把手上高啼；当时都认为是厄运），惶悚恐惧，所以上天改降福分。而今，如果能停止各种苦役，增施德政，则'三王'可能增为'四王'（三王：儒家学派歌颂的三个开创王朝的君王，夏王朝一任帝〔禹帝〕姒文命、商王朝一任帝〔汤帝〕子天乙、周王朝一任王姬发〔武王〕），'五帝'可能增为'六帝'（五帝：黄帝王朝一任帝〔黄帝〕姬轩辕、三任帝〔高阳〕姬颛顼、四任帝〔高辛〕姬夋、六任帝〔尧帝〕伊祁放勋、七任帝〔舜帝〕姚重华。儒家学派为什么单独挑出这五个人，而舍弃二任帝〔金天〕乙挚、五任帝姬挚，原因不明），岂只子太戊、子武丁转祸为福而已。"曹叡十分感动，面色庄重。

曹叡性情严厉而急躁，监督宫殿工程的官员，在时限内不能完工，曹叡亲自召见查问，官员们正在陈述原因，话还在口中，卫士举刀一砍，人头已经落地。散骑侍从官（散骑常侍）兼皇家图书馆长（秘书监）王肃，上书说："到今天为止，宫殿仍没有完工，每天投入工程的，有三四万人。九龙殿容积庞大，足可以让陛下的圣体安居，也足够容纳六宫所有美女。只泰极殿前殿，工程浩大，仍在兴建，希望陛下指派领取国家粮饷，而目前并没有担任紧急任务的工程部队，遴选体格健壮的一万人，担任这项工作。期限一年，一年后派下一梯次的工程部队接替。明确的告诉他们交接日期，他们就能愉快的工作；即令劳苦，也不会怨恨。计算起来，一年有三百六十万个工作天，不能说少。本来一年可以完成的，不妨三年完成。遣散所有由自己负担饮食费用的民夫差役，让他回家耕田种桑，这才是国家长远计划。政府在人民中有崇高的信用，是国家最可贵的珍宝。从前，陛下前往洛阳时，征集民夫兴建营垒，有关机关明确的向农民保证，营垒一成，立刻遣送回家。可是，营垒成后，贪图他们的无偿劳力，硬是不肯遣送，有关官员只看到眼前一点小利，不顾国家的大信。我愚昧的认为：从今以后，如果一定要征集民夫，应明确的宣布时限，并严格的遵守时限。遣送之后，如果再有其他需要，宁可作第二次征集，也不可以失信延长。陛下临时决定诛杀的人，当然都是有罪的人，应该诛杀。然而人民不知道详情，反而认为死者罪不至死，只是陛下一时暴起杀机。所以遇到这种情况，请求陛下一律交给法官处理，同样是处死，不要使罪犯的血，污染宫廷，而又被外人猜疑。而且，人命至重，使他活下去难，杀他却十分容易，盖一旦断气，不能复续，所以圣贤最是慎重。从前刘恒（西汉王朝五任文帝）打算诛杀冒犯戒严的莽汉，司法部长（廷尉）张释之说：'当时，陛下如果就杀掉他，也就罢了。现在既交给司法部，司法保护天下公平，不可以使它不公平。'（参考前一七七年）我以为张释之这段话，完全失去立场，不是忠臣应该说的话。试想，司法部长是天子的属官，都不可以不公平，天子怎么就可以不公平？这是看重自己，轻视君王，严重的不忠，不可以不特别考虑。"

10 曹魏帝国中山（恭）王曹衮（曹叡叔父）病重，命令他的官属说："男人不应该死在妇女手上（《礼记·丧大记》），赶快给我在东边兴建一座殿堂。"殿堂落成后，把病人抬进去。曹衮又吩咐世子（曹孚）说："你年纪这么小，便当别人的主人，知道什么是快乐，但不知道什么是痛苦，一定会骄傲奢侈，最后终于失败。兄弟们有不良行为时，应亲自前去直言劝告；劝告他他不接受，就流泪劝告；他再不接受，就要告诉他的娘亲（曹衮的小老婆）；告诉他娘亲而仍然不能改正，就应该奏报皇上知道，并剥夺他的采邑（亲王庶子封侯爵，此指侯爵采邑）。与其让他仗恃恩宠招祸，不如让他贫贱却保全性命。这当然是大的罪恶，如果是小的过失，你要为他们掩饰。"

冬季，十月三日，曹衮逝世。

11 十一月二十二日，曹魏帝曹叡，前往许昌（河南省许昌市东）。

12 本年（二三五），曹魏帝国幽州（州政府设蓟县〔北京市〕）州长（刺史）王雄，派出杀手韩龙，刺死鲜卑部落（内蒙古东部中部及以北地区）酋长轲比能。鲜卑部落失去英勇领袖，从此各小部落离散，互相攻击。强大的向北方发展，弱小的向曹魏帝国归附，边境遂保持平安。

13 曹魏帝国所属张掖郡（甘肃省张掖市）柳谷口（甘肃省民乐县境）河水泛滥，漂到岸上一块玉石。玉石好像一个神龟，竖立在河川西岸，上面有七个石马；其他分别是凤凰、麒麟、白虎，祭祀用的牛、玉佩、八卦、天上星辰、孛星（短尾巴彗星）、彗星（尾巴光芒长大）；又有"大讨曹"三字。

曹魏帝曹叡下诏，公告天下，认为是一种曹魏帝国兴起的祥瑞。

任县（河北省邢台市任泽区）县长于绰，把诏书及颁发下的玉石图样，拿去问钜鹿郡（河北省宁晋县西南）人张臶（张臶精通神秘预言书〔内学〕），张臶秘密告诉于绰说："神仙因为知道未来，所以不回溯过去。祥瑞显示之后，跟着就有人兴起，有人废弃。东汉王朝灭亡已久，曹魏取得政权，怎么还能说这些祥瑞是预告曹魏兴起？这个祥瑞不是预告过去的祥瑞，而是预告将来的祥瑞。"

14 曹魏帝曹叡命人前往东吴帝国（首都建业），用马匹交换珍珠、翡翠、玳瑁。东吴帝（一任大帝）孙权（本年五十四岁）说："这些东西我一个都不要，而竟然可以换取战马，何乐而不为！"全都交给使节。

寿春三叛

导读

《寿春三叛》，叙述二十四年史迹，三个帝国的分裂局势，已经稳定，而内斗转趋惨烈。曹魏帝国发生两次政变：一次罢黜皇帝，一次诛杀最高统帅；三次兵变：都在东方重镇寿春（安徽省寿县）。东吴帝国发生三次政变：一次罢黜皇帝，两次诛杀丞相。蜀汉帝国比较平淡，但最高统帅被叛将刺死。

每次政变，都引起屠灭三族的惨剧，每次兵变，更死人山积——寿春一连发生三次叛乱，几乎空城。诡诈、残忍、勾心斗角，遍地是血。然而，那些不成才的野心家，只看到荣华富贵，却看不到失误；只看到自己前程如锦，却看不到人民苦难。今天还是炙手可热的神圣人物，明天霎时间变成国家蟊贼，全家斩首，还把千万无辜的男女老幼，也带入刑场。官员的尊严靠赤裸裸的军事力量维持，是和非、对和错，全看你是胜是败。人性急剧堕落，种下未来更悲惨命运的种子。

柏杨　一九八五·三·一五

目录

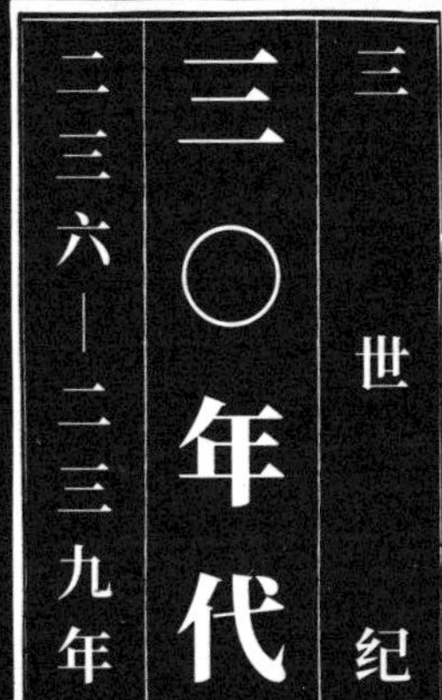

三国时代

- 辽东郡郡长公孙渊叛变被杀。
- 东吴斩酷吏吕壹。

- 罗马非洲总督戈提安父子同时称帝，被刺身死。罗马人又拥立戈提安三世。叛军斩杀马克西明父子。

二三六年 丙辰

曹魏　青龙　四年
蜀汉　建兴　十四年
东吴　嘉禾　五年

1 春季，东吴帝国（首都建业〔江苏省南京市〕）铸大钱，一钱当五百钱（上铸“大泉五百”，重十二铢）。

2 三月，东吴帝国辅吴将军、娄侯张昭逝世，享年八十一岁。张昭容貌严肃，举止庄重。自东吴帝（一任大帝）孙权（本年五十五岁）以下，对他都敬畏有加。

3 夏季，四月，蜀汉帝国（首都成都〔四川省成都市〕）皇帝（二任）刘禅（本年三十岁），前往湔县（四川省松潘县北。湔，音jiān〔坚〕），登上观阪（四川省都江堰市)，察看汶水(岷江)源头，十余日而返(胡三省注：诸葛亮死后，刘禅到处游逛，无人可以阻止)。

4 曹魏帝国(首都洛阳〔河南省洛阳市东白马寺东〕)武都郡(甘肃省成县)氐民族部落酋长苻健，要求归降蜀汉帝国(首都成都)；老弟(苻双)不同意，率四百户人家投奔曹魏帝国。

5 五月十三日，曹魏帝国宰相(司徒)、乐平侯(定侯)董昭逝世(年八十一岁)。

6 冬季，十月十日，曹魏帝(二任明帝)曹叡(本年三十三岁)返回洛阳宫。

7 十月十五日，大辰星旁，出现孛星；东方天际，也出现孛星。

宫廷禁卫官司令(光禄勋)高堂隆上书说："帝王无论迁移国都，或兴筑城池，都要恭恭敬敬，先选定祭祀天神地神，以及祭祀祖先的地方。而兴建宫殿时，也都要先兴建皇家祭庙，其次再兴建马厩、仓库，最后才兴建住宅。而今，圜丘(首都南郊圆形祭天神坛)、方泽(首都北郊方形祭地神坛)以及皇家大会堂(明堂)、社稷("社"是土神，"稷"是农神)，各种神位，还没有安置。皇家祭庙也没有依照传统礼教，完善规划。而陛下却大肆兴筑宫殿，使人民不能从事他们正常生产(农夫一旦被征集为无价劳工，便无人耕田)。外边的人认为：'皇宫美女们的费用，跟全国总预算，几乎相等。'人民已无力负担，充满怨恨愤怒。《书经》说：'上天聪明，事实上是人民聪明；上天威严，事实上是人民威严。’（《书经·皋陶谟》：“天聪明，自我民聪明；天明畏，自我民明畏。”）指出上天的赏罚，完全根据人民的心意，也就是顺应民心。用砍下来从不曾削刨过的原木做梁做椽，故意使宫殿简陋，正是伊祁放勋（唐）、姚重华（虞）、姒文命（大禹），所建立永垂千秋的美好风范。用美玉兴筑高台和装饰房舍，正是姒履癸（夏癸）、子受辛（商辛）所作出的冒犯皇天的恶行。而今，宫殿的过分兴建，使彗星明显的在天空照耀，这是仁慈的天父恳切的训诫，陛下当竭尽孝子恭谨接受的本分，不应该忽视它，刺激上天更增愤怒。”

高堂隆多次向皇帝直言劝谏，曹叡大不高兴。高级咨询官（侍中）卢毓进言说：“我曾经听说：领袖圣明，则干部正直。古代圣明君王，唯恐听不到自己的过失，这正是我不如高堂隆的地方。”曹叡怒意才算化解。卢毓，是卢植的儿子（卢植，参考一六八年六月）。

8 十二月二十四日，曹魏帝国最高监察长（司空）、颍阴侯（靖侯）陈群逝世。

陈群前后很多次上书，对时政得失，提出建议。每次都用“亲启密奏”（封事），而把原稿毁掉。当时的人，甚至他的子弟，都不知道。舆论遂认为他庸庸碌碌，无所作为。四〇年代时，皇帝（三任帝曹芳）下令收集官员们所呈递的奏章，编辑成册，称《名臣奏议》，大家才发现陈群所提的建议，都叹息敬佩。

有人说：“宫廷供应部长（少府）杨阜，岂不是真正的忠臣？看到君王做错事，立刻就作强烈的批评。跟别人谈话时，也毫不隐瞒他所作的批评。”可是我却认为：“有仁心的人爱人，爱的人如果是君王，就叫作‘忠’，爱的人如果是父母，就叫作‘孝’。而今，当人的臣属，看到领袖有过失，就全力批评他的过失，而且传播他的过失。这种人，可以说是‘直臣’，却不能说是‘忠臣’。已亡故的最高监察长（司空）陈群却不如此，从早谈论到晚，没有一句话谈到领袖的错误，规劝的建议提出数十次，而外面的人却不知道，正人君子们一致肯定：陈群才是长者。”

袁宏的著作有《后汉记》《三国名臣颂》，是古代著名的史学家之一。看了他对杨阜和陈群的评价，那种凝望大家伙颜色的马屁精嘴脸，从纸上跳跃欲出。以杨阜的贡献，他用血肉和眼泪，光复国家的失土（参考二一三年八月），而竟然被指控不是忠臣，只因为他向别人透露他曾经指摘领袖的过失。摇尾系统的“忠”，在传统文化中，遂另有特别定义，那就是：一个部属必须包庇领袖的错误，只因领袖神圣得像他娘的屁股，绝不可摸；即令摸了，也绝不可说。忠是一种高尚道德，但在中国封建社会，却必须如此这般用藏污纳垢的手段维护，必须以有实权的领袖的面子作为标准，这种高尚的道德，便完全变了质和走了样，堕落成官场的升官术、固官术，或明哲保身哲学。袁宏之对杨阜贬斥，对陈群尊崇，根据的就是这项官场运转法则。

梁启超先生说过：“自己被奴性所束缚，而又打算煽动后人的奴性。”袁宏就是活生生的这种动物，使我们警惕。

9 十二月二十六日，曹魏帝曹叡，前往许昌（河南省许昌市东）。

10 曹魏帝曹叡下诏，命三公及部长级高级官员，每人推荐“才德兼备”的人才一人。全国武装部队总司令（太尉）司马懿推荐兖州（山东省西部）州长（刺史）太原郡（山西省太原市）人王昶（音chǎng〔厂〕）。

王昶为人谨慎忠厚，给侄儿取名王默、王沈，给儿子取名王浑、王深，写信告诫他们说：“我所以给你们取这个名字，就是要你们顾名思义，不要违犯。一件事物，如果成长得特别快，灭亡一定也很迅速；凡是日积月累而后方有成就的，才会有美好的结果。早晨开出美丽花朵的小草，晚上就都凋落。茂盛的松树柏树，虽到严冬，也不衰败，所以君子对于‘阙党小子’急吼吼往上爬的形象，引为鉴戒。（阙党，也名阙里，孔丘居住的地方。《论语·宪问》：阙党有个年轻人，将被任命当官。有人问孔丘：“他是不是很求上进？”孔丘说：“我见过他的工作态度，也见过他跟前辈交往的态度。他不是求上进的人，而是求速成的人。”）一个人如果能够把委屈当作扬眉吐气，把辞让当作收获，把自己的柔弱当作刚强，他所要求的事，便很少不能达到目的。毁谤和赞美，是喜爱和憎恶的泉源，以及灾祸和福分的契机。孔丘说：‘我对别人，从不毁谤，不赞美！’（《论语》孔丘语）以圣人的崇高品德，还这样慎重，何况庸碌之辈，怎么可以轻率的对人毁谤或赞美？如果有人攻击自己，就应该退一步检讨自己。如果自己有应受攻击的行为，别人的攻击，就是正当；如果自己没有应受攻击的行为，别人的攻击，就是虚妄。他攻击如果正当，不应该怨他；他攻击如果虚妄，对自己没有伤害，又何必报复？谚语说：‘防止寒冷，最好的方法是穿上皮裘；防止毁谤，最好的方法是反省自修。’这句话可以相信。”（胡三省注：王昶勉励他的儿子、侄儿如此。可是四任帝曹髦被杀，王沈成为叛徒〔参考二六〇年五月〕；消灭东吴帝国时，王浑跟王濬争功〔参考二八〇年五月〕。马援万里之外，写信告诫他的侄儿〔参考四九年三月〕，对他的侄儿又有什么裨益？）

二三七年 丁巳

曹魏	青龙	五年
	景初	元年
蜀汉	建兴	十五年
东吴	嘉禾	六年

（燕王公孙渊绍汉元年）

1 春季，正月壬辰日（正月己亥朔，没有壬辰），曹魏帝国（首都洛阳〔河南省洛阳市东白马寺东〕）山茌（山东省济南市长清区东南）县政府奏报说：“看见黄龙。”宫廷禁卫官司令（光禄勋）高堂隆认为：“曹魏帝国是‘土’的命运，所以黄色瑞龙出现（土是黄色），应改变元旦的位置（正朔），改变衣服的颜色。上报神明，下使万民耳目一新。”曹魏帝（二任明帝）曹叡（本年三十四岁）同意。

三月，曹叡下诏改年号（之前是青龙五年，之后是景初元年），把三月改成夏季四月（元旦遂放在十二月一日），把官服改成黄色，献祭时的牲畜，全用白色，一切遵照商王朝历法（地正），改《太和历》为《景初历》。

2 五月二日，曹魏帝曹叡，返回首都洛阳。

3 五月二十二日，曹魏帝国大赦。

4 六月三日，曹魏帝国擢升政务署长（尚书令）陈矫当宰相（司徒），左执行长（左仆射）卫臻当最高监察长（司空）。

5 六月十二日，曹魏帝国京师（首都洛阳）地震。

6 曹魏帝国主管单位奏报：尊称曹操（武皇帝）祭庙为太祖，曹丕（文皇帝）祭庙为高祖，现任皇帝曹叡祭庙为烈祖。这三位“祖”的祭庙，万年万世，都不拆毁。

谥法反映行为，祭庙保持生前容颜。从没有一个君王当权的时候，违反祖宗的制度；还没有死，就预先自己使自己尊贵荣耀。曹魏帝国主管官员，在这件事上失去正常。

柏杨曰

儒家学派在封建政治中一项最煞有介事的文字游戏，就是“谥法”。大家伙——不论他是帝王、贵族、大臣，逝世之后，依据他生前的功业事迹，给他一个恰当的绰号，用以表示不同凡品，小民没有资格享受谥法的荣誉，有些知识分子实在忍耐不住时，偶尔也给他所尊敬的人一个绰号，但只能称为“私谥”。

绰号不见得全是美称，也有些是恶称。希望当权派畏惧身死之后的恶称，而不敢有恶行。不过，结果却大出意外，死者即令坏蛋加三级，儿子登极后，谁敢提出恶称？刘彻便是一个例证，夏侯胜只作温和的反对，便被逮捕下狱（参考前七二年五月）。所以，只有名不副实的美谥，而没有名实相副的恶谥——当然也有，那些亡国之君，只好由战胜者和革命成功的人摆布。

曹叡因为没有儿子，所以不仅畏惧恶谥，还畏惧他的祭庙因为“亲尽”之故，而被后世撤除，于是索性在生前安排妥当，亲自拟定妙不可言的绰号，并确定万世不迁，可谓创举，使谥法原始意义，更彻底丧失，成了纯粹无聊的自娱，猴急之情，掩饰不住。孙盛责备说：“主管官员在这件事上失去正常！”这岂跟主管官员有关？如果不是曹叡亲自下手，主管官员便是吃了豹子胆，也不敢提出。

7 秋季，七月二日，曹魏帝国宰相（司徒）东乡公（贞公）陈矫逝世。

8 雄踞辽东（辽宁省）被曹魏帝国封为乐浪公的公孙渊，在他的宾客们面前，不断攻击曹魏帝曹叡，措辞狂妄。曹叡打算出兵讨伐，遂征调荆州（州政府设宛县〔河南省南阳市〕）州长（刺史）毌丘俭（毌丘，复姓），当幽州（州政府设蓟县〔北京市〕）州长（刺史）。毌丘俭上书说：“陛下自从登极以来，没有丰功伟业值得史书记载，吴国（东吴帝国）、蜀国（蜀汉帝国），凭仗地理的险要形势，不可能马上削平，不妨运用幽州（河北省北部及辽宁省）现在还没有战斗任务的军队，平定辽东。”特级国务官（光禄大夫）卫臻反对，说：“毌丘俭所作的建议，都是战国时代的枝节小事，不是帝王大业。吴国（东吴帝国）连年向我们攻击，扰乱边境，而我们仍然按兵不动，休养将士，没有出动大军讨伐，因为民穷财尽，再无力负荷。公孙渊生在海边，已传位三世（一世公孙度，二世公孙康、公孙恭，三世公孙渊），外面安抚蛮夷，内部充实战备。而毌丘俭竟打算用一支孤军，长驱直入，早上到达，晚上席卷一空。如此轻率的就下结论，可看出他不过在说大话。”曹叡不理。命毌丘俭率各军，以及鲜卑部落（内蒙古东部中部及以北地区）、乌桓部落（河北省北部），进驻辽东（辽宁省）南界。

然后，曹叡下诏征召公孙渊前往京师（首都洛阳），公孙渊立即叛变，派军迎击毌丘俭，在辽隧（辽宁省海城市西北）接触。正好大雨连绵，十余天不停，辽河大涨，毌丘俭的攻击受到挫折，只好撤回右北平郡（河北省唐山市丰润区）。

公孙渊遂宣布独立，自称燕王，改年号绍汉，设立文武百官，派使节送给鲜卑部落（内蒙古东部中部及以北地区）酋长“单于”印信，对沿边英雄豪杰，或任官、或封爵，结合鲜卑部落，侵略骚扰曹魏帝国北方。

9 蜀汉帝国（首都成都〔四川省成都市〕）皇后张女士（张飞的女儿）逝世。

10 九月，曹魏帝国（首都洛阳）冀州（河北省中部南部）、兖州（山东省西部）、徐州（江苏省北部）、豫州（河南省）大水成灾。

11 曹魏帝曹叡，宠爱西平郡（青海省西宁市）人郭夫人，对皇后毛女士的爱情，逐渐消失。曹叡游逛后花园，听曲唱歌，尽兴狂欢。郭夫人要求邀请毛皇后参与，曹叡拒绝，并下令左右，不准让毛皇后知道；但仍有小报告悄悄传到毛皇后耳朵。第二天，毛皇后看到曹叡，说：“昨天北园（宫廷后花园在洛阳城北）的宴会，快乐不快乐？”曹叡反应激烈，认为左右竟敢不遵守他的禁令，逮捕十余人，全部诛杀，而且忽然间火上加油，怒不可遏。

九月十六日，下令毛皇后自杀。然而，仍赠给毛皇后绰号，称悼皇后。

冬季，十月十九日（原文“癸丑”，据《三国志·魏书·明帝纪》改），把毛皇后埋葬愍陵。擢升毛皇后的老弟毛曾，当散骑侍从官（散骑常侍）。

毛皇后是一位工人的女儿，老爹毛嘉，既不识字，又没有背景，不知道由于一个什么机缘，女儿被选进当时还是平原王的曹叡的王府当婢女。她的美丽和聪明，使她击败出身高贵的王妃虞女士，身登皇后宝座（参考二二七年十二月）。

曹叡爱她爱得入迷，这由他对待她家属的态度，可以看出。老爹毛嘉从一个伐木工人，平地一声雷，晋封博平乡侯，担任特级国务官（光禄大夫）；老弟毛曾也当御马总监（驸马都尉）。大家当然瞧不起这位暴贵的岳父，夏侯玄甚至拒绝跟毛嘉同坐，于是曹叡特别下令文武百官，都到毛家拜会欢宴，更擢升毛嘉为“特进”（朝会时位置仅在三公之下）；并追封毛皇后的亡母夏女士当野王君（男性封侯，女性封君）。

然而，“色衰爱弛”，靠貌美如花吃饭的女人，最后结局，必然如此。当然也另有一种可能，美女容貌如旧，而男人开始厌倦。不管是什么情况，当毛皇后自以为天下已定之时，劲敌郭夫人却在枕畔崛起，郭夫人比她更年轻、更貌美，而且更新鲜。

但是，曹叡之突然兴起杀机，仍令人吃惊。如果追责“泄密”，毛皇后本人并没有泄密；如果指控施行巫蛊，毛皇后也没有受到这方面的指控；为什么会如此无情屠杀？回忆起来，曹叡不忍射死小鹿，是何等的仁慈（参考二二六年正月），为什么今天却露出狰狞面目？人性变数太大，权势和金钱使这个变数更成为几何级数扩张，可悲。

12 十月，曹魏帝曹叡采纳高堂隆的建议，在首都洛阳城南委粟山（洛阳城南三公里）兴筑圆形土丘。为了解释这项行动，曹叡下诏说：“从前，西汉王朝初年，正当秦王朝焚书坑儒浩劫之后，搜集残缺失散的文献，作为郊外祭祀天地之用。然而，四百年来，‘禘礼’（祭祀天地祖先仪式）荒废不传。我们曹姓皇家，是姚重华（黄帝王朝七任帝虞舜帝）的后裔。现在，在圆形土丘上祭祀‘皇皇帝天’，请始祖姚重华配享；在方形土丘上祭祀‘皇皇后地’，请始祖姚重华的正妻伊祁女士（伊祁放勋的女儿）配享；在首都洛阳南郊祭祀‘皇天之神’，请武帝（曹操）配享；在首都洛阳北郊祭祀‘皇地之神’，请武宣皇后（曹操正妻卞女士）配享。”

13 曹魏帝国所属庐江郡（安徽省寿县西南）郡政府主任秘书吕习，秘密勾结东吴帝国（首都建业〔江苏省南京市〕）出兵，准备打开城门，里应外合。东吴帝（一任大帝）孙权（本年五十六岁）派卫将军全琮、统前将军朱桓等进军。然而，当大军抵达城下时，事情泄漏，东吴军只好撤退。

14 东吴帝国丹阳郡（江苏省南京市）郡长诸葛恪，抵达郡政府接事，用正式公文通知相邻的四个郡（吴郡〔江苏省苏州市〕、庐江郡〔安徽省潜山市〕、鄱阳郡〔江西省鄱阳县〕、新都郡〔浙江省淳安县〕）郡长，请他们封锁边界，严密戒备，凡是已经归化的山越（居住山区的江南土著），一律集中居住。然后，分别命各将领，率军把守险要地区，只修筑防御工事，不准跟山越作战。等到稻米成熟时，诸葛恪下令所有战士，出动收割，不留一根禾苗。山越存粮食尽后，新粮又没有收获，而平地农民群居在有武装保护的城寨之中，劫掠不到一点东西。于是，在大饥馑的压力下，山越只好逃出山谷，向政府投降。诸葛恪再下令："山民（山越）只要痛改前非，接受教化，都应安抚慰勉，迁往外县，不可以认为他们是罪犯，随便逮捕。"臼阳（今地不详）县长胡伉，发现降民中有周遗这个人，原是一个恶霸，被饥馑困顿，暂时出降。胡伉把周遗捆绑起来，送给郡政府法办。诸葛恪认为胡伉违抗命令，斩胡伉。

山越（居住山区的江南土著）听到胡伉因为随便逮捕而被诛杀，才知道政府的目的只不过赶他们离开山区，并不是要屠杀他们，于是，扶老携幼，大批出山。一年过后，统计人数，跟诸葛恪当年所预期的一样（参考二三四年八月）。诸葛恪征集丁壮，自己统御一万人，其余的分别交给其他将领。

东吴帝孙权嘉勉诸葛恪的功劳，擢升他当威北将军，封都乡侯，移驻庐江郡皖口（安徽省安庆市）。

15 本年（二三七），曹魏帝国（首都洛阳）把原来设置在长安（陕西省西安市）的巨钟和悬钟巨架（钟虡）、铜骆驼（铜驼）、铜人、承露盘（西汉王朝七任帝刘彻，在柏梁台用铜铸"承露盘"，高二十丈，大十围，上铸神仙手掌，参考前一一五年春季。法术师誓言，用神仙手掌上的露水，搅拌美玉粉末，喝下去可以不死），全都运到洛阳。承露盘拦腰折断，响声传到几十华里之外（势将造成伤亡）。而铜人太重，勉强运到霸城（陕西省西安市东北），无法再运，只好留在那里。

曹叡下令搜括天下铜器铜矿，另行熔铸两个铜人，命名“翁仲”，分别安置在首都洛阳皇宫司马门外。又熔铸黄龙一条，凤凰一只，黄龙高四丈，凤凰高三丈余，放在皇宫内殿之前。又在景阳山芳林园（三任帝曹芳登极后改名华林园）西北角，堆积土山，下令全体高级官员，都去搬运泥土，并在上面种植松树、竹子、杂木，跟美丽的花草；捕捉山中飞禽和奇异野兽，送到丛林豢养。

宰相府军事秘书（司徒军议掾）董寻，上书劝阻说：

“我听说过，古代正直官员，把应说的话，全部报告君王，不恐惧君王的诛杀。所以，周昌把刘邦比作姒履癸（桀）、子受辛（纣）；刘辅把赵飞燕比作婢女（西汉王朝一任帝刘邦时，周昌进宫有所报告，刘邦正抱着戚姬。周昌急行退出，刘邦追出来拉住，骑到周昌脖子上，问说：“我是个什么样的君王？”周昌仰起头说：“你是个姒履癸、子受辛之类君王。”刘邦大笑。十二任帝刘骜时，想擢升赵飞燕当皇后，刘辅上书说：“腐烂了的木头不可以当梁柱，卑贱的婢女不可以当女主人。”参考前一六年四月）。他们天性忠直，虽面前放着利刀白刃，和滚水沸腾的巨锅，都不畏惧，只不过是为当时的君王，珍惜他的政权。

“自从二世纪九〇年代到现在（已四十年），战争不断，人民或全家死亡，或一门尽灭，即令有活着的，也不过只剩下老弱孤寡。陛下如果因为宫殿狭小，必须扩建，也应该利用不妨碍农耕的适当时机，何况比扩建宫殿更没有必要的事物？‘黄龙’‘凤凰’‘九龙’‘承露盘’，都是圣明君王所不愿兴建的东西，它们所需的人力和物力，三倍于兴建宫殿。陛下既然尊重你的部属，让他头戴官帽、身穿绣服，走路都坐车轿，跟对待一些平民，完全不同。可是，却忽然间教他们挖掘泥土，再把泥土背上假山，风吹日晒，面目又黑又脏，官帽华衣，破破烂烂，丢尽国家的颜面，为的只不过是装饰那个对国家毫无裨益的林园，实在不可。

“孔丘说：‘君王对臣属应尽礼，臣属对君王应尽忠。’君王对臣属不尽礼，臣属对君王不忠心，国家如何存在？我知道我一旦说出这话，一定会死。然而，我不过是九牛身上的一根毛而已，生对国家无益，死对国家无损。提笔流泪，此心已先与世长辞。我有八个儿子，我被诛杀之后，连累陛下抚养。”

奏章呈递前夕，董寻作全身沐浴，等待皇帝反应。曹叡果然说：“董寻真不怕死？”主管官员听到这句话，立刻提出弹劾，要求逮捕董寻。曹叡批示：“不必。”

高堂隆上书说：“现代一些肤浅的小人物，总是夸张秦王朝和两汉王朝的那种奢侈淫靡生活，迷惑陛下的圣心，去寻求搬运那些足使人丧志亡国的东西（指巨钟、铜驼、铜人、承露盘），人民劳苦，金钱浪费，伤害德政，这不是提倡礼仪、制作圣乐，使国家祥和、神明保佑的美好方法。”

曹叡不理。高堂隆再上奏说：

“从前，洪水暴发，波浪滔天，历时二十二年（姒鲧治水九年，姒文命治水十三年），君王伊祁放勋（尧）和臣属姚重华（舜），仍面朝南方，安然上坐，并没有到工地亲自操作。而今，情况并没有当时那么紧急，却教三公、部长、国务官等高级官员，跟工匠奴仆混杂在一起，去挑土堆山，这件事如果传播到四方蛮夷，不是美好的声誉；记载在历史上，也不是美好的赞誉。吴（东吴帝国）、蜀（蜀汉帝国）两个盗匪集团，还没有消灭，他们不是北方沙漠地带那些最多不过占据村落、劫掠城池的小贼，而是僭越的自称皇帝，打算跟曹魏争霸的强大势力。

“如果有人向陛下报告：‘孙权、刘禅，都在改革内政，减轻赋税，一举一动，听取年纪大的或贤能人才的意见，事事遵守国家法令制度。’陛下听到后，岂不是十分震惊，而厌恶他们如此？认为更难马上把他们消灭，深为国家忧虑。相反的，如果有人向陛下报告：‘两个匪酋，都不走正路，横行霸道，奢侈淫乐，丝毫不能节制；辖区内的赋税沉重，人民不能忍受，怨恨的声音日益高涨。’陛下听到后，岂不高兴他们筋疲力尽，认为消灭他们十分容易？假定是如此的话，请陛下换一换位置去想，是非善恶，便十分明显。

“每一个亡国的君王，都坚信不会亡国，而最后竟然亡国。每一个圣明的君王，都兢兢业业，认为随时都会亡国，而最后却没有亡国。今天，全国一片萧条，家家户户，没有一石以上的存粮，国库之内，也没有维持一年以上的积蓄。外有强大的敌人，使大军暴露在贫苦蛮荒之地，不能休息；内部又大兴土木，各州各郡全陷骚动。万一遇到敌人突击，边疆告警，我恐怕投身大兴土木的壮士，不能分身战场。同时，官员将士们的俸禄薪资，逐渐减少，比起从前，不过五分之一；对退休的官员，也不再发给生活费用；从前完全免除赋税的，而今也要缴纳一半。政府收入，比从前超过两倍；国家军政正式开支，比从前减少三分之一，国库应有丰富的盈余才对。

“可是，国库不但没有盈余，反而年年不够，甚至连牛肉都要抽税。那么，政府所有收入，既不在国库，一定在其他地方（指用来大兴土木、搬运巨钟等）。官员们的薪俸、谷米、布匹，都是君王们因他们辛劳而发给的报酬，官员赖以维生，一旦废除，是断绝他们的生路，他们应该得到的，却被无情的剥夺掉，怨恨自然兴起。”

曹叡看到后，对立法署长（中书令）、总立法长（中书监）说：“看到高堂隆的奏章，使我恐惧！”

高堂隆一再沉痛呼吁，唯一的效果是曹叡一拍大腿，然而这已经足够显示领袖人物纳谏的风范。

不过，高堂隆担心的，减少或废除官员的薪俸，会断绝他们的生路。关于此点，尽可大大放心，官员们的生路不但不会断绝，反而会越过越好。中国历史上，只有饿死的民，没有饿死的官。因为既不能取自政府，一定取自小民。低薪俸政策必然产生贪污——这是铁律，而贪污就是挖掘政府、国家命根的怪手。

政务署执行官（尚书）卫觊上书说：

“发表议论的人，多数都说一些陛下耳朵听起来十分舒服的话。谈到政治，一口咬定陛下是伊祁放勋（尧）、姚重华（舜）；谈到战争，一口咬定孙权、刘禅不过是两只老鼠。我却以为不然。四海之内，分裂为三个国家，英雄豪杰，各人贡献各人的智力，各人效忠各人的君王，跟当初六国分治的情势（战国时代，七国并存，不知六国指哪六国）没有两样。现在，千里荒凉，没有人烟；残存下来的人民，贫苦穷困。陛下如果再不留心照顾，国家将更凋零，永不能复兴。武皇帝（曹操）时，皇宫每餐，不过一盘肉而已，衣服不穿锦绣，坐垫边缘不加任何修饰，所用器具，不用朱砂油漆。因为如此节俭刻苦，才终于平定天下，把福分留给子孙，这都是陛下亲眼看到的。

“当前的重要工作，应请陛下跟臣僚，上下同心，检查国库，控制预算，不作额外开支。量入为出，还怕不够；工程不断，奢侈一天比一天升高，国家财政，终会枯竭。从前，刘彻（西汉王朝七任帝）相信神仙，认为必须用云端的露水，调和玉石粉末，喝下才可长生；所以铸成神仙手掌，伸到半空，承受高处云露。陛下通达聪明，对刘彻的行为，每每嗤笑。刘彻希望得到露水，人们还对他抨击；陛下并不希望得到露水，却去把承露盘运来，摆在那里，毫无用处；却耗费那么多人力物力，这些，陛下都应该深思，自我克制。”

这时，曹叡下诏，调查天下美女，已经结婚而丈夫不过是普通平民或低级官吏的，一律改嫁给出征战士。但夫家如果缴纳相当数目的牛马牲口，也可以把妻子赎回。而就在这批美女中，挑选最漂亮的，送入皇宫，供皇帝娱乐。太子宫随从官（太子舍人）沛国（江苏省沛县）人张茂，上书规劝说：

“陛下，是上天之子；平民、战士，是陛下之子。如今夺取平民的妻子，给予战士，无异于夺取嫂嫂，给予弟弟，对一个当父母的而言，爱心就有偏私。而且，诏书上说，准予用年龄、毛色，跟妻子的年龄、容貌相当的牛马牲畜代替。于是富有的人倾家荡产，贫穷的人典当借债，用高价购买牛马，去赎回妻子。陛下用许配出征战士的美名，拆散民间夫妇，实际上不过征集到皇宫内院，而把宫中原有色衰的宫女，放出来嫁给战士。得到妻子的战士，未必欢喜，而失去妻子的平民，一定悲哀。或穷困（赎得妻子，债台高筑）、或愁苦（失去妻子，家破人亡），大家都心怀怨恨。一个拥有天下的君王，得不到人民的欢心，很少不陷于危险。

“而且，大军驻屯原野，有数十万人，每天的费用，不少于千斤黄金。把全国所有田赋捐税的收入，都当作军费，还不够用，何况皇宫内院那么多编制外的美女？再加上皇后妃妾跟皇太后的娘家，随便赏赐，内外浪费，开支超过军费的一半。从前，刘彻（西汉王朝七任帝）挖掘土地，凿成湖泊（太液池），堆积泥土，建成假山（瀛洲、渐台等。参考前一〇四年）。庆幸的是，当时天下统一，没有对手跟他对抗。自从天下大乱（黄巾民变之后），四五十年以来，马不离鞍，人不解甲，强大的敌人，在边疆虎视眈眈，企图消灭曹姓皇族。陛下不战战兢兢、刻苦节约，却用全副精力，追求奢侈豪华的糜烂生活。宫廷御库房（中尚方）制造游戏玩物，后花园竖立承露盘，这固然可使耳目舒服愉快，但也正足以鼓励敌人大举侵犯的野心。舍弃伊祁放勋（尧）、姚重华（舜）的节俭美德，去追刘彻（西汉王朝七任帝）毫无节制的恶行，我暗中为陛下惋惜。”曹叡不理。

高堂隆病重，口述最后建议，呈递皇帝，说：“曾参有言：

‘人快要死的时候，言谈充满宽厚。’（《论语·泰伯》）我的病有增无减，常恐怕突然去世，忠心无法表达，一片赤诚，请陛下稍稍察看。我曾经观察，三代（夏、商、周）政权建立后，英明的君王，上下相传，长达数百年，每一尺每一寸土地，都归他所有；每一个人民，都是他的臣僚。然而，他们的后裔姒履癸、子受辛两个恶徒，随心所欲，终于皇天震怒，君王宝座，被摧毁成为废墟。姒履癸（桀）被放逐到鸣条（河南省封丘县东。商王朝一任帝子天乙，在鸣条击败姒履癸，把姒履癸放逐到南巢〔安徽省桐城市〕。放逐到鸣条，误记）。子受辛（纣）的人头悬挂在白旗之上（周王朝一任王姬发，攻陷朝歌〔河南省淇县〕，向子受辛的尸体，发射三箭，然后下车，先用轻佩剑击刺，再用铜斧砍下子受辛人头，悬挂大白旗上。又向摇尾分子恶来的嘴巴发箭解恨，再向子受辛的两位宠姬〔其中之一可能是苏妲己〕的尸体，也发三箭，用轻佩剑击刺，用铁斧砍下三人人头，悬挂小白旗上）。他们所坐的天子尊位，被子天乙（汤）、姬发（武）夺取，难道姒履癸、子受辛跟普通人不同？他们固也是圣明君王的后裔！二〇年代时（曹魏帝国建立之初），上天曾发出警告，燕子巢中，发现一只怪鸟，嘴部、脚爪、胸前，全是赤红颜色，这是帝国最大的奇事（《晋书·五行志》：二二〇年，未央宫有燕生鹰，口爪俱赤）。应该严防猛鹰飞扬的将领，在萧墙（自己院墙）之内发难。我建议：最好命所有亲王，在他的采邑封国之内，设立军队，像棋子一样，分布全国重镇，维护首都所在的京畿，保卫皇家。上天不特别亲爱某一个人，而只看谁有德行。人民歌颂德政，政府寿命自然延长；人民怨恨，上天自然收回对旧王朝的宠爱，鼓励新王朝兴起。由这个观点可知：天下，是全国人民的天下，不是陛下一个人的天下。"曹叡亲手书写诏书，慰劳高堂隆。不久，高堂隆逝世。

高堂隆学识渊博，头脑清楚，一心一意，帮助君王。利用天变灾异，提出劝诫警告，发于至诚，是一位忠臣。只是主张修改元旦位置（正朔），使曹姓皇族，追认姚重华（虞）是他们的始祖，岂不是对他不太了解的事物，坚持过甚！

16 曹魏帝国皇帝（二任明帝）曹叡，对浮华不实的知识分子深恶痛绝，下诏给政务署文官司司长（吏部尚书）卢毓，说："遴选人才，不可以根据他的知名度，'名'这个东西，好像画在地上的煎饼，中看不中吃。"卢毓回答说："根据知名度选拔，固然不一定能够得到奇异人才，但可以得到正常人才。正常人才接受教化，羡慕善行，然后才会受到称赞。对这种人，不应该讨厌。我愚昧的既没有能力发掘奇异人才，而我的责任又是依照正常程序，任命官职；唯一的办法是，在任职后考察他的行为，是否名实相符？古代，部属们提出建议后，君王就分派他工作，考验他的能力。可是，现在考绩制度废除，官员的任命或罢黜，完全根据舆论对他的论断，有美誉的进，有恶声的退。所以，真的假的混杂在一起，虚的实的更难分辨。”曹叡采纳卢毓建议，命散骑侍从官（散骑常侍）刘卲，制定《公务人员考绩条例》（考课法）。刘卲遂制定七十二条（《都官考课法》）；又厘订《公务人员考绩条例施行细则》（《说略》）一篇。曹叡交付文武百官研究讨论。

京畿总卫戍司令（司隶校尉）崔林上书说：“《周官》上的考绩办法，十分详尽。然而，自姬钊（周王朝三任王康王）以下，逐渐废弃，这说明考绩办法，全看是不是有人执行，和如何执行。两汉王朝后来衰微，难道是因为他们的考绩制度不够周密？而今，我们的武装部队，十分杂乱，增多减少，没有一定常规，无法使用同一标准。而且，好像渔网，当它不能张开时，拉它的主绳就行；好像皮衣卷毛，只要拿起领子一抖便可。皋陶（古代传说中最公正的法官）在姚重华（虞）手下做事，伊尹在商王朝供职，邪恶的人自会远离。如果高级官员能尽到他的职责，作为文武百官的榜样，则谁敢不尽忠职守，何必考绩！”

禁宫咨询官（黄门侍郎）杜恕说：

“公开考验官员的能力，三年作一总结，是君王最完善的制度。然而，历经六个王朝（黄帝王朝、夏王朝、商王朝、周王朝、两汉王朝），考绩法规，并不居于重要地位；通过七位圣人（伊祁放勋、姚重华、姒文命、子天乙、姬昌、姬发、姬旦），考绩细则，也从没有被当作经典，传到后世。我认为原因是，他们的方案虽然原则上可以作为依据，但无法作详细规定，使它无懈可击。俗语说：‘世界上有恶人，没有恶法。’如果法治是万能的，则伊祁放勋（唐）、姚重华（虞），可以不需要姬弃（稷）、子契，作为辅佐；商王朝、周王朝也不必在乎伊尹、姜子牙（吕）作为助手。

“现在，主张对官员应加以考绩的人，引用周王朝、两汉王朝的做法，不过是用当初京房《考绩条例》（考功课吏法）作为蓝图（参考前三七年），可以说已阐明‘考绩’的要义。但是，如果盼望谦让风气受到鼓励，政治和睦受到推广，我认为‘考绩’办法，不是最好的办法。州郡政府举行任官考试时，应分为四类（一、儒学——儒家学派知识分子，二、文吏——深通公文程式的官吏，三、孝悌——孝顺父母跟和睦家人，四、从政——有能力从政。参考一四三年）。考试及格之后，再向上级保举推荐，由中央征召聘请，出任跟人民直接接触的地方政府首长（指县长）；以后再根据他的功劳，擢升郡长，或者仍保持他的原职，而只增加薪俸，或加封爵位，这才是最重要的考绩。我认为，经过考试而被任用的官员，应该使他们显贵，采纳他们的建议，命他们拟定一项《州郡政府官员考绩条例》，切实执行。依照规定，应赏的一定赏，应罚的一定罚。至于中央政府的三公、部长级高级官员，以及在宫廷供职的大臣，也应该就他们的职务工作，检讨考核。

“古时候的三公，坐在君王身旁，谈论天下大事。在宫廷供职的大臣，是君臣之间沟通的桥梁，时时弥补君王的疏忽或错误，君王再小的善行都要记载，再小的过失都要纠举。天下是如此之大，人口是如此之多，一盏灯火，不可能使每个角落都得到光明。所以，君王是人的头颅，臣子则是四肢，显示同属一个整体，必须互相配合，才能完全。古人指称：‘充当栋梁的木材，绝不是一根树枝；帝王的伟大事业，绝不能靠一个人的谋略。’从此可以了解，岂有身为大臣，整天在那里办理考绩，就可以使天下太平之理。有些人既有办法保持他的官位，又没有被免职放逐的顾虑；而又有些人虽忠心报国，却遭受猜忌。社会上没有公道，邪恶的攻讦却成一时的风气。在这种情形下，即令孔丘来主持考绩，恐怕也不能有什么效果，何况一个普通的泛泛之辈！”

最高监察府秘书（司空掾）北地郡（陕西省铜川市耀州区）人傅嘏说：“设立官吏，分担职务，管理人民，是巩固国家基础的工作。依照官位职责，去考察实践；依照法令规章，去检查督促，不过是一种细枝末节。基础还没有建立，而只管细微末节；不知道尊崇建国大业，却把对官员的考绩，当作优先工作，恐怕无法分别贤愚，显示不出是非。”

议论纷纷，一直无法作最后决定，《公务人员考绩条例》竟不能实行。

治理国家最重要的事是：任用人才。至于谁是人才？怎么发现人才？连圣贤都感到困难。于是，只好用听到的“毁谤”和“赞誉”，作为标准。喜爱和憎恶遂主宰这项判断，善良和邪恶就混杂在一起。用考绩条例检查他行政效果，一定巧诈横生，真假不明。其实，重要的是：只要大公无私，明察秋毫就够了。在上位的人至公至明，则部属有没有能力，就很清楚的摆在眼前，根本无所遁形。假如不公不明，再好的考绩办法，恰恰被利用作成全私欲、打击异己的工具。

为什么如此？因为大公无私，明察秋毫，出自内心；而考绩成效，根据的是外在行为。自己内心都不能正直，而竟去考核别人的行为，岂不太难！在上位的人，只要坚持不因为亲疏贵贱而改变心意，不因为喜怒好恶而改变立场，就很容易发现人才，并任用人才。想知道谁是饱学之士，只要他记忆的和阅读的十分渊博，谈论经典时十分精通，他就是饱学之士。想知道谁是公正法官，只要他有能力分辨真实、虚伪，使人不受冤枉，他就是公正法官。想知道谁是理财专家，只要他能使仓库充实，人民富足，他就是理财专家。想知道谁是优秀将领，只要他战必胜，攻必取，敌人害怕屈服，他就是优秀将领。至于其他文武百官，也都用这种方法考察。表面上看起来，是询问征求别人的意见，但事实上却由自己做主决定；虽然也是根据他们的外在行为，但事实上却由自己内心观察。探讨实情，斟酌形势，是一种最精密的心智活动，不可以言传，也不可以记载，怎么能够预先制定法律，而交给主管单位去办理？

有的人因为是皇亲国戚，或权贵之家，虽然没有才能，照样身居高官。有的人因为关系疏远，出身贫贱，虽然有很高才能，照样被排斥在政府之外。当权人士所喜爱、所欣赏的，虽然是个坏官，也不能免职；但所恼怒、所讨厌的，虽然对国家建有功勋，也不录用。询问别人，或征求别人的意见，称赞他的和诋毁他的，各占一半，因而犹豫不能决定。考察他外在的行为，文件俱在，但没有实质，无法清楚。即令制定再完善的考绩条例，项目再细，档案再多，又怎么能够了解真相！

有人说：君王治理的范围，大者是天下，小者是一国。文武官员成千上万，一一考察，或擢升，或免职，怎么能够不交给有关单位去办，而自己动手？我的回答是：我当然不是这个意思。所谓在上位，不仅仅指君王，郡长主持一郡，州长（刺史）主持一州，九位部长（九卿）主持他们的一部，三公统筹全国，都用同一道理，去考察升降他们的部属。君王也用同一道理去考察升降三公、部长、州长（刺史）、郡长，怎么会把事情堆到一个人身上，独任烦劳？

有人说：公务人员考绩办法，是伊祁放勋（唐）、姚重华（虞）制定，京房、刘邵不过稍加增订而已，怎么可以废止？我的回答是：伊祁放勋（唐）、姚重华（虞）时代的官员，在位的时间都很久，受到上级的信任也很坚定，而且制定的法律也很宽大，完成工作的限期也定得很远。所以，姒鲧治理洪水，九年没有完成，然后才处罚他的罪行；姒文命（禹）治理洪水，等到九州全部平定，四方土地都可以安居，然后才奖赏他的功劳。不像京房、刘卲所主张的那样，一粒盐、一颗米的斤斤计较，早上交付任务，晚上就要求成果。有些事情，名称相同，实际却不相同，不可不加分辨。所以，并不是说对公务人员的考绩可以在伊祁放勋（唐）、姚重华（虞）时代实行，却不可以在西汉王朝及曹魏帝国实行；而是京房、刘卲没有认清它的基础何在，只知道追求末梢。

司马光的评论，非常恰当。可是，必须英明的君王，才能实行。自西汉王朝以下，能够根据方案，追究实施成效的，没有一个君王比得上刘病已（西汉王朝十任帝宣帝）。刘病已能够做得那么好，并不是由于师傅传授，或高级辅佐大臣开导。司马光所谓“不可以言传，不可以记载！”真是万世名言。

柏杨曰

法治人治之争，在中国历史上至少纠缠两千年之久，到了二十世纪之后，法治胜于人治，才成定局。司马光为人治所提出的辩护，徒供后人凭吊，已没有再批判的价值，我们自不浪费笔墨。不过，有一点却十分奇怪，这么一篇严重不合逻辑，矛盾百出的议论，和对政治肤浅的认识，何以被人治派奉为经典？这是不是可借以说明儒家知识分子缺乏推理能力？假如不可以这么说的话，至少可以说，传统知识分子缺乏逻辑训练。

最可惊的是司马光认为对国家公务人员的擢升或免职，是一种最精密的心智活动，不可言传，也不可记载——不可制定条文法律。这就跟京戏“审头刺汤”中的汤勤先生一样：“我说人头是真，它就是真；我说人头是假，它就是假。”为暴君和贪官污吏，提出施暴的理论根据。而胡三省却认为它竟是万世名言，似乎又显示了一种现象：儒家知识分子，永远以当权者自居，所以只要对当权派有利的建议，都如醉如痴的赞成，永远没有想到自己是个被统治的小民，应如何保护自己的生命财产和人格尊严。

当然有很多对君王严厉指责的奏章，也有很多为小民呼吁的奏章，但他们的目的仍是保护君王的利益，警告他如果再继续暴虐，可能丧失政权，而不是警告他不得侵犯人民的利益。

17 最初，曹魏帝国政务署右执行长（右仆射）卫臻，主持全国官员的考试和任用，中央军事总监（中护军）蒋济写信给卫臻，说：“刘邦（西汉王朝一任帝）擢升逃犯当上将（指韩信），姬发（周王朝一任王）延聘渔夫当太师（指姜子牙），平民甚至奴仆，都封王爵公爵，为什么坚持非经过文字考试不可？”卫臻说：“不然。你如果把牧野（河南省卫辉市）大战时代（周王朝一任王姬发，在牧野摧毁商王朝末任帝子受辛最后抵抗）当作姬诵（周王朝二任王）、姬钊（周王朝三任王）承平时代；把刘邦斩蛇起兵时代，当作刘恒（西汉王朝五任帝）、刘启（西汉王朝六任帝）承平时代，喜爱出乎常规的举动，鼓励奇特的才能，天下恐怕就要大乱。”

文官司司长（吏部尚书）卢毓，谈论选拔官员的原则，认为必须先考虑品德，再考虑才干。禁宫咨询官（黄门侍郎）冯翊郡（陕西省大荔县）人李丰，曾经询问卢毓。卢毓说：“才干必须用到善行上，所以大才干成就大的善行，小才干成就小的善行。如果仅有才干而不能成就善行，他的才干，就不适合做官。”李丰佩服。

曹魏	景初	二年
蜀汉	延熙	元年
东吴	嘉禾	七年
	赤乌	元年

（燕王公孙渊绍汉二年）

1 春季，正月，曹魏帝国（首都洛阳〔河南省洛阳市东白马寺东〕）皇帝（二任明帝）曹叡（本年三十五岁），把最高统帅（大将军）司马懿从长安（陕西省西安市）召回首都洛阳，命他率军四万人，讨伐在辽东（辽宁省）宣布独立、自称燕王的公孙渊。参与决策的官员中，有人认为四万人太多，军费难以筹措。曹叡说：“四千华里远征（首都洛阳跟襄平〔公孙渊总部，辽宁省辽阳市〕，航空距离一千一百公里），虽然要靠出奇制胜，但也要依靠实力，不应该计较费用。”曹叡问司马懿说：“公孙渊会有什么反应？”司马懿回答说：“公孙渊放弃根据地襄平（辽宁省辽阳市），先行逃走，是上等策略。在辽东（辽宁省）边界抵抗大军，是次等策略。坐在那里坚守襄平，我们会把他捕获到案。”曹叡说：“那么，公孙渊会怎么样？”司马懿回答说：“只有聪明智慧的人，知己知彼，才能够舍得放弃某些东西，公孙渊的聪明智慧都不到这种层面。”又说：“现在，他判断我们孤军远征，不可能持久；所以一定先在辽河阻击，然后退守襄平。”曹叡说：“往返需要多少天？”司马懿说：“前进一百天，攻击一百天，回程一百天，途中休息六十天。加在一起计算，不会超过一年。”

公孙渊得到消息，再一次派使节前往东吴帝国（首都建业〔江苏省南京市〕），向东吴帝（一任大帝）孙权（本年五十七岁）称“臣”，请求救援。东吴政府打算诛杀派来的使节（报复杀张弥、许晏之仇。参考二三三年十二月），羊衜说：“不可以。这正是为发泄一个市井小民的怒气，而糟蹋了图霸的良机。不如乘这个机会，对使节特别厚待，然后派出特遣部队，对公孙渊施加压力，要他归附。如果魏国（曹魏帝国）不能取胜，而我们遥远的前往赴援，足使公孙氏对我们感恩。我们这种救难扶危的义行，将传播万里之外。如果他们兵连祸结，胜负不能立见分晓，公孙渊的主力被吸引在心脏地区，我们就在他边陲郡县，抢劫他们的财物，掳掠他们的人民，满载而归，也足够代上天执行惩罚，雪昔日之耻！”孙权说：“好极！”下令动员，命武装部队集结待发，教公孙渊的使节先行返回，说：“请你们大王固守待援，我会照着你们的盼望出兵，一定跟老弟（公孙渊）有福同享（称“弟”，表示亲热），有祸同当。”又说：“司马懿所向无敌，我深为老弟忧虑。”

曹魏帝国（首都洛阳）皇帝曹叡问中央军事总监（护军将军）蒋济说：“孙权会不会救援公孙渊？”蒋济说：“孙权知道我们已有万全

准备，不可能从中得到利益。如果派军深入，他们没有这个力量；如果仅抵达边疆，势必徒劳无功。纵然是兄弟子侄陷于危境，孙权都不会有任何反应，何况公孙渊跟他漠不相关，而从前又受过公孙渊的戏弄羞辱（参考二三三年十二月）？现在所以盛传将出动大军，只不过是欺骗公孙渊的使臣，使我们产生疑惧，一旦我们不能攻克，好使公孙渊向他臣服。然而，沓渚（辽宁省大连市西旅顺口区）距襄平（公孙渊总部，辽宁省辽阳市）相当遥远（两地航空距离三百二十公里），如果我们远征军前进缓慢，不能速战速决，则孙权可能对我们作骚扰性的攻击，甚至派轻装部队，发动突袭，也不一定。"

2 曹叡问文官司司长（吏部尚书）卢毓说："谁可以担任宰相（司徒）？"卢毓推荐隐士管宁，曹叡不接受，再问还有没有别人，卢毓回答说："敦厚诚实的有中级国务官（太中大夫）韩暨，节操清高的有京畿总卫戍司令（司隶校尉）崔林，耿直忠贞的有祭祀部长（太常）常林。"

二月十一日，曹叡任命韩暨当宰相（司徒）。

3 蜀汉帝国（首都成都〔四川省成都市〕）皇帝（二任）刘禅（本年三十二岁），立张女士当皇后，是前任张皇后的妹妹（张飞的另一个女儿）。封王贵人的儿子刘璿当皇太子，刘瑶当安定王。

农林部长（大司农）河南郡（河南省洛阳市东白马寺东）人孟光，向皇家图书馆管理官（秘书郎）郤正（郤，姓），查问皇太子刘璿读书情形跟性格爱好倾向，郤正说："皇太子侍奉双亲，恭敬孝顺；读书从早到晚，都不懈怠；有古代'世子'（国君合法继承人）的风范。接待臣僚部属，用心宽厚。"孟光说："像你所形容的，民间家家户户的孩子，都会如此。我所关心的是皇太子的权术智谋如何？”郤正说：“教导太子的正道，是使他如何孝顺父母，不可以胆大妄为。权术到紧急时才会产生，智略又深藏在胸怀之内，到底有与没有，怎么可以预知？”孟光知道郤正谨慎，不敢畅所欲言，只说：“我口无遮拦，不知道忌讳，现在天下还没有定于一统，智谋自然占第一位；但智谋是先天秉性，后天是教不出来的。皇太子读书，怎么能跟我们一样，博闻强记，等待高位的人询问？好像一个普通的知识分子（博士），要对皇帝所提的问题，写出答案，以谋求一官半职？你应该在最重要的关键上用功夫！”郤正认为孟光的论点正确。郤正，是郤俭的孙子（郤俭担任益州州长，被变民所杀。参考一八八年六月）。

4 东吴帝国（首都建业）铸一枚当一千枚的大钱（重十六铢）。

5 夏季，四月九日，曹魏帝国（首都洛阳）宰相（司徒）、南乡侯（恭侯）韩暨逝世。

6 四月十九日，曹魏帝国大赦。

7 六月，曹魏帝国远征军抵达辽东（辽宁省）。燕王公孙渊命最高统帅（大将军）卑衍（卑，姓）、杨祚，率步骑兵数万人，在辽隧（辽宁省海城市西北）阻截，构筑围墙及壕沟二十余华里。曹魏远征军各将领打算攻击，司马懿说：“敌人所以坚壁清野，就是想把我们拖死，现在攻击，正跳进他们圈套。而且，敌人主力在此，他们根据地（襄平〔辽宁省辽阳市〕）必然空虚，我们直接攻击襄平，一定可以击破。”遂制作大量旗帜，表示要向南方迂回。卑衍等率所有的精锐，南下阻截，司马懿暗中渡过辽河，向北挺进，直扑襄平。卑衍等大为恐慌，乘夜撤退。曹魏远征军进抵首山（襄平西南），公孙渊再命卑衍等迎战。司马懿迎头痛击，大破卑衍兵团，遂进军包围襄平。

秋季，七月，大雨不停，辽河水位突然增高，运输粮秣船队，从辽口（辽宁省营口市，辽河注入渤海处）一直抵达襄平城下。可是，大雨降了一个多月，平地水深数尺，曹魏远征军恐惧，很多将领都准备把营垒撤退到较高地方，司马懿下令："再有人谈论迁移，斩！"司令部参谋官（都督令史）张静违犯此项军令，立即诛杀，军心才告安定。襄平（辽宁省辽阳市）虽被曹魏远征军包围，但受到水势保护，人民照样出城砍柴、牧羊牧牛。曹魏远征军将领打算俘虏这些樵夫牧童，司马懿不准。军政官（司马）陈珪说："从前，进攻上庸（湖北省竹山县西南上庸镇）时，八道同时进发，日夜不息，十五天就把坚城攻陷，砍下孟达人头（参考二二八年正月）。这一次我们跋涉的路程更远，却这么安闲，我实在想不通。"司马懿说："孟达守城的部队少，可是粮食却足够支持一年，我们军队人数比他多四倍，粮食不能支持一个月，用一月攻击一年，怎么能不速战速决！我们用四个人攻击一个人，即令大军死亡一半，只要能够攻克，都要去做，所以不顾死伤，是跟粮食竞争。现在，情形恰恰相反，敌人军队多，我们军队少；敌人粮少，我们粮多。何况大水泛滥，限制我们行动，即令想攻城，又如何攻法？自京师（首都洛阳）出发，不担心敌人攻击，只担心敌人逃走。现在，敌人粮食快要吃完，可是我们的包围圈还没有完成，如果掠夺他们的牛马，阻止他们砍柴放牧，势将逼他们逃走。战争是一种诡诈的行为，必须随机应变。敌人仗恃庞大的军力，又仗恃大雨不止，所以虽然饥困，不肯认输，我们当显示我们束手无策，使他们安心固守。贪图一点小利，使他们受到惊吓，弃城逃走，不是好的计谋。”这时，中央政府得到远征军被大雨困住的消息，一致主张撤退，皇帝曹叡说：“司马懿有能力控制危局，捉住公孙渊，指日可待。”

大雨终于停止，司马懿的包围圈完成，开始作灭国性攻击，高堆土山，挖掘地道，使用楼车监视城中动静，冲车撞击城墙。士卒用盾牌遮住头部，手执钩链，冒死攀登，日夜不停的猛烈攻击，射箭和投掷石头，密集如雨。公孙渊窘困紧急，而城中粮食已经吃光，人民互相格杀，煮食对方尸体（人间惨事），大量死亡，将领杨祚等出城投降。

八月，燕王公孙渊派相国王建、最高监察长（御史大夫）柳甫，出城晋见司马懿，请求远征军暂时解围，稍向后退，公孙渊君臣当自己捆绑，出来投降。司马懿下令斩王建、柳甫，用公文通知公孙渊，说：“楚国和郑国，地位相等，郑国国君还要脱下上衣，光着脊背，手牵羊只，出城迎降（《左传》前五九七年：楚王〔六任庄王〕芈侣攻击郑国，郑国国君〔十三任襄公〕姬坚，肉袒牵羊迎降）。而我，是天子（曹叡）的上公（司马懿是全国武装部队总司令〔太尉〕，三公之一），而王建等却打算教我解围后退，这是什么态度？对这两个传话错误的老糊涂，已经诛杀。你如果还有别的话要说，可派头脑清楚、年轻一点的来。”公孙渊再派高级咨询官（侍中）卫演晋见，请求指定一个日期，愿送出人质。司马懿对卫演说：“军事对决，大致上有五种结局：能战就战，不能战就守，不能守就逃；其他两条路是：投降或死亡！公孙渊不肯自己捆绑投降，当然是决心死亡，不必送什么人质。”

八月二十三日，襄平（辽宁省辽阳市）陷落，公孙渊跟他的儿子公孙修，在数百骑兵保护下，突围向东南逃走，曹魏远征军急行追击，在梁水（太子河，辽河支流）河边追及，斩公孙渊父子。

司马懿进入襄平，诛杀燕王国三公、部长级以下官员，以及士兵、小民等七千余人，筑成“京观”（把尸首累积在一起，再用土累积在群尸之上，堆成高丘，称“京观”）。辽东郡（辽宁省辽阳市）、带方郡（朝鲜半岛沙里院市）、乐浪郡（朝鲜半岛平壤市）、玄菟郡（辽宁省沈阳市东），四个郡全部收复。

公孙渊将宣布独立时，将军纶直、贾范等苦苦劝阻，公孙渊把他们诛杀。司马懿特地加高（封）纶直等的坟墓，任命他们的子孙当官，释放被公孙渊囚禁的叔父公孙恭（公孙渊夺取政权时，《资治通鉴》并没有载明囚禁叔父公孙恭；参考二二八年十二月。或是遗漏，或是以后才囚禁；如是当年囚禁，公孙恭在狱已整十年）。汉人希望返回故乡的，随意返回，遂班师。

最初，公孙渊的老哥公孙晃，于公孙恭在位时，被派到京师（首都洛阳）充当人质。公孙渊没有宣布独立之前，公孙晃不断指出公孙渊可能发生变化，请曹魏政府出军讨伐。等到公孙渊正式表明态度，人质应受制裁，曹魏帝曹叡不忍心把公孙晃绑赴街市斩首，打算改在监狱中处决。

司法部长（廷尉）高柔上书说：

“我曾经听说，公孙晃有数次之多，向国家贡献忠心，检举公孙渊将行闯出大祸。虽然他是叛乱犯的家属，可是他的情形，实在应该宽恕。孔丘曾安慰桓牛，要桓牛不要忧惧（桓牛〔司马牛〕的老哥桓魋〔音tuí·颓〕，将要掀起一场变乱，桓牛忧惧交集，孔丘勉励他：“只要问心无愧，便无忧无惧。”参考《论语·颜渊》）。祁奚也指出羊舌肸（音xī〔希〕）没有过失（春秋时代晋国驱逐栾盈，杀栾盈同党羊舌虎，逮捕羊舌虎的老哥羊舌肸囚禁。元老祁奚向当权的范士匄说：“姬鲜〔管国国君〕、姬度〔蔡国国君〕因叛变受到诛杀处分，可是姬旦〔周公〕却拥护姬发〔周一任王〕。为什么为了羊舌虎，而舍弃国家栋梁羊舌肸？”范士匄把这话告诉其他高官，遂赦免羊舌肸。参考《左传》前五五二年）。这都是古时候美好的

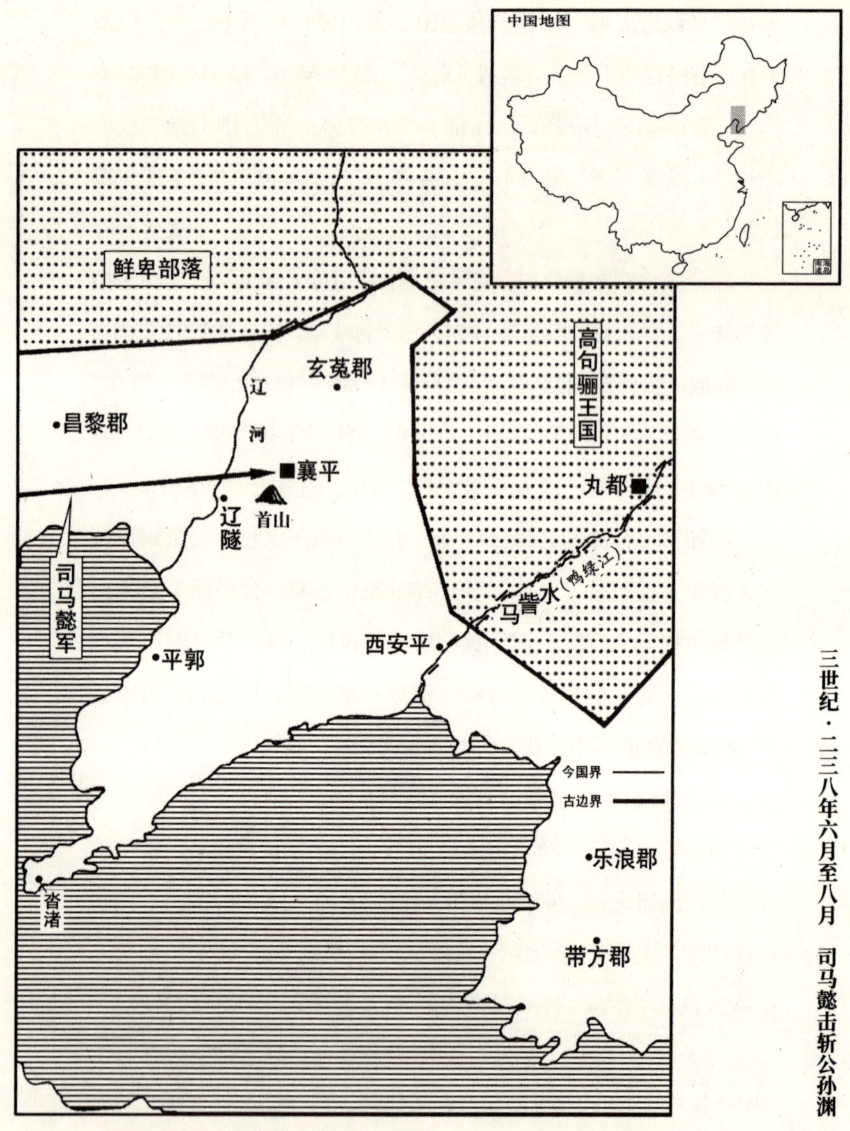

三世纪·二三八年六月至八月 司马懿击斩公孙渊

义行。我认为，公孙晃如果确实有过检举，应饶他一死；如果他并没有，应在街市之上斩首。而今，既不赦他的命，又不公开他的罪状，只紧闭囚门，迫使他自杀。四方将对我们批评，认为我们有不可告人的隐情。”

曹叡不接受，竟派人带着羼着金屑的毒酒，强迫公孙晃跟他的妻子喝下。然后赏赐棺木寿衣，埋葬在公孙晃住宅。

8 九月，东吴帝国（首都建业）改年号赤乌（因红色羽毛的乌鸦，飞集于金銮宝殿之前，改年号纪念这次祥瑞。之前是嘉禾七年，之后是赤乌元年）。

9 东吴帝（一任大帝）孙权正妻步夫人逝世。

当初，孙权当讨虏将军时，驻守吴郡（江苏省苏州市。参考二〇〇年十月），娶吴郡人徐女士。皇太子孙登的娘亲，出身贫贱，孙权把孙登交给徐女士抚养（徐女士最初嫁给同郡人陆尚，陆尚早死，孙权聘作妻子）。徐女士十分嫉妒，所以不受宠爱。孙权把首府迁到武昌（湖北省鄂州市）时（参考二二一年四月），就不让徐女士同行。而临淮郡（江苏省泗洪县南）人步夫人，所受的宠爱，超过皇宫所有美女。孙权当皇帝后，想封步夫人当皇后，可是文武官员都认为皇后应属于徐女士（孙权封儿子孙登当太子时，孙登对老爹说：“要封太子，应该先封皇后才对！”孙权问：“你娘在哪里？”孙登说：“在吴郡。”孙权不说话）。孙权不能下定决心，犹豫拖延了十余年，而步夫人于本年逝世；官员奏请追称步夫人“皇后”，致赠皇后印信（只有放在棺木中埋葬）。而徐女士竟当不上皇后，在吴郡（江苏省苏州市）逝世。

10 东吴帝孙权，任命立法官（中书郎）吕壹当总特务官，负责保卫国家及调查全国官员的忠贞（典校诸官府及州郡文书）。一开始时，吕壹还十分谨慎小心；久而久之，就作威作福，一点细微的小事，都会用法律条文，把人套牢，构成罪状；于是，排除及陷害善良无罪的人，诋毁政府重要官员，连鸡毛蒜皮的小动作，都报告孙权。皇太子孙登屡次向老爹直言规劝，孙权都不接受，文武百官对吕壹深怀恐惧，没有人敢再表示意见。

吕壹指控前江夏郡（武昌，湖北省鄂州市）郡长刁嘉批评政府，孙权怒火上冲，下令逮捕刁嘉，交付审判；传讯聚会时同座的人作证，那些人畏惧吕壹报复，都承认确实听到刁嘉说过那种话。只有高级咨询官（侍中）北海郡（山东省昌乐县东南）人是仪（是，姓），说他没有听到；于是立刻闯下大祸，目标转向是仪，对他严厉盘问（这句话没有主词，不知是谁主持这项审讯，和谁对是仪严厉盘问），一连几天，孙权不断下诏，一次比一次显露杀机，恐怖气氛下，大小官员不敢开口，甚至不敢呼吸，都在等待即将来临的灾难。是仪向孙权报告说："现在，利刀铁锯，已架在我的脖子之上，我怎么敢替刁嘉隐瞒？自找灭门之祸，成为不忠之鬼？而只是把我所知道的，原原本本，据实回答。"坚持不改最初口供。孙权遂不再追究，刁嘉也因之得免一死。

上大将军陆逊、祭祀部长（太常）潘濬，担心吕壹会把国家导入混乱，每次谈到这个问题，都忍不住痛哭流泪。吕壹曾向孙权秘密检举丞相顾雍的过失，孙权大为震怒（一定是足以使孙权震怒的过失，史书不应不加记载），严厉质问顾雍。禁宫咨询官（黄门侍郎）谢宏，在闲谈中询问吕壹："顾雍事情如何？"吕壹说："不太乐观。"谢宏又问："如果顾雍被赶走，谁可能接任丞相？"吕壹还没有回答，谢宏说："莫非是潘濬？"吕壹说："你的推测很接近事实。"谢宏说："潘濬对你恨得咬牙切齿，只是，弹劾大臣，不在他的权限之内。今天当丞相，明天便会打击你。”吕壹大为惶恐，遂把顾雍的事化解。

潘濬请求入朝（潘濬跟陆逊，都留在武昌〔湖北省鄂州市〕），前往首都建业（江苏省南京市），打算详细揭发吕壹的罪行，竭力谏诤，可是抵达建业后，听说皇太子孙登已经几次进言而没有效果，潘濬遂大肆宴请文武百官，准备在宴会上，亲手刺杀吕壹，再一死抵罪，只求为国除去一害。吕壹得到密报，声称有病，不能赴宴。

西陵（湖北省宜昌市）防卫司令（西陵督）步骘上书说：“顾雍、陆逊、潘濬，竭尽忠心，无论进食就寝，都不安宁，只想到如何安国利民，达到长远目标，可说是国家的心腹和政府的肢体，应该对他们十分信任，不让其他官员再去监视他们的行动、督促他们的工作。这三位大臣，考虑不周密时候会有的，但岂能欺骗辜负君王！”

左将军朱据的部属，应领取三万串钱，工匠王遂施展手段，把三万串冒领。吕壹疑心钱到朱据之手，逮捕主管官员，逼取口供，主管官员遂死在乱棍之下。朱据哀怜该官员无辜冤死，买一个木板较厚的棺材把他埋葬。吕壹认为这就是朱据贪污的证据——该官员为朱据隐瞒，朱据用厚葬他作为回报。孙权几次质问朱据，朱据无法使孙权相信自己的清白，只好搬出家门，睡在草堆上（囚犯待遇），等候定罪。几天之后，中央禁军助理官（典军吏）刘助，发掘出真相，向孙权报告王遂的罪行。孙权突然惊醒，说：“连朱据都受到陷害，何况其他官民？”（朱据娶孙权最宠爱的女儿孙小虎。）遂逮捕吕壹，严厉追究罪行，赏赐刘助钱一百万。

丞相顾雍前往司法部（廷尉）主持审判，吕壹这时已成阶下之囚。顾雍和颜悦色，心平气和的询问口供，临走时，又对吕壹说：“你是不是还有申诉？”吕壹一味叩头，无话可说。政务署助理（尚书郎）怀叙（怀，姓），当面诟骂羞辱吕壹，顾雍责备怀叙说：“国家有

正常法律，怎么能够这样？”有关单位奏请处吕壹死刑，有人主张

应用“焚如”“车裂”（焚如酷刑，新王朝一任帝王莽所创，曾用来烧死叛将陈良，参考一四年。车裂酷刑是古代传统刑法，《左传》前六九四年：“轘〔车裂〕高渠弥。”是中国历史上最早关于车裂酷刑的记载），用以表示对大奸大恶的痛恨。孙权询问立法署长（中书令）会稽郡（浙江省绍兴市）人阚泽，阚泽说：“严肃开明的正常社会，不应使用这种酷刑。”孙权同意。

吕壹处死之后，孙权派立法官（中书郎）袁礼，向各高级将领道歉，并征求对当时局势应兴应革的意见。袁礼回来后，孙权下诏责备诸葛瑾、步骘、朱然、吕岱等，说：“袁礼返京（首都建业），告诉我跟子瑜（诸葛瑾别名）、子山（步骘别名）、义封（朱然别名）、定公（吕岱别名）见面，并请教对时局的和对政治的意见，你们都说只知道军旅，不知道政治，不肯提出建议，全都推到伯言（陆逊别名）、承明（潘濬别名）身上。可是，伯言（陆逊）、承明（潘濬）看到袁礼，泣涕不止，声泪俱下，十分悲苦，甚至充满恐惧，有一种不安全的神情。听到之后，内心怅惘，深感困惑。为什么？天下只有圣人，才能不犯错误；只有聪明绝顶的人，才能看清自己。普通人一举一动，怎么能都正确？我曾经伤害过各位，拒绝过各位的好意，不过一时疏忽，自己当时却不知道，所以使各位避嫌畏难，不敢开口！不然的话，怎么会到这种地步？我跟各位共事，从小时候直到现在，头发已白了一半，总以为表里一致，推诚相见；于公于私，都可互保。大义上我们是君臣，私情上我们如同亲生骨肉，荣耀福分，欢乐忧虑，同受同享。忠臣不应该隐瞒实情，智士不应该隐瞒计略。不管事情是对是错，各位怎么可以袖手旁观？坐在一条船上渡河，我不跟各位磋商，跟谁磋商？姜小白（齐国十六任国君桓公）有善行，管仲没有一次不赞扬！姜小白有过失，管仲也没有一次不规劝；规劝如果不能

受到接纳，则永不停止规劝。现在，我自己知道没有姜小白那么好，而各位又不肯开口说话，仍然猜忌担心。就这一点而论，我并不比姜小白差，不知道各位跟管仲相比，又是如何？”

柏杨曰

吕壹不过一个小小的特务头目，当权的时间既短，为害的程度也微乎其微，仅就《资治通鉴》记载，不过拷死一个军中财务小官而已。对付顾雍，看样子只是要搞垮他，不是要害死他。然而，已使东吴帝国政府，陷于愁云惨雾。特务统治之可怖，正在于恐怖气氛，只要沾上一点，包括最高领袖在内，心灵都会扭曲。

孙权写给各将领的这封长信，称兄道弟，如话家常，感人至深。然而，他强调“亲如骨肉”，要求“规劝如果不能受到接纳，则永不停止规劝”。话说出来好听，写出来更有管仲作为例证，好像这次可是真心。事实上恐怕相反，谁要相信这一套，谁可要大大的倒霉。孟轲就曾提出过警告：“君臣之间，规劝的次数太多，一定招来羞辱；朋友之间，规劝的次数太多，一定疏远。”稍后，就在孙权要罢黜皇太子孙和时，“亲如骨肉”的陆逊受到责骂忧死、女婿朱据索性斩首。

无限权力是一个荒野怪兽，靠规劝谏诤无法控制，孙权是中国历史上最可爱、最富有人情味的君王之一，还被无限权力烧得失去理智，何况其他人。凡是权力，只有另一个权力才可以控制，另一个权力才是钢索，拴住怪兽，免得它横冲直撞。柔声软语的规劝谏诤，不过一条线绳，不但拴不住，有时候反而更激使它疯狂。

11 冬季，十一月二十四日，曹魏帝国（首都洛阳）擢升最高监察长（司空）卫臻当宰相（司徒），京畿总卫戍司令（司隶校尉）崔林当最高监察长（司空）。

12 十二月，蜀汉帝国（首都成都）最高统帅（大将军）蒋琬，率军进驻汉中郡（陕西省汉中市）。

13 十二月八日，曹魏帝国（首都洛阳）皇帝曹叡患病。

十二月二十四日，封郭夫人当皇后。

14 最初，曹操还是东汉王朝魏公的时候，任命鄚县（河南省永城县西鄚城镇）县长刘放、军事参议官（参军事）孙资，同当皇家图书馆管理官（秘书郎）。曹丕（曹魏帝国一任帝）建立帝国后，改名为立法署（中书），任命孙资当立法署长（中书令），刘放当总立法长（中书监。"令""监"官级都是"第三品"，职掌相同，可能是双头马车制，都是首长。古代官制模糊，"令""监"地位又变化无常，有时有令无监，有时有监无令，有时并存，姑且称"立法署长""总立法长"，增加印象），二人遂同时掌握机要（情势演变："尚书"既逐渐脱离宫廷，成为政府机关，"中书"遂代替"尚书"之职）。

曹叡登上宝座，对刘放、孙资，更是宠爱信任，全加衔高级咨询官（侍中）、特级国务官（光禄大夫），封本县侯爵（刘放是涿郡〔河北省涿州市〕方城县〔河北省固安县〕人，封方城侯。孙资是太原郡〔山西省太原市〕中都县〔山西省平遥县〕人，封中都侯）。当时，曹叡亲自处理国事，几次对外作战，中枢筹划，全由二人负责。每遇到重大决策，召集高阶层官员会议，常命二人作出最后裁决。当时还是中央军事总监（中护军）的蒋济，上书说：

"我曾经听说，高级官员权力太大，宝座一定危险；左右助理关系太过亲密，耳目一定蒙蔽；这是古代最重要的鉴戒。从前，高官当权，内外不安（曹魏帝国建立迄今，还没有发生过这种事，不知指的什么，可能指东汉王朝末年），陛下亲自处理国事，政治自然纳入正轨。并不是高官不忠，只是权威下移之后，人们对君王一定怠慢，这是正常现象。陛下既然有能力防止高级官员发生这种流弊，希望不要忘记左右亲信造成的另一种流弊。

“左右亲信的忠心和见解，以及深谋远虑，未必超过高级官员；但是，钻营奔走，谄媚逢迎，可比高级官员更有独到功夫。现在外面动辄就说：立法署（指刘放、孙资）如何如何。他们虽然恭敬谨慎，不敢结交政府官员。但仅只‘立法署’（中书）一个虚名，就能使世俗如此注意；何况手握权柄，整天侍奉在皇上眼前。万一乘着皇上困倦之时，窃弄权威，大家发现他能够影响皇上的决定，自会趋炎附势，顺着他们的意向行事。

“这种现象一旦开始，摇尾系统立刻建立，招朋引类，诋毁赞扬，也跟着兴起；功过赏罚，就会颠倒。走正规管道上进的或许根本走不通，而攀附左右亲信的反而一帆风顺。由小而大，逐渐形成一种力量，陛下对他们的信任已成为习惯，也不再有任何警觉。这些，以陛下的英明，当然早就考虑周详；如果再加留意，行迹会更明显呈现。

“有些高级官员恐怕所作的建议，不蒙采纳，反而招致陛下左右亲信的怨恨报复，所以不敢反映。但我认为，陛下圣心自会考虑沉思、垂听舆论、观察迹象，如果有不合情理，或事实上有无法执行的事情，就应该随时改变修正。这样做，远的将跟姬轩辕（黄）、伊祁放勋（唐）贡献相等，近的也会完成武帝（曹操）、文帝（一任帝曹丕）交付陛下的重责大任，岂止不受左右亲近控制而已。

“当然，君王不可能一个人处理天下全部事务，工作必须有人分担。不过，绝不可以托付给一个人，除非他有姬旦（周公）的忠心、管仲的正直无私。否则，就必然会玩法弄权，败坏国家。现在，栋梁之材虽然很少，但有能力负责一个州或一个单位，尽忠职守的人，还是很多，盼望能够并列于朝，不要使圣明的帝国政府，发生一人专政的丑闻。”

曹叡不理（胡三省注：“这些都不是本年的事。《资治通鉴》因刘放、孙资患得患失，误导曹叡托孤，加以追叙。”）。

等到曹叡病重卧床，深为忧虑身后之事，遂任命曹操幼子燕王曹宇（曹叡叔父），当最高统帅（大将军），和中央禁军总监（领军将军）夏侯献、武卫将军曹爽、骑兵指挥官（屯骑校尉）曹肇、骁骑将军秦朗等，共同辅政。曹爽，是曹真的儿子（曹真，参考二二二年九月）。曹肇，是曹休的儿子（曹休，参考二一八年三月）。曹叡自小跟燕王曹宇友善，所以托付后事。

刘放、孙资，长久主管政府机要，夏侯献、曹肇心里一直不服，宫殿中有专供公鸡晚上栖止、早上啼鸣的树，两人互相说：“公鸡占这棵树也够久了，看它还能再占几天？”刘放、孙资听到耳朵里，恐怕二人当权后对自己不利，阴图反击。而燕王曹宇，性情谦恭温和，向老侄曹叡恳切推辞。曹叡把刘放、孙资唤到卧室，问说：“燕王（曹宇）究竟是什么意思？”刘放、孙资回答说：“燕王（曹宇）

有自知之明，知道负担不了这么重大的责任。”曹叡问说：“那么，谁有这个能力？”当时，只有曹爽在旁，刘放、孙资遂顺便推荐曹爽，并且建议：“最好教司马懿也参与。”曹叡问：“曹爽行不行？”曹爽汗流浃背，紧张得不知道如何回答。刘放暗中用脚踢他，附到他耳朵上，悄悄告诉他：“快说：‘我愿用生命保护皇家。’”曹叡采纳，决定命曹爽、司马懿辅政。可是，不久又中途改变，下诏收回前令。刘放、孙资晋见曹叡，再作请求，曹叡再度接纳。刘放说：“最好由陛下亲笔书写诏书。”曹叡说：“我手脚发软，不能提笔。”刘放爬上御床，握着曹叡的手，勉强写下遗嘱，遂拿出宫，高声宣布说：“有圣旨，燕王曹宇等，一律免职，不准在宫廷停留。”曹宇等大为惊愕，流泪退出。

十二月二十七日，擢升曹爽当最高统帅（大将军）。曹叡担心曹爽能力不足，再擢升政务署执行官（尚书）孙礼，当最高统帅府秘书长（大将军长史），做曹爽的助手。

这时，全国武装部队总司令司（太尉）马懿正在汲县（河南省卫辉市。司马懿东征公孙渊回军，刚抵达汲县）。曹叡派随身仆役辟邪，拿着手令，前往征召。之前，燕王曹宇建议，认为关中（陕西省中部）防务重要，最好命司马懿直接从轵关（河南省济源市西，太行山八陉之一）返回原防地长安（陕西省西安市），诏书已经发出。司马懿先后接到两种不同的命令，怀疑京师（首都洛阳）发生变故。于是，紧急上路。

二三九年 己未

曹魏 景初 三年
蜀汉 延熙 二年
东吴 赤乌 二年

1 春季，正月，曹魏帝国（首都洛阳〔河南省洛阳市东白马寺东〕）全国武装部队总司令（太尉）司马懿，抵达首都洛阳，晋见生命垂危的皇帝（二任明帝）曹叡。曹叡握着司马懿的手，说："我把后事托付给你，由你跟曹爽，辅佐幼儿。死怎能忍？但我强忍不死，就是等你！能够相见，没有余恨。"把两个幼儿曹芳、曹询，叫到床前，指着曹芳对司马懿说："就是他了，你看清楚，不要看错。"又教曹芳去抱司马懿的脖子。司马懿叩头，悲戚流泪。

当天，封曹芳当皇太子；曹叡遂即逝世（年三十六岁）。

曹叡聪明坚强，反应迅速，但纵情任性，毫无忌惮。处理事情时，常能掌握重点，化繁为简，追求工作成果。不喜爱虚伪，厌恶浮华不实。每逢动员发兵，论断国家大事，参与决策的谋略之士和将领，都佩服他卓越的见解。而且记忆力特别强，即令左右卑微的小官，以及登载在官员名簿上，有关性格、品德，以及做过什么事，甚至父子兄弟是谁，只要看过一遍，终身不忘。

孙盛曰

听前辈们说过，曹叡仪容秀美，一表人才，站立时长发可垂到地面，讲话有点口吃，所以很少发言；但性格刚强，对复杂事务，有判断能力。最初，接受老爹曹丕遗诏的几位辅政大臣，曹叡都把他们派出担任独当一面的高官（曹休镇守合肥〔安徽省合肥市〕，曹真镇守长安〔陕西省西安市〕，司马懿镇守南阳〔河南省南阳市〕），中央政府大计方针，则自己亲自处理。对大臣都很崇敬有礼，心胸广大，能够容忍率直的批评；虽然当面冒犯，曹叡也从不对他们折辱或诛杀；具有君王应有的度量，至为难得。然而，他不知道培养长远的恩德，对至亲的曹姓家人猜忌排斥，使大权旁落，帝国沦亡，可悲。

2 曹魏帝国皇太子曹芳，继位登极（三任帝），年才八岁，大赦。尊皇后郭女士为皇太后，曹爽、司马懿加衔高级咨询官（侍中）、“假节钺”（“节”是代表皇帝的符节，“钺”是代表皇帝诛杀的巨斧）、全国各军区总司令长官（都督中外诸军），主管政府机要（录尚书事。古代官制，往往因人设官，事权混乱，“太尉”“大司马”“大将军”“都督中外诸军”，实际上都是一码子事，所以名称不同，大概关系实权。曹爽本是“大将军”〔全国最高统帅〕，司马懿本是“太尉”〔全国武装部队总司令〕，理论上全都控制全国军权，何必再加“都督中外诸军事”官衔，当是必须再有此一加，才能有实权）。曹叡生时兴建宫殿工程，以“遗诏”名义，全部停工。

曹爽、司马懿各率军三千人，轮流值班，住宿宫内。因司马懿年龄辈分，以及官位，一向都高过曹爽，曹爽把司马懿当作父执辈侍奉，每件事都向他请示，不敢专断独行。

最初，并州（山西省中部）州长（刺史）东平国（山东省东平县西南）人毕轨，跟邓飏、李胜、何晏、丁谧，都以才干闻名于世。但心浮气躁，趋炎附势，急于攫取财富和官位。二任帝曹叡在位时，厌恶他们浮华不实，都排除政府之外，不予录用。可是曹爽却跟他们十分亲善，等到曹爽辅政，立即延聘擢升，当作心腹智囊。何晏，是何进的孙儿（何进，参考一八九年八月）。丁谧，是丁斐的儿子（丁斐在潼关战役中，纵放牛马以救曹操，参考二一一年八月）。何晏等全心全意拥护曹爽，认为大权不可以分割给别人（指司马懿）；丁谧更替曹爽设计，使曹爽奏报皇帝，由皇帝下诏，擢升司马懿当皇家师傅（太傅）；外表上使司马懿有尊贵的名号，实际上剥夺司马懿的权力。政务署执行官（尚书）启奏时，先行呈报曹爽过目，曹爽就可先行裁决。曹爽同意这个办法。

二月二十一日，曹芳下诏，擢升司马懿当皇家师傅（太傅）。任命曹爽的老弟曹羲当中央禁军总监（中领军）、曹训当武卫将军、曹彦当散骑侍从讲书官（散骑常侍侍讲），其余老弟，都以侯爵身份，担任皇家侍从，出入宫廷，权力和受到的尊敬，无与伦比。曹爽对待司马懿，虽然表面上仍保持毕恭毕敬，但政府一切决定，曹爽都自己做主，不再请示司马懿。

曹爽擢升政务署文官司司长（吏部尚书）卢毓，当政务署执行长（仆射）。任命何晏接任政务署文官司司长；又任命邓飏、丁谧当政务署执行官（尚书），毕轨当京畿总卫戍司令（司隶校尉）。何晏等仗恃大权在握，随心所欲的处理国家事务；依附他们的，升迁；不依附他们的，排斥；官员们都要顺着风向转舵，不敢拒抗。禁宫咨询官（黄门侍郎）傅嘏，对曹爽的老弟曹羲说：“何晏表面上清净无为，实际上却热衷名利；伶俐乖巧，不在根本上下功夫，我恐怕他会先迷惑引诱你们兄弟。正直而有见识的人，将远离而去，政府功能，将陷于停顿。”

何晏听到这话，跟傅嘏友情破裂，抓住一件小事，把傅嘏免职，又把卢毓逐出政务署（尚书省），去担任司法部长（廷尉）；毕轨再诬陷卢毓（史书不应不记载内容），向皇帝提出弹劾，卢毓遂被免职。舆论对何晏等的行动，反应强烈，何晏等只好再请卢毓回来，担任宫廷禁卫官司令（光禄勋）。

最高统帅府秘书长（大将军长史）孙礼正直不屈，曹爽感到办事仍不够称心快意，遂把孙礼逐出最高统帅府（大将军府），去当扬州（州政府设合肥〔安徽省合肥市〕）州长（刺史）。

3 三月，曹魏帝国擢升征东将军满宠，当全国武装部队总司令（太尉）。

4 夏季，四月，东吴帝国（首都建业〔江苏省南京市〕）军事视察官（督军使者）羊衜，越海突击曹魏帝国（首都洛阳）辽东郡（辽东半岛），俘虏大批人民撤退。

5 蜀汉帝国（首都成都〔四川省成都市〕）任命最高统帅（大将军）蒋琬当最高指挥官（大司马）。人事管理官（东曹掾）犍为郡（四川省眉山市彭山区）人杨戏，性情疏阔，蒋琬跟他讨论问题，杨戏有时候似理不理，不作回答，有人对蒋琬说："你跟杨戏谈话，他这种态度，傲慢到极点。"蒋琬说："每个人有每个人的想法，犹如每个人有每个人的脸孔。当面服从，一转身就议论批评，古人认为不可如此。杨戏如果同意我的主张，违反他的本心；如果表示反对，又显示我的过失。所以才闭嘴不说话，这是杨戏的厚道。"

屯垦司令官（督农）杨敏，曾经抨击蒋琬，说他："做事糊涂，不如他的前任（指诸葛亮）。"有人报告蒋琬；有关官员请对杨敏调查审问，严加追究，蒋琬说："我实在不如前任，不能不承认！"有关官员请下令要杨敏说明什么地方"糊涂"，蒋琬说："既然不如前任，处理事情一定不理想，不理想就是糊涂。"后来，杨敏因某一案件，被捕入狱，大家相信蒋琬一定报复，杨敏非死不可。但蒋琬胸怀坦荡，不记前事，杨敏的罪并没有加重。

6 秋季，七月，曹魏帝国（首都洛阳）皇帝曹芳，正式临朝，主持政府（八岁的娃儿，自不会处理国事，大权握在曹爽之手）。

7 八月，曹魏帝国大赦。

8 冬季，十月，东吴帝国（首都建业）祭祀部长（太常）潘濬逝世。东吴帝孙权命镇南将军吕岱，接替潘濬职务，跟上大将军陆逊，共同处理荆州（湖北省南部及湖南省）防务。吕岱当时年已八十，体格健康，辛苦勤劳，跟陆逊同心合力，亲自处理国事，有功勋时，互相推让，南方人士对二人非常尊敬。

十二月，东吴帝国将领廖式兵变，击斩临贺郡（广西贺州市）郡长严纲等，自称"平南将军"，攻掠零陵（湖南省永州市）、桂阳（湖南省郴州市）两郡，影响所及，交州（广东、广西及越南北部）各郡震恐动荡；廖式拥有部众数万人。吕岱向中央政府请缨，自愿率军讨伐，发出奏章的同时，即行南下，星夜赶路。东吴帝孙权派使节在后追赶，任命吕岱当交州全权州长（牧），并派其他将领唐咨等，继进赴援，战争持续一年，击破叛军，斩廖式跟他的党羽，各郡县完全平定。吕岱仍返武昌（湖北省鄂州市）。

9 东吴帝国都乡侯周胤，率军一千人，驻防公安（湖北省公安县），违法犯罪，贬谪庐陵郡（江西省泰和县）。诸葛瑾、步骘，都替他求情。东吴帝孙权说："周胤年纪轻轻，既没有功劳，又没有资历，而竟然交给他兵权，封他爵位，为的是纪念他爹周瑜，才对他宠爱。想不到周胤仗势欺人，酗酒荒淫，纵情任性，横行霸道。我曾多次告诫他，他丝毫不能悔改。我对周瑜的友情，跟二位一样；渴望周胤有所成就之心，没有放弃。可是周胤罪过太重，不能马上就教他回来，而且我就是要使他受苦，得到教训，才能改过。就凭他是周瑜的儿子，而又有二位呵护，只要他能改过，难道还怕没有官做！"

周瑜老哥的儿子、偏将军周峻逝世，首都卫戍司令（卫将军）全琮请求把周峻的部队交给他的儿子周护。孙权说："从前，击败曹操，吞并荆州，都是周瑜之功（指赤壁之战，参考二〇八年十月），永不能忘。听说周峻病故，便打算任命周护接替，可是听说周护性情凶暴；如果用他，恐怕恰恰是害他，所以中途改变主意。我思念周瑜，岂有终止！"

10 十二月，曹魏帝国（首都洛阳）下诏，元旦位置仍恢复在正月一日（二三七年，改为十二月一日）。

- 蜀汉皇帝刘禅信任宦官。
- 东吴诸葛恪当大将军。
- 曹魏政变，司马懿诛杀曹爽，屠三族。

- 波斯王阿塔瑟克西斯逝世，其子萨浦尔一世继位。
- 罗马皇帝戈提安三世被毒死；凶手腓力普继位。
- 罗马立国一千年大祭（二四八年）。
- 罗马皇帝腓力普战死，狄希亚斯继位。

二四〇年 庚申

曹魏	正始	元年
蜀汉	延熙	三年
东吴	赤乌	三年

1 春季，曹魏帝国（首都洛阳〔河南省洛阳市东白马寺东〕）大旱。

2 蜀汉帝国（首都成都〔四川省成都市〕）越嶲郡（四川省西昌市）蛮夷部落，不断叛变，不断击杀郡长。（自从丞相诸葛亮讨平高定〔参考二二五年七月〕，蛮夷已反过数次，杀过郡长龚禄、焦璜。）以后郡长不敢到郡政府所在（邛都〔四川省西昌市〕），而寄住安定县（应是安上县，今四川省屏山县北），而安定县（安上县）距邛都八百余华里（航空距离二百公里）。

蜀汉帝（二任）刘禅（本年三十四岁）任命巴西郡（四川省阆中市）人张嶷，当越嶲郡郡长。张嶷招降安抚，并讨伐强硬狡猾的叛乱首领，叛乱的蛮夷逐渐畏惧降服，一郡平安，郡政府遂迁回原址邛都（四川省西昌市）。

3 冬季，东吴帝国（首都建业〔江苏省南京市〕）饥馑。

二四一年 辛酉

曹魏　正始　二年
蜀汉　延熙　四年
东吴　赤乌　四年

1 春季，东吴帝国（首都建业〔江苏省南京市〕）准备攻击曹魏帝国（首都洛阳〔河南省洛阳市东白马寺东〕）。零陵郡（湖南省永州市）郡长殷札，上书东吴帝（一任大帝）孙权（本年六十岁）说：

“现在，上帝厌弃曹姓家族，屡行天诛（敌人自然死亡，称之为“天诛”，是一种传统的情绪性毒话。指曹丕、曹叡父子相继逝世）。当此龙争虎斗之时，竟然使一个幼童坐上君王宝座！我建议：陛下应亲自率领大军，夺取乱国，征服衰世。抽调荆州（湖北省南部及湖南省）、扬州（江南地区）所有人力（东吴帝国共有三州，交州〔广东、广西及越南北部〕居民以百越后裔为主；所谓抽调荆州、扬州所有人力，也就是抽调全国所有人力），调查丁壮和老弱，丁壮的编入军伍，老弱的负责后方勤务。请西方的益州（指蜀汉帝国，首都成都〔四川省成都市〕），在陇右（陇山以西）出兵；然后，把精锐部队交给诸葛瑾（时驻公安〔湖北省公安县〕）、朱然（时驻乐乡〔湖北省松滋市东北〕），命他们北伐，直指襄阳（湖北省襄阳市）；陆逊（时驻武昌〔湖北省鄂州市〕）、朱桓（时在何地不详），直指寿春（安徽省寿县）；陛下御驾，直指淮河以北，进攻青州（山东省北部）、徐州（江苏省北部）。

“魏国（曹魏帝国）面对的危局是：襄阳、寿春，被我们困住；长安（陕西省西安市）以西，又受到蜀军（蜀汉军）的攻击；许昌（河南省许昌市东）、洛阳心脏地带，势必空虚，我们四路并进，他们国内必定有变，将做我们的内应。届时，将对将，帅对帅，他们总有一个地方，失去优势，只要一路挫败，其他三路军心，就会瓦解。我们应加强攻势，攻城略地，乘胜北进，平定中原。

“但是，我们必须把全国之力，彻底投入战场。如果像从前那样，只出动少数部队，轻率的一击，根本不能完成大事，只好一看情形不利，就向后撤退，人民疲惫，声威全消，不断攻击的结果，力量一定枯竭，不是上等策略。”

孙权不能采用（倾国出击，孙权已没有这种豪情壮志）。

夏季，四月，东吴帝国首都卫戍司令（卫将军）全琮，进击曹魏帝国淮南郡（寿春，安徽省寿县），决开芍陂（寿县西南三十公里安丰塘镇）堤岸（芍陂屯垦区周围一百六十公里，农田万顷），威北将军诸葛恪（时在皖口〔安徽省安庆市〕）进击六安（安徽省六安市），征北将军朱然进击樊城（湖北省襄阳市汉水北岸），最高统帅（大将军）诸葛瑾进攻柤中（湖北省南漳县东。柤，音zū〔租〕）。曹魏帝国征东将军王凌、扬州（州政府设寿春〔安徽省寿县〕）

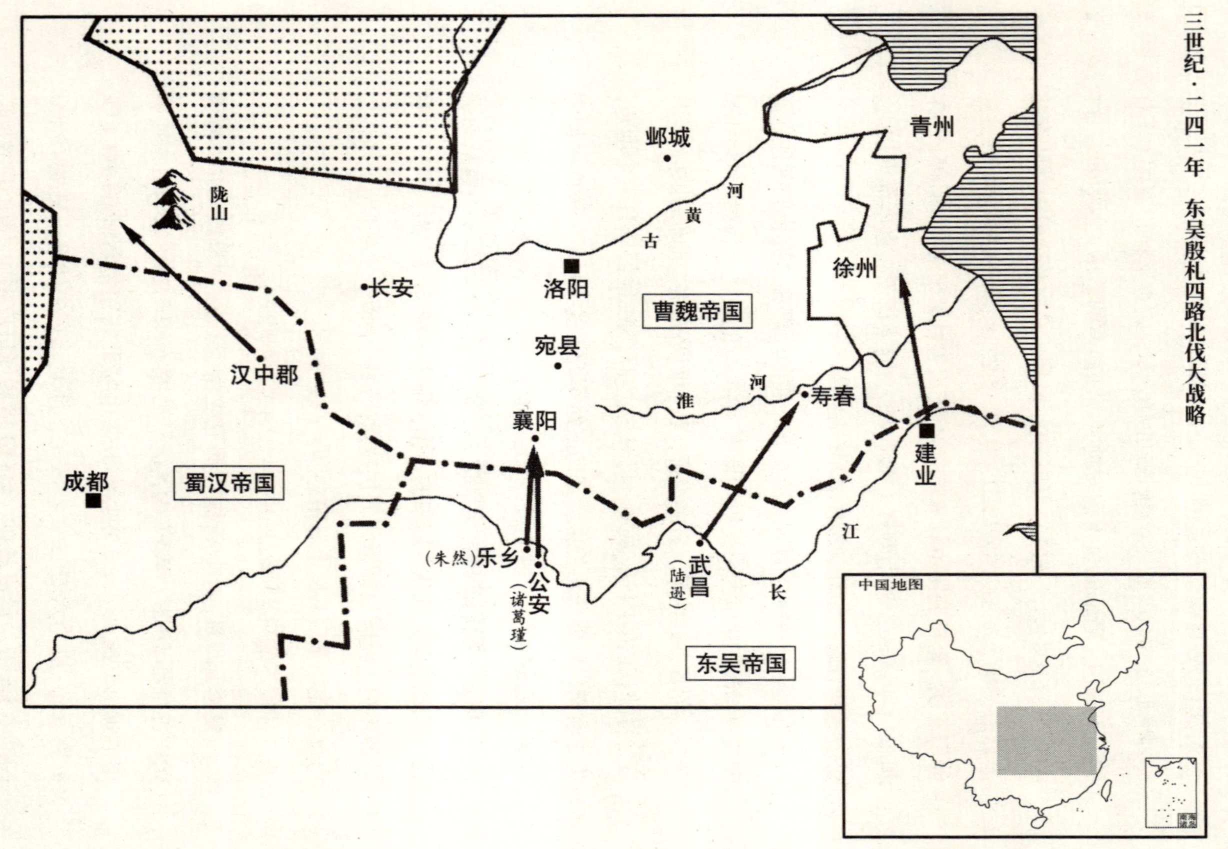

三世纪·二四一年　东吴殷札四路北伐大战略

州长（刺史）孙礼，在芍陂（安丰塘镇）阻截，击退全琮。荆州（州政府设宛县〔河南省南阳市〕）州长（刺史）胡质，派轻装备部队救樊城（湖北省襄阳市汉水北岸），有人警告说："敌人力量强大，不可紧逼。"胡质说："樊城城墙太低，守军人数又少，必须火速赴援，如果去得稍迟，可能陷落。"把部队挺进到东吴围城军营地之前，城中望见援军抵达，军心才安。

2 五月，东吴帝国皇太子孙登逝世（年三十三岁）。

3 东吴帝国大军仍留在曹魏帝国荆州（湖北省北部），曹魏皇家师傅（太傅）司马懿说："相中（湖北省南漳县东）汉人和蛮人有十万之多，隔在汉水之南，流离逃亡，没有归宿。樊城（湖北省襄阳市汉水北岸）被围，已一个多月，不能解除，这是一个危险的局势，我应亲自出征。"

六月，司马懿率各军南下，直指樊城（湖北省襄阳市汉水北岸）。东吴军得到消息，连夜逃走。司马懿追击，进抵三州口（湖北省武汉市黄陂区东），获得大量军用物资和俘虏，才班师而回。

4 闰六月，东吴帝国最高统帅（大将军）诸葛瑾逝世（年六十八岁）。诸葛瑾的长子诸葛恪早已封侯（都乡侯。参考二三七年十月）。东吴帝孙权命诸葛恪的老弟诸葛融，继承老爹爵位，统率老爹部队，驻防公安（湖北省公安县）。

5 蜀汉帝国（首都成都）最高指挥官（大司马）蒋琬，认为诸葛亮几次都从秦川出军（秦川，即陕西省中部与甘肃省东南部，战国时代秦王国故

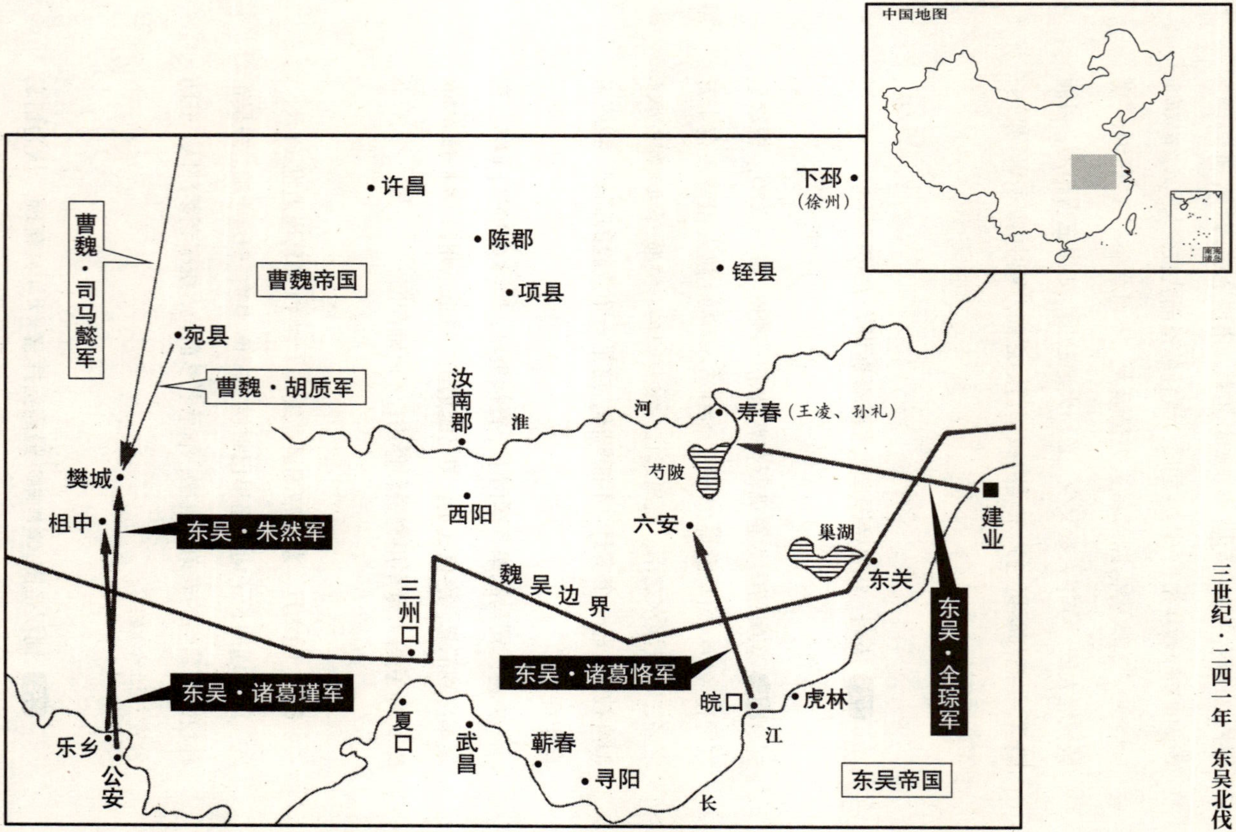

三世纪·二四一年 东吴北伐

地，沃野千里。"川"有时指河流，有时指平原），道路艰险，粮秣运输困难，都不能成功。打算改变战略，建造船舰，准备顺汉水、沔水（汉水上游）东下，袭击曹魏帝国（首都洛阳）的魏兴郡（陕西省安康市）、上庸郡（湖北省竹山县西南上庸镇）。后来蒋琬旧病不断复发，不能配合东吴帝国（首都建业）北伐行动进军。政府决策官员一致认为：一旦不能取得胜利，撤退困难，不是好的谋略。蜀汉帝（二任）刘禅（本年三十五岁），命政务署长（尚书令）费祎、中央监军官（中监军）姜维等，拜访蒋琬，说明大家的意见。蒋琬遂上书说：

"现在，魏国（曹魏帝国）势力，横跨九州，根深柢固，铲除不易。如果能跟吴国（东吴帝国）同心合力，首尾夹击，即令不能立刻呈现效果，但总可以分割他的力量，蚕食他的土地。问题是，跟吴国（东吴帝国）一连数次约定同时出军，每一次都有差误，不能如愿。我常跟费祎等商议，认为凉州（甘肃省中部西部）是边塞重要地区，进可以攻，退可以守，而且当地羌人、胡人，思念两汉王朝，好像久渴的人思念泉水。最好请姜维当凉州州长（空头官衔。此时凉州属曹魏）。如果姜维征讨，能够控制河右（即河西，甘肃省中部西部），我可以率军继进，做他的后援。现在，涪县（四川省绵阳市）水陆交通，四通八达，可以应付紧急事变，无论东方西方，发生危险，出军都不困难。因此，我建议把大本营迁移到涪县（四川省绵阳市）。"

刘禅批准。

诸葛亮是一位伟大的政治家，而不是一位杰出的作战指挥官；受诸葛亮赏识的蒋琬，情形相同，不过是一位谨慎小心的太平宰相，对军事完全外行。看他准备顺汉水而下，攻击魏兴（陕西省安康市）、上庸（湖北省竹山县西南上庸镇）战略，简

直是痴人说梦。万山丛中，孤舟深入，没有取胜的可能，一旦受挫，恐怕一条船舰都难逃回。然而，最重要的还是，即令连战连捷，夺取两城，对曹魏帝国造成的伤害，也微不足道，而蜀汉会发现真正的战斗，还没开始。

汉中（陕西省汉中市）是蜀汉帝国的重要屏障，诸葛亮苦苦经营，已经成为一个强大的、可以独立作战的前进基地。蒋琬却一泻千里，南撤到涪县（四川省绵阳市），进取之志，以及出击之力，全部消失。三年后（二四四），曹魏帝国突击汉中，如果不是郡长王平反应得宜，汉中可能陷落；汉中陷落，蜀汉帝国不保。而以后姜维不断出击，只因基地太远，终于劳而无功，又加上西北防线戒备废弛，二十年后，曹魏帝国终于长驱直入，造成蜀汉帝国的覆亡。

错误的决策，一定付出错误决策的代价。

6 曹魏帝国政府计划在扬州（安徽省中部）、豫州（河南省）一带，开荒垦田，发展畜牧事业。派政务署助理（尚书郎）汝南郡（河南省息县）人邓艾，前往视察，西从陈郡（河南省周口市淮阳区）、项县（河南省沈丘县），东到寿春（安徽省寿县）。邓艾认为："从前，太祖（曹操）大破黄巾之后，使用归降部众，开荒垦田，在许县（即许昌，河南省许昌市东）积存粮秣，制服四方。而今，三边都已平定，只淮河以南，尚有军事行动。每次大军出征，后勤运输部队所占名额，超过一半，耗费军费，在一亿以上，而古陈国（陈郡）、蔡国（上蔡，河南省上蔡县）之间，土地平坦肥沃。我建议：应该限制许昌（河南省许昌市东）附近稻田的用水，而把水纳入数条河道，使向东灌溉。指定淮河以北驻屯二万人，淮河以南驻屯三万人，由其中一万人轮流去前方担任战斗任务，则可以一直保持四万人的名额，一面种田，一面守卫。更应该开凿沟渠河道，一方面用作灌溉，一方面用来运输。计算下来，除了全部开支，每年可获得五百万斛，供应军食。六七年间，就可以在淮河南北积存三千万斛，这正是十万大军五年的粮秣。用这个对付吴国（东吴帝国），不会不克。”

皇家师傅（太傅）司马懿大为赞赏这个计划。

本年（二四一），开凿并拓宽河川渠道。以后，每次东南边境有警，大军南下，乘船舰而进，抵达淮河、长江，粮秣有余，而又再没有水患。

7 曹魏帝国隐士管宁逝世（年八十四岁）。管宁知名度极高，行为廉洁，人们仰望他，认为难以接近。但跟他在一起时，却发现他平易和睦；随时助人向善，许多人受到感化，对他敬佩。等到逝世，天下人见过他的或没有见过他的，都悲伤叹息。

二四二年

壬戌

曹魏　正始　三年
蜀汉　延熙　五年
东吴　赤乌　五年

1 春季，正月，蜀汉帝国（首都成都〔四川省成都市〕）中央监军官（中监军）姜维，率他的直属部队，从汉中郡（陕西省汉中市）返回涪县（四川省绵阳市）驻防。

2 东吴帝国（首都建业〔江苏省南京市〕）皇帝（一任大帝）孙权（本年

六十一岁），封他的儿子孙和（本年十九岁）当太子，大赦。

3 三月，曹魏帝国（首都洛阳〔河南省洛阳市东白马寺东〕）全国武装部队总司令（太尉）、昌邑侯（景侯）满宠逝世。

秋季，七月十九日，擢升中央禁军总监（领军将军）蒋济当全国武装部队总司令（太尉）。

4 东吴帝国（首都建业）皇帝孙权，派将军聂友、指挥官陆凯，率军三万人，进攻儋耳（海南省儋州市）、珠崖（海南省海口市琼山区。前一一一年，西汉王朝七任帝刘彻，占领海南岛。前四六年，十一任帝刘奭放弃。本年〔距放弃已二百八十八年〕，再度进入）。

5 八月，东吴帝国封皇子孙霸当鲁王。孙霸，是太子孙和的亲弟（都是王夫人所生）。孙权对这个儿子特别宠爱，待遇跟孙和没有差别。政务署执行长（尚书仆射）是仪（是，姓），兼鲁王师傅（傅），上书警告说：

"我暗中认为，鲁王（孙霸）天姿英俊，文武全才；目前赋给他的任务，应是命他出镇四方边境，作为中央屏藩；宣扬政府美德，传播国家威望；这是政治上运转的正常法规，和全国人民一致的盼望。而且，太子和亲王之间，应有等级差别，用以奠定上下秩序，显明礼教基础。"

奏章呈报三四次，孙权不理。

二四三年 癸亥

曹魏	正始	四年
蜀汉	延熙	六年
东吴	赤乌	六年

1 春季，正月，曹魏帝国（首都洛阳〔河南省洛阳市东白马寺东〕）皇帝（三任）曹芳（本年十二岁），行加冠礼。

2 东吴帝国（首都建业〔江苏省南京市〕）威北将军诸葛恪（时驻皖口〔安徽省安庆市〕），袭击曹魏帝国（首都洛阳）的六安（安徽省六安市），俘虏居民而回。

3 夏季，四月，曹魏帝国皇帝曹芳，封甄女士当皇后，大赦。甄皇后，是曹芳祖母甄洛老哥甄俨的孙女。

4 五月一日，日全蚀。

5 冬季，十月，蜀汉帝国（首都成都〔四川省成都市〕）最高指挥官（大司马）蒋琬，从汉中郡（陕西省汉中市）返涪县（四川省绵阳市），病更沉重。蜀汉政府任命汉中郡郡长王平当前翼监军官（前监军）、镇北大将军、汉中司令（蜀汉前进基地从此撤退到涪县〔四川省绵阳市〕，汉中郡交给王平）。

6 十一月，蜀汉帝（二任）刘禅（本年三十六岁）擢升政务署长（尚书令）费祎当最高统帅（大将军），主管政府机要（录尚书事）。

7 东吴帝国（首都建业）丞相、醴陵侯（肃侯）顾雍逝世（年七十六岁）。

8 东吴帝国威北将军诸葛恪，派间谍深入曹魏帝国（首都洛阳）国境，调查山川道路形势，准备攻击寿春（安徽省寿县）。曹魏皇家师傅（太傅）司马懿，率军进驻舒县（安徽省庐江县），打算先行攻击诸葛恪，东吴帝（一任大帝）孙权（本年六十二岁）忧虑，命诸葛恪从皖口（安徽省安庆市）撤出，退守柴桑（江西省九江市）。

9 东吴帝国西陵（湖北省宜昌市）防卫司令（西陵督）步骘、车骑将军朱然，上书东吴帝孙权，警告说：“从蜀国（蜀汉帝国）回来的人，众口一词说，蜀国（蜀汉帝国）政府打算撕毁盟约，跟魏国（曹魏帝国）建立邦交。最近，他们制造很多战舰，加强城郭防御工事。而且，蒋琬本来镇守汉中（陕西省汉中市），得到司马懿南下的消息，不但不乘机出兵，跟我们联合行动，东西并进，反而放弃汉中，回到成都（蜀汉首都）附近。事情已十分明显，没有任何疑问，我们应该戒备。”孙权回答说：“我待蜀国（蜀汉帝国）不薄，访问、馈赠、盟誓，没有一点辜负他们，怎么会有这种变化？司马懿进驻舒县（安徽省庐江县），不过十天，即行撤退，蜀国（蜀汉帝国）在万里之外，怎么能够知道，又怎么能够跟我们配合，发动攻击？从前，魏国（曹魏帝国）攻击汉川（汉中平原，即汉中郡），我们也曾经动员，但没有更进一步的行动（参考二三〇年八月），后来听说魏国（曹魏帝国）回军，才算结束，怎么能因为这个缘故，怀疑朋友？别人的话你们如果仍不相信，我用全家人的生命，作为保证。”

10 曹魏帝国征东将军、扬豫军区司令长官（都督扬豫诸军事）王昶，上书中央政府：“地面上的险要形势，固定不变，但防御战争，却变化无常。我的司令部设在宛县（河南省南阳市），距襄阳（湖北省襄阳市）三百余华里（两地航空距离一百二十公里），边境一旦发生紧急情况，来不及赴援。”遂把司令部向南移到新野（河南省新野县。新野位于宛县、襄阳中途，距襄阳航空距离六十公里）。

11 曹魏帝国皇族曹冏（音jiǒng〔窘〕。曹冏，曹腾老哥曹叔兴的曾孙；皇帝曹芳远房族祖父），上书说：

“古代帝王，对同姓皇族，一定任官封爵，表示血缘上的亲密；同时，对非同姓皇族的有功人士，也一定任官封爵，表示尊崇贤能。太倚靠同姓皇族，政权将逐渐衰微；太倚靠非同姓贤能，政权可能被强行夺取。圣人了解这种情况，所以对于皇族和非皇族，同时并用，才能保持政权长久不坠。

“今天，帝国政府关于尊崇皇家的规定，十分明白，但关于任命皇族分担国家责任的办法，却不完备。有的虽获任命，但没有权柄，有的甚至谋求不到一官半职。这种现象，使我每次想到，都心中焦虑，无法安寝。谨就记忆所及，讨论历代王朝成败的关键。

“从前，夏王朝、商王朝、周王朝，君王宝座都传数十世，而秦王朝只传两代（事实上传三代），就被灭亡，原因何在？因为三代（夏、商、周）的君王，跟封国国君，共同管理人民，所以封国国君跟天子，有福同享，有祸同当。而秦王朝则由君王单独统治人民，一旦危急，没有人伸出援手。秦王朝深知周王朝封建的流弊，认为弱小的封国终会被强大的封国并吞，这才废除五等爵位（公、侯、伯、子、男），全心全意倚靠郡县政府首长。在内没有皇族子弟辅佐大子，在外没有封国国君捍卫中央。好像砍断手脚，只依赖胸腹。旁观的人寒心，只有嬴政（秦王朝一任帝）一个人洋洋得意，自以为可以把宝座传到千世万世，岂不荒谬。

“刘邦（西汉王朝一任帝）提三尺宝剑，集结乌合之众，五年时间，便建立帝王大业，为什么会这样？只因砍伐盘根错节难，摧枯拉朽易，于理于势，都是如此。西汉王朝看出秦王朝的缺点，遂大封皇族子弟。后来吕姓家族控制政府，危害刘姓皇族，刘姓皇族却安如泰山，毫不动摇，在于封国国君力量强劲，好像用胶粘在一起的磐石。

“然而，刘邦的封建制度，封国面积太大，超过古代规定，所以贾谊认为，要想维持长久的和平安定，必须大量增加封国，用以分散强大封国的力量（参考前一七四年），可惜刘恒（西汉王朝五任帝）不能采纳。等刘启（西汉王朝六任帝）当政时，参考晁错的设计，削减封国土地，遂爆发七国之乱（参考前一五四年正月）。刘邦时埋伏下的种子，刘恒、刘启时恶化到表面，都是因为当初的宽厚超过古代制度，而削减行动又太急躁。

“古人说：‘末梢太大，必然折断；尾巴太大，就摆不动。’（《左传》田无宇〔陈桓子〕语：“末大必折，尾大难掉。”）尾巴跟身子同体，还不受控制，何况不属于自己身子的尾巴，岂能摆得动？刘彻（西汉王朝七任帝）采纳主父偃的建议，下令推恩（参考前一二七年），从此之后，封国力量衰退，国君后裔，逐渐微弱，除了收取租税，维持生活外，不参与政治。到了刘欣（西汉王朝十三任帝）、刘箕子（西汉王朝十四任帝）时代，王莽家族当权，假冒姬旦（周公）辅佐姬诵（周王朝二任王成王）的美名，却去干田恒夺取齐国政权的勾当（参考前三九一年）；身为皇族的封国国君，甚至制造祥瑞，歌颂王莽功德（参考八年），岂不可哀。

“从以上可以看出，并不是皇族子弟在刘盈（西汉王朝二任帝）、刘恒（西汉王朝五任帝）时代，都忠孝双全，到了刘欣（西汉王朝十三任帝）、刘箕子（西汉王朝十四任帝）时代，都变成叛逆。只不过后来权力太小，势力太弱，无法施展。幸而刘秀（东汉王朝一任帝）以不世出的英姿，王莽虽已当了皇帝，仍把王莽擒获，汉王朝虽已断绝，仍使汉王朝延续，岂不是皇族子弟的力量？可是他的后裔却忘了秦王朝的错误决策，不知道恢复周王朝旧有的制度，以致到了刘志（东汉王朝十一任帝）、刘宏（东汉王朝十二任帝）主政，宦官当权，君王孤立于上，臣僚弄权于下。天下像滚水一样的沸腾，奸邪互相争夺，皇家祭庙烧成灰烬，皇宫廷殿变作一片林木荒野。

"太祖皇帝（曹操）龙飞凤翔，扫除叛徒，帝国兴起，到今天已二十四年（曹丕于二二〇年夺取政权），检查五代的存亡原因（五代：夏、商、周、秦、两汉），却不采取它们的优点，目睹前面车辆翻覆惨剧，却仍然不变换车道。亲王侯爵被架空在他的封国之上，对封国人民，没有支配的权力。皇族子弟流窜在大街小巷，不参与国家大计方针；权力声势，如同一介小民。君王内缺盘根错节般的稳固，外缺皇族磐石般的襄助，这不是保卫皇家，建立万世大业的方法。

"而且，现在的州长、郡长，跟古代的封疆大臣（方伯）、封国国君一样，都拥有千里以上的广大土地，身兼文武百官首长，有的一家数人担任这种高官，有的兄弟们同时负责此项重任。独独没有一个皇族子弟，厕身于这个重要职务的行列，跟他们互相牵制。这不是使主干强大，枝梢微弱，以备万一事变的措施。

"现在所谓'任用贤能'，有的擢升到著名都市（如长安、许昌）的首长，有的充当私人部队的统帅。皇族子弟再有文才，不过当一个小县县长；再有武略，不过当一个一百人的军官；这都不是奖励贤能，褒扬皇族的正常道理。俗话说：'百足之虫，死而不僵。'因为扶持躯干的脚太多之故；这虽然是一句平凡的话，却可以比喻国家大事。所以，圣明的君王，在安全的时候，不忘记危机；在生存的时候，不忘记灭亡。如果一直保持这种警觉，天下即令发生变化，也不会有倾覆的灾难。"

曹冏希望能够感动曹爽，使曹爽觉悟；但曹爽不能采纳。（胡三省注："以曹叡的聪明，尚不能醒悟曹植的建议〔参考二三一年七月〕，何况曹爽愚劣。"）

二四四年 甲子

曹魏　正始　五年
蜀汉　延熙　七年
东吴　赤乌　七年

1 春季，正月，东吴帝国（首都建业〔江苏省南京市〕）皇帝（一任大帝）孙权（本年六十三岁），擢升上大将军陆逊当丞相；原来兼任的荆州（湖北省南部及湖南省）全权州长（牧）、右翼总督（右都护）、武昌（湖北省鄂州市）行宫主任（领武昌事），仍继续兼任。

2 曹魏帝国（首都洛阳〔河南省洛阳市东白马寺东〕）征西将军、雍凉军区司令长官（都督雍凉诸军事）夏侯玄，是最高统帅（大将军）曹爽姑母的儿子。夏侯玄延聘李胜当秘书长（长史）；李胜，以及政务署执行官（尚书）邓飏，打算使曹爽建立威名，传播天下。于是，建议曹爽讨伐蜀汉帝国（首都成都〔四川省成都市〕）。皇家师傅（太傅）司马懿劝阻，曹爽不理。

三月，曹爽西行，抵达长安（陕西省西安市），集结大军十余万人，跟夏侯玄，从骆口（陕西省周至县西南）南下，直指汉中郡（陕西省汉中市）。

蜀汉帝国驻防汉中郡的边防部队不满三万人，将领们大为恐惧，打算坚守城池，不出应战，等待从涪县（四川省绵阳市）来援的救兵。汉中郡郡长王平说："汉中距涪县将近一千华里（航空距离二百七十公里），盗匪（曹魏帝国）如果攻陷关城（陕西省宁强县西南阳平关镇），灾祸便不可测（关城，当地人称张鲁城。后来，钟会攻陷关城，遂长驱直入汉中。王平之言，不幸应验。参考二六三年），应先派军事总监（护军）刘敏，固守兴势（陕西省洋县北），由我担任后卫。如果贼军（曹魏军）分出部队攻击黄金（陕西省洋县东北，城东即子午谷的出口午口），我率一千人亲自迎战。周旋之间，涪县援军当可到达，这是上等策略。"

各将领都感怀疑，只军事总监（护军）刘敏跟王平的见解相同，遂率部队，进驻兴势（陕西省洋县北），满山遍野，插上旗帜，连绵一百余华里。

闰三月，蜀汉帝（二任）刘禅（本年三十七岁），派最高统帅（大将军）费祎，率各军出发援救汉中。动身之际，特级国务官（光禄大夫）来敏，前来送行，要求跟费祎下一盘棋。这时，紧急军事文书，从四面八方，交集而来，人穿铠甲，马备雕鞍，出动命令已经下达。可是，费祎跟来敏对弈，仍兴趣盎然。来敏说："我是故意考验你罢了，你真了不起，一定可以退贼（曹魏军）。"

战争，是国家大事，三军整装待发，竟然容许来敏这种小聪明动物，使人马暴露原野，留住统帅下棋，可看出他的玩忽心态。救兵如救火，任何城池的陷落，都在刹那之间，援军迟到一分钟，就来不及，来敏竟利用他的

权势，加以阻挠；一点都不念及前线将士，正血肉横飞，苦盼救兵！而且统帅会不会临危不乱，要在平时考察，事到临头，再去试探，如果费祎紧张过度，或心急如焚，不能终局，难道临时撤换统帅？何况，大军出动前的小动作，何足为凭？谢玄淝水之战前，也是用的下棋这一套，如果不是运气，晋帝国可能覆亡（参考三八三年九月）；而郭倪在淮河之战前，纶巾羽扇，从容潇洒，更超过费祎、谢玄，结果大溃，被人称为“带汁诸葛亮”（参考《续资治通鉴》一二〇六年）。

历史上这一类怪诞行为，层出不穷，而妄人偏偏喜欢这种小动作，怪诞遂变成佳话。于是，佳话也往往全是怪诞。

3 夏季，四月一日，日蚀。

4 曹魏帝国（首都洛阳）最高统帅（大将军）曹爽，被兴势（陕西省洋县北）挡住去路，不能前进。而关中（陕西省中部）以及氐部落、羌部落转运的粮秣，供应不上，牛马骡驴，很多死亡，无数汉人、胡人，守着牲畜的尸体，在路旁号啕大哭。而蜀汉帝国（首都成都）涪县（四川省绵阳市）基地大军跟费祎部众，也抵达前线。曹魏军事参议官（参军）杨伟，向曹爽分析战场形势，建议迅速撤退，不然，将被击败。邓飏、李胜，跟杨伟，在曹爽面前，发生争执。杨伟说：“邓飏、李胜，势将败坏国家大事，应该诛杀。”曹爽大不高兴。

皇家师傅（太傅）司马懿写信给夏侯玄，说：“《春秋》严厉责备的人，都因为爱他太深。从前，武皇帝（曹操）第二次进入汉中（陕西省汉中市），几乎大败，详细情形，你所深知（曹操大败事，参考二一九年三月）。兴势（陕西省洋县北）地势，至为凶险，蜀军（蜀汉军）已经先入据守，进攻时敌人不肯应战，后退时敌人已切断归路，一定全军覆没，你怎么交代？”夏侯玄恐慌，告诉曹爽。

五月，曹爽撤退。费祎率军进驻三岭（沈岭、衙岭、分水岭。三岭皆在陕西省周至县西南）阻截，曹爽军争险夺关，步步苦战，仅只得以逃出，部众伤亡惨重。关中地区（陕西省中部）为此次战役，民穷财尽。

5 秋季，八月，曹魏帝国秦王曹询逝世。

6 冬季，十二月，曹魏帝国最高监察长（司空）、安阳侯（孝侯）崔林逝世。

7 本年（二四四），蜀汉帝国（首都成都）最高指挥官（大司马）蒋琬，因久病不愈，坚辞所兼的益州（四川省及云南省）州长（刺史），愿让给最高统帅（大将军）费祎。蜀汉帝刘禅遂任命费祎兼益州（四川省及云南省）州长（刺史）；高级咨询官（侍中）董允，兼政务署长（尚书令），做费祎的助手。

这时，帝国正是多事之秋，征战不断，公务烦杂。费祎当政务署长（尚书令）时，见解跟领悟能力，超过常人；批阅文件，只要约略的望上一眼，就可看出它的主题，反应速度，较普通人快过数倍，而且谨记不忘。上班时间，都在早晨和下午。一面办公，一面接见访客；一面饮酒进食，一面做休闲活动，更跟人下棋，尽兴欢乐，可是从不误一件公事。等到董允接替费祎的职位，也打算效法费祎的作风，可是只十几天，公事便积压下来，不能推动，不禁叹息说：“两人的能力相差如此之大，我赶不上。”只好把全天时间都投入工作，而仍觉得时间不够。

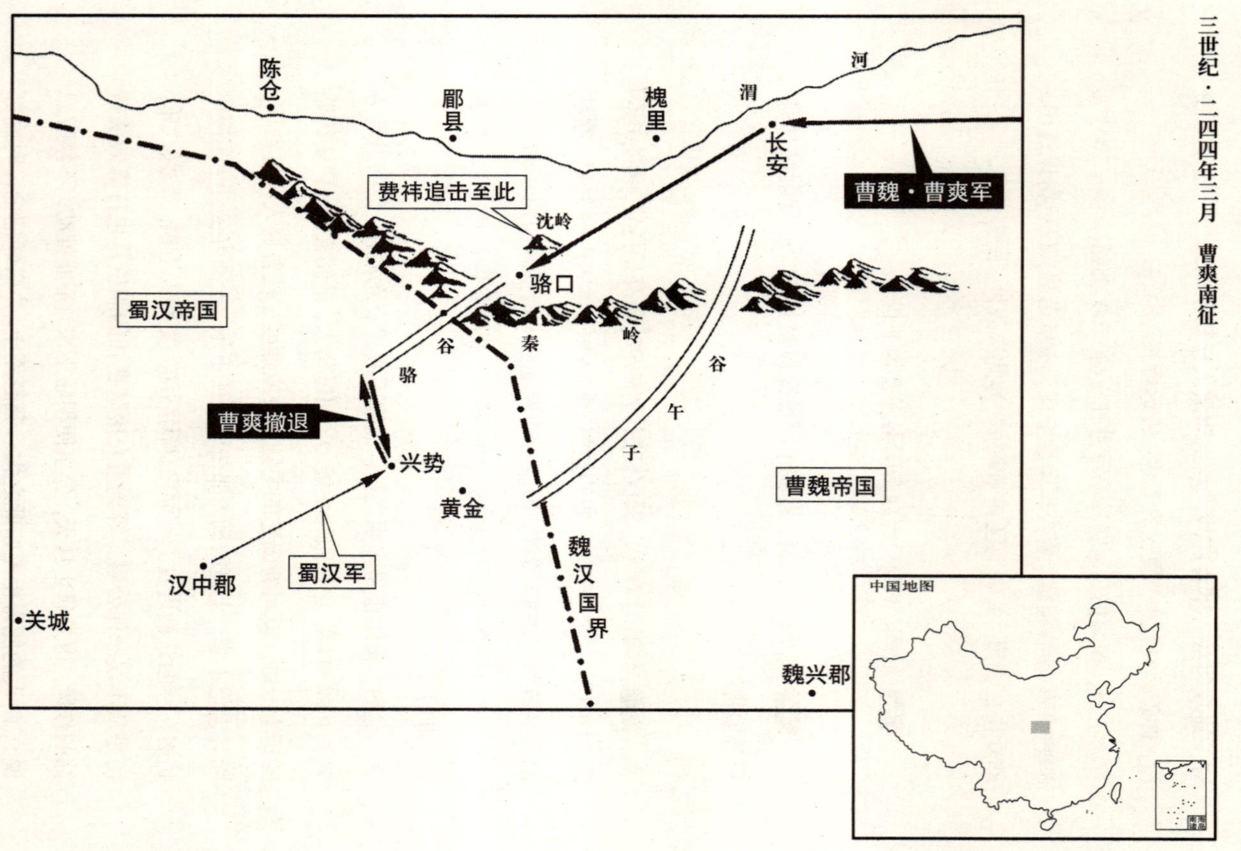

三世纪・二四四年三月　曹爽南征

二四五年 乙丑

曹魏	正始	六年
蜀汉	延熙	八年
东吴	赤乌	八年

1 春季，正月，曹魏帝国（首都洛阳〔河南省洛阳市东白马寺东〕）擢升骠骑将军赵俨当最高监察长（司空）。

2 东吴帝国（首都建业〔江苏省南京市〕）皇太子孙和，跟老弟鲁王孙霸，同住在一个宫殿，二人所受待遇，完全相同。政府很多官员（包括是仪）向东吴帝（一任大帝）孙权（本年六十四岁），指出措施失当。孙权遂命二人分开居住，分别建立各人的僚属；于是，亲兄弟之间，感情转恶（僚属既分，就成了相吞之局；摇尾系统各自做出自以为对主子忠心耿耿的事，灾祸遂不可收拾）。

首都卫戍司令（卫将军）全琮，命他的儿子全寄，事奉孙霸（全琮已看准孙霸夺嫡必可成功），把此项决定，写信告诉丞相陆逊（陆逊仍留武昌〔湖北省鄂州市〕）。陆逊回答说："子弟如果有才能，不必担心不受到重用，不必用建立私人友谊的方法，预约荣华富贵，子弟如果没有才能，这样做反而会招来灾难。我听说，太子（孙和）和鲁王（孙霸），现在势均力敌，但将来一定会分出高下，这是古人认为最危险的形势，不可以介入。"全寄果然攀附孙霸，说太子孙和的坏话，增加孙霸对孙和的怨恨。陆逊写信给全琮说："你不效法金日磾如何事奉刘彻（参考前八七年），却放纵全寄去走偏锋，恐怕终会为你家门惹下滔天大祸。"全琮不满意陆逊的态度，既不理会，也不回信，而且更进一步扩大孙和、孙霸间的裂痕。

孙霸用尽心机，结交当时知名人士。偏将军朱绩，以胆量和勇力受到赞扬，孙霸亲自到他的司令部，挨近他落座，打算建立友情。朱绩立即走下座位，站在一旁，坚决表示不敢承当。朱绩，是车骑将军朱然的儿子。

夺嫡斗争进入白热化，从皇宫侍婢，到太子跟亲王的宾客，分成两派。两派各结党羽，互相猜忌仇视，并逐渐蔓延到高级官员。于是，东吴帝国一分为二，太子派跟亲王派，尖锐对立。东吴帝孙权得到消息后，借口要他们专心求学，下令二人不准跟外界来往。军事视察官（督军使者）羊衜上书警告说："奉到陛下诏书，剥夺太子（孙和）、鲁王（孙霸）的禁卫部队，断绝宾客，使四方礼敬，不能呈献。这项决定，引起远近震骇，无论高官或小民，都感到失望。有人说，这是因为太子（孙和）、鲁王（孙霸），不知道遵守国家制度。其实，即令他们有不遵守国家制度的嫌疑，也应秘密考察，想办法补救，不应该使外人议论纷纷。我深怕猜忌的话说得太多，就成为恶意抨击，时间一久，必然传播四方。西方（蜀汉帝国）、北方（曹魏帝国），距离我们不远，可能认为太子（孙和）、鲁王（孙霸），有背叛的行为，不知道陛下如何解释？”

孙权长女孙大虎，嫁给左翼军事总监（左护军。此是兼职，本职是首都卫戍司令）全琮。幼女孙小虎，嫁给骠骑将军朱据（二女均步夫人所生）；孙大虎（全公主）跟太子孙和的娘亲王夫人，素不和睦。孙权打算封王夫人当皇后，孙大虎（全公主）曾竭力阻止；过后又怕太子孙和怀恨在心，将来报复；心中不安，于是在老爹面前，不断陷害孙和。孙权正好有病，命孙和去孙策庙（朱雀桥南）祈祷。孙和的岳叔父张休，住在孙策庙附近，邀请孙和祭祀完后，顺道到家稍坐。孙大虎（全公主）派人跟踪，遂报告老爹：“孙和根本不在庙里，到他老婆娘家商议大事去了。”又说：“王夫人看到皇上卧病在床，满脸高兴。”孙权被刺激得大发雷霆，王夫人在震恐中，忧愁而死。而太子孙和的宠爱，更为减退。

孙霸的摇尾系统杨竺、全寄、吴安、孙奇等，不断在孙权面前，抨击太子孙和，孙权深受他们谗言的影响。丞相陆逊上书说：“皇太子（孙和）是国家的正统，地位该像磐石般稳固。而鲁王（孙霸）不过藩属亲王，所赐给他的宠爱，应该有所差别，则彼此都得到适当的位置，上下才能平安。”奏章连上三四次，情辞激切，又准备亲自到首都建业，当面陈述嫡子与庶子的大义，孙权大不高兴。

祭祀部长（太常）顾谭，是陆逊的外甥，也上书说：“我曾经听说，无论你是国君，或是家长，一定要明显的划分嫡子庶子；嫡子地位尊严，庶子地位卑微。高下有差别，等级不可超越。必须如此，骨肉的恩情才可保全，夺嫡的邪念才可以消灭。从前，贾谊呈献《治安策》(参考前一七四年)，讨论封国的形势，认为：‘权力太大，即令血缘再亲，一定叛逆。权力较小，关系虽然疏远，也会保全。’淮南王刘长，是皇帝(西汉王朝五任文帝)刘恒的亲弟弟，不能享受他采邑的奉养，因为刘长的势力太大(参考前一七四年)。长沙王吴芮，既非皇族，又不同姓，可是王位代代相传，因为他的权力较小(参考前一五七年)。刘恒曾教他的小老婆慎夫人跟皇后同坐一桌，袁盎把慎夫人的座位搬开，刘恒怒不可遏，可是等到袁盎解释他这么做的原因，不但上下应有分别，而且也可避免‘人彘’惨祸。刘恒欣喜，慎夫人醒悟(参考前一七八年)。我今天的陈述，并不偏袒任何一人，目的只要使太子平安，并保全鲁王(孙霸)性命。”孙霸遂把顾谭记恨在心。

柏杨曰

夺嫡斗争，是君主专制制度下最残忍的斗争之一，本属手足的至亲骨肉，只要夺嫡之念一起，轻者数人流血，重者一场屠杀。然而，奇怪的是，明知道是这种结局，当君王的老爹，却往往亲自制造出这种夺嫡斗争，桩桩件件，《资治通鉴》上的记载，十分详尽。从战国时代魏国太子魏罃跟老弟魏缓之斗开始(参考前三七一年)，一直斗到中国最后的清王朝，每一次都是老爹亲自埋下炸药，再由老爹亲自引爆。

但我们最感兴趣的，却是大臣们的规劝之言。所有的夺嫡斗争在流血之前，都有人提出严厉警告，言辞沉痛，像顾谭引用贾谊的话：“权力太大，即令血缘再亲，一定叛逆。”可谓当头巨棒，历尽人生艰难的孙权却不能接受，而明明是救孙霸一命，孙霸不但不感谢，反而怀恨在心。这种情形，过去固层出不穷，将来更会多如牛毛。很多事就是这样，当事人只因一念之私——某一个关节上不能突破，就把拖自己下水的鲨鱼群，当成爱我忠我的不二之臣。而把抛给他救生圈的人，当成仇敌。岂止孙霸一人而已，岂止夺嫡斗争而已。人类只要有一点点私欲遮住眼睛，便无法看到历史上的血迹。

芍陂（安徽省寿县西南安丰塘镇）之役（参考二四一年四月），顾谭跟老弟顾承，以及张休，都有功劳。而当时指挥官全琮的儿子全端、全绪，跟他们争功，向东吴帝孙权打小报告诬陷，孙权受到摆弄，把顾谭、顾承、张休，一齐贬到交州（广东、广西及越南北部）；而且越想越生气，下令强迫张休自杀（张休是故辅吴将军张昭的儿子，死年四十一岁）。

太子师傅（太子太傅）吾粲（吾，姓），请求派鲁王孙霸，镇守夏口（湖北省武汉市），并请命杨竺等离开京师（首都建业）。并不断把各种消息，告诉陆逊。孙霸、杨竺反击，共同诬陷吾粲，孙权再被激怒，下令逮捕吾粲，就在狱中处死。接着一连串派宦官去责备陆逊，追问很多事情。陆逊愤怒怨恨交集，竟然逝世（年六十三岁）。他的儿子陆抗当建武指挥官（建武校尉），暂时接管老爹的军队，把老爹的棺柩运回故乡吴郡（江苏省苏州市）安葬。回程时，晋见孙权，孙权把杨竺所指控陆逊的二十条项目，一一质问，陆抗一一说明，孙权的怒意才稍稍化解。

3 夏季，六月，曹魏帝国（首都洛阳）最高监察长（司空）都乡侯（穆侯）赵俨逝世。

4 秋季，七月，东吴帝国（首都建业）将军马茂，阴谋击斩东吴帝孙权跟重要官员，投降曹魏帝国（首都洛阳），事情泄漏，马茂跟他的同党，全被屠杀。

5 八月，曹魏帝国擢升祭祀部长（太常）高柔，当最高监察长（司空）。

6 蜀汉帝国（首都成都〔四川省成都市〕）吴太后逝世（吴太后是吴懿之妹，刘备即皇帝位时封皇后，参考二二一年五月。《资治通鉴》原文是“甘太后”逝世，甘太后是刘禅生母，早在南郡〔湖北省江陵县〕时逝世）。

7 东吴帝国（首都建业）皇帝孙权，派指挥官（校尉）陈勋，率屯垦部队及工兵部队三万人，开凿句容（江苏省句容市）山道，从小其（今地不详，依地望推测，应在句容市境）到云阳（江苏省丹阳市）西城，为了鼓励来往商人和旅客，特地兴筑馆舍楼台（史书含糊，不知在何处兴筑馆舍楼台）。

8 冬季，十一月，蜀汉帝国（首都成都）最高指挥官（大司马）蒋琬逝世。

9 十二月，蜀汉帝国最高统帅（大将军）费祎，前往汉中郡（陕西省汉中市)，增加各要塞兵力。

10 蜀汉帝国政务署长(尚书令)董允逝世。擢升政务署执行官(尚书)吕乂(音yì〔义〕)当政务署长(尚书令)。

董允居心公正，认为应该做的事，或应该禁止的事，随时都会提出建议，竭尽忠贞；蜀汉帝(二任)刘禅(本年三十九岁)对他很是敬畏。宦官黄皓，奸猾而绝顶聪明，刘禅对他十分宠爱，董允时常严肃的规劝刘禅，也时常责备黄皓。黄皓畏惧董允，不敢为非作歹。所以直到董允逝世，黄皓的官位不过禁宫副侍从官(黄门丞)。

费祎命政务署考选司助理官(选曹郎)汝南郡(河南省息县)人陈祗，接替董允的高级咨询官(侍中)位置。陈祗端庄威严，很有才艺，也很有小聪明小智慧；所以费祎认为他贤明能干，特别越级擢升。可是陈祗却跟黄皓结交，互相协助，黄皓才开始接触权柄，不断升迁，终于升迁到高位——寝殿侍奉宦官(中常侍。这是一个恶名昭彰的官衔。参考二世纪六〇年代至八〇年代)，操纵国政，最后断送蜀汉帝国。

因为陈祗用谄媚博取到皇帝宠爱，使刘禅回想董允的严正态度，认为董允看不起他这个皇帝，对董允遂十分怨恨；这一切都是由于陈祗摇尾逢迎，和黄皓不断打小报告的结果。

二四六年 丙寅

曹魏　正始　七年
蜀汉　延熙　九年
东吴　赤乌　九年

1 春季，二月，东吴帝国（首都建业〔江苏省南京市〕）车骑将军朱然（时驻乐乡〔湖北省松滋市东北〕），攻击曹魏帝国（首都洛阳〔河南省洛阳市东白马寺东〕）的柤中（湖北省南漳县东），斩杀跟俘虏数千人回军。

2 曹魏帝国幽州（河北省北部及辽宁省）州长（刺史）毌丘俭，认为高句骊王国（首都丸都〔吉林省集安市〕）国王（十一任东川王）高位宫，不断背叛并侵略中国。遂率军攻击，高位宫战败逃走，毌丘俭进入首都丸都，屠城；斩杀及俘虏以千为计算单位。

高句骊王国大臣得来，多次劝阻高位宫不可以背叛中国，高位宫拒不接受，得来叹息说：“马上就会看到首都长满荒草！”绝食而死。毌丘俭下令保护得来坟墓，不准砍伐坟园树木，俘虏得来的妻子儿女，全都释放送回。

高位宫和他的王后，落荒逃走，毌丘俭撤退。不久，毌丘俭发动第二次攻击，高位宫只好逃向买沟（朝鲜半岛会宁市）。毌丘俭派玄菟郡（辽宁省沈阳市东）郡长王颀追击，越过沃沮部落（朝鲜半岛东北部）一千余华里，到肃慎部落（黑龙江下游一带）南界，刻石立碑，记载这次远征的功绩，然后班师，斩杀及裹挟八千余人。曹魏帝国政府论功行赏，封侯爵的一百余人。

3 秋季，九月，东吴帝国（首都建业）皇帝（一任大帝）孙权（本年六十五岁）擢升骠骑将军步骘当丞相，车骑将军朱然，当左翼最高指挥官（左大司马），首都卫戍司令（卫将军）全琮，当右翼最高指挥官（右大司马）。

把荆州（湖北省南部及湖南省）分割为东西两部：擢升镇南将军吕岱当上大将军，镇守西部，统御武昌（湖北省鄂州市）以西到蒲圻（湖北省嘉鱼县西南陆溪镇）地区。擢升威北将军诸葛恪当最高统帅（大将军），镇守东部，接替已逝世的陆逊的位置，驻防武昌（湖北省鄂州市。陆逊儿子陆抗则接替诸葛恪，镇守柴桑〔江西省九江市〕）。

4 蜀汉帝国（首都成都〔四川省成都市〕）大赦。

农林部长（大司农）河南郡（河南省洛阳市东白马寺东）人孟光，在大庭广众中，责备最高统帅（大将军）费祎说：“大赦，是一件不公平的事情，圣明之世，不应该发生。公权力到了不能维持尊严之时，实在

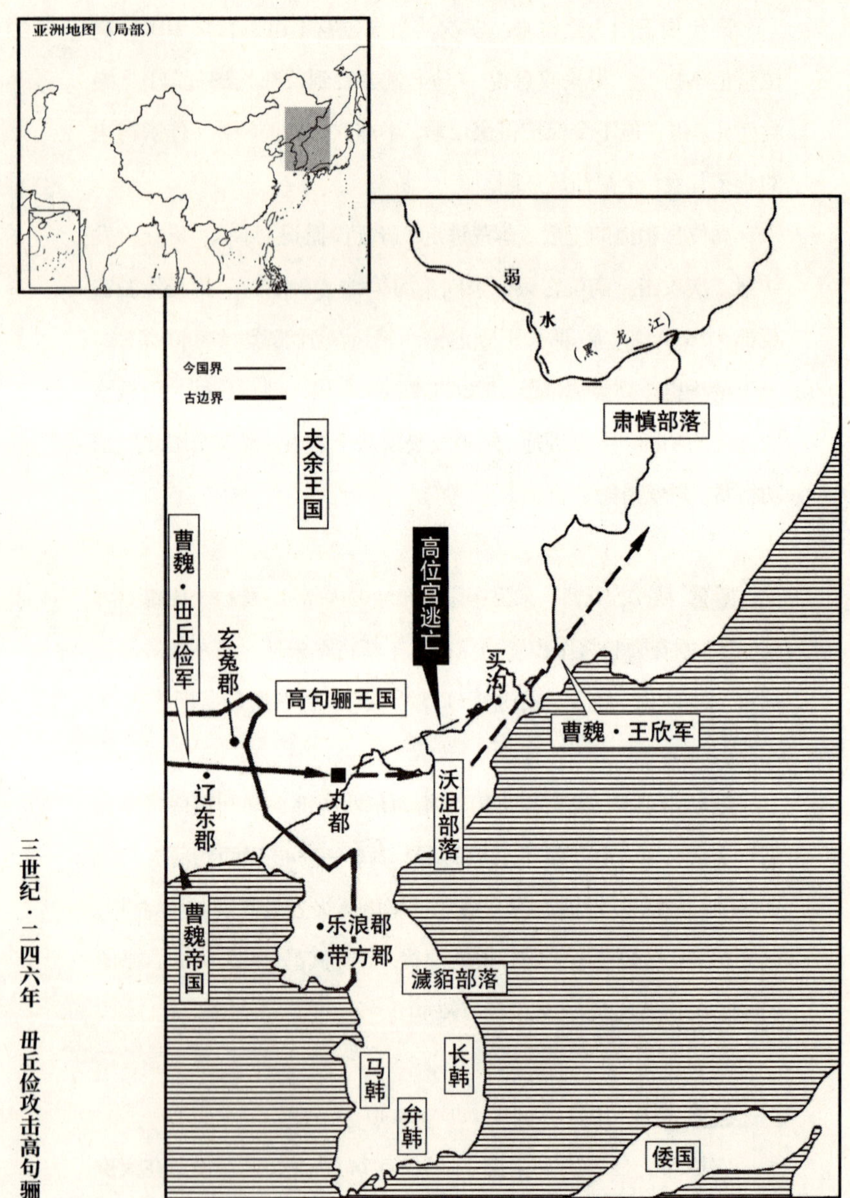

三世纪·二四六年 毌丘俭攻击高句骊

不得已，才可以姑且实施。现在，主上（皇帝刘禅）仁慈，文武百官都尽忠职守，有什么紧急情况，需要国家的非常恩典，去鼓励恶人恶行？”费祎无言可对，只是连连道歉，表示不安。

最初，诸葛亮当丞相时，有人抨击他吝啬大赦。诸葛亮说：“治理国家，要靠大恩德，不靠小动作，所以匡衡、吴汉，都反对赦免（匡衡事，参考前四二年六月，吴汉事，参考四四年四月），先帝（一任帝刘备）也曾说过：‘我跟陈纪、郑玄交往，常听他们分析治乱的道理，从来没有提到过赦免。像刘表、刘琮父子（二人均是东汉王朝末期荆州全权州长），年年赦免，对社会秩序，有什么帮助？’”因为这个缘故，蜀汉帝国人民，认为诸葛亮贤能，而费祎远赶不上。

诸葛亮主持政府，不断有军事行动，却不随意赦免，岂不是见解卓越！

刑罚的目的，是使罪恶行为跟社会永远隔离，使犯罪的人，变成善士，在目的还没有达成之前，即行赦免，而且经常赦免，结果是罪恶不但不受法律制裁，反而受法律保护。张三杀了人，本来应该处刑，忽然间遇到赦免，大摇大摆，走到哭声还没有停止的被害人家门口，洋洋得意亮相，没有人敢动他一根毫毛。于是，就会有些暴徒，因为预测将有大赦，而出手行凶，善良的人只有颤栗的份儿。因之，频繁的赦免，势必将把法律摧毁，造成政府威信的丧失，和人民品质的堕落。

法律是尊严的，但法律不是万能的，如果执行法律会引起更大伤害，就必须停止执行；不能用法律停止执行时，就应用政治阻止执行。法律固然神圣不可侵犯，但法律之上，还有更高的权威，就是正义——人民的良心和良知。在这个关键时刻，赦免则是一种必要的政治救赎。姿势太高的人，诸如王允之类（参考一九二年六月），他坚持不赦的原则，以显示他所谓的公平正直，结果为全国造成难以挽回的苦难。

5 东吴帝国（首都建业）“大钱”无法推行，废除。（二三六年，铸大钱“一枚当五百枚”；二三八年，又铸大钱“一枚当一千枚”。不能解决经济问题，只能引起通货膨胀。）

6 蜀汉帝国（首都成都）皇帝（二任）刘禅（本年四十岁），任命凉州（甘肃省中部西部）州长（空头官衔，此时凉州属曹魏）姜维，当首都卫戍司令（卫将军），跟最高统帅（大将军）费祎，同时主管政府机要（录尚书事）。

汶山郡（四川省汶川县）平康县（四川省黑水县）蛮夷叛变，姜维讨伐平定。

7 蜀汉帝刘禅，不断出宫游逛，扩大声色犬马的享乐。太子宫内宅管理官（太子家令）巴西郡（四川省阆中市）人谯周，上书规劝说：

“从前，王莽（新王朝一任帝）溃败，英雄豪杰，一时并起，争夺帝王宝座。才智人士，渴望投奔的对象，不是看他的土地大小、力量强弱，而是看他的恩德厚薄。当时，刘玄（玄汉王朝一任帝）、公孙述（成家帝国一任帝）等，已经有了一个局面，但他们却行为放纵，只求一时的称心快意，不肯把精力放到国事上。世祖（东汉王朝一任帝刘秀）刚到黄河以北，冯异等建议：‘应该做别人做不出来的事。’世祖（刘秀）遂昭雪冤狱，提倡节俭，北方人民歌颂赞叹，声威远播（参考二三年十月）。

“于是，邓禹从南阳郡追来（参考二三年十月）；吴汉、寇恂从没有见过世祖（刘秀）的面，也发兵相助；其他望风投奔的，有邳肜、耿纯、刘植等；甚至有的人躺在病床上，带着棺材（指耿纯），背着婴儿，都来相随（以上参考二三年十月至二四年二月）。世祖（刘秀）这才转弱为强，建立帝王大业。后来在首都洛阳，有一次曾想外出，铫期规劝，世祖（刘秀）立刻回头（《后汉书·铫期传》：刘秀曾经跟期门武士约好出宫，铫期在车前顿首说："我听说过，变乱发生，往往出人意外，实在不愿陛下穿着平民衣服，总是出游。"刘秀接受劝告，返回）。

"可是，当颍川郡（河南省禹州市）变民起兵之时，寇恂请世祖（刘秀）御驾亲征，世祖（刘秀）立刻出发（参考三二年八月）。两件事情说明：如果不是重要的紧急事务，连出去玩一会都不敢；一旦遇到重要的紧急情况，连躲起来偷一下懒都不肯。帝王治理国家，必须如此。所以古书上说'人民的眼睛是雪亮的'（"百姓不徒附"），必须有恩德作为号召。而今，汉王朝遭逢恶运，天下三分，正是英雄豪杰渴望全国统一，明主出现的时候，请陛下效法世祖（刘秀）'做别人做不出来的事'，满足人民的心愿。

"侍奉祭祀皇庙，是引导人民如何尊敬君王。而今，一年四季的祭祀大典，陛下有时候竟然不肯主持，可是游逛花园池塘时，陛下却有的是工夫，无不亲自前往。我虽愚昧，暗中仍不能安心。忧国忧民，身负重责的人，没有太多的时间享乐。先帝（刘备）的大业，好像兴建房舍，不过仅只画出蓝图。（《书经·大诰》：父亲兴建的房舍，已画出蓝图，可是当儿子的连基础都不肯奠定，何况盖屋。"）现在不是尽情欢乐的时候。请求陛下减少音乐官员的数目，减少后宫美女的数目。对于一切宫殿工程，只限于保养先帝（刘备）在位时所建的，作为后代子子孙孙节俭的榜样。"

刘禅不理。

二四七年 丁卯

曹魏	正始	八年
蜀汉	延熙	十年
东吴	赤乌	十年

1 春季，正月，东吴帝国（首都建业〔江苏省南京市〕）右翼最高指挥官（右大司马）全琮逝世。

2 二月，日蚀。

3 曹魏帝国（首都洛阳〔河南省洛阳市东白马寺东〕）政务署执行官（尚书）何晏等，围绕在最高统帅（大将军）曹爽四周，不断更改国家的法令和制度。全国武装部队总司令（太尉）蒋济，上书曹魏帝（三任）曹芳（事实上是上书给辅政的曹爽），说："从前，姚重华（舜帝）辅佐伊祁放勋（尧帝）时，特别禁止官员们结成党羽。姬旦（周公）辅佐姬诵（成王），特别注意某些人集结在一起，包围君王。（《书经·洛诰》：姬旦告诫姬诵："娃儿，小心那伙人！娃儿，小心那伙人，不要跳进圈套！"原文："孺子其朋，孺子其朋，其往。"）国家的法令制度，只有世界上智慧最高的人才，才能建立，永垂后世。一群中等低等才智的普通官员，怎么有能力改变？不但对治理国家没有贡献，而且恰恰足以伤害人民。我建议，应告诫文武百官，各人严守各人的岗位，按部就班做事，才可感动上天，祥和之气，才可以降临。"

4 东吴帝国（首都建业）皇帝（一任大帝）孙权（本年六十六岁），下诏把武昌（东吴故都，湖北省鄂州市）宫殿的建筑材料，全部运到首都建业，另行兴筑宫殿。主管官员报告说："武昌（湖北省鄂州市）宫殿建成已二十八年（孙权于二二一年五月，把首府从公安〔湖北省公安县〕迁到武昌〔湖北省鄂州市〕，筑城建宫，迄本年二十七年），建材有些恐怕已经不能再用，最好通令全国郡县，重新砍伐呈献。"孙权说："古时姒文命（大禹）认为宫殿简陋，是一种美德。现在军事行动，仍然不能停止，处处都靠征粮纳税，如果再通令全国郡县，去砍伐木材，一定妨碍民间农田耕种。只要把武昌（湖北省鄂州市）储存的木材砖瓦运过来，就足够用。"遂搬到南宫暂住。

三月，改建太初宫（方三百丈），各将领跟各郡县地方政府官员，都义务服役。

5 曹魏帝国（首都洛阳）最高统帅（大将军）曹爽，接受何晏、邓飏、丁谧的建议，把皇太后郭女士，迁移到永宁宫。曹爽遂完全控制政府，独断独行，树立亲党，屡次改变国家制度。皇家师傅（太傅）司马懿不能禁止，乃跟曹爽决裂。（胡三省注：“陈寿《三国志》说：‘把郭太后迁徙到永宁宫。’不是事实，因为郭太后本来就住在永宁宫，只是司马家族摇尾系统为了打击曹爽，杜撰罪状，故意栽赃。《晋书·五行志》载：‘曹爽强迫郭太后迁到永宁宫，郭太后跟皇帝曹芳，流泪而别。’也是照抄司马家摇尾系统所记。”）

五月，司马懿声称有病，不再参与政府事务（曹爽集团咄咄逼人，司马懿陷于孤立，只有暂时退出战场自保，冷眼旁观）。

6 东吴帝国（首都建业）丞相步骘逝世。

7 曹魏帝国（首都洛阳）皇帝曹芳（本年十六岁）喜爱接近品格卑劣的小人物，在深宫后院游宴。

秋季，七月，政务署执行官（尚书）何晏上书说：“从今之后，陛下前往式乾殿，或到御花园，最好由大臣随从左右，一方面答复陛下对国家政事的询问，一方面可以随时讲解儒家学派经典，作为万世典范。”

冬季，十二月，散骑侍从官（散骑常侍）兼议论官（谏议大夫）孔乂上书说：“现在，天下太平，陛下应该舍弃深宫后院的欢乐，不必再学习骑马，出宫时一定要乘坐车辆，这是天下之福，和我们做臣属的盼望。”曹芳全不接受。

8 东吴帝国皇帝孙权，动员军队，在首都建业（江苏省南京市）集结，声称要攻击曹魏帝国（首都洛阳）。曹魏帝国扬州（安徽省中部）州长（刺史）诸葛诞，命安丰郡（安徽省霍邱县）郡长王基研判敌情。王基说："陆逊已死，孙权已老（本年六十六岁），皇帝既没有贤能的继承人，政府又没有得力的智囊。如果孙权御驾亲征，又怕脓疮溃烂，国家内部发生变乱；如果派大将出马，而旧有的名将已经死尽，新的将领还没有培养出来，互相都不信任。他之所以虚张声势，不过借此弥补内部裂痕，保护自己而已。”后来，东吴帝国果然没有进一步行动。

9 本年（二四七），曹魏帝国的雍州（甘肃省南部及陕西省中部）、凉州（甘肃省中部西部）羌人、胡人叛变，归降蜀汉帝国（首都成都〔四川省成都市〕）；蜀汉帝国首都卫戍司令（卫将军）姜维，率军向陇右（陇山以西）挺进接应。跟曹魏帝国雍州（州政府设长安〔陕西省西安市〕）州长（刺史）郭淮、讨蜀军事总监（讨蜀护军）夏侯霸，在洮西（洮水以西，甘肃省临潭县一带）会战，胡人酋长（胡王）白虎文、治无戴二人，率领他们的部众归降姜维，姜维把他们迁移到蜀汉帝国境内（安置在繁县〔四川省成都市新都区西北新繁街道〕）。

郭淮进击其他叛变的羌人及胡人，全部平定。

二四八年 戊辰

曹魏　正始　九年
蜀汉　延熙　十一年
东吴　赤乌　十一年

1 春季，二月三十日，曹魏帝国（首都洛阳〔河南省洛阳市东白马寺东〕）立法署长（中书令）孙资、总立法长（中书监）刘放辞职。

三月一日，宰相（司徒）卫臻辞职。三人各以侯爵身份返回家宅；但仍加官“特进”（金銮宝殿朝会时，位置仅在三公之下）。

2 夏季，四月，曹魏帝国擢升最高监察长（司空）高柔当宰相（司徒），特级国务官（光禄大夫）徐邈当最高监察长。徐邈叹息说：“三公，是坐在君王身旁，谈论天下大事的高官，没有适当人选时，宁可使它空位，怎么可以用老而且病的衰翁充数！”坚决辞让。

3 五月，蜀汉帝国（首都成都〔四川省成都市〕）最高统帅（大将军）费祎，率军进驻汉中郡（陕西省汉中市）。

从蒋琬开始，直到费祎，虽然常在外地，但中央政府的赏赐、庆典、处罚、诛杀等大事，都遥远的先向他们请示，由他们决定之后，再由中央施行。费祎性情一向朴实谦恭，所受的评价，跟蒋琬约略相等。

4 秋季，九月，曹魏帝国（首都成都）擢升车骑将军王淩当最高监察长（司空）。

5 蜀汉帝国（首都成都）涪陵郡（重庆市彭水县）蛮夷叛变，车骑将军邓芝讨伐平定。

6 曹魏帝国（首都洛阳）最高统帅（大将军）曹爽，骄傲奢侈，纵情任性，毫无限度，饮食衣服，跟皇帝一样。皇家御库房（尚方）的稀世珍宝，充满了家宅。又暗中把二任帝（明帝）曹叡的歌女、舞女，带回家中作乐。构筑地下室，四周全是雕刻的花纹，时常跟他的亲信何晏，在其中纵酒欢宴。老弟曹羲深感忧惧，几次向老哥流泪规劝；曹爽全不理会。曹爽兄弟经常聚集在一起出游，农林部长（大司农）沛国（江苏省沛县）人桓范告诉他："你们曹家兄弟，总揽中央大权，又手握重兵，不应该一起离开岗位。万一发生变化，有人关闭城门，岂能再进来？"曹爽冷笑说："谁敢！"

最初，清河国（山东省临清市）跟平原国（山东省平原县）发生边界纠纷，八年之久，不能解决。冀州（河北省中部南部）州长（刺史）孙礼，要求皇家档案署（天府）找出二任帝曹叡封平原王时的地图，作为标准

（曹叡最初封平原王，参考二二二年三月。曹魏帝国封亲王时，都附有封国地图）。曹爽偏袒清河国，坚持地图不能作为证据。孙礼上书反复说明，措辞刚直强烈。曹爽暴跳如雷，指控孙礼心怀怨恨，判处孙礼五年有期徒刑，但暂时缓刑。不久，再任命孙礼当并州（山西省中部）州长（刺史）。孙礼前往晋见皇家师傅（太傅）司马懿，满面怒容，沉默不语。司马懿说："你是嫌并州太小？还是对分界的事不平？"孙礼说："先生说话，怎么这样离谱？我虽然没有才能，岂会为官位的事和从前的事烦恼。我认为先生可比伊尹、姜子牙（吕尚），辅佐帝国皇家，上报先帝（曹叡）托孤，下建万世勋业。而今国家已陷危境，人心激动，我不高兴的原因，在此。"不禁涕泪交流。司马懿说："不要伤心，我们要忍受别人不能忍受的事。"

冬季，首都洛阳市长（河南尹）李胜，出任荆州（湖北省北部）州长（刺史），向司马懿辞行。司马懿由两位婢女扶持着出来见客，老态龙钟，步履蹒跚，病容满面，婢女拿衣服给他，司马懿双手颤抖，接都接不住，竟滑到地上；言语已不太清楚，指着嘴巴说口渴，婢女拿来稀饭，司马懿不接粥碗，就用嘴伸出去吃，稀饭沾染胡须，流得胸前全是。李胜说："大家都知道先生风湿复发，但想不到会这样？"司马懿呻吟，上气不接下气，衰弱的回答说："年老病重，随时会死。你这一趟去并州（山西省中部），并州跟胡人接近，要好好戒备，恐怕再不能见面，把儿子司马师、司马昭托付给你，求你照顾。"李胜说："我被派回本州（李胜是南阳郡〔河南省南阳市〕人，南阳郡属荆州），不是并州（山西省中部）。"司马懿梦呓般说："你已去过并州（山西省中部）了？"李胜重述一遍："我要去的是荆州。"司马懿迷惘说："年纪太老，注意力不能集中，听不懂你的话，你回到本州，以你的名望能力，一定会建立大功。"李胜告辞后，向曹爽报告说："司马懿苟延残喘，神魂业已离体，不久就要断气，不值得我们担心。”过了几天，李胜跟曹爽谈到司马懿，忍不住流泪说：“司马懿的病，百药罔效，使人悲怆！”于是曹爽对司马懿不再防备。

何晏等听说，平原郡（山东省平原县）人管辂，精于占卜，请人介绍。十二月二十八日，管辂前往晋见何晏，何晏跟他谈论《易经》，当时，邓飏在座，对管辂说：“你自认为了解《易经》，可是谈话内容，并没有涉及《易经》的精义，是什么缘故？”管辂说：“真正了解《易经》的，绝不轻易谈论《易经》。”何晏含笑赞扬说：“先生真是要言不烦！”遂问管辂说：“请你替我占卜一卦，看我能不能升到三公官位？”又说：“一连做了同样的梦，梦见苍蝇数十只，聚集在鼻子上，赶也赶不走，不知是什么意义？”管辂说：“从前，‘八元’‘八凯’辅佐姚重华（“八元”“八凯”解释，参考一八四年五月注），姬旦（周公）辅佐周王朝政府，都十分温和谦恭，然后才享后福，这在占卜上看不出来。先生现在地位高贵、权势尊重，可是人民感念你恩德的，少之又少，畏惧你权势的，却多之又多，这不是小心求福的道路。至于那个奇异的梦，在相书上，鼻子被称为‘天中之山’，俗话说：‘居高位而没有危险，才可以长久保持富贵。’苍蝇是一种肮脏的东西，而竟聚集在鼻子之上。居高位而太凌厉，一定跌倒；做事轻率粗心，一定覆亡；不可以不三思！但愿阁下舍弃你膨胀的一面，补充你欠缺的一面；不合道理，不合礼义的事，不要去做；三公自会得到，苍蝇也自会飞散。”邓飏说：“这不过是老生常谈。”管辂说：“老生常看到不能老生的人，常谈到不能常谈的人。”

管辂回家，把经过情形告诉舅父，舅父责备他言语太直而且偏激。管辂说：“跟死人说话，怕些什么？”舅父大怒，认为管辂是个疯子。

7 东吴帝国（首都建业〔江苏省南京市〕）的交趾（越南河内市东北北宁省）、九真（越南清化市）两郡的夷人部落变民，攻陷城池村落，交州（广东、广西及越南北部）全州震动，人心骚乱。东吴帝（一任大帝）孙权（本年六十七岁）任命衡阳（湖南省衡山县）军民防卫司令（督军都尉）陆胤，当交州州长（刺史）兼安南（越南北部）指挥官（安南校尉。“安南”一词从此始）。

陆胤抵达交州（州政府设龙编〔越南河内市东北北宁省〕），宣扬政府威信，蛮夷投降的有五万余家，州境平定。

8 曹魏帝国（首都洛阳）皇家师傅（太傅）司马懿，同他的儿子中央军事总监（中护军）司马师、散骑侍从官（散骑常侍）司马昭，密谋诛杀曹爽。

二四九年 己巳

曹魏	正始	十年
	嘉平	元年
蜀汉	延熙	十二年
东吴	赤乌	十二年

1 曹魏帝国（首都洛阳〔河南省洛阳市东白马寺东〕）爆发政变。

春季，正月六日，曹魏帝（三任）曹芳（本年十八岁），出城晋谒老爹二任帝（明帝）曹叡墓园（高平陵，洛阳城南二十公里）。最高统帅（大将军）曹爽跟老弟中央禁军总监（中领军）曹羲、武卫将军曹训、散骑侍从官（散骑常侍）曹彦，全体随从护驾。

皇家师傅（太傅）司马懿迅速采取行动；宣称奉郭太后命令，关闭首都洛阳所有城门，占领军械库，分发武器给所统军队，出城据守洛阳城南洛水浮桥（阻止曹爽回军）。请宰相（司徒）高柔，“假节”，代理最高统帅（行大将军事），进驻最高统帅司令部；交通部长（太仆）王观，代理中央禁军总监（行中领军事），进驻中央禁军总监部。一切布置妥当后，遂上书曹魏帝曹芳，弹劾曹爽的罪行，说：

“我从前自辽东（辽宁省）回军，先帝（二任帝曹叡）让陛下（曹芳）、秦王（曹询），以及我，同登御床，用手握着我的手臂，对身后之事，深感忧虑（参考二三九年正月），当时，我就报告说：‘太祖（曹操）、高祖（一任帝曹丕），也曾经把后事托付给我（按：曹丕托付过后事，参考二二六年五月；但曹操并没有）。陛下（曹叡）都亲眼看到，请不要悲愁。万一有不如意的事，我当用一死完成旨意。’

“而今，最高统帅（大将军）曹爽，背弃先帝（曹叡）遗命，败坏国家典章，对内自比皇帝，对外专制独裁；破坏军事体制，控制所有的禁卫部队；文武百官中重要职位，都任命他的亲信担任；宫廷中的皇家卫士，也全部换成他的私人，像树根一样，蔓延缠绕，越来越无法无天。

“不但如此，曹爽又用禁宫侍从（黄门）张当，当宫廷总监（都监），监视陛下（曹芳），挑拨陛下母子感情（指曹芳及郭太后），离间骨肉，天下动荡，人心恐惧。陛下等于暂时借用宝座，岂能保持久安？这不是先帝（曹叡）命陛下跟我，到御床前接受遗命的本意！我虽年老力衰，岂敢忘记从前誓言。

“全国武装部队总司令（太尉）、臣、蒋济等，一致认为：曹爽心目之中，已无君王；曹家兄弟，不适合再统御禁卫部队，已经奏报皇太后（永宁宫）批准，命我负责执行。我已下令主管官员，及禁宫侍从署总管（黄门令）：‘免除曹爽、曹羲、曹训的官职，剥夺他们的军权，各以侯爵身份，返回家宅。不准继续在政府逗留，阻挠御驾返宫。胆敢阻挠御驾返宫，便交付军法处分。’我率军进驻洛水浮桥，监视他们下一步行动。”

奏章送到曹爽手里，犹如巨雷轰顶，他慌张失措，不敢马上转呈曹魏帝曹芳，不知道如何是好。姑且把曹芳留在伊水之南过夜，命军队砍伐树木，构筑“鹿角”阵地，征调屯垦的武装部队数千人，担任警卫。

司马懿派高级咨询官（侍中）高阳（河北省高阳县东）人许允，跟政务署执行官（尚书）陈泰，前往游说曹爽，要曹爽承认他的罪行。又派曹爽最信任的殿中指挥官（殿中校尉）尹大目，前往向曹爽保证：司马懿的目的只在免除曹爽的官职而已，并指洛水发誓。陈泰，是陈群的儿子（陈群，参考二一三年十一月）。

最初，曹爽认为农林部长（大司农）桓范，是乡亲中的长辈（桓范是沛国〔江苏省沛县〕人，曹家是谯县〔安徽省亳州市〕人，东汉王朝时，谯县属沛国），所以在部长阶层官员中，对桓范特别礼敬，但并不亲近。司马懿发动政变时，用郭太后的诏令，征召桓范，准备任命他代理中央禁军总监（中领军）。桓范打算接受，他的儿子阻止他说：“皇上在城外，不如出城！”桓范遂奔向南门，到平昌门（洛阳南城西头第三门），城门已经关闭。守门官（门候）司蕃，是桓范从前的部属，桓范举起木版，对司蕃说：“皇上诏书征召，快快开门。”司蕃要求查验诏书（胡三省注：“从这件事考察，三国时代，仍用版诏。到晋王朝，才用纸诏”），桓范呵责说：“你是不是我的老部下，怎么敢这样？”司蕃遂打开城门。桓范出城后，回头对司蕃说：“司马懿谋反，还不跟我快走！”司蕃步行，追赶不上，遂逃到路旁躲藏。司马懿对桓范的逃走，大吃一惊，对蒋济说：“糟了，智囊去了。”蒋济说：“桓范固然智谋超人，可是，劣马依恋槽头那点黑豆草料，曹爽绝不能采纳他的意见。”

桓范既到曹爽大营，劝曹爽兄弟，带着皇帝，前往许昌（河南省许昌市东），征调四方军队勤王，曹爽迟疑不决。桓范对曹羲说："这件事十分明显，你们读那么多书，读到什么地方去了！今天，像你们这种权势地位，想当一个平民，怎么能够？而且，一介小民劫持一个人质，还打算求生，你们兄弟有天子在手，号令天下，谁敢不从？"曹家兄弟呆在那里，不发一言。桓范又对曹羲说："你的一支部队，就在城南；洛阳屯垦部队，也在城外；只要下令征调，立刻可以集结。今天前往许昌，中途不过只住一夜。许昌军械库，足够武装新军。担心的只有粮食不足，可是，农林部长（大司农）的印信，就在我身上。"曹羲兄弟沉默不语，完全听不进去，从初夜到天亮，曹爽把刀掷到地上，说："不当官没有关系，仍然可以当一个富家翁！"桓范见势不能挽救，放声大哭说："曹真一代英雄，生你们兄弟，一群蠢猪！想不到今天，陪你们全族屠灭。"

曹爽遂把司马懿奏章转呈曹魏帝曹芳，请曹芳下令免除自己官职，然后陪同曹芳，返回洛阳皇宫。曹爽兄弟，则回自己家宅。司马懿派洛阳地方政府官员及士卒，包围曹家，在四周建立高楼，教人在高楼上监视曹爽兄弟行动。曹爽带着弹弓到后花园走动，楼上士卒就高声大喊："前任最高统帅，东南行走！"曹爽忧愁烦闷，束手无策。

正月十日（距六日出城，不过四天），主管官员奏称："禁宫侍从（黄门）张当，私自挑选宫中美女，献给曹爽，可能有奸诈阴谋。"于是，逮捕张当，交付司法部（廷尉）调查审讯。张当在口供中承认："曹爽跟政务署执行官（尚书）何晏、邓飏、丁谧，京畿总卫戍司令（司隶校尉）毕轨、荆州（湖北省北部）州长（刺史）李胜等，阴谋叛变，准备在三月中旬发动。"于是，逮捕曹爽、曹羲、曹训、何晏、邓飏、丁谧、毕轨、李胜，以及桓范，收押监狱；上书皇帝，弹劾他们“大逆不道”，跟张当同时斩首，并屠杀三族（《魏氏春秋》载：“司马懿最初命何晏主持这件巨案，何晏对昔日友好同党，穷追猛查，希望获得宽恕。司马懿告诉他，要屠杀八族。何晏呈报丁谧等七人，司马懿说：‘还不够。’何晏恐惧说：‘莫非还有我？’司马懿说：‘你答对了。’遂逮捕何晏。”果然如此，司马懿对何晏，可是更恨入骨髓）。

最初，曹爽出城时，军政官（司马）鲁芝，在最高统帅府留守。得到政变消息，率骑兵部队砍开津门（洛阳南城西头第一门），投奔曹爽。后来，曹爽免职，解下印信，要出门时，主任秘书（主簿）杨综阻止说：“你手中有天子，又有军权，为什么全部抛掉，前往刑场？”现在，有关单位奏请逮捕鲁芝、杨综治罪。皇家师傅（太傅）司马懿说：“人，各为其主，赦免他们。”不久，任命鲁芝当总监察官（御史中丞），杨综当政务署助理（尚书郎）。

鲁芝出奔之前，招呼军事参议官（参军）辛敞一起行动。辛敞，是辛毗的儿子（辛毗，参考二〇三年八月）。辛敞的姐姐辛宪英（参考二一七年十月）是祭祀部长（太常）羊耽的妻子。辛敞跟姐姐商议：“天子在城外，司马懿紧闭城门，传言说将对国家不利，会不会如此？”辛宪英说：“我的推测是，司马懿这么做，不过是为了诛杀曹爽！”辛敞说：“会不会成功？”辛宪英说：“不可能不成功，曹爽不是司马懿的对手。”辛敞说：“那么，我又何必出城？”辛宪英说：“怎么可以不出城？尽忠职守，是人生最大的道义。一个陷在困境中的陌生人，我们还要伸出援手。做人家的部属，而不尽忠职守，可是一件最大的不祥。不过，普通的部属应尽到责任，亲信的部属应献出生命（《左传》前五四八年：晏婴说：“君王为国家而死，臣属应同时牺牲；君王为他自己的私事而死，如果不是他私人亲信，便没有同时牺牲的义务。”），你应该看大家怎么做。”辛敞遂出奔城外。等到政变结束，辛敞叹息说：“我要是不跟姐姐商量，可能大义有亏！”

之前，曹爽延聘王沈，跟泰山郡（山东省泰安市东）人羊祜，王沈劝羊祜接受官位。羊祜说：“委身去事奉别人，谈何容易！”王沈遂单独应征。曹爽失败，王沈因当过司马懿部属的缘故，得以免除诛杀。王沈对羊祜说：“我不会忘记你讲过的那句话。”羊祜说：“这件事，我当初并没有想到。”

曹爽堂弟曹文叔的妻子夏侯令女，早就守寡，而膝下又没有子女。老爹夏侯文宁打算教她再嫁，夏侯令女用刀割掉自己两个耳朵，表明拒绝的决心。平常依靠曹爽，曹爽既死，她家人上书政府，声称跟曹爽家断绝姻亲关系，把夏侯令女强迫迎接回娘家，旧事重提，要她再嫁；夏侯令女暗中进入寝室，用刀割下自己鼻子；家人惊骇怜惜，对她说：“人生在世，好像一粒轻尘，落到微弱的小草上面，何必自己这么苛待自己？而且，丈夫家已全屠灭，一个人都没有留下，你又为谁守节？”夏侯令女说：“有爱心的人，不因对方的盛衰，改变态度；有义行的人，不因对方的存亡，改变心意。曹家从前鼎盛之时，我还要守节，而今衰亡，我怎么忍心抛弃？这种禽兽行径，我不能做。”司马懿得到消息，兴起敬意，任凭她领养孩子，做曹家的后裔。

夏侯令女坚贞壮烈的行为，怀着何等高贵的情操，上惊天地，下泣鬼神。然而，一个女性，为了婚姻自主，竟要付出如此可怖的代价，不禁一哭。为她的坚强哭，也为传统文化中，占中国人口一半的妇女们的命运哭。

何晏等正当权时，自以为盖世俊杰，没有一个人能比得上他。

曾经对当时名人，作一系列的评价，说：“‘因为思虑深远，所以能了解天下大势’（《易经·大传》语），夏侯玄是这种人。‘因为洞察人生，所以能完成天下大业’，司马师是这种人。‘因为出神入化，所以不费力气，就可以疾如闪电；不用走路，就可悠然抵达。’我听到过这种形容，但还没有遇到过这种人。”他认为他是这种人。

考选司助理官（选部郎）刘陶，是刘晔的儿子（刘晔，参考一九九年十一月），自幼能言善辩。邓飏之辈称赞他可比伊尹、姜子牙。刘陶曾经对傅玄说：“孔丘算不上是什么圣人！我怎么知道？智慧之士，面对一群愚劣，就跟手掌里玩一团泥一样，能把大家玩得团团转。孔丘竟不能控制天下，怎么称得了圣！”傅玄不作回答，只告诉他：“天下之事，变化无常，今天这番议论，充分显示出你并没有给自己留余地！”等到曹爽失败，刘陶被剥夺官职，退隐到自己家宅；为他从前说过的话，深感惭愧。

管辂的舅父问管辂说：“你怎么看出何晏、邓飏的结局？”管辂说：“邓飏走路的姿势，肌肉松懈，包不住骨骼；不管起立、落座，或斜靠卧榻，都像一摊软泥，仿佛没有手脚，相书上称之为‘鬼躁’。何晏看人的时候，不敢正眼直视，眼睛乱动，魂不守舍，面无血色，浮着一层霉气，好像一棵枯树，相书上称之为‘鬼幽’，二者都不是有福的面貌。”（管辂面对何晏、邓飏时的那段话〔参考二四八年十二月〕，大义凛然，是天下的正道；面对舅父的这段话，完全是江湖术士。）

何晏有自恋狂，经常用粉把双手擦得又白又嫩，走路时顾影自怜。特别喜爱《老子》《庄子》等道家学派书籍，跟夏侯玄、荀粲，和山阳郡（山东省巨野县东南大谢集镇）人王弼等，竞相“清谈”，崇拜虚无，讥嘲儒家学派的“六经”是圣人的垃圾。天下士大夫（高级知识分子以及在职官员或退职士绅），争着仿效，成为一种风气，无法制止。荀

粲，是荀彧的儿子（荀彧，参考一九二年正月）。 500

赵翼曰

“清谈”，起于三世纪四〇年代曹魏帝国。何晏、王弼，传播《老子》《庄子》哲学，认为天地万物，本来都是虚无。当时，阮籍也享有高名，满口是空浮的言辞，不遵守儒家学派礼教；他曾著《大人先生传》，形容世界上遵守儒家学派礼教的正人君子，都好像裤裆里的虱子。之后，王衍、乐广，仰慕他们的放浪形骸，不专心事业的态度，因而名重一时。天下称为“风流”人物的，王衍、乐广，居于首位。晚生后辈，纷纷跟进，互相比赛：看谁更浮夸、更荒诞！一时成为不可抗拒的风气。知识分子既崇拜《老子》《庄子》，贬黜儒家学派的六经（《诗经》《书经》《易经》《礼经》《乐经》《春秋》）；谈论内容，遂虚无缥缈，全凭伶牙俐齿。对爱惜名誉、脚踏实地的人，都瞧不起，认为放荡是通达，信守是顽固，苟且混世是高贵，刚正不阿是卑贱；信口雌黄、大言不惭是高尚，勤劳守法、循规蹈矩是无能。

当时也并不是没有抨击，像刘颂屡次强调治理国家之道（参考二八九年十一月），傅咸每每纠正邪恶（参考二九四年）。然而，舆论却认为他们只是庸俗的官僚。裴頠著《崇有论》（参考二九七年九月），江惇也著《通道崇检论》，希望能够矫正。卞壶曾斥责王澄、谢鲲，说他们背叛礼教（参考三二六年六月）；中国之所以受到倾覆之祸，原因都由于此。范宁也指控王弼、何晏的罪恶，比姒履癸、子受辛，还要严重（参考三六一年十月）。应詹说：三世纪九〇年代之后，知识分子鄙视儒家学派经典，崇拜道家学派道理；四世纪一〇年代的大祸，种因于此（参考三一九年四月）。熊远（参考三一三年八月）、陈頵（参考三一一年十二月），各有奏章评论，没有一个人不大声疾呼，打算挽回颓风，可是习气已经形成，势如江河向下游奔腾，无法改变。

曹魏帝国的始祖曹操，是一个力行实践的政治家，他的用人政策，只要求才能，不过问隐私生活。只会讲仁义说道德的儒家学派知识分子，受到冷淡待遇，到了司马懿父子当权后，凡忠于皇帝或被疑心忠于皇帝的高级知识分子，以及现任官员或退休士绅，大批被杀。连第四任皇帝曹髦，也被司马家的武装部队，一矛刺死（参考二六〇年五月），首都洛阳成为血窟，陷入恐怖，知识分子为了自保，遂采取一种最好的避祸方法，就是完全脱离现实，言论不但不涉及政治，也不涉及眼睛所看到的任何事物，以免激起当权派的猜忌和愤怒。清净无为的老庄哲学，正适合这个趋势。知识分子以谈了很久还没有人知道他谈些什么，是第一等学问，因为他没有留下任何可供掌权人物逮捕他的把柄。这种纯嘴巴艺术——穷嚼蛆，被称为“清谈”，成为知识分子主要的生活内容。在这种潮流冲击下，被称为或自居为“名士”的人物，应运而生，他们不敢对权势直接表示不满，但他们敢对支持权势的“礼教”“名教”之类表示不满。有些名士过度饮酒，有些名士装痴装狂，有些名士赤身露体不穿裤子，有些名士老爹死了不但不服三年之丧，反而不落一滴眼泪。

恐怖气氛在晋王朝建立后，虽逐渐和缓，但清谈风气却没有随之过去。它的后遗症十分严重，知识分子把现实生活有关的任何情事，都看作“俗事”“鄙事”，只有穷嚼蛆才是“上等事”“雅事”，所有行政官员以不过问行政实务为荣，地方官员以不过问人民疾苦为荣，法官以不过问诉讼为荣，将领以不过问军事为荣，结果引起全国连锁性的腐烂和瘫痪。

2 正月十八日，曹魏帝国大赦（大屠杀之后，必有大赦，用以安定人心）。

3 正月十九日，曹魏帝国任命皇家师傅（太傅）司马懿当丞相，加“九锡”（即“九赐”，参考四年），司马懿坚决辞让，不肯接受。

4 最初，曹魏帝国右将军夏侯霸，受曹爽厚爱；因夏侯霸的老爹夏侯渊，死于蜀汉帝国（首都成都〔四川省成都市〕）之手（参考二一九年正月）；所以，一提起蜀汉帝国，夏侯霸便咬牙切齿，立志去报仇。担任讨蜀军事总监（讨蜀护军），驻防陇西郡（甘肃省临洮县），隶属征西将军府。征西将军夏侯玄，是夏侯霸的堂侄、曹爽的表弟（夏侯玄的老爹夏侯尚，娶曹家女儿）。曹爽既被诛杀，司马懿征召夏侯玄返京师（首都洛阳。时夏侯玄驻守长安〔陕西省西安市〕），命雍州（陕西省中部及甘肃省南部）州长（刺史）郭淮，接替夏侯玄遗缺。夏侯霸跟郭淮素不和睦，认为大祸一定难逃，十分恐惧，遂投奔蜀汉帝国。蜀汉帝（二任）刘禅（本年四十三岁）对夏侯霸说：“你老爹（夏侯渊）在军中阵亡，跟我父亲（刘备）无关。”十分礼遇。（《魏略》载：二〇〇年，夏侯霸堂妹年十三四岁〔本年如仍健在，已六十二三岁，可推知夏侯霸至少也有六十二三岁〕，在本郡〔沛国，安徽省淮北市〕村外捡柴，被张飞掳掠，强占为妻，生下女儿，后来当刘禅的皇后。夏侯渊阵亡时，张飞妻夏侯女士，请求安葬。等到夏侯霸逃入蜀汉帝国，刘禅跟他相见，把皇子指给他。说：“这是夏侯家的外甥！”待夏侯霸特别优厚。）

蜀汉帝国首都卫戍司令（卫将军）姜维问夏侯霸：“司马懿已夺得政权，他是不是仍有征伐之意？”夏侯霸说：“他正在巩固自己的权力，没有余力对外。可是，有一位名叫钟会的人，年纪虽轻，如果有朝一日能当家作主，是吴国（东吴帝国）和蜀国（蜀汉帝国）的心腹大患。”钟会，是钟繇的儿子（钟繇，参考一九二年十二月），现在当曹魏帝国政务署助理（尚书郎）。

5 三月，东吴帝国（首都建业〔江苏省南京市〕）左翼最高指挥官（左大司马）朱然逝世（年六十八岁）。

朱然身高不满七尺，容光焕发，品德操守，都端正高尚，工作辛劳，每天都像身在战场。面对危急情况时，胆量过人。虽然平常日子，早晚照样擂动战鼓，集合士兵，操演训练，毫不间断。也用此迷惑敌人，使敌人无法判断他到底什么时间发动攻击，所以不发动攻击则已，只要发动攻击，一定建立战功。朱然患病卧床，日益加重，东吴帝（一任大帝）孙权（本年六十八岁）白天特别为他减少饮食，晚上为他难以入睡。宦官、医生，一个接一个，前往探病；药品、可口食物，一件接连一件，送进卧房。朱然每次派人报告病情，孙权都立刻召见，亲自询问，来使进来时赏赐给他饮食，回去时赏赐给他布匹绸缎。等到朱然逝世，孙权十分哀恸。

6 夏季，四月八日，曹魏帝国（首都洛阳）更改年号（之前是正始十年，之后是嘉平元年）。

7 曹魏帝国政变刚发动时，曹爽驻防伊水之南，全国武装部队总司令（太尉）、昌陵侯（景侯）蒋济，写信给曹爽，说明皇家师傅（太傅）司马懿的本意，不过免除曹爽的官职而已，生命爵位，都可保全。曹爽既被屠杀三族，皇帝晋封蒋济二等侯爵都乡侯（蒋济原封三等侯爵昌陵亭侯）。蒋济上书坚决辞让，皇帝不准。蒋济对自己误信司马懿的保证，引曹爽走入陷阱所扮演的帮凶角色，懊丧后悔，良心痛苦，终于一病不起。

四月十九日，蒋济逝世。

8 秋季，蜀汉帝国（首都成都）首都卫戍司令（卫将军）姜维，攻击曹魏帝国（首都洛阳）的雍州（陕西省中部及甘肃省南部），紧傍麹山（甘肃省岷县东五十公里），兴筑两座城池，命营门官（牙门将）句安（句，姓）、李歆等据守，掳掠羌人、胡人的妻子儿女作为人质，驱使他们向邻近各郡县不断侵掠。

曹魏帝国征西将军郭淮，跟雍州（陕西省中部及甘肃省南部）州长（刺史）陈泰，共同抵抗。陈泰说："麹城（甘肃省岷县东五十公里）虽然坚固，但是距离蜀国（蜀汉帝国）太远（麹城跟汉中郡〔陕西省汉中市〕航空距离二百八十公里，中间全是高山深谷），必须运送粮秣支援。这项工作，将落到羌人、胡人头上，羌人、胡人厌恶苦差，绝不会甘心。我们如果把它包围，不必流血，就可以攻取。他们纵然出动援军，穷山恶水，每一寸都是险路，不是大兵团行动的好地方。"

郭淮遂命陈泰，率讨蜀军事总监（讨蜀护军）徐质、南安郡（甘肃省陇西县东南）郡长邓艾，进围麹城，切断补给线，再切断水源。守将句安等出军挑战，曹魏兵团紧闭营垒，不作反应。蜀汉守军遂陷于困境，只好细心分配剩余不多的粮秣，聚集雪水作为饮料，拖延时日，等待援军。

姜维亲统大军赴援，出牛头山（甘肃省岷县南），跟陈泰对峙。陈泰说："最高级的军事行动是，用不着战争，就使敌人屈服。（《孙子兵法》："百战百胜，不是最好；不战而胜，才是最好。"）如果我们占领牛头山，切断姜维的退路，就可以把他们捕获。"下令各军固守城堡，不准应战，派人报告郭淮，请郭淮火速进军牛头山，阻截姜维归师。郭淮接受，遂出军直指洮水。姜维恐惧，撤退逃走。句安等孤军不能支持，投降曹魏。郭淮遂向西推进，攻击各叛羌部队。

邓艾说："姜维走得并不太远，有可能突然反击，应该分别派军戒备。"郭淮遂命邓艾驻防白水（白龙江）之北。三天之后，姜维派他的部将廖化，回军白水（白龙江），在南岸扎营，跟邓艾对峙。邓艾对各将领说："贼军（蜀汉军）果然反击，我们人数太少，他们应该架设桥梁，强行渡河才对，而竟然按兵不动，这是姜维教廖化牵制我们，使我们不能移动，姜维可能向东攻击洮城（甘肃省岷县东四十公里）。"洮城在白水之（白龙江）北，距邓艾军营六十华里；邓艾乘夜暗中转移，进驻洮城。姜维果然率军袭击，而邓艾已有准备，得以拒守，姜维只好撤退。

9 曹魏帝国兖州（州政府设廪丘〔山东省郓城县西北〕）州长（刺史）令狐愚（令狐，复姓），是最高监察长（司空）王淩的外甥，率军驻防平阿（安徽省怀远县西）。甥舅二人，都统领重兵，负责淮河以南防卫任务。王淩跟令狐愚秘密讨论，认为曹魏帝曹芳暗弱，而又受到强梁大臣（指司马懿）控制；听说楚王曹彪（曹操的儿子）智勇双全，打算拥戴他当皇帝，在许昌（河南省许昌市东）另建中央政府。

九月，令狐愚派他的部将张式，前往曹彪的所在白马城（河南省滑县东），向曹彪报告。王淩又派随从（舍人）劳精（劳，姓）前往首都洛阳，告诉儿子王广。王广反对，说："凡是发动一件大事，一定要顺应民心。曹爽因为骄傲奢侈，激起反感；何晏只会表面功夫，没有做事能力；丁谧、毕轨、桓范、邓飏，虽然有很高名望，但都热心追求名利，不断变更制度，屡次修改法令，口号虽然好听，却不切实际；人民习惯于旧有秩序，遂变得无所适从。纵令他们势力充塞四海，名声震动天下，一旦同时诛杀，全国知名之士，歼灭了一半，但社会安定，没有人哀悼，因为他们失去民心。现在，司马懿心里想的什么，虽然难以预料，但是直到今天为止，并没有叛逆的迹象，反而选拔贤能人才，擢升能力比他更强的官员（指蒋济、高柔、孙礼、陈泰、郭淮、邓艾等），整理旧有法令，满足人民盼望。曹爽所做的坏事，司马懿都一一革除。从早到晚，兢兢业业，把人民利益放到第一位。而且，父子兄弟，都手握军权，不容易灭亡。”王淩拒不采纳。

冬季，十一月，令狐愚再派张式晋见曹彪，还没有回来，而令狐愚患病逝世。

10 十二月九日，曹魏帝国皇帝派使节前往王淩驻屯地寿春（安徽省寿县），擢升王淩当全国武装部队总司令（太尉）。

十二月十八日，擢升京畿总卫戍司令（司隶校尉）孙礼当最高监察长（司空）。

11 曹魏帝国特级国务官（光禄大夫）徐邈逝世（年七十八岁）。

徐邈以清廉耿直，闻名于世。卢钦（原任政务署助理〔尚书郎〕，曹爽被诛，卢钦遂免职）曾著书称赞：“徐邈志向高尚，行为廉洁，博学多才，气质严肃。治理事务时，标准高而不苛刻，清廉守法，但不固执，知道很多而能掌握要点，对事要求严格而对人宽大。连圣人都认为‘清高’最难，徐邈做起来却十分容易。”有人问卢钦：“武帝（曹操）时代，人们认为徐邈为人通达，后来当凉州（甘肃省中部西部）州长（刺史），回到京师（首都洛阳）后，人们又认为徐邈顽固，原因何在？”卢钦回答说：“从前，毛玠、崔琰当权，提倡节约朴素，当时的人，都故意改穿破烂衣服，以求博得最高名誉（参考二〇八年六月），徐邈并没有跟着改变，人们就认为他通达。到了后来，社会崇尚豪华奢侈，互相仿效，徐邈也没有跟着改变，去迎合风气。徐邈仍是徐邈，同一行为，从前的人称之为通达，今天的人称之为顽固，是世人的要求在变，而徐邈的行为一贯。”卢钦，是政务署执行官（尚书）卢毓的儿子。

- 东吴帝国皇帝孙权逝世。
- 东吴政变杀大将军诸葛恪。
- 司马家族屠杀大臣，罢黜曹魏帝曹芳，另立曹髦。
- 东吴政变，孙綝罢黜皇帝孙亮，新帝孙休杀孙綝。

- 罗马皇帝狄希亚斯溺死，葛拉斯继位。
- 葛拉斯战死，继任皇帝伊密利亚那斯被叛军谋杀。瓦勒利安继位。

曹魏	嘉平	二年
蜀汉	延熙	十三年
东吴	赤乌	十三年

1 夏季，五月，曹魏帝国（首都洛阳〔河南省洛阳市东白马寺东〕）擢升征西将军郭淮当车骑将军。

2 最初，东吴帝国（首都建业〔江苏省南京市〕）皇帝（一任大帝）孙权（本年六十九岁），对会稽郡（浙江省绍兴市）人潘夫人，极为宠爱，生下孙亮，孙权年老，对这位幼儿，百倍怜爱。孙权大女儿孙大虎（全公主）早年曾跟皇太子孙和结怨（参考二四五年正月），为了防范后患，阴谋夺嫡。于是，不断在老爹面前，称赞孙亮的美德，并把丈夫全琮侄儿全尚的女儿，嫁给孙亮。孙权对鲁王孙霸成群结党陷害哥哥，早感到厌恶，对高级咨询官（侍中）孙峻说："子弟不和睦，部属分帮派，将使袁家的灾难（参考二〇二年五月）在帝国重演，落得天下耻笑。任何一人坐上宝座，都会生乱。"遂有罢黜孙和，改封孙亮当太子之意，拖延了好几年，一直犹豫；不能下定决心。孙峻，是孙静（孙权老爹孙坚的亲弟）的曾孙（孙峻是孙权的族孙）。

秋季，孙权下令逮捕太子孙和，囚禁。骠骑将军朱据（孙权幼女孙小虎的丈夫）劝阻说："太子，是国家的根本，而孙和性情温和，天生至孝，全国人民，一致归心。从前，姬诡诸（晋国十九任国君献公）宠爱骊姬，除掉姬申生（前六七二年，晋国国君姬诡诸〔十九任献公〕攻击骊戎部落，俘虏酋长二女，大女儿骊姬生姬奚齐，骊姬的妹妹生姬卓子，掀起夺嫡斗争。前六五六年，骊姬诬陷太子姬申生打算毒死老爹，姬申生自缢死，次子姬重耳，三子姬夷吾分别出奔。前六五一年，姬诡诸逝世，姬奚齐继位〔二十任国君〕，被国务官〔大夫〕里克诛杀。姬卓子再继位〔二十一任国君〕，再被里克诛杀，并诛杀骊姬以及骊姬的妹妹。迎立姬夷吾〔二十二任国君惠公〕。前六三七年，姬夷吾逝世，儿子姬圉继位〔二十三任国君〕。前六三六年，秦国用强大兵力护送姬重耳回国，斩姬圉，姬重耳继位〔二十四任国君文公〕。历时三十年之久的夺嫡斗争，才告结束）。刘彻信任江充，而太子刘据冤死（参考前九一年）。我暗中恐惧太子（孙和）无法承受这种忧愁恐惧，发生意外。到那时候，陛下即令再兴筑思子宫（参考前九〇年），后悔已来不及。"孙权不理。朱据跟政务署执行长（尚书仆射）屈晃，率将领以及大小官员，用泥涂到头上，自行捆绑双手（自居囚犯），连续不断前往皇宫，请求宽恕太子孙和。孙权登上建业宫白爵观（高台），遥遥看见，大为厌恶，斥责朱据、屈晃等人说："你们没事找事！”无难禁军司令（无难督）陈正、五营禁军司令（五营督）陈象，分别上书规劝；朱据、屈晃也坚持不可以罢黜太子。孙权大怒若狂，下令诛杀陈正、陈象全族；用绳索捆绑朱据、屈晃，像牵狗一样牵到殿中；朱据、屈晃，下跪叩头，头碰地面，鲜血横流，但口中仍据理力争，不肯屈服。孙权下令各打一百军棍，贬朱据到新都郡（浙江省淳安县）当郡政府主任秘书（郡丞），贬屈晃当平民，逐回故乡；其他单位凡提出规劝意见的官员，诛杀或放逐的几十人。

于是，孙权正式行动，罢黜太子孙和，贬作平民，放逐故鄣（浙江省安吉县北）。下令鲁王孙霸自杀；孙权霎时间痛恨杨竺从中挑拨离间，于是，再诛杀杨竺，把尸首抛入长江。又诛杀全寄、吴安、孙奇，都是孙霸的党羽打手（孙霸党羽，皆参考二四五年正月），专门陷害太子孙和。

最初，杨竺自幼就有很好的名誉，只陆逊认为他终会失败，劝杨竺的老哥杨穆向政府登记，跟老弟分开门户；等到杨竺处决，杨穆因为曾经不断规劝杨竺，得以免死。

朱据还没有到他的贬所（新都郡），立法署长（中书令）孙弘发下诏书，命朱据自杀（如无孙权命令，孙弘决不敢诛杀皇帝女婿，否则便是矫诏，祸不可测。而孙弘事后并没有受到矫诏处分，证明是孙权命令，既是孙权命令，便不应强调孙弘发下诏书，暗示孙权并不知情）。

3 冬季，十月，曹魏帝国（首都洛阳）庐江郡（安徽省寿县西南）郡长文钦，假装叛变，引诱东吴帝国（首都建业）偏将军朱异，要求朱异率军迎接自己。朱异看出这是一个骗局，上书东吴帝孙权，认为不可派军。孙权说：“北方疆土，还没有统一，文钦既然表示要顺从天命，就应该迎接。如果怕有诡诈，不妨布下天罗地网，出动重兵，加以防备。”遂派偏将军吕据，率二万人的庞大部队，跟朱异联军并进，到达北方边界，文钦果然拒绝。朱异，是朱桓的儿子（朱桓，参考二二三年二月）；吕据，是吕范的儿子（吕范，参考一九五年十二月）。

4 十一月，曹魏帝国最高监察长（司空）、大利亭侯（景侯）孙礼逝世。

5 东吴帝国（首都建业）封皇子孙亮当太子。

6 东吴帝孙权，征集十万人的工兵，在堂邑（江苏省南京市六合区）破坏涂水（滁河）堤防，淹没北方通往江南（长江以南）所有道路。（胡三省注：孙权已老，良将多死，只求自保。）

7 十二月二十七日，曹魏帝国（首都洛阳）东海（定）王曹霖（一任帝曹丕子）逝世。

8 曹魏帝国征南将军王昶（时驻新野〔河南省新野县〕），上书说：“孙权放逐忠臣（《晋书·五行志》：“当时，孙权满心猜忌，恩德更衰，信谗好杀，太子孙和废，鲁王孙霸死，朱据贬逐〔事实上已经处决〕，陆逊忧卒。”），嫡子庶子，互相斗争，我们应抓住机会。”政府接受，派新城郡（湖北省房县）郡长南阳郡（河南省南阳市）人州泰（州，姓），攻击东吴帝国（首都建业）的巫县（建平郡郡政府所在县，重庆市巫山县）、秭归（湖北省秭归县）；荆州（州政府设新野）州长（刺史）王基，攻击夷陵（即西陵，湖北省宜昌市）；王昶攻击江陵（东吴

三世纪·二五〇年十二月
曹魏王昶南攻东吴

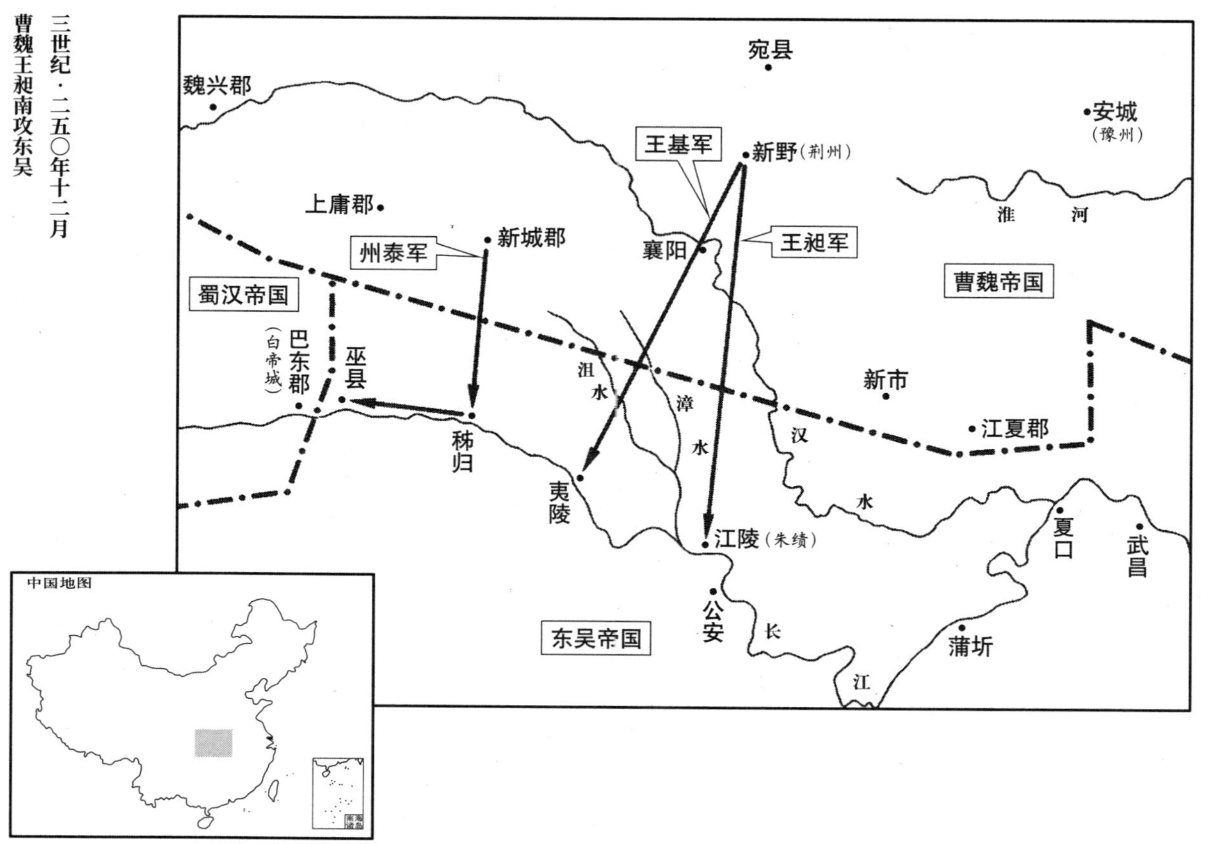

荆州州政府所在县，湖北省江陵县）。王昶用竹子编成绳索，在江陵北方兴筑桥梁，越过淹水地区（东吴帝国决开沮水、漳水河堤，引水淹没江陵北方广大土地，阻挠曹魏帝国攻击）。

东吴帝国大将朱绩（朱然的儿子，原姓施），连夜逃入江陵。王昶打算把东吴军引到平地上决战，先命五支部队，顺着大路，向北撤退，使东吴军见猎心喜；又把所俘虏的铠甲、马匹，在江陵四周展览，希望激起东吴军的愤怒；然后在预期会战地带，设下埋伏。朱绩（施绩）果然追击，王昶迎战，大破东吴军，斩东吴将领钟离茂、许旻。

9 蜀汉帝国（首都成都〔四川省成都市〕）首都卫戍司令（卫将军）姜维，再攻曹魏帝国（首都洛阳）所属的西平郡（青海省西宁市），不能攻克。

二五一年 辛未

曹魏	嘉平	三年
蜀汉	延熙	十四年
东吴	赤乌	十四年
	太元	元年

1 春季，正月，曹魏帝国（首都洛阳〔河南省洛阳市东白马寺东〕）荆州（州政府设新野〔河南省新野县〕）州长（刺史）王基、新城郡（湖北省房县）郡长州泰，向东吴帝国（首都建业〔江苏省南京市〕）攻击，分别有功，东吴归降曹魏的有数千人。

2 二月，曹魏帝国擢升政务署长（尚书令）司马孚当最高监察长（司空）。

3 夏季，四月九日，曹魏帝国擢升征南将军王昶当征南大将军（酬庸击破东吴帝国之功）。

4 四月十七日，曹魏帝国大赦。

全国武装部队总司令（太尉）王凌，得到东吴帝国利用涂水（滁河）淹没南下通道消息（参考去年〔二五〇〕十一月），打算利用这个机会，实行他拥立楚王曹彪，另行建立中央政府的计划（参考前年〔二四九〕秋季）。下令动员，上书皇帝，要求攻击东吴帝国。皇帝下诏（事实是司马懿下诏）不准。

王凌派将军杨弘，把他的兵变计划，告诉兖州（山东省西部）州长（刺史）黄华。黄华、杨弘，联名向皇家师傅（太傅）司马懿告密。司马懿反应迅速，一面亲率大军乘船舰南下讨伐，一面用皇帝名义，下诏赦免王凌一时的错误。又私人写信给王凌，解释安慰，十分恳切。霎时之间，大军已到百尺（河南省沈丘县颍水北岸，跟王凌所在寿春〔安徽省寿县〕航空距离一百九十公里）。王凌大感意外，自知无法抗拒，遂单身乘一小艇，西上亲迎，派秘书王彧晋见司马懿道歉请罪，并缴还所有印信、符节。司马懿大军抵达丘头（河南省沈丘县东南），王凌在小艇上自己捆绑。司马懿代表皇帝下诏，派主任秘书（主簿），替王凌解开绳索。王凌认为皇帝已有恩赦命令，而自己跟司马懿又是老友，从迹象上看出，已不再有危险。于是命小艇直驶旗舰，打算晋见司马懿。司马懿派人阻止小艇前进，此时舰队已入淮河，遂在淮河停泊，两船相距只有十余丈。王凌这时才发现情势有异，遥遥向司马懿呼喊，说："你写几个字叫我来，我敢不来？为什么还带军队？"司马懿说："正因为你不是写几个字就能叫来的人。"王凌说："你欺骗我！"司马懿说："我宁可欺骗你，不能欺骗国家。"遂派步骑兵六百人，押送王淩前往京师（首都洛阳）。王淩为了试探司马懿对自己如何处理，请求发给自己几个钉棺材的铁钉，司马懿命发给他，王淩这才绝望。

五月十日，走到项县（河南省沈丘县），王淩服毒身死（年八十岁）。

司马懿到了寿春（安徽省寿县），张式等纷纷自首。司马懿穷究猛追，深入调查，凡是口供中牵连到的人，全都屠灭三族。挖掘王淩、令狐愚坟墓，剖开棺材，把尸首拖出来在附近村落暴晒三天，焚烧棺材中殉葬的印信、衣服，再把尸体裸葬。

最初，令狐愚当一介平民时，心怀大志，大家一致认为他一定能使令狐家兴旺。堂叔弘农郡（河南省灵宝市东北）郡长令狐邵，却认为："令狐愚才能固然卓越超人，但他不知道进修品德，而志向又定得太高，一定覆灭我们家族。"令狐愚听到，大不高兴。后来，令狐邵当虎贲警卫指挥官（虎贲中郎将），令狐愚进入仕途，已经历很多磨炼，每任官职，都有良好声誉。有一次，顺便问令狐邵说："从前，听说您说我不成材，现在怎么样？"令狐邵盯着令狐愚细看，不作回答。但背后告诉妻子说："这孩子性格，跟过去一样，依我的观察，终当败亡。所不知道的是，我会不会被牵连进去？只恐怕将来落到你们头上。"令狐邵逝世十余年后，而令狐家族终被屠灭。

令狐愚当兖州（山东省西部）州长（刺史）时，延聘山阳郡（山东省巨野县东南大谢集镇）人单固当州政府行政官（别驾），跟人事官（治中）杨康，同时是令狐愚的心腹亲信。后来，令狐愚逝世；杨康接受宰相府延聘，前往首都洛阳，谈话中常常暴露令狐愚一些阴私。令狐愚跟王淩的密谋，遂因此失败（王淩请求攻击东吴帝国而中央不准，原因在此）。司马懿抵达寿春（安徽省寿县），找到单固，问说："令狐愚有没有谋反情

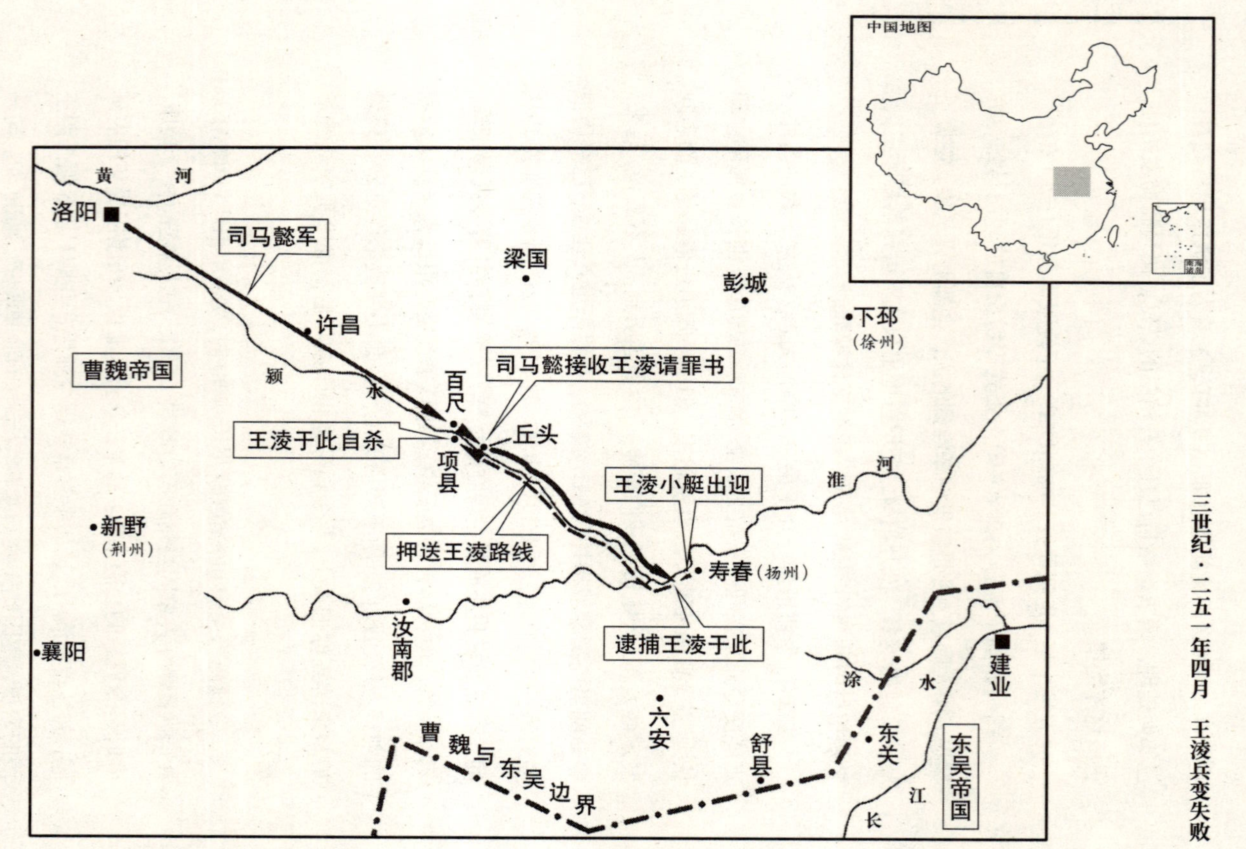

三世纪·二五一年四月　王淩兵变失败

况？”单固说：“没有。”但杨康所作的报告中，却指出单固参与，司马懿遂逮捕单固跟他的家属，囚入司法部（廷尉）监狱，法官列举数十项证据，而单固坚持说没有，司马懿命杨康跟单固当面对质，单固无话反驳，诟骂杨康说：“瘪三，你既出卖长官（令狐愚），又屠灭我全族，难道你还想活？”杨康最初认为他检举叛逆，一定可以封一个侯爵，可是后来口供前后矛盾，漏洞百出，司马懿遂把杨康一并斩首。临赴刑场，单固跟杨康同时拖出监狱，单固再诟骂杨康说：“奴才，你早应该死。如果死后有知，你在阴曹地府，有什么面目见人？”

曹魏帝（三任）曹芳（本年二十岁）下诏：擢升扬州（安徽省中部）州长（刺史）诸葛诞当镇东将军、扬州军区司令长官（都督扬州诸军事）。

5 东吴帝国（首都建业）皇帝（一任大帝）孙权（本年七十岁），封潘夫人当皇后（孙权当皇帝二十三年，只有夫人，没有皇后，这是第一位皇后）。大赦，改年号太元（之前是赤乌十四年，之后是太元元年）。

6 六月，曹魏帝国（首都洛阳）强迫楚王曹彪自杀。下令所有亲王皇族公爵，全体集中邺城（河北省临漳县西南邺城镇），命有关单位严密监视，不准跟外人交往（以防王淩事重演）。

7 秋季，七月十九日，曹魏帝国甄皇后逝世。

8 七月二十八日，曹魏帝国任命最高监察长（司空）司马孚当全国武装部队总司令（太尉）。

9 八月五日，曹魏帝国皇家师傅（太傅）、舞阳侯（宣文侯）司马懿逝世（年七十三岁）。曹魏帝曹芳下诏，擢升司马懿的儿子首都卫戍司令（卫将军）司马师当抚军大将军，主管政府机要。（录尚书事。胡三省注："史书记载，认为司马懿之死是王淩的阴魂索命，难道是真的？假如果有此事，王淩固是忠勇之鬼。"干宝《晋纪》说："王淩走到项县〔河南省沈丘县〕，看见岸上有贾逵庙〔贾逵曾任豫州州长，参考二二〇年七月〕，王淩大喊说：'贾先生，我，王淩，此心忠于帝国，只有你神灵知道。'当年〔二五一〕八月，司马懿患病，梦见王淩、贾逵鬼魂，向他复仇，十分厌恶，而竟逝世。"）。

柏杨曰

千年以来，世人对司马懿，异口同唾，全采厌弃态度，甚至他的子孙，都以他为耻；而正式史书，还一口咬定司马懿的后裔，原是奸夫姓牛的子孙，所以应姓"牛"而不应姓"司马"。这一切显示世人对他不仅唾弃而已，还深恶痛绝。然而世界上比司马懿更凶更恶的家伙，不知几千几万！而司马懿又居于"皇帝之爹"的政治优势，地位跟姬昌、曹操相等，摇尾系统的阵容强大，为什么竟落到如此地步，无法改变世人观感，这是一个有趣的课题。可能是，司马懿接受曹叡托孤的一幕，感人太深，中国五千年来的宫廷中，最刻骨铭心的场景，就是曹叡把曹芳托付给司马懿，那不仅是君臣之间的政治责任，也是骨肉之亲的推心置腹。曹叡不但一再教司马懿认明小娃曹芳，还让曹芳小娃紧抱司马懿的脖子，当时在场的人固然落泪，千年之后展读这项记载，也会动容。而在这种情形下，司马懿竟生出歹念，欺负曹家孤儿寡妇，夺取政权，即令不是禽兽心肠，也不应再是人类。

然而，就史籍显示的资料，真实的司马懿跟世人印象中的司马懿，并不相同。诸葛亮受托之后，并没有遇到曹爽之类的政敌；李严窃弄权威，一纸命令便告解决。而曹爽却是把司马懿整个排除，司马懿对曹爽固然不满，但一直到二四四年，曹爽攻击蜀汉帝国，三军被大雨困在峡谷，司马懿仍忧虑他会失败，劝告退军，假使他那时就心怀不轨，满可闭口不言，等曹爽覆没之后，由他出面收拾残局。

司马懿当初最大的目的，不过是反击曹爽，夺权夺官。二四九年的政变，受到朝野人士一致的爱戴。二五一年王淩起兵之时，司马懿不但没有叛逆的迹象，而且声望正达高峰。王淩所作所为，不过另一次的夺权夺官，阴谋另立中央政府，更是一种私心，看不出他的忠贞，只看出他的权力欲望，司马懿所受的诟骂和咒诅，并不公平。

在专制封建制度下，权柄就像一只猛虎，骑上之后，谁都跳不下，曹操早就说过，他绝不放弃权柄，为的是害怕谋害（参考二一〇年十二月）。桓范警告曹爽说："像你们这种权势地位，想当一个平民，怎么能够？"司马懿既骑上虎背，他就只有杀开一条血路，一直奔驰。我们对任何暴行都严厉谴责，但也了解发生暴行的原因症结在于制度。除非是呆子——像燕王国国王姬哙（参考前三一六年），谁都不会贸然跳下虎背，只因一跳下来，立刻就会被撕成碎片。

唯一的救药是改变制度，跳下虎背的人必须有安全保障，才有跳下的可能性。中国人却始终发明不出来这种制度，直到西方的民主在大炮声中移植过来，我们才知道政治上另有天地。

10 最初，南匈奴汗国单于，自认为他们的祖先是西汉王朝刘姓皇族的外甥，遂取消原姓挛鞮，改姓刘。曹操曾把最后一任单于（四十二任）挛鞮呼厨泉强留在邺城（河北省临漳县西南邺城镇）软禁，把汗国所有人民，分为五部，迁居并州（山西省中部）境内，每部设立“统帅”一人（参考二一六年七月）。左贤王刘豹，是四十一任持至尸逐侯单于挛鞮于扶罗的儿子，当匈奴左部统帅，是五部中最强大的一部。城阳郡（山东省诸城市）郡长邓艾上书说：“单于被留在中国，蛮夷人失去统御，无论离散或集合，都没有人管理。而今，匈奴人跟尊贵的单于，日益疏远，而各部的威望，却日益加重，对于他们的动向，不可以不特别戒备。听说刘豹（左部）有一部分叛变的部众，最好是利用这个机会，把他们分割为两部，用以削弱他们的实力。右贤王挛鞮去卑，曾在东汉王朝末年，为中国建立功勋（东汉王朝末任帝刘协由长安逃到曹阳〔河南省灵宝市东北黄河南岸〕，挛鞮去卑来救。参考一九五年十二月）。可是子孙不争气，遂告衰弱。我们应该封他们一个荣耀的尊号，让他们驻屯雁门郡（山西省代县）。使敌国分裂、盗匪削弱，而且追溯遥远的贡献，加以酬庸，这是安定边疆的长程计划。”又说：“蛮夷跟汉人混杂居住的现象，应该澄清。应该逐渐把蛮夷迁出，使他们住在汉人聚集之外的边区。这样才可以崇尚廉耻，禁绝奸邪。”司马师全都采纳。

11 东吴帝国（首都建业）立节警卫指挥官（立节中郎将）陆抗，驻防柴桑（江西省九江市），前往首都建业（江苏省南京市）治病，病愈之后，应返任所，晋见东吴帝孙权辞行，孙权涕泪交集，伤感说：“我从前听信谗言，跟你老爹（陆逊）的情义，不能善始善终（夺嫡斗争时，孙权不断派宦官前往武昌〔湖北省鄂州市〕，用诏书责备陆逊不忠不义。参考二四五年正月），深感对你不起（陆逊因受责过度，忧愤而死）。我前后写的那些问话，请你统统烧掉，不要教外人看见！”

这时，孙权开始醒悟到前太子孙和清白无辜。

冬季，十一月，孙权在南部祭祀天神返京（首都建业），突然中风瘫痪，打算征召孙和回来；女儿孙大虎（全公主）跟高级咨询官（侍中）孙峻、立法署长（中书令）孙弘，竭力劝阻（他们不允许孙和出现，万一再被封太子，可是后患无穷）。孙权只好停止。

孙权知道太子孙亮年纪太小（本年九岁），跟左右商讨托孤大事，孙峻推荐全国最高统帅（大将军）诸葛恪（胡三省注：“这时东吴帝国，上上下下，都认为诸葛恪才堪胜任，孙峻因而推荐，说明孙峻本没有杀诸葛恪之心。诸葛恪死于孙峻之手，罪在诸葛恪。孙峻当权之后，任由老弟孙綝，扰乱帝国，罪在孙峻。读史的人，应分辨清楚。”）。孙权嫌诸葛恪刚愎自用，孙峻说：“当今政府官员中，没有一个人比得上诸葛恪。”于是，命诸葛恪从武昌（湖北省鄂州市）回首都建业。诸葛恪临行时，上大将军吕岱警告他说：“世界上的事，步步艰难，你每做一事，希望十思。”诸葛恪说：“从前，季孙行父三思而后行，孔丘说：‘再思就够了。’（《论语》）先生教我十思，明明说我愚劣！”吕岱回答不出，当时的人都认为吕岱失言。

君王把国家托付给自己，是最重要的责任。以臣属的身份，掌握君王的权力，是最困难的任务。二者集于一身，主管天下万事，能够胜任的，并不多见。吕岱，是帝国的元勋，度量宽厚，深谋远虑。刚开口告诫诸葛恪“十思”，立刻就被诸葛恪认为是一种轻视，严厉拒绝。这显示诸葛恪志大心粗，才能和智慧不能同时具备。他当时如果体会到吕岱所以提出“十思”的原因，广泛的向人请教当时世务；听到美好的建议，如同雷声震耳，接纳正直的规劝，如同见风转舵，后来岂至于身仆殿堂，死于凶手刀下（参考后年〔二五三〕十月）？当时的人赞叹诸葛恪奇妙的辩才，认为英采四射。而讥笑吕岱哑口无言，是一种孤陋。不思考事情的安危始终，就等于喜欢春草茂盛，忘记秋后果实香甜。

从前，曹魏攻击蜀汉，蜀汉抵御，大军准备出动之时，费祎却正跟来敏下棋，毫无不安神态，来敏遂肯定费祎可以成功，因为费祎胸有成竹，所以脸上才没有忧色（参考二四四年闰三月）。况且，孔丘认为：“大人物面对大事，一定心怀敬惧；处理复杂危机，一定厘定精密谋略。”（“君子临事而惧，好谋而成。”古文版《资治通鉴》原文是“长宁认为”，这句应是《论语》上孔丘的话，原文有误。）蜀汉不过一棵小草一样的小国，而对方是一个强大敌人。所有的规划，不是战，便是守，有什么仗恃去炫耀游刃有余、没有忧虑？这正是费祎性情宽厚坦率，没有防人之心，最后竟然被投降的郭循刺死（参考后年〔二五三〕正月），岂非是从他的优点，产生出缺点？

从前，听到长宁（不知其人）评论费祎，而今看到诸葛恪顶撞吕岱。两件事情相同，足以供世人作为借镜（虞憙，是晋帝国人）。

12 诸葛恪抵达首都建业，在皇宫的寝殿卧室，晋见东吴帝孙权，床前接受辅政诏书，以最高统帅（大将军）身份，兼太子师傅

（太子太傅）；孙弘则兼太子教师（太子少傅）。孙权下诏：中央各单位事务，全由诸葛恪裁决；只有诛杀大事，仍奏报孙权。并特别制定文武百官晋见诸葛恪时的参拜礼仪，依官位高低，分别等级。（胡三省注：诸葛恪本来就盛气凌人，孙权既交给他重任，又为他制定文武百官晋见他时的参拜礼仪，他的盛气凌人就更变本加厉，即令没有东关之捷、合肥之败，诸葛恪也没有能力担当帝国大业。"）。又任命会稽郡（浙江省绍兴市）郡长北海郡（山东省昌乐县东南）人滕胤当祭祀部长（太常）。滕胤，是孙权的女婿。

13 十二月，曹魏帝国（首都洛阳）擢升宫廷禁卫官司令（光禄勋）荥阳郡（河南省荥阳市）人郑冲，当最高监察长（司空）。

14 蜀汉帝国（首都成都〔四川省成都市〕）最高统帅（大将军）费祎返首都成都，星象学望气专家说："京师（首都成都）没有宰相的气象。"费祎遂北返，暂驻汉寿（四川省广元市西南）。

15 本年（二五一），蜀汉帝国政务署长（尚书令）吕乂逝世；任命高级咨询官（侍中）陈祇代理政务署长（尚书令）。

二五二年 壬申

曹魏	嘉平	四年
蜀汉	延熙	十五年
东吴	太元	二年
	神凤	元年
	建兴	元年

1 春季，正月二日，曹魏帝国（首都洛阳〔河南省洛阳市东白马寺东〕）擢升抚军大将军司马师当全国最高统帅（大将军）。

2 东吴帝国（首都建业〔江苏省南京市〕）皇帝（一任大帝）孙权（本年七十一岁），封前任太子孙和当南阳王，居长沙（湖南省长沙市）；仲姬生的儿子孙奋当齐王，居武昌（湖北省鄂州市）；王夫人生的儿子孙休当琅邪王，居虎林（安徽省池州市贵池区西）。

3 二月，曹魏帝国皇帝（三任）曹芳（本年二十一岁），封张女士当皇后，大赦。张皇后是故凉州（甘肃省中部西部）州长（刺史）张既的孙女、东莞郡（山东省沂水县东北）郡长张缉的女儿。擢升张缉当特级国务官（光禄大夫）。

4 东吴帝国（首都建业）改年号神凤（之前是太元二年，之后是神凤元年），大赦。

5 东吴帝国潘皇后性情暴戾，东吴帝孙权病情日重，潘皇后派人向立法署长（中书令）孙弘，询问吕雉（西汉王朝一任帝刘邦正妻）临朝主政前例。皇宫左右侍从人员，不能忍受她的暴虐，乘她熟睡之际，把她勒死，宣称脑充血突发。后来事情泄漏，诛杀六七人。（胡三省注："这是东吴帝国当权臣僚们下的毒手，潘皇后如果要临朝主政，左右马屁精一定会更维护她，岂有因不能忍受暴虐而缢杀她之理。东吴帝国自己撰写史书，嫁祸掩饰，后人照抄不误。孟轲说：'尽信书，不如无书。'果然。"）

孙权病危，召见诸葛恪、孙弘、滕胤，以及将军吕据、高级咨询官（侍中）孙峻，进入卧室，嘱咐后事。

夏季，四月，孙权逝世（年七十一岁）。孙弘跟诸葛恪素来都不和睦，各自负气，不向对方低头；孙弘恐怕诸葛恪当权后，对自己不利，于是秘不发丧，打算假传圣旨，诛杀诸葛恪；孙峻得到消息，暗中通知诸葛恪。诸葛恪邀请孙弘商谈公事，就在座位上，斩孙弘。这才发布丧讯，追称孙权绰号大皇帝。太子孙亮（年十岁）即皇帝位（二任），大赦，改年号建兴（之前是神凤元年，之后是建兴元年）。

闰四月，擢升诸葛恪当皇家师傅（太傅）、滕胤当首都卫戍司令

(卫将军)、吕岱当全国最高指挥官(大司马)。诸葛恪下令撤销所有特务(校官。孙权广设“校官”,充当耳目,监视部属),免除人民所欠的田赋捐税,赦免逃犯,撤销关隘过路税,普遍推行德政。一片欢腾,万民归心。诸葛恪每次经过街头,人民都等候道旁,伸长脖子,想一见他的风采。

诸葛恪不想让各亲王居于沿江重要的军事要塞基地,于是,把齐王孙奋迁到豫章郡(江西省南昌市);把琅邪王孙休,迁到丹阳郡(郡政府设首都建业)。孙奋拒绝,诸葛恪写信给孙奋说:

“帝王的尊贵,跟上天的地位相等。所以把天下当作家庭,把父兄当作臣属。仇人有善行,不能不奖赏;亲人有恶行,也不能不诛杀。这是秉承上天旨意,国事第一优先,家事处于次要。圣人立下的制度,百代不变。从前,西汉王朝初年,子弟们全都封王,后来逐渐强大,竟图谋叛变,有的几乎颠覆国家,有的骨肉互相残杀,虽都受到惩罚,但亲王的势力太强,已成禁忌。

“自从刘秀(东汉王朝一任帝)以来,有特别关于亲王的规定:只可以在自己的王宫内玩乐,不可以当地方政府首长,直接管理人民,干预政治,更严禁跟外界交往;于是,亲王们的生命才没有危险,富贵才可以保持。这是前世得失的例证。

“大行皇帝(孙权)鉴于古事,戒于今世,为了防止嫩芽的初发,考虑千载的忧患,卧病在床之时,分别遣送各亲王,各往封国,诏书不断颁下,规定十分严格,细节无微不至。主要目的在于对上安定国家,对下保护各位亲王,使各人在各人的封国之内,世世相传,永不发生伤害国家之事。

“大王(孙奋)应该想到上古姬太伯顺承老爹的愿望(古书上说:纪元前十二世纪,商王朝末年,周部落酋长姬亶父〔太王〕有三个儿子:长子姬太伯、次子姬仲雍、幼子姬季历〔王季〕。姬季历的儿子姬昌〔文王，周王朝一任王姬发的老爹〕，有盛大的美誉，姬亶父打算把酋长位置传给幼子姬季历，以便传给姬昌。可是，上有长子姬太伯、又有次子姬仲雍，在宗法制度下，无法这样做。姬太伯、姬仲雍体谅老爹的苦心，遂一起逃亡，逃到当时尚是蛮荒地带的江东〔江苏省南部太湖流域〕，把酋长位置让给幼弟姬季历，完成老爹的愿望。对于这项记载，我们无法相信；周部落基地岐山〔陕西省岐山县东北〕到江东，航空距离一千二百公里，当中全是原始森林、毒蛇猛兽、野蛮民族、穷山恶水，连小径都没有，弟兄二人怎么逃法？而且，岐山五十公里外，便是犬戎部落，同样可以投靠，何必逃得那么远？这显然是历史上最早一桩残忍的夺嫡斗争。极有可能的是，二人已被杀害，由摇尾系统捏造一则上述根本无法查考的故事。如果说他们逃到犬戎部落，有人一去调查，便会泄底)，或想到近世的刘德（西汉王朝河间〔献〕王）、刘彊（东汉王朝东海〔恭〕王）恭顺的事迹（刘德事参考前一三〇年十月，刘彊事参考四三年闰四月）。至少，大王（孙奋）也应想到过去那些骄傲任性、荒淫昏乱亲王们的下场，自我警惕。

“可是，听说大王（孙奋）自到武昌（湖北省鄂州市）之后，很多行为，违背诏令，不受制度约束，擅自征调各将领的士兵，修建宫殿。左右卫士（常从）有犯过失的，应该奏报中央，公开的交付有关单位处理，而大王（孙奋）却自行诛杀，也不向中央说明理由。立法官（中书）杨融，亲自送达皇上诏书，大王理应恭敬接受，可是你却说：‘我偏不听这一套，又能把我怎么样？’听见这些话的人，大为震骇，无不寒心。

“俗话说：‘从明镜看出面貌，从古事看出今事。’大王应该切记鲁王（孙霸）的前例，作为鉴戒，改变自己的行为，战战兢兢，尊敬中央政府。如果能这样的话，你所要求的，没有一样不可以得到。如果抛弃先帝（孙权）的法条和教训，怀着满不在乎的心理，我就宁愿辜负大王（孙奋），也不敢辜负先帝遗诏；宁愿受大王怨恨，也不敢忘记维护皇上的威严，而使诏令在藩臣中无法执行！

“当初，鲁王（孙霸）如果及早采纳忠直的逆耳之言，心怀惊惧，则富贵无穷无尽，何至于招来杀身之祸（参考前年〔二五〇〕秋季）？有功效的药使口腔苦涩，但有病的人却认为它香甜；忠直的话听来都不顺耳，但心胸豁达的人却能坦然接受。现在，我，诸葛恪等，恭敬谨慎，有心替大王铲除危机的种子，使它不致萌芽；开拓幸福，使它奠定根基；因之不知不觉，言语激切，请大王三思！”

孙奋收到这封信，大为紧张，赶快迁到南昌（豫章郡郡政府所在县，江西省南昌市）。

6 最初，东吴帝国一任帝孙权，兴筑东兴堤（安徽省巢湖市东南），遏阻巢湖的水。后来，攻击曹魏帝国（首都洛阳）淮南郡（安徽省寿县。指芍陂之役，参考二四一年四月），曹魏的巢湖舰队反而趁水涨南下攻击东吴；遂放弃东兴堤，不再修护。

冬季，十月，皇家师傅（太傅）诸葛恪，征集部众，重建东兴堤，使它更高更大；并夹着濡须水，依傍高山，兴筑两座城池，命将军全端率一千人守西城；民兵司令（都尉）留略（留，姓）率一千人守东城；然后，率大军返京（首都建业）。

曹魏帝国镇东将军诸葛诞（时驻寿春〔安徽省寿县〕），向最高统帅（大将军）司马师建议：“吴国（东吴帝国）已侵入我们领土，我们正好找到借口，发动反攻。命王昶进击江陵（湖北省江陵县）、毌丘俭进击武昌（湖北省鄂州市），牵制他们长江上游的部队。然后遴选精锐，袭击东兴两城（安徽省巢湖市东南），等到救兵到达，我们已大获全胜。”这时，征南大将军王昶、征东将军胡遵、镇南将军毌丘俭等，纷纷提出作战计划。中央政府因三个计划完全不同，下诏询问政务署执行官（尚书）傅嘏意见。傅嘏回答说：

“在拟定的作战计划中，有的主张以舰队为主，强渡长江；有的主张四路大军，同时并进，攻击城池。有的主张在边界扩大实施武装屯垦，等待时局变化，这些全都是克制盗匪集团（东吴帝国）的正常谋略。然而，自从我们揭起战争（参考前年〔二五〇〕十二月），前后三年，都是正规军的战斗，不能认为是偶尔发动的奇袭。而盗匪集团（东吴帝国）侵略边境，也将近六十年（自二〇八年赤壁之战算起，到本年只四十五年），他们的君王和臣属之间，一直团结无间，吉事凶事，共同承担。如今，他们的元首刚刚去世，上下同心，假如用船舰防守重要港口，用重兵据守坚城险要，我们横行长江的计划，难以实现。

“我们的边防部队，跟盗匪（东吴帝国）相距很远，而盗匪（东吴帝国）岗哨密布，我们的情报工作人员，难以施展，耳目遂失去功能。军事行动没有耳目，侦察不清楚，就贸然用大军去面对不可预测的巨大危险，就不得不全靠运气，希望侥幸成功。先动手打仗，再思考如何胜利，不是保存实力的长程谋略。

“在各项作战计划中，只有扩大武装屯垦，比较完善，陛下（曹芳）可以下令王昶、胡遵等，选择险要地区，筹备设施，命三位将领的部队，同时进驻。这样做有七项利益：夺取敌人肥沃土壤，压迫他们退到贫瘠地区，这是其一。武装部队在边境农村外围，盗匪（东吴帝国）不能侵犯，这是其二。广为招收附近居民，归降的会日益增加，这是其三。设立警卫岗哨，暗探无法进入，这是其四。盗匪（东吴帝国）退到最后防线，纵深配备一定缩短，可让出很多可耕农田，这是其五。我们军队就停在原地，吃自己生产的粮食，不必由后方运输补给，这是其六。一旦时机到来，动员出击，十分迅速，这是其七。

“而这七项，全是军事上急切的要务。不实施武装屯垦，则肥沃土地在盗匪（东吴帝国）之手，盗匪（东吴帝国）就可以利用当地资源。所以，实施武装屯垦，当地资源便归我们，对我们有利，不应该不察。一旦开始屯垦，堡垒连绵交错，形势已经完成，智勇可以施展，无论是灵巧或是笨拙，都可以凭借运用。根据情报，就能判断敌人的得失；出动攻击，就可了解敌人的强弱。盗匪（东吴帝国）的实情，逃不过我们的掌握。他们以小敌大，一定差役沉重，筋疲力尽；以穷敌富，一定加重田赋捐税，财政破产。所以说：‘敌人安逸，使他疲劳；敌人温饱，使他饥寒’（《孙子兵法》），正是指此。”

司马师不接受。

十一月，曹魏帝国向东吴帝国，发动大规模攻击，王昶等三路大军，分头并进。

十二月，征南大将军王昶（时在新野〔河南省新野县〕）攻击南郡（湖北省江陵县）；镇南将军毌丘俭（时在安城〔河南省正阳县东北〕）攻击武昌（湖北省鄂州市）；征东将军胡遵、镇东将军诸葛诞（时二人皆在寿春），率军七万攻击东兴（安徽省巢湖市东南）。

十二月十九日，东吴帝国皇家师傅（太傅）诸葛恪，率军四万，昼夜不停，兼程赴援东兴。胡遵、诸葛诞下令各军，搭建浮桥，连接濡须水两岸，在堤上扎营布阵，向东西两城，分别攻击；城高墙厚，一时不能攻取。诸葛恪命冠军将军丁奉，率吕据、留赞、唐咨，担任前锋，沿山西上。丁奉对各将领说：“我们的行动，太过缓慢，如果盗匪（曹魏帝国）占领有利地形，便很难对抗，现在，由我抢

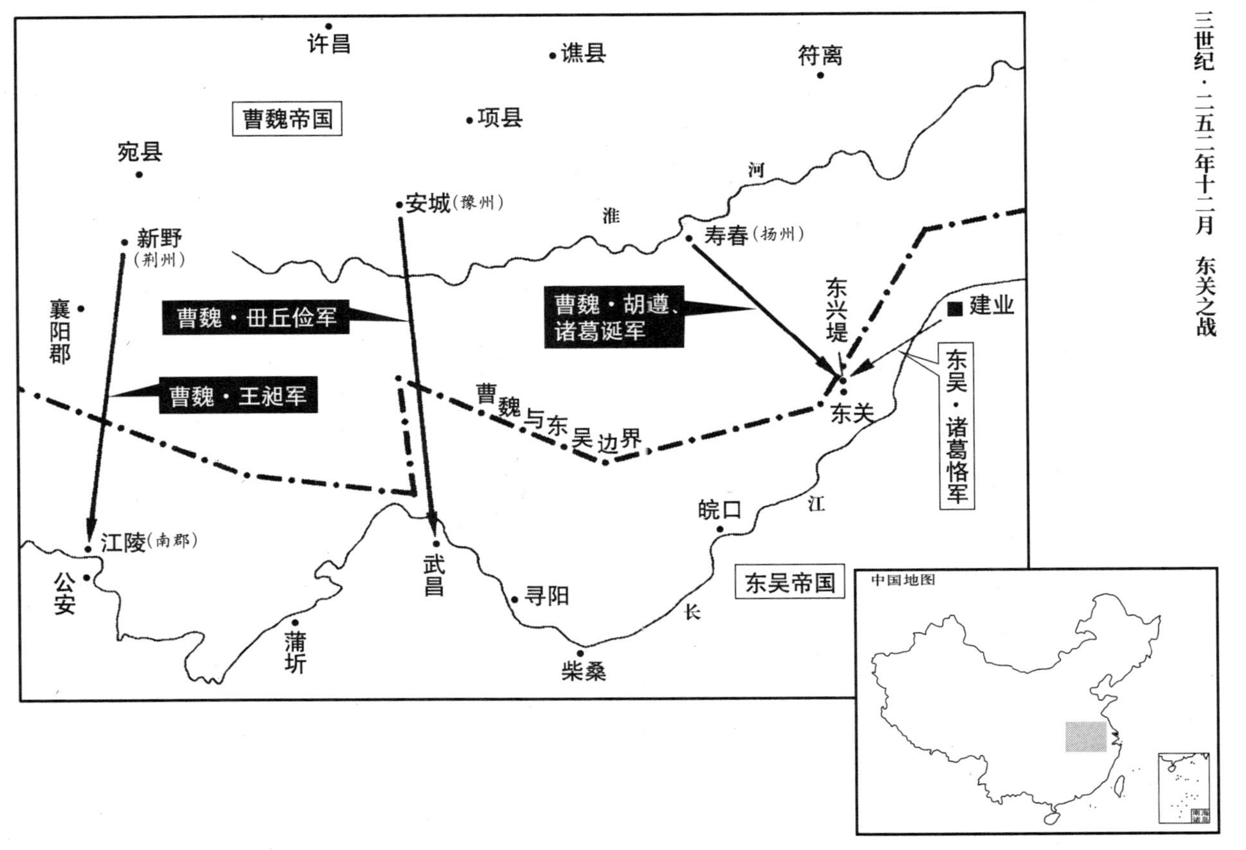

三世纪・二五二年十二月　东关之战

先！”命其他各舰离开航道，丁奉率领直属部队三千人，强行向前挺进。当时，正逢北风，丁奉张帆鼓浪，只有两天，便到东关（安徽省含山县西南），立刻进据徐塘（东关东）。天气寒冷，大雪纷飞，千里冰封，一片银白；胡遵、诸葛诞等正在司令部摆设酒筵，欢乐痛饮。丁奉发现曹魏军的警卫部队人数不多，对部下说：“夺取侯爵，领取赏赐，正在今日。”命士卒脱下铠甲，扔掉枪矛，只头戴铁盔，手拿大刀、盾牌，赤身露体，沿着堤防而上。曹魏军远远看见，忍不住放声大笑，没有立即戒备。东吴军遂攀上堤岸，杀声震天，直砍曹魏军前哨各营。这时，吕据各军也已抵达，立即投入战场，曹魏军大吃一惊，四散逃走，争先奔向浮桥，浮桥承受不住人马奔腾，忽然中断，曹魏军跌落水中；没有跌落水中的，互相践踏，前锋指挥官（前部督）韩综、乐安郡（山东省邹平市东北长山镇）郡长桓嘉等，全被斩杀，曹魏军死亡数万人。

韩综，是东吴帝国的叛将（参考二二七年闰十二月），屡屡侵害祖国，一任帝孙权恨他恨得咬牙切齿。诸葛恪命砍下韩综人头，送到首都建业，呈献孙权祭庙。

诸葛恪俘获曹魏帝国车辆、牛马、驴骡等以千为计算单位；辎重武器，堆积如山，凯旋而归。

7 最初（二五〇年），蜀汉帝国（首都成都〔四川省成都市〕）首都卫戍司令（卫将军）姜维，攻击曹魏帝国（首都洛阳）所属的西平郡（青海省西宁市），俘虏警卫指挥官（中郎将）郭循。蜀汉帝国擢升他当左将军。郭循不忘祖国，打算行刺蜀汉帝（二任）刘禅（本年四十六岁），但不能接近。每次利用祝贺庆典，借口敬酒，一面跪拜，一面向前，总是被刘禅左右卫士阻止，无法达到目的。

二五三年 癸酉

曹魏	嘉平	五年
蜀汉	延熙	十六年
东吴	建兴	二年

1 春季，正月一日，蜀汉帝国（首都成都〔四川省成都市〕）最高统帅（大将军）费祎，跟全体高级将领，在汉寿（四川省广元市西南）举行元旦聚会，左将军郭循在座。费祎酩酊大醉，郭循乘机下手，刺死费祎。

费祎性情温和，平易近人，对人从不猜忌。越嶲郡（四川省西昌市）郡长张嶷，曾经写信警告说："从前，岑彭手下拥有大军，来歙持有皇帝符节，竟都死在刺客之手（岑彭、来歙事，参考三五年六月及十月）。你的地位尊贵，权柄又大，却对新归降的人，太过信任。应该把前人的事，作为一面镜子，稍加谨慎。”费祎不能听从，终于受祸。

曹魏帝国（首都洛阳〔河南省洛阳市东白马寺东〕）皇帝（三任）曹芳（本年二十二岁）下诏：追封郭脩当长乐乡侯，命他的儿子继承爵位。

柏杨曰

郭脩不忘故国，虽享有左将军高位（刘备当年入益州时，不过左将军），但仍弃如敝屣，奋身一击，千古忠烈，与日月争光。从曹魏帝国追赠侯爵，教他的儿子继承爵位的措施上，可看出并没有因为他投降敌人，充任“伪职”，而杀他全家、灭他三族。回溯刘彻之待李陵（参考前九七年），更为李陵增悲。

2 曹魏帝国攻击东吴帝国（首都建业〔江苏省南京市〕）的另两路大军：王昶、毌丘俭，得到东方军事失败消息，士气沮丧，焚烧营垒撤退。中央政府有关官员，建议对各将领作贬黜处分，最高统帅司（大将军）马师说：“我没有接受诸葛诞的意见，才弄到这种地步，这是我的错误，各将领有什么罪？”全都宽恕。司马师的老弟、安东将军司马昭，当时担任监军官（监军），仅只撤销司马昭的爵位（司马昭封新城乡侯）。改任诸葛诞当镇南将军，镇守豫州（州政府设安城〔河南省正阳县东北〕），毌丘俭当镇东将军，镇守扬州（州政府设寿春〔安徽省寿县〕）。

本年（二五三），雍州（州政府设长安〔陕西省西安市〕）州长（刺史）陈泰，向中央要求，跟并州（山西省中部）联合讨伐北方蛮夷，司马师同意。大军还没有集结完成，新兴郡（山西省忻州市）、雁门郡（山西省代县）的胡人，听说要跋涉远征，惊骇愁苦，霎时间纷纷叛变。司马师向政府官员抱歉说：“这是我的判断错误，不是陈泰的责任。”人们心怀惭愧，敬佩悦服。

最高统帅（大将军司马师）把两次战败的责任，全揽到自己头上，承认是自己的过失，反而使他的这些过失，变成荣耀，促使事业升级，可称之为高度智慧。如果他掩饰他的失败，推卸他的责任——把责任推卸给别人，总认为自己的领导是英明的，拼命隐藏自己的缺点，结果一定是上下离心，愚劣的人围绕在左右不去，贤能的人纷纷远走高飞，那将造成最严重的错误。当领袖的人，假使能了解这个道理，用来治理国家，虽然政治上有错误，但名声却传播天下，战场上失败，政坛上胜利，就是失败一百次都没有关系，何况不过失败两次。

3 曹魏帝国特级国务官（光禄大夫）张缉告诉司马师说："诸葛恪虽然有东关之捷（参考去年〔二五二〕十二月），但我预料他不久就会被杀。"司马师说："为什么？"张缉说："威震君王，功盖全国，要想不死，怎么能够？"

4 二月，东吴帝国大军，从东兴（安徽省巢湖市东南）返抵京师（首都建业）。东吴帝（二任）孙亮（本年十一岁）晋封皇家师傅（太傅）诸葛恪当阳都侯，兼荆州（湖北省南部及湖南省）、扬州（江南地区）两州全权州长（牧）、全国各军区总司令长官（都督中外诸军事）。

诸葛恪认为曹魏帝国（首都洛阳）不堪一击，打算再度出兵，各高级官员则认为数年以来，大军屡动，兵力财力，都不堪负荷，纷纷劝阻，诸葛恪全不接受。初级国务官（中散大夫）蒋延，坚持不可以，诸葛恪教人把他逐出大门。为了解释他出兵的原因，撰写一篇论文，通告大众，说：

"敌对的国家打算互相吞食，跟仇人互相要铲除对方一样。如果任由仇人增强力量，大祸或许轮不到我们自身，但一定轮到我们的后代，不可以不深谋远虑。从前，秦王国不过占有关西（函谷关以西）的一隅之地，还可以兼并六国。而今，魏国（曹魏帝国）比当时的秦王国，土地大数倍，大吴（东吴帝国）加上蜀国（蜀汉帝国），面积都没有六国一半大。我们所以仍能够跟它对抗，只因为曹操时代的将领和战士，现在已快死亡罄尽，新生代的将领，还没有培养出来，正是盗匪集团（曹魏帝国），老的太老、小的太小，青黄不接的时代。加上司马懿先杀王淩，接着自己突然毙命（参考前年〔二五一〕四月至八月）。他的儿子（司马师）年纪幼小，能力薄弱，但是却身负重责大任。虽然也有智谋之士，并不能任用他们施展长才。而今发动攻击，正是他们最脆弱的时候。

“圣人最急切的任务是把握时机，今天，时机已经成熟。如果顺从大家的盼望，怀着苟且偷安的心理，认为长江的险要，可以保护帝国，直至我们的后代。不去思考曹魏将来的发展，只根据他们今天的衰弱现象，认为将一直衰弱，徒使我长叹。听说有的人考虑到人民贫穷，打算使他们获得休息，这正是没有想到大的危机，而只想到小的痛苦。从前，刘邦（西汉王朝一任帝）侥幸的据守三秦（陕西省中部），作为根据地，他为什么不紧闭关隘，阻塞险要，自寻快乐？反而抽空所有人力，攻击西楚王国？身受创伤，铠甲头盔都生出虱子，将士更厌倦苦闷；难道是他喜欢刀锋，不喜欢安宁？只是考虑到长久下来，他跟项羽（西楚王国一任王）不能共存，如此而已。

“我每次看到荆邯向公孙述（成家帝国一任帝）提出的建议（参考三〇年正月），最近又拜读我叔父（诸葛亮）所以讨伐盗匪（曹魏帝国）的奏章（前、后《出师表》，参考二二七年三月、二二八年十一月），未尝不喟然伤感，早晚不能安心，考虑的结果是，必须立即采取行动。大略的把我的见解，写出来送给一二位正直君子。我如果不幸失败，志向不能完成，也希望后世的人，知道我的忧虑，作为怀思。”

大家心里都知道不可以出军，但是没有人敢再提出不同的意见。

丹阳郡（江苏省南京市）郡长聂友，跟诸葛恪是老友，写信劝阻说：“大行皇帝（孙权）本来有切断东关（安徽省含山县西南）的计划，还没有实施，而盗匪集团（曹魏帝国）从远处前来送死，将士在你英明领导之下，奋不顾身，一天之间，建立非常的功勋，岂不是皇家祭庙神灵的保佑，跟国家万年之福？应该按兵不动，养精蓄锐，等待时机，再做决定。而今想乘战胜声威，再次大举出击，天时不见得对我们有利，假使任情纵性，暗中深感不安。”诸葛恪在信上批几个字给聂友说：“你虽然懂得普通道理，但不了解国家胜负兴亡的基本原则，仔细研读我的言论，就可醒悟。”

祭祀部长（太常）滕胤对诸葛恪说：“阁下所受的是伊尹、霍光所受的重托：回到京师（首都建业），安邦定国；出征远方，摧毁强敌。名声传播海内，天下震动，万民归心，都盼望得到你的恩典，稍作休息。而今，在差役征战之后（差役，指兴筑孙权墓园；征战，指东关之役），再度兴师，民力已疲，财力已竭，而敌人已有准备。如果攻城不能攻克，村野又劫掠不到粮秣，是丧失前面的功劳，而招来无穷的后患。不如按兵不动，充分休养，等待有利机会，再行攻击。而且，军事行动，是一件大事，大事必须由大众共同完成，大众如果都不高兴，你一个人怎么能办得到？”诸葛恪回答说：“大家都说不可以，因为他们不了解我的谋略，只想苟且偷安。想不到你也如此主张，我还指望什么？敌人现在的情势是：曹芳（曹魏现任皇帝）昏庸拙劣，政府大权操在私人之手（指司马师），人民离心离德。我凭借帝国的力量，掌握战胜的余威，大军所指，攻无不克。”

三月，诸葛恪下令全国动员，集结武装部队二十万人（东吴帝国适合兵役年龄的青年，不过一百余万人，十人之中即有二人入伍，应是自古迄今，最大的征兵率之一。正是诸葛恪所盼望的倾国而出，充分显示他的心理状态，想一举击溃曹魏帝国，建立万世功勋），由滕胤当首都建业防卫司令（都下督），统御后方留守部队。

5 夏季，四月，曹魏帝国（首都洛阳）大赦。

6 蜀汉帝国（首都成都）首都卫戍司令（卫将军）姜维，自认为了解西方（甘肃省）国土人情，兼备智谋和勇敢，打算煽动羌人、胡人归附，作为助力，则陇山以西（甘肃省），可以夺取。每想采取军事行动，最高统帅（大将军）费祎，总是加以约束，不接受他的计划，即令拨给他军队，也不会超过一万人，说："我们的才能，比起诸葛亮，相差太远，诸葛亮都不能平定中原（曹魏帝国），何况我们！不如保国安民，谨守疆土，等待有能力的人才出现，再完成大业，不要抱着侥幸的心理，更不要想用一次战役决定胜负。万一不能成功，后悔已来不及。"（诸葛恪激进得冒过了头，费祎退缩得成了一摊烂泥，过之或不及，都是病态。）

等到费祎逝世，姜维才不再受到约束。遂率数万人，从石营（甘肃省礼县西北）出击，包围曹魏帝国所属的狄道（甘肃省临洮县）。

7 东吴帝国（首都建业）最高统帅（大将军）诸葛恪，率大军向曹魏帝国（首都洛阳）淮南郡（安徽省寿县）发动大规模攻击，驱逐及俘虏当地住民。各将领建议说："我们深入敌人国境，沿途人民必然逃跑一空，恐怕所有后勤任务，都要由我们自己部队负担，战斗力一定削弱，难以建立功勋。不如仅围攻合肥新城（安徽省合肥市西北），合肥新城被困，救兵必来赴援，然后会战，才可以获得大胜。”诸葛恪接受。

五月，诸葛恪回军围合肥新城。

曹魏帝国全国武装部队总司令（太尉）司马孚，率军二十万人，南下救合肥新城。最高统帅（大将军）司马师问虞松说：“现在，东西两地，都受到攻击（东方诸葛恪，西方姜维），将领们意气沮丧，应该怎么办？”虞松说：“从前，周亚夫固守昌邑（山东省巨野县东南大谢集镇），而吴楚联军自行失败（参考前一五四年正月），军事形势，有时看起来衰弱，却实际强大，不可以不注意。诸葛恪出动全部精锐，足可以横冲直撞，给我们很重伤害。想不到却集中力量，围困一个据点（合肥新城），目的在吸引我们野战军主力，作一决定性的会战。如果攻城攻不破，会战不可得，战斗力衰退，势必撤退。将领们没有出城迎击，对我们有利。姜维大军深入，跟诸葛恪呼应，目的不过夺取我们的麦田，不是顽强的大敌，不必重视。姜维认为我们正在东方有事，西方必定空虚，所以长驱直入，如果命关中（陕西省中部）各将领，急行赴援，出其不意，姜维一定逃走。”司马师说：“好极！”下令车骑将军郭淮、雍州（陕西省中部及甘肃省南部）州长（刺史）陈泰，出动关中所有部队，西上解救狄道（甘肃省临洮县）之围。再下令毌丘俭集中兵力，死守寿春（安徽省寿县），不准出击，而把合肥新城丢给东吴帝国。

陈泰进抵洛门（甘肃省武山县东北洛门镇），姜维粮秣已尽，班师。

合肥新城（安徽省合肥市西北）守将、扬州营门官（牙门将）涿郡（河北省涿州市）人张特，艰苦支持；东吴大军围攻三个多月，而守军总共才三千人，病死战死的，已超过一半。诸葛恪在城外堆起土山，猛烈攻击，合肥城墙倒塌，无法修护，眼看就要陷落。张特在城上大喊："我们已无心再打下去。然而，帝国军法，被围攻一百天，救兵不到，虽然投降，家属不受连坐处分。自从被攻，已九十余日，城中本来有四千余人，战死已超过一半，城如陷落，剩下的一小半人绝不肯投降，我下城之后，就会向他们宣布，分别登记他们的志愿，明天早晨送出名册！我用我的印信，作为我诚心的见证。"把印信投到城外。诸葛恪下令暂停攻击，但也不捡印信。张特遂在黑夜掩护下，拆下民房木材器物，把城墙缺口补上两层。第二天，张特告诉攻城的东吴军："我只有战斗到死！"东吴军这才发现被骗，大为愤怒，攻势更猛，但无法攻克。

正逢夏季炎热，东吴军长期战斗，疲惫劳苦，水土不服，腹泻、浮肿，患病的，超过一半，尸体跟卧病的伤兵，躺满地面。大本营值日官（诸营吏）每天都向诸葛恪报告日增的患病人数，诸葛恪认为诈欺，要斩值日官，从此，再没有人敢向他报告。诸葛恪已经发现他的策略错误，但他不肯承认错误；偏偏又无法把城攻下，情绪遂失去控制，愤恨恼怒，满脸怒容。将军朱异，因军事上的见解，冒犯诸葛恪，诸葛恪立刻剥夺朱异的部队，把朱异逐回首都建业。民兵司令（都尉）蔡林，屡次贡献军事计策，诸葛恪全不理会，蔡林遂骑马投奔曹魏帝国。曹魏帝国知道东吴军已经精疲力竭，各路救兵遂同时出动。

秋季，七月，诸葛恪率军撤退。士兵们有的受伤，有的患病，流离失散，或倒在路旁呻吟，或走在道上踉跄跌撞，或仆卧在地，或坠入山涧，或被曹魏帝国的追兵俘虏；死的死，伤的伤，一片哭声哀号。可是，诸葛恪却好像没有这回事，神态安详，跟平常一样；住在江中小岛之上，一住就是一个月（撤退路线不明，住江中小岛，大

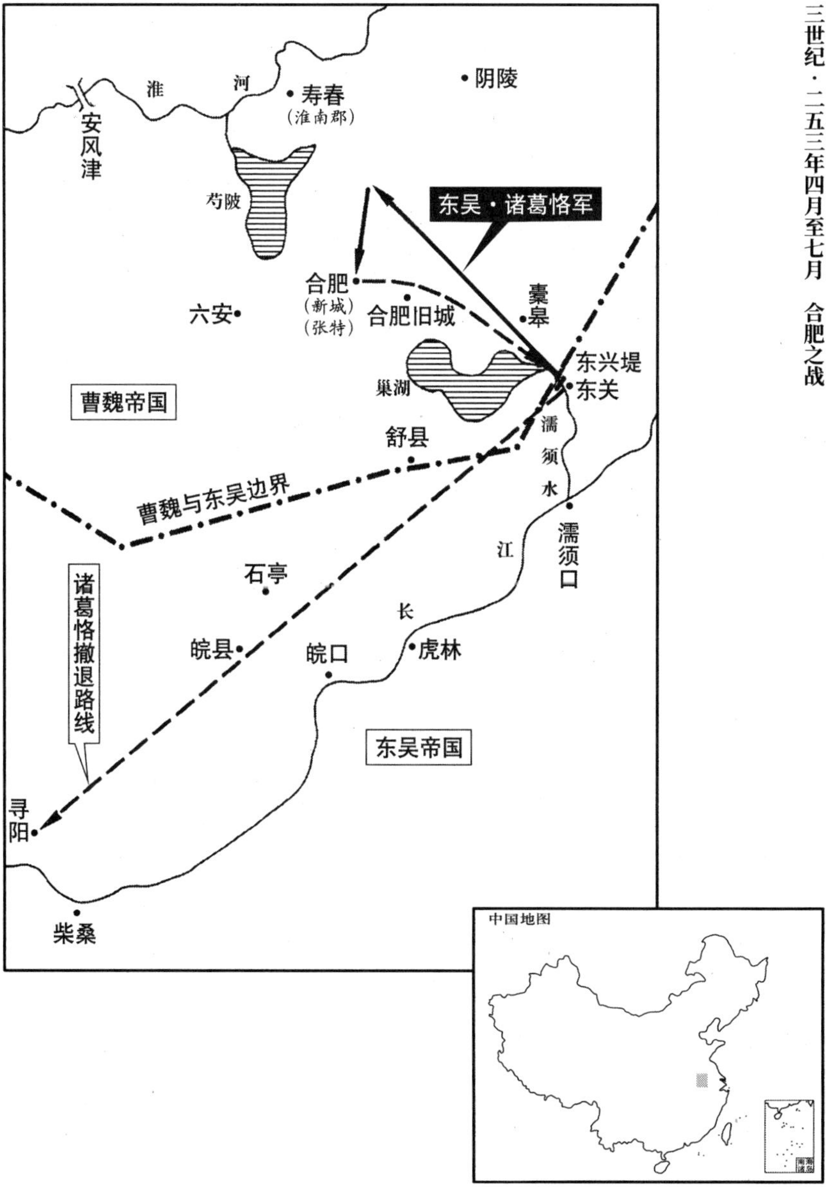

淮河
寿春
（淮南郡）
阴陵
安风津
芍陂
东吴·诸葛恪军
合肥
（新城）
（张特）
六安
合肥旧城
橐皋
东兴堤
东关
巢湖
曹魏帝国
濡须水
舒县
曹魏与东吴边界
濡须口
江
石亭
诸葛恪撤退路线
长
皖县
皖口
虎林
东吴帝国
寻阳
柴桑
中国地图
南海诸岛

概是折回东关〔安徽省含山县西南〕后之事），并打算在寻阳（湖北省武穴市东北）武装开荒屯垦。东吴帝孙亮接二连三下诏召见，诸葛恪迫不得已，才从容不迫的回军。从此，全国失望，对诸葛恪由崇敬而痛恨。

8 曹魏帝国（首都洛阳）汝南郡（河南省息县）郡长邓艾，对司马师说："孙权已死，新君即位，大臣还没有完全心服。吴国（东吴帝国）著名的家族，都有私人军队，手握重兵，依仗社会上的号召力，连皇帝都不在乎。诸葛恪刚刚接管政府，在中央没有获得重要官员的支持；而他又不知道珍惜部下，建立根基；却对外挑战，浪费民力，出动全国所有部队，困顿在坚城之下，死亡数万人之多，满载大祸而归，这正是他付出代价的时候。从前，伍子胥、吴起、公孙鞅、乐毅，都受当时君王的信任，君王一旦逝世，仍不免失败（伍子胥受吴王国六任王吴光信任，前五〇六年，攻陷楚王国首都郢都〔湖北省江陵县〕，奠立霸权；吴光逝世后，孙儿吴夫差即位；前四八四年，吴夫差诬称伍子胥谋反，诛杀伍子胥。吴起事，参考前三八一年。公孙鞅事，参考前三三八年。乐毅事，参考前二七九年）。何况，诸葛恪的才能，又不如四位前贤，而竟不考虑到后患，他的灭亡，就在眼前。"

9 八月，东吴大军返抵首都建业（江苏省南京市），诸葛恪大张旗鼓，严密戒备，直接到统帅府，召见立法署长（中书令）孙嘿，厉声呵责说："你是什么东西，怎么敢随便下那么多诏书？"孙嘿惶恐，告辞后，声称有病，回家休养。

诸葛恪出征后，政务署考选司（曹）奏准皇帝所任用的官员，诸葛恪下令一律撤职，另行考选。态度更为严厉，对部属不断惩罚，凡是晋见他的人，一个个颤栗恐慌，不敢大声呼吸。诸葛恪又撤换皇家禁卫军军官，用他自己的亲信充任。而且不断下达动员令，打算攻击曹魏帝国的青州（山东省北部）、徐州（江苏省北部）。

武卫将军孙峻，因民怨沸腾，众怒所集，阴谋政变，向东吴帝孙亮打小报告，指控诸葛恪行将弑逆。

冬季，十月，孙峻跟孙亮布置妥当，摆下酒筵，宴请诸葛恪。前一天晚上，诸葛恪心神不宁，通宵不能入睡，而家中屡次发生怪异（《三国志·诸葛恪传》：诸葛恪洗脸时，闻到水有腥味，侍从拿衣服给他，衣服有臭味。换水换衣，腥味臭味依旧。临出门，家狗咬他的衣服，不放他走），诸葛恪心中疑惑。天亮，诸葛恪坐车到皇宫大门，而孙峻早已在帷帐之后，埋伏杀手。唯恐怕诸葛恪万一不肯入宫，事情便非泄漏不可；遂亲自出来迎接，对诸葛恪说："阁下如果身体不舒适，不妨改天晋见，我代你启奏皇上。"用以试探诸葛恪的反应。诸葛恪说："不必改期，我可以强打精神。"散骑侍从官（散骑常侍）张约、朱恩等，送给诸葛恪一封密函，警告说："今天宴会情形，气氛特别，可能有变！"诸葛恪拿给滕胤看，滕胤劝诸葛恪回家。诸葛恪说："这些娃儿能干什么？只怕他们在酒里动手脚。"于是，连靴子也不脱掉（古代席地而坐，必须脱鞋），身带佩剑，进入宝殿（这就是"剑履上殿"，一种殊荣和一种特权），向皇帝孙亮拜谢后，回到他的座位。既分别斟酒，诸葛恪疑虑，不肯沾唇。孙峻说："阁下病还没有完全康复，如果有常用的药酒，自应饮服。"诸葛恪的戒备顿时松懈，饮用自己的酒。酒过三巡，菜过五味，孙亮先回后宫，孙峻起身也到洗手间，就在洗手间，脱下长袍，换穿短装，提刀而入，大喝说："奉皇上圣旨，逮捕诸葛恪！"诸葛恪大吃一惊，一跳而起，急拔佩剑，还没有拔出来，孙峻跟助手已双刀齐下，诸葛恪顿时毙命（年五十一岁）。张约在旁直击孙峻，砍伤孙峻左手，孙峻反刀攻击，砍下张约右臂。武卫将士（孙峻部属）听到杀声，奔上宝殿。孙峻宣布说：“我们的对象只有一个诸葛恪，已经诛杀。”命将士把刀插回刀鞘，把诸葛恪尸体拖出去，洗清地上血迹，继续欢宴。

诸葛恪的两个儿子，诸葛竦、诸葛建，得到事变消息，立刻用车带着娘亲，打算投奔曹魏帝国（首都洛阳）。孙峻派人追杀，斩首。孙峻用草席包住诸葛恪尸体，竹片缚住尸体腰部，投到石子冈（建业城南）。又派无难禁军司令（无难督）施宽，前往荆州（湖北省北部及湖南城南），指示将军朱绩（施绩，时驻江陵〔湖北省江陵县〕）、孙壹（时驻夏口〔湖北省武汉市〕），击杀驻防公安（湖北省公安县）的诸葛恪的老弟奋威将军诸葛融，以及他的三个儿子（诸葛融镇守公安，参考二四一年闰五月）。诸葛恪的外甥都乡侯张震、散骑侍从官（常侍）朱恩，全都屠灭三族。

临淮郡（江苏省泗洪县南）人臧均，上书请求准予收葬诸葛恪，说：“雷震电击，只不过刹时间天动地摇；暴风骤起，也很少一天刮个不停。然而雷电暴风之后，继续来临的，却是云是雨，润泽万物。上帝之威，不可以连日累月；帝王之怒，也不应该赶尽杀绝。我性情狂愚，不知道忌讳，敢冒破家灭门的重罪，请求在雷电暴风之后，赐云赐雨。想到故皇家师傅（太傅）诸葛恪，罪大恶极，自己招来家族屠灭，父子三人的人头，被悬挂在街市高竿之上，已有多天；观众有数万人，诟骂的声音，能鼓起大风。国家重刑，震动每一个角落，老人幼童，都亲自看见。

“人情世故，千古一样，欢乐到了极点，一定出现悲哀。当初，诸葛恪手握大权之时，威风凛凛，世界上无人可以跟他相比，身居辅佐君王的高位，已经两年。而今，突然灭族，像诛杀一群禽兽。看到两个极端，能不痛心落泪！而且已死的人，本应埋入地下，就是把尸体再剁成万段，死者已无知觉。希望圣明的政府，效法天地那样宽厚，愤怒不超过十天，使诸葛恪的乡亲或他的往日部属，收殓他的尸体，穿上平民的衣服，赏赐给他三寸薄棺。从前，项羽受到隆重葬礼（参考前二〇二年十二月），韩信也蒙恩掩埋（史书对此无记载），这是刘邦（西汉王朝一任帝）的恩德和美誉。

“但愿陛下（孙亮）推广三皇的仁爱（三皇：天皇、地皇、人皇。但此处可能指三王：夏王朝一任帝姒文命、商王朝一任帝子天乙、周王朝一任王姬发。因“三皇”是神话人物，史迹不详。而“三王”是儒家学派崇拜的偶像，集完美于一身），赐予哀怜；使国家恩典加于伏诛的尸体，让死者在地下也心存感激，也使国家美好的声誉，传播四方，用以劝勉天下，岂不显示伟大！昔日，栾布在彭越人头之下，报告出使经过（参考前一九六年三月），我认为这种行为，并不恰当，因为他不先向皇上（当时的皇帝是刘邦）请示，而只求自己成名，他之没有被诛杀，实在万幸。而今，我不敢公开我的请求，使人民误解皇上的恩泽。谨手写奏章，恭敬呈上，冒昧放肆，唯乞圣明哀怜察看。”

孙亮跟孙峻，准许诸葛恪的旧属，收葬诸葛恪尸体。

诸葛恪自幼就有盛名，东吴帝国一任帝（大帝）孙权，对他非常器重，但老爹诸葛瑾却常常担心，说：“他不是保护我们家族的孩子！”诸葛瑾的朋友奋威将军张承，也认为诸葛恪一定会给诸葛家带来灾难。陆逊曾经对诸葛恪说：“在我前面的人，我一定扶助他，同登台阶；在我下面的人，我一定弯腰拉他一把。可是，看你的作风，对上傲气凌人，对下又一派轻视，谁都看不到眼里，这绝不能奠定恩德基础。”蜀汉帝国高级咨询官（侍中）诸葛瞻，是诸葛亮的儿子，当诸葛恪再度向曹魏帝国淮南郡（安徽省寿县）进攻时，越巂郡（四川省西昌市）郡长张嶷，写信给诸葛瞻说：“东吴君主（孙权）刚刚逝世，幼主（孙亮）的权威还没有建立，皇家师傅（太傅）诸葛恪受托孤重任，何等不易！至亲而又有才干的姬旦（周公），犹有姬鲜（管国国君）、姬度（蔡国国君）造谣生事的诽谤（姬旦是周王朝二任王姬诵的叔父，亲而且尊，有人认为他行将夺取王位）。霍光身受托孤之命，也有刘旦（燕王）、盖公主（刘彻的女儿，嫁盖侯王充）、上官桀的阴谋叛乱（参考前八〇年八月）。侥幸的靠着姬诵（周王朝二任王成王）、昭帝（西汉王朝八任帝刘弗陵）的明智，才能免掉灾祸。从前，不断听说，孙权生杀赏罚，权柄紧握在自己之手，从不交给别人。直到临死之前，才征召诸葛恪，嘱托后事，未必就有精密考虑。加上吴楚地区（故吴王国及故楚王国）人民，性情冲动，自汉王朝（两汉王朝）以来，都如此传言。而诸葛恪远离幼主（孙亮），深入敌人国土，恐怕不是长策美计。虽然说东吴纲纪仍在，上下仍然一团和睦，但再明智的谋略，仍可能百有一失，用古代的事来检查今天，今天就是古代。除非你（诸葛瞻）向堂兄（诸葛恪）进献忠言，谁还有此资格？盼望他班师之后，集中力量推广农业，培植恩惠。等待数年之后，东西两方，同时出动大军北伐，并不算晚，请你仔细研究采纳。”诸葛恪果然由于这个原因覆败。

柏杨曰

诸葛恪的兴起和败亡，是一篇寓言性的“聪明人的故事”。没有一个聪明人不学问渊博、言辞锋利、反应迅速，有果断处理事务的能力。然而，一个可怕的缺点使上述种种优点，全化成陷阱，这缺点就是，他把所有的人都当成白痴。有此一念，使他不能提升到智慧的境界，世界在他聪明的眼睛下呈现出来的，完全走样。为了维护他聪明的形象，对不符合他愿望的事实，往往怒不可遏。

诸葛恪写的那篇文告，我们姑且称之为诸葛恪式的理论，可看出他竟对事实曲解到无耻的程度，本年（二五三），司马师四十六岁，司马昭四十三岁，不能算是儿童，而且在诛杀曹爽的政变中，已显示干才，诸葛恪却向国人宣称他们“幼弱”。对好友的谏诤，只在信件后大批数字：“仔细研读我的言论，就可醒悟！”掌权不到一年，便膨胀到六亲不认；孙权批评他刚愎自用，一开头便露出端倪。士卒患病超过一半，一半就是十万人，这是一个使人惊心的庞大数目，诸葛恪只要到各营走走，便可一目了然，不此之图，却闭着眼睛认为值日官有诈，要动手诛杀。如果值日官真敢向统帅谎报军情，当然应该诛杀，而竟没有诛杀，是因为诸葛恪明知道是真，只是不关心部属生死。

更荒唐的是，诸葛恪倾全国兵力，大举出击，竟没有精密的作战计划，走着走着，在半路上就转了弯，回头攻击临时选择的目标；这简直不像是两国交兵，而像是一场儿戏。战败回来，不但死不认错，毫无歉意，气焰反而更凶。诸葛恪希望用满不在乎的态度，挽回人们对他的敬畏。这一怪诞的逻辑，不知道是怎么想出来的，比起老叔诸葛亮街亭之败后的自责，比起敌人司马师东关之败后的自责，诸葛恪可是别出心裁。以至到了最后，他还狞笑说：“那些娃儿能干出什么？”跟曹爽的“谁敢！”前后呼应，天下顽劣之辈，都是一个窑里烧出来的产品。

孟轲说：“愚而好自用，灾难必降临到他身上！”天下没有愚人，只有把别人当成白痴的聪明人。

10 东吴帝国高级官员，联名上奏，推荐孙峻当全国武装部队总司令（太尉），滕胤当宰相（司徒）。有拍马屁的人向孙峻进言说：“政府大权，应掌握在孙姓皇族之手。如果滕胤当第二位的三公（司徒位在太尉之下），他有很高的声望，人心归附，前途不可限量。”于是高级官员再度联合上奏，推荐孙峻当丞相、最高统帅（大将军）、全国各军区总司令官（督中外诸军事），不另设最高监察长（御史大夫）。于是，高级知识分子及现任官员和退休士绅，对孙峻感到失望（丞相位在三公之上，总揽全局。最高监察长〔御史大夫〕是副丞相之职，今既不设，丞相遂大权在握，对这个独裁专政局面，当然使人失望）。

滕胤的女儿嫁给诸葛恪的儿子诸葛竦，因为这个原因，滕胤呈请辞职。孙峻说："姒鲧、姒文命（夏王朝一任帝）是至亲父子，罪行却不相牵连，滕先生何必这样！"孙峻跟滕胤，虽然内心存有芥蒂，但对外还是互相包容。于是，晋封滕胤当高密侯，一同共事。

11 东吴帝国齐王孙奋，听说诸葛恪被杀，从豫章郡（江西省南昌市）前往芜湖（安徽省芜湖市），打算到首都建业，观察时局变化。亲王师傅（傅）及封国宰相（相）谢慈等劝阻，孙奋把他们斩首。东吴帝孙亮下诏：撤除孙奋爵位，贬作平民，放逐章安（浙江省台州市西北章安街道）。

南阳王孙和的王妃张女士，是诸葛恪的甥女。之前，诸葛恪有意把首都迁到武昌（湖北省鄂州市），下令整修武昌宫殿，民间遂传出流言：说诸葛恪打算迎立孙和。等到诸葛恪被杀，丞相孙峻借口这件事，撤销孙和封爵，放逐新都郡（浙江省淳安县），接着派出使节，强迫孙和自杀（年三十岁）。

最初，孙和的一位姬妾何女士，生儿子孙皓，其他姬妾分别生儿子孙德、孙谦、孙俊。孙和临死前，跟王妃张女士诀别。张女士说："无论是福是祸，我都跟随你，绝不单独偷生。"也自杀。何姬说："如果大家都死，谁抚养这些无父孤儿？"遂担负起养育孙皓跟他三个弟弟的责任，四个孩子都获得保全。

二五四年 甲戌

曹魏	嘉平	六年
	正元	元年
蜀汉	延熙	十七年
东吴	五凤	元年

1 春季，二月，曹魏帝国（首都洛阳〔河南省洛阳市东白马寺东〕）诛杀立法署长（中书令）李丰。

李丰十七八岁时，已有清高名声，社会人士一致称赞。只有他老爹交通部长（太仆）李恢，不愿意这种情势继续发展，命李丰闭门读书，断绝宾客。曹爽专政期间，司马懿宣称有病，隐居在家（参考二四七年五月）；李丰当时担任政务署执行长（尚书仆射），对两位巨头，保持同等距离，所以四〇年代政变时，李丰没有牵连进去。李丰的长子李韬，妻子是二任帝（明帝）曹叡的女儿齐长公主（现任曹魏帝曹芳的姐姐）。司马师当权后，擢升李丰当立法署长（中书令）。当时，祭祀部长（太常）夏侯玄，名震天下，但因他跟曹爽的亲戚关系（他是曹爽姑妈的儿子），不能掌握实质权力（夏侯玄原任征西将军，驻防长安〔陕西省西安市〕，于二四九年召回京师），一直愤愤不平。皇后的老爹张缉，居于闲散之地（张缉本是东莞郡〔山东省沂水县东北〕郡长，前年〔二五二〕召回京师，任特级国务官〔光禄大夫〕），也不得意；而李丰跟二人非常友好。所以司马师虽擢升李丰的官位，李丰内心却归附夏侯玄。

李丰在立法署两年，曹魏帝（三任）曹芳（本年二十三岁）经常召见他谈话，谈话内容，外界不详。司马师知道一定是讨论如何对付自己，遂请李丰相见，诘问他谈些什么，李丰不肯吐露。司马师霎时间大怒如狂，用刀柄猛烈撞击，把李丰捣死，拖出尸首，送到司法部（廷尉）。遂即扩大打击面，逮捕李丰的儿子李韬，以及夏侯玄、张缉，全羁押司法部监狱。命司法部长（廷尉）钟毓主持审判。

于是，钟毓指控："李丰跟禁宫侍从署副总监（黄门监）苏铄、太后宫总管（永宁署令）乐敦、禁宫护卫执行官（冗从仆射）刘贤等，自动招认：'等陛下（曹芳）封贵人（曹魏帝国小老婆群编制，无"贵人"）的日子，各营军队担任宫门守卫，陛下亲登前殿，乘此机会，包围陛下，发动兵变，诛杀最高统帅（大将军司马师）。陛下如果拒绝支持，就强加劫持。'"又指控："他们阴谋推举夏侯玄当最高统帅（大将军）、张缉当车骑将军。夏侯玄、张缉，都知道这项阴谋。"

二月二十二日，斩李韬、夏侯玄、张缉、苏铄、乐敦、刘贤，全屠灭三族。

夏侯霸逃亡蜀汉帝国（首都成都〔四川省成都市〕）时（参考二四九年正月），邀请夏侯玄一齐行动，夏侯玄不肯。等到司马懿逝世（参考二五一年八月），中央禁军总监（中领军）高阳（河北省高阳县东）人许允，对夏侯玄说："用不着再担心了。"夏侯玄叹息说："老兄，你怎么不懂事？司马懿是前辈长者，仍把我们看成老朋友家的年轻晚辈。他的两个儿子司马师、司马昭，恐怕不会包容。"夏侯玄既被捕下狱，拒绝答复任何问题。身为审判长的钟毓，亲自审问，夏侯玄严肃的对钟毓说："我有什么罪？你身为部长级高官，却屈身当丞相府的一名职员，审讯别人！一定要口供的话，你替我写好了。"钟毓知道夏侯玄一代名士，节操高尚，不可能使他屈服；可是，又不能不迅速结案；只好连夜代夏侯玄撰写一份坦承不讳的口供笔录，使笔录跟所指控的罪名相符。在送给夏侯玄过目时，忍不住泪流满面，夏侯玄看后，点头而已，不再说话。等到绑赴东街处决，面色不改，举动如同来时（年四十六岁）。

夏侯玄"点头而已"，含有无限沉痛。可能有人责备钟毓，然而在某一个角度上，钟毓却多少还有点人性，天良仍未全泯。第一，他仅只代替夏侯玄撰写口供而已，并没有对夏侯玄横加侮辱，换了特务问官，反应恐怕是跳起来就是一耳光："你教我做假口供啊，我要你这个狗娘养的反动分子，亲口供出你的罪行！"在酷刑下，夏侯玄不可能保持他的自尊。第二，钟毓了解他审理的是一件血海般庞大的冤狱，所以他痛哭流泪。换了特务问官，为了他已完成一项政治任务，良心不但不会不安，反而还会洋洋得意；认为他在排除革命道路上的障碍，又建一次奇功。

李丰的老弟李翼，当兖州（州政府设廪丘〔山东省郓城县西北〕）州长（刺史），司马师派人逮捕。李翼妻子荀女士对李翼说："老哥的事情爆发，你应该乘逮捕令还没有下来，投奔吴国（东吴帝国，首都建业〔江苏省南京市〕）逃命，为什么坐在这里等待死亡，左右亲信中，有谁可以随你赴汤蹈火？”李翼思索，还没有回答，荀女士说：“你主持一个大州，却没有交一个同生共死的朋友，即令逃亡，也无法躲过灾难。”（荀女士的智慧超人，从丈夫的沉吟，立刻判断他平常做官虽然成功，但做人失败。）李翼说：“两个孩子年纪还小，我不逃走，不过我一人死（老哥犯罪，罪连老弟，只诛杀老弟；如果投奔东吴帝国失败，全家都死），两个孩子还可活命。”遂坐等逮捕，被杀。

最初，李丰的老爹李恢，跟政务署执行长（尚书仆射）杜畿，及东安郡（山东省沂水县西南）郡长郭智，友谊甚厚。郭智的儿子郭冲，学识品德，都够水准，但其貌不扬，乡里的人对他印象平平。有一次，郭冲跟李丰一同晋见杜畿，告辞之后，杜畿叹息说：“李恢没有儿子，不但没有儿子，连家都没有。郭智永不会死，因为他的儿子会继承他的事业。”当时的人都认为杜畿的话错了。等到李丰被杀，郭冲正担任代郡（河北省蔚县）郡长，终于保持老爹的家业。

四〇年代（三世纪），夏侯玄、何晏、邓飏，都有盛大的名望，打算结交政务署助理（尚书郎）傅嘏，傅嘏不接受。傅嘏的朋友荀粲感到奇怪，傅嘏说：“夏侯玄志向太大而能力不足，缺少实质才干，唯一的本领是制造虚名。何晏言谈清高，却行为伧俗，喜爱辩论，却没有主见，这正是‘利口覆邦国’的人（《论语》孔丘抨击阳货语）。邓飏做事，有始无终，既要名，又要利，没有原则，只喜爱意见与他相同的人，不喜爱意见跟他相异的人。话特别多，谁比他好，他就嫉妒谁。话太多一定惹是生非，妒心太重则没有真挚的友情。我观察这三位先生，都会摧毁他们的家族，远离他们都来不及，怎么还能亲近？”傅嘏又跟李丰不能相容，对朋友说：“李丰对人，全是虚情假意，疑心又重，欣赏自己的小聪明，却沉醉于权力斗争。如果教他负责重要工作，一定有杀身之祸。”

2 二月二十三日，曹魏帝国大赦。

3 三月，曹魏帝国罢黜张皇后（因她是叛乱犯张缉的女儿）。

夏季，四月，曹魏帝曹芳封王女士继任皇后；王女士，是御车总监（奉车都尉）王夔的女儿。

4 曹魏帝国狄道（甘肃省临洮县）县长李简，秘密修书，请求归降蜀汉帝国（首都成都）。

六月，蜀汉帝国首都卫戍司令（卫将军）姜维，进军陇西（甘肃省陇西县）。

5 曹魏帝国中央禁军总监（中领军）许允，跟李丰、夏侯玄，一向感情友善。

秋季，擢升许允当镇北将军、“假节”、河北军区司令长官（都督河北诸军事）。曹魏帝曹芳为了许允远离（河北军区司令部设蓟县〔北京市〕），下诏集合文武百官饯行，特别把许允唤到身旁；许允拜别时，忍不住流泪唏嘘，不胜感伤。小报告立刻打给司马师，司马师采取激烈措施。许允还没有动身，有关单位已指控许允：“从前曾经浪费国家财产。”逮捕许允，羁押司法部（廷尉）监狱，贬逐乐浪郡（朝鲜半岛平壤市），在途中死亡。

6 东吴帝国（首都建业）丞相孙峻，骄傲荒淫，凶残暴戾，人民对他怀恨，不敢正眼相看。军政官（司马）桓虑，阴谋诛杀孙峻，另行拥立前任太子孙登的儿子吴侯孙英，继任皇帝；失败，参与的人全被诛杀。

7 曹魏帝国（首都洛阳）皇帝曹芳，为了李丰惨被诛杀，愤愤不平。安东将军司马昭，镇守许昌（河南省许昌市东），接奉诏书，出军迎战姜维。

九月，司马昭率军经过京师（首都洛阳），晋见曹魏帝曹芳，曹芳亲自到平乐观（洛阳城西）检阅西上大军。曹芳左右建议曹芳，乘司马昭入见拜辞之时，把他诛杀，然后就使用他的部队备战，攻击最高统帅（大将军）司马师。诏书已经写好，放在曹芳面前，对这种雷霆万钧般的孤注一掷，曹芳恐惧，不敢执行，但消息立刻走漏。

司马昭大军立即折返，进入首都洛阳（大军已越过洛阳，抵达城西平乐观，现在因紧急情况，回军入城）。司马师决定发动第二次政变，撤换皇帝。

九月十九日，司马师用郭太后的名义，下令文武百官集会，宣称："皇帝（曹芳）荒淫无道，迷恋戏子及歌舞女郎，没有资格当皇家继承人。"文武百官没有人敢表示反对。于是决议："奏请太后，收回皇帝印信，命曹芳回到他原来的封国（齐国〔山东省淄博市东临淄区〕，曹芳原封齐王）。"司马师派郭太后的叔父郭芝，进宫报告郭太后。

郭太后跟曹芳，还不知道发生巨变，正在对坐谈话。郭芝报告曹芳说："最高统帅（司马师）要罢黜陛下，另立彭城王曹据（曹操的儿子）。"曹芳立刻站起来离开现场，郭太后大不高兴。郭芝说："太后对儿子不能管教，而今，最高统帅（司马师）已做最后决定，军队又在宫外戒严，防备非常变化，你只有顺着他的意思，还能再做什么？"郭太后说："我想见最高统帅（司马师），有话对他说。"郭芝说：

“你怎么可以随便见最高统帅（司马师）？你要做的是，快去拿出皇帝印信。”郭太后只好屈服，教身旁侍候的人去拿皇帝印信，放在座位一旁。郭芝出宫报告司马师，司马师大喜。又派使节把齐王的印信交给曹芳，命曹芳前往西宫。曹芳跟郭太后流泪诀别，登上亲王专用的车辆，从太极殿南方出宫。给曹芳送行的高级官员数十人，其中全国武装部队总司令（太尉）司马孚悲痛不能克制，其他多流泪不止。

司马师又派使节向郭太后索取皇帝印信，郭太后说：“彭城王（曹据）在辈分上，是我的叔父，如果当皇帝，我往哪里去？而且明皇帝（二任帝曹叡、郭太后丈夫）难道永远断子绝孙？高贵乡公（曹髦）是文皇帝（一任帝曹丕）的长孙，明皇帝（二任帝曹叡）弟弟（东海王曹霖）的儿子（二二二年，曹魏帝国制定封建顺序：“初封亲王”的庶子封公爵〔乡公〕，“嗣位亲工”的庶子封侯爵〔亭侯〕，公爵的庶子封伯爵〔亭伯〕），在礼法上，小宗（庶子系统）有入继大宗（嫡子系统）的义务，请再商议考虑。”

九月二十二日，司马师第二次召集文武百官会议，宣示郭太后的旨意，于是，决定派人前往元城（河北省大名县东北）迎接曹髦（王淩兵变失败后，所有亲王集中居住邺城〔河北省临漳县西南邺城镇〕。现在先把曹髦送到元城，再去元城迎接）。曹髦，是东海王（定王）曹霖的儿子，本年十四岁。司马师命祭祀部长（太常）王肃“持节”（皇太后的符节），前往迎接。司马师又请郭太后交出皇帝印信，郭太后说：“曹髦小时候，我见过他，我打算亲自把印信交到他手上。”

冬季，十月四日，曹髦抵达首都洛阳城北玄武馆。文武官员请曹髦下榻前殿，曹髦认为先帝（前数任皇帝）曾住过前殿，不敢进住，暂时在西厢房止宿。文武官员又请使用法驾（参考前一八〇年闰九月），曹髦不接受。

十月五日，曹髦进入首都洛阳，文武百官在皇宫西掖门南，集体参见，曹髦下车答拜，陪同人员说："天子不应答拜。"曹髦说："我现在仍是臣属。"遂答拜，到了止车门（皇宫内门），曹髦下车，左右侍从说："依照规定，天子乘车一直进去。"曹髦说："我接到皇太后征召，并不知道要我做什么？"遂步行到太极殿东堂，参见郭太后。当天，就在太极殿前殿，正式登极称帝（四任帝），参与典礼的人，都十分欣慰。

大赦，改年号（之前是嘉平六年，之后是正元元年）。

在河内郡（河南省武陟县）兴筑宫殿，供被罢黜的皇帝曹芳居住。

8 蜀汉帝国（首都成都）首都卫戍司令（卫将军）姜维，从狄道（甘肃省临洮县）出军，攻陷河关（甘肃省积石山县北）、临洮（甘肃省岷县）。曹魏帝国（首都洛阳）将军徐质迎战，斩蜀汉帝国荡寇将军张嶷，姜维只好撤退。

9 最初，曹魏帝国扬州（州政府设寿春〔安徽省寿县〕）州长（刺史）文钦，骁勇剽悍，超过常人；故最高统帅（大将军）曹爽因他是同乡（谯郡〔安徽省亳州市〕）的缘故，甚为敬爱。文钦仗恃曹爽后台，常常欺压凌辱同僚。等到曹爽被杀（参考二四九年正月），而文钦作战，又总是虚报杀敌及俘虏的人数，邀功邀赏，司马师常常加以抑止，文钦遂心生怨恨。镇东将军毌丘俭，一向跟夏侯玄、李丰友善；夏侯玄等被杀（参考本年〔二五四〕二月），毌丘俭警惕到随时都会来临的危机，遂千方百计，厚待文钦。毌丘俭的儿子、诉讼监察官（治书侍御史）毌丘甸，对老爹说："您负有国家独当一面的重责大任，皇帝受到罢黜，却像没事人一样，守住自己的高位，将受天下人的责备。"毌丘俭同意。

二五五年

乙亥

曹魏	正元	二年
蜀汉	延熙	十八年
东吴	五凤	二年

1 春季，正月，曹魏帝国（首都洛阳〔河南省洛阳市东白马寺东〕）镇东将军毌丘俭、扬州（安徽省中部）州长（刺史）文钦，宣称：奉郭太后密诏，在寿春（扬州州政府所在县，安徽省寿县）起兵，通告全国各州郡，讨伐最高统帅（大将军）司马师。上书曹魏帝（四任）曹髦（事实上只是一篇文告，不可能抵达皇帝面前），说："相国司马懿忠贞公正，对国家有重大功勋，应宽恕他的后嗣。谨请撤除司马师的官职，仅以侯爵身份，返回家宅，而用他的弟弟司马昭接替他的职务。全国武装部队总

司令（太尉）司马孚，忠孝谨慎；军事总监（护军）司马望，奉公守法，都应特别宠信，赋给他们重要职位。”司马望，是司马孚的儿子。

毌丘俭又派人邀请镇南将军诸葛诞参与，诸葛诞把派去的使节斩首（时诸葛诞在安城〔河南省正阳县东北〕）。毌丘俭、文钦率大军五六万人，渡过淮河，向西挺进，抵达项县（河南省沈丘县）。毌丘俭坚守，文钦出击。

司马师得到情报，向首都洛阳市长（河南尹）王肃，询问对策；王肃说：“从前，关羽在汉水俘虏于禁，有北上争夺天下的大志；后来，孙权发动偷袭，俘虏关羽将士们的家属，关羽大军，遂霎时瓦解（参考二一九年十月）。毌丘俭、文钦所率淮南兵团将士们的父母妻子，全在内地（曹魏帝国制度：将领出征，或担任驻防以及独当一面的司令官，都有人质留在首都。时驻防淮南的将士，都从内地各州派出，所以眷属仍留内地各州）。我们必须紧急行动，一面出军阻截，一面保护叛军将士们留居内地各州的家属，只要使叛军不能前进，必然发生关羽模式的土崩瓦解。”当时，司马师因眼中生瘤，刚动过手术，痛苦异常。有人认为不可亲自出动，由全国武装部队总司令（太尉）司马孚统军，足可应付。王肃跟政务署执行官（尚书）傅嘏、立法官（中书侍郎）钟会，劝司马师必须亲征，司马师犹豫不决。傅嘏说：“淮南兵团骁勇善战，毌丘俭等正仗恃这种优势，长驱直入，不易抵挡，我们的将领万一有个差错，主动的形势一旦消失，你就全盘都输。”司马师一身冷汗，跳起来说：“我躺到车子上去！”

正月五日，司马师率中央及地方联合大军，出兵讨伐毌丘俭、文钦。任命老弟司马昭兼中央禁军总监（中领军），留在首都洛阳镇守，征召东西北三方各州郡驻屯军，在陈郡（河南省周口市淮阳区）、许昌（河南省许昌市东）会师。

司马师再向宫廷禁卫官司令（光禄勋）郑袤请教。郑袤说："毌丘俭有智谋，但分析不够深入；文钦有勇气，但缺少头脑。我们的行动必须迅速，使他们大出意外。淮南兵团虽然锐不可当，但不能持久。应该挖深护城河床，增强城防，打击他们的士气，这是周亚夫在七国之乱时取胜的战略（参考前一五四年正月）。"司马师认为对极，任命荆州（州政府设新野〔河南省新野县〕）州长（刺史）王基，代理大本营监军官（行监军），"假节"（持节），统御陪都许昌军区各军（曹魏帝国奠都洛阳后，把东汉王朝故都许县，改名许昌，仍保留宫殿，作为陪都，驻屯重兵，是东方及南方的重要军事基地）。王基向司马师建议说："淮南兵团叛变，并不是官民叛变。毌丘俭等欺骗胁迫，官兵们恐怕受到杀害，才勉强聚集在一起。我们大军一临，他们一定四散逃走。毌丘俭、文钦的人头，用不了一天就会悬挂营门！"

司马师同意，命王基担任前锋；但不久又命王基停止前进。王基认为："毌丘俭等的兵力，足可以继续挺进，可是却一直停留在项县（河南省沈丘县），一定有他的原因。大概假传圣旨的行为已经泄漏，军心不稳。我们如果不展示威力，收拾民心，却困守不动，给人一种畏惧怯懦的印象，军事上将丧失优势。如果毌丘俭、文钦，大肆裹挟人民入伍，扩大部队；或者我们州郡地方民兵的家属，落到盗匪（毌丘俭及文钦）之手（毌丘俭、文钦攻陷一郡，该郡民兵家属就被劫持；攻陷一州，该州民兵家属便被劫持），我们军心可能离散。毌丘俭等所裹挟的部属，自己知道已犯下叛逆滔天大罪，不敢回归中央。我们却停顿在丝毫不能发生作用的空地之上，徒使奸恶之徒壮大。一旦东吴那些盗匪（东吴帝国）乘势动手，则淮河以南，不再是帝国领土。谯郡（安徽省亳州市）、沛国（江苏省沛县）、汝南郡（河南省息县）、颍川郡（河南省许昌市东），都将陷于混乱，这是一项最大的错误。我们应火速占据南顿（河南省项城市），南顿大邸阁仓库，有足供大军四十天的存粮；坚守南顿，利用充足的粮秣，先声就足以使敌人心怀不安，这是消灭盗匪（毌丘俭等）的重要一步。”经过不断请求，司马师才接受，王基遂进抵濦水（石梁河）。

闰正月一日，司马师进抵濦桥（石梁河桥）。毌丘俭部将史招、李续，先后投降。王基再向司马师建议："军事行动，慎重迅速第一，从没有听说可以长期的依赖投机取巧。而今，外有强大的盗匪（东吴帝国跟蜀汉帝国），内有叛变的大臣，如果不能迅速解决，事情如何变化，难以预料。参与决策的人，都说：'将军应该慎重。'慎重是对的，但停止前进，却是错误。慎重，不是停止前进之意，而是不要给敌人侵犯的机会。现在这种困守城堡，把各地存粮送给盗匪，而自己却从后方运输，不是上等计谋。"司马师仍不允许。王基说："将领在战场上，不接受君王的命令（《孙子兵法》语）。他们夺到手对他们有利，我们夺到手对我们有利，这是《兵法》上的'必争之地'。（《孙子兵法》："有散地、有轻地、有争地〔必争之地〕、有交地、有冲地、有重地、有圮地、有围地、有死地。"）这个'必争之地'，就是南顿（河南省项城市）。"于是，迅速进驻南顿。毌丘俭等从项县（河南省沈丘县）出军，也准备进驻南顿，行军十余华里，听说王基先一步到达，遂回军退保项县。

2 正月三十日（原文误置于闰正月，据《三国志》改），曹魏帝国征西将军郭淮逝世。中央任命雍州（州政府设长安〔陕西省西安市〕）州长（刺史）陈泰接替。

3 东吴帝国（首都建业〔江苏省南京市〕）丞相孙峻，率骠骑将军吕据、左将军会稽郡（浙江省绍兴市）人留赞，袭击曹魏帝国（首都洛阳）

寿春（曹魏扬州及淮南郡政府所在县，安徽省寿县）。

4 曹魏帝国最高统帅（大将军）司马师，下令各军：加强防御工事，等待东方各州部队会师（东方各州，指青州、徐州、兖州）。各将领要求向项县（河南省沈丘县）发动攻击，司马师说："各位只知其一，不知其二。淮南兵团将士，本没有叛变之意，毌丘俭、文钦，威迫利诱，一定向他们保证说：全国各地，会纷纷响应。可是起事之后，淮河以北州郡，却没有人追随。史招、李续，反而先后出降。内部离心，外部背叛，自己知道定会失败。被困在笼子里的野兽，还要挣扎厮咬，我们如果逼得太紧，速战速决，可是正符合他们的愿望。虽然一定可以攻取，但伤亡也一定惨重。而且，毌丘俭等欺骗将士，诡诈百出，只要时日稍久，真实情况，自会明显，这是用不着厮杀就可以克制敌人的方法。"命诸葛诞统御豫州（河南省）所有部队，从安丰（安丰郡郡政府所在县，安徽省霍邱县）出军，攻击寿春（安徽省寿县。毌丘俭、文钦根据地）。命征东将军胡遵，统御青州（山东省北部）、徐州（江苏省北部）所有部队，前返到谯郡（安徽省亳州市）、睢阳（梁国首府，河南省商丘市）之间集结，切断淮南兵团退路；司马师则进屯汝阳（河南省商水县）。

毌丘俭、文钦陷入窘境，进攻则敌人拒不应战，撤退回寿春（安徽省寿县），恐怕受到袭击。智谋枯竭，不知道如何是好。淮南兵团将士家属，都在北方，军心沮丧，纷纷逃走，向政府军投降；只有新归附的屯垦新兵，还维持斗志。

毌丘俭初起事时，派人星夜送信到兖州（州政府设廪丘〔山东省郓城县西北〕）。兖州州长（刺史）邓艾，诛杀送信使节，亲率一万余人，兼程南下，直到乐嘉城（河南省周口市东南），建立浮桥，等候司马师。毌丘俭命文钦迎击，而司马师率军暗中移动，从汝阳秘密到乐嘉城，跟邓艾会师（司马师大军如今才出现于颍河）。文钦突然发现中央军主力，大吃一惊，惊骇发呆，手足失措。文钦的儿子文鸯，年十八岁，勇力超人，对老爹说："在他们还没有安定下来之前，可以击破。"于是分为两队，在深夜对司马师大营发动前后夹攻，文鸯率敢死队首先冲入，杀声鼓声，震动天地，大营仓猝应战，一片混乱，司马师紧张恐惧，刚动手术的眼睛，伤口崩裂，眼珠暴出，唯恐怕将士知道他的狼狈，用牙齿咬住被子，强忍剧痛，连被子都被咬破。可是，文钦大军在约定时刻，却不能及时赶到会合，而天色已明，文鸯见中央军人数众多，只好撤退。司马师急令各将领："贼（文鸯）已逃走，立即追击。"各将领说："文钦父子骁勇，并没有受到打击，为什么逃走？"司马师说："'一鼓作气，再而衰，三而竭'（《左传》前六八四年，曹刿语），文鸯失去接应，声势已屈，不逃走还等什么？"文钦大军向后撤退，文鸯说："不先给他们一个痛击，我们就摆不脱。"率十余个勇猛骑兵，直冲追军，深入阵地，马蹄所及，势如摧枯拉朽，无人敢当，然后回军。司马师命左秘书长（左长史）司马班，率精锐骑兵部队八千人，左右包抄，紧追不舍。文鸯单枪匹马，反身杀入八千骑兵中，击斩及击伤一百余人，扬长而出，然后再突然杀入，再扬长而出，反复攻击六七次之多，追兵不敢逼进。

殿中指挥官（殿中人）尹大目（参考二四九年正月），自幼在曹家当奴仆，一直是皇帝的跟班，不离皇帝左右，司马师要求跟随一同出征。尹大目知道司马师一只眼珠已经暴出，报告说："文钦本是您的心腹，只是被毌丘俭引入歧途。他又是天子的同乡（文钦是谯郡〔安徽省亳州市〕人），跟我感情至好，请准许我追上去化解误会，说服他反正，使他再跟明公（司马师）合作。"司马师同意。尹大目单身匹马，穿上铠甲，去追文钦；追到之后，遥遥对话。尹大目一心效忠曹姓皇家，但又不能明言，只好胡乱说：“您为什么不能多忍耐几天？”（预料司马师病故后，必当有变。）希望文钦领悟话中含意，而文钦不能领悟，反而厉声诟骂尹大目说：“你是先帝（历任皇帝）的家人，不图报恩，反而跟司马师同当叛徒，不顾天理良心，天不饶你！”拔箭张弓，要射尹大目，尹大目哭泣说：“大势已去，你自己多保重！”

当天，毌丘俭得到文钦败退消息，大为惊骇，六神无主，连夜撤出项县（河南省沈丘县），向东退走，一时之间，全军崩溃，四散逃亡。文钦回到项县，只看到一座空城，孤军无依，不能自立，打算回寿春（安徽省寿县），寿春已被诸葛诞攻陷，只好投奔东吴帝国（首都建业）。东吴帝国丞相孙峻率军进抵东兴（安徽省巢湖市东南），接到毌丘俭兵败消息。

闰正月十九日，再进抵橐皋（安徽省巢湖市西北）；文钦父子向东吴大营归降。

毌丘俭向北逃亡，逃到慎县（安徽省颍上县北），左右卫士亲信，不断溜走，毌丘俭人困马乏，躲藏在水边草丛之中。

闰正月二十一日，安风津口（颍上县南淮河渡口）平民张属，发现行踪，击斩毌丘俭，把人头送到京师（首都洛阳）；曹魏帝国政府封张属侯爵。

诸葛诞将入寿春（安徽省寿县），寿春城居民十余万人，魂飞天外（二五一年，王淩胎死腹中的兵变，司马懿在寿春大肆流血，很多人被屠灭三族，惊魂未定），恐怕再一次屠杀，纷纷向城外逃亡，有的逃到深山荒野，有的逃到东吴帝国（首都建业）。曹魏帝（四任）曹髦（本年十五岁）下诏：任命诸葛诞当镇东大将军，“仪同三司”（权力、部属、派头等一切，跟三公完全一样。参考一〇六年三月）、扬州军区司令长官（都督扬州诸军事。镇东将军府及扬州军区司令部同设寿春）。

三世纪·二五五年正月至闰正月
毌丘俭、文钦叛曹魏

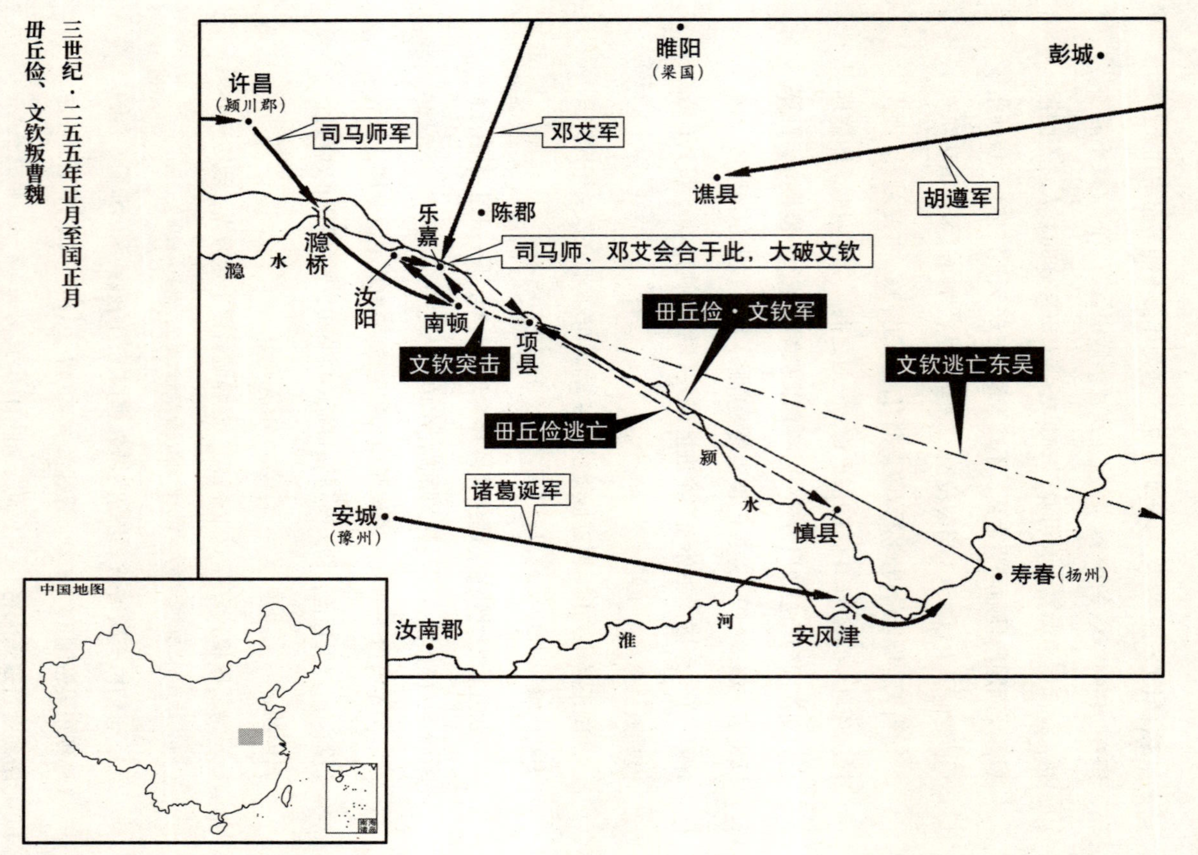

屠灭毌丘俭三族；毌丘俭同党七百余人，羁押监狱，执法监察官（侍御史）杜友主持审讯，只诛杀重要人物十余人，其他的全都奏请免死。毌丘俭孙女，嫁给刘姓人家，身在“三族”之内，只因怀有身孕，暂时囚禁司法部监狱（廷尉狱），等生下娃儿后，再行斩首。京畿总卫戍司令部主任秘书（司隶主簿）程咸建议说：“女儿出嫁，如果已生育子女，则已成为别人的娘亲，在效果上，杀了她不足以阻吓娘家人邪恶的行为；在情理上，杀了她徒伤孝子孝女的恩情。当一个男人，不会因别族的人犯罪，自己受到牵连；当一个女子，则不论娘家犯罪或夫家犯罪，都会被杀，这不是怜悯弱女，法律之前人人平等的本意。我认为，没有结婚的女儿，在‘三族’之内，随父母而死；已经结婚的女儿，在‘三族’之外，只随丈夫而死。”政府批准，并正式成为法律。

5 曹魏帝国最高统帅（大将军）、舞阳侯（忠武侯）司马师病重，返回许昌（河南省许昌市东），命警卫指挥军事参议官（中郎将参军事）贾充，留驻许昌统御各军；贾充，是贾逵的儿子（贾逵，参考二二〇年七月）。首都卫戍司令（卫将军）司马昭从首都洛阳，赶到许昌探望老哥司马师，司马师命司马昭接管全国军权（总统诸军）。

闰正月二十八日，司马师在许昌逝世（年四十八岁）。立法官（中书侍郎）钟会，担任司马师的机要秘书。曹魏帝曹髦主动下诏给政务署执行官（尚书）傅嘏，说明东南变乱，刚刚平定，命司马昭暂驻许昌，监督内外，命傅嘏率大军班师。钟会跟傅嘏密谋对付这项新的情况，决定由傅嘏上书，陈述司马昭必须回京（首都洛阳）的理由，奏章发出后，不等批示，傅嘏、司马昭，立即率军出发，进入洛水南岸基地（皇帝曹髦主动下诏留司马昭镇守许昌，是最厉害的一击，如非钟会献计：由司马昭强行回军，则大权可能会滑出掌握，司马昭变成一个拥有有限兵力的方面大员而已，局面将全部改观。首都洛阳如果有野心家崛起，效法当年司马懿行径，司马昭立陷危境，这是司马昭最脆弱的时刻)。

二月五日，擢升司马昭当最高统帅(大将军)、主管政府机要(录尚书事)。钟会从此对他自己的智谋，十分欣赏，脸上时常流露自负神色。傅嘏警告他说:“你的志向太大，但心胸不够宽厚，人生在世，建立功勋事业，不像你想象中那么简单容易，怎么能不谨慎?”

6 东吴帝国(首都建业)丞相孙峻，听说诸葛诞已据守寿春(安徽省寿县)，即行班师。任命文钦当总督(都护)、镇北大将军、幽州(河北省北部及辽宁省)全权州长(空头官衔。此时幽州属曹魏)。

7 三月，曹魏帝国(首都洛阳)皇帝曹髦，封卞女士当皇后，大赦。卞皇后，是曹操正妻卞太后的老弟卞秉的曾孙女。

8 秋季，七月，东吴帝国(首都建业)将军孙仪、张怡、林恂，阴谋诛杀丞相孙峻，失败，处死的有数十人。孙大虎(全公主)陷害她妹妹孙小虎(朱公主)，告诉孙峻说:“孙小虎跟孙仪同谋。”孙峻遂斩孙小虎。

孙峻命皇城保安司令(卫尉)冯朝，兴建广陵新城(江苏省扬州市)，费用庞大，民工众多，政府官员中没有人敢说一句话，只有宰相(司徒)滕胤劝阻，孙峻不理;但也终于不能完工。

9 蜀汉帝国(首都成都〔四川省成都市〕)首都卫戍司令(卫将军)姜维，讨论再出军北伐。在金銮宝殿上，征西大将军张翼，当着皇帝

(二任)刘禅(本年四十八岁)的面，跟姜维争辩，认为："帝国面积太小，民力太弱，不应该不断发动战争。"姜维不接受，率车骑将军夏侯霸以及张翼，一同出军。

八月，姜维率数万人，抵达枹罕(音fú hǎn〔浮喊〕。甘肃省临夏市)，直指狄道(甘肃省临洮县)。

曹魏帝国(首都洛阳)征西将军陈泰，命雍州(州政府设长安〔陕西省西安市〕)州长(刺史)王经，进驻狄道；约定等陈泰援军抵达时，东西结合呼应，同时出击。陈泰大军时在陈仓(陕西省宝鸡市东陈仓镇)；王经统御各军，沿洮水东汉王朝时代旧有边塞一带扎营，跟蜀汉兵团接触，情况不利，王经并不能忍耐，遂强渡洮水。陈泰得到情报：王经并没有据守狄道(甘肃省临洮县)判断事情将发生变化，立即率领各部队，前进赴援。而王经跟姜维已在洮水西岸会战，王经大败，急率残军一万余人退保狄道，其他部队，全都四散逃命，死亡的达一万人。张翼对姜维说："现在应该停止了，不应继续攻击，否则可能使我们的战果化为乌有，岂不是画蛇添足？"姜维对张翼屡次不断的阻挠，大为震怒，下令包围狄道。

八月二十二日，曹魏帝曹髦，擢升外籍兵团指挥官(长水校尉)邓艾，代理安西将军，会同陈泰，合力拒抗姜维。

八月戊辰日(戊辰日是十九日，有误)，再命全国武装部队总司令(太尉)司马孚，统率大军作为后继。陈泰进军到陇西郡(甘肃省陇西县)，各将领都说："王经刚刚受到挫败，盗匪(蜀汉军)气势正盛，将军(陈泰)率领的部队，来自四面八方，全是乌合之众，在战败之后，面对胜利者的高昂士气，恐怕非失利不可。古人说：'毒蛇咬手，壮士砍断手腕。'《孙子兵法》说：'对敌军，有时候不必攻击；对城池土地，有时候不必固守。'因为小的损失，会换来大的利益。我们不如据守险要，先保安全，严密监视敌人变化，抓住机会，再发出求救信号，这应是上计。”

陈泰说：“姜维用少数轻装备部队，深入我们国境，就是希望跟我们在大平原上决战，以求歼灭我们的野战军，获得一次决定性胜利。王经早就应该固守城垒，挫败他们的锐气，而竟跟他们野战，正好跳进盗匪（姜维）圈套。王经既被击败，姜维就应乘战胜余威，向东挺进，据守栎阳（应是略阳，甘肃省秦安县东北），夺取那里丰富存粮，然后派军四出，招降纳叛，引诱羌人、胡人归附，向东争夺关中（陕西省中部）、陇西（陇山以西），向四郡发动政治号召（四郡：陇西郡、南安郡〔甘肃省陇西县东南〕、天水郡〔甘肃省甘谷县〕、广魏郡〔甘肃省天水市东〕），我们的麻烦就大了。他不这样做，反而把战胜的部队，摆在坚固的城池之下，把士气高昂的兵卒，委屈在攻城之战上送命。攻和守的形势不一样，主军和客军的地位更不相同。《孙子兵法》说：‘制造盾牌和撞车，要三个月。构筑土山，三个月之后才可能完成。’（言攻城不易，除非万不得已，不要攻城。）这对孤军深入的敌人，绝不是有利的形势。而姜维正是孤军深入，自己的粮秣供应都有问题，却去攻城。我们迅速前进，所谓‘迅雷不及掩耳’，定可破敌。洮水在姜维背后，姜维被夹在当中，我们攀登高山，占据险要，正好扼住对方脖子，姜维连抵抗都不敢，必然逃走。对贼寇（蜀汉兵团）不可放松，对围城不可使敌人持续太久，你们怎么会有那种看法？”

陈泰进军，越过高城岭（甘肃省渭源县西），于深夜时分，秘密攀上狄道（甘肃省临洮县）东南高山，遍山燃起烽火，擂动战鼓，吹起号角。

狄道城中发现救兵已到，跳跃欢腾。姜维却想不到救兵会这么快来临；沿着山麓，向陈泰部队急攻，陈泰竭力抵挡，姜维无法攻克，只好撤回。陈泰集结部队，扬言要攻击姜维的退路，姜维恐惧。

九月二十五日，姜维拔营逃走，狄道城中守军才得出城。王经叹息说："粮食不能再支持十天，如果救兵不来得这么快，全城人民都会被杀光，一州全部丧失（一州，指稍后设立的秦州〔甘肃省南部〕，此时还没有秦州）。"陈泰慰劳将士，使守军复员，派出新军接防，重建城池，回军驻屯上邽（甘肃省天水市）。

陈泰看多了虚报军情的现象，每一次发生情况，都虚张声势，使全国受到震荡。陈泰很少做这种事，驿马车呈递军事文书，最快速度不过每天六百华里。最高统帅（大将军）司马昭说："陈泰沉着勇敢，遇事能作正确判断。负担封疆的重责大任，拯救快要陷落的城池，却不要求增兵，又很少虚报军情，是一个克制盗匪的能手。司令长官（都督）、高级将领（大将），难道不该如此？"

姜维撤退到钟提（甘肃省临洮县南）。

10 最初，东吴帝国一任帝（大帝）孙权，不建立皇家祭庙，因老爹孙坚在东汉王朝时代，曾当长沙郡（湖南省长沙市）郡长（参考一八七年十月），仅在临湘（长沙郡郡政府所在县）立一座庙，由郡长负责管理及按时祭祀。

冬季，十月，才在首都建业（江苏省南京市）建立皇家祭庙，孙权祭庙称太祖。

二五六年 丙子

曹魏	正元	三年
	甘露	元年
蜀汉	延熙	十九年
东吴	五凤	三年
	太平	元年

1 春季，正月，蜀汉帝国（首都成都〔四川省成都市〕）擢升首都卫戍司令（卫将军）姜维当最高统帅（大将军）。

2 二月九日，曹魏帝国（首都洛阳〔河南省洛阳市东白马寺东〕）皇帝（四任）曹髦（本年十六岁），在太极殿东堂，设宴款待文武官员；跟儒家学派学者，讨论姒少康（夏王朝八任帝）跟刘邦（西汉王朝一任帝），哪一位更为优秀。曹髦认为姒少康更为优秀（《魏氏春秋》，曹髦对荀顗说："自古以来，帝王的功德言行，互有高下，创业的未必全都优秀，继位的也未必全都拙劣。姒少康生在夏王朝灭亡之后，自己被贬作奴隶，辛苦逃亡，不过保住一命。因为他能推广恩德，运用谋略，终于使王朝复兴。如果不是最伟大的品行和最广阔的爱心，怎会有这种功业？刘邦乘秦王朝土崩瓦解，抓住一时的机会，全靠心智和谋略，建立一个王朝。但所作所为，很多地方，违背圣人的规范，当儿子则几乎害死爹娘，当父亲则几乎不能保护儿子。身死之后，国家濒临覆亡，如果跟姒少康换一下位置，他未必能恢复姒文命〔夏王朝一任帝〕的勋业；因为这个缘故，应该认为姒少康要高，刘邦要低。"本年，曹髦十六岁，十六岁孩子的见解和阅历，还没有资格对人物作正确评估，只不过心理投射，盼望充当姒少康角色。而形势比人强，纵曹操复生，都无法改变，何况一个小娃）。

3 夏季，四月，曹魏帝国赏赐最高统帅（大将军）司马昭龙袍（衮）皇冠（冕）跟一双赤色长靴（这些都是只有君王才能穿戴的东西。司马家族跟摇尾系统，已开动禅让列车，这一站不过是"三锡"，不久就是"九锡"〔九赐〕了）。

4 四月十日，曹魏帝曹髦，前往国立大学（太学），跟儒家学派学者，谈论《书经》《易经》跟《礼经》，学者们都不如曹髦（老学究再昏聩，不会不如一个十六岁的初中学生，只不过因为初中学生屁股坐的是宝座而已）。

曹髦经常跟中央军事总监（中护军）司马望、高级咨询官（侍中）王沈、散骑侍从官（散骑常侍）裴秀、禁宫咨询官（黄门侍郎）钟会等，在太极殿东堂，一面饮酒欢宴，一面高谈阔论，曹髦对他们十分礼敬，称裴秀"儒林丈人"、王沈"文籍先生"。曹髦性情急躁，每次集会，都盼望大家来得越快越好，因为司马望距离较远，特别赏赐给他"追锋车"（一种只有两个轮子，驾两匹马，拆除篷盖的轻便小车），并拨付虎贲武士五人（充当驾驶），每逢遇到皇帝宣召，就飞奔而至。裴秀，是裴潜的儿子（裴潜，参考二〇八年九月）。

5 六月一日，曹魏帝国改年号（之前是正元三年，之后是甘露元年）。

6 蜀汉帝国（首都成都）最高统帅（大将军）姜维，驻防钟提（甘肃省临洮县南）。曹魏帝国决策人士多数认为姜维军力已经枯竭，不能再发动攻击。安西将军邓艾说："洮西之役（参考去年〔二五五〕八月），我们受到的不是小损失：军队崩溃，仓库空虚，人民流离失所，如果评估双方形势，他们有乘胜进击的斗志，而我们的士气不振；这是其一。他们的将领和士兵，互相了解信任，武器锋利；我们的将领是新任命的将领（邓艾接替王经），士兵是新征集的士兵，武器补充还没有完成；这是其二。他们可以利用船舰（钟提〔甘肃省临洮县南〕附近有黑龙河、永宁河，可逆水而上），我们则全靠徒步；劳逸不同，这是其三。狄道（甘肃省临洮县）、陇西郡（甘肃省陇西县）、南安郡（甘肃省陇西县东南）、祁山（甘肃省礼县东北），都要防御，兵力分散，他们则可以集中军队，专攻一点，我们却要四点全守；这是其四。从南安郡、陇西郡，沿途征收羌人粮食，直攻祁山，那一带的麦田已结穗成熟，有千顷（百亩为一顷）之多，可以供姜维收割；这是其五。贼寇（姜维）狡狯，一定发动攻击。"

秋季，七月，姜维率军直指祁山（甘肃省礼县东北），听说邓艾已有准备，于是舍弃祁山，回军董亭（甘肃省武山县南），转攻南安郡（甘肃省陇西县东南）。邓艾在武城山（甘肃省武山县西南）扼守，姜维发动攻击，企图占领险要，不能取胜。当夜，姜维渡过渭河，沿山东进，转攻上邽（甘肃省天水市）。邓艾追击，在段谷（甘肃省天水市南天水镇西南）赶上；姜维跟镇西大将军胡济，约定日期在上邽（甘肃省天水市）会师，胡济不能依时抵达，姜维孤军难支；邓艾发动攻击，大破姜维军。曹魏帝国擢升邓艾当镇西将军、陇右（陇山以西）军区司令长官（都督陇右诸军事）。

姜维军既败，士卒四散逃亡，死伤惨重，蜀汉帝国人民，从此怨恨姜维。姜维上书请求处罚，被贬为首都卫戍司令（卫将军），代理最高统帅（行大将军事）。

7 八月二十六日，曹魏帝国加司马昭官衔："最高总司令官"（大都督），奏事时不自称名字，并赏赐给他帝王诛杀时专用的铜斧（"奏事不名""假黄钺"；禅让列车，又前进一站）。

八月二十九日，擢升全国武装部队总司令（太尉）司马孚，当皇家师傅（太傅）。

九月，任命宰相（司徒）高柔，当全国武装部队总司令（太尉）。

8 东吴帝国（首都建业〔江苏省南京市〕）总督（都护）、镇北大将军文钦，向政府当权高级官员，分析攻击曹魏帝国（首都洛阳）的益处。丞相孙峻，命文钦跟骠骑将军吕据、车骑将军刘纂、镇南将军朱异、前将军唐咨，从江都（江苏省扬州市邗江区西南瓜洲镇）进入淮河、泗水（春秋时代吴王国，曾挖凿运河，称邗沟〔邗，音hán·韩。也称韩江〕，连接淮河、长江。舰队即由邗沟运河，进入淮河，转入泗水），准备攻击曹魏帝国的青州（山东省北部）、徐州（江苏省北部）。

孙峻在石头城（建业城西北）设宴饯行，突然得急病，把后事交付给堂弟偏将军孙綝。

九月十四日，孙峻逝世（年三十八岁）。东吴帝国政府任命孙綝当高级咨询官（侍中）、武卫将军、全国各军区总司令长官（都督中外诸军事）；召吕据班师。

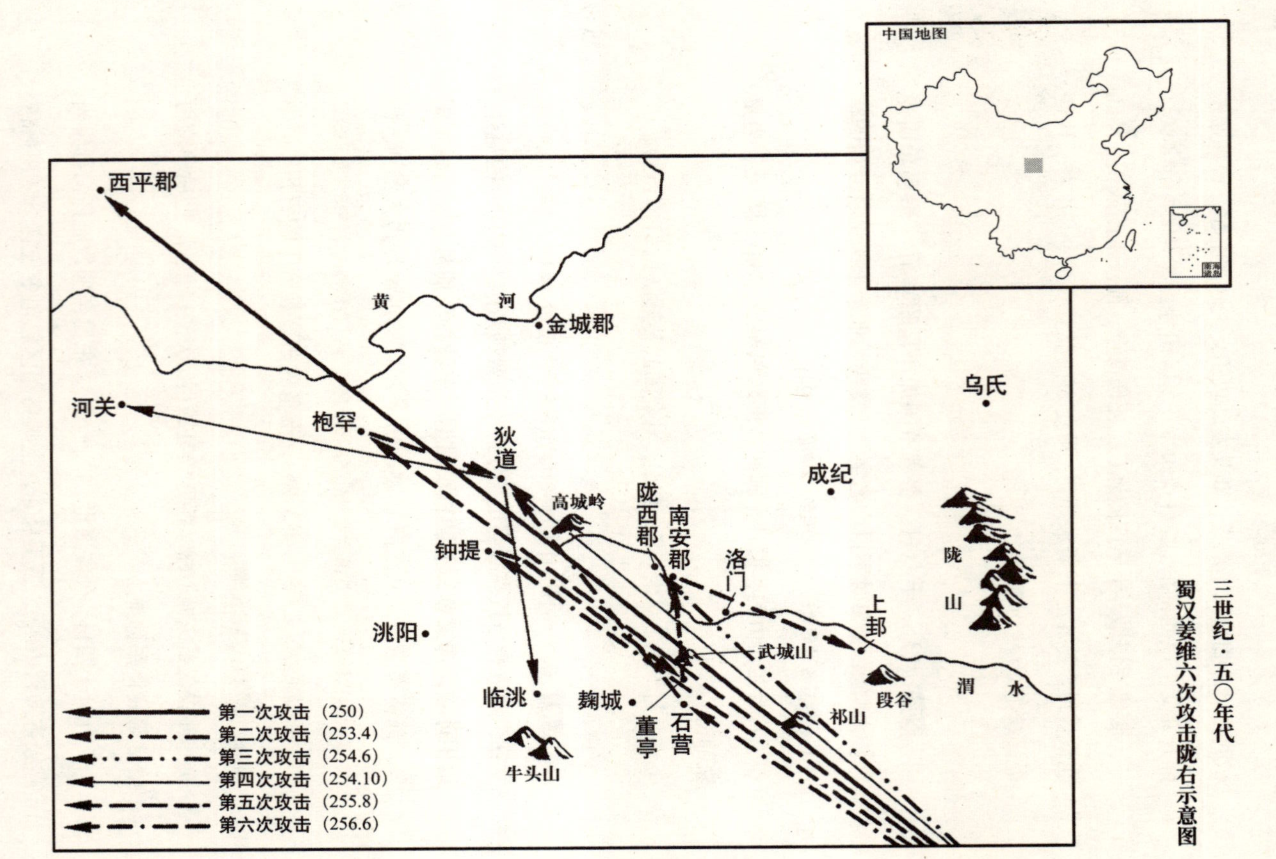

三世纪·五〇年代蜀汉姜维六次攻击陇右示意图

9 九月十六日，东吴帝国最高指挥官（大司马）吕岱逝世，年九十六岁。

最初，吴郡（江苏省苏州市）人徐原，慷慨豪迈，有大志才干。吕岱知道他能有所建树，送给他冠帽和礼服，时常在一起交换意见；由于吕岱的推荐，徐原最后升迁到执法监察官（侍御史）。徐原性格忠烈，直来直往，没有避讳。吕岱偶尔有点过失，徐原一定劝阻，而且在大庭广众中，放言抨击。有人向吕岱打小报告，吕岱叹息说："这正是我尊敬他的地方。"等到徐原逝世，吕岱痛哭，非常悲哀，说："徐原，是我吕岱的益友，而今不幸先去，我再从哪里听到我的过失？"谈论这件事的人，无限赞美。

10 东吴帝国北征大军统帅吕据，听到孙綝接管堂兄权柄，继续辅政，勃然大怒，跟各将领联名上书，推荐宰相（司徒）滕胤继任丞相。孙綝遂改命滕胤当最高指挥官（大司马），接替吕岱的职务，派往镇守武昌（湖北省鄂州市）。吕据率北征大军班师，使人通知滕胤，要求联合罢黜孙綝。

冬季，十月，孙綝反击，命堂兄孙宪，率军北上，据守江都（江苏省扬州市邗江区西南瓜洲镇）阻截。又派宦官送达皇帝的诏令给文钦、刘纂、唐咨等，命他们共同讨伐吕据。又派高级咨询官（侍中）左将军华融、立法署主任立法官（中书丞）丁晏，劝告滕胤立即离开首都建业，前往武昌（湖北省鄂州市）就任。滕胤认为灾难临身，不敢行动；于是乘势留下华融、丁晏，命部属备战，用以保护自己；一面召唤中央禁军司令官（典军）杨崇、将军孙咨，告诉他们孙綝发动政变；一面强迫华融写信给孙綝，劝告孙綝退位；孙綝不接受，上书东吴帝孙亮，指控滕胤谋反。命将军刘丞率骑兵攻击滕胤，允许事情平定之后，封他爵位。

滕胤又劫持华融、丁晏，使他们假传圣旨，征召各军，华融等不接受，滕胤遂斩华融、丁晏。这时有人建议滕胤："率军进据苍龙门（皇城〔宫城〕东门），将士们看到你，一定舍弃孙綝，前来投奔。"但时正半夜，滕胤仗恃跟吕据已约定好会师时刻，而又不敢进逼皇宫。于是，只昭告部属："吕据大军已经接近。"部属欢腾，都愿为滕胤效死，没有人离开，滕胤面色不变，言笑一如平日。夜间大风突起，等到天亮，吕据大军不到，而孙綝征召的各军已经集结，突围而入，斩滕胤跟部属数十人，屠灭滕胤三族。

十月六日，大赦，改年号太平（之前是五凤三年，之后是太平元年）。

有人建议吕据投奔曹魏帝国（首都洛阳），吕据说："我不做叛徒！"遂自杀（吕据，是吕范的儿子，参考二五〇年十月）。

11 曹魏帝国擢升最高监察长（司空）郑冲当宰相（司徒），政务署左执行长（左仆射）卢毓当最高监察长（司空）。卢毓坚决要求把这项高位让给骠骑将军王昶，或特级国务官（光禄大夫）王观、京畿总卫戍司令（司隶校尉）琅邪国（山东省临沂市）人王祥；皇帝不准。

王祥天性孝顺，继母朱女士待他十分苛刻，但王祥对继母越发恭敬谨慎。继母的亲生儿子王览，年仅数岁，每看到王祥被鞭打，就哭泣流泪，抱住娘亲的手。继母教王祥去做危险艰难的事，王览一定跟着一起前往。王祥长大后，娶了妻子，继母虐待这个媳妇时，王览的妻子也一起承受。继母不愿亲儿亲媳受苦，暴行也就稍稍减少。王祥渐渐享有美好的声誉，继母痛恨嫉妒，把毒药放到王祥常饮的酒里，王览知道后，拿起杯子就喝，王祥不准他喝，王览不肯，继母反而大吃一惊，急忙夺走。从此之后，继母给王祥做饭，王览一定先吃几口，继母恐怕王览被毒死，才中止谋害行为。东汉王朝末年，天下大乱，王祥隐居三十余年，不接受州郡政府的征召延聘。继母逝世，王祥悲恸过度，卧病在床，扶着手杖，才能起身。徐州（江苏省北部）州长（刺史）吕虔，任命他当行政官（别驾），把州政府的事，委托他处理。州境之内遂一派升平，政令和教育文化，都能推行。当时人有歌谣说：“徐州安康，全靠王祥／仓库不空，王祥之功。”

中国人把爱心更加精密的分类，而各给予一个专有名词，君王爱人民称“仁”，人民爱君王称“忠”；父母爱子女称“慈”，子女爱父母称“孝”。传统文化中，“孝”是基本的善行，因而求忠臣必于孝子之门，一种单纯的纯洁感情，羼入政治成分，孝行遂被聪明的人利用当作升官发财的工具。

王祥先生的孝行，流传一千余年，列为二十四个典范之一，在这部二十四个典范的《二十四孝》巨著中，王祥以“卧冰求鱼”，受到崇拜。继母冬天想吃鲤鱼，他就卧在河冰上，使河冰溶解，然后从洞口跳出一条鲤鱼。王祥不去凿开冰层，却去用体温使坚冰融化，教人讶异。因为冰不坚则人不能卧，一卧便沉到了河底；冰如厚到可以承受一个人的重量，用人的体温就无法暖出一个窟窿。

《资治通鉴》所述的种种奇事，也同样不可思议。继母使用毒酒，王祥如果不知道它是毒酒，老弟先喝一口，他何至阻止？如果知道它是毒酒，为什么不立即倒掉，却任它放在那里，等待王览举杯之时，他才一跳而起，表演救弟节目。而继母死亡，竟伤心到卧病在床，更明显的是一种诈欺；对百般毒害自己的继母——甚至，即令她是亲娘，都不可能产生这种感情。感情是爱出来的。鞭打，打不出爱；毒酒，毒不出爱。王祥表演的是姚重华模式的孝，他们把孝行当作阿里巴巴的“芝麻”，用来打开石壁上的门，攫取山洞中的权势和财宝。

至少有一点在王祥身上不能应验，他当曹魏帝国的高官，最后却成曹魏帝国的奸臣叛徒，即令他是孝子，也绝不是忠臣。

12 十一月，东吴帝国（首都建业）擢升孙綝当最高统帅（大将军）。孙綝认为他地位高贵，开始倨傲骄慢，盛气凌人。

孙峻堂弟孙宪，曾参与诛杀诸葛恪的阴谋；孙峻待孙宪非常优厚，擢升到右将军、无难禁军司令（无难督），总揽九部事务（平九官事）。孙綝当权后，待孙宪淡薄，远不如孙峻时代。孙宪大怒，跟将军王惇，阴谋诛杀孙綝，事情败露，孙綝斩王惇，孙宪服毒自尽。

二五七年 丁丑

曹魏	甘露	二年
蜀汉	延熙	二十年
东吴	太平	二年

1 春季，三月，曹魏帝国（首都洛阳〔河南省洛阳市东白马寺东〕）最高监察长（司空）、大梁侯（成侯）卢毓逝世。

2 夏季，四月，东吴帝国（首都建业〔江苏省南京市〕）皇帝（二任）孙亮（本年十五岁），出临正殿，大赦，开始亲自处理国事。最高统帅（大将军）孙綝的奏章，孙亮常常查问；又挑选士卒子弟十八岁以下、十五岁以上的壮士三千余人，再挑选年轻勇敢的将领子弟，使他们统领，每天在御花园军事训练。孙亮说："我创立这支部队，打算跟他们一起长大。"又时常到立法署（中书），翻阅老爹一任帝（大帝）孙权时的档案，问左右侍从说："先帝（孙权）经常有独断的决定，而今，最高统帅（大将军孙綝）管事，只不过教我签字，为什么？"有一次吃生梅，教禁宫侍从宦官（黄门）到皇家钱币库（中藏）取蜂蜜，发现蜂蜜中有一粒老鼠屎。孙亮召见钱币库官员询问，钱币库官员除了叩头外，无法解释。孙亮说："侍从宦官（黄门）是不是向你要过蜂蜜？"官员说："曾经要过，但我不敢给他。"禁宫侍从宦官（黄门）坚决否认。孙亮命剖开老鼠屎，中间仍然干燥，笑着对左右说："如果老鼠屎早就在蜂蜜里，里面当是湿润的。而今，外面湿，里面干，一定是侍从宦官（黄门）干的勾当。"盘问侍从宦官（黄门），果然如此，左右大为惊骇。

3 曹魏帝国（首都洛阳）征东大将军诸葛诞，跟夏侯玄、邓飏，交情素厚，夏侯玄等被杀（夏侯玄事参考二五四年二月，邓飏事参考二四九年正月），王淩、毌丘俭，相继屠灭（王淩事参考二五一年四月，毌丘俭事参考二五五年正月），诸葛诞内心不安。于是，变卖所有财产，赈济施舍，救难解困，赦免一些不应该赦免的人，用来收买民心；又训练扬州（安徽省中部）年轻的侠义之士数千人，作为贴身卫队。正好东吴帝国打算向徐堨（即徐塘，在东关〔安徽省含山县西南〕之东）进军，诸葛诞向中央请求增援十万人固守寿春（征东大将军司令部所在县，安徽省寿县），又请准许沿淮河兴筑城垒，以防东吴帝国突击。

司马昭刚刚接管帝国政权，最高统帅府秘书长（长史）贾充，请派亲信前往驻防各地的四征将军，询问试探他们的反应（四征：曹魏帝国设置征东大将军，驻防寿春；征南大将军，驻防新野〔河南省新野县〕；征西大将军，驻防长安〔陕西省西安市〕；征北大将军，驻防蓟县〔北京市〕，都拥有重兵）。司马昭命贾充前往淮南郡（郡政府设寿春），贾充晋见诸葛诞，谈论时事世局。贾充说："洛阳各阶层人士，都愿意皇帝禅让，你的意见如何？"诸葛诞厉声斥责说："你是不是贾逵的儿子？世代都受帝国恩惠，怎么能把政权白白送给别人？如果洛阳政变，我当以死报答。"贾充不再多说。回京（首都洛阳）后，告诉司马昭说："诸葛诞是第二度镇守扬州（扬州州政府亦设寿春〔安徽省寿县〕。诸葛诞当镇东将军时，曾镇守扬州；东关之役后，二五三年，改当镇南将军，调任豫州〔河南省〕军区司令长官〔都督豫州〕。毌丘俭兵变失败，二五五年，诸葛诞当镇东大将军，再镇守扬州），非常受部属及人民爱戴，这是一项隐忧，不如征召他回京师（首都洛阳），剥夺他的军权。在意料中的，他一定叛变。然而，今天叛变，灾祸较小；今天不征召，他会延迟叛变，但灾祸大不可测，不如今天了断。"司马昭接受。

四月二十四日，曹魏帝（四任）曹髦（本年十七岁）下诏，擢升诸葛诞当最高监察长（司空），命返京师（首都洛阳）就职。诸葛诞接到诏书，感到恐惧，疑心是扬州州长（刺史）乐綝告发，遂斩乐綝，集结淮河以南及淮河以北各郡县从事屯垦的武装部队十余万人，以及扬州（安徽省中部）新近征召的精兵四五万人，积存粮秣足够供应大军一年食用，准备闭城自守，作持久抗战。一方面派秘书长（长史）吴纲，带着他的幼子诸葛靓（音jìng〔静〕），前往东吴帝国（首都建业），向东吴帝国称"臣"，请求派出援军，并用营门官（牙门将）子弟，作为人质。

4 东吴帝国故最高指挥官（大司马）滕胤的妻子，以及故骠骑将军吕据的妻子，都是夏口（湖北省武汉市）防卫司令（夏口督）孙壹（孙静〔一任帝孙权老爹孙坚的老弟〕的孙儿）的妹妹。

六月，最高统帅（大将军）孙綝，派镇南将军朱异，从虎林（安徽省池州市贵池区西）率军，突击孙壹。朱异军抵达武昌（湖北省鄂州市），孙壹不能抵御，率领私人部队投奔曹魏帝国（首都洛阳）。

六月六日，曹魏帝国皇帝任命孙壹当车骑将军、交州（广东、广西及越南北部）全权州长（空头官衔。此时交州属东吴），封吴侯，建立司令部，设立官属，仪同三司（权力、部属、派头，等等一切，跟三公完全一样），并赏赐龙袍（衮）、皇冠（冕），赤色长靴（皇帝特用），特别礼遇（对孙壹如此崇异，只为了政治号召）。

5 曹魏帝国最高统帅（大将军）司马昭，侍奉皇帝曹髦跟郭太后，出发讨伐诸葛诞（司马师病重，司马昭前往探病，皇帝曹髦下诏命令司马昭留守许昌，几乎被排出中央〔参考二五五年闰正月〕。而老爹司马懿当初闭城政变〔参考二四九年正月〕，印象犹深，所以司马昭从此不使皇帝和皇太后离开掌握）。

诸葛诞特使吴纲，抵达东吴帝国（首都建业）。东吴政府大喜过望，派将军全怿、全端、唐咨、王祚，率三万人，跟文钦同时出发，增援诸葛诞。东吴帝孙亮下诏任命诸葛诞当左翼总督（左都护）、“假节”、宰相（大司徒）、骠骑将军、青州（山东省北部）州长（各国都任命对方的叛将当对方境内的州长），封寿春侯。全怿，是全琮的儿子；全端，是全琮的侄儿。

六月二十五日，曹魏帝国皇帝、皇太后，抵达项县（河南省沈丘县）。司马昭统率各路大军二十六万，进抵丘头（沈丘县东南）；任命镇南将军王基兼代镇东将军、扬豫军区司令长官（都督扬豫诸军事），会同安东将军陈骞等，包围寿春（安徽省寿县）。王基军刚到，包围圈还没有完成；东吴帝国援军文钦、全怿等，已经抵达，从城池东北，沿八公山（寿县北）挺进，全体入城。

司马昭命王基固守营垒，可是王基屡屡请求出战；正好东吴帝国镇南将军朱异（时在武昌〔湖北省鄂州市〕），率三万人推进到安丰郡（安徽省霍邱县），跟寿春遥遥呼应，互作声势。曹魏帝曹髦下诏（事实上是司马昭下诏），命王基率军进据八公山。王基对各将领说："包围圈已经完成，营垒坚固，大军云集，只需要加强工事，严密防守他们逃走就够了。如果转移阵地，据守险要，使他们得以出城，以后就是再有智慧的人，都无法收拾结局。"一面拒绝命令，一面上书说："跟贼寇对峙，应该像大山一样，毫不动摇。如果迁到险要之处，军心震荡，声势已居下风。各军已经进入深沟高垒之中，人心笃定，不应使他们受到打击，这是作战的要领。"奏章上去后，批准。于是，王基四面八方，加强包围，里外数重，壕沟深陷，营垒坚固。文钦等数次突围，王基迎头痛击，把他们再驱回城内。司马昭又命奋武将军、青州（山东省北部）军区司令（监青州诸军事）石苞，统率兖州（山东省西部）州长（刺史）州泰、徐州（江苏省北部）州长（刺史）胡质，挑选精兵，在外围发动游击，切断东吴帝国援军。州泰在阳渊（安徽省寿县西南）大破东吴朱异兵团；朱异撤退，州泰追击，杀伤二千人。

秋季，七月，东吴帝国最高统帅（大将军）孙綝，亲率大军，推进到镬里（安徽省巢湖市西北）。再命朱异率将军丁奉、黎斐等五将领，前往解救寿春（安徽省寿县）。朱异把辎重粮秣，留在都陆（安徽省寿县南），挺进到黎浆（寿县南〔都陆北〕），曹魏石苞、州泰机动部队，又击破朱异。曹魏帝国泰山郡（山东省泰安市东）郡长胡烈，用奇兵五千人，袭击都陆（安徽省寿县南），焚烧朱异所有辎重粮秣。朱异率残兵败将，沿途摘吃树叶，投奔孙綝大营。孙綝命朱异再出军死战，朱异因士卒饥饿疲惫，四肢无力，需要休养，不肯接受命令，孙綝七穷生烟。

九月一日，孙綝就在镬里（安徽省巢湖市西北）斩朱异。

九月三日，孙綝率大军返首都建业。孙綝既不能把诸葛诞救出重围，而又丧师辱国，诛杀名震国际的高级将领，全国上下，开始对孙綝怀恨。

柏杨曰

在兵力相等下，没有不可以解救的重围，内外夹攻，围城军注定腹背受敌。孙綝没有经过磨炼奋斗，便旱地拔葱，继承父兄事业，"窝里凶"足足有余，对外真刀真枪，便露出草包原状。他亲带大军北伐，自己不动手，只依靠朱异吃树叶的三万饥饿部队作战，而把自己统率的主力部队，聚集在巢湖湖畔，按兵不动，怎么会有这种奇异的谋略？斩朱异之后，主力并没有损失，自己就应该前进。如果自问无力解救寿春，则直指项县，摆出攻击曹魏帝国首都洛阳，或陪都许昌的声势，至少还有可能减轻寿春所受的压力；守军突围的成功机会，也就相对提高。想不到孙綝却一言不发，回头就走。

人们对官大、权重、钱多的人，往往有一种信任感；问题是，草包永远是草包，受信任的程度越高，他为自己和为别人，所招来的灾难也越大。

曹魏帝国最高统帅（大将军）司马昭说："朱异不能推进到寿春（安徽省寿县），孙綝把他杀掉，不是朱异的过错，孙綝只是为了向寿春表示歉意，坚定诸葛诞的意志，使诸葛诞的希望不致破灭。现在更要加强包围圈，防备他们突围，我们要用谋略，使他们做出错误的决定。"遂散播谣言说："吴国（东吴帝国）援军就要抵达，围城大军粮秣不继，已把部分老弱残兵送到淮河以北有粮食的郡县，可能就要解围。”诸葛诞等信以为真，对粮食消耗，更不加限制。不久，粮食开始缺乏，而救兵毫无消息。

将军蒋班、焦彝，都是诸葛诞的心腹智囊，向诸葛诞建议说：“朱异等大军虽已到了附近，却不能前进，孙綝杀掉朱异而径自折回，宣称将集结大军，再来解围，实际上已无能为力，只在那里坐看我们成败。现在士气正旺，军心坚定，应抓住这个机会，向敌人一个据点发动一次殊死决战，虽然不能大获全胜，但是总会有人突围而出。呆坐在这里，等候死亡，没有意义。”文钦反对孤注一掷，说：“阁下率十余万大军，归附吴国（东吴帝国）。我跟全端等，同时陷在必死之地，父母兄弟子女都在江表（江东，指东吴帝国），即令孙綝不打算援救，皇上（孙亮）跟全端等将士们的亲戚，岂能接受？何况，中国（曹魏帝国）没有一年不发生巨变，军民辛劳疲惫。我们坚守一年，他们内部势将发生变化，为什么放弃这项决策，去行险侥幸？”但蒋班、焦彝坚持二人的主张，文钦大为愤怒。诸葛诞打算诛杀蒋班、焦彝，二人恐惧。

十一月，蒋班、焦彝翻墙出城，投奔曹魏围城军。

全怿的侄儿全辉、全仪，因为家庭纠纷，带着娘亲，率领私人部众数十家，自建业（东吴首都，江苏省南京市）投奔曹魏帝国（首都洛阳）。这时，全怿跟另一侄儿全靖，全端的老弟全翩、全缉，都率军协防寿春（安徽省寿县）。司马昭采纳禁宫咨询官（黄门侍郎）钟会的计策，暗中模仿全辉、全仪的笔迹，写了一封信，派全辉、全仪亲信的人，带到寿春城里，交给全怿等，说：“政府因全怿等不能解救寿春，打算把各将领们的家属，全部屠杀，所以我们才逃亡。”

十二月，全怿等率领他们的部属数千人，打开城门，投降曹魏围城军。寿春城内震动恐慌，不知道如何是好。曹魏帝国任命全怿当平东将军，封临湘侯；全端等也依照顺序任命和封爵。

6 蜀汉帝国（首都成都〔四川省成都市〕）代理最高统帅（行大将军事）姜维，听到曹魏帝国（首都洛阳）抽出关中（陕西省中部）的兵力，调往淮南（淮河以南），打算乘敌人内部空虚，攻击秦川（即关中地区，陕西省中部），遂率数万人，从骆谷（陕西省周至县西南）出击，抵达沈岭（周至县西南）。这时，长城（曹魏帝国沿边所筑的御敌要塞）存粮很多，而守军太少，征西将军、雍凉军区司令长官（都督雍凉诸军事）司马望，及安西将军邓艾，进兵据守。姜维在芒水（周至县南里水谷）扎营，屡次挑战，司马望、邓艾坚守不出。

姜维不断进攻曹魏帝国，使蜀汉全国忧愁悲苦。初级国务官（中散大夫）谯周，作《仇国论》，警告说：

“有人问：‘古代曾经有过弱国战胜强国，用的是什么方法？’回答说：‘我曾经听说，强大而没有外患，戒备会逐渐松懈。弱小而有忧患意识，常发愤振作。戒备松懈一定发生变乱，发愤振作一定万事治理，这是正常轨道。所以，姬昌（周部落酋长）教养人民，用少数击败多数。姒勾践（越王国一任王）爱护人民，用弱势击败强势，原因在此。’

“有人问：‘从前，项羽强而高祖（西汉王朝一任帝刘邦）弱，最后，以鸿沟为界，各自班师。张良认为，如果民心一有归属，便不易动摇，高祖（刘邦）遂发动追击，终于斩杀项羽（参考前二〇三年九月），岂不是跟姬昌不一样？’回答说：‘当商王朝跟周王朝交替之际，君王世代相传，跟臣属的关系，已经凝固，人民习惯于这种君臣关系。根部太深，不容易拔掉；盘踞太固，不容易移动。当那个时候，即令高祖（刘邦）出世，怎能单枪匹马，取得天下？

“‘等到秦王朝撤除封国，改设郡县之后，人民不堪承受秦政府的苦役，天下土崩瓦解。有的政权每年换一个君王，有的政权每月换一个领袖，人民像吓破了胆的鸟兽一样，不知道何去何从。于是，英雄豪杰，纷纷崛起争夺，凶狠的程度，如同虎狼，行动迅速的得到的多，行动迟缓的则被吞并。而现在的形势是：敌我两国（曹魏及蜀汉）的君王宝座，已传到后世，不是秦王朝末年那种滚水沸腾般的形势，却类似战国七雄并峙。所以，我们只可以效法姬昌，不可以效法高祖（刘邦）。

“‘人民的负担超过他们所能承受的限度，骚动扰乱的预兆就会出现；在上位的人不关心人民，在下位的人行为凶暴，瓦解覆亡的形势就会出现。俗话说：“每次都射不中，不如看准了再射。”所以，睿智的人不会因为一点小利转移目标，也不会因为大概可能就去碰碰运气。机会来临时才行动，形势推演时才出击，所以子天乙（汤）、姬发（武）的讨伐大军，只要一次决战，就可以克制对方（子天乙攻击姒履癸〔夏王朝末任帝桀帝〕，鸣条一战而灭夏。姬发攻击子受辛〔商王朝末任帝纣帝〕，牧野一战而灭商）。因为他们都重视人民的承受能力，又能把握时机。如果无限制的不断发动战争，犹如土块崩裂，只要有小小的震撼，即令有大智之人，也束手无策。’”

二五八年 戊寅

曹魏	甘露	三年
蜀汉	延熙	二十一年
	景耀	元年
东吴	太平	三年
	永安	元年

1 春季，正月，曹魏帝国（首都洛阳〔河南省洛阳市东白马寺东〕）寿春（安徽省寿县）围城之中，文钦对诸葛诞说："蒋班、焦彝，说我们不能突围。全端、全怿又率他们的部队投降。这正是敌人戒备松懈的时候，我们可以发动。"诸葛诞跟唐咨，也都认为时机已经成熟，遂准备攻垒武器，开城出击，战况猛烈，一连五六天，日夜不断，向南门外的围城军，实行继续不断的进扑，打算突围。曹魏围城军攀登高墙，用炮车发出巨石，以及火箭（燃烧的箭），迎击突围军，烧

毁突围军的攻击武器，巨石跟火箭像大雨一样，倾盆而下，突围军死伤累累，躺满地面，鲜血横流，几乎流满防御壕沟，而围城营垒，坚固如初；文钦、诸葛诞等只好退回城中（这场突围之战，跟长平赵括突围之战相似〔参考前二六〇年〕，死伤惨重，使人鼻酸）。寿春城中粮食快要吃完，出城投降的有数万人。文钦建议：把原居民全部送走，只留下东吴帝国（首都建业〔江苏省南京市〕）派遣的协防兵团，坚守待援。诸葛诞不接受，于是互相怨恨。文钦跟诸葛诞一向仇视，只因目标一致，大敌当前，被迫合作。可是，一旦形势危急，猜疑之心又起。文钦晋见诸葛诞磋商公事，诸葛诞就在座位上，击斩文钦。

文钦的儿子文鸯、文虎，率军驻屯寿春小城，得到消息，征召部属复仇，可是部属不再听命，二人遂匹马出城，投降曹魏围城军。曹魏军法官要求把他们处决，司马昭说："文钦罪不容诛，他的儿子当然也应一死。然而，文鸯、文虎，穷途末路，弃逆归顺。而且城还没有攻破，杀了二人，将更坚定守城军的决心。"下令赦免文鸯、文虎，命二人率数百人的骑兵，绕城巡查，向城上大喊说："文钦的儿子都不受处罚，别的人还怕什么？"司马昭又上书保荐文鸯、文虎，都当将军，封关内侯（没有采邑的侯爵）。城中守军大为欢喜，军心动摇，而又加上饥饿；司马昭亲自到城外视察围城军阵地，看见城上守军手拿弓箭，却不发射，司马昭说："可以发动攻击！"于是，四面八方，同时进攻，杀声鼓声中，围城军进逼城墙，攀城而上。

二月二十日，寿春（安徽省寿县）城破。诸葛诞窘困急迫，只身匹马，率领卫士，自小城突围，打算出奔。曹魏军政官（司马）胡奋的部将，击斩诸葛诞，屠灭三族。诸葛诞手下数百人，赤手空拳，排列成行，拒绝投降。曹魏行刑队，每斩一人，就问下一人是不是投

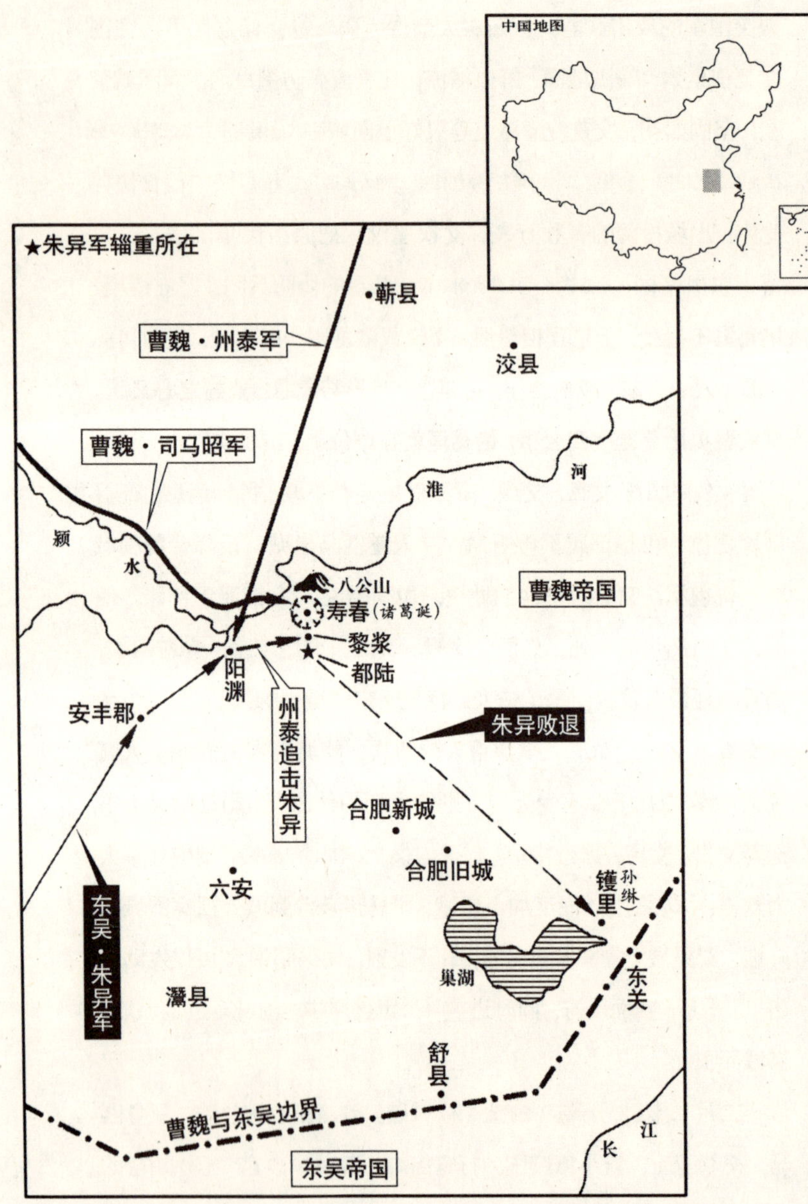
中国地图
★朱异军辎重所在
蕲县
曹魏・州泰军
洨县
曹魏・司马昭军
河
淮
颍
水
八公山
寿春（诸葛诞
曹魏帝国
黎浆
都陆
阳
渊
州泰追击朱异
安丰郡
朱异败退
合肥新城
合肥旧城
（孙綝）
镬里
六安
东吴・朱异军
巢湖
东关
灊县
舒县
曹魏与东吴边界
长
江
东吴帝国

降，一直杀到最后一人，都不改变态度。东吴部队将领于诠说：“大丈夫奉领袖命令，率军救人，既救不出人，连自己也被敌人擒获，我不做这种事。”脱下头盔，杀入敌阵，战死。唐咨、王祚等投降（唐咨本是曹魏帝国人，从海道投奔东吴帝国，已三十四年。参考二二五年六月）。东吴协防兵团一万余人也跟着投降，武器堆积如山。

最初，司马昭包围寿春，王基、石苞都主张立即攻击，司马昭认为：“寿春城池坚固，而守军众多，攻城一定会受到挫折，如果外援再来，正好腹背受敌，这是危险的策略。而今，三个叛徒（指诸葛诞、文钦、唐咨），聚集在一座孤城之中，可能是上天的旨意，使他们同时受到诛杀，我当想办法一网打尽。且紧密包围三面，如果东吴盗匪从陆地赴援，粮食携带不便，数量一定有限，我们用轻装骑兵发动截击，切断他们粮道，可以不必作战，就能破敌。东吴盗匪既破，文钦等必然被擒。”下令各军严阵以待，果然获胜。有人建议：“淮南郡（寿春，安徽省寿县）不断发生叛变，东吴军的家属，仍在长江以南，不可以放回，应该全体坑杀。”司马昭说：“古代用兵作战，不破坏他们的国家，只诛杀作乱首领而已，东吴军队，即令逃走，也正可以显示中国（曹魏帝国）的宽大胸襟。”一个人都不处决，而把他们送到邻近首都的“三河地区”安置（三河地区，包括河南郡〔首都洛阳〕、河东郡〔山西省夏县〕、河内郡〔河南省武陟县〕）。任命唐咨当安远将军，其他将领，都按照等级，给予官位称号，大家高兴顺服。淮南郡将领士卒及平民，受到诸葛诞裹挟的，一律赦免。准许文鸯兄弟收殓老爹文钦的尸体，拨付给他们牛车，把棺柩送回故乡祖坟安葬（文钦，是谯郡〔安徽省亳州市〕人）。

司马昭写信给王基说：“当初，大家议论纷纷，都主张大军应移屯八公山（安徽省寿县北。参考去年〔二五七〕六月），我当时没有看到战场实际情况，也认为应该如此。只有你深谋远虑，坚持己见，对上违抗皇帝诏令，对下拒绝同僚意见，终于克制敌人，擒获贼寇，纵是古人推崇的大将，也不能超过你。”司马昭打算命各军派出轻装备骑兵，深入东吴帝国，招降并迎接唐咨等人的子弟；如果有机可乘，就顺势展开大规模进攻，消灭东吴帝国。王基劝阻说：“从前，诸葛恪乘东关（安徽省含山县西南）战胜余威，集结江表（江东，江苏省南部太湖流域）所有兵力，包围合肥新城（安徽省合肥市西北），既不能攻克，士卒死亡，更超过一半（参考二五三年五月）。姜维乘洮河之西战胜余威，用轻装备部队，深入我们国土，终因粮秣不能供应，在上邽（甘肃省天水市）全军覆没（参考前年〔二五六〕七月）。大胜之后，上下都会产生一种轻敌的心理，不能心平气和的作周密考虑。而今，盗匪集团（东吴帝国）在外刚受到挫败，内部争执仍没有平息，正是他们加强战备，因应变化之际。而且，我们大军出动，已超过一年，每人都有思家之念，但愿早回故乡；俘虏十万，叛徒伏法（指诸葛诞）。自从有史以来，还没有毫无损失，而能获得如此重大胜利的。武皇帝（曹操）在官渡击败袁绍，认为获得的已经够多，不再追击，就是怕受到挫折，使威严丧失（参考二〇〇年十月）。”司马昭接受这项建议。任命王基当征东将军、扬州（安徽省中部）军区司令长官（都督扬州诸军事），晋封东武侯。

正人君子认为，在寿春这场攻防战役中，司马最高统帅（大将军司马昭）可以说是用恩德作为攻击武器。建立大业的人，各有各的成功道路，各有各的运用方法，势不能完善无缺。所以嗜杀好战的人，往往死于他自己的凶暴。而心存仁义的人，又往往因怯懦的缘故，受到伤害。而今，寿春一战，擒获三个叛徒（诸葛诞、文钦、唐咨），俘虏大批东吴的部队，像卷席子一样，把淮河两岸，一卷而起，俘虏高达十万，可谓壮观！远征军北返，还没有坐好，便奖赏王基的功劳；施恩到东吴降卒身上，在敌国人民之间建立恩情；宠待文鸯，安葬文钦，捐弃从前仇怨，宽恕诸葛诞所属叛变的部众，使扬州（安徽省中部）居民，深怀羞愧。功高而人们乐于看到他的功高，事业扩张而令敌人怀念他的好处，武功既照耀寰宇，政治上又一团和谐。推广这种成就，天下人谁能比得上。（胡三省注："习凿齿是晋帝国人，赞美之辞，有夸张之处。"）

2 曹魏最高统帅（大将军）司马昭攻克寿春（安徽省寿县），禁宫咨询官（黄门侍郎）钟会的谋略最多。司马昭对他也日益尊敬，当作心腹亲信；当时人们把他比作张良（西汉开国功臣）。

3 蜀汉帝国（首都成都〔四川省成都市〕）首都卫戍司令（卫将军）姜维，得到诸葛诞死亡消息，遂返首都成都，再被擢升为最高统帅（大将军）。

4 夏季，五月，曹魏帝国皇帝（四任）曹髦（本年十八岁）下诏，擢升司马昭当相国（相国权位高过丞相，丞相权位高过宰相〔司徒〕；宰相〔司徒〕不过是"三公"之一，相国、丞相则在"三公"之上，称"上公"），封晋公，采邑八个郡（并州〔山西省中部〕的太原郡〔山西省太原市〕、上党郡〔山西省长治市北〕、西河郡〔山西省吕梁市离石区〕、乐平郡〔山西省和顺县西北〕、新兴郡〔山西省忻州市〕、雁门郡〔山西省代县〕。京畿卫戍区〔司州〕的河东郡〔山西省夏县〕、平阳郡〔山西省临汾市〕），加九锡（九赐）。司马昭坚决辞让，总共辞让了九次，才算辞让成功。

5 秋季，七月，东吴帝国（首都建业）皇帝（二任）孙亮（本年十六岁），封前齐王孙奋当章安侯（孙奋被放逐事，参考二五三年）。

6 八月，曹魏帝国（首都洛阳）擢升骠骑将军王昶当最高监察长（司空）。

7 曹魏帝国任命关内侯王祥当中央教育官（三老），郑小同当中央副教育官（五更）。曹魏帝曹髦，亲率文武官员前往国立大学（太学），向二人行敬老之礼，和请求教训之礼。郑小同，是郑玄的孙儿（郑玄，参考一九六年十一月）。

8 东吴帝国（首都建业）最高统帅（大将军）孙綝，因皇帝孙亮亲自主持国政，常向他查问很多事情，大为恐惧，遂返镬里（安徽省巢湖市西北）基地，宣称有病，不到京师（首都建业）朝见，命老弟威远将军孙据，进驻皇宫苍龙门（皇城〔宫城〕东门），担任宫廷警卫；武卫将军孙恩、偏将军孙干、外籍兵团指挥官（长水校尉）孙闿，分别进驻各营基地，保护自己。孙亮愤愤不平，于是，下令调查二姐孙小虎（朱公主）的死因（参考二五五年七月），大姐孙大虎（全公主）紧张，说："我实在不知道，都是朱据的两个儿子朱熊、朱损陷害（依此推定，孙小虎当是二人嫡母）。"这时朱熊当虎林（安徽省池州市贵池区西）防卫司令（虎林督），朱损当京师外围防卫司令（外部督），孙亮诛杀二人。朱损的妻子是孙峻的妹妹。孙綝劝阻，孙亮不接受。孙綝更为畏惧。

孙亮跟大姐孙大虎（全公主）、将军刘丞，密谋诛杀孙綝。全皇后的老爹全尚，当祭祀部长（太常），兼首都卫戍司令（卫将军）。孙亮吩咐全尚的儿子、禁宫咨询官（黄门侍郎）全纪说："孙綝专权弄势，没有把我放到眼里。寿春之役时，我下令给他，教他火速上岸前进，作为唐咨后援，可是他却留在巢湖船上，不肯登陆一步。又把罪状推到朱异头上，事先没有任何报告，便擅自妄杀功臣。又在朱雀桥南，兴筑高宅大院，不再朝见；自由自在，毫无顾忌，不能再忍，我打算采取行动。你老爹主管首都卫戍部队，告诉他秘密集结人马，我当亲自到朱雀桥，率领虎骑禁卫军及左右两翼无难禁军营（左右无难），包围孙綝住宅。用诏书告谕孙綝部属放下武器解散，不准动手。果能如此，一定可以达到目的。你传话之后，千万保守秘密。更要特别叮咛老爹，不可教你娘亲知道。女人没有见识，不晓得事态的严重性。而且她又是孙綝的堂姐，见面时万一透露风声，可是毁了我。”全纪把皇帝命令转告老爹全尚。全尚性情疏阔，没有远虑，竟告诉全纪娘亲，全纪娘亲派人秘密通知孙綝。孙綝立即反应。

九月二十六日，孙綝发动政变，在夜色掩护下，出军袭击全尚，生擒。孙綝派老弟孙恩在苍龙门外，击斩刘丞。等到拂晓（九月二十七日），遂包围皇宫。孙亮愤怒得要爆炸，跳上马背，执弓带箭，打算出战，说：“我是大皇帝（孙权）的嫡子，在位已有五年，谁敢不听命令？”高级咨询官（侍中）、左右亲信，以及乳母，一齐上前紧紧抱住，哭泣劝阻，不让他出去。孙亮悲痛叹息，拒绝接受；诟骂皇后全女士说：“你老爹这么昏头，坏了我的大事。”教人传唤全纪，全纪说：“我老爹接到命令后，不够谨慎，辜负陛下，没有脸晋见。”自杀身死。

孙綝命宫廷禁卫官司令（光禄勋）孟宗，前往皇家祭庙，禀告他所作的决定：罢黜孙亮，改封会稽王。然后，召集文武百官，宣布说：“皇上年轻，得了精神错乱毛病，不可以继续占据君王宝座，侍奉皇家祭庙。我已经禀告先帝(孙权)在天之灵，罢黜皇上，贬作会稽王。各位有不同意的，尽管提出。”大家震动恐怖，不敢多说，只说：“我们全听从将军命令。”孙𬘭派立法官(中书郎)李崇，进宫夺取孙亮的皇帝印信，并把孙亮的罪状，昭告全国。政务署执行官(尚书)桓彝不肯签名，孙𬘭大怒，斩桓彝。

中央禁军司令官(典军)施正，建议迎立琅邪王孙休，继承帝位，孙𬘭接受。当天(九月二十七日)，孙𬘭派皇族事务部长(宗正)孙楷，跟立法官(中书郎)董朝，前往会稽郡(浙江省绍兴市)迎接孙休，并派将军孙耽，护送孙亮到封国(会稽郡)，孙亮本年十六岁。孙𬘭把全尚贬逐到零陵郡(湖南省永州市)，再派杀手追斩全尚，把孙大虎(全公主)放逐到豫章郡(江西省南昌市)。

冬季，十月二十七日(原文“戊午”误)，琅邪王孙休抵达曲阿(即云阳，江苏省丹阳市)，有位老翁拦住马头，叩见说：“事情耽误太久，就会发生变化，天下苍生，渴望太平。”当天(十月二十七日)，孙休赶到布塞亭(今地不详)。孙𬘭在等待孙休大驾期间，打算住进皇宫。召开文武百官会议，宣告他的决定。全体官员惊恐，面无人色，不敢大声说话。政务署(尚书)考选司助理官(选曹郎)虞汜说：“明公(孙𬘭)担任伊尹、姬旦(周公)的重任，处于将相的高位，手握罢黜皇帝和拥戴皇帝的权威。对上安慰皇家祭庙，对下施恩人民，全国一片欢呼，认为伊尹、霍光，重见于今日。现在，君王还没有迎接回来，而明公却住进皇宫！如果一定要做的话，文武官员会陷于混乱，大家将互相猜忌。这并不是忠孝双全、扬名后世的措施。”孙𬘭大不高兴，但也停止行动。虞汜，是虞翻的儿子(虞翻，参考一九六年八月)。

孙𬘭命老弟孙恩，代理丞相，率政府文武官员，引导皇帝专用的车队（法驾），到永昌亭（今地不详）迎接孙休。孙恩呈递皇帝印信，孙休辞让三次，才被接受。文武官员依照官职大小，顺序参见，孙休坐上御车，百官陪列两旁。孙綝率禁卫军一千人，在半途迎接，路旁下拜，孙休下车答拜。当天（十月二十七日），孙休（本年二十五岁）正式登极（三任景帝），出临金銮宝殿，大赦，改年号永安（之前是太平三年，之后是永安元年）。孙綝上书："草莽贱臣，孙綝，谨呈递奏章，缴还印信、符节、斧钺，请求准许辞职，避开贤才上进之路。"孙休接见孙綝，并慰留他，任命他当丞相、荆州（湖北省南部及湖南省）全权州长（牧），增加他侯爵（永亭侯）采邑五个县；任命孙恩当最高监察长（御史大夫），兼首都卫戍司令（卫将军）、中央禁军总督（中军督），封一等侯爵（县侯）；孙据、孙干、孙闿，全当将军，封侯爵（孙据"右将军"县侯。孙干杂号将军，亭侯。孙闿也封亭侯）；又任命外籍兵团指挥官（长水校尉）张布当辅义将军，封永康侯。

最初，丹阳郡（江苏省南京市）郡长李衡，不断没事找事，欺凌孙休（孙休封国原在虎林〔安徽省池州市贵池区西〕，二五二年闰四月，诸葛恪当权，迁到丹阳郡）。李衡的妻子习女士劝止他，李衡不理。孙休不能忍受，上书请求迁移到其他地方，当时皇帝孙亮命他迁移到会稽郡（浙江省绍兴市）。现在，孙休当了皇帝，李衡想起当初自己的恶行，不禁大起恐惧，对妻子说："不听你的劝告，才到今天这种地步。我打算投奔魏国（曹魏帝国），你以为如何？"习女士说："绝对不可。你本是一个平民，先帝（一任帝孙权）厚恩，把你提拔到高位，你却对他的后裔，做出无礼之事，而又以小人之心，度君子之腹，认为要受到报复，叛变逃亡，但求活命。在这种情形下，投奔北方，有什么面目见中国（曹魏帝国）人？今上皇帝（孙休）喜爱善行，追求荣誉，正要向天下展示他的胸襟，绝不会因私人一点怨恨，把你杀掉，事理至为清楚。我建议你前往首都，自动向监狱报到囚禁，上书承认以前所犯的错误，请求陛下处刑。这样做的话，我推测你可能受到更好的待遇，不仅活命而已。”李衡接受。孙休用诏书回答说：“丹阳郡（江苏省南京市）郡长李衡，因过去的过错，自投司法部监狱。姜小白曾被管仲射中带钩（纪元前七世纪一〇年代，齐国内部危机日益升高，国务官鲍叔牙陪同国君的老弟姜小白投奔莒国。另一国务官管仲，陪同国君另一位老弟姜纠，投奔鲁国。不久，国君姜诸儿被杀，儿子姜无知继位，姜无知又被杀。国务官高傒，召请姜小白继位，而鲁国也出动大军，护送姜纠回国，管仲打算谋杀姜小白，先到前面埋伏，一箭射中姜小白腰带上的铜钩，姜小白幸得不死。回国即位后，任用管仲当宰相，称霸天下），姬重耳也曾被披宦斩下衣袖（纪元前七世纪四〇年代，晋国国君姬诡诸迷恋骊姬，想立骊姬所生的儿子当太子，于是诬杀太子姬申生。次子姬重耳投奔蒲国，老爹派名披〔姓不详〕的宦官，前往行刺；姬重耳翻墙逃命，披用刀猛砍，砍下一只衣袖。六〇年代时，姬重耳回国继任国君，宽恕披；当吕却发动政变，要推翻姬重耳前夕，披暗中报信，姬重耳得以脱险）；既当君王，君王有君王的立场；李衡仍回到你的郡长位置，不要自己惊疑。”又加李衡威远将军，颁发象征权威的棨戟。 600

十月二十八日，孙休封故南阳王孙和的儿子孙晧当乌程侯（何姬抚养孙晧事，参考二五三年）。

文武百官奏请选立皇后、皇太子，孙休说：“我自问品德不够，而继承大业；临朝的时间太短，恩信还没有普及；后妃封号，太子人选，不是当前急务。”有关单位坚决请求，孙休不许。

孙綝亲自带着牛肉美酒，晋见孙休，孙休不肯接受。孙綝就带到左将军张布家欢宴，孙綝酒醉，抱怨说：“当初，罢黜少皇帝（孙亮）时，很多人都劝我自己登极。我认为陛下（孙休）贤能聪明，所以才迎接他。要不是我，他怎能坐上宝座？而今呈献礼物，却被拒绝，只把我当成一个普通官员罢了，我想我得改变计划。”张布报告孙休，孙休怀恨在心，但恐怕孙綝再发动政变，遂对孙綝不断的表示宠爱，再三颁下赏赐。

十一月七日（原文误置于十月，据《三国志》改），孙休下诏："最高统帅（大将军）孙綝，统御全国军政大事，事务繁多。特命首都卫戍司令（卫将军）、最高监察长（御史大夫）孙恩，兼任高级咨询官（侍中），与孙綝共同处理政府机要。"

有人向孙休告密说：孙綝心怀怨恨，侮辱皇上，企图谋反。孙休把告密的人交给孙綝，孙綝把他诛杀，但是更感到恐惧。请宫廷禁卫官司令（光禄勋）孟宗，转奏皇帝，要求离开京师（首都建业），驻防武昌（湖北省鄂州市）；孙休批准。孙綝把他直辖的中央禁卫精锐部队一万余人，全部装上船舰；又取出军械库的各种武器。孙休下令：全部照付。孙綝请求派两位立法官（中书郎），随他前往，主持荆州（湖北省南部及湖南省）军事。主管官员（应是中书令〔立法署长〕）抗议说："立法官不可以担任地方官职。"孙休特别允许。凡是孙綝所作请求，没有一样批驳。

将军魏邈报告孙休："孙綝据守外地重镇，一定叛变。"武卫军官施朔，也密告：孙綝正准备政变。孙休将对孙綝下手，跟辅义将军张布密商，张布说："左将军丁奉，虽不识字，但智谋超过常人，可以担当大事。"于是召见丁奉，告诉他这个决定。丁奉说："孙綝兄弟党羽太多，恐怕人心有变，不容易控制，最好是等到'腊八大祭'（十二月〔腊月〕八日祭灶君），有'皇宫卫士'（陛兵）拱卫时，使他措手不及。"孙休听从。

十二月七日，首都建业谣言四处传播，说明天"腊八大祭"时，将有巨变，孙綝听到消息，大不高兴。当夜，狂风突起，尘沙扑面，摧树败屋，一片阴沉，孙綝内心恐惧。

十二月八日，举行腊八大祭，孙綝宣称有病，不肯参加。孙休勉强他前往，派出使节十多人，前后相接敦请，孙綝无法推辞，只好进宫。左右亲信阻止他，孙綝说：“皇上屡屡下令，不能不往。你们可在外动员备战，计算我进宫时间，在我家纵火，我就可借口救火，提前回来。”遂入宫。不久，果然火起，孙綝告辞。孙休说：“外面的部队很多，一点小火，丞相何必挂心？”孙綝坚持要走，离开座位。丁奉、张布用眼色向左右示意，皇宫卫士（陛兵）闪电突击，逮捕孙綝，捆缚结实。孙綝叩头哀告说：“我愿放逐交州（广东、广西及越南北部）！”孙休说：“你为什么不把滕胤、吕据放逐交州（二人事，参考前年〔二五六〕十月）？”孙綝再哀告说：“我愿当官奴！”孙休说：“你为什么不教滕胤、吕据当官奴？”遂斩孙綝（年二十八岁）。把人头拿出来向孙綝的部属展示，下令说：“凡是孙綝的党羽，一律赦免！”一时放下武器的，有五千人。孙闿乘船逃走，打算投奔曹魏帝国（首都洛阳），被追及诛杀（胡三省注：孙綝的其他老弟孙据、孙恩、孙干，都已处决，剩下孙闿逃亡），屠灭孙綝三族。掘出孙峻棺材，取出殉葬印信，再砍薄棺木掩埋（古代棺木，因死者政治地位不同，厚薄也有差别，把棺木砍薄，显示贬黜）。

十二月九日，孙休任命张布当中央禁军总督（中军督），改葬诸葛恪、滕胤、吕据等；凡因受诸葛恪牵连而被放逐到远地的，一律召回。有人建议，应为诸葛恪立碑纪念。孙休下诏说："在炎热的夏季，出动大军，士卒死伤惨重，却没有一点功绩，不能算有才能；受先帝（一任帝孙权）托孤的重任，却死在一小撮无赖之手，不能算有智谋。"事遂中止。

9 最初，蜀汉帝国（首都成都）一任帝（昭烈帝）刘备，留魏延镇守汉中（陕西省汉中市），沿边险要关卡的营垒，都有实力坚强的部队驻防，敌人攻击时，不能进入。兴势（陕西省洋县北）之役，王平拒抗曹爽，仍承袭这项制度（参考二四四年三月）。等到姜维当权，建议说："分别防守各地险要，只能消极抵抗，不能积极进取。不如诱敌深入，各据点储存粮秣，加强守卫，主力退守汉城、乐城（诸葛亮所建，参考二二九年十二月）。敌人一旦进入平原，我们各城严密防守，再派出机动部队乘虚攻击，敌人攻城攻不下，郊野抢不到粮食，千里之长的供应线，自然不能长久维持。等他们撤退之日，我们各城同时出击，加上机动部队的力量，这是一个大歼灭战略。"

蜀汉帝（二任）刘禅（本年五十二岁）接受这项建议，命汉中防卫司令（督汉中）胡济，撤退到汉寿（四川省广元市西南）；监军官（监军）王含据守乐城（陕西省城固县），军事总监（护军）蒋斌据守汉城（陕西省勉县）。

二五九年 己卯

曹魏　甘露　四年
蜀汉　景耀　二年
东吴　永安　二年

1 春季，正月，曹魏帝国（首都洛阳〔河南省洛阳市东白马寺东〕）宁陵（河南省睢县）水井中，发现两条黄龙。之前，顿丘（河南省清丰县西）、冠军（河南省邓州市西北冠军村）、阳夏（河南省太康县）等地水井中，不断发现黄龙，文武官员一致认为是一种吉祥预兆。曹魏帝（四任）曹髦（本年十九岁）说："龙，象征君王，可是它不但不能升天，还不能停在农田，却委屈的掉到深井之中，根本不是什么吉祥。"作《潜龙诗》，自我嘲弄。(《潜龙诗》:“可怜的龙被困孤寒/不能跳出深渊/不能上冲九天/也不能降落农田。”“可怜的龙坠入井底深处/泥鳅都在面前歌舞/它藏牙缩爪/叹息/我也是这么苦。”)最高统帅(大将军)司马昭见到,大不高兴。

2 夏季,六月,曹魏帝国最高监察长(司空)、京陵侯(穆侯)王昶逝世。

3 蜀汉帝国(首都成都〔四川省成都市〕)皇帝(二任)刘禅(本年五十三岁),封皇子刘谌当北地王、刘恂当新兴王、刘虔当上党王。

政务署长(尚书令)陈祗,工于心计,而又精于谄媚,受到刘禅宠爱信任。最高统帅(大将军)姜维,虽然官位在陈祗之上,但姜维经常率军在外作战,很少过问中央政事,权力和被信任的程度,反而不如陈祗。

秋季,八月二十日,陈祗逝世。刘禅擢升政务署执行长(仆射)义阳(湖北省枣阳市南)人董厥,当政务署长(尚书令);政务署执行官(尚书)诸葛瞻,当政务署执行长(仆射)。

4 冬季,十一月,曹魏帝国车骑将军孙壹被婢女刺杀(孙壹于前年〔二五七〕六月投降,曹魏帝国政府把已罢黜的前任〔三任〕帝曹芳的一级小老婆〔贵人〕邢女士,赏赐给孙壹做妻子。邢女士美艳夺人,可是十分嫉妒,婢女们不能忍受,遂联合一致,把夫妇二人谋杀。我们不知道邢女士的嫉妒事实,但能把全体婢女逼反,她的暴虐行为,一定可怖)。

5 本年(二五九),曹魏帝国任命征东将军王基当征南将军,兼荆州(湖北省北部)军区司令长官(都督荆州诸军事)。

司马夺权

导读

三世纪进入六〇年代，中国政治上发生很大变化，历时六十一年的三国时代结束，蜀汉帝国、曹魏帝国、东吴帝国，分别被司马家族所建立的晋王朝消灭。三个帝国建立时艰难困苦的情景，犹在眼前，想不到崩溃时却如此迅速，几乎只听见轰然一声，即行倒塌。《资治通鉴》是一部细腻的史书，它把轰然一声之前，三个帝国的内脏腐烂情形，一一记载。在某一个角度上，我们可以说：《资治通鉴》是一部王朝或政权兴亡的诊断书，从患病到死亡，以及拒绝服药的景况，记载的历历如绘，不仅供后人凭吊，也供后人沉思。

柏杨　一九八五·四·一五

目录

三世纪六〇年代

二六〇—二六九年

三国时代

- 曹魏帝国皇帝曹髦被杀。
- 蜀汉帝国灭亡。
- 东吴帝国孙皓当皇帝。
- 曹魏帝国灭亡，晋王朝建立。
- 孙皓暴虐，两次迁都。

- 波斯王国俘虏罗马帝国皇帝瓦勒利安，充当马奴。其子伽利伊纳即位。
- 伽利伊纳被暗杀，革老丢二世即位。

二六〇年 庚辰

曹魏	甘露	五年
	景元	元年
蜀汉	景耀	三年
东吴	永安	三年

1 春季，正月一日，日蚀。

2 夏季，四月，曹魏帝国（首都洛阳〔河南省洛阳市东白马寺东〕）皇帝（四任）曹髦（本年二十岁），命有关单位遵照前年（二五八）的诏书，擢升最高统帅（大将军）司马昭当相国，封晋公，加九锡。

3 曹魏帝国皇帝曹髦，眼睁睁看着权威从手中滑走，忍不住心头愤恨；累积多年的怒火，突然爆发。

五月七日，曹髦召集高级咨询官（侍中）王沈、政务署执行官（尚书）王经、散骑侍从官（散骑常侍）王业，对他们说："司马昭之心，路人皆知，我不能坐在这里等候被他罢黜的羞辱。今天，跟你们共同行动，我要亲自讨伐。"王经说："从前，姬裯（鲁国二十六任国君昭公）不能忍受季姓家族专权，起而奋战，终于失败逃走，引起天下讥笑（季姓家族世代相传，把持鲁国政府，姬裯忍无可忍，于前五一七年，跟国务官〔大夫〕郈姓家族、臧姓家族，联合进攻季孙如意；季孙如意反击，姬裯军败逃走，投奔齐国，从此流亡在外，而于前五一〇年，在乾侯〔河北省成安县东南〕逝世）。而今，权柄握在司马家族之手，为时已久，无论中央及地方，都愿为司马家效死，他们不懂得逆顺的道理，并不是最近才如此。而且，皇家禁卫军为数寥寥，武器盔甲，都十分脆弱，陛下用什么讨伐？一旦发动，岂不是本来要铲除他，结果反而使他的势力，更为强大？大祸深不可测，请再作考虑。"曹髦从怀中掏出写在黄色绸缎上的诏书，投到地上，说："我的主意已定，即令身死，有什么可惧？何况不一定死！"于是进宫报告郭太后。王沈、王业乘空溜走，向司马昭报信，临溜时招呼王经同行，王经拒绝。

曹髦遂拔出佩剑，登上辇车，率领金銮宝殿皇家禁卫武士，以及奴仆、侍从，擂鼓呐喊而出，直指司马昭处所。司马昭老弟骑兵指挥官（屯骑校尉）司马伷，在东止车门，跟曹髦相遇，曹髦左右大声呵责，司马伷部众一哄而散。中央军事总监（中护军）贾充率军从外而入，在南宫门下阻截迎击，双方混战。曹髦挥剑前进，贾充部众不敢冒犯皇帝，打算后退。骑兵司令（骑督）成倅的老弟、太子宫随从官（太子舍人）成济，问贾充说："情势紧急，应该怎么办？"贾充说："司马公厚待你们，就是为了今天；今天的事，有什么可问的？”成济抽出长矛，直刺曹髦，曹髦倒在辇车之前，气绝身死。

司马昭得到报告，大吃一惊，从床上滚到地上。皇家师傅（太傅）司马孚飞奔而往，把曹髦抱到自己腿上，放声大哭，极为悲痛，说：“刺杀陛下，是我的罪！”司马昭入宫，在金銮宝殿召集文武百官会议。政务署左执行长（尚书左仆射）陈泰，不肯参加。司马昭教陈泰的舅父、政务署执行官（尚书）荀颉，去叫陈泰。陈泰说：“一般舆论，都认为我可以上比舅父，看起来舅父不如我。”陈泰的子弟和家人宾客，逼迫陈泰，陈泰遂晋见司马昭，十分哀恸。司马昭也对他哭泣，问说：“玄伯（陈泰别名），你看我应该怎么办？”陈泰说：“只有诛杀贾充，才可以略平天下公愤！”司马昭迟疑了很久，说：“你再往下面想想？”陈泰说：“我只能说到这里，不知道还有下面！”司马昭不再继续讨论。荀颉，是荀彧的儿子（荀彧，参考一九二年正月）。

郭太后下令，宣布曹髦罪状，撤销他的皇帝称谓，贬成平民，用平民的礼仪安葬；逮捕王经跟王经的家属，交付司法部（廷尉）审判。王经向娘亲叩头，请原谅他惹下大祸。娘亲面色不变，微笑说：“人，谁能不死？只怕死得不是地方。为皇帝丧命，有什么遗恨？”等他们被诛杀时，旧部属向雄，在刑场痛哭，感动街市。而王沈，因通风报信之功，封安平侯。

五月八日，皇家师傅（太傅）司马孚上书，请求用王爵的礼仪安葬曹髦；郭太后批准，命中央军事总监（中护军）司马炎，前往邺城（河北省临漳县西南邺城镇）迎接燕王曹宇的儿子、常道乡公曹璜，当二任帝（明帝）曹叡的继承人（曹璜是曹叡的堂弟，一任帝曹丕仍有后裔，不应离谱至此。然而此时非昔时，郭太后已不敢发言，其他人全唯命是听）。司马炎，是司马昭的儿子。

五月九日，群公奏请郭太后（群公：除“三公”外，皇家师傅〔太傅〕称“上公”；最高统帅〔大将军〕，有名号的大将军〔如征东大将军等〕，称“从公”），太后所颁发的命令，改称“诏制”。

五月二十一日，司马昭坚决辞让相国、晋公、九锡；郭太后批准。

五月二十六日，司马昭上书，指控成济兄弟大逆不道，屠杀全族。

曹髦的出击是轻率的，但他才二十岁，血气方刚，思虑当然不能周密，他唯一的仗恃是“皇帝”头衔，虽然他自知没有实力，但他仍模糊的寄望这个头衔可以阻吓对方不敢还手，这从他出发时说的“何况不一定死！”看出隐藏在他内心中的一线希望。却不知道他这样做，是把一条凶悍的狗逼到墙角，它非还口不可。而在还口的关键上，成济扮演了里外不是人的凶手角色，但当他一矛刺下时，他并不知道他会里外不是人。他有他的如意算盘，他已为主子解除了一次紧急的灾难，而且“义无反顾”的，甘冒天下大不韪，用别人的血，向主子显示他一片赤胆忠心。

弑君惨案发生在五月七日，连政务署执行官（尚书）王经都被诛杀，可是对凶手却没有动静，全国人民都张大眼睛注视司马昭如何交代，而这件只要一句话便可解决的事，却拖延了二十天之久，是什么原因？

我们推测，整整二十天，贾充处于生死边缘。事情是如此明显，陈泰的言论，应是当时天下人最低调的公论。司马昭只要一声叹气：“罢了。”贾充便身首异处，由忠臣变成叛徒。后来终于仍放过贾充，并不是司马昭对谁特别厚爱，政治是残忍的，只要能把事情摆平，主子对任何人都不会珍惜。意大利范伦铁诺公爵波吉尔，曾命他的将领里米罗，血洗罗马纳；当罗马纳人民群起反抗，影响波吉尔宝座时，波吉尔召见里米罗，四天后，里米罗身裂两段，陈尸广场示众。但诛杀贾充，可能促使摇尾系统的忠心动摇。主子不但无情，而且无义，以后还有谁敢为主子担当？希望借效忠得到利益的热情，一旦降低，就会引起众叛亲离，下一个事变发生时，将丧失反应能力。波吉尔就是栽在罗马纳再次叛变，再没有人为他镇压。

所以，成济成了唯一凶手，因为他的地位较低，杀了他不会影响摇尾系统的信念。但是，纵然如此，司马昭也要做一番善后的工作，向摇尾分子群细作解释，解释不得不诛杀成济的原因；这需要一段时间。而就在司马昭作内部教育时，成济恐怕还在受盛大招待，使他对前途充满了信心，认为荣华富贵已经逼面，不是升官，定是封侯，甚至两者都有。他的家属也会得到明示或暗示，主子会有回报，然后把他们聚集在一起，三天一小宴，五天一大宴，欢乐度日，等候新的命令；而新的命令果然到来。

成济认为"奉命行事"四个字可以保护他，他再没有想到，他只不过是一个被利用的工具，一旦问题的严重性超过保护伞的支撑能力，主子只有毁弃这个工具。偏偏很多摇尾杀手坚决相信主子会对他有感谢之情，而且法力无边；所以世间的悲剧，才不断发生。成济二世、三世，甚至无穷世，层出不穷，原因在此。看清楚成济的命运，假设人们有意在历史事件中觅取教训，这是一课重要教程。

4 六月一日，曹魏帝国郭太后下诏，命常道乡公曹璜，改名曹奂。

六月二日，曹璜（曹奂）进入首都洛阳。当天，坐上皇帝宝座（五任元帝），年十五岁，大赦，改年号（之前是甘露五年，之后是景元元年）。

5 六月四日，曹魏帝国擢升司马昭当相国、封晋公，加九锡，一如从前，司马昭坚决辞让，遂止。

6 六月十一日，曹魏帝国擢升政务署右执行长（右仆射）王观，当最高监察长（司空）。

7 东吴帝国（首都建业〔江苏省南京市〕）民兵司令（都尉）严密，建议挖凿浦里塘（安徽省当涂县东），所有官员都以为困难重重，只有首都卫戍司令（卫将军）陈留郡（河南省开封市东南陈留镇）人濮阳兴（濮阳，复姓），认为可以成功；于是集结各军及民众，开始兴筑，费用之多，无法统计；士卒很多死亡，人民愁苦怨恨。

8 东吴帝国会稽郡（浙江省绍兴市）传出谣言说：会稽王孙亮，不久将再当皇帝。而孙亮王宫宫女，适时的检举孙亮命巫师使用法术，向天祈祷，有邪恶的言语；有关单位奏报中央。东吴帝（三任景帝）孙休（本年二十七岁）贬孙亮当候官侯，遣送前往他的封国（候官，福建省福州市）。中途，孙亮自杀（年十八岁）；护送人员全都受到惩罚（《吴录》：有人说是皇帝孙休把孙亮用鸩酒毒死，直到本世纪〔三〕八〇年代晋王朝，已灭亡了的东吴帝国宫廷供应部长〔少府〕丹阳郡〔江苏省南京市〕人戴颙，才把孙亮的棺柩运往赖乡〔今地不详〕安葬）。

9 冬季，十月，曹魏帝国（首都洛阳）最高监察长（司空）、阳乡

侯（肃侯）王观逝世。 616

10 十一月，曹魏帝曹璜（曹奂），下诏尊崇老爹燕王曹宇，用特殊礼仪相待（特殊礼仪指：一、政府公文书，提到燕王时，都另起一行，跟全文平齐〔此之谓“抬头”，是专制封建社会中，另一种文字游戏。遇到尊贵角色，都另起一行，称“平抬”；超出本文一字，称“单抬”；超出本文二字，称“双抬”。地位越尊贵，抬得越高，例如：给皇帝的奏章，遇到称皇帝的诏令行止时，用“平抬”；遇到称皇帝本人时，用“单抬”；遇到更大的家伙，像皇帝的祖宗，用“双抬”。一篇奏章，被“抬”得支离破碎。然而，两千年来，人们乐此不疲，稍有差错，该抬不抬，或抬得不恰当、不过瘾，轻则受罚，重则有杀身之祸〕；二、除非在皇家祭庙助祭，其他任何时候，只能称燕王，不准称姓称名；三、文武官员所上奏章，以及政府所有公文书，以及官员人民，口中不准说“宇”，笔下不准写“宇”〔“避讳”把戏〕）。

11 十二月十六日，曹魏帝国擢升京畿总卫戍司令（司隶校尉）王祥，当最高监察长。

12 曹魏帝国政务署执行官（尚书）王沈，当豫州（河南省）州长（司马昭酬庸他告密之功），初到任时，通令各郡：“任何人，只要能指出郡长或郡政府高级官员过失，或指出人民最迫切的盼望是什么，由州政府付给五百斛米谷的报酬。如果能指出州长（刺史）的过失，甚至中央政府的过失，付给一千斛米谷的报酬。"主任秘书（主簿）陈歆、褚䂮，一同晋见（歆，音xīn〔心〕。䂮，音lüè〔略〕），建议说："你所下达的命令，主要的是盼望了解民间疾苦，用奖赏作为鼓励。怕的是，拘谨耿介的人，可能不愿得到奖赏，而不肯发言；贪婪愚昧的人，可能为了得到奖赏，而随便抨击。假定他所抨击的不是事实，不发给奖赏，远方人士不知道内情，只看到建议已经提出，不见采用，认为州政府存心欺骗人民。所以，通令应该稍缓颁布。"王沈不理，再发第二次通令："对在上的人有益，对在下的人有赏，这是正人君子的节操，怎么会没有人发言？"褚䂮再度晋见，说："伊祁放勋（唐）、姚重华（虞）、姬旦（周公），所以能使别人肯对他竭尽忠言，是他们的诚心感人。冰不言自冷，炭不言自热，性质十分明显，因为它们有冷热的事实。如果喜爱忠直言论，确实出于诚意，跟冰炭一样，事实摆在那里，则忠直的言论，用不着征求，就会自动出现。如果恩德并不能匹配伊祁放勋（唐）、姚重华（虞），贤明并不能匹配姬旦（周公），既没有冰炭样的事实，虽然悬出巨额奖赏，而忠直的言论，仍不容易听到。"王沈这才停止。

二六一年 辛巳

曹魏　景元　二年
蜀汉　景耀　四年
东吴　永安　四年

1 春季，三月，曹魏帝国（首都洛阳〔河南省洛阳市东白马寺东〕）襄阳郡（湖北省襄阳市）郡长胡烈，上书说："吴国（东吴帝国，首都建业〔江苏省南京市〕）邓由、李光等十八个屯垦区将领，正在暗中策划归降，已派来使节和人质，打算请郡政府民兵部队，到长江北岸迎接。"曹魏政府命征南将军王基（时驻防新野〔河南省新野县〕），派军前往沮水，乘船舰南下（沮水发源于湖北省保康县西南，在湖北省江陵县西，注入长江）。诏书说:“如果邓由如期到达，就可利用这个机会，给东吴一个强烈的打击。”王基用驿马车送信给最高统帅（大将军）司马昭，列举邓由等可疑的形迹，应等待更进一步的澄清，不应轻率的驱使大军，深入敌人国土接应，又说:“夷陵（西陵，湖北省宜昌市）东西两方，全是险恶要塞，竹木丛生，一旦敌人设有埋伏，兵马弓箭无法施展。而今，正逢天气潮湿，弓弦功能，都受影响。降雨不止，遍地沼泽，大军一出，农田荒废（差役丁壮，都由农夫充当），图谋不一定得到好处，事态至为危险。姜维之攻击上邽（甘肃省天水市，参考二五六年七月），文钦之入据寿春（安徽省寿县，参考二五七年六月），都是深入敌人国境，贪图利益，自找全军覆没的挫败。这些都是近来发生的事，应可作为鉴戒。五〇年代以来，帝国不断发生内乱（曹爽、王淩、毌丘俭、诸葛诞等之变，以及罢黜三任帝曹芳），目前的要务，应该专心一意，安定社会，使上下宁静和睦，全力推广农耕，加强人民的向心力，不应该劳师动众，谋取国境外的收获。”

司马昭一连接到王基几封信，迟疑不决；下令已经出动的各军，暂时停止前进，在当地扎营，等候下一步指示。王基再写信给司马昭，说:“从前，刘邦（西汉王朝一任帝）采纳郦食其的建议，要封六国后裔当国王，听到张良的警告后，恍然大悟，急令取消印信（参考前二〇四年六月）。我的智谋肤浅，固然不如张良，但是深怕胡烈犯了郦食其的错误。”司马昭才教曹魏帝（五任元帝）曹璜（曹奂。本年十六岁）下诏复员，回信给王基说:“负责任的一些干部，大多数都压制自己的见解，唯我的话是听，很少能坚持不屈，跟我共同作深入的探讨。我非常感谢你的忠心和爱护，每次看到你的提示，都照你的意思去办；如今，已下令撤军。”

后来，邓由等果然不肯归附。胡烈，是胡奋的老弟。

三世纪·二六一年三月 江汉一带形势

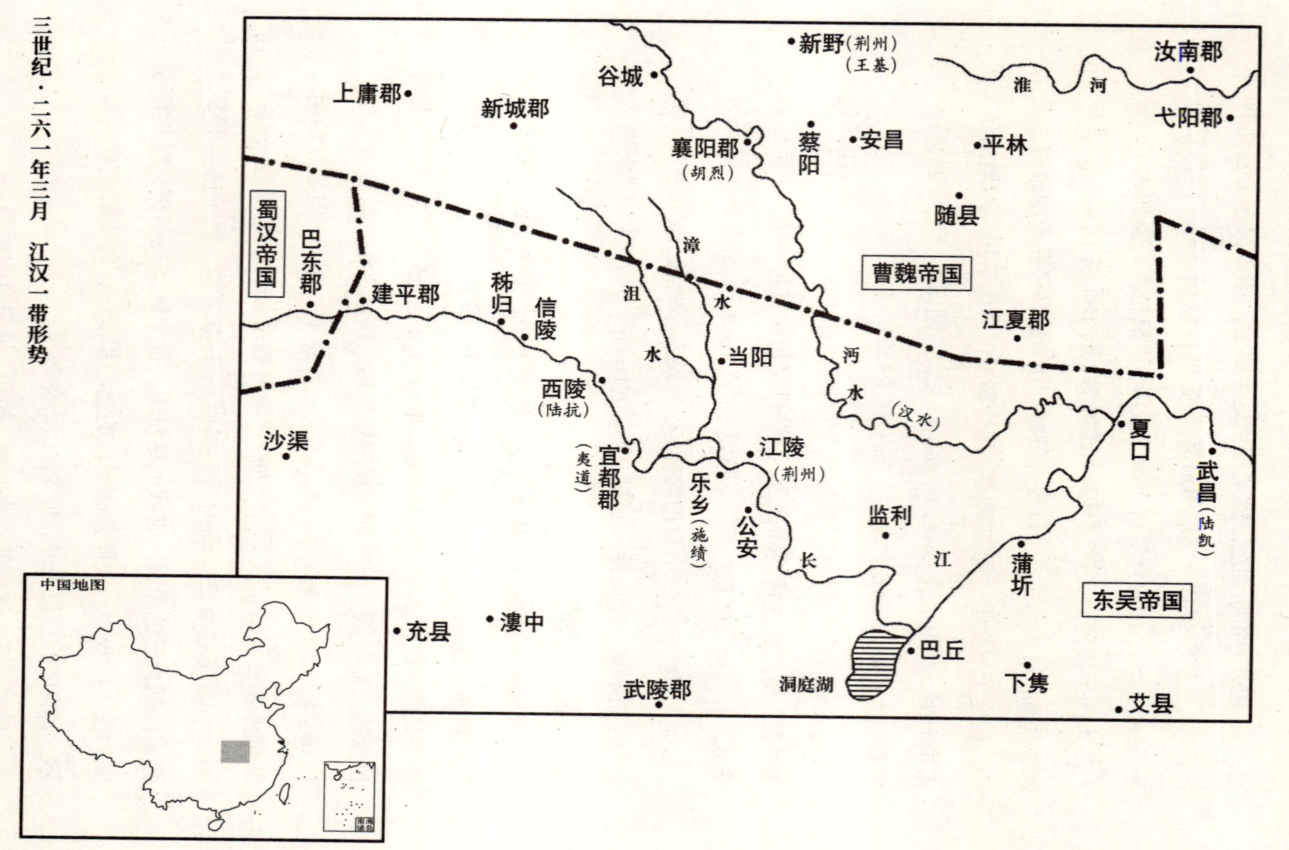

2 秋季，八月甲寅日（八月丙子朔，没有甲寅），曹魏帝国再晋封司马昭去年（二六〇）所封的爵位，司马昭仍拒绝接受。

3 冬季，十月，蜀汉帝国（首都成都〔四川省成都市〕）皇帝（二任）刘禅（本年五十五岁），任命董厥当辅国大将军；诸葛瞻当总督（都护）兼首都卫戍司令（卫将军），共同处理政府机要（共平尚书事），擢升高级咨询官（侍中）樊建当政务署长（尚书令）。当时，寝殿侍奉宦官（中常侍）黄皓，正受皇帝宠信，董厥、诸葛瞻，都没有能力阻止。高级知识分子及在职官员和退休士绅，大多数都巴结黄皓，唯黄皓之命是从；只有樊建不跟黄皓来往。皇家图书馆长（秘书令）郤正，长久的在皇宫之内供职，跟黄皓比邻而居，接触三十余年。郤正性情淡泊，不追求官爵，读书是唯一娱乐；黄皓对他既不喜爱，也不憎恨；所以郤正的官位一直不超过六百石，但也不受黄皓祸事牵累。蜀汉帝刘禅的老弟甘陵王刘永，讨厌黄皓，黄皓从中挑拨，使刘永十年之久，不能朝见。

东吴帝国（首都建业）皇帝（三任景帝）孙休（本年二十八岁），命高级警卫指挥官（五官中郎将）薛珝（音xǔ〔许〕），访问蜀汉帝国。回来后，孙休询问蜀汉帝国情况。薛珝回答说："主上昏庸，不知道自己所犯的错误；部下苟且敷衍，只求不惹祸上身。到了他们政府，听不到正直的言论；经过的原野，人民脸上呈现饥饿菜色。我曾经听说，燕子、麻雀停留在华屋高堂之上，母子们欢乐相聚，认为真是天下最安全的乐园。然而烟囱已经冒火，栋梁已经焚烧，而燕子、麻雀却仍兴高采烈，不知道大祸已经临头！大概正是指的这种景观。"（薛珝观察入微，虽是指的蜀汉帝国，但也是说给孙休听，使孙休反省东吴帝国也是如此。）薛珝，是薛综的儿子（薛综事，参考二三三年十二月）。

前一世纪至三世纪　拓跋鲜卑迁徙路线

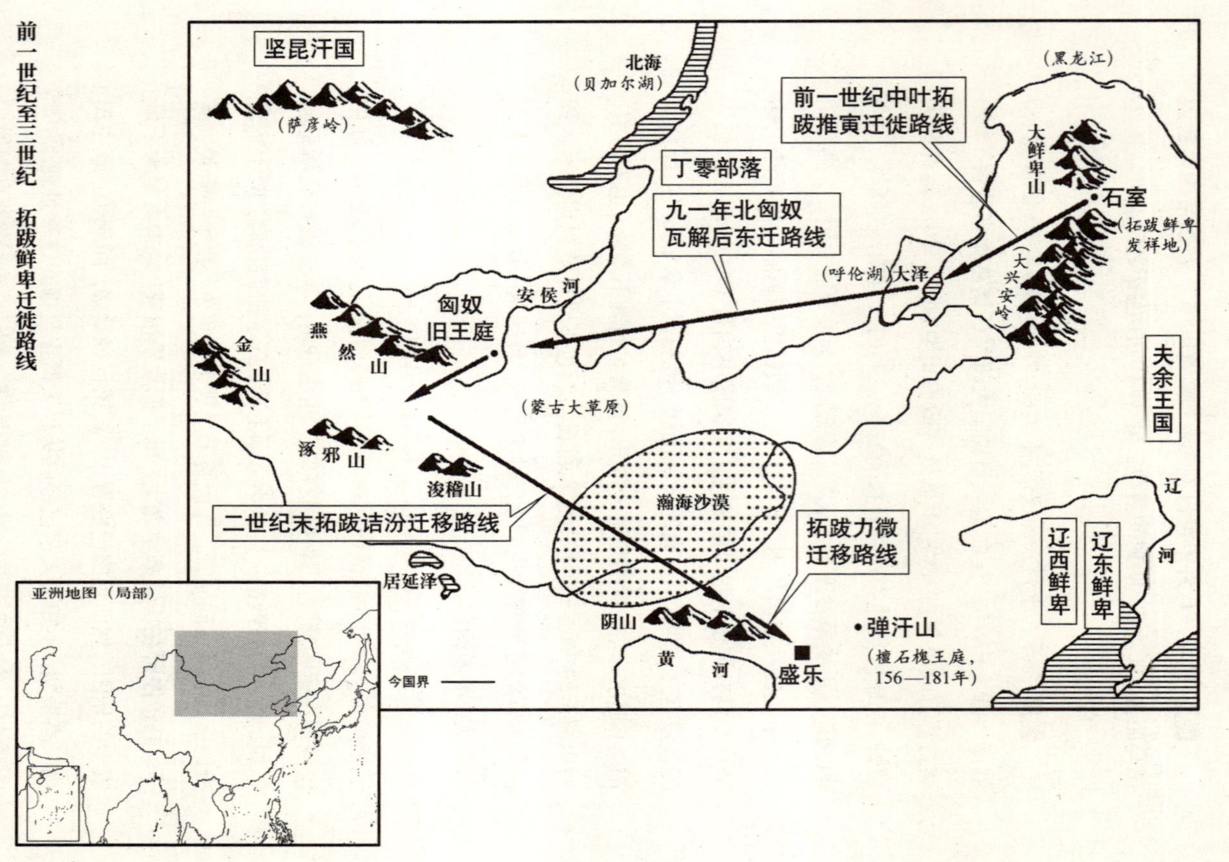

4 本年（二六一），鲜卑民族（内蒙古东部中部及以北地区）中最大的索头部落酋长拓跋力微，派他的儿子拓跋沙漠汗，到中国（曹魏帝国）进贡，遂留在首都洛阳，充当人质。

拓跋力微的祖先，世世居住在瀚海沙漠以北的蛮荒地带，跟中国从来没有接触（萧子显注："匈奴汗国曾把女儿拓跋，嫁给李陵，依照他们的习惯，儿子从母姓，所以拓跋是李陵的后代。但后来不愿承认，谁说他们是李陵的后代，就把谁诛杀"），到了拓跋毛，称"可汗"（北方蛮夷，只匈奴的君王称"单于"，其他族群的君王都称"可汗"），势力开始强大，统治三十六个封国、九十九个部落。五世之后，到拓跋推寅（五世姓名：拓跋毛、拓跋贷、拓跋观、拓跋楼、拓跋越），向南迁移，定居在一个大湖之旁。又经过七世，到拓跋邻（七世姓名：拓跋推寅、拓跋利、拓跋俟、拓跋肆、拓跋机、拓跋盖、拓跋侩），把所有部众，分为十个部落。命他的七个兄弟，以及同种的乙旃家族、车焜家族（旃，音zhān〔詹〕。焜，音gǔn〔衮〕），各统领一个部落。拓跋邻年老，把可汗宝座，让给儿子拓跋诘汾。拓跋诘汾率部众再向南迁移，遂进入匈奴汗国瓦解后留下的真空故地（蒙古国中部）。拓跋诘汾逝世，儿子拓跋力微继位，继续向南迁移，定居定襄郡（山西省右玉县）的盛乐县（内蒙古和林格尔县。此指东汉王朝时的定襄郡，其地于曹魏帝国时，已成塞外），部众繁衍扩张，一天比一天壮大；鲜卑民族其他部落，全都畏服（一百二十五年后的四世纪八〇年代，拓跋家族建立北魏帝国〔参考三八六年正月〕，《资治通鉴》在此对拓跋家族的起源及发展，作一叙述。北魏帝国屹立一百七十一年，是大分裂时代建国时间最久、面积最大、国力最强的一个帝国，在历史上占重要地位）。

二六二年 壬午

曹魏	景元	三年
蜀汉	景耀	五年
东吴	永安	五年

1 秋季，八月十六日，东吴帝国（首都建业〔江苏省南京市〕）皇帝（三任景帝）孙休（本年二十九岁）封朱女士当皇后；朱皇后，是孙小虎（朱公主）的女儿。

八月十九日，立皇子孙湾当太子（孙休有四个儿子，特别创造四个稀奇古怪的字，作为名字：长子孙𩅦〔湾〕、次子孙𩃙〔躬〕、三子孙壾〔莽〕、四子孙𠅨〔褒〕。方块字本身不带音符，所以写是如此写，却不知念应如何念。《吴录》载孙休诏书，特别解释：“霣，音湾。”我们就改作“湾”，以减少脑力负荷）。

2 蜀汉帝国（首都成都〔四川省成都市〕）最高统帅（大将军）姜维，打算再度出军攻击曹魏帝国（首都洛阳〔河南省洛阳市东白马寺东〕），右车骑将军廖化说：“不停的燃起战火，一定把自己烧死，正是姜维的写照。智谋不高过敌人，力量又小过敌人，而永无止境的攻击，怎么能使自己生存？”

冬季，十月，姜维进攻曹魏帝国洮阳（甘肃省临潭县）；曹魏帝国征西将军邓艾，在侯和（甘肃省卓尼县东北）迎战，击破蜀汉军，姜维退守沓中（甘肃省舟曲县西北。沓，音tà〔榻〕）。

最初，姜维以一个异乡人，投奔蜀汉帝国（参考二二八年正月，迄今三十五年），身受国家的重任，连年来不断出兵，却不能建立功勋。而宦官黄皓掌握帝国政府大权，跟右翼最高统帅（右大将军）阎宇，感情亲密，打算贬逐姜维，任用阎宇。姜维得到消息，报告蜀汉帝（二任）刘禅（本年五十六岁）说：“黄皓奸诈伶俐，一意孤行，会倾覆我们国家，应该诛杀。”刘禅说：“黄皓不过是台阶前听候差遣的小小宦官；从前，董允一提起黄皓就咬牙切齿（参考二四五年十二月），使我深感遗憾；你何必也把黄皓挂在心上？”姜维发现黄皓的势力网已经完成，到处都是党羽心腹，像一座丛林一样，枝叶互相攀连。而自己的力量毕竟有限，却说出不应该说出的话，势将难逃报复，遂马上向皇帝婉言道歉，仓皇退出。刘禅命黄皓亲自晋见姜维，感谢他的宽恕。姜维更加惊恐，不能安枕（以上追叙出军之前情势）。洮阳之役失利后，姜维遂请求在沓中武装屯垦，种植小麦；不敢返回首都成都。

3 东吴帝国（首都建业）皇帝孙休，任命濮阳兴当丞相；擢升司法部长（廷尉）丁密当左最高监察长（左御史大夫）；宫廷禁卫官司令（光禄勋）孟宗当右最高监察长（右御史大夫）。

最初，濮阳兴当会稽郡（浙江省绍兴市）郡长时，孙休身在会稽郡，濮阳兴对他侍奉得十分周到。左将军张布，曾担任孙休王府的带兵官。所以孙休当了皇帝之后，二人都跟着升官，受到宠爱，并掌握权柄。张布主持宫廷，濮阳兴主持政府，奸诈谄媚，互相支援包庇，帝国臣民大为失望。

孙休喜爱读书，打算经常召见总研究官（博士祭酒）韦昭、研究官（博士）盛冲，到宫中聚会，为自己讲解经典。张布知道韦昭、盛冲，正直而又敢于放胆直言，恐怕一旦侍奉皇帝，可能谈到自己的过失，遂坚决劝阻。孙休说："我对所有书籍，几乎都看过一遍，现在只是跟韦昭等温习温习，有什么不对？你们只是恐怕韦昭等透露臣下谁在为非作歹，所以不想教他们进宫罢了。对于这种事，我心里有数，用不着等韦昭等开口，我才知道。"张布惶恐道歉说，绝不是害怕这些，而是害怕妨碍皇帝处理国事的时间。孙休说："政府事务，跟学业研究，是两回事，并不冲突，互相之间，更不妨碍，这样做没有错误，而你们却认为不合适，是怀疑我表面上讨论学问，其实另有企图。想不到你们今天当权，用这种手段对付我，实在遗憾。"张布无法答对，只有叩头。孙休说："我只是请你想开一点而已，何至于恐惧叩头？你的忠诚，远近皆知，我今天之坐上宝座，都是你的功劳。《诗经》说：'刚开始的时候都很好／可是很少人能从头到尾都很好。'（《大雅·荡》：靡不有初，鲜克有终。）结局很难掌握，希望你掌握结局。"

然而，孙休仍恐怕张布猜疑恐惧，最后还是依照他的意思，中止学业，不再使韦昭等入宫。

再强调一次：嘴里说得明白，笔下写得明白，绝不等于心里明白，更绝不等于他能做到；对人，不要听他怎么说，要看他怎么做。

4 曹魏帝国（首都洛阳）谯郡（安徽省亳州市）人嵇康，文章流畅，辞藻优美，喜爱谈论《老子》《庄子》，而性情豪爽侠义，跟陈留国（河南省开封市东南陈留镇）人阮籍、阮籍的侄儿阮咸、河内郡（河南省武陟县）人山涛、河南郡（首都洛阳）人向秀、琅邪国（山东省临沂市）人王戎、沛国（江苏省沛县）人刘伶，特别友善，号称“竹林七贤”。他们共同的特质是：崇拜虚无，轻蔑儒家系统所最尊重的礼教；毫无限制的饮酒，饮得天昏地暗，对现实毫不关心。

阮籍曾当过步兵指挥官（步兵校尉），娘亲逝世时，他正跟朋友下棋，朋友要求中止，阮籍强留他下出胜负。一会工夫，饮酒二斗，放声大哭，吐出鲜血数升，身体憔悴消瘦，站在那里，像一副骨架；但是为娘亲守丧期间，却跟平常日子一样花天酒地。京畿总卫戍司令（司隶校尉）何曾，对这种行为，十分厌恶。有一次，司马昭在座，何曾当面质问阮籍说：“你纵情任性，背叛礼教，伤风败俗！而今，忠贞贤良人士主持政府、治理国家，要求名实相符，对你们这种人，不应该容忍。”遂挑拨司马昭说：“明公正鼓励孝行，用孝行作为标准，治理天下，却纵容阮籍在娘亲丧事期间，在政府机关之内，公开饮酒吃肉（古代居丧期间，不可以饮酒吃肉），如何能作别人榜样？应该把他放逐到蛮荒地区，免得他有伤风化。”可是司马昭喜爱阮籍的文学才华，常常给他保护（《晋书·阮籍传》载：司马昭曾替儿子司马炎，向阮籍求亲，阮籍不愿，但不敢拒绝，于是酩酊大醉六十日，使司马昭无法开口。后来，司马昭辞让“九锡”，由阮籍执笔，文情并茂，受到世人敬重）。何曾，是何夔的儿子（何夔事，参考一九七年九月）。 628

阮咸跟姑妈的婢女私通，姑妈带着婢女回家，阮咸正跟客人在一起，听到消息，跨上客人的马，飞奔追赶，把婢女夺回，跟她同骑一马而返。

刘伶嗜酒如命，常乘坐小车，带着一壶酒，命家仆拿着铁铲，跟在后面，说：“死在哪里，就埋在哪里。”

当时高级知识分子及在职官员和退休士绅，一致认为他们才华盖世，争着效法他们的怪诞行为，谓之“豁达潇洒”“倜傥不群”。

钟会正受司马昭的宠爱信任，权倾中外，听到嵇康的名声，特地前往拜访。嵇康正蹲在那里锤打刚出炉的粗铁，对钟会毫不理会。钟会离开时，嵇康说：“听见什么才来，看见什么才走？”钟会说：“听见我听见的才来，看见我看见的才走。”把嵇康痛恨入骨。山涛当政务署文官司助理官（吏部郎），推荐嵇康接替自己的职位。嵇康写信给山涛说：“我不能胜任世间俗事，并不是瞧不起子天乙（汤）、姬发（武）。”司马昭听到后，勃然大怒。嵇康跟东平国（山东省东平县西南）人吕安，感情亲近，吕安的老哥吕巽（音xùn〔训〕），诬告吕安不孝，嵇康出面作证并不如此。钟会遂抓住机会报复，向司马昭打小报告，说：“嵇康曾经打算帮助毌丘俭（参考二五五年正月），而且，吕安、嵇康，在社会上有盛大的人望，言论却不检点，批评政府，毁坏礼教，应该乘此把他们铲除。”司马昭遂下令诛杀吕安、嵇康（年四十岁）。

之前，嵇康曾经拜访隐士汲郡（河南省卫辉市〔此时应无汲郡〕）人孙登，孙登说："你才华很高，可是见识太少，恐怕难以好好的活在今世。"

5 曹魏帝国最高统帅（大将军）司马昭，对蜀汉帝国（首都成都）最高统帅（大将军）姜维不断侵犯边境，十分忧烦。骑兵军官路遗（姓路名遗），建议派遣刺客，刺杀姜维。参谋指挥官（从事中郎）荀勖说："明公（司马昭）是天下主宰，应依仗正义，讨伐叛乱集团。不此之图，却用刺客铲除盗贼，不是使四海尊敬的办法。"司马昭认为正确。荀勖，是荀爽的曾孙（荀爽，参考一八九年十二月）。

司马昭预备大举进攻蜀汉帝国，政府官员多数认为不可能成功，只有京畿总卫戍司令（司隶校尉）钟会，极力赞成。司马昭告诉大家说："自从平定寿春（安徽省寿县）反叛（参考二五八年二月），我们休养士卒，已有六年（事实上只有四年），加强训练和补充装备，为的是要对付两个盗匪（东吴帝国及蜀汉帝国）。东吴（东吴帝国）面积辽阔，地势低洼潮湿，进攻他们，吃力而难以收到功效。不如先平定巴蜀（蜀汉帝国），三年之后，再顺长江东下，水陆并进。这是要想消灭虞国（山西省平陆县），却先行消灭虢国（河南省三门峡市）的形势（《左传》前六五五年：晋国〔山西省翼城县〕十九任国君〔献公〕姬诡诸，用璧玉名马，向虞国借道攻击虢国，在回军途中，再灭虞国，取回璧玉名马。司马昭意：灭蜀汉后，乘胜再灭东吴）。统计蜀国（蜀汉帝国）武装部队九万人，保卫首都成都，以及驻防其他边境的，不少于四万人，剩下的不过五万人。只要把姜维困在沓中（甘肃省舟曲县西北），使他无暇照顾东方，我们大军直指骆谷（陕西省周至县西南），出其不意的突入他们防务空虚地区，袭击汉中（陕西省汉中市）。像刘禅那种昏君，遇到边城陷落，人心震恐引起

的危机，非亡不可。”于是任命钟会当镇西将军，主持关中（陕西省中部）军事。 630

征西将军邓艾，认为蜀汉帝国并没有可乘之机，不断上书表示反对。司马昭命主任秘书（主簿）师纂（师，姓），当邓艾的军政官（司马），就近解释（也是就近监视）；邓艾才接受命令。

蜀汉帝国最高统帅（大将军）姜维，上书蜀汉帝刘禅，说：“钟会在关中（陕西省中部）集结部队，储存粮秣，有大规模军事行动的迹象。请同时派出左车骑将军张翼、右车骑将军廖化，统率各军，分别保护阳安关口（陕西省勉县西），及阴平郡（甘肃省文县）的桥头（文县东南），防备突击。”黄皓相信巫师鬼神，巫师鬼神指示：“敌人（曹魏军）不会傻瓜到把自己投入险地（阳平关及阴平道至为险恶）。”黄皓遂报告刘禅，不作理会。政府官员，没有人知道这件事。

二六三年 癸未

曹魏	景元	四年
蜀汉	景耀	六年
	炎兴	元年
东吴	永安	六年

1 春季，正月，曹魏帝国（首都洛阳〔河南省洛阳市东白马寺东〕）再下达二六〇年诏书，擢升最高统帅（大将军）司马昭官爵，司马昭再坚决辞让。

2 东吴帝国（首都建业〔江苏省南京市〕）交趾郡（越南河内市东北北宁省）郡长孙谞（音xǔ〔许〕），贪污凶暴，深受人民痛恨。正好，东吴帝（三任景帝）孙休（本年三十岁），派巡回法官（察战）邓荀，前往交趾郡；邓荀征收孔雀三十只，进贡首都建业。人民不堪虐待，阴谋叛变。

夏季，五月，交趾郡郡政府官员吕兴等，诛杀孙谞、邓荀，派人前往曹魏帝国（首都洛阳），请求军事援助；九真（越南清化市）、日南（越南东河市）两郡，起兵响应。

3 曹魏帝国向蜀汉帝国（首都成都〔四川省成都市〕）发动灭国性空前庞大的攻击，曹魏帝（五任元帝）曹璜（曹奂。本年十八岁）下诏，命征西将军邓艾，率三万人由狄道（甘肃省临洮县）出发，攻击甘松（甘肃省迭部县）、沓中（甘肃省舟曲县西北），以牵制姜维。雍州（陕西省中部及甘肃省南部）州长（刺史）诸葛绪，率三万人，由祁山（甘肃省礼县东）出发，攻击武街（甘肃省成县）桥头，切断姜维退路。镇西将军钟会亲率十余万人，分别从褒斜谷（陕西省太白县西南褒河山谷）、骆谷（陕西省周至县西南）、子午谷（陕西省宁陕县）直指汉中（陕西省汉中市）。任命司法部长（廷尉）卫瓘，"持节"，当邓艾、钟会两军的监军官（监军），兼任镇西将军府参谋长（行镇西军司）。卫瓘，是卫觊的儿子（卫觊，参考一九九年十一月。历事曹操、曹丕、曹叡祖孙三代）。

钟会前往幽州（河北省北部及辽宁省）州长（刺史）王雄的孙儿王戎军营（王雄以派刺客刺死鲜卑部落酋长轲比能，使鲜卑势力衰退而闻名；参考二三五年），请王戎提供作战方略，王戎说："道家学派有句话：'尽量去做，但不要逞能。'（李耳《道德经》："为而不恃。"）成功不难，保持成果难。"有人问相国府军事参议官（参相国军事）平原郡（山东省平原县）人刘寔："钟会、邓艾，能不能击破蜀国（蜀汉帝国）？"刘寔说："一定可以击破，但二人却不会回来。"问他根据什么，刘寔微笑，不作回答（从三世纪开始，史书上这种未卜先知的事迹，层出不穷。五〇年代后，越来越盛，几乎每一个稍大的事件，或每一个倒霉的人物，事前都有人肯定它的下场，而且全部应验，好像都是半仙之体。不过大多数都是事后有先见之明，否则的话，不可能准确得百无一失，连上帝都不可能预知的事，一个凡夫俗子，都能预知）。

秋季，八月，远征军在首都洛阳集结完成，大肆赏赐将士，誓师出发。将军邓敦反映说："蜀国（蜀汉帝国）不可能征服。"司马昭斩邓敦示众。

蜀汉帝国得到曹魏远征军即将来临消息，派右车骑将军廖化率军前往沓中（甘肃省舟曲县西北），援助姜维；再派左车骑将军张翼、董厥等率军进驻阳安关口（陕西省宁强县西北阳平关镇），作为各战略要塞的支援基地。大赦，改年号炎兴（之前是景耀六年，之后是炎兴元年）。蜀汉帝（二任）刘禅（本年五十七岁）下令：各战略要塞不准出战，其他各军全部退保汉城（陕西省勉县东）、乐城（陕西省城固县。采用姜维的战略，参考二五八年十二月），各城守军五千人。张翼、董厥军北上进抵阴平郡（甘肃省文县），得到曹魏帝国雍州州长（刺史）诸葛绪将进军建威（甘肃省西和县）的消息，遂留在阴平，一月有余，等待迎战。而钟会三路大军，同时南下，平安抵达汉中郡（陕西省汉中市）城下。

九月，钟会命前将军李辅，率领一万人，包围乐城，乐城守将王含。曹魏远征军军事总监（护军）荀恺，包围汉城，汉城守将蒋斌。而钟会主力，径行西进，直扑阳安关口（阳平关）；派人到诸葛亮墓园致祭（诸葛亮葬陕西省勉县西南定军山）。

最初，蜀汉帝国武兴（陕西省略阳县）防卫司令（武兴督）蒋舒，能力平庸，毫无建树。帝国政府派人接替，命蒋舒协助将军傅佥，固守阳安关口（阳平关），蒋舒大为怨恨。钟会命军事总监（护军）胡烈当前锋，攻击阳安关口。蒋舒心怀诡诈，对傅佥说："盗匪（曹魏远征军）逼到门口，不出城迎战，却闭城自守，不是好的计谋。"傅佥说："我们接到的命令是不准出城迎战，只要能够固守，就是功劳。如今违反军令，万一丧师辱国，纵是一死，也无法挽救。”蒋舒说：“你以保守城池不陷落是功劳，我以出城克敌是功劳，请各人照各人的志愿行事。”遂率领他的部队出城。傅佥认为蒋舒将向敌人发动攻击，所以毫无应变戒备，想不到蒋舒却迎上胡烈，向胡烈投降；并回军作为前导，乘虚袭击阳安关口（阳平关）；傅佥格斗，阵亡。傅佥，是傅彤的儿子（傅彤殉职事，参考二二二年闰六月）。钟会听到已夺取关口，长驱而下，获得蜀汉帝国所储存的大量粮秣。

邓艾命天水郡（甘肃省甘谷县）郡长王颀，直接攻击姜维大营；陇西郡（甘肃省陇西县）郡长牵弘在姜维前方阻截。金城郡（甘肃省兰州市东）郡长杨欣则攻击甘松（甘肃省迭部县）。姜维听说钟会已进入汉中郡（陕西省汉中市），急率军东还。杨欣等尾追不舍，追到强川口（甘肃省舟曲县南），发动攻击，姜维败退；姜维又得到情报说，诸葛绪扼守桥头（甘肃省文县东南），已把退路堵死；姜维遂进入孔函谷（甘肃省舟曲县南），扬言从北道袭击诸葛绪背后，诸葛绪急向后撤退三十华里。姜维在进入北道三十里后，确知诸葛绪撤退，立即回军，通过桥头；诸葛绪发现上当，再回军阻截，姜维已过去一天。姜维回到阴平郡（甘肃省文县），集结部队，打算前往阳安关口（陕西省宁强县西北阳平关镇）赴援，而听到阳安关口（阳平关）陷落噩耗，急退到白水（四川省青川县东沙州镇），遇到廖化、张翼、董厥等，各军合并，进入剑阁（四川省剑阁县北剑门关镇），拒抗南下的钟会兵团。

4 曹魏帝国全国武装部队总司令（太尉）、安国侯（元侯）高柔逝世（年九十岁）。

5 冬季，十月，蜀汉帝国（首都成都）向东吴帝国（首都建业）告急求援。

十月甲申日（十月癸巳朔，没有甲申），东吴帝孙休，命最高统帅（大将军）丁奉，统各将领，率军向曹魏帝国（首都洛阳）的寿春（安徽省寿县）推进；派将军留平，前往南郡（湖北省江陵县）询问朱绩（施绩）意见，应向什么地方进军。再派将军丁封、孙异，率军向沔中（陕西省南部，汉水上游），援救蜀汉危局（这不但是远水救近火，而且是一杯远水）。

6 曹魏帝曹璜（曹奂），因为讨伐蜀汉帝国各将领纷纷传出捷报，重提二六〇年前诏（参考该年五月），擢升最高统帅（大将军）司马昭官爵（相国、晋公、九锡）；司马昭才接受。

晋公司马昭延聘任城郡（山东省济宁市东南）人魏舒，当相国府军事参议官（相国参军）。最初，魏舒小时候，动作迟钝，乡里亲友，对他并不重视。堂叔父、政务署文官司助理官（吏部郎）魏衡，很有名望，也不了解他的这位堂侄，教魏舒看守借水力推动的捣米石杵，魏衡每每叹息说："魏舒有一天能当一个乡长、镇长，我就心满意足！"魏舒并不在意，从不求表现，也从不做偏激的事。只有太原郡（山西省太原市）人王乂，对魏舒说："你终有一天会擢升到三公、宰相高位。"王乂时常赈济他的穷困，魏舒全都接受，从不推辞。年已四十有余，郡政府呈报每年度工作报告时，推荐他当"孝廉"。乡里亲友认为他平常没有读过什么书，劝他推辞，而且还可以表示不愿做官的高尚气节。魏舒说："如果考试不及格，责任在我。怎么可以假冒拒绝考试的虚名，自认清高，去博取荣耀？"于是，埋头苦读，限定每一百天研习一门儒家学派的经典，遂到首都洛阳参加考试（对策）。从此步步上升，后来担任后将军钟毓的秘书长（后将军长史）。钟毓每次跟部属将领和参谋官等，比赛射箭，魏舒总

三世纪·二六三年五月至九月
曹魏大举进攻蜀汉

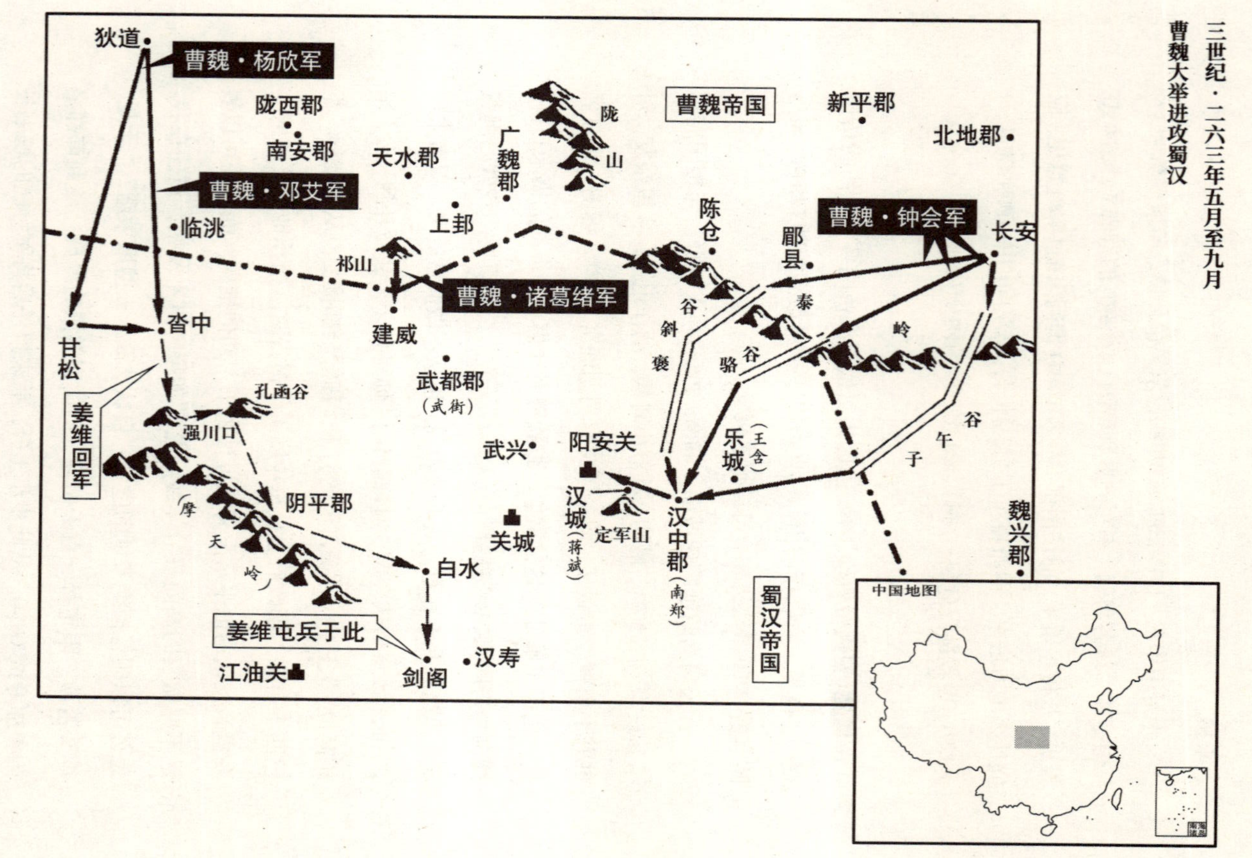

是担任计分工作。有一次，人数不足，拉魏舒充数(古代射礼，以两个人为一个单元)，魏舒态度悠闲，箭不虚发，每发必中，在座的人大为惊骇，没有人能够跟他相比。钟毓叹息道歉，说："我不能使你发挥才能，恐怕跟射箭一样，不仅仅这一件事。"魏舒既当相国府军事参议官(相国参军)，宫廷和政府的事务，琐碎而麻烦，并没有特别贡献。可是遇到应兴革的国家大事，大家都不敢决定时，魏舒慢慢筹划，意见之卓越，往往超出大家想象。司马昭对他十分器重。

柏杨曰

魏舒这个人如何，我们没有意见，但对史学家描述他射箭的神奇故事，感到困惑。射击是一种技艺，没有一件技艺出于天授，都需要经过苦练；三天不练，便会生疏。如果说魏舒关住房门，偷下功夫，既没有这个可能，也没有这个必要；如果说他到靶场学习，甚至躲在后院学习，经年累月下来，不会没有人知道。如果从来没有苦练过，而竟百发百中，天下之大，那就根本不可能有这种怪事。

7 十月十一日，曹魏帝曹璜(曹奂)，封卞女士当皇后。卞皇后，是昭烈将军卞秉的孙女。

8 曹魏帝国远征军征西将军邓艾，进抵阴平郡(甘肃省文县)，挑选精锐，打算跟诸葛绪穿过江油(四川省平武县东南江油关镇)，进攻成都。诸葛绪认为他受到的指令是阻截姜维，并没有教他进入蜀汉帝国本土；遂率军到白水关，跟大军统帅钟会会合。钟会阴谋扩张自己的部队，遂秘密报告中央，指控诸葛绪畏敌不进，中央命把诸葛绪装入囚车，押回京师(首都洛阳)。诸葛绪的军队，全部隶属钟会。

姜维在剑阁（四川省剑阁县北剑门关镇）扎营，据守险要。钟会兵团进攻，不能攻克，而运输线拖得太长，完全暴露在易受攻击的敌国国土之上，十分危险；粮秣逐渐缺乏，不能支持，打算班师。邓艾上书司马昭说："盗匪集团（蜀汉帝国）已受到挫折，最好是乘势前进。如果从阴平（甘肃省文县）抄小路南下，可到德阳亭（四川省江油市东北），以后就是一片平原，直扑涪县（四川省绵阳市）。德阳亭东距剑阁一百华里（航空距离五十公里），南距成都三百华里（航空距离一百八十公里），我们奇兵突然攻击他们的心脏，剑阁的守军一定回头救援涪县。此时，钟会兵团可以大摇大摆前进。如果剑阁的守军不回头救援涪县，则能救援涪县的部队，就寥寥无几。"邓艾于是从阴平（甘肃省文县）进入山区（阴平道），凡七百余华里，没有人烟。邓艾凿山开路，遇水架桥，山高谷深，危险艰苦。而且没有多久，粮食不继，大军随时都会覆没，情势十分危险。邓艾用数层毛毯把自己包裹起来，翻滚而下。将士们攀着树木，沿着悬崖绝壁，成单行鱼贯前进，终于到达江油（四川省平武县东南江油关镇）。江油守将马邈，开城投降。

蜀汉帝国政务署执行长（仆射）诸葛瞻，率大军迎击邓艾，抵达涪县（四川省绵阳市），停止不再前进。政务署助理（尚书郎）黄崇，是黄权的儿子（猇亭之败后，黄权北投曹魏帝国，参考二二二年八月），屡次劝诸葛瞻迅速前进，控制山口险要，不要使敌人进入平地，诸葛瞻犹豫不决；黄崇再三建议，恳切痛心处，声泪俱下，但诸葛瞻仍拒绝接受。邓艾大军遂长驱直入，进入平地，击败诸葛瞻的先头部队；诸葛瞻向后撤退，固守绵竹（四川省德阳市北黄许镇）。邓艾写信引诱诸葛瞻，说："你如果投降，我一定上书中央，请求封你琅邪王。"（诸葛瞻老爹诸葛亮，本琅邪郡〔山东省临沂市〕人，因故乡大乱，逃难到襄阳〔湖北省襄阳市〕，所以邓艾用琅邪王作饵。）诸葛瞻大怒，斩邓艾所派的使节，严阵以待。邓艾派他的儿子、惠唐亭侯邓忠，攻击东线，军政官（司马）师纂等攻击西线，遇到强力抵抗，不能攻克，同时撤退，说：“贼寇（诸葛瞻）防御严密，无懈可击。”邓艾咆哮说：“生死存亡，在此一举，什么叫无懈可击？”对邓忠、师纂大声斥责，要军法从事。邓忠、师纂出军再战，大破蜀汉军，斩诸葛瞻（年三十七岁）及黄崇。诸葛瞻的儿子诸葛尚叹息说：“父子同受国家大恩，却不能早早诛杀黄皓，使他败坏国家，贻害人民，活着还有什么意思！”纵马直闯敌阵，战死。

蜀汉政府再也想不到曹魏大军能迅速攻入国土，所以只遣军调将到前方抵御，大后方并没有任何戒备。邓艾军突然进入平原，逼近首都（成都），消息传出，人民震动，陷于混乱，扶老携幼，逃入深山，或逃到沼泽地带；政府严厉禁止，已禁止不住。蜀汉帝刘禅召集紧急御前会议，文武官员议论纷纷，有人认为蜀汉帝国跟东吴帝国，是兄弟之邦，不如投奔东吴帝国（首都建业）。有人认为南中（云南省）还有七郡（越嶲郡〔四川省西昌市〕、朱提郡〔云南省昭通市〕、牂柯郡〔贵州省福泉市〕、云南郡〔云南省姚安县〕、兴古郡〔云南省丘北县〕、建宁郡〔云南省曲靖市〕、永昌郡〔云南省保山市〕），山险水恶，悬崖绝壁，容易守卫，不如迁都南中。特级国务官（光禄大夫）谯周认为：“自从开天辟地，从没有寄住别国，而仍能当皇帝的事。如果投奔吴国（东吴帝国），不可避免的要当他们的臣属。而且，吴国（东吴帝国）跟汉国（蜀汉帝国），立国的条件相同，大国之吞并小国，是自然趋势。可以看出，魏国（曹魏帝国）既有能力吞并我们，就有能力吞并吴国（东吴帝国）。而吴国（东吴帝国）没有能力吞并魏国（曹魏帝国），则至为明显。反正要低头称臣，与其向小国低头称臣，何如向大国低头称臣？与其要受两次羞辱，何如只受一次羞辱（投降曹魏，只不过受一次羞辱。如果投奔东吴，等到东吴亡时，便要再受第二次羞辱）？如果迁都南中（云南省），必须早早筹划，才可以实行。大敌已经当前，大祸已经临头。小人们心里想些什么，没有人可以保证。恐怕陛下抬脚要走的那天，就可能发生难测的巨变，怎么能到南中（云南省）？”有人说：“邓艾大军已经接近，如果不接受我们投降，又该怎么办？”谯周说：“吴国（东吴帝国）仍然存在，所以邓艾非接受我们的投降不可，并且非对陛下有盛大的礼遇不可。陛下投降之后，魏国（曹魏帝国）如果不肯封陛下采邑，我愿前往京师（曹魏首都洛阳），根据大义力争。”文武百官全都同意谯周的主张。

刘禅仍考虑迁都南中（云南省），迟疑不决。谯周再上书说：“南中（云南省）是遥远的蛮夷的地区，承平时代，既不缴纳田赋捐税，又不供应民夫差役，对国家没有一丝贡献，还要不断反叛。幸而丞相诸葛亮用强大的军事力量压制，势穷力尽，才算服从（参考二二五年七月）。而今如果迁都，对外要抵抗强敌，对内又要负担政府官员开支。这么大的耗费，没有其他的财源，只有依靠蛮夷，蛮夷一定叛变，不可避免。”刘禅遂决定投降。派高级咨询官（侍中）张绍等，带着皇帝印信，前往迎接邓艾。皇子北地王刘谌大怒说：“如果真到了穷途末路，不可避免，就应该父子君臣，背城一战，同时用死殉国，到地下去见先帝（刘备），为什么投降？”刘禅拒不接受。当天，刘谌到刘备祭庙，哀哀痛哭，先杀妻子儿女，而后自杀。

张绍等北上，在雒城（四川省广汉市）遇到曹魏军，遂晋见邓艾。邓艾大喜，回信给刘禅，表示嘉许及欢迎。刘禅派交通部长（太仆）蒋显，带着诏书，命姜维就近向钟会投降，又派政务署助理（尚书郎）李虎，把全国军民户籍档案，送给邓艾。计：户口二十八万，人民九十四万；武装部队十万二千人，政府官员四万人。邓艾抵达成都北郊，刘禅率太子刘璿，及所有亲王、文武官员，共六十余人，双

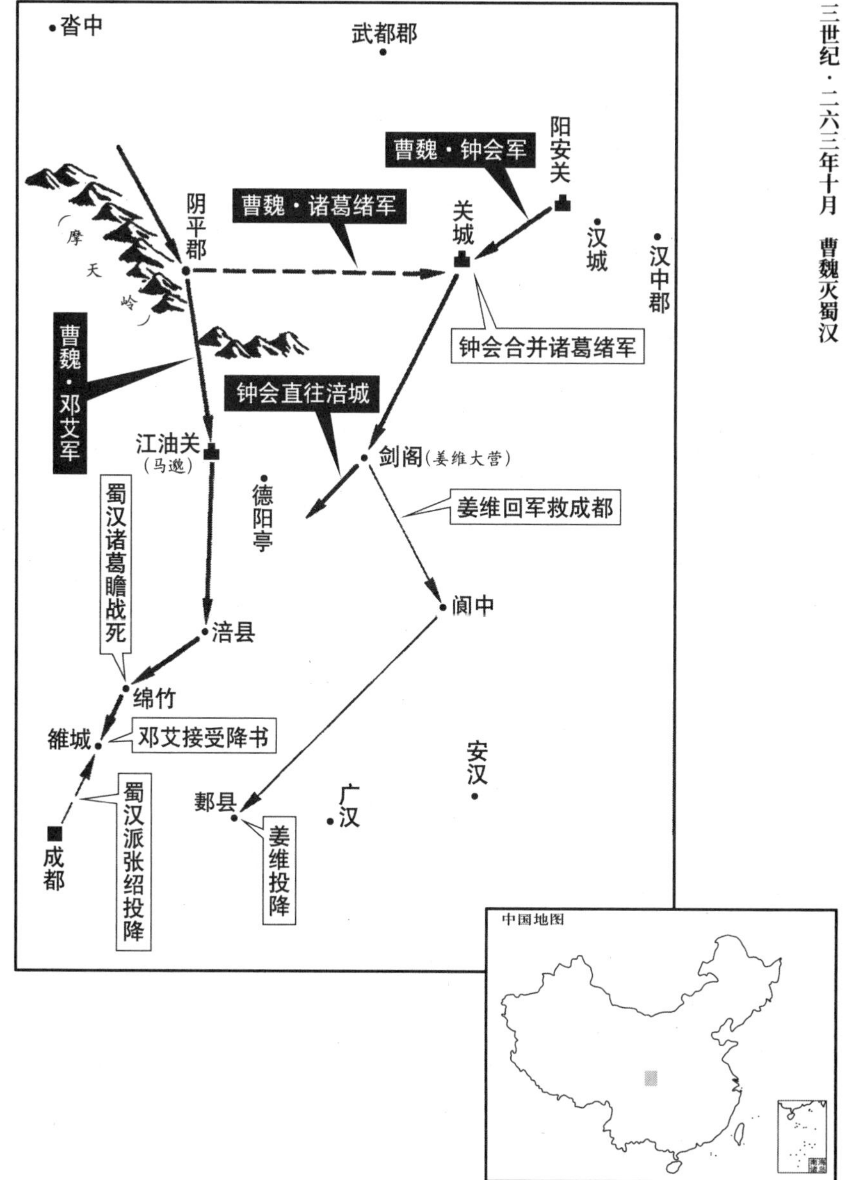
沓中
武都郡
阳安关
曹魏·钟会军
曹魏·诸葛绪军
阴平郡
关城
汉城
汉中郡
（摩天岭）
钟会合并诸葛绪军
曹魏·邓艾军
钟会直往涪城
江油关（马邈）
剑阁（姜维大营）
德阳亭
姜维回军救成都
蜀汉诸葛瞻战死
阆中
涪县
绵竹
雒城
邓艾接受降书
安汉
郪县
广汉
成都
蜀汉派张绍投降
姜维投降
中国地图
南海诸岛

手捆绑背后，带着棺木（“面缚舆榇”，表示接受诛杀），前往邓艾大营。邓艾“持节”，解开他们的捆绑，焚毁棺木，请进帐相见（蜀汉帝国建立四十三年〔二二一至二六三〕，共二任君，本年覆亡）。邓艾约束战士，不准抢劫掳掠，安抚人民，使恢复正常生活。一切措施，完全仿效邓禹当年行事（邓禹曾“承制”任命隗嚣当西州最高统帅，参考二五年十二月），代表皇帝（承制）任命刘禅代理骠骑将军、太子宫御车总监（太子奉车）、亲王府御马总监（诸王驸马都尉）；旧有官员，以原来地位高低，分别重新任命，有的则收做邓艾的部属。并任命师纂兼益州（四川省及云南省）州长（刺史），陇西郡（甘肃省陇西县）郡长牵弘等分别兼任各郡郡长。邓艾听说黄皓奸邪险恶，下令逮捕羁押，打算斩首；黄皓贿赂邓艾左右亲信，得以不死。

姜维等得到诸葛瞻战败消息，不知道皇帝行止，遂从剑阁（四川省剑阁县北剑门关镇）撤退到巴中（即巴西郡，四川省阆中市）。钟会推进到涪城（四川省绵阳市），另派胡烈等追击姜维。姜维南下援救成都，抵达郪县（四川省中江县东南广福镇），接到刘禅命他就近投降钟会诏书，遂放下武器，把皇帝符节等送给胡烈，自己在东方跟廖化、张翼、董厥等会合，同到钟会大营投降。将士们得到投降命令后，激愤悲哀，拔出佩刀，乱砍山石。各郡县各据点，都在接到刘禅诏书后，罢兵投降。钟会厚待姜维等降将，暂时把他们所缴出的符节、印信等发还。

9 东吴帝国（首都建业）证实蜀汉帝国已亡，撤回丁奉等各军。

东吴帝国主任立法官（中书丞）吴郡（江苏省苏州市）人华覈（音hé〔盒〕），前往皇宫上书，说：“我听说成都（蜀汉首都）已经失守，他们的君王和臣属，全都迁往远方，国家覆灭，丧失祖先交付的土地，放弃可以做出更大事业的国土，我虽然是一个没有分量的草芥小民，但内心深怀恐惧。陛下（孙休）圣明仁爱，恩德远布，突然听到这项噩耗，定有无限哀悼。我不能压制我的惆怅和伤感，谨上书禀报陛下得知。”

曹魏帝国大举进攻蜀汉帝国时，东吴帝国有人问襄阳（湖北省襄阳市）人骑兵指挥官（屯骑校尉）张悌说：“司马家夺取政权之后，灾难变乱，不断发生（指王淩、毌丘俭、诸葛诞叛变，及屠杀李丰、夏侯玄等，和罢黜三任帝曹芳，弑逆四任帝曹髦），民心还没有全服，而今又劳师动众，倾国远征，失败都来不及，怎么能取得胜利？”张悌说：“不然。曹操虽然功盖天下，但人民畏惧他的威严，而不怀念他的恩德。曹丕（曹魏帝国一任帝）、曹叡（曹魏帝国二任帝）继承帝位，刑杀多、赋税重，差役更使人民不堪负荷，东奔西跑，没有一年能够安定。司马懿父子，屡建大功，撤除苛刻的法令，推广平实的恩惠，为人民着想，拯救苦难，民心归附，已经很久。所以，淮南郡（安徽省寿县）先后三次叛变（二四九年，王淩叛。二五四年，毌丘俭叛。二五七年，诸葛诞叛），而心脏地带没有骚动。曹髦（曹魏帝国四任帝）被杀，四方也一片平静。因司马家族任命贤能，而贤能又各尽忠心，根基已经稳固，奸谋已经确立。可是，蜀国（蜀汉帝国）却宦官专权，国家没有长程的目标；拥有军权的统帅，又不断发动战争，人民力尽，士卒疲惫，到境域外去贪图一点小利，不知道巩固边界要塞。魏国（曹魏帝国）对蜀国（蜀汉帝国），强弱有差别，谋略也超过一等，乘蜀国（蜀汉帝国）危机重重之时，发动攻击，没有不胜利的道理。咦！曹魏得志，正是我们的忧患。”大家都笑他过度夸张，等到蜀汉灭亡，才对他佩服。

10 东吴帝国认为武陵郡（湖南省常德市）五溪蛮（湖南省西部及贵

州省东部)，跟蜀汉帝国接壤，蜀汉帝国亡后，恐怕他们乘机叛乱，遂任命南越兵团指挥官（越骑校尉）钟离牧，兼任武陵郡郡长。而曹魏帝国同时也派汉葭（重庆市彭水县东北）县长郭纯，暂代武陵郡郡长（空头官衔），率涪陵郡（重庆市彭水县）移民，大批涌入迁陵（湖南省保靖县东）。郭纯把部队进驻赤沙（迁陵东北），引诱蛮夷部落进攻酉阳（湖南省古丈县北），全郡震动。

钟离牧询问郡政府官员意见："西蜀（蜀汉帝国）灭亡，边境受到侵略，用什么方法抵御？"大家都说："迁陵、赤沙，两县在万山丛中，地势险恶，蛮夷处处隐藏，不可以用军事行动使他们惊扰，一旦惊扰，各蛮夷部落必然互相结盟。最好是暂时按兵不动，派出对蛮夷素来有恩德信誉的官员，前往安抚结纳。"钟离牧说："敌人从境外入侵，诱骗煽动我国人民，应该在他控制还没有稳固之前，一击摧毁。这是救火的形势，行动要快。"下令动员，抚夷将军高尚，向钟离牧提出异议，说："从前，祭祀部长（太常）潘濬，率五万大军，讨伐五溪蛮夷的叛乱（参考二三一年二月）。当时，我们跟刘家（蜀汉帝国）维持和睦，各蛮夷才终于归化。现在，我们既丧失外援，而郭纯已占领迁陵，你却打算用三千人深入山区，我看不到获胜的可能。"钟离牧说："非常举动，怎么可以受前例拘束！"率部队日夜前进，沿着险恶的山势，行军将近二千华里（湖南省常德市到保靖县东，航空距离二百公里），击斩变民首领一百余人，和他们的党羽干部一千余人。郭纯等部众溃散，逃走。五溪蛮混乱局面，全部平定。

11 十二月十九日，曹魏帝国擢升宰相（司徒）郑冲当太保（上三公之三。与"太师""太傅"并列为"上三公"）。

12 十二月二十一日，曹魏帝国分割益州（四川省及云南省，故蜀汉帝国国土）部分土地，设立梁州（陕西省南部及四川省东北部。州政府设南郑〔陕西省汉中市〕。共统七郡：汉中郡〔陕西省汉中市〕、巴西郡〔四川省阆中市西〕、巴东郡〔重庆市奉节县东〕、巴郡〔重庆市〕、涪陵郡〔重庆市彭水县〕、广汉郡〔四川省射洪市南沱牌镇〕、梓潼郡〔四川省梓潼县〕；二六六年增设新都郡〔四川省广汉市〕）。

13 十二月二十二日，曹魏帝国对益州（四川省中南部及云南省）特赦，免缴一半租税五年。

14 十二月二十四日，曹魏帝国擢升邓艾当全国武装部队总司令（太尉），增加采邑二万户。擢升钟会当宰相（司徒），增加采邑一万户（酬庸二人灭蜀汉帝国功劳）。

15 曹魏帝国郭太后（明元皇后）逝世。

16 曹魏帝国全国武装部队总司令（太尉）邓艾，进入成都后，对自己建立的这场灭国功勋，非常满意，渐渐自夸自大，对蜀汉遗老高级知识分子们说："各位幸好是遇到我邓艾，才能有今天。如果遇到吴汉之辈，早已血流成河。"（吴汉灭成家帝国后，屠成都〔参考三六年十一月〕，距今二百二十七年，人们的恐怖记忆仍新）邓艾上书晋公司马昭，说："军事行动有一种情势是：先声夺人，就可使敌人屈服，战斗实力不过放在第二位。我们如果利用削平蜀国（蜀汉帝国）的声威，东下攻击吴国（东吴帝国），吴国（东吴帝国）人民震恐，正是席卷之时。问题是，一场巨大的战役之后，将士疲劳，无法立即投入战场，所以不妨稍稍延后。所以我建议，大军撤退时，应留下陇右（陇山以西）

兵团二万人，巴蜀（四川省）兵团二万人，用食盐和矿产的收入，作为军事及屯垦费用（四川省有盐井，可大量制盐；而银矿〔有名的朱提银〕、铜矿、铁矿，都十分丰富）。同时建造船舰，为将来顺长江而下的军事行动，预作准备。然后派出使节到吴国（东吴帝国），告诉他们利害分际，吴国（东吴帝国）势将屈服归化，可以不必经过战争，即行平定。而今，应厚待刘禅，使作为孙休投降后的榜样。我建议封刘禅当扶风王，赏赐给他财产，供应他左右侍从。扶风郡（陕西省兴平市）有当年董卓修筑的营寨（郿坞，参考一九二年正月），作为他的宫舍；封他的儿子公爵或侯爵，把扶风郡及所属各县，作为他的采邑，显示顺从天命后的荣耀。然后，把广陵郡（江苏省淮安市淮阴区）、城阳郡（山东省诸城市）改成封国，等待封吴国（东吴帝国）的皇帝。则他们既畏惧威势，又感怀恩德，一定望风迎降。”

司马昭命监军官（监军）卫瓘，通知邓艾说：“任何事情，都应该先行呈报核准，不可擅作主张，想到就做。”邓艾不肯停止，再上书说：“奉命征伐，遵照指示行事。元凶（指刘禅）既已顺服，至于‘承制’（代表皇帝）任命降人担任官职，只不过为了安定刚刚归附的人心，自认为是一种合于权宜的措施。蜀汉全国归顺，疆域扩张到南海（此“海”可能指滇池），东接吴会（东吴帝国），应该早日求它安定。如果等待中央命令，道路往返，势将拖延时日。《春秋》大义：‘国务官（大夫）在外，只要能安定人民，有利国家，可以自己做主，断然施行。’（《公羊传》语）而今，吴国（东吴帝国）还没有臣服，国土跟蜀中（四川盆地）相连，不应该拘泥常态，失掉时机。《孙子兵法》：‘前进不求名，后退不避罪。’我虽然没有古人那种伟大的节操，但绝不敢为了躲避嫌疑，而使国家受损。”

17 曹魏帝国宰相（司徒）钟会，阴谋利用现有的军事力量，叛离曹魏帝国。姜维发现这个秘密，打算使钟会早日发动，掀起混乱，于是挑拨钟会说：“我曾经听说，自从淮南（安徽省寿县）事变（参考二五五年正月）以来，你的谋略和计策，没有一次失误，晋公（司马昭）力量的成长，都是你的贡献。而今再削平蜀国（蜀汉帝国），威望震动世界，人民认为你有最高的功劳，可是，主人却恐惧你的智谋。在这种情形下，什么地方是你安身立命之所？为什么不效法范蠡，泛舟江湖，用以保全你的功业，和自己的生命！”（前五世纪二〇年代，越王国消灭吴王国，越王姒勾践的患难密友范蠡〔在姒勾践被拘禁的几年中，范蠡一直在旁陪伴〕，即行逃走。临逃走时，写信给宰相文种，说：“飞鸟射尽，良弓收藏；狡兔死尽，猎狗被杀。姒勾践颈项特别长而嘴像鹰嘴，这种人只能共患难，不能共安乐，你为什么还不离开？”文种不相信。不久，姒勾践亲自送一把佩剑给文种，说：“你有七个灭人国家的方法，我只用了三个，就把吴王国灭掉。还剩下四个，你预备对付谁？”文种自杀。而范蠡乘一叶扁舟，泛游江湖，最后在陶邑〔山东省菏泽市定陶区〕定居，改名陶朱公，经营商业，成为富翁。）钟会说：“你陈义太高，我办不到。而且，时代不同，现在或许还有其他方法？”姜维说：“其他方法，你的智力足可以完成，我就不多担心了。”因此之故，二人情投意合，出则同车，坐则同桌。

钟会因邓艾“承制”（代表皇帝）任官封爵，心中大不高兴，遂跟监军官（监军）卫瓘，联名密告邓艾有叛变迹象。钟会精于模仿别人笔迹，此时驻军剑阁（四川省剑阁县北剑门关镇），常拦截邓艾的奏章书信（奏章呈曹魏帝曹璜〔曹奂〕，书信呈晋公司马昭），改动其中辞句，故意显出桀骜不驯和自负自夸。对于司马昭给邓艾的信，也改动语气，故意凌厉苛责，使邓艾疑惧。

二六四年 甲申

曹魏	景元	五年
	咸熙	元年
东吴	永安	七年
	元兴	元年

1 春季，正月壬辰日（正月壬戌朔，没有壬辰），曹魏帝国（首都洛阳〔河南省洛阳市东白马寺东〕）皇帝（五任元帝）曹璜（曹奂。本年十九岁），下诏逮捕全国武装部队总司令（太尉）邓艾，用囚车押返京师（首都洛阳）。晋公司马昭恐怕邓艾抗命，下令宰相（司徒）钟会向成都（四川省成都市）前进；命中央军事总监（中护军）贾充率军从褒斜谷（陕西省太白县西南褒河山谷）南下；司马昭则亲统大军，侍奉曹魏帝曹璜（曹奂），御驾亲征，进驻长安（陕西省西安市）。因各亲王都住在邺城（河北省临漳县西南

邺城镇），更任命山涛当戒严司令（行军司马），镇守邺城。

最初，钟会因才干卓越，受到信任。司马昭的妻子王元姬（王肃的女儿，生司马炎、司马攸），对司马昭说："钟会这个人，见利忘义，好生事端，宠爱他太过，一定发生问题，不可以交给他重要任务。"等到钟会率军进攻蜀汉帝国，相国府行政助理官（西曹属）邵悌，对司马昭说："钟会率十余万大军，进行灭国性战争。他到现在为止，还是一个单身汉，没有儿子留作人质，不如改派别人。"司马昭笑说："我何尝不知道，只为蜀国（蜀汉帝国）不断侵犯边疆，已经筋疲力竭，我今天大军征伐，易如反掌，可是大家都认为不可能成功。人，一旦犹豫畏怯，智慧和勇气，便同时枯竭。智勇枯竭而勉强教他们作战，正好送给敌人当俘虏。只有钟会跟我的意见相同，派他出征，必然消灭顽敌。消灭顽敌之后，即令发生你所想象的变化，也不必担心不能解决。因为，蜀国（蜀汉帝国）亡国之后，遗民震恐，心神不安，不是合作的好对象；而远征军将士，每人都想早回家乡，也不会跟他同心合力。钟会如果叛变，只不过自找灭族大祸。你不必忧虑，但要保守秘密，不可告诉别人！"等到司马昭出发前往长安（陕西省西安市），邵悌再对司马昭说："钟会手下部队，超过邓艾五六倍，只要命他逮捕邓艾就可以了，你何必亲自出征？"司马昭说："你忘记你从前说的话了，怎么忽然又不要我亲自出征？虽然如此，我们谈话内容，却不可泄漏。我自应一片诚心待人，认为人也不会负我，我怎么可以先疑心别人有诈！最近，贾充问我：'是不是有点怀疑钟会？'我回答说：'现在我派你率军出征，难道也怀疑你？'他无法驳倒我的话。我到了长安，自会处理。"

钟会派监军官（监军）卫瓘，先到成都（四川省成都市）逮捕邓艾。钟会另有阴谋，他了解卫瓘手下军队单薄，打算教邓艾诛杀卫瓘，然后就用这个罪名，坐实他对邓艾的指控。卫瓘知道钟会用的是借刀杀人的毒计，但又没有理由推辞，遂乘夜进入成都，召集邓艾所属各将领，宣布："奉到皇上诏书，只逮捕邓艾一人，其他任何人都没有牵连。所有将领，都应在天亮之前，来此集合，如果遵守命令，官爵赏赐，仍保持原样；如果拒抗，屠灭三族。"等到鸡声初啼，大家已集合完毕，只有邓艾司令部的人还不知道。等到黎明，营门已开，卫瓘乘坐钦差专车（使者车），直入邓艾住所。邓艾还高卧在床，没有起身；遂逮捕邓艾父子，装入囚车。司令部各将领悲愤交集，要用武力抢劫，集结军队，直指卫瓘营帐。卫瓘穿着便装，从容不迫出来迎接他们，宣称他正在撰写奏章，为邓艾伸冤，证明邓艾绝没有谋反情事。各将领相信卫瓘，才停止行动。

正月十五日，钟会抵达成都，派军押解邓艾前往京师（首都洛阳）。钟会心中最畏惧的，只有邓艾一人；邓艾父子既被排除，十余万人庞大的远征军，完全落到自己掌握之中，声威震慑西土（四川省），遂决心叛变。钟会计划：命姜维率五万人当先锋，从褒斜谷（陕西省太白县西南褒河山谷）出击，自己率主力继进；占领长安后，骑兵从陆路，步兵从水路——由渭水进入黄河；计算五天时间，就能抵达孟津（河南省洛阳市孟津区东黄河渡口）。然后，步骑兵在首都洛阳城下会师，一夕之间，就可推翻以司马昭为首的中央政府，平定天下。

然而，就在这时候，钟会接到司马昭的信，信上说："我深恐邓艾拒抗征召，特派中央军事总监（中护军）贾充，率步骑兵一万，进入褒斜谷（陕西省太白县西南褒河山谷），驻防乐城（陕西省城固县，诸葛亮所兴建），我亲统主力部队十万，驻屯长安。相见的日子，已经很近。"钟会大吃一惊，对亲信说："仅只逮捕邓艾，司马昭知道我一个人就可以办到，却亲率重兵压境，定是看出什么异样。我们应该马上发动，事情成功，可以控制天下；事情不成功，退回蜀汉（四川省及陕西省南部），仍可当刘备（蜀汉帝国一任帝）第二。”

正月十六日，钟会召集全体高级将领，包括军事总监（护军）、郡长（郡守）、营门官（牙门）、骑兵司令（骑督），以及蜀汉帝国时代官员。在故蜀汉帝国金銮宝殿上，为郭太后发丧举哀（郭太后于去年〔二六三〕十二月逝世），宣称：“接到郭太后遗诏，命钟会起兵罢黜司马昭。”把该项遗诏交给在座的人传阅，要大家讨论。大家被这项晴天霹雳的巨变，吓得目瞪口呆，讨论的结果在意料之中，一齐签名拥护。钟会任命他的亲信接管在座将领们的部队，然后把在座将领全数软禁在益州（四川省中南部及云南省）州政府各单位（诸曹）官舍之中，紧闭城门宫门，派军严密看守。卫瓘惊魂甫定后，假装病势沉重，要求出来住在外边，钟会相信，批准，遂更肆无忌惮。

姜维建议钟会把曹魏远征军的将领，全部诛杀。姜维的阴谋是，在钟会大诛杀之后，他再诛杀钟会，然后坑杀曹魏远征军所有士卒，复兴蜀汉帝国，再拥立刘禅（蜀汉帝国二任帝）称帝；秘密写信给刘禅说：“愿陛下再忍耐几天羞辱，我准备使国家由危而安，日月由暗而明。”钟会打算采用姜维的建议，谋杀各将领，但又犹豫考虑，不能立刻决定。

钟会司令部作战官（帐下督）丘建，本是军事总监（护军）胡烈的旧部，受到钟会的宠爱信任。丘建看到老长官胡烈孤独的坐在那里，心中不忍，请求钟会准许胡烈派一个亲兵出外去取饮食，钟会允许；各营门官（牙门）也援例教亲兵出外去取饮食。胡烈编造了一套话，告诉亲兵，并写信告诉儿子胡渊，说：“丘建秘密泄漏消息给我，说钟会已挖好一个大坑，准备数千根白木棍，打算传唤外面士兵进帐，每人赏赐一顶初级军官官帽（白帢），声言擢升他们当初级军官（散将），然后在晋见叩谢时，一个接一个用木棍敲杀，丢到大坑之中。”其他营门官（牙门）的亲兵也到处传播这项消息。一夜之间，大家奔走相告，全城皆知，群情惊恐激愤。

正月十八日，中午，胡渊率领老爹胡烈的部队，擂动战鼓，闯出营门；其他各军听到声音，也都擂鼓出营；事先没有人联络布置，事发也没有人出面领导，却不约而同，直向皇城进发。这时，钟会正发给姜维刀枪武器，有人报告外面人声喧哗，好像什么地方失火；一会工夫，报告说军队正奔向皇城，钟会大为震惊，问姜维说："看情形军心有变，应该怎么办？"姜维说："迎头痛击！"钟会派军前往诛杀被软禁的全部将领、郡长、营门官；将领们在内紧闭房门，用桌子顶住；钟会军用刀砍门，一时不能砍开。刹那之间，胡渊等外军攀梯登城，纵火焚烧，像蚂蚁一样，一涌而进，箭如雨下。被软禁的将领乘机冲出，沿墙逃跑，跟他们的部队会合。姜维率钟会左右卫士出战，亲手格杀五六人，外军太多，拥上来击斩姜维（年五十三岁）。

姜维身负上将重任，位在文武百官之上，可是住宅简陋，除了薪俸外，家无余财；只有正妻，没有姬妾；平常日子，也没有声色犬马的娱乐；衣服仅仅够穿，车马仅仅够用；饮食十分节制，既不奢侈，也不寒酸。政府发给的生活费用，随到随用。他之所以如此，并不是为了要讽劝贪污，砥砺世风，故意抑制自己的欲望；而是出自内心，认为这样已经满足，不需多求。庸俗的人谈论，常常称赞成功的人，诋毁失败的人，常常称赞身在高位的人，诋毁身在下位的人，遂都认为：姜维死无葬身之地，全族屠灭，因之对他评价恶劣，不去深入探讨，跟《春秋》褒贬的大义，完全相异。像姜维这样的好学不倦，清廉朴素，自是一代表率。

异哉！郤正所作对姜维的评论。士大夫（高级知识分子及在职官员和退休士绅）虽然有百种行业，各有行事标准，而“忠孝节义”却是人生基础。姜维本是曹魏帝国的人，竟投奔蜀汉帝国，违背君王，贪图利益，不可谓“忠”。抛弃父母祖宗，苟且求生，不可谓“孝”。反过来攻击自己祖国，不可谓“义”。战败不死，不可谓“节”。而主政之日，恩德还没有建立，却把疲困的人民，驱上战场，以求表现。身负抵抗外患的责任，竟然招惹敌人攻击，不能守御；是既没有“智”，又没有“勇”。这六种美德，姜维都不具备。事实上，姜维不过是曹魏帝国的逃犯，蜀汉帝国的昏乱宰相，而郤正竟然说可以作为他人的表率，糊涂之极。即令姜维喜爱读书，也不过是一种微不足道的自爱。这跟强盗分钱时一丝不苟，程郑走下台阶迎接友人，十分谦卑，有什么两样？（《史记·货殖传》：程郑是一位富有的巨商，跟司马相如的岳父卓王孙，同住临邛〔四川省邛崃市〕，待人谦恭有礼。）

四世纪四〇年代，我追随安西将军桓温，讨伐成汉帝国（参考三四七年三月），访问父老（那时，距蜀汉帝国覆亡已八十三年），他们谈道：“姜维投降之后，秘密上书刘禅，说明假装服侍钟会，当乘机诛杀钟会，复兴帝国。不料事情中变，遂被屠灭，人民至今为他悲伤。”我却认为，古人有言：“不应该受困而受困，声名必然受到羞辱。不应该据有而据有，生命必然危险。既受羞辱，而又陷危险，死亡立刻来临。”这正是对姜维的描绘。邓艾既入江油（四川省平武县东南江油关镇），部众很少，姜维进既不能在绵竹（四川省德阳市北黄许镇）决战，退又不能统率五位将领，保卫皇帝。为了以后的计划，却反复在逆顺之间，希望利用难以实现的机会。以衰弱的小国，而屡次侵犯三秦（陕西省中部），已经灭亡的国家，却打算依靠外来的奇遇，岂不是愚不可及！

陈寿曰

姜维粗通文武，立志建立功业，名垂后世。但是穷兵黩武，没有远见，而又缺乏判断能力，终于被杀毙命。《老子》说过："治理大国，如同烹炒小菜。"何况蜀汉不过一块小小地区，岂可以不断扰动？

何焯曰

对一个国家来说：宫廷、政府、司法、军事，一样不可缺少。姜维孤立，刘禅昏庸，根基已经动摇，加上政治司法，都已今非昔比，所以人民不能消化战败的痛苦（诸葛亮第一次北伐失败后，"民忘其败"。参考二二八年正月）。而上邽（甘肃省天水市）之役，比街亭（甘肃省张家川县北）之役，失败更惨。姜维但看到前人（诸葛亮）复苏的迅速，不知道内部没有费祎那种得力助手，永远不可能再有作为。有志人士，为之深感悲痛。

干宝曰

姜维是蜀汉帝国宰相，国家灭亡，主子受辱，而不去死，却死于钟会之乱，可惜。并不是死有什么困难，而是选择如何死困难。是以知道，古代烈士，在最危险时接受命令，放下符节，回头就走，并不是贪生怕死，也知道他不能长生不死，只是害怕死得不得其所。

王鸣盛曰

姜维志在复兴蜀汉帝国，功败垂成而被诛杀，一颗赤心，千年栩栩如生。陈寿是蜀汉帝国的官员，而在晋王朝供职，对蜀汉帝国事迹，提笔措辞，有他的困难之处。所以对姜维殉难这件大事，反而不作评论，而只讥讽他穷兵黩武，遭受诛杀。陈寿岂不知道：不讨伐贼寇（曹魏帝国），蜀汉帝国也会灭亡，与其坐着等待灭亡，为什么不主动出击（诸葛亮《前出师表》语）？只因那是敌人说的话（陈寿已在晋王朝当官），不能引申。如果认为姜维谋杀钟会是不对的，陈寿也绝不会说这种话。所以陈寿才不得不婉转陈述，以求逃避文字狱之灾。姜维之于蜀汉帝国，跟张世杰、陆秀夫之于宋帝国（参考一二七九年），固十分相同。

钟会大军既逼剑阁（四川省剑阁县北剑门关镇），姜维跟各将领列阵扎营，固守险要。钟会不能前进，准备撤退。姜维保全国家的功劳，几乎建立。可是，邓艾从小路进兵，侧翼深入，出现在姜维背后。诸葛瞻既而战败，成都从内部崩溃。姜维如果回军相救，钟会将抄他的后路，当时情势，岂能两全？而竟然有人责备姜维不能夺回绵竹（四川省德阳市北黄许镇），保护皇帝，可谓有失情理。钟会打算把曹魏远征军的将领，全部坑杀而举大事，交给姜维五万人的重兵，使做前锋。假如事情没有中变，曹魏将领全死，军权握在姜维之手，击斩钟会，复兴蜀汉帝国，并不太难。伟大的勋业，往往成功在普通人意料之外，那时，人们恐怕将大大的称赞他创下奇迹。不可以因为事情进行过程中出了差错，而认为不对。假设田单火牛谋略（参考前二七九年），阴差阳错，出了问题，难道我们能反过来说他愚不可及？！

姜维是历史上受人争议最多的人物之一，我们选摘若干具有代表性的评议，提供在读者组成的大陪审团之前，是非功过，以及评议者的品格和见识，当可一目了然。

外军击杀姜维后，再争先击杀钟会（年四十岁），钟会部属死亡的有数百人。外军更斩杀故蜀汉帝国太子刘璿跟姜维的妻子儿女，然后奸淫烧杀，大肆抢劫，死伤遍地，惨不忍睹。监军官（监军）卫瓘出面收拾乱局，约束各将领，几天之后，才告平定（这“几天”之中，多少人丧生受辱）！

邓艾司令部将领，追赶邓艾囚车，准备把邓艾接返成都。卫瓘得到消息，因为自己曾经跟钟会共同陷害邓艾，恐怕邓艾一旦返回成都，向他报复；于是，派军事总监（护军）田续等，率军追击邓艾。田续等星夜北上，在绵竹（四川省德阳市北黄许镇）西郊，遇到已成自由之身、正庆幸逃过一劫、欢欣南下的邓艾；用续等遂击斩邓艾父子。原先，邓艾攻击江油（四川省平武县东南江油关镇）之役，田续畏缩，不敢前进，邓艾要斩田续，但等怒气消失时，又把他赦免。卫瓘命田续追击邓艾时，说：“你可以报复江油那次羞辱了。”镇西将军府秘书长（镇西长史）杜预，在大众面前，公开谴责这种行为，说：“卫瓘恐怕难逃灾难！身为知名的道德君子，地位声望，都到高峰，既没有品德，又不能用正直行为做部下的表率，却用公权力满足私欲，他怎么承受得住这种重担！”卫瓘听到，等不及备车，便立刻拜会杜预，向他承认自己错误。杜预，是杜恕的儿子（杜恕，参考二三二年十二月）。邓艾留在首都洛阳的其他儿子，全被诛杀。把邓艾的妻子及孙儿，放逐到西城（陕西省安康市）。

邓艾建立盖世奇功，但也遭受盖世奇冤，岳飞功不如邓艾，冤也低过邓艾，而后世给他的回报，千万倍超过邓艾。邓艾在历史上，不但不能扬眉，反而一直蒙上一层污垢。人生有幸有不幸，莫非就是如此！

钟会的老哥钟毓曾经秘密告诉晋公司马昭说："钟会心怀奸诈，没有人敢保证他会做出什么事，不可以教他独当重任。"钟会叛变时，钟毓已经逝世。司马昭思及钟繇（钟毓老爹）的功勋（安定关中），跟钟毓的贤明，特别赦免钟毓的儿子钟峻、钟辿，仍维持他们原有的官位爵位。钟会的人事官（功曹）向雄，收拾钟会尸体掩埋。司马昭召见向雄，责备他说："前些时，王经伏诛，你在刑场上哭泣（参考二六〇年五月），我放过你。钟会身为叛徒，你又来收葬，我如果再放过你，法律岂不是作废？"向雄说："古代圣明的君王，埋葬死人，恩德施及朽骨，当时难道先调查死者生前有功有罪？而今，法律已经执行，程序已经完成。我站在人道立场这样做，对礼教并没有损害。法律由上级制定，教化则由下级推行，用此教训人民，是不是应该？何必让我贪生怕死，活在世上？明公（司马昭）把仇恨延伸到枯朽的骨骼上，抛弃到旷野，岂是大仁大贤的胸襟？"司马昭大为高兴，留下他共同进餐谈论，送他回去。

2 二月二十六日，曹魏帝曹璜（曹奂），返回首都洛阳。

3 二月三十日，曹魏帝国安葬郭太后（明元皇后）。

4 最初，蜀汉帝国（首都成都）皇帝刘禅，命巴东郡（重庆市奉节县东）郡长、襄阳郡（湖北省襄阳市）人罗宪，率军二千人，镇守永安（即白帝城，巴东郡郡政府所在县）。听到首都成都陷落，官民惊恐震动，社会混乱。罗宪逮捕一个传播"成都失守"消息的人，斩首，混乱才归安定。不久接到刘禅亲手所写诏书，遂率所有部队，驻屯驿马车总站（都亭），前后三天，而曹魏军不到。东吴帝国（首都建业〔江苏省南京市〕）听说蜀汉帝国瓦解，大军西上，扬言援救，实际上想袭击罗宪，夺取巴东郡。罗宪说：“祖国（蜀汉帝国）倾覆，吴国（东吴帝国）本是唇齿相依之邦，不同情我们的苦难，反而背叛盟誓，贪图利益，实在不仁不义。而且，汉王朝（蜀汉帝国）已亡，吴国（东吴帝国）还能拖延多久？我怎么能向他们投降？”加强防御设备，准备铠甲，向将士宣誓，鼓励坚持节义，群情激奋。东吴帝国听到钟会、邓艾节节胜利，很多城市惊慌无主，不知道何去何从，遂兴起吞并的计划。偏偏巴东郡（重庆市奉节县东）固守，不能通过，遂命抚军将军步协（步骘的儿子），率军西上增援。罗宪力量有限，抵御不住，派军事参议官（参军）杨宗，突围北上，向曹魏帝国（首都洛阳）安东将军陈骞求救，同时把所有文武官员的印信，以及人质，呈献给司马昭。步协攻击永安（巴东郡郡政府所在县），罗宪迎战，大破步协军。东吴帝（三任景帝）孙休（本年三十一岁）震怒，再派镇军将军陆抗，率军三万人增援（时陆抗驻防西陵〔湖北省宜昌市〕）。

5 三月十七日，曹魏帝国（首都洛阳）擢升最高监察长（司空）王祥，当全国武装部队总司令（太尉），征北将军何曾当宰相（司徒），政务署左执行长（左仆射）荀𫖮当最高监察长（司空）。

6 三月十九日，曹魏帝国晋封司马昭当晋王，增加采邑十个郡（原采邑只十郡，参考二五八年五月；如今增至二十郡。禅让列车到达“封王”，下一站便是终站。参考一世纪〇〇年代王莽夺取西汉政权、三世纪一〇年代曹操夺取东汉政权的程序，可发现司机和乘客虽然不同，而禅让列车所走的仍是同一轨道，甚至连站台的名称都没有改换）。

王祥、何曾、荀𫖮，共同晋见晋王司马昭。荀𫖮对王祥说：“相国身兼国王，至为尊贵，何曾以及政府所有官员，都大礼参拜。今天相见，我们二人也要如此，应该没有异议。”王祥说：“相国虽然尊贵，但仍是帝国宰相，我们则是帝国三公。王爵跟三公，相差只一个等级，岂有天子的三公，随便向人行叩头之礼？不但有损帝国的威望，也伤害晋王（司马昭）的盛德，君子爱人，要合礼义，我不会这么做。”进去之后，荀颉叩头，王祥只作了一揖。司马昭对王祥说：“今天才知道你对我是何等的爱护。”

7 故蜀汉帝国（首都成都）皇帝刘禅，全家被迁往曹魏帝国首都洛阳。当时一片混乱，高级官员中没有人同行，只有皇家图书馆长（秘书令）郤正，跟金殿防卫司令（殿中督）汝南郡（河南省息县）人张通，抛妻弃子，单身随侍左右。刘禅在郤正引导帮助下，谈吐应对，都能恰当，举止也没有犯错。这时才感慨叹息，深恨认识郤正太晚。

最初，蜀汉帝国建宁郡（云南省曲靖市）郡长霍弋，兼南中（云南省）总督，听到曹魏帝国将发动攻击，要求北上增援。刘禅认为备战工作，已经完善，不准。等到成都陷落，霍弋身穿白色丧服，登高向北凝望成都三天。各将领劝霍弋赶快向曹魏帝国归降，霍弋说：“而今，道路断绝，不知道皇上（刘禅）的安危，归降是一件大事，不可以不慎重。如果魏国（曹魏帝国）对皇上很是优厚，我们保护境内安定，再归降不晚。万一主上受到凌辱，我将誓死抵抗，有什么早晚？”后来，得到刘禅举家北迁消息，才率领六郡郡长（南中〔云南省〕共七郡〔参考二六三年十月〕，此时越嶲郡已降），上书说：“我曾经听说，人生在世，有三位尊长：父、母、君王，而事奉他们的道理，完全一样。三者有难，则为他们效死。而今，我的国家败亡，主上归附；牺牲性命，已无对象。所以，向陛下（曹魏帝国皇帝曹璜〔曹奂〕）投靠，忠心不贰。”晋王司马昭嘉许他的节操，任命霍弋当南中（云南省）民兵司令（都尉），仍兼建宁郡郡长。

三月二十七日，曹魏帝国封刘禅公爵——安乐公，刘禅的儿子和孙儿，以及部属官员，封侯爵的五十余人。司马昭曾设筵款待刘禅，故意上演巴蜀（四川省）歌舞，刘禅左右的人都感到凄凉，只刘禅谈笑风生，毫不在意。司马昭对贾充说："一个人之没有心肠，竟到如此地步，即令诸葛亮仍在，也无法辅佐他长久不坠，何况姜维？"有一天，司马昭问刘禅："你是不是很想念巴蜀（四川省）？"刘禅说："这里快乐得很，不想巴蜀（四川省）！"郤正听到，对刘禅说："以后晋王（司马昭）再问的时候，你应该流泪回答：'先人（刘备）坟墓，远在巴蜀（四川省），西望悲怆，每天都在思念。'同时请你紧闭双眼，表示哀恸。"后来，司马昭又问刘禅这个问题，刘禅依照郤正的话回答，司马昭说："你这话怎么跟郤正的话一样？"刘禅大吃一惊，睁开眼说："你怎么知道？"左右哄堂大笑。

8 夏季，四月，曹魏帝国新附防卫司令（新附督）王稚（东吴帝国归降曹魏帝国丁壮组成的部队），从海道攻击东吴帝国（首都建业）的句章（浙江省宁波市西北慈城镇），俘虏官员及男女二百余人而还。

9 五月一日，曹魏帝国（首都洛阳）晋王司马昭，奏准恢复五等封爵（周王朝封爵五等：公爵、侯爵、伯爵、子爵、男爵，采邑以土地大小作为等差。西汉王朝时废除，仅留侯爵，侯爵中再分三等：县侯、乡侯、亭侯，采邑以户口多少，作为等差。二一五年十月，东汉政府设立"名号侯"，有爵位而没有采邑，称"虚封"。本年〔二六四〕，曹魏帝国政府恢复周王朝五等爵位，仍然是虚封），骑兵司令（骑督）以上六百余人，都封爵位（酬庸灭蜀汉帝国之功）。

10 五月十五日，曹魏帝国改年号（之前是景元五年，之后是咸熙元年）。

11 五月二十四日，曹魏帝国追封舞阳侯（文宣侯）司马懿当晋宣王，舞阳侯（忠武侯）司马师当晋景王。

12 固守永安（巴东郡郡政府所在县，重庆市奉节县东）的罗宪，被东吴帝国（首都建业）大军围攻，前后六个月，而曹魏帝国（首都洛阳）救兵不到，城中一半以上患病。有人建议罗宪放弃抵抗，突围逃走。罗宪说："我是一城之主，人民对我全心信托，危险时我不能保护他们，情况紧急时却把他们抛弃，不是正人君子的行为，我就死在这里。"曹魏帝国安东将军陈骞，报告晋王司马昭，司马昭命荆州（州政府设新野〔河南省新野县〕）州长（刺史）胡烈，率步骑兵二万人，攻击西陵（湖北省宜昌市），以支援罗宪。

秋季，七月，东吴军解围撤退。司马昭命罗宪仍留永安（重庆市奉节县东）原官，加号陵江将军（第五品），封万年亭侯。

13 曹魏帝国晋王司马昭奏准，命最高监察长（司空）荀顗制定礼仪，中央军事总监（中护军）贾充制定法律，政务署执行长（尚书仆射）裴秀制定文官制度，太保（上三公之三）郑冲担任帝国法令总编纂。

14 东吴帝国（首都建业）分割交州（广东、广西及越南北部），另设广州（广东及广西。前一一一年，西汉王朝七任帝〔武帝〕刘彻，灭南越王国，设交趾州督导官〔刺史〕，州政府设龙编〔越南河内市东北北宁省〕。二〇三年，改称交州，州政府设广信〔广西梧州市〕。二一一年，州政府迁番禺〔广东省广州市〕。二二六年一度分为二州，不久复旧。直到本年〔二六四〕，再分为二州，交州州政府回到四百年前的故地龙编，广州州政府设番禺）。

15 东吴帝国（首都建业）皇帝孙休病重，不能言语，但仍能写字，于是手书召见丞相濮阳兴进宫，命太子孙湾出来拜见；孙休握住濮阳兴的手臂，指指孙湾，托孤给濮阳兴。

七月二十五日，孙休逝世（年三十一岁），绰号景皇帝。文武百官尊称朱皇后为朱太后。

高阶层人士认为，蜀汉帝国（首都成都）刚亡，交趾郡（越南河内市东北北宁省）又发生叛变（去年〔二六三〕五月郡政府官员吕兴起兵），全国动荡，人心震恐，希望能有一个年纪较长的君王，主持国政。左翼禁军司令官（左典军）万彧，曾当过乌程（浙江省湖州市）县长，跟乌程侯孙皓（故太子孙和的儿子，参考二五三年）友善，赞扬孙皓："才能见识，都很卓越，英明而有决断，可以跟长沙桓王（孙策）相比；而且好学不倦，奉公守法。"屡次向丞相濮阳兴、左将军张布推荐。濮阳兴、张布，报告朱太后，打算请孙皓继承帝位。朱太后说："我是一个寡妇人家，怎么知道国家大事？只要帝国不受伤害，皇家祭庙有所依靠，我就满意。"于是，迎接孙皓登极（四任帝。本年孙皓二十三岁），改年号元兴（之前是永安七年，之后是元兴元年），大赦。

柏杨曰

《资治通鉴》自纪元前四〇三年起，迄今六百六十七年，昏君虽然辈出，但真正的暴君，孙皓这小子却是最突出的一位。濮阳兴、张布这两位被东吴帝孙休视为赤胆忠心的亲信，主子的尸体还有余温，就把孤儿出卖。我们说他们忘恩负义，固然可以，说他们对国家有严肃的责任心，作此突破，也同样可以。是非对错，只看事情的后果。不幸的是，他们选择了孙皓，如果选择了刘病已（西汉王朝十任帝），当又是一番景观。

万彧对孙皓的赞扬，不见得全是无中生有，孙皓绝顶聪明，他会做出适合他侯爵身份的事，所以使万彧产生良好印象，却忘了无限权力会使人变形。在民主制度下，孙皓的干才可能使他成为一个好的首领，在专制制度下，埋藏在他内心深处的邪恶，一旦爆发，就不可收拾。孙皓固然害了东吴帝国，但专制制度也害了孙皓。

16 八月三日，曹魏帝国（首都洛阳）任命中央抚军将军（中抚军）司马炎（司马昭的儿子），当副相国。

17 最初，钟会大军进攻蜀汉帝国（首都成都）时，辛宪英（参考二四九年正月）告诉她丈夫羊耽的侄儿羊祜说：“钟会做事的时候，大胆放肆，不是处于下位的长久之道，我害怕他会有别的想法。”钟会延聘辛宪英的儿子羊琇当军事参议官（参军），辛宪英发愁说：“从前，我为国担忧；今天，大难就要降临家门。”羊琇向司马昭坚决辞职，司马昭不许。辛宪英对儿子说：“去吧，但要提高警觉，军队之中，可以通行无阻、救你一命的，只有仁爱和宽恕！”羊琇果然得以全身而退。曹魏帝曹璜（曹奂）下诏，因羊琇曾劝阻钟会谋反，封关内侯。（胡三省原注：“羊琇，是司马师正妻羊徽瑜的堂弟，所以用劝阻钟会谋反的名义加封。”）

18 九月一日，曹魏帝国擢升副相国司马炎当抚军大将军。

19 九月十四日，曹魏帝曹璜（曹奂）下诏，任命吕兴（参考去年〔二六三〕五月）当安南将军、交州军区司令长官（都督交州诸军事）；再任命南中（云南省）监军官（监军）霍弋，遥兼交州州长（刺史），授权霍弋，可以直接任命郡长等官员。霍弋上书说：派建宁郡（云南省曲靖市）人爨谷（爨，音cuàn〔窜〕。姓）当交趾郡（越南河内市东北北宁省）郡长，率营门官（牙门）董元、毛炅、孟干、孟通、爨能、李松、王素等，援助吕兴。爨谷还没有到达，吕兴已被他的人事官（功曹）王统诛杀。

20 东吴帝国（首都建业）皇帝孙晧，贬朱太后为景皇后。追称老爹孙和为文皇帝，尊称娘亲何女士为何太后。

21 冬季，十月一日，曹魏帝国（首都洛阳）皇帝曹璜（曹奂）下诏：任命寿春（安徽省寿县）之役（二五八年）俘虏的东吴帝国（首都建业）相国府军事参议官（相国参军事）徐绍，当散骑侍从官（散骑常侍）；水利秘书（水曹掾）孙彧，当禁宫咨询官（给事黄门侍郎）；派他们出使东吴帝国，在首都洛阳的家属全都跟随，而且不必一定要再回来，用以显示信誉胸襟。晋王司马昭写信给东吴帝孙晧，分析拒抗之祸，及归降之福。

22 最初，曹魏帝国晋王司马昭，娶王肃的女儿（王元姬），生司马炎、司马攸。因司马师没有儿子，遂命司马攸过继给司马师当儿子。司马攸性情善良，孝顺友爱，多才多艺，和平稳健，声望高过老哥司马炎；司马昭爱他至深，常说："我们的这个天下，是我老哥司马师打出的天下，我虽然居于相国高位，但我死之后，位置应交给司马攸（因司马攸已成司马师之子）。"司马炎站立时，头发可到地面，双手垂下来，超过膝盖；曾经从容的问裴秀说："人是不是可以在外表上看出贵贱？"把他的特点展示给裴秀看。裴秀认为是极贵之相，从此归附拥护。羊琇跟司马炎感情至好，常替司马炎拟定计划，观察时政，提出改革意见，教司马炎熟记，准备老爹询问时回答。司马昭打算命司马攸当世子（王位合法继承人），但山涛说："排除长子，擢升幼子，违背礼法，是不祥之兆。"贾充说："中央抚军将军（中抚军司马炎）有人主的品德，不可以更换。"何曾、裴秀说："中央抚军将军聪明英勇，有超过当世的能力，拥有最高的人望，天生一表人才，不是做臣属的相貌！"司马昭遂下决心。

十月二十日，指定司马炎当晋王世子（合法继承人）。

23 东吴帝国（首都建业）皇帝孙皓，封前任太子孙湾，跟他的三个弟弟，全当亲王（孙湾当豫章王、孙躬当汝南王、孙莽当梁王、孙褒当陈王）。封王妃滕女士当皇后。

24 最初，东吴帝孙皓刚刚登极时，发布宽大的诏书，抚恤人民，打开仓库，赈济穷苦，把大批宫女遣送出宫，使她们婚配，御花园中豢养的禽兽，都放它们回归山野。全国上下，一致庆幸他们遇到了明主。想不到孙皓在确实掌握了权柄之后，兽性立刻发作，骄傲粗暴，不可一世，而且自卑感太重，所以忌讳也特别多，又好饮酒、好女色。全国上下，十分失望。濮阳兴、张布，也深为后悔；自有人打小报告给孙皓。

十一月一日，濮阳兴、张布入朝，孙皓把二人逮捕，放逐广州（广东及广西），走到中途，就被诛杀，屠灭三族。孙皓任命滕皇后的老爹滕牧当首都卫戍司令（卫将军），主管政府机要（录尚书事）。滕牧，是滕胤的一族（滕胤被孙綝诛杀，参考二五六年十月）。

25 本年（二六四），曹魏帝国（首都洛阳）撤销所有屯垦司令官（屯垦司令官设立已六十九年；参考一九六年十一月）。

二六五年 乙酉

曹魏	咸熙	二年
东吴	元兴	二年
	甘露	元年
晋	泰始	元年

1 春季，三月，东吴帝国（首都建业〔江苏省南京市〕）命特级国务官（光禄大夫）纪陟、高级警卫指挥官（五官中郎将）洪璆，跟徐绍、孙彧，前往曹魏帝国（首都洛阳〔河南省洛阳市东白马寺东〕）报聘（徐绍、孙彧事，参考去年〔二六四〕十月）；一行人走到濡须（安徽省含山县西南），有人向东吴帝（四任）孙皓（本年二十四岁）打小报告说，徐绍对中国（曹魏帝国）有赞美的言论。孙皓大怒，下命全体折返首都建业，斩徐绍。

2 夏季，四月，东吴帝国（首都建业）改年号甘露（之前是元兴二年，之后是甘露元年。因有人说甘露下降，所以改年号庆祝）。

3 五月，曹魏帝国（首都洛阳）皇帝（五任元帝）曹璜（曹奂。本年二十岁），再对晋王司马昭加特殊的礼敬（旗帜、车马、歌舞、音乐、皇冠、龙袍，跟皇帝完全一样）；王妃改称王后，世子改称太子。

五月三十日，曹魏帝国大赦。

4 秋季，七月，东吴帝国（首都建业）皇帝孙晧，逼婶母朱太后（三任帝孙休正妻）自杀；把她的四个儿子（参考二六二年八月），全体放逐到吴郡（江苏省苏州市）。不久，又诛杀前太子孙湾、孙湾大弟孙䨺。

5 八月九日，曹魏帝国（首都洛阳）晋王（文王）司马昭逝世（年五十五岁），太子司马炎继承晋王王位，仍担任相国。

九月乙未日（九月壬子朔，没有乙未），大赦。

九月七日（原文“戊子”，据《晋书》改），司马炎任命曹魏帝国宰相（司徒）何曾，当晋国丞相。

九月十二日，任命曹魏帝国骠骑将军司马望，当魏国宰相（司徒）。

九月二十四日，把司马昭安葬崇阳陵。

6 冬季，东吴帝国（首都建业）西陵（湖北省宜昌市）防卫司令（西陵督）步阐，上书请东吴帝孙晧迁都武昌（湖北省鄂州市），孙晧批准。派最高监察长（御史大夫）丁固、右将军诸葛靓，留守建业。步阐，是步骘的儿子（步骘，参考二四七年五月）。

7 十二月十三日，曹魏帝国皇帝曹璜（曹奂），把皇位禅让给晋王司马炎；曹魏帝国亡（曹魏帝国于二二〇年建立，共五任君，立国四十六年，于本年〔二六五〕被司马炎篡夺）。

十二月十五日，曹璜（曹奂）出宫，暂住金墉城（洛阳城西北角离宫）。皇家师傅（太傅）司马孚叩拜送别，握住曹璜（曹奂）的手，呜咽流泪，无限悲恸，说："我死的那一天，仍是帝国忠心不贰的纯臣！"

十二月十七日，晋王司马炎（本年三十岁）登极（一任武帝），大赦，改年号（之前是咸熙二年，之后是泰始元年，年号既改，晋王朝建立〔此时中国仍是分裂之局，我们不称晋帝国，而称晋王朝，因为不久就征服东吴帝国，全国又归统一。对统一全国的政府，称为王朝〕）。

十二月十八日，司马炎封曹璜（曹奂）当陈留王，王宫就建在邺城（河北省临漳县西南邺城镇。曹魏帝国所有亲王，全集中那里），对待崇敬的礼仪，跟当初曹魏帝国对待东汉王朝末任帝（十四任献帝）刘协，完全一样（参考二二〇年十一月）。曹魏帝国所有亲王，全降封侯爵；追尊祖父司马懿为宣皇帝、伯父司马师为景皇帝、老爹司马昭为文皇帝；尊王太后王元姬女士为皇太后。封叔祖司马孚当安平王，叔父司马幹当平原王、司马亮当扶风王、司马伷当东莞王、司马骏当汝阴王、司马肜当梁王、司马伦当琅邪王；老弟司马攸当齐王、司马鉴当乐安王、司马机当燕王；宰相（司徒）司马望等堂叔伯兄弟十七人，都封亲王（堂伯父司马望当义阳王、堂叔父司马辅当勃海王、司马晃当下邳王、司马瓌当太原王、司马珪当高阳王、司马衡当常山王、司马文当沛王、司马泰当陇西王、司马权当彭城王、司马绥当范阳王、司马遂当济南王、司马逊当谯王、司马睦当中山王、司马凌当北海王、司马斌当陈王，堂兄司马洪当河间王，堂弟司马楙当东平王。各亲王所封的

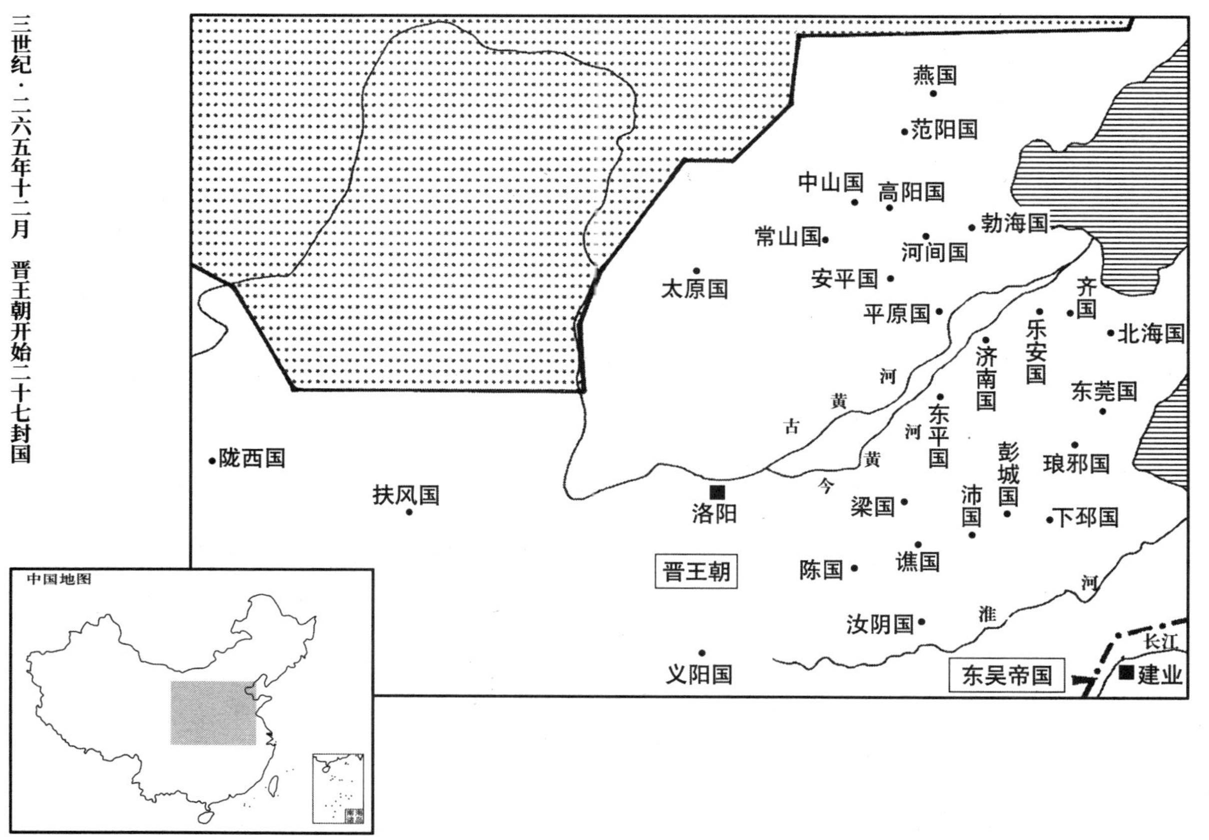

三世纪·二六五年十二月　晋王朝开始二十七封国

郡，就是封国。二万户人家的大国，设上、中、下三军，武装部队五千人；一万户人家的次国，设上、下二军，武装部队三千人；五千户人家小国，只设一军，武装部队五百人。亲王不住封国，集中京师〔首都洛阳〕。曹魏帝国的亲王，孤单一身，既无法为善，也无法为恶。晋王朝亲王统率劲旅，外斗不足，内斗有余）。又任命石苞当最高指挥官（大司马）、郑冲当太傅（上三公之二）、王祥当太保（上三公之三）、何曾当全国武装部队总司令（太尉）、贾充当车骑将军（一级上将）、王沈当骠骑将军（二级上将），其他文武百官，各依等级升官晋爵。

十二月二十六日，任命安平王司马孚当太宰（上三公之一。因司马师的缘故，把"太师"改为"太宰"〔这就是避讳〕，跟太傅、太保，称"上三公"），兼全国各军区总司令长官（都督中外诸军事）。不久，擢升车骑将军（一级上将）陈骞当最高统帅（大将军），跟宰相义（司徒）阳王司马望、最高监察长（司空）荀颢等"八公"，同时并立。

司马炎对曹魏帝国不分封皇族致使孤立无援，印象十分深刻，所以大肆分封皇族，使他们担任政府官员，并掌握实权。又下诏：亲王都可以在他的封国之内，自行任命郡长、县长，和其他地方政府官员。首都卫戍司令（卫将军）齐王司马攸，独独不敢擅自做主，全都请求中央派遣。

8 晋王朝皇帝（一任武帝）司马炎，下诏解除曹魏帝国皇族的禁锢令，撤销曹魏帝国官员的"人质条例"（曹魏帝国防范皇族，至为严厉，限制行动，不准许当官，只是把他们养在那里坐吃，而将领出征、驻防，和州长〔刺史〕、郡长，都要把家属留在京师〔首都洛阳〕，作为人质，不可以随行；只因君臣互不信任，君王用此防止叛变）。

9 晋王朝皇帝司马炎，接收的是一个人情凉薄、生活奢侈的社会，所以竭力提倡仁爱和节俭，希望矫正过去的偏差风气。

祭祀部主任秘书（太常丞）许奇，是许允的儿子。司马炎将往皇家祭庙（太庙）祭祀，有些官员认为，许奇的老爹许允，曾犯法处决（参考二五四年秋季），许奇不应服侍皇帝左右（罪犯之子，防他复仇），请派到京师（首都洛阳）之外担任地方官职。司马炎遂追述许允当年的清高声望，赞扬许奇的才干，擢升许奇当国务院祭祀司助理官（祠部郎。中国官制到晋王朝，又有改变。“尚书”称“省”，“中书”也称“省”；后来又有“门下”之称，门下即宫门之下，是地名，非官署名。设于“门下”的有“侍中省”，译“咨询署”，及“散骑省”，译“顾问署”；二署均侍从皇帝左右，以备皇帝问及政事时，提供意见。加上“秘书省”，译“皇家图书馆”。五省遂逐渐成为中央政府中枢，掌握权柄。过去的“九卿”，降为次要角色。在这个转型的期间，我们把“尚书省”译“国务院”，“尚书令”译“总理”；所属各“曹”，译各“部”。“中书省”译“立法院”，“中书令”仍译“最高立法长”，“中书监”仍译“总立法长”。在蜕变中的“侍中省”，首长“侍中”仍译“高级咨询官”；“散骑省”于晋王朝时，只是顾问群上班之机构，并无实质首长。有两种现象与前不同的是：一是“省”的出现〔日本迄今仍沿用“省”的称谓〕，一是“侍中”，从皇帝随从跃升到中枢机构之一的首长高位；名称同而职权不同，依实际情形更改）。有关单位报告：皇家祭祀大典所用御牛的青丝缰绳断了，司马炎命用麻绳代替（不排斥许奇，鼓励爱心。用麻绳，鼓励节俭）。

10 晋王朝政府，开始设立诤议官（谏官），命散骑侍从官（散骑常侍）傅玄、皇甫陶担任。傅玄，是傅幹的儿子（傅幹，曹魏帝国时，任扶风郡〔陕西省兴平市〕郡长〔太守〕）。傅玄针对曹魏帝国末年知识分子品格的低落，风气的败坏，上书说：“我曾经听说，古代圣明君王统治国家，在上位的人，力行恩德教化；在下位的人，建立公正言论。近世以来，曹操（魏武）喜爱法治，天下遂重视刑罚。曹丕（曹魏帝国一任帝）欣赏豁达大度，天下遂看不起坚持立场的人。后来纪律更加紊乱，怪诞狂士，充满政府，使天下失去是非标准。陛下（司马炎）真龙天子，在人间兴起，接受禅让，发扬伊祁放勋（尧）、姚重华（舜）的德行，但仍不能够选任清廉守礼官员，以激励风俗气节；也不能罢黜一些虚无鄙陋人士，以惩罚罪恶；使我不敢不上书提醒。”司马炎嘉勉他的见解，命他撰写诏书草稿呈递。然而，一纸诏书，无法改革社会风气。

11 最初，东汉王朝征西将军司马钧（参考一一五年八月）生司马量，当豫章郡（江西省南昌市）郡长。司马量生司马隽，当颍川郡（河南省禹州市）郡长。司马隽生司马防，当西都长安市长（京兆尹）。司马防生司马懿（叙述司马家族来历）。

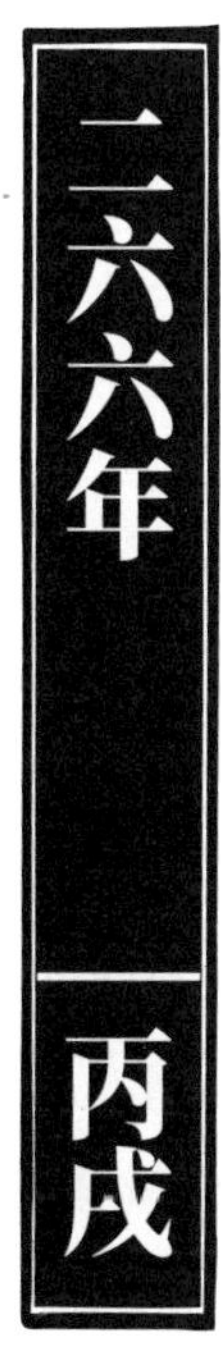

二六六年 丙戌

东吴	甘露	二年
	宝鼎	元年
晋	泰始	二年

1 春季，正月八日，晋王朝政府（首都洛阳〔河南省洛阳市东白马寺东〕）把曹魏帝国的皇家祭庙，改为晋王朝皇家祭庙（曹姓皇族皇帝的牌位，包括曹操的牌位在内，都迁往邺城〔河北省临漳县西南邺城镇〕，当初曹叡辛辛苦苦盖的祭庙和宫殿〔参考二三七年六月〕，现在全由司马家享受）。祭祀司马钧以下历代祖先，加上司马师，共七个祭室（司马钧、司马量、司马儁、司马防、司马懿、司马师、司马昭）。

2 晋王朝皇帝（一任武帝）司马炎（本年三十一岁），尊伯母、司马师正妻羊徽瑜为景皇后，居弘训宫。

3 正月二十七日，晋帝司马炎，封弘农郡（河南省灵宝市东北）人杨艳当皇后。杨艳，是曹魏帝国立法官（通事郎）杨文宗的女儿。

4 晋王朝政府文武百官上奏章说：“五帝，就是天帝（这里的五帝，不是政治上的五帝，而是天上五位神祇：青帝灵威仰、赤帝赤熛怒、黄帝含枢纽、白帝白招矩、黑帝汁光纪，还有一个昊天上帝，也称天皇大帝——北辰耀魄宝；所以有“六天”之说）。因为帝王的气象有变化，所以分裂成五个名号。从今开始，皇家大会堂（明堂）以及南郊祭天神坛，应撤除五帝的座位。”司马炎批准。司马炎是王肃的外孙，所以南郊北郊祭祀天地神祇的礼仪，主管官员多遵从王肃的意见。

5 二月，晋王朝政府撤销东汉王朝刘姓皇族的禁锢（曹魏帝国篡夺东汉王朝政权后，对刘姓皇族，严加看管，限制离境）。

6 三月，东吴帝国（首都武昌〔湖北省鄂州市〕）派藩属事务部长（大鸿胪）张俨、高级警卫指挥官（五官中郎将）丁忠，前往晋王朝（首都洛阳）政府吊丧。

7 东吴帝国散骑侍从官（散骑常侍）王蕃，气宇轩昂，高风亮节，不会逢迎谄媚，东吴帝（四任）孙晧（本年二十五岁）大不高兴。散骑侍从官（散骑常侍）万彧、主任立法官（中书丞）陈声，察言观色，便顺势打小报告陷害。丁忠出使晋王朝回国，孙晧召集文武官员欢宴，王蕃沉醉，跌倒在地。孙皓疑心他故意装假，用轿把他送走。停了一会，再召见他；王蕃性情矜持，仪态庄重，晋见时态度从容，如同平日。孙皓气得吼起来，大喝左右动手，卫士遂把王蕃拖到殿下，立即处斩。然后，孙皓率群臣出宫，登到来山之上（湖北省鄂州市西三公里，也称樊山、西山、寿昌山、樊冈），命亲信扮成一群虎狼，把王蕃的人头抛来抛去，争抢啃食；人头血肉模糊，完全粉碎。

丁忠向孙皓建议："北方敌人（晋王朝）边界，完全没有戒备，我们如果袭击，可以轻而易举的攻克弋阳（河南省潢川县）。"孙皓询问文武官员的意见，镇西大将军陆凯说："北方敌人（晋王朝）新近吞并巴蜀（蜀汉帝国），派人前来我国求和，并不是求我们援助，只是为了养精蓄锐，等待时机。敌人势力正强，而我们竟想侥幸胜利，恐怕看不到利益。"孙皓虽不出兵，但也从此跟晋王朝断绝邦交。陆凯，是陆逊的堂侄（陆逊事，参考二四五年正月）。

8 夏季，五月壬子日（五月戊寅朔，没有壬子），晋王朝骠骑将军、博陵公（元公）王沈逝世。

9 六月二十九日，日蚀。

10 晋王朝司马昭之死，全国官民都依照变通办法，三天便脱下丧服。身为儿子的司马炎，也于安葬老爹三天后，脱下丧服；但是仍戴白色孝帽，不吃肉类，只吃蔬菜，悲哀痛苦，骨瘦如柴，跟守丧的情形一样。

秋季，八月，司马炎打算去老爹墓园（崇阳陵）祭悼。文武官员启奏说：秋老虎气候，仍然炎热，恐怕皇帝太过悲伤，损害身体。

司马炎说：“我能看到老爹陵墓，健康自会恢复。”于是下诏：“从前，刘恒（西汉王朝五任帝）不使天下人民为自己穿三年丧服，是帝王的一种谦虚心意（刘恒缩短守丧时间诏书，参考前一五七年）。现在我要拜见陵墓，不穿丧服，于心不安！但也仅我一人穿着，文武百官则仍保持原状。”国务院总理（尚书令）裴秀启奏说：“陛下既已脱下丧服，而又再穿，在礼法上没有依据。而且，君王穿丧服，臣属不穿丧服，群臣怎敢安心！”司马炎下诏说：“应忧虑的是心里有没有真正怀念哀悼，不应忧虑穿不穿丧服！各位如此关心，我不忍违背。”遂不穿丧服。

中央禁军总监（中军将军）羊祜，对傅玄说：“三年之丧，地位再尊贵的人，也要遵守，因为这是古代礼仪。主上（司马炎）至为孝顺，虽然没有穿丧服，但实质上却是守三年之丧，如果能从此恢复先王（古代圣明君王）所制定的礼法，岂不很好！”傅玄说：“缩短守丧时间，用一天代替一月的制度，已实行了好几百年（自前一五七年起，迄本年〔二六六〕，整四百二十三年）。一旦复古，恐怕行不通。”羊祜说：“即令不能使天下人都遵守古礼，只要能使主上（司马炎）穿三年丧服，也就够了。”傅玄说：“君王不脱丧服，人民却脱丧服，是只有父子之亲，没有君臣之义。”司马炎遂不坚持。

八月二十二日，文武百官奏请晋帝司马炎，脱下白色孝帽，恢复正常进餐。司马炎下诏说：“每每思念九泉之下的幽冥世界，而自己却不能穿三年丧服，心情至为沉痛，何况又要吃鱼吃肉，身披锦绣丝绸？那只有使我更加悲伤，不能使我宽心解怀。我生在儒家家庭，礼仪相传，为时已久，怎么可能突然改变对父亲的孝思？接纳你们的建议，已经够多，试看一下孔丘回答宰我的话（《论语》：宰我问说：“守三年之丧，时间太久。正人君子三年不行礼，礼必消灭。三年不听乐，乐也必消灭。旧的米谷既死，新的米谷已生，尽情就可以了。”孔丘说：“吃米穿绸，你心里是不是平安？”宰我说：“平安。”孔丘说：“你心里如果平安，你就去做。”宰我告辞后，孔丘说：“宰我是何等的不仁不义，儿子生下三年，然后才能离开爹娘怀抱。守三年之丧，是天下人共同遵守的原则。”），就不必再为此事争论。”司马炎遂继续头戴白色孝帽，不吃鱼肉，只吃蔬菜，整整三年。

三年之丧，上自天子，下到小民，都要遵守，这是先王（古代圣明君王）制定的礼教，百世不变。刘恒（西汉王朝五任帝）独出心裁，坚持自己的意见，不学无术，变更古人制度，破坏古人礼仪，断绝父子之间的恩德，伤害君臣之间的大义，后世君王遂不能有深刻的悲痛之情。而文武官员，谄媚拍马，又不肯匡正。直到司马炎，挺身而出，天性流露，矫正错误，仍行古礼，应是世间难得出现的贤明君王（不世之贤君）。可是，裴秀、傅玄之辈，却是浅陋的庸才，只知道沿用旧例，玩弄典故。不能顺从君王的美德，可惜。

三年之丧，在纪元前五世纪时，人们就已经不能忍受，所以才有宰我的强烈反击。事实上，孔丘并没有回答宰我的问题。宰我的问题是：三年之丧的结果，将使“礼坏乐崩”！孔丘应该解释或证明礼不会坏，乐不会崩。可是他却抛开这个严肃的主题，绕过来问宰我吃米穿绸，心里是不是平安？而又在背后骂他不仁不义！这种答非所问的论断，只是下流的人身攻击，使人们的注意力远离焦点。几千年来，中国人就用这种方法思考，被这种方法牵着鼻子乱走。

仅只因为司马炎在三年之丧一件事上，恢复了纪元前五世纪人们已不能忍受的痛苦，司马光便无限感动，赞扬他是“不世之贤君”。司马炎是不是“不世之贤君”，《资治通鉴》俱在，字字可考，只不过一个荒淫的地痞流氓而已。《资治通鉴》可是司马光自己编的，为什么这么轻视读者的智慧，把史实一笔抹杀，只因为这项行为符合司马光自己的利益？

11 东吴帝国（首都武昌）改年号宝鼎（之前是甘露二年，之后是宝鼎元年）。

12 东吴帝孙皓，任命陆凯当左丞相，万彧当右丞相。孙皓讨厌别人注视自己（孙皓可能长相猥琐，才有如此严重的自卑）。文武百官朝见时，都不敢抬头。陆凯说：“君王和臣属，没有见面不认识的道理。万一有非常的变化，臣属们就不知道要保护谁。”孙皓特别准许陆凯看他，但其他官属照旧。

孙皓迁都武昌（湖北省鄂州市）之后，扬州（江南地区）人民供应首都用品，逆长江而上，万分劳苦（武昌属荆州，州政府设江陵〔湖北省江陵县〕。扬州州政府设故都建业〔江苏省南京市〕）。而孙皓奢侈豪华，毫无限度；政府国库及民间储蓄，全都困乏。陆凯上书说：

“现在，四境平安，没有战事，我们应该使人民获得休养，积存财富。而今，不但不能如此，反而更追求享受，只图称心快意，没有灾难而人民将要死尽，没有战争而国家财库一空，使我私下忧虑。从前，东汉王朝既败，三国鼎立。现在曹家（曹魏帝国）和刘家（蜀汉帝国），都已灭亡，政权被晋国（晋王朝）夺取，这都是看得见的眼前的事实。我十分愚昧，但是，却为陛下（孙皓）珍惜我们的帝国。武昌（湖北省鄂州市）土壤贫瘠，地势坎坷，不够资格做君王的首都，而且我听见童谣说：‘宁喝建业（江苏省南京市）的水／不吃武昌（湖北省鄂州市）的鱼／宁愿回到建业死／不愿留在武昌居。’由此可看出人心天意所显示的倾向。国库没有一年的积蓄，人民却有离散的怨恨。国家的深根已逐渐露出地面，官员反而更加苛刻暴虐，没有一个人关心民间疾苦。大帝（一任帝孙权）时，后宫美女跟皇家纺织缝纫妇女，不超过一百人。景帝（三任帝孙休）以来，竟增加到一千余人，对国家是一项最大的消耗。而左右亲信，又多不是正人君子，结党营私，互相掩护，陷害忠良，阻塞贤能人才上进，这都是腐蚀政府、伤害人民的事。我盼望陛下停止各种劳役，废除各种苛刻扰民的法令；挑选宫女，送出宫外，使她们婚配；再公正的任用官吏，则上天喜悦，民心归顺，帝国永安！”

孙皓虽然大不高兴，但因陆凯德高望重，特别包容。

13 九月，晋王朝（首都洛阳）皇帝司马炎下诏：“从今以后，即令有正式诏书办某一件事；或者，有些措施，我已经批准；但只要实行起来会造成伤害，文武官员都不可以不提出意见。”

14 九月二十三日，晋王朝政府有关单位奏称：“晋王朝系接受曹魏帝国禅让，所以也应接受曹魏帝国的‘正朔’（元旦的位置）和服装颜色，像当初姚重华（黄帝王朝七任帝）接受伊祁放勋（黄帝王朝六任帝）的文物制度一样。”司马炎批准。

15 冬季，十月一日，日蚀。

16 东吴帝国（首都武昌）永安（浙江省德清县西）山区变民首领施但，因人民不堪暴政，聚众数千人，劫持东吴帝孙皓的庶母所生的老弟孙谦，起兵叛变，北上攻击建业（江苏省南京市）。将到建业时，已膨胀到一万余人。距建业三十华里时，暂停前进，选择黄道吉日入城。一面用孙谦的名义，派人招降留守建业（江苏省南京市）的最高监察长（御史大夫）丁固、右将军诸葛靓；丁固、诸葛靓诛杀来人，率军迎击，在牛屯（建业城东南十公里）会战。施但变民集团士兵，都没有铠甲，无法跟正规军对抗，一霎时大败，四散逃亡，只剩下孙谦，独自坐在车中，遂被生擒。丁固不敢处置，只把经过情形，奏报孙皓；孙皓下令斩孙谦，并斩孙谦的娘亲以及孙谦的老弟孙俊（孙和死时，何姬保护孙皓及三弟事，参考二五三年）。

最初，星象望气专家说："荆州有帝王之气，当击破扬州。"所以孙皓迁都武昌（湖北省鄂州市，属荆州）。等到施但叛变，孙皓自认为他的决策十分明智，就派出数百人，锣鼓喧天，大声呼喊，冲入建业（江苏省南京市），诛杀施但妻子儿女，宣称："天子命荆州兵，前来扬州破贼！"

17 十一月，晋王朝（首都洛阳）首次把圆坛祭天、方坛祭地仪式，与南郊祭天、北郊祭地仪式，合并举行。

18 晋王朝撤销山阳国（河南省焦作市）戒严部队，废除山阳国所有禁制（东汉王朝末任帝〔十四任献帝〕刘协，失去帝位后，被封山阳公〔参考二二〇年十一月〕，曹魏帝国派警卫部队守护。而今，刘协的孙儿刘康继承公爵，人心对东汉王朝已不再有怀念，所以撤销戒严，废除禁制）。

19 十二月，东吴帝国皇帝孙晧，还都建业，命滕皇后的老爹、首都卫戍司令（卫将军）、主管政府机要（录尚书事）滕牧，留守武昌（湖北省鄂州市）。高级官员认为滕牧是皇帝的尊长至亲，所以遇到事情，总是推举他向孙晧进言规劝。孙晧大起反感，迁怒到滕皇后身上，对她的宠爱渐渐减退。于是，有一天，孙晧下令，命滕牧前往遥远的苍梧郡（广西梧州市）定居，虽然仍保持他的爵位，事实上是一种放逐；滕牧在中途，忧愁过度而死。何太后一直保护滕皇后，天文台长（太史）又奏称："皇后宫主人不可改变。"孙晧相信巫术，所以滕皇后得以免除罢黜的命运，只经常住升平宫（何太后宫），不再跟孙晧见面。很多小老婆佩带皇后的印信，滕皇后不过仅只接受朝贺和例行奏章而已。

孙晧派禁宫侍从（黄门）走遍各州各郡，挑选民家美女。郡长级（二千石）以上官员家的女儿，每年都要把名字呈报孙晧，年龄到了十五六岁时，即进行挑选；落选的女儿，才准出嫁，以致后宫美女有千余人，可是挑选美女的工作，继续不停。

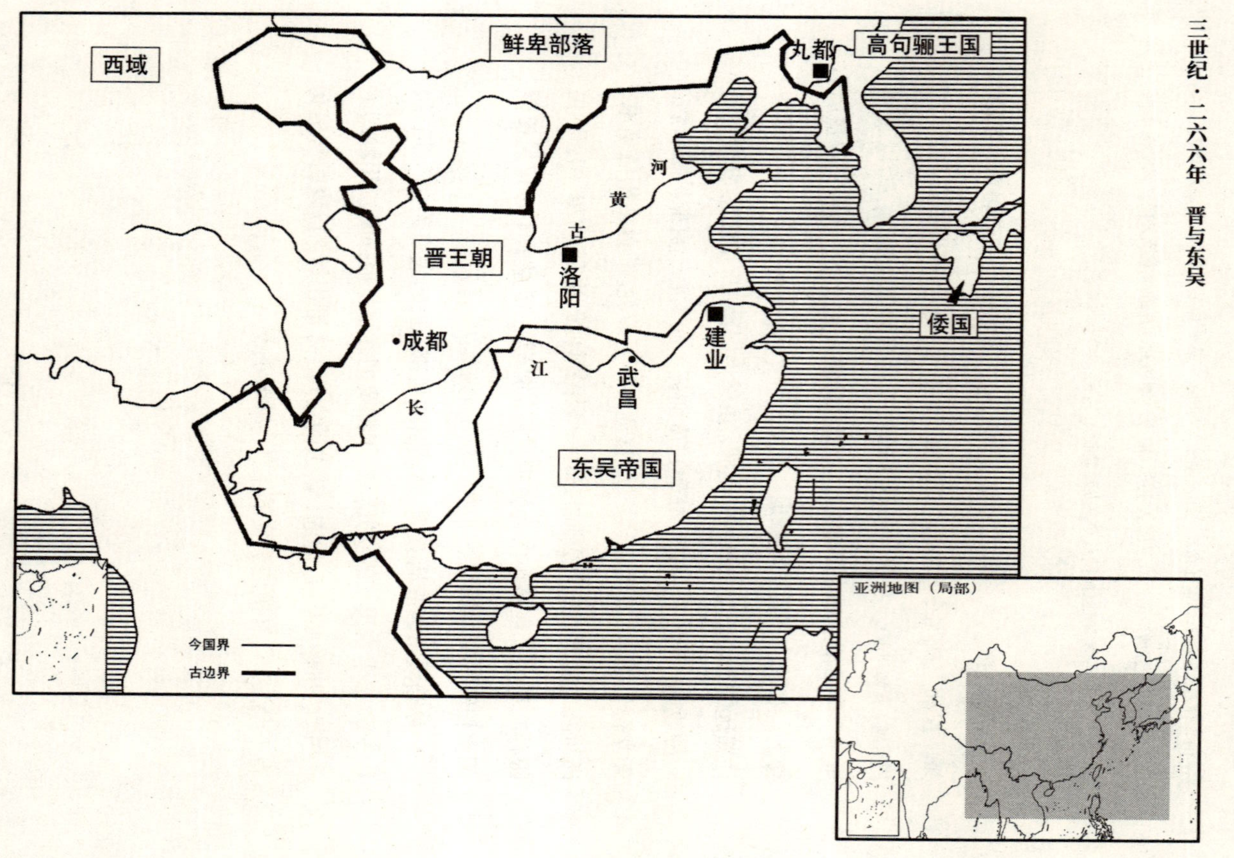

三世纪·二六六年　晋与东吴

二六七年 丁亥

东吴　宝鼎　二年
晋　泰始　三年

1 春季，正月丁卯日（正月甲戌朔，没有丁卯），晋王朝（首都洛阳〔河南省洛阳市东白马寺东〕）皇帝（一任武帝）司马炎（本年三十二岁），封皇子司马衷当皇太子。下诏说："近代以来，每封太子，一定赦免罪犯。而今，世界就要太平，应该显示善恶的分别，使人民不再心存侥幸。一味把恩惠对待罪犯，我不同意。"遂不颁赦令。

2 晋王朝京畿总卫戍司令（司隶校尉）上党郡（山西省黎城县西南）人李憙（音xǐ〔喜〕），弹劾前任立进（今地不详）县长刘友、前任国务院执行官（尚书）山涛、中山王司马睦、国务院执行长（尚书仆射）武陔等，侵占国家稻田；请求免除山涛、司马睦等官职；武陔已经死亡，请求贬黜加给他的绰号（谥）。司马炎下诏，说："刘友剥夺人民财产，用来诱惑政府高官，要查个水落石出，严惩奸邪。山涛等人，有错已改，没有再犯，不必追究。李憙秉公行事，不畏权势，是国家正直的栋梁。刘秀（东汉王朝一任帝）曾经说过：'皇亲国戚可要收敛一点了，小心两个姓鲍的。'（参考三五年六月。）在此昭告群臣，你们要谨慎做你们的事。这种宽大的恩典，不会常有。"司马睦，是司马懿的侄儿（司马炎的堂叔）。

司马光曰

政治最重要的根基，在于刑罚和奖赏。刑罚和奖赏不分明，政治如何成功推动？司马炎赦免山涛，而褒扬李憙，刑罚和奖赏，同时丧失。假使李憙的指控是对的，则山涛绝不可赦免；假使李憙的指控是错的，则李憙绝不可褒扬。褒扬部下，鼓励他发言，发了言之后，毫无效果，反而使他和同僚之间，结下怨仇；使在上位的人，玩弄权威，将来会有什么后果？而且，四位官员，罪行相同，刘友被诛杀，山涛却一点事也没有。不敢碰权贵，只敢对付卑贱的小人物，这难道是政治上要求的公平？政权创立之初，正义便不能建立，却想代代相传，岂不太难？

专制独裁社会最明显的招牌是：只拍苍蝇，不打老虎。偶尔也有打老虎的时候，但那只是因为该老虎倒了霉，并不是因为该老虎犯了法，社会没有是非，只有权势，于是官性兴旺，人性泯灭。

司马炎擢升李憙当太子师傅（太子太傅）；征召犍为郡（四川省眉山市彭山

区）人李密，当太子宫图书管理官（太子洗马）。李密因祖母年老，呈递《陈情表》，坚决辞让，司马炎准许。李密跟人结交，常常在公众场合，批评对方过失，并恳切责备，他常说："我独来独往，除了影子外，没有同伴。然而我所以无忧无惧，因我对人一片热心，不分彼此。"

李密《陈情表》曰

臣，李密上言：

我，命运坎坷，自幼便遭到厄运。生下六个月，慈父就留下我这个孤儿，永离人间。四岁时候，舅父强迫我娘亲改变守节初志，使她遗弃她的孩子，改嫁他人。幸而祖母刘女士，哀怜我年纪幼弱，抱到身边，亲自抚养。我从小便不断生病，直到九岁，还不能走路，孤单困苦，无依无靠。成年之后，既没有叔伯，又没有兄弟，门庭衰微，福分浅薄，到了晚年，才有儿孙。然而，外面没有可以穿一年半载丧服的近亲，里面没有可以照顾门户的五尺高的幼童，老小伶仃，唯有身体和身影，互相慰藉。而祖母刘女士，早得重病，常常躺在床上，不能起身。我侍奉汤药，从没有离开过她的身旁。

到了圣明王朝（晋王朝）建立，前任太守逵（姓不详），推荐我当"孝廉"。后来益州（四川省中南部及云南省）州长（刺史）荣（姓不详），推荐我当"秀才"。我都因无人侍奉祖母，辞让不敢接受。想不到陛下颁发诏书，任命我当初级禁卫官（郎中）；顷刻之间，再受国恩，又改命我当太子宫图书管理官（太子洗马）。我出身卑贱，能够有这份荣耀，到东宫（太子宫）侍奉太子，就是身首异处，也不能报答。我先后都把实际处境，报告上级，呈请辞职。可是，诏书措辞严厉，斥责我故意逃避，行为放肆；郡县政府官员前来逼迫，催促我即日动身；州政府官员，更亲自察看，急如星火。我本应遵奉诏书，奔赴进京（首都洛阳)，可是祖母刘女士的病，一天比一天沉重，我一再恳求，准许我为了私情留下；无奈倾诉无门，或走或留，都不能两全。

我知道圣明王朝，用鼓励孝行，治理国家。故旧遗老(指蜀汉帝国官员)，都蒙怜悯，何况我比他人，更为孤苦。而且，我年轻时，曾在伪政府(蜀汉政府)供职，担任政务署助理(郎曹)，本来就是要谋求飞黄腾达，并不爱惜名节。现在，我是亡国俘虏，微贱鄙陋，受到过分的提拔，怎么敢故意延迟，有非分之想(意指不再出仕，表示清高)？只因为祖母老人家，像日落西山，奄奄一息，生命正临险境，早晨不敢盼望仍活到黄昏。我没有祖母，不能有今天；祖母没有我，她不能安心的度完余年。祖母孙儿，相依为命。怎能仓猝上道，弃她远去？臣，李密，今年四十四岁，祖母刘女士，今年九十六岁，是我尽忠陛下的日子还长，而报答祖母的日子已短。内心私情，犹如乌鸦反哺，请求准许我奉养到底。我的哀痛悲苦，不仅仅是巴蜀(四川省)人士深知；而梁州(陕西省南部及四川省东北部)、益州(四川省中南部及云南省)的州长，也都深知。上有皇天，下有后土，天地神灵，共鉴此心！恳求陛下哀怜我的愚昧，成全我微小志愿，万一祖母幸运，得以享尽天年。我生在世上，当为国牺牲性命。死在地下，也要结草，报答大恩。(《左传》前五九四年：晋国大将魏犨有一位美丽的姬妾，魏犨初患病时，吩咐儿子魏颗："我死之后，一定教她再嫁。"等到病重，又吩咐儿子魏颗："我死之后，一定要她殉葬。"老爹逝世，魏颗送她出嫁，说："病重时心情混乱，我接受老爹神智清醒时的命令。"等到晋国跟秦国在辅氏〔陕西省大荔县〕会战，魏颗跟敌将杜回对决，看见一位老人，结草成绳，来绊杜回的马蹄，杜回跌下来被俘。当天晚上，魏颗梦见老人说："我，就是你嫁的那个女子的老爹，特来报恩！")说不尽我像犬马一样那种恐惧之情，谨上奏章，哀哀禀告。

3 东吴帝国(首都建业〔江苏省南京市〕)大赦，命右丞相万彧镇守巴丘（湖南省岳阳市）。

4 夏季，六月，东吴帝（四任）孙皓（本年二十六岁），兴建昭明宫。部长级（二千石）以下官员，都亲自入山，督导砍伐木材。大肆开辟御花园和狩猎场，堆积土山，建筑高楼大厦、亭台观阁，精巧豪华，到了极端。工程费用，以亿万钱为单位计算。左丞相陆凯规劝，孙皓不理。主任立法官（中书丞）华覈上书说：

“刘恒（西汉王朝五任帝）时代，全国九州，一派升平，只有贾谊指出：情势跟柴堆底下已经燃烧，人们却躺在柴堆上面一样。而今，强大的敌人据有古代九州地方，拥有天下一半以上的人口，目的在消灭我们，不仅仅把我们当作他的淮南国和济北国而已。（《汉书·贾谊传》：“当时，淮南王及济北王，都阴谋叛变”）比之贾谊那个时代，哪一个紧急？现在，仓库空虚，人民大批失业，而我们的北方敌人（晋王朝），却正在积蓄粮秣，休养人民，一心要向南方进展。而交趾郡（越南河内市东北北宁省）沦亡，岭南（南岭以南）动摇（参考二六三年五月）；前胸和后背，同时都有麻烦，头部和尾部，一齐发生灾难，正是帝国危险的时候。如果不理会这些紧急情况，却尽力大兴土木，一旦发生不可预测的剧变，就只有焚烧筑墙的夹板，当作烽火，驱逐满腔怨恨的人民，去对抗刀锋，而这正是强敌所盼望发生的事情。”

这时，东吴帝国到处浪费，华覈再上书说：“现在，工程太多，差役太重，人民十分穷苦，可是风俗却非常奢侈。所有工匠都在制造对人民没有用处的器物，妇女们一个个身穿绫罗绸缎，头戴珠宝首饰，互相炫耀，如果不能胜过别人，就认为是一种羞耻。广大的民间和士卒之家，也染上这种习气。家里连一小罐米都没有，出门却服装华丽（浮夸势利的社会，毛病千古如一，谚语说：“不怕家里火烧，只怕出门跌跤。”家宅是租来的，而又空空无物。如果跌跤，尤其是下雨跌跤，则他就只有这一套笔挺的西装，第二天便出不了门），既显不出尊卑的差异，又损耗人民财富。这样的生活，却希望财政宽裕，怎么可以达到目的。”

孙皓不理。

5 秋季，七月，晋王朝太保（上三公之三）王祥免职，但仍保有睢陵公的爵位。

6 九月十四日，晋帝司马炎下诏，增加官员薪俸。

7 晋王朝擢升全国武装部队总司令（太尉）何曾当太保（上三公之三），义阳王司马望当全国武装部队总司令，荀顗当宰相（司徒）。

8 晋王朝下令，禁止研究神秘预言书（星气、谶纬）。

9 东吴帝国（首都建业）皇帝孙皓，任命孟仁当代理丞相，随着皇帝专用的法驾，到明陵（浙江省长兴县）迎接老爹孙和的灵位；宦官一个接一个被派出去向灵位叩头请安。法术师誓言：看见孙和穿的衣服以及面貌颜色，跟在世时一样。孙皓又悲又喜，亲自到首都建业（江苏省南京市）东门迎拜。灵位既被安置在皇家祭庙，一连七天，作三次献祭，歌舞戏剧，日夜不停的演奏欢乐。

10 本年（二六七），晋王朝送鲜卑拓跋部落（王庭设盛乐〔内蒙古和林格尔县〕）酋长拓跋力微的儿子拓跋沙漠汗，北返他的故国（拓跋沙漠汗充当人质事，参考二六一年）。

二六八年 戊子

东吴　宝鼎　三年
晋　泰始　四年

1 春季，正月十八日，晋王朝（首都洛阳〔河南省洛阳市东白马寺东〕）车骑将军贾充等，修订法令规章完成，奏报（共二千九百二十六条）。晋帝（一任武帝）司马炎（本年三十三岁），召集文武百官，亲自出席讲解，命国务院助理官（尚书郎）裴楷宣读。裴楷，是最高监察长（司空）裴秀的堂弟。高级咨询官（侍中）卢珽、主任立法官（中书侍郎）范阳国（河北省涿州市）人张华，请把新定法律中有关死刑的条文，抄写下来，在各地驿马车站及招待官员的官舍，广为张贴，使人民周知。司马炎同意。

司马炎命首都洛阳市长（河南尹）杜预，制定《官员考绩条例》。杜预奏称：

“古代对官员的考绩，只凭上级主管的自由心证，从不受法令条文的约束。到了后世，不能有此见识，只好依靠细密的法令条文；怀疑自由心证，只相信耳朵所听到的，和眼睛所看到的；后来更怀疑耳朵所听到的和眼睛所看到的，而只相信文件；文件越多越细，做官做事，也越虚伪。曹魏帝国的考绩办法，实际上是京房传下来的那一套（参考二三七年），施行细则，十分精密；但是苛刻琐碎，反而妨碍行政效率，所以历代都不能实行。我的建议是：为什么不发扬伊祁放勋（唐尧）时代的制度，只追求大体，放弃枝节，舍弃细密，采取简略，使它容易实行。

“要想了解事物运转的道理，洞察入微，达到神明之境，全看任用的是什么样的人。不信任人，只信任法，就会发生条文损害真理的现象。不如授权给高级官员，负责考察他所统率的部属，每年遴选若干人，评定他的等级。这样一连六年，由主管官员综合起来，按照评语，六年全是优等的，擢升；六年全是劣等的，免职。优点多而劣点少的，维持原位；劣点多而优点少的，贬降。其中评语或许有不公平的，等级或许有不恰当的，主管官员当然可以斟酌轻重，稍稍改变；这些微妙的处置，法令规章不能够完全照顾周到。假如怀有私心，乱下评语，违反公论，当命有关单位随时提出弹劾。如果上级和部属公开的互相包庇过失，则公正的舆论就被破坏，纵然有考绩条例，对国事也没有帮助。”

官员考绩条例，竟不能制定。

2 正月十九日，晋王朝皇帝司马炎在洛水之北，亲自耕田（推犁三次，表示重视农业）。

3 正月二十日，晋王朝大赦。

4 二月，东吴帝国（首都建业〔江苏省南京市〕）皇帝（四任）孙皓（本年二十七岁），擢升左最高监察官（左御史大夫）丁固当宰相（司徒），右最高监察官（右御史大夫）孟仁当最高监察长（司空。在官制的转型期，译名就会遇到困难。“御史大夫”跟“司空”不并存时，二者全是最高监察长，而今并存，而“御史大夫”权力和官位下降，成为“列卿”之一，只好改称“最高监察官”）。

5 三月二十一日，晋王朝（首都洛阳）皇帝司马炎娘亲皇太后王元姬逝世（年五十二岁）；司马炎办理丧事，完全遵照古礼。

6 夏季，四月二日，晋王朝睢陵公（元公）王祥逝世（年八十五岁），前来吊丧的，都是高官，没有闲杂人等。他的远房族孙王戎说：“太保（王祥）在四〇年代，不属于擅长言词一类的人，可是，偶尔跟他接谈，条理分明，见解清高，岂不是德行掩盖了他的言论？”

三世纪四〇年代所谓能“清谈”的，何晏等数人而已，结果曹魏帝国亡给晋王朝，则“清谈”对世事有什么裨益？王祥可以称道的事，不过两件：一是孝顺继母（参考二五六年十月）；一是不肯向刚封晋王的司马昭下拜（参考二六四年三月）。而他可正是：“当人家的柱石，却颠覆倾毁人家的栋梁。”所谓“条理分明”，是口舌分明，抑或德行分明？“清谈”的灾祸，直到四世纪一〇年代，还不能结束，甚至流传到江南（长江以南），而仍余波荡漾不停。

7 四月三日，晋帝司马炎，安葬娘亲皇太后王元姬（文明皇后）。有关单位奏称：“既已安葬，而又完成祭祀，应脱下丧服。”司马炎下诏说：“我承受娘亲终身的爱护，连穿几年的丧服都不肯，我不忍心。”有关单位坚决要求，司马炎再下诏说：“我忧虑的是不能尽我的孝心，并不忧虑会伤害身体，古代礼仪，性质和表达方式，跟近代的不同。为什么一定要遵守近代规则，而使完整的丧礼，有所欠缺？”文武百官仍不断请求，司马炎才脱下丧服；但仍戴白色丧帽，不进肉食，仅吃蔬菜，凡三年之久，跟当年为老爹司马昭守丧的情形一样（参考前年〔二六六〕六月）。

8 秋季，七月，天际群星向西方奔流坠落，像倾盆大雨。

9 七月十四日，晋帝司马炎，祭拜老爹司马昭墓园（崇阳陵）。

10 九月，晋王朝青州（山东省北部）、徐州（江苏省北部）、兖州（山东省西部）、豫州（河南省东部），大水泛滥成灾。

11 晋王朝最高指挥官（大司马）石苞，长久以来镇守淮南郡（寿春，安徽省寿县），威高望重，恩德广被（二五八年击灭诸葛诞后，石苞于二五九年接替王基，镇守寿春，迄今十年），淮北监军官（监军）王琛，对石苞深为厌恶，秘密上书皇帝，检举石苞跟东吴帝国（首都建业）勾结。正好，东吴帝国将发动侵略，石苞修筑城垒，截断附近水流，用来自保。司马炎顿起疑心，中央禁军总监（中军将军）羊祜，恳切的告诉司马炎：“石苞绝不会如此。”但司马炎不能相信，下诏说：“石苞没有能力判断敌情，竟擅自兴筑城垒，阻遏河水，骚扰人民，免职。”命义阳王司马望，率大军前往征召（派大军征召，或派大军迎接，即是派大军攻击）。之前，石苞延聘河内郡（河南省沁阳市）人孙铄当秘书（掾），而孙铄很早就跟汝阴王司马骏是好友，司马骏此时镇守许昌（河南省许昌市东），孙铄路过那里，司马骏知道中央已派出部队袭击石苞，秘密警告孙铄说：“不要卷进这场灾祸！”孙铄告辞后，飞奔赶到寿春（安徽省寿县），建议石苞迅速离开军队，步行到驿马车总站，等待降罪。石苞完全听从照办。

司马炎得到消息，疑心才消。石苞到皇宫晋见，以乐陵公的身份，返回家宅。

12 东吴帝国（首都建业）皇帝孙晧，从东关（安徽省含山县西南）出兵。

冬季，十月，孙晧命左翼最高指挥官（左大司马）朱绩（时在乐乡〔湖北省松滋市东北〕），攻击晋王朝（首都洛阳）的江夏郡（湖北省云梦县），右丞相万彧（时在巴丘〔湖南省岳阳市〕），攻击晋王朝的襄阳（晋荆州州政府所在县，湖北省襄阳市）。晋王朝皇帝司马炎，命义阳王司马望，率领中央禁卫军步骑兵二万人，进驻龙陂（即摩陂，河南省郏县东），作为被攻击的两个城市的声援。正好，荆州（州政府设襄阳）州长（刺史）胡烈，击破朱绩；司马望才回军。

13 东吴帝国交州州长（刺史）刘俊、总司令官（大都督）修则、将军顾容，先后三次，攻击交趾郡（越南河内市东北北宁省）。晋

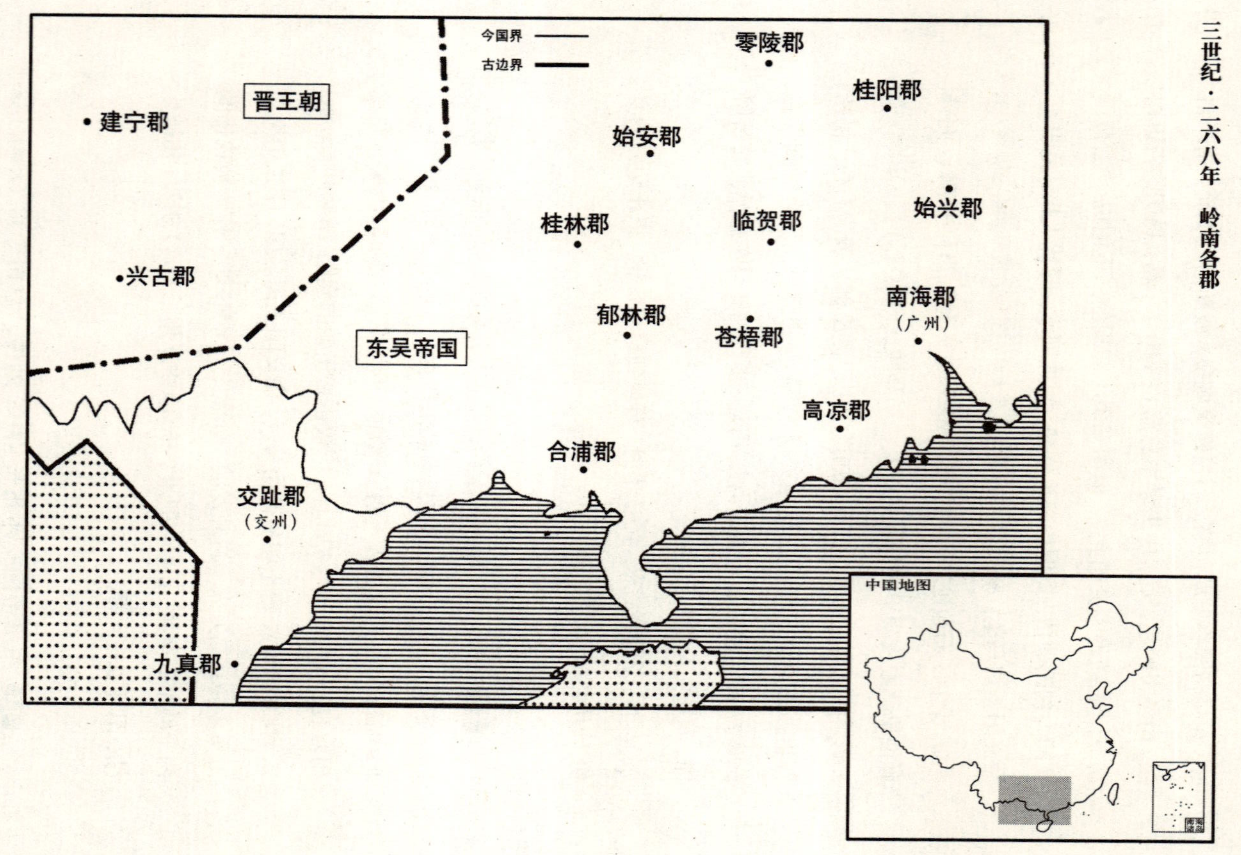

三世纪·二六八年 岭南各郡

王朝所任命的交趾郡郡长杨稷，先后三次击破攻击。于是，东吴帝国所属的郁林郡（广西桂平市）、九真郡（越南清化市），都归附杨稷。杨稷派将军毛炅、董元，进攻合浦郡（广西合浦县东北），在合浦古城，大破东吴帝国军，斩刘俊、修则，东吴残军逃回合浦。杨稷上书晋王朝皇帝司马炎，保荐毛炅当郁林郡郡长，董元当九真郡郡长。

14 十一月，东吴帝国右翼最高指挥官（右大司马）丁奉、右将军诸葛靓，准备攻击芍陂（安徽省寿县西南安丰塘镇），先行攻击合肥（安徽省合肥市）。晋王朝安东将军汝阴王司马骏（时驻许昌〔河南省许昌市东〕），击败这次攻击。

15 晋王朝任命义阳王司马望当最高指挥官（大司马），荀颢当全国武装部队总司令（太尉），石苞当宰相（司徒）。

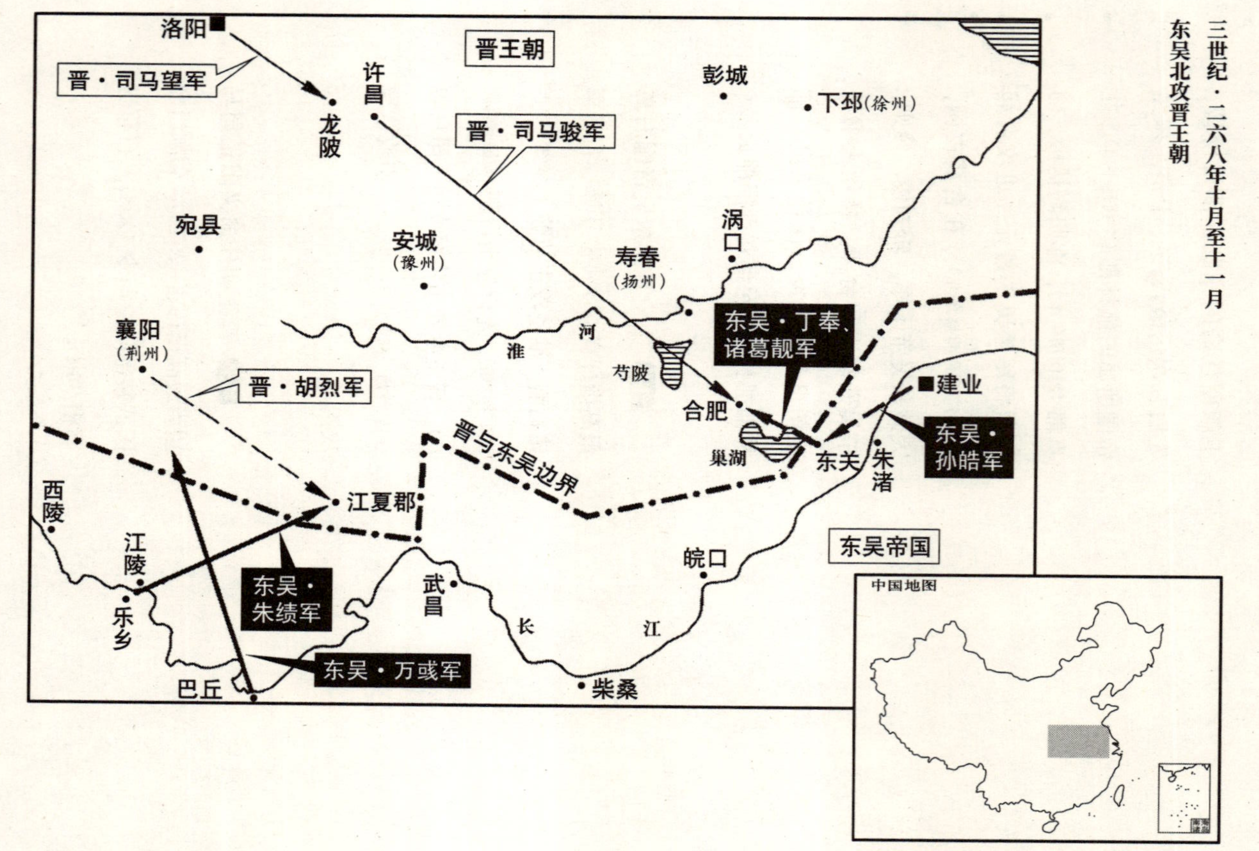

三世纪·二六八年十月至十一月
东吴北攻晋王朝
洛阳
晋王朝
晋·司马望军
许昌
龙陵
彭城
下邳(徐州)
晋·司马骏军
宛县
安城
(豫州)
涡口
寿春
(扬州)
襄阳
(荆州)
淮
河
芍陂
东吴·丁奉、
诸葛靓军
晋·胡烈军
合肥
建业
晋与东吴边界
巢湖
东关
朱渚
东吴·
孙皓军
西陵
江夏郡
江陵
东吴帝国
皖口
武昌
东吴·
朱绩军
乐乡
长
江
东吴·万彧军
巴丘
柴桑
中国地图

二六九年 己丑

东吴	宝鼎	四年
	建衡	元年
晋	泰始	五年

1 春季，正月，东吴帝国（首都建业〔江苏省南京市〕）皇帝（四任）孙皓（本年二十八岁），封皇子孙瑾当皇太子。

2 二月，晋王朝（首都洛阳〔河南省洛阳市东白马寺东〕）分割雍州（陕西省中部及甘肃省南部）、凉州（甘肃省中部西部）、梁州（陕西省南部及四川省东北部）各一部分，设立秦州（辖陇西郡〔甘肃省陇西县〕、南安郡〔甘肃省陇西县东南〕、天水郡〔甘肃省甘谷县〕、略阳郡〔甘肃省天水市南天水镇东〕、武都郡〔甘肃省成县〕、阴平郡〔甘肃省文县〕。州政府设冀县〔甘肃省甘谷县〕），任命胡烈当州长（刺史）。最初，邓艾招降鲜卑部落（河西鲜卑，分布在今甘肃省中西部及内蒙古西部）数万人，散布在雍州、凉州之间，跟汉人杂居在一起。晋王朝政府恐怕时间长久之后，发生问题，认为胡烈在西部拥有威名，所以派他镇守安抚。

3 晋王朝青州（山东省北部）、徐州（江苏省北部）、兖州（山东省西部），大水成灾。

4 晋王朝皇帝司马炎有消灭东吴帝国（首都建业）的大志。

二月壬寅日（二月壬戌朔，没有壬寅），任命国务院左执行长（尚书左仆射）羊祜，当荆州军区司令长官（都督荆州诸军事），镇守襄阳（湖北省襄阳市）。征东大将军卫瓘，当青州军区司令长官（都督青州诸军事），镇守临菑（山东省淄博市东临淄区）。镇东大将军、东莞王司马伷，当徐州军区司令长官（都督徐州诸军事），镇守下邳（江苏省睢宁县北古邳镇）。

羊祜安抚远近郡县，获得长江、汉水一带人民好感。跟接壤的东吴帝国边防官员，开诚布公相待。归降的人要回东吴的，一律尊重他们的决定。减少边境巡逻部队，把裁减下来的士卒，命他们开垦荒田，计开垦荒田八百余顷。羊祜初到任时，部队没有一百天的存粮，后来竟积存足够十年之久的粮秣。羊祜在军旅中，常常穿着宽大的皮袍便装，不披铠甲，司令长官办公室（铃阁之下），警卫不过十几个人。

5 晋王朝济阴郡（山东省菏泽市定陶区）郡长、巴西郡（四川省阆中市）人文立，上书说："故蜀国（蜀汉帝国）名臣们的子孙，流亡在内地的，最好察看他们的才能，任用他们担任官职，以安慰巴蜀（四川省）的人心，并刺激吴国（东吴帝国）臣民的倾心。”司马炎接受。

二月己未日（二月壬戌朔，没有己未），下诏说：“诸葛亮在蜀国（蜀汉帝国）时代，竭尽忠心，他的儿子诸葛瞻，又为国战死（参考二六三年十月），他的孙儿诸葛京，应该依照他的才能，安置官职。”又下诏说：“蜀国（蜀汉帝国）大将傅佥，父子为主牺牲（傅佥老爹傅彤战死事，参考二二二年闰六月；傅佥事，参考二六三年九月）。只要是一片忠心，天下到处尊敬，怎么会因为他们身处敌国，而另眼看待！傅佥的儿子傅著、傅募，之前被送入仆役管训署（奚官），应该赦免，恢复自由人身份。”

6 晋帝司马炎，任命文立当散骑侍从官（散骑常侍）。故蜀汉帝国政务署执行官（尚书）犍为郡（四川省眉山市彭山区）人程琼，一向有很高的声望功业，跟文立的交情深厚。司马炎听到程琼的名誉，询问文立的意见，文立说：“我深知道程琼的为人，只是年将八十，性情谦虚恬淡，已不再追求当前的荣耀，所以没有奏明陛下。”程琼听到后，说：“文立可以说不怀私心搞小圈子，这正是我跟他要好的原因。”

7 秋季，九月，紫宫星座旁，出现孛星。

8 冬季，十月，东吴帝国（首都建业）大赦，改年号建衡（之前是宝鼎四年，之后是建衡元年）。

9 晋王朝（首都洛阳）皇帝司马炎封皇子司马景度当城阳王。

10 最初，汝南郡（河南省息县）人何定，曾经在东吴一任帝（大帝）孙权跟前当差。等到孙皓即位，上书说明自己是旧属，请求调回皇宫服务。孙皓任命他当楼下禁卫司令（楼下都尉），主管采购（典知酤籴事），何定遂作威作福。孙皓对他极为信任，更命他当事务总管。左丞相陆凯当面责备他说："你亲眼看见，前前后后，事奉君王不忠，败坏政府威信的臣属，有谁是寿终天年的？为什么一定要专门为非作歹，蒙蔽天子耳目？你应该痛改前非，不然，你会招来难以预测的大祸！"何定把陆凯痛恨入骨。

陆凯对国家尽忠，待人诚挚，出自天性，奏章都就事论事，直言直语，不加修饰。后来病重卧床，孙皓派立法署长（中书令）董朝，前去问他的遗言，陆凯强调："何定不可亲信，应派他到地方政府任职。奚熙那个低级职员，主张挖凿浦里塘（可能是继续完成当年未完之工，参考二六〇年六月），也不应批准。文武官员中，姚信、楼玄、贺卲、张悌、郭逴、薛莹、滕修，跟我的堂弟陆喜、陆抗，有的廉洁勤奋，有的才能出众，都是国家的栋梁，请陛下多多留意，向他们垂询时政，使他们能各尽忠心，补救国家万分之一的缺失。"贺卲，是贺齐的孙儿（贺齐是孙权时代大将，参考二〇三年十月）。薛莹，是薛综的儿子

(薛综，参考二三三年十二月)。楼玄，是沛郡(江苏省沛县)人。滕修，是南阳郡(河南省南阳市)人。

陆凯不久逝世，孙皓心里一直愤恨他的正直，而且又日夜听到何定的诬陷。到了后来，怒火终于爆发，把陆凯全家放逐到建安郡(福建省建瓯市)。

11 东吴帝国(首都建业)皇帝孙皓派监军官(监军)虞汜、威南将军薛珝、苍梧郡(广西梧州市)郡长、丹阳郡(郡政府设建业)人陶璜，从荆州(州政府设江陵〔湖北省江陵县〕)陆路出发；另一监军官(监军)李勖、统军司令(督军)徐存，从建安郡(福建省建瓯市)乘船舰出发，进入台湾海峡南下，在合浦郡(广西合浦县东北)会师，攻击被晋王朝(首都洛阳)占领的交趾郡(越南河内市东北北宁省)。

12 十二月，晋王朝有关单位奏称：太子师傅(太子太傅)跟太子教师(太子少傅)，因为是人臣的缘故，皇太子司马衷对他们致敬的礼仪，不能跟普通民家的子弟相同。晋帝司马炎说：“尊敬老师，就是尊重道理和教化，说什么人臣不人臣？太子对老师，应该参拜。”

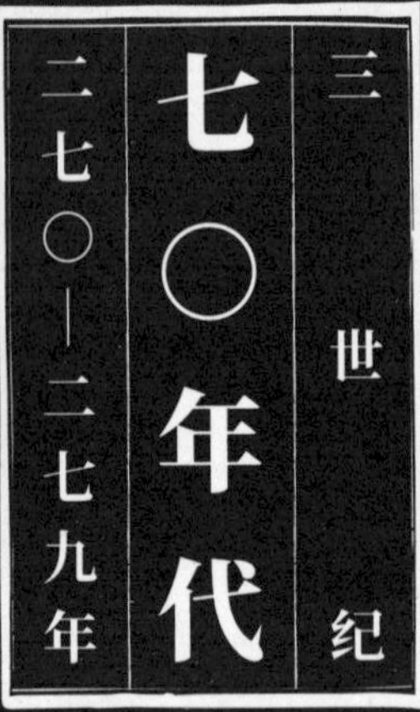

- 匈奴单于后裔改姓刘。
- 东吴孙皓凶暴日甚，杀人如麻，都用酷刑。
- 晋王朝对东吴帝国作灭国性大举进攻。

- 罗马帝国皇帝革老丢病死。三十暴君时期结束（二一七—二七〇年）。大将奥利连继任皇帝。
- 奥利连被刺身死，元老院推举泰西塔斯继任帝位，在位七月，病死。夫罗力安继位，军队另行拥立普罗巴斯：夫罗力安自杀。

东吴	建衡	二年
晋	泰始	六年

1 春季，正月，东吴帝国（首都建业〔江苏省南京市〕）右翼最高指挥官（右大司马）丁奉，攻击晋王朝（首都洛阳〔河南省洛阳市东白马寺东〕）涡口（涡水注入淮河处，安徽省怀远县），晋王朝扬州（州政府设寿春〔安徽省寿县〕）州长（刺史）牵弘，率军迎战，击退丁奉。

2 东吴帝国右丞相万彧自巴丘（湖南省岳阳市）返首都建业。

3 夏季，四月，东吴帝国左翼最高指挥官（左大司马）朱绩逝世。东吴帝（四任）孙晧（本年二十九岁）任命镇军大将军陆抗，当信陵（湖北省秭归县东）、西陵（湖北省宜昌市）、夷道（湖北省宜都市西）、乐乡（湖北省松滋市东北）、公安（湖北省公安县）等地军区司令长官（都督信陵、西陵、夷道、乐乡、公安诸军事），驻防乐乡（湖北省松滋市东北）。

陆抗因孙晧政事上太多缺失，上书规劝说："我曾经听说，恩德相同时，人口多的国家战胜人口少的国家；力量相等时，内部安定的国家战胜内部混乱的国家。六国被秦王国并吞，西楚被西汉消灭，原因在此。而今，敌人（晋王朝）所盘踞的，不仅仅是关右（函谷关以西）地方（指秦王国），也不仅仅是鸿沟以西地方（指西汉王朝）。而我国外没有可以援救的盟邦，内没有西楚的强大。而且，政治腐败，人民不安。参与决策的人所仗恃的，不过是长江天险、高山势恶，倚靠它们保护国境。这是一种退守的下策，明智人士认为并不妥当。我每念到此事，午夜惊醒，抚枕难眠，白日饮食，无心下咽。事奉君王的大义，宁可冒犯，不可欺骗，谨陈述十七项对时局的建议，请求赐阅。"孙晧不理。

出击交趾郡（越南河内市东北北宁省）的监军官（监军）李勖（参考去年〔二六九〕十月），因建安郡（福建省建瓯市）水道艰难，斩担任向导的将领冯斐，撤退。最初，何定曾替自己的儿子，向李勖求婚，李勖拒绝。何定遂抓住这个机会，向孙晧报告说：李勖诬杀冯斐，而又擅自回军。孙晧遂诛杀李勖，又诛杀统军司令（督军）徐存，跟他们的家属；并焚烧李勖的尸体。

何定又命各将领呈献御犬，于是，一条狗的价格，高到数十匹绸缎，一条牵狗用的绳索，高达一万钱。用呈献的御犬捕捉野兔，供应御厨房烹饪。人民知道都是何定出的主意，深为痛恨，可是孙皓却认为何定忠心耿耿，封他侯爵。陆抗上书指摘说："卑贱小人，不明道理，见识浅陋，即令竭尽忠贞，还不可以信任，何况奸诈之心，已根深柢固，而憎恶和喜爱，又经常改变！"孙皓不理。

4 晋王朝（首都洛阳）所属鲜卑人酋长秃发树机能（秃发，复姓），在万斛堆（甘肃省靖远县）起兵叛变，秦州（州政府设冀县〔甘肃省甘谷县〕）州长（刺史）胡烈，出军攻击。

六月四日，胡烈兵败被杀。雍凉军区司令长官（都督雍凉州诸军事）扶风王司马亮，派将军刘旂救援；刘旂畏缩观望，不敢前进。晋帝司马炎下诏：司马亮贬为平西将军，刘旂依军法应行处斩。司马亮上书承认都是自己决策错误，请求赦免刘旂一命。司马炎说："如果刘旂没有罪，自有人有罪。"司马亮免职。

司马炎再派国务院执行官（尚书）乐陵郡（山东省阳信县东南）人石鉴，代理安西将军，兼秦州（甘肃省南部）军区司令长官（都督秦州诸军事），讨伐秃发树机能。秃发树机能兵力强盛，石鉴命秦州州长（刺史）杜预攻击。杜预认为，鲜卑部落初获胜利，战马肥壮，而政府军劳苦疲惫，应集中力量，运输积存粮秣，等到明年（二七一）春季，才可以进军。石鉴弹劾杜预延误军机；中央下令用囚车把杜预押返京师（首都洛阳），送司法部（廷尉）审判；准许赎罪（杜预娶司马懿的女儿〔司马炎的姑妈〕，所以才得以用他的侯爵〔丰乐亭侯〕，赎出一命）。

但石鉴讨伐秃发树机能，始终不能攻克。

5 秋季，七月二十二日，晋王朝城阳王（怀王）司马景度逝世。

6 七月二十四日，晋王朝任命汝阴王司马骏，当镇西大将军，兼雍凉军区司令长官（都督雍凉等州诸军事），镇守关中（陕西省中部）。

7 冬季，十一月，晋帝司马炎封皇子司马柬当汝南王。

8 东吴帝国（首都建业）皇帝孙皓的堂弟、前将军孙秀，当夏口（湖北省武汉市）防卫司令（夏口督），孙皓对他十分厌恶，民间流传一种谣言说，终有一天会对孙秀下手。正好孙皓派何定率军五千人前往夏口（湖北省武汉市）打猎，孙秀惊恐，就在入夜之后，带着妻子和亲信卫士数百人，投奔晋王朝（首都洛阳）。

十二月，晋王朝政府任命孙秀当骠骑将军，开府仪同三司（宰相级），封会稽公。

9 本年（二七〇），东吴帝国大赦。

10 最初，曹魏帝国使南匈奴五部定居并州（山西省中部），跟汉人混合居住。（南匈奴汗国部众自一世纪五〇年代进入中国后，到了三世纪二一六年七月，东汉王朝政府罢黜单于，把匈奴汗国分为五部："左部"一万余篷帐，住兹氏〔山西省汾阳市〕；"右部"六千余篷帐，住祁县〔山西省祁县〕；"南部"约三千余篷帐，住蒲子〔山西省隰县〕；"北部"约四千余篷帐，住新兴〔山西省忻州市〕；"中部"约六千余篷帐，住大陵〔山西省文水县〕。）各部统帅宣称：他们的祖先是汉王朝刘姓皇家的外孙，身上有刘姓皇家血液，遂取消原来的姓挛鞮，改姓刘。

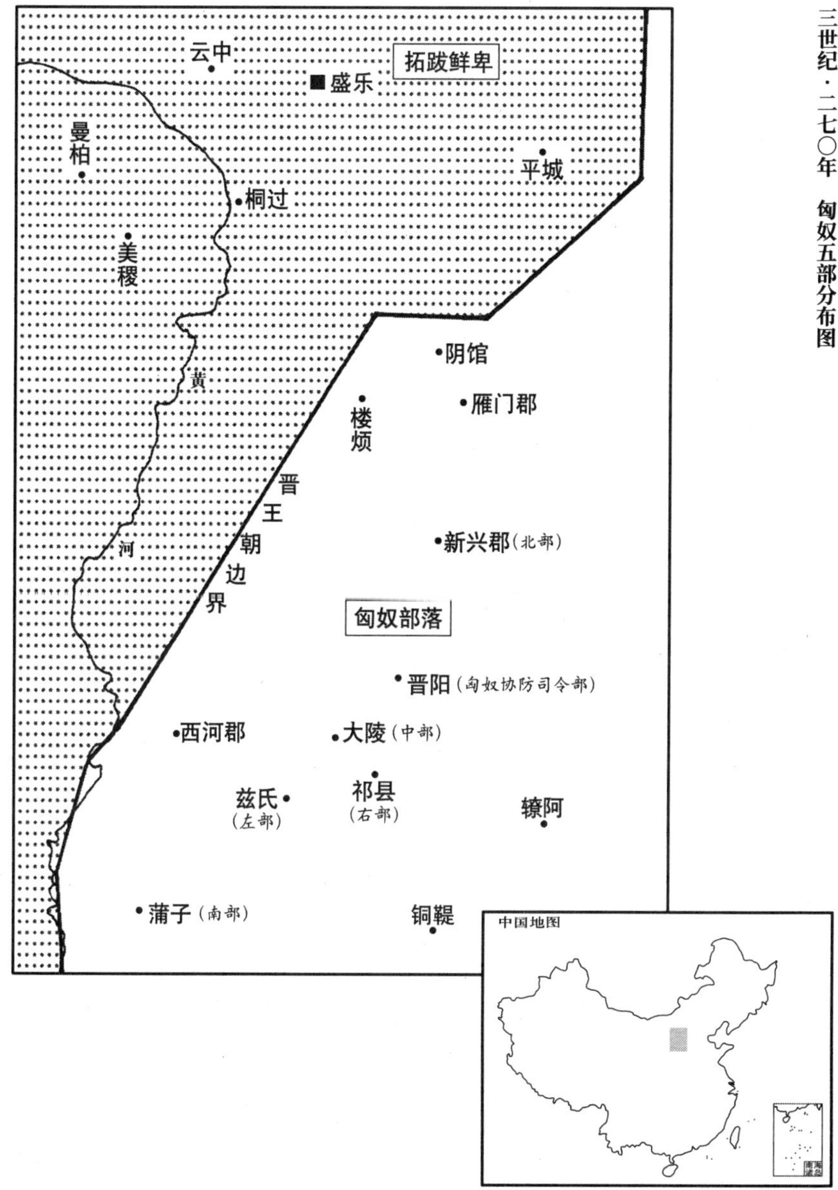

三世纪·二七〇年　匈奴五部分布图

二七一年 辛卯

东吴 建衡 三年
晋 泰始 七年

1 春季，正月，晋王朝（首都洛阳〔河南省洛阳市东白马寺东〕）并州（山西省中部）匈奴“监国”右贤王刘猛叛变，北出边塞（东汉王朝罢黜“单于”，改由右贤王担任“监国”，下分五部。参考二一六年七月及去年〔二七〇〕十二月）。

2 晋王朝豫州（河南省东部）州长（刺史）石鉴，被指控攻击东吴帝国（首都建业〔江苏省南京市〕）时，虚报杀人数目。晋帝（一任武帝）司马炎（本年三十六岁）下诏：“石鉴身为国家高级将领，受到我的信任，而竟然跟部属做出诈骗之事，大义上岂可如此？免除官职，逐回家乡，终身不再任用。”

3 东吴帝国星象家刁玄，在一本神秘预言书上，增加几句神秘预言："黄旗紫盖，见于东南，终有天下者，荆扬之君。"（刁玄前曾出使蜀汉帝国，得到一本司马徽著的《论运命历》残篇〔司马徽，参考二〇七年〕，遂加上这几句话，用以博取富贵。纪元前的神秘预言书，文字深奥艰涩，多不可解。刁玄所增的这几句话，浅显明了。"黄旗紫盖"只皇帝才有，"荆州扬州的君王"，当然指东吴帝国皇帝。）东吴帝（四任）孙皓（本年三十岁）深信不疑。

正月三十日，孙皓动员大军攻击晋王朝（首都洛阳），御驾亲征，在华里（建业城西）誓师，还带着娘亲何太后、正妻滕皇后，以及皇宫美女数千人，先到牛渚（安徽省马鞍山市西南采石矶），继续西上。皇家书库管理官（东观令）华覈等劝阻，孙皓不理。偏偏天降大雪，道路崩毁，士兵身披铠甲，手拿武器，每百人共拉一辆皇家座车（美女宦官数千人，如果以最低的二千人计算，平均每五人乘车一辆，则仅皇家就需要四百辆车，而由战士四万人充当车夫），寒冷入骨，冻得要死，都愤怒的喊："如果遇到敌人，我们就倒戈，枪头向内。"孙皓得到报告，才返京师（首都建业）。

晋帝司马炎派义阳王司马望，率中央禁卫军二万人、骑兵三千人，进驻寿春（扬州州政府所在县，安徽省寿县）戒备，听到孙皓撤退才班师。

4 三月七日，晋王朝国务院总理（尚书令）、钜鹿公（元公）裴秀逝世（年四十八岁）。

5 夏季，四月，东吴帝国交州（越南北部）州长（刺史）陶璜，袭击九真郡（越南清化市），斩晋王朝派遣的郡长董元（参考二六八年十月）。晋王朝交州州长（刺史）杨稷，命他的部将王素，代理郡长。

6 晋王朝北地郡（陕西省铜川市耀州区）蛮夷叛变，西上攻击金城郡（甘肃省兰州市东），凉州（州政府设姑臧〔甘肃省武威市〕）州长（刺史）牵弘出军讨伐，顷刻之间，所有蛮夷同起叛变，跟鲜卑部落酋长秃发树机能（时在万斛堆〔甘肃省靖远县〕）结合，把牵弘包围在青山（甘肃省环县西南），牵弘大败，阵亡。

最初，最高指挥官（大司马）陈骞，向晋帝司马炎进言说："胡烈、牵弘，都有勇无谋，自以为与众不同，不是安定边疆的大才，恐怕会给皇家政府带来耻辱。"当时，牵弘当扬州（州政府设寿春〔安徽省寿县〕）州长（刺史），时常拒抗陈骞的命令，司马炎认为陈骞公报私仇，故意说牵弘的坏话，但仍把牵弘调回京师（首都洛阳）。牵弘既返，不久，又任命他当凉州（州政府设姑臧）州长（刺史），陈骞暗中叹息，认为他必然失败。二人果然失去羌人、胡人、鲜卑人等部族的支持，兵败身死。征讨很多年，不过仅得到表面安定；司马炎才感到后悔。

7 五月，晋王朝封皇子司马宪当城阳王。

8 五月二十三日，晋王朝义阳王（成王）司马望（安平王司马孚子）逝世（年六十七岁）。

9 晋王朝高级咨询官（侍中）、国务院总理（尚书令）、车骑将军（一级上将）贾充，在司马昭时代，便受到宠爱信任，掌握权柄；司马炎能够当上太子，贾充曾竭尽全力（参考二六四年十月），所以司马炎对他更是尊崇。贾充这个人，奸恶险诈，头脑灵活，精于谄媚，跟全国武装部队总司令（太尉）兼太子师傅（太子太傅）荀颉；高级咨询官（侍中）兼总立法长（中书监）荀勖；南越兵团指挥官（越骑校尉）安平国（河

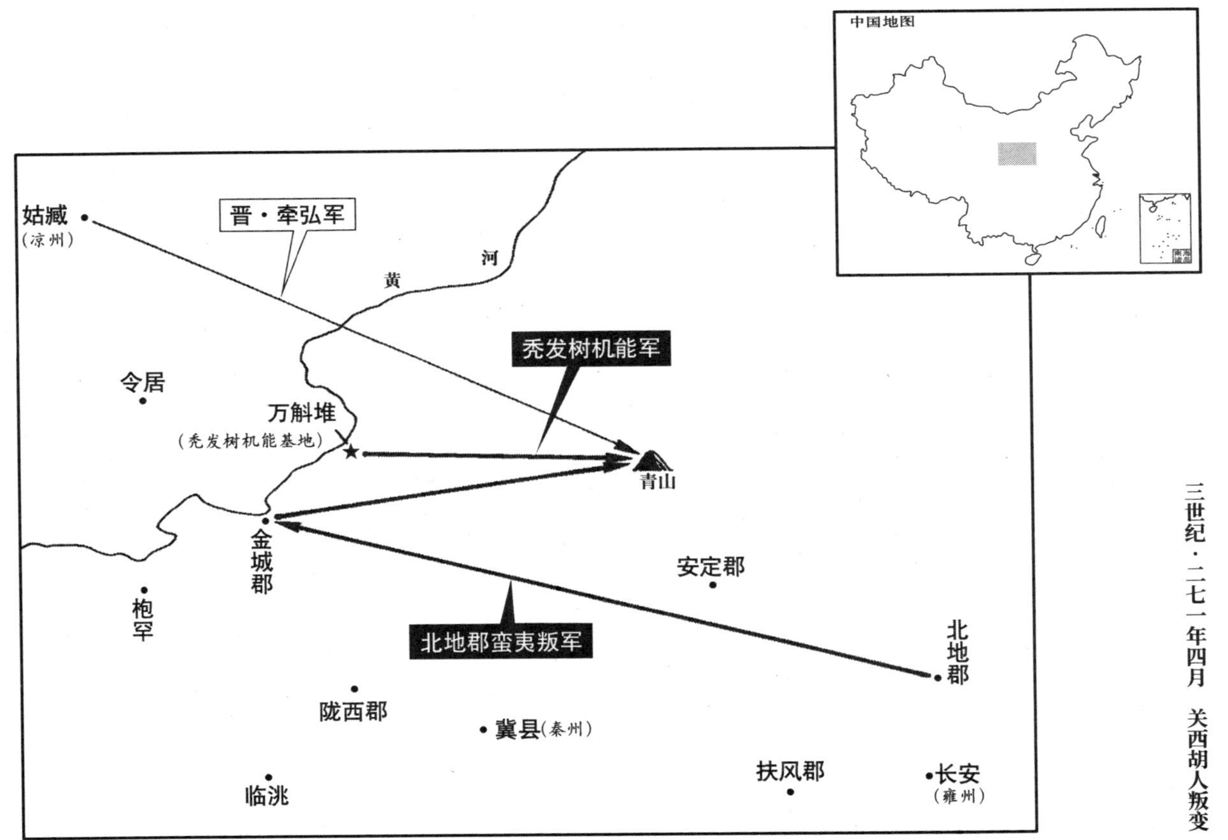

三世纪·二七一年四月 关西胡人叛变

北省衡水市冀州区）人冯紞（音dǎn〔胆〕），结成一个坚固的小圈圈，成为好友；无论官员或民间，对他们都十分憎恨。

司马炎曾询问另一高级咨询官（侍中）裴楷有关政治上的得失，裴楷回答说："陛下接受天命，四海归心，但是所以还不能跟伊祁放勋、姚重华相比，原因是像贾充这一类人，仍留在政府！最好是延揽天下贤能人才，推广恩德，不应该只满足帝王一人的私心！"高级咨询官（侍中）乐安国（山东省邹平市东长山镇）人任恺、首都洛阳市长（河南尹）颍川郡（河南省许昌市东）人庾纯，都跟贾充敌对。贾充打算解除任恺亲近皇帝的机会，遂上书赞扬任恺忠贞正直，应辅佐太子司马衷（希望免去任恺的高级咨询官〔侍中〕）。司马炎任命任恺当太子教师（太子少傅），但仍保持高级咨询官（侍中）职位。正好，鲜卑部落酋长秃发树机能扰乱秦州（甘肃省南部）、雍州（陕西省中部），司马炎深为忧虑。任恺说："这是一个大患，应该派一位德高望重，素有威名，而又有谋略的大臣，前去镇压安抚。"司马炎问："你看谁可以？"任恺乘机推荐贾充；庾纯在旁，也对贾充的道德能力，表示钦敬。

秋季，七月二十六日，司马炎任命贾充当秦凉军区司令长官（都督秦凉二州诸军事），仍保留高级咨询官（侍中）、车骑将军官职。贾充无法推辞，忧心如焚。

10 东吴帝国（首都建业）总司令官（大都督）薛珝，跟交州州长（刺史）陶璜等，率大军十万人，联合攻击晋王朝（首都洛阳）占领的交趾郡（越南河内市东北北宁省），城中粮秣吃完，而援军断绝（此时霍弋已死），终于陷落。杨稷、毛炅等，全被俘虏。

陶璜喜爱毛炅勇敢善战，打算饶他不死，而毛炅阴谋刺杀陶璜，陶璜遂下令斩毛炅；修则的儿子修允，活生生剖开毛炅的肚子，割下肝脏，说：“你还要不要当贼？”毛炅仍诟骂说：“恨不得杀掉你们的孙晧，你爹是什么东西，一条死狗！”王素打算逃回南中（云南省），东吴军把他擒获。九真郡（越南清化市）、日南郡（越南东河市）又回归东吴帝国版图。

东吴帝国大赦，任命陶璜当交州（越南北部）全权州长（牧）。陶璜讨伐蛮夷，州境之内，始告安定。

11 八月十九日，晋王朝城阳王（殇王）司马宪（司马炎的儿子）逝世。

12 晋王朝划出益州（四川省南部及云南省）南部四郡（建宁郡〔云南省曲靖市〕、兴古郡〔云南省开远市〕、云南郡〔云南省祥云县〕、永昌郡〔云南省保山市〕），设立宁州（州政府设滇池县〔云南省昆明市晋宁区东晋城街道〕）。

13 九月，东吴帝国（首都建业）最高监察长（司空）孟仁逝世。

14 冬季，十月一日，日蚀。

15 十一月，匈奴“监国”右贤王刘猛，攻击晋王朝（首都洛阳）并州（山西省中部）；并州（州政府设晋阳〔山西省太原市〕）州长（刺史）刘钦，击破攻势。

16 贾充出发前往防地（七月发表新命，十一月才成行，拖延四月有余，无计挽回，不能再拖），高级文武官员在夕阳亭（洛阳城西）为他摆下盛筵饯行，贾充暗中再向荀勖求救，荀勖说：“你身居宰相之尊，竟被那个匹夫（指任恺）摆弄成这个样子，岂不丢脸？可是，这次出征，实在难以开口推辞。只有一个方法，那就是把女儿嫁给太子（司马衷），到时候，用不着推辞，自然会留下来。”贾充说：“谁能进行这件事？”荀勖说：“我去试试。”遂对冯紞说：“贾充远出在外，我们就势单力孤，很难立足。太子（司马衷）的婚事还没有决定，为什么不劝皇帝为太子娶贾充的女儿？”冯紞完全赞成。

最初，司马炎打算娶卫瓘的女儿当太子妃；贾充的妻子郭槐，用大批金银财宝，贿赂皇后杨艳的左右侍从，请杨艳求司马炎娶贾充的女儿。司马炎说：“卫瓘的女儿有五项好处，贾充的女儿有五项缺点：卫家男丁兴旺，卫家女儿秉性贤淑，容貌美丽，身材修长，肌肤雪白；贾家男丁衰微（贾充没有儿子），贾家女儿又秉性嫉妒，容貌丑陋，身材短小，肌肤较黑。”然而，杨艳竭力推荐贾充女儿。而荀顗、荀勖、冯紞，又都异口同声，保证贾充的女儿不但美貌绝伦，而且有才有德，司马炎最后终于应许。

于是，征召西征已到中途的贾充回京（首都洛阳），仍任旧职。

17 十二月，晋王朝擢升特级国务官（光禄大夫）郑袤，当最高监察长（司空），郑袤坚不接受。

18 本年（二七一），晋王朝安乐公（思公）刘禅逝世（年六十五岁）。

19 东吴帝国（首都建业）擢升武昌（湖北省鄂州市）防卫司令（都督）广陵（江苏省扬州市）人范慎，当全国武装部队总司令（太尉）。

右翼最高指挥官（右大司马）丁奉逝世。

20 东吴帝国改明年（二七二）年号为凤凰。

二七二年 壬辰

东吴　凤凰　元年
晋　泰始　八年

1 春季，正月，晋王朝（首都洛阳〔河南省洛阳市东白马寺东〕）监军官（监军）何桢，攻击匈奴"监国"右贤王刘猛，不断把刘猛击败，并暗中收买刘猛部属"左部"统帅李恪；李恪遂击杀刘猛，投降中国（晋王朝）。

2 二月十七日，晋王朝太子司马衷，娶贾充的女儿贾南风当太子妃。贾南风本年十五岁（应是十六岁之误），比司马衷年长二岁，妒心强烈，但伶俐机诈，司马衷对她既怕又爱。

3 二月十八日，晋王朝安平王（献王）司马孚逝世，年九十三岁。

司马孚忠厚谨慎，老哥司马懿执政的时候，司马孚一直谦让退避。后来，两次罢黜皇帝（参考二五四年九月及二六〇年五月），他从没有参与阴谋。司马师、司马昭时代，因司马孚是叔父尊辈，不敢对他施加压力。等到司马炎当上皇帝，对这位叔祖父，恩情礼遇，更超过从前。元旦大会时，特命司马孚坐轿一直坐到金銮宝殿，司马炎亲自走下台阶，迎接参拜。坐定之后，司马炎再亲自斟酒祝福，跟民间家庭一样。但司马炎每次下拜，司马孚都跪下来阻止。司马孚虽然受到尊重宠敬，但并不认为是一种荣耀，脸上常有忧虑的颜色。临逝世时，遗嘱说："魏国（曹魏帝国）忠臣河内郡（河南省沁阳市）人司马孚，别名叔达，不如伊尹，不如姬旦，不如管仲，不如柳下惠。但立身处世，始终如一，应该给我穿上平时我穿的衣服，装入不涂油漆的原木棺材。"晋帝（一任武帝）司马炎（本年三十七岁）下诏赏赐皇家特用的棺木，丧葬礼仪，完全依照东汉王朝东平王（献王）刘苍前例（参考八三年正月）。但家人谨遵司马孚遗嘱，对皇帝所赏赐的东西，一概不用。

4 晋帝司马炎跟右将军皇甫陶，讨论公事，皇甫陶总是抢在司马炎之前发言，散骑侍从官（散骑常侍）郑徽，上书弹劾皇甫陶，要求惩治。司马炎说："忠直的言论，我唯恐听不到，郑徽在他的职权之外，作无理的指控，岂是我的本意。"郑徽免职。

5 夏季，晋王朝汶山郡（四川省茂县）白马部落，侵掠附近其他部落，益州（四川省中部）州长（刺史）皇甫晏，打算采取军事行动，教育官（典学从事）蜀郡（四川省成都市）人何旅等，劝阻说：“蛮夷互相残杀，是他们的天性，谈不到灾难。而今，在天气炎热中发兵，山区地带，马上就是雨季，疾病必然发生。最好是等到秋天之后，再作打算。”皇甫晏拒绝。部属中胡人军官康木子烧香（人名）警告说，出兵一定失败，皇甫晏认为他打击民心士气，斩康木子烧香。大军进抵观阪（四川省都江堰市），营门官（牙门）张弘等，因汶山郡道路险恶，而且又恐惧蛮夷势力强大，遂乘夜暴动，斩皇甫晏，大军惊慌骚乱。军事官（兵曹从事）犍为郡（四川省眉山市彭山区）人杨仓，率军力战，身死。张弘宣称：因为皇甫晏阴谋叛变，所以把他诛杀；并且将人头送到京师（首都洛阳）。皇甫晏的主任秘书（主簿）蜀郡（四川省成都市）人何攀，娘亲病故，正在家守丧，听到消息，动身前往洛阳，证明皇甫晏绝对没有谋反。

张弘放纵士卒，四处抢劫。广汉郡（四川省射洪市南沱牌镇）郡政府秘书官（主簿）李毅，对郡长弘农郡（河南省灵宝市东北）人王濬说：“皇甫晏出身一介书生，他还追求什么，而去谋反？而且，广汉跟成都（四川省成都市，益州州政府所在县）近在咫尺（航空距离一百二十公里），而广汉属于梁州（四川省东北部及陕西省南部），政府就是为了要本郡扼住益州的脖子，防范像今天所发生的变化。如今益州大乱，也是本郡之忧。张弘不过一个小小头目，人们不会拥护他，最好立刻讨伐，机不可失。”王濬打算先行奏报，等候中央批准，李毅说：“谋杀长官的蟊贼，是最大的恶徒，应该立即行动，不受正常程序的约束，有什么好请示的？”王濬遂向成都进军。晋帝司马炎任命王濬当益州（四川省中部）州长（刺史）。王濬遂击斩张弘，屠杀张弘三族；司马炎封王濬当关内侯。

最初，王濬当羊祜的军事参议官（参军），羊祜对王濬了解最深。

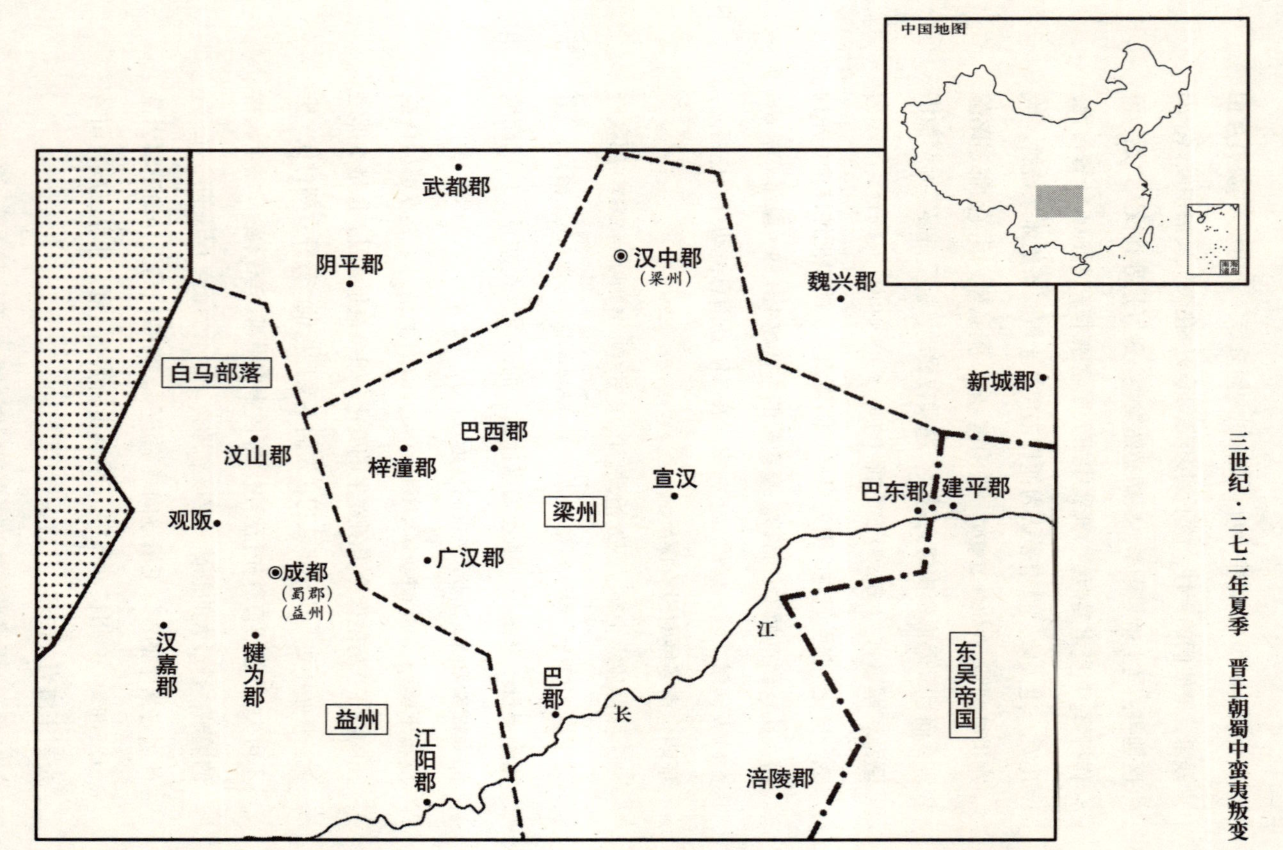

三世纪·二七二年夏季　晋王朝蜀中蛮夷叛变

羊祜的侄儿羊暨，提醒羊祜说：“王濬这个人，志向很大，但生活奢侈无度，不可以担当重大责任，应该加以约束。”羊祜说：“王濬的才能很高，足够成就他的欲望，不妨由他尽力发展。”王濬后来调任车骑将军府参谋指挥官（车骑从事中郎，时羊祜任车骑将军），在益州（四川省中部）州长（刺史）任内，建立威严信誉，蛮夷多数归附。不久，调升中央农林部长（大司农）。当时，司马炎跟羊祜秘密计划攻击东吴帝国（首都建业〔江苏省南京市〕），羊祜认为：对东吴的军事行动，应该利用长江上游的力量。遂秘密上书，请命王濬回任益州州长（刺史），使他负责建立长江舰队；司马炎同意，更加王濬“龙骧将军”（龙骧之号始于此），兼益梁军区司令（监益梁诸军事。晋王朝制度，军区统帅，分为三级，一级：都督诸军事〔司令长官〕。二级：督诸军事〔司令官〕。三级：监诸军事〔司令〕）。

司马炎下诏，命王濬撤销屯垦，把人力用来建造船舰。州政府总务官（别驾）何攀认为：“屯垦部队，不过五六百人。而建造船舰，不是一朝一夕之事，如果人数过少，后面的船舰还没有造成，前面的船舰已经朽烂。我建议征召各郡民兵，集合一万余人，合力赶工，一年就可完成。”王濬打算先行奏报，何攀说：“中央一听说一下子就召集一万大军，一定不准，不如独断独行。万一批驳，公文一来一往，我们已经开工，势不能中止。”王濬采纳，命何攀主持。于是，庞大的造舰计划，付诸实施。最大的战舰长一百二十步，可以装载步兵两千余人；用坚硬的木材在舰上兴筑城堡，城堡上兴筑瞭望台，四边开门；甲板上能够奔驰战马（这项庞大的造舰工程，历时七年；舰成之日，也就是东吴帝国灭亡之时）。

当时，造舰砍下来或锯下来的短木碎片，满布长江水面，顺流而下，东吴帝国建平郡（重庆市巫山县）郡长、吴郡（江苏省苏州市）人吾彦（吾，姓），收集这些短木碎片，报告东吴帝（四任）孙晧，说：“晋国

（晋王朝）一定有进攻我们的计划，最好增加建平郡（重庆市巫山县）的防卫部队，堵住敌人的要冲。”孙皓（本年三十一岁）不准，吾彦遂用粗大铁链，横跨两岸，封锁长江。

王濬虽然奉诏募兵，可是没有虎符。广汉郡郡长、敦煌郡（甘肃省敦煌市）人张敩（音xiào〔校〕），逮捕王濬的参谋官（从事），列出条条罪状，奏报中央。司马炎征召张敩回京（首都洛阳），责备他说：“为什么不秘密奏报，就先行逮捕参谋官（从事）？”张敩说：“蜀汉（四川省及陕西省南部）距首都洛阳，十分遥远，刘备（蜀汉帝国一任帝）曾经用它建立过一个局面。先逮捕参谋官从事，我还认为太轻。”司马炎大为赞许。

6 六月二十日（原文未载月份。《晋书·武帝纪》载于六月），晋王朝大赦。

7 秋季，七月，晋王朝任命贾充当最高监察长（司空）、高级咨询官（侍中），兼国务院总理（尚书令），仍统率军队。贾充跟高级咨询官（侍中）任恺，同受晋帝司马炎的宠爱和信任。贾充打算独享盛名，专揽权势，对任恺深为忌恨。政府官员遂分为两派，有人攀附贾充，有人攀附任恺，互相斗争，情况激烈。司马炎知道后，在式乾殿设筵，邀贾充、任恺同坐，劝解说：“政府应该团结，同僚应该和睦！”贾充、任恺等都叩拜道歉。可是，效果却恰恰相反，二人认为：皇帝已经知道他们互斗却没有责备，是允许他们互斗；遂越发放心大胆，无所忌惮；表面上，二人你赞扬我，我推崇你，但内心的怨恨，却越来越深。贾充竭力推荐任恺担任国务院文官部长（吏部尚书）；任恺既担任行政机关主管，晋见皇帝的机会日渐减少。贾充遂跟荀勖、冯𬘘，利用这个机会，共同说他的坏话。任恺终于获罪（不知是什么罪），罢黜回家，不能翻身。

8 八月，东吴帝国皇帝孙皓，征召昭武将军、西陵（湖北省宜昌市）防卫司令（督）步阐回京（首都建业）。步阐世代都在西陵（老爹步骘在一任帝孙权时代，就当西陵防卫司令〔西陵督〕；步骘逝世后，儿子步协继位；步阐是步协的老弟），突然接到征召的命令，大为惊慌，认为一定是自己有什么过失，而且又恐惧有人在孙皓那里说下诬陷的谗言。

九月，步阐宣布归附晋王朝政府（首都洛阳），派步协的儿子步玑、步璿，前往洛阳充当人质。晋政府任命步阐当西陵（湖北省宜昌市）军区司令长官（都督西陵诸军事），兼首都卫戍司令（卫将军），开府仪同三司（宰相级待遇）、高级咨询官（侍中），兼交州（越南北部）全权州长（空头官衔），封宜都公。

9 冬季，十月一日，日蚀。

10 晋王朝敦煌郡（甘肃省敦煌市）郡长尹璩逝世。凉州（甘肃省中部西部）州长（刺史）杨欣，推荐敦煌县长梁澄，升任郡长。郡政府人事官（功曹）宋质，把梁澄逐走，上书皇帝，请派中央政府参议官（议郎）令狐丰接任郡长。杨欣派军攻击宋质，被宋质击败。

11 东吴帝国镇军大将军陆抗（时驻乐乡〔湖北省松滋市东北〕），接到步阐叛变报告，立即命将军左奕、吾彦讨伐。晋王朝皇帝司马炎，命荆州（湖北省北部）州长（刺史）杨肇，率军前往西陵（湖北省宜昌市）迎接步阐；另派车骑将军羊祜（时驻襄阳〔湖北省襄阳市〕），率步兵直指江陵（东吴荆州州政府所在县，湖北省江陵县）；巴东郡（重庆市奉节县东）监军官（监军）徐胤，率舰队顺长江而下，攻击建平郡（重庆市巫山县），援救步阐。

陆抗下令：各路大军火速包围西陵（湖北省宜昌市），从赤谿（今地不详）到故市（西陵城西北），构筑工事；对内包围步阐，对外抵抗晋王朝援军。军令紧急，日夜不停赶工，好像敌人已到面前，上下一片愁苦。各将领建议说："现在正应乘三军的锐气，急行发动攻击。等到晋国（晋王朝）援军到时，我们已克服西陵（湖北省宜昌市），为什么用包围的方法，白白伤害自己人民和士卒！"陆抗说："西陵（湖北省宜昌市）地势险要，城墙坚固，粮食又十分充足。而且，所有抵抗外敌的防御工事，都是我从前当西陵防卫司令时策划设置（陆抗于二五九年驻防西陵）。今日反转过来，由我攻击，恐怕不能马上攻取。晋国（晋王朝）援军来到而我们却没有防御措施，腹背受敌，如何抵抗？"但各将领坚决请求发动攻击，陆抗为了要大家心服，下令作一次攻击，果然一无所获。于是，各将领才专心构筑围城工事。

晋王朝车骑将军羊祜大军五万人直指江陵（湖北省江陵县），而陆抗却率军西上。东吴将领们认为陆抗应留在防地（乐乡，湖北省松滋市东北），就近指挥，不应该亲自围攻西陵（湖北省宜昌市），陆抗说："江陵城池坚固，兵力充足，用不着担心。而且，即令江陵陷落，晋军得到江陵，也不能据守，我们的损失微乎其微。可是，晋军一旦夺取了西陵（湖北省宜昌市），长江南岸山区蛮夷，一定大为震动，后患无穷。"遂率军西上，直指西陵（湖北省宜昌市）。

最初，陆抗认为江陵之北，地势平坦，道路四通八达，命江陵防卫司令（江陵督）张咸，在各河建立水坝，阻截河水，灌入平地，用来切断两国交通；一则防止叛徒逃走，一则抵抗晋军侵入。羊祜打算利用这个人工水道，用船运粮，唯恐怕东吴帝国破坏水坝，于是扬言他要破坏水坝，用步兵进击。陆抗得到报告，下令张咸立即把水坝破坏；各将领大为困惑，一再劝阻，陆抗全不接受。羊祜大军推进到当阳（湖北省当阳市东）时，水坝已被破坏，只好放弃船舰，改用车辆运送粮秣，万分艰苦。

十一月，晋王朝荆州（州政府设襄阳〔湖北省襄阳市〕）州长（刺史）杨肇，抵达西陵（湖北省宜昌市）。陆抗命公安（湖北省公安县）防卫司令（公安督）孙遵，沿长江南岸，迎战羊祜；江防舰队司令（水军督）留虑，逆长江西上，迎战徐胤；陆抗自统主力部队，进入西陵围城军营垒阵地，迎战杨肇。东吴围城军将军朱乔的大营司令（营都督）俞赞，逃亡，投奔杨肇。陆抗说："俞赞是军中的老军官，对我们军力配备情形，知道得一清二楚。我常担心我们的蛮夷部队，平常没有严格训练，如果敌人进攻，一定先攻击蛮军营垒。"连夜把蛮军调走，用精兵代替。第二天，杨肇果然向蛮军营垒发动攻击，陆抗下令反击，利箭巨石，如同雨下，杨肇兵团死亡相继。

十二月，杨肇计穷力竭，放弃阵地，在夜色掩护下撤退。陆抗打算进击，但又怕步阐抓住机会突围，自己的兵力不能两面作战。于是，下令狂擂战鼓，传递口号，作出要大举进击的姿态，杨肇兵团恐慌过度，抛盔撂甲，扔下武器，盲目逃跑。陆抗派出轻装备部队，从后边衔尾追赶，杨肇兵团大败，瓦解。羊祜各军，也只好撤退。

陆抗遂克服西陵（湖北省宜昌市），诛杀步阐，以及同谋的将领官员数十人，全都屠灭三族；其他数万人，都由陆抗请准赦免一死。陆抗回军乐乡（湖北省松滋市东北），脸上没有一点自负的颜色。谦卑虔敬，跟过去一样。东吴帝孙皓加陆抗"总督"（都护）官衔。羊祜被晋政府贬作平南将军，杨肇贬作平民。

孙皓自从克服西陵，自认为得到上天帮助，意气轩昂，志向更大，命法术师尚广算卦，看他什么时候可以统一天下，当全中国的皇帝。尚广用法术占卜之后，告诉孙皓说："大吉大利，庚子之岁

三世纪·二七二年九月至十二月 东吴步阐叛变

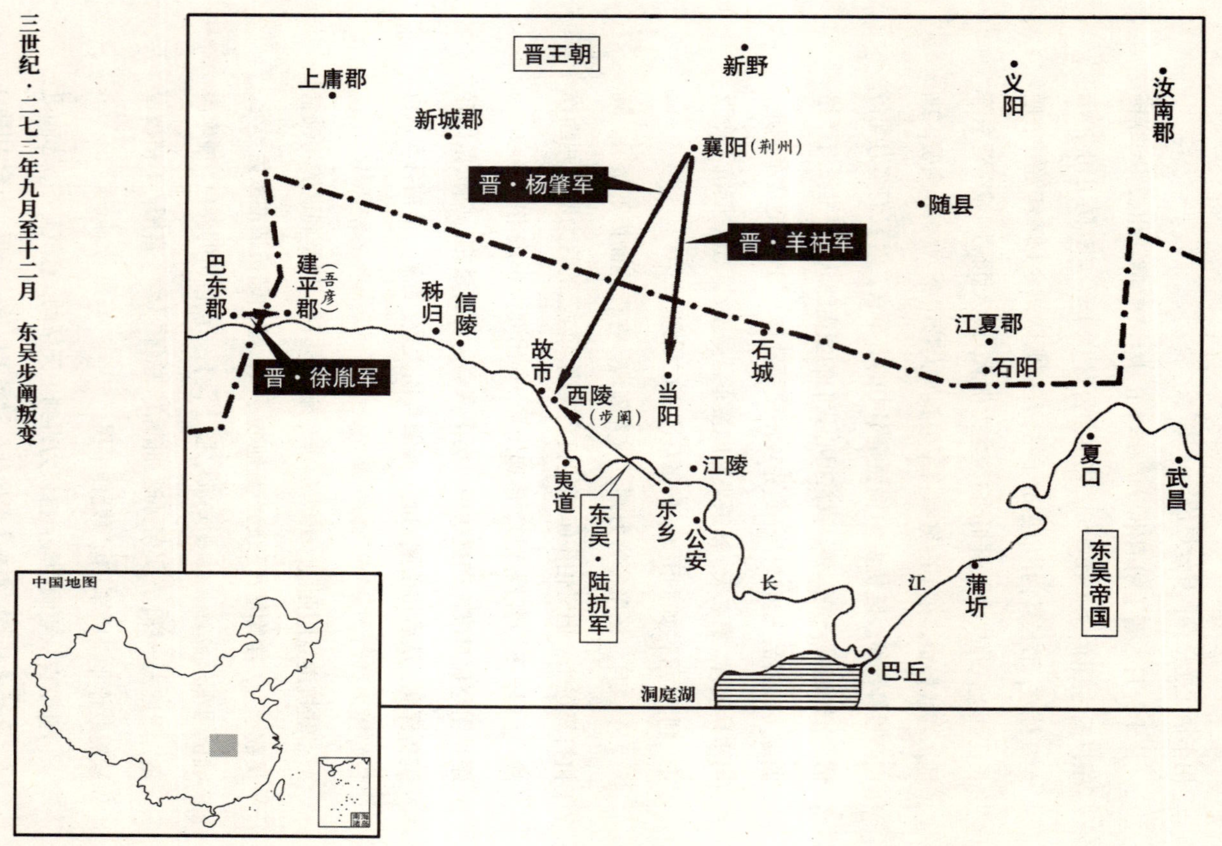

（二八〇年），青盖（皇帝御用阳伞）进入洛阳（晋王朝首都）。”孙晧大为兴奋。不去施行德政，而只计划征服方案。

12 晋王朝最高监察长（司空）贾充参加政府官员欢宴，首都洛阳市长（河南尹）庾纯，酩酊大醉，跟贾充言语之间，发生冲突。贾充说：“你爹年纪已老，你不辞职回家奉养，真是上不敬天，下不敬地！”庾纯反唇相讥：“请问你这个上既敬天，下又敬地的正人君子，曹髦（曹魏帝国四任帝）在哪里？”（曹髦被弑事，参考二六〇年五月。）贾充老羞成怒，上书请求辞职；庾纯也为自己的失言，上书自我弹劾。晋帝司马炎下诏：庾纯免职，命“五府”研究如何处罚（当时居公位的六人，贾充是六公〔“上三公”和“三公”〕之一，不能参与）。宰相（司徒）石苞认为：“庾纯贪图做官的荣耀，把老爹放在脑后，应剥夺政治权利终身。”齐王司马攸等认为：“庾纯并没有违背礼教之处。”司马炎同意司马攸的意见，再任命庾纯当国立大学校长（国子祭酒）。

13 东吴帝国皇帝孙晧，于去年（二七一）折返首都建业（江苏省南京市）途中，右丞相万彧，跟右翼最高指挥官（右大司马）丁奉、左将军留平，秘密磋商：“如果走到华里（建业城西）而仍不肯回京（首都建业），国家重要，我们不得不自己回京。”孙晧也稍稍听到一点风声，只因万彧等都是国家的老臣（孙晧之能当上皇帝，乃万彧之力；参考二六四年五月），所以一直把怒火埋在心头，没有发作。

本年（二七二），孙晧乘宴会的机会，把毒酒传给万彧，传酒的人暗中减少分量，万彧得以不死。孙晧如法炮制，留平饮下后，发觉有异，急急服下解药，总算得救。但在发现是孙晧下毒后，知道无法拒抗，万彧自杀；留平悲愤，月余也丧生。孙晧下令，把万彧的

子弟，放逐到庐陵郡（江西省泰和县）。 726

最初，万彧请求遴选忠贞清廉人士，补足皇帝左右侍从的名额。孙皓命农林部长（大司农）楼玄，当皇宫总监（宫下镇），主持宫殿事务。楼玄公正体直，一切遵守法令规章，回答皇帝询问时，言语直率，全是实情；孙皓越来越讨厌他。立法署长（中书令）兼太子师傅（太子太傅）贺邵，上书规劝说：

“近年以来，政府官员党派林立，分子复杂；忠良被排除，贤正臣僚受到陷害。体直方正人士变得圆滑，庸碌伧俗之辈精于谄媚，仰望人主颜色，先行奉承迎合，竟成了时代潮流。一般人用违犯人性的道理，批评是非；士大夫（高级知识分子及在职官员或退休士绅）用奇异特殊的逻辑，发表论断，遂使清澈的溪水，变成混浊，赤胆忠心之士，闭嘴不言。

“陛下（孙皓）身居九天之上，隐居深宫之中，一言出口，天下服从；一令下达，反应之快，好像影子之跟随四肢。所亲近的，都是受到宠爱、专会说顺耳话的干部；所听到的，全是令人心情愉快的声音，自然会认为他们才真是天下贤才，而天下已经太平。

“我曾经听说：振兴国家的君王，乐于听到自己的过失；伤害国家的领袖，乐于听到别人喊他‘万岁’。喜爱听到批评的，错误日渐减少，福分日渐增多。喜爱听到歌颂的，美德日渐亏损，灾祸日渐逼面。陛下用严厉的刑法，禁止人民的正直言论；罢黜公正人士，来封锁所有规劝的建议。仅不过杯酒之类小事，便立刻诛杀。政府官员都认为：能够辞职是一件幸事；不能辞职，则以离开京师（首都建业）是一种福气。这绝不是弘扬祖先大业，推广圣人教化的做法。

“何定，本是一个卑贱的奴仆，既无品德，又无能力，可是，陛下喜爱他的谄媚，让他作威作福。小人为了谋取权力，一定会先抛出小忠小信。何定隔些时总要出一个主意，劳师动众，曾经征调长江沿岸边防部队，去猎狩麋鹿，老弱大小，挨饿受冻，同声怨恨叹气。

“《左传》说：‘国家兴旺时，人民像婴儿般受到保护；国家灭亡时，把人民当成野草。’现在法令越来越苛，田赋捐税，更是繁重。宦官和陛下的亲信官员，所到之处，一定兴风作浪。而地方政府首长，畏惧他们的后台，只有用暴力对付人民，来满足宦官和亲信的要求。人民已再没有力量负担，家离子散，向天悲呼，伤害国家的祥和之气。现今，国库没有可以支持一年以上的存粮，民家没有可以维持一月以上的储蓄。而皇宫之中，坐在那里接受供养的美女和宦官，竟有一万余人。

“不仅如此，北方的敌人（晋王朝），正在对我们虎视眈眈，严密注视我们的盛衰。长江天险，不可能永久依恃，如果我们不能妥善防守，一条像芦草一样的小船，就可征服我们。但愿陛下加强国家基本建设，割弃私人情欲，顺从正规法则，则姬诵（成）、姬钊（康）时代的盛世，可以再现，而圣明祖先（指一任帝孙权）的国运，可以昌隆。”

孙晧看到后，把贺邵痛恨入骨。于是，左右亲信，共同打击楼玄、贺邵，百般诬陷，说：“楼玄、贺邵二人在路上相遇，停下车来，附到耳朵上叽里咕噜，然后放声大笑，明显的诽谤政府。”孙晧下诏责问他们讲些什么，然后把楼玄放逐广州（广东及广西）；贺邵受到宽恕，官复原职。不久，孙晧对楼玄的余恨发作，再把楼玄放逐到交趾郡（越南河内市东北北宁省），最后索性处死。

何定的奸恶和贪赃事件，终于被发觉，也被诛杀。

14 晋王朝（首都洛阳）平南将军羊祜，从江陵（东吴荆州州政府所在县，湖北省江陵县）回到襄阳（湖北省襄阳市），专心树立恩德信誉，来迷惑东吴帝国（首都建业）人心。每次发动攻击，都跟东吴边防军约定日期会战，从不偷袭。将领们有人贡献奇计妙策的，就用美酒把他们灌醉，使他们说不出话。羊祜部队经过东吴边境，收割田里成熟的稻谷，作为军粮，都计算稻谷价格，送去绸缎作为代金。每次出猎，只限于晋王朝境内，从不越过边界，如果受惊的禽兽先被东吴人民打伤，而后又被晋军捕获，都一一送还；于是，东吴边境人民，对羊祜心悦诚服。

羊祜跟陆抗隔着国界，遥遥相对，经常互派使节。陆抗送酒给羊祜，羊祜毫不怀疑，把它喝光；陆抗有病，向羊祜寻求药材，羊祜把配好的药给他，陆抗也同样吃下。很多人劝阻，陆抗说："岂有下毒的羊祜！"陆抗告诉他的边防部队说："他们专门行善，我们专门作恶，是用不着战争，我们已占下风。各保边界，不要贪图小利。"东吴帝孙晧听到二人和睦交往，质问陆抗，陆抗说："一个村落，一个乡镇，都不可以不讲信义，何况一个大国？我如果不这样做，反而替他宣传美德；这样做，对我们并没有伤害。"

孙晧采用各将领的献计，不断侵扰晋王朝边境。陆抗上书规劝，说："从前，夏王朝末任帝姒履癸，浑身罪恶，商王朝一任帝子天乙（殷汤）才发动大军。商王朝末任帝子受辛，横肆暴虐，周王朝一任王姬发，才挥出征伐的战斧。假定没有那种机会（假定姒履癸和子受辛是两位英明君王），即令是最伟大的圣贤，也只有自己培养威望，保护自己，不可以轻举妄动。现在我们不知道努力农耕，使国家和民间，同时富有；不知道遴选官员，任用才能，公平升降；不知道慎重刑罚和奖赏，激励政府官员的品德；不知道安抚人民，用爱心相待，却听信一些为了争夺名利的将领，穷兵黩武。费用开支，动不动就是以万为计算单位，士卒憔悴，贼寇（晋王朝）却没有什么损伤，而我们已经病入膏肓。我们争夺的是帝王资产，竟去贪图十钱百钱的小利，这对献计的官员有好处，对国家却不是良好谋略。昔日，齐王国跟鲁国三次会战，鲁国连胜两次，而于第三次时，全盘都输，为什么？为的是大小形势不同（《战国策·齐策》张仪语）。何况，我们进击所收获的，还不如我们所丧失的多？”孙晧不理。

15 晋王朝平南将军羊祜，不结交中央当权派官员和贵族；荀勖、冯统对他都十分厌恶。羊祜的堂外甥王衍，曾经晋见羊祜，报告事情，言词流利，对疑难条条辩解，但羊祜仍不以为然，王衍一气之下，一拂衣袖，转头便走。羊祜对宾客们说："王衍一定会享盛名，一定会官居高位；可是，伤风败俗，也一定是他。"后来进攻江陵（湖北省江陵县）时，部将王戎犯罪，羊祜将用军法处斩，后来赦免。王衍，是王戎的堂弟。所以二人对羊祜都心怀仇恨，一提羊祜，便大肆抨击，当时人遂有谚语说："二王当国，羊祜无德。"

二七三年 癸巳

东吴 凤凰 二年
晋 泰始 九年

1 春季，正月二十二日，晋王朝（首都洛阳〔河南省洛阳市东白马寺东〕）前最高监察长（司空）、密陵侯（元侯）郑袤逝世（年八十五岁）。

2 二月二十五日，晋王朝宰相（司徒）、乐陵公（武公）石苞逝世。

3 三月，晋王朝封皇子司马祗当东海王。

4 东吴帝国（首都建业〔江苏省南京市〕）擢升陆抗当最高指挥官（大司马）、荆州（湖北省南部及湖南省）全权州长（牧）。

5 夏季，四月一日，日蚀。

6 最初，曹魏帝国征西将军邓艾之死（参考二六四年正月），全国人民都知道他受到陷害，死得冤枉，可是政府中没有一位官员，为他申辩。等到晋王朝政府建立，司马炎称帝，参议官（议郎）敦煌郡（甘肃省敦煌市）人段灼，上书说：

“邓艾心怀至忠，却蒙上叛逆的恶名，一手征服巴蜀（蜀汉帝国），三族反而受到屠灭。邓艾性情刚直急躁，自负他的功劳，炫耀他的贡献，不能跟朋友同僚，和睦相处，所以没有人肯为他伸冤诉屈。我心中认为，邓艾本来是屯垦区农家的一个牧童（邓艾，义阳郡棘阳县〔河南省南阳市南〕人，从小就是一个孤儿，曹操击破荆州时〔参考二〇八年九月〕，流亡到汝南郡〔河南省平舆县西北射桥镇〕，给当地农家牧牛），被擢升到征西将军，官职地位和受到的恩宠，已到巅峰；功勋和名望，也都有成就；七十岁的高龄老翁，他还追求什么？只是因为刘禅（蜀汉帝国二任帝）刚刚投降，边远郡县，还没有归附，所以才假传圣旨，代表皇帝发号施令（承制），目的只在安抚人心而已。钟会已有叛变阴谋，恐惧邓艾威名，遂夸大他的非常措施，编织网罗，证明他确实谋反。邓艾接到诏书，立即放弃所率领的精锐部队，甘心接受捆绑，不敢回头一看。因为他明知道，只要面见先帝（司马昭），绝没有一死之理。钟会伏诛之后，邓艾部将，愚蠢的自相聚集，共同追赶，打破囚车，把人释放。邓艾面对这项突变，情况狼狈，进退都失去凭借。他从没有跟他的亲信心腹，有什么阴谋；然而，这项突变，却使他陷于前进也被杀，后退也被杀的绝境，岂不可哀。陛下真龙兴起，宽宏大度，请准许邓艾归葬祖坟，发还他的田产家宅，酬庸他消灭蜀国（蜀汉帝国）的功劳，提拔他的后裔，使邓艾这场冤狱，盖棺论定，再赐给绰号，使他死无遗恨。而天下追求荣誉的人士，想要建立功业的官员，必会赴汤蹈火，乐于为陛下效死。”

晋帝（一任武帝）司马炎（本年三十八岁）认为他说得有理，但不能付诸行动。正好，司马炎问御前监督官（给事中）樊建，关于诸葛亮治理蜀汉帝国的情形，叹息说：“我怎么得不到像诸葛亮这样的干部？”樊建叩头说：“陛下明知道邓艾身负奇冤，却不能为他申雪，就算得到诸葛亮，恐怕也会像冯唐所说的那样！”（西汉王朝五任帝刘恒希望得到廉颇、李牧名将，冯唐说：赏轻罚重，即令得到廉颇、李牧，也不能用。参考前一六六年。）司马炎笑说：“你的话给我很大启示。”遂任命邓艾的孙儿邓朗当初级禁卫官（郎中）。

为人伸冤辩谤，是天下第一等大丈夫，那需要具有明智的判断力，和高贵的道德勇气。落井下石，固是禽兽行径；袖手旁观和稀泥，也不过是一个伶俐的懦夫。

7 东吴帝国（首都建业）官员都在谈论祥瑞预兆，东吴帝（四任）孙皓（本年三十二岁）征求高级咨询官（侍中）韦昭的意见，韦昭说：“这不过是家人箩筐里的废物罢了。”韦昭兼国史馆馆长（左国史），孙皓打算给老爹孙和撰写《本纪》，韦昭说：“文皇帝（孙和）并没有真正的登极，所以只能撰写《列传》，不能撰写《本纪》。”（中国传统“正史”如《史记》《汉书》等以下“二十六史”，君王称《本纪》，臣属称《列传》，分别至为严格。）孙皓不高兴，而且越来越气冲牛斗，对韦昭不断责备。韦昭忧愁恐惧，托言自己年纪老迈，请求辞去本兼各职；孙皓不准。韦昭偶尔患病，孙皓派医生监视他的诊断及服药，逼迫他恢复办公，催促甚急。孙皓命文武官员饮酒，不管会不会喝，至少都要灌下七升。

最初，特别准许韦昭用茶代替；此后，不准用茶，非饮酒不可。大家酒醉之后，孙皓常教左右侍从亲信，嘲弄公卿大臣，揭发他们的隐私或短处，用来欢乐助兴；稍微有一点差错，不能使孙皓满意，就立刻逮捕，用绳索捆绑，甚至诛杀。韦昭认为这种举动，对外互相伤害，对内互相仇恨，使政府官员不能和睦，撕破脸皮斗争，不是一件好事。所以每逢嘲弄对方时，他只是考问对方经书，使对方困窘。孙皓认为他故意违抗皇帝命令，圆滑应付，对君王不忠。于是，新怒旧愤，一齐爆发，遂逮捕韦昭，投入监狱。韦昭在狱中上书求情，呈献所著的书籍，希望能免一死。孙皓怪他所呈献的书籍上有灰尘污垢，更大发雷霆，责问他是何用心，下令处死；把韦昭家属放逐到零陵郡（湖南省永州市）。

8 五月，晋王朝（首都洛阳）任命太保（上三公之三）何曾兼任宰相（司徒）。

9 六月二十九日，晋王朝东海王（冲王）司马祗（司马炎的儿子）逝世。

10 秋季，七月一日，日蚀。

11 晋帝司马炎下诏，命挑选三公、部长级以下官员们的女儿，送入皇宫，充当姬妾。胆敢隐藏不参加遴选的，依“不敬”法条，论罪诛杀。在挑选工作没有结束前，禁止全国嫁娶。

司马炎命皇后杨艳亲自主持挑选，杨艳只遴选身材修长，肌肤雪白的；对容貌美丽的，全都舍弃。司马炎喜爱卞姓美女，打算留下来，杨艳说："卞家三代都当皇后（曹操妻，参考二一九年七月；曹髦妻，参考二五五年三月；曹璜〔曹奂〕妻，参考二六三年十月），不可以委屈她当小老婆。"司马炎大怒，改为亲自挑选，对所有满意的美女，用黑纱在玉臂上打一个结。

三公、部长级的女儿，封"三夫人""九嫔"；将军、指挥官（校）级的女儿，封"良人"以下。（晋王朝宫廷小老婆群编制：一级"贵嫔"、二级"夫人"、三级"贵人"；以上称"三夫人"，位比三公。四级"淑妃"、五级"淑媛"、六级"淑仪"、七级"修华"、八级"修容"、九级"修仪"、十级"婕妤"、十一级"容华"、十二级"充华"；以上称"九嫔"，位比部长〔九卿〕。十三级"美人"、十四级"才人"、十五级"中才人"；以上位比中级国务官〔千石〕。三公、部长级官员的女儿，依老爹官位大小跟自己的美丽程度，分别在"三夫人""九嫔"〔一级到十二级〕之间加封。将军、指挥官的女儿，则最高只能到"良人"；但小老婆群编制中没有"良人"，而曹魏帝国宫廷小老婆群编制则有"良人"〔第十二级〕，似应指第十二级直到最低级。）

12 九月，东吴帝国（首都建业）皇帝孙皓，把他的十一个子弟（名字皆不详），全封亲王，每个亲王交付武装部队三千人；大赦。

13 本年（二七三），晋王朝（首都洛阳）太傅（上三公之二）郑冲辞职，批准；以寿光公身份，返回私宅。

14 东吴帝国（首都建业）皇帝孙皓最心爱的一位小老婆，派人到街上抢夺人民财物；商业区保安司令（司市中郎将）陈声，一向受孙皓的宠爱，把该差人依法处置。小老婆向孙皓诉说她的委屈，孙皓大怒，随便找一个借口，逮捕陈声，用烧红的铁锯，锯下陈声的人头，然后把陈声的尸体，投到四望山下（四望山，在建业城西北。南接石头城，北接狮子山，东接首都建业，西临长江。投尸四望山下，当是投入四望山下的长江）。

二七四年 甲午

东吴	凤凰	三年
晋	泰始	十年

1 春季，正月二日，日蚀。

2 闰正月十一日，晋王朝（首都洛阳〔河南省洛阳市东白马寺东〕）寿光公（成公）郑冲逝世。

3 闰正月二十五日，晋帝（一任武帝）司马炎（本年三十九岁）下诏："近代以来，宫廷常有擢升宠爱的姬妾当皇后的事（曹魏帝国一任帝曹丕的郭皇后〔郭女王〕，二任帝曹叡的毛皇后，都是由小老婆登上后座），使尊卑的等级，发生混乱。从今以后，不准把小老婆擢升正妻。”（周王朝时代，君王娶正妻时，各封国国君都要派出一个女儿陪嫁，也就是君王合法的小老婆，古文称之为“媵”〔音yìng·映〕，正妻〔王后〕如果死亡，可以另娶正妻，但不可以在小老婆群〔媵〕中，擢升一位当正妻）。

4 晋王朝分割幽州（河北省北部及辽宁省），另设平州（辖昌黎郡〔辽宁省义县〕、辽东郡〔辽宁省辽阳市〕、乐浪郡〔朝鲜半岛平壤市〕、带方郡〔朝鲜半岛沙里院市〕、玄菟郡〔辽宁省沈阳市东〕。州政府设襄平〔辽宁省辽阳市〕）。

5 三月二日，日蚀。

6 晋帝司马炎征集普通民家，以及低级武官、低级文官的女儿，共五千人，集合皇宫，挑选侍奉皇后妃妾的宫女。母女难舍难分，在皇宫中抱头大哭，悲声传到皇宫之外（柏杨按：这就是司马光所赞扬的不世贤君）。

7 夏季，四月二十八日，晋王朝全国武装部队总司令（太尉）、临淮公（康公）荀𫖮逝世。

8 东吴帝国（首都建业）皇帝（四任）孙晧（本年三十三岁）的小老婆（左夫人）王女士逝世。孙晧十分悲痛，几个月不出皇宫，安葬的仪式，至为盛大隆重。当时，孙晧娘亲何太后的娘家人，骄傲蛮横，不可一世，孙晧表兄弟何都，容貌跟孙晧相似，于是民间谣言传播：“孙晧已经死掉，坐在宝座上的，原是何都。”会稽郡（浙江省绍兴市）民间更纷纷议论说：“孙奋将当天子。”章安侯孙奋娘亲仲姬的坟墓在豫章郡（江西省南昌市），豫章郡郡长张俊，常派人到墓上打扫和铲除野草荆棘。临海郡（浙江省台州市西北章安街道）郡长奚熙，写信给会稽郡（浙江省绍兴市）郡长郭诞，批评政府。郭诞上书检举奚熙，但并没有提到当时流传民间的谣言。

孙皓暴跳如雷，逮捕郭诞，羁押监狱，郭诞恐惧。郡政府人事官（功曹）邵畴说：“有我在，你不必担忧！”遂向政府自首说：“我在本郡供职，地位在郡政府群官之上，只因为民间捕风捉影的言语，本来不是事实，我痛恨它的内容丑恶，不忍心使天子垂听，打算隐藏，免得形诸笔墨，写到公文书之上。认为只要镇静安抚，谣言自会平息。郭诞委屈的采纳我这项自以为是的意见，才态度沉默。想不到却为了这个缘故，受到责备，一切由我而起，不敢逃避死刑，所以向主管官署自首。”遂自杀。孙皓这才赦免郭诞一死；但仍放逐到建安郡（福建省建瓯市），充当造船奴工。

孙皓派他的舅父、三郡防卫司令（三郡督）何植，逮捕奚熙（三郡：临海郡〔浙江省台州市西北章安街道〕、建安郡〔福建省建瓯市〕、会稽郡〔浙江省绍兴市〕）。奚熙动员郡政府民兵，登城拒抗，被他的部将击斩，砍下人头，送到首都建业。孙皓又逮捕张俊，用车裂酷刑处死，全都屠杀三族，并斩章安侯孙奋跟孙奋的五个儿子（《江表传》：张布的女儿受孙皓宠爱，逝世后，葬礼盛大。人民看见葬礼如此奢侈，遂认为孙皓已死）。

9 秋季，七月六日，晋王朝（首都洛阳）皇后杨艳逝世（年三十七岁）。

最初，司马炎发现太子司马衷有一点早期痴呆症，恐怕他没有能力继承皇位，曾秘密探询皇后杨艳的意见，杨艳对自己亲生之子，当然支持，说：“传统宗法礼教，只传位给长子，不管他是贤是愚，怎么可以改换！”镇军大将军胡奋的女儿胡芬当“贵嫔”（小老婆群第一级），正受司马炎的宠爱。杨艳病势转重，唯恐怕司马炎擢升胡芬当皇后，可能对亲生儿子有不利的行动，于是在司马炎探病时，她枕着司马炎的腿，哭泣说：“我叔父杨骏，有个女儿杨芷，有才有德，更美貌不凡，请你娶她。”司马炎伤感，泪流满面，一口承诺。

10 晋王朝任命前祭祀部长（太常）山涛，当国务院文官部长（吏部尚书）。

山涛负责全国官员的考选任免工作，有十余年之久。每一个官位出缺，就挑选有能力可以担任该项官职的，提名几个人，呈递给皇帝。等到皇帝暗示打算任用某人时，山涛就公开提名某人，奏请批准。司马炎选择的人，并不一定是名单上列的第一人；大家不了解官场运作内幕，认为山涛做事不分轻重，没有标准，纷纷向司马炎指控。想不到，越指控山涛，司马炎越欣赏山涛。山涛推荐官员时，对每人都有简短的介绍和评语，当时称“山涛启事”。

山涛把嵇绍推荐给司马炎，请任命嵇绍当皇家图书馆管理官（秘书郎），司马炎下诏征聘。嵇绍因为老爹嵇康被司马昭诛杀（参考二六二年），所以在家不出，打算推辞，山涛对他说：“我为你考虑很久了，天地之间，一年四季，都有休息的时候，何况人类？”嵇绍才接受诏命，前往首都洛阳，司马炎任命他当皇家图书馆主任秘书（秘书丞）。

最初，东关（安徽省含山县西南）之战（参考二五二年十一月），司马昭问部属说：“这次败仗，责任在谁？”安东将军府军政官（安东司马）王仪，是王修的儿子（王修事，参考二〇三年五月），脱口而出说：“责任在元帅。”司马昭大怒说：“你把责任推给我呀！”（时司马昭是安东将军，担任大军监军官〔监军〕，参考二五三年正月。）拖出王仪，立即斩首。王仪的儿子王褒，对老爹死于非命，非常沉痛；隐居在家，教授学徒度日。中央征召三次，州郡政府延聘七次，都一律拒绝。坐下时，从来不面对西方（王褒家在城阳郡〔山东省莒县〕，晋王朝皇帝在洛阳，位于城阳郡之西），在老爹墓旁，搭建一个茅庐，日夜不断的攀住柏树悲号，泪滴树上，树都枯死。读《诗经》读到“可怜父母／生我劳苦”（《蓼莪》），从来没有一次不一再流泪，哀哀哭泣。门徒们从此撤除《蓼莪》诗篇。王褒家贫，计算人口粮食，然后耕种田地，度量身上的需要，然后养蚕织衣；有人赠送财物，全不接受；帮助他，也都拒绝。门徒们暗中替他收割麦子，王褒就抛弃掉，一生不出来当官，死在自己家宅。

司马光曰

从前，姚重华（舜）诛杀姒鲧，而姒鲧的儿子姒文命（禹）事奉姚重华；因为，他不敢废弃国家大事。嵇康、王仪，都是冤死，他们的儿子不事奉晋王朝的皇帝，当然可以。到了后来，嵇绍假如没有荡阴（河南省汤阴县）的忠烈行为（参考三〇四年七月），岂不是受到君子的讥笑。

姒文命事奉杀父仇人，司马光赞扬他：“不敢废弃国家大事！”嵇绍事奉杀父仇人，却要对他讥笑，这是哪一门的逻辑？哪一国的标准？王褒对老爹之死的悲痛，我们万分同情。可是，他的种种孝行，却给人一种沉重的压力。王仪被杀，到本年（二七四），整整二十二年，二十二年中，所有时间都用在对老爹的思念。行为几近怪诞，依人生经验推测，绝不可能。尤其泪滴树上，树都枯死，更简直像一篇西洋童话。然而，主要的问题在于，一个人为什么要把自己一生，把全家大小，甚至把所有门徒，都弄得那么悲苦？孝行是一种美德，而一种美德却必须用悲苦去表现，应是文化的病态。中国历史上充满了这种病态人物、病态记载、病态赞扬。影响可是负面的，它使读者深深感觉到，具备这种美德，是多么困难。

11 东吴帝国（首都建业）最高指挥官（大司马）陆抗患病，上书东吴帝孙晧，说：

“西陵（湖北省宜昌市）、建平（重庆市巫山县），都是国家的藩篱，位置在长江上游，两面受到敌人压力。敌人长江舰队如果顺流而下，疾如流星，迅如闪电；两郡绝没有时间等得及援军来解倒悬。这是国家安危的契机，不仅仅是敌人边防军的小小侵扰。我的父亲陆逊，从前在西部边陲时，曾经奏报说：‘西陵（湖北省宜昌市）是国家西方的大门，虽然说容易坚守，同时也容易失陷。如果失陷，不只是丢掉一个郡，而是丢掉一个州；荆州（湖北省南部及湖南省）之地，将不再属于帝国所有。如果遇到非常情况，应倾全国之力争夺。’

“我从前请求增加三万人的精锐部队驻防，可是，主管单位依照旧有规章，不肯派兵。自从步阐事件（参考前年〔二七二〕九月）之后，部队人数，更为减少。我所统辖的疆土，有一千里之广，对外抵抗强敌，对内安抚蛮夷；可是，包括非战斗人员在内，现有的军队，不过数万，又久在战场，疲惫不堪，难以应付紧急事变。

“我愚昧的认为，各位亲王的年纪，都还幼小，没有统御兵马的必要，反而妨碍国家重要防务（去年〔二七三〕九月晋封十一位亲王，每人拥有军队三千人，共达三万三千人之多，对人口稀少的东吴帝国而言，是一个庞大的兵力）。同时，禁宫侍从宦官（黄门）广为招募卫士，人民逃避兵役，纷纷要求列入招募名册。请陛下特别调查其中弊端，剔出逃避兵役分子，送入军营，用来增援容易受到敌人攻击的地方，使我的部队，能有八万人的足额，不做别的事情，只专心军事防御，才有保全的可能。如果不这样，实在可忧。我死之后，请注意西疆。"

陆抗（年四十九岁）逝世后，东吴帝孙皓，命陆抗的儿子陆晏、陆景、陆玄、陆机、陆云，分别率领老爹的部队（陆抗大军，不但没有增强，反而分割，是孙皓猜忌之故）。陆机、陆云，对文学都有成就，喜写文章，名重当世。

东吴帝国故鄱阳郡（江西省鄱阳县）郡长周鲂（参考二二八年五月）的儿子周处，勇敢雄壮，体力超过常人，但是不拘小节，横行霸道，乡里的人把他当成灾难（周处是吴郡阳羡〔江苏省宜兴市〕人），可是周处自己却不知道。有一天，他问乡里间的长辈说："现在，风调雨顺，家家丰收，乡亲们却一个个愁眉苦脸，为了什么？"长辈叹息说："三害不消灭，我们怎么能快乐起来？"周处说："三害是什么意思？"长辈说："南山之上有只白额老虎（在传说中，前额白色的老虎，最为凶猛），长桥（宜兴市南）下面有条蛟龙（无法确定它到底是什么），再加上你！"周处说："如果仅是这样，简单得很，我能铲除。"于是深入南山，射杀老虎；纵身入水，击斩蛟龙；遂追随陆机、陆云求学，专心读书，修身自爱。不过一年，州政府和三公府，争相延聘。

12 八月十九日，晋王朝（首都洛阳）皇帝司马炎把皇后（武元皇后）杨艳安葬在峻阳陵（司马炎的预设墓地，在洛阳城北）。安葬之后，司马炎跟文武百官，都脱下丧服，改穿平常服装。国立大学教授（博士）陈逵建议，认为："现在我们奉行的，仍是两汉王朝的一时权宜制度，而太子（司马衷）并不主持政府，应该为娘亲穿三年丧服。”国务院执行官（尚书）杜预，认为：“上古时代，天子和封国国君（诸侯），都要穿三年丧服，开始时都穿‘斩衰’‘齐衰’（“斩衰”是最重的丧服，粗生麻布制成，衣边及下摆不缝。“齐衰”是次重的丧服，熟麻布制成，衣边及下摆缝平），但在死者埋葬之后，就脱下来，沉默不语（谅闇），只在心中悲悼，直到三年期满。所以姬旦从不说：‘子武丁（商王朝二十三任帝高宗）穿丧服三年’，而只说：‘子武丁三年沉默不语’，这是‘心中悲悼’的证明，羊舌肸（音xī〔希〕）从不抨击姬贵（周王朝二十八任王景王）提前脱下丧服，而只抨击他早早的就饮宴欢乐。这就是明白的显示：安葬之后，就可脱下丧服，所以错误只在姬贵不能沉默不语（《左传》前五二七年）。在礼教上，只要求内心感受。礼教，不是指赠送宝石绸缎（《论语·阳货》）；守丧，难道就只指披麻戴孝？太子（司马衷）出则视察三军，入则监守中央政府，不能说他闲着没事。所以，应该在把娘亲牌位送到皇家祭庙，作最后一次哀哭之后，脱下丧服，沉默不语三年。”

司马炎批准。

圆规可以画出圆形，直尺可以画出方形。普通工人没有圆规便画不圆，没有直尺便画不方。麻布丧服主要的意义是表现哀痛；然而，普通人如果不穿麻布丧服，则哀思便很难产生。《诗经·素冠》诗篇，正是如此。（《素冠》：“乍看见你头戴白色孝帽／体形枯槁／难以承担忧劳。”“乍看见你身披白色孝衣／我心里无限悲戚／想跟你同去。”“乍看见你腿穿白色孝裤／我心里无限悲苦／想跟你同声一哭。”）杜预巧妙的利用经典来附和人情，虽然似乎有道理，我以为不如陈逵的意见敦厚。

怀念爹娘，出自天性，一个穷苦樵夫悲悼他的亡母："哭一声，叫一声，儿的声音娘惯听，为何唤娘娘不应？"他何用穿三年丧服？又为什么一定要三年沉默不语？孔丘在回答林放的问话时，强调说："与其讲究形式，不如内心悲伤。"司马光之流的儒家学者，却偏偏顽强的认定：大多数人对爹娘都没有感情，如果不教他披麻戴孝，便引不起他的哀思。所以，守三年之丧，穿三年之服，三年假装哑巴不说话，成了儒家系统寸步难行的痛，害得一些大儒，不断为它打斗，而又语无伦次。

13 九月四日，晋王朝任命最高统帅（大将军）陈骞，当全国武装部队总司令（太尉）。

14 晋王朝国务院执行官（尚书）杜预，认为黄河渡口孟津（河南省洛阳市孟津区东），地形凶险，奏请在富平津（即孟津）建一座横跨黄河的大桥。参与决策的官员纷纷反对，说："商王朝建都黄河之北，周王朝建都黄河之南，历代圣贤都没有建桥，一定有不可以建桥的原因。"杜预坚决要求，总算批准。等到大桥完成之日，晋帝司马炎亲率文武百官到桥头设筵庆祝，举起酒杯，向杜预道贺说："不是你，就没有这座桥。"杜预说："不是陛下英明，我也无从着手。"

15 本年（二七四），晋王朝邵陵公（厉公）曹芳（曹魏帝国三任帝）逝世（年四十三岁）。

最初，曹芳被囚禁金墉城（洛阳城西北角离宫）时，太宰府警卫官（太宰中郎）陈留郡（河南省开封市东南陈留镇）人范粲，一身素白衣服，前往叩拜送行，哭声感动左右。遂宣称有病，辞职回家，不再出来当官；在家假装疯癫，再不讲一句话，就睡在他平常乘坐的车辆上，脚不下地。子孙有人婚嫁，或有人担任政府官职，家人就在他耳旁低声报告，合意时脸上没有表情，不合意时翻来覆去，不能安眠，妻子儿女从这上推测他的心意。儿子范乔等三人，同时也不再读书，跟外界绝不来往，只呆在家里看顾老爹患病之身，足迹不出他所住的那个村庄。等到司马炎建立晋王朝，坐上帝王宝座（参考二六五年十二月），下诏赏赐范乔二千石俸禄养病，以及绸缎一百匹。范乔因老爹病重，推辞不敢接受。

范粲不说话凡三十六年，年八十四岁，死在他所睡觉的车辆之中（曹芳于二五四年被罢黜，迄本年〔二七四〕，不过二十一年）。

16 东吴帝国（首都建业）一连三年，瘟疫流行。

二七五年 乙未

东吴	凤凰	四年
	天册	元年
晋	咸宁	元年

1 春季，正月一日，晋王朝（首都洛阳〔河南省洛阳市东白马寺东〕）大赦，改年号（咸宁）。

2 东吴帝国（首都建业〔江苏省南京市〕）在地下掘出一支笔直的银尺，上面刻有文字（银尺长一尺，阔三分，刻有年月日）。东吴帝（四任）孙皓（本年三十四岁）非常兴奋，大赦，改年号天册（之前是凤凰四年，之后是天册元年）。

3 东吴帝国立法署长（中书令）贺邵，中风瘫痪，言语机能丧失，不会说话，辞职已有数月，在家静养。东吴帝孙皓疑心他故意假装，把他收押，送到藏酒地窖，施用酷刑，拷打一千余鞭，贺邵不能吐出半个字，孙皓仍不相信，下令用烧红的锯，锯下他的头，贺邵惨死（年四十九岁）；但孙皓仍把他的家属放逐到临海郡（浙江省台州市西北章安街道）。

孙皓忽然想起旧恨，下令诛杀楼玄的儿子和孙儿（楼玄被杀事，参考二七二年十二月）。

4 夏季，六月，鲜卑拓跋部落（王庭设盛乐〔内蒙古和林格尔县〕）酋长拓跋力微，再派他的儿子拓跋沙漠汗到中国（晋王朝）朝贡，告辞返国时，经过幽州（州政府设蓟县〔北京市〕），州长（刺史）卫瓘，奏请留下他不放；然后再送金银财宝给鲜卑的其他部落酋长，挑拨离间。

5 秋季，七月三十日，日蚀。

6 冬季，十二月五日，晋王朝皇帝（一任武帝）司马炎（本年四十岁），给皇家祭庙命名：司马懿庙称高祖，司马师庙称世宗，司马昭庙称太祖。

7 晋王朝瘟疫流行，首都洛阳死亡的有数万人（一副惨景）。

二七六年
丙申

东吴	天册	二年
	天玺	元年
晋	咸宁	二年

1 春季，晋王朝（首都洛阳〔河南省洛阳市东白马寺东〕）削平敦煌郡（甘肃省敦煌市）叛乱。自称郡长的令狐丰逝世（参考二七二年十月），老弟令狐宏继任郡长，凉州（州政府设姑臧〔甘肃省武威市〕）州长（刺史）杨欣进击，斩令狐宏。

2 晋帝（一任武帝）司马炎（本年四十一岁）患病沉重，而终于痊愈，文武百官一齐祝贺，司马炎下诏说："每想到传染瘟疫死亡的人，为之悲怆。岂能因我一个人得免一死，便忘掉人民的灾难！对呈献的任何礼物，全部拒绝。”

最初，齐王司马攸，受到老爹司马昭的非常宠爱。司马昭每次看到司马攸，就拍着座位，呼叫司马攸的乳名说：“这应是桃符的座位！”（司马攸过继给司马师当儿子，而夺权大业，在司马师手中完成，自应由司马师的儿子继位）几次都要指定司马攸当太子（参考二六四年十月）。司马昭临死时，向司马炎述说西汉王朝淮南王刘长，跟曹魏帝国陈王曹植的往事（刘长事参考前一七四年，曹植事参考二二〇年二月），忍不住哭泣咽噎；拉着司马攸的手，交给老哥司马炎。娘亲太后王元姬临死时，泪流满面，对司马炎说：“桃符（司马攸）性情急躁，而你这个哥哥又不仁慈，我死之后，深怕你不能容他。特别嘱咐你，不要忘记我的话。”

这次司马炎病危，无论官员或民间，都希望司马攸能继承帝位。司马攸的正妻，是最高监察长（司空）贾充的长女。首都洛阳市长（河南尹）夏侯和，对贾充说：“你的两个女婿，跟你的关系，完全一样（二婿：齐王司马攸、太子司马衷），选立皇帝，应看他的品德。”贾充不作回答（贾充所以不作回答，固然是不敢回答。同时，贾充的前妻是李丰的女儿，生长女贾荃、次女贾濬；贾荃嫁司马攸。李丰被杀〔参考二五四年二月〕，贾充跟李女士离婚。再娶郭槐，生幼女贾南风，嫁司马衷，贾充畏惧郭槐，自影响他的决定）。

司马攸一向讨厌高级咨询官（侍中）荀勖，和左卫将军冯𬘘对上谄媚、对下陷害的态度。荀勖遂教冯𬘘向司马炎进言说：“陛下前些时患病，如果不能痊愈，齐王（司马攸）众望所归，太子（司马衷）即令谦让，恐怕也难逃劫数，应该送齐王（司马攸）回他的封国，安定国家。”司马炎留下深刻印象，先调任夏侯和当宫廷禁卫官司令（光禄勋），再解除贾充的军权；但官位和待遇，并没有减少。

3 东吴帝国（首都建业〔江苏省南京市〕）施但之乱时（参考二六六年十月），有人向东吴帝（四任）孙皓（本年三十五岁）陷害京下（江苏省镇江市）防卫司令（督）孙楷，说："孙楷没有立刻出军讨伐，却在那里观望风向，脚踏两条船。"孙皓几次查问孙楷当时情形，后来征召孙楷回京（首都建业）担任防卫区（宫下镇）骠骑将军。孙楷惊惶，疑心调回京师（首都建业）后，会受诛杀。

夏季，六月，孙楷带着妻子儿女，投奔晋王朝（首都洛阳）。晋王朝任命孙楷当车骑将军（一级上将），封丹阳侯。

秋季，七月，东吴帝国有人告诉孙皓："临平湖（浙江省杭州市余杭区）自二世纪八〇年代（东汉王朝末年）淤塞后，成为一片烂泥沼泽。父老前辈们传说：'此湖塞，天下乱；此湖开，天下平。'最近不知道什么缘故，临平湖对外水道忽然开通，湖水复活，这正是全国将要统一，'青盖入洛阳'（参考二七二年十二月）的祥瑞预兆。"孙皓询问宫廷保安司令官（奉禁都尉）历阳（安徽省和县）人陈训，陈训回答说："我只会望气，不懂湖水学问。"出宫后，陈训告诉他的朋友说："'青盖入洛阳'，恐怕是'口衔璧玉'（君王投降时的形状），不是吉祥之兆。"

有人呈献一个石头，上面刻有"皇帝"二字，说是在临平湖边捡到的，孙皓越发高兴，大赦，改年号天玺（之前是天册二年，之后是天玺元年）。

湘东郡（湖南省衡阳市湘水东岸）郡长张咏，拒绝缴纳人口税，孙皓派人就在郡政府斩首，把人头送到所属各县巡回展示。会稽郡（浙江省绍兴市）郡长车濬，公正清廉，政绩优良，正好遇到大旱，田野枯焦，人民无粮，饥饿悲苦，车濬请求赈济拯救，孙皓认为他收买民心，派人就在郡政府斩首。政务署执行官（尚书）熊睦，稍微说几句规劝的话，孙皓用刀柄把他捣死，熊睦满身都是捣出的伤口，没有一片完整肌肉。

4 八月二十一日，晋王朝（首都洛阳）擢升何曾当太傅（上三公之二），陈骞当最高指挥官（大司马），贾充当全国武装部队总司令（太尉），齐王司马攸当最高监察长（司空）。

5 东吴帝国（首都建业）历阳（安徽省和县）山上，发现并列着七个一模一样的山洞，山洞石壁全是赤黄色，民间把它称为“石印”，传言说：“石印开，天下太平。”历阳县长奏报东吴帝孙皓说：“石印确已突破尘封。”孙皓派人去用太牢（羊猪牛各一）祭祀。这位钦差大臣，制造长梯，爬到上面，用红漆在石头上写：“楚王国九州变沙洲，吴王国九州变城池；扬州人，当天子；第四世，太平始。”回来奏报，孙皓兴高采烈，把管理该山的神灵，加封王爵。大赦。改明年（二七七）年号为天纪。

6 冬季，十月，晋王朝（首都洛阳）任命镇西大将军汝阴王司马骏当征西大将军（将军府仍设长安〔陕西省西安市〕），平南将军羊祜当征南大将军（将军府仍设襄阳〔湖北省襄阳市〕），全都“开府仪同三司”（宰相级高位）。

羊祜上书，请求进攻东吴帝国（首都建业），说：

“先帝（司马昭）西边铲平巴蜀（蜀汉帝国，参考二六三年十月），南边跟吴会（东吴帝国）媾和（参考二六四年十月），希望四海之内，能够得到休息。可是东吴却首先背信（参考二六六年三月），使边疆战争，重新兴起。命运和时机，虽是上苍安排，但完成功业，却必须靠人的努力。如果不能一举把敌人扫除，则战争就永不会停止。蜀汉灭亡的时候，天下人都认为东吴会跟着灭亡。然而，到了现在，已拖延了十三年之久。各种谋略方案，虽然很多，但最后的决定，仍在君王。

"历史可以证明，凡是因为边防险恶而获得保全的国家，必须有一个先决条件，那就是它跟敌人的力量相等。如果内政混乱，国势衰败，纵然是再险恶的屏障，都不能拯救自己。蜀汉的国境，并不是不险恶，大家一致认为：只要一个人拿着武器站在那里，一千个人都无法前进。可是大军攻击的时候，却看不见藩篱的限制，乘胜而入，如同卷席，直接抵达成都（蜀汉首都，四川省成都市），汉中（陕西省南部）各重要据点（指汉城〔陕西省勉县〕、乐城〔陕西省城固县〕），都像归巢的夜鸟，没有一个人敢出来作战，并不是没有作战之心，而是力量不够，无法拒抗。等到刘禅（蜀汉帝国二任帝）投降，各据点跟着星散。

"而今，长江、淮河的险恶，不如剑阁（四川省剑阁县北剑门关镇）；孙皓的残暴，远超过刘禅；东吴人民的痛苦，更胜于蜀汉。我们晋王朝政府的兵力，却比往时强大，不在此时扫平四海，却只固守边界，使天下人被困在不断出征的窘境之中，战士由壮年直到衰老，势不可能长久支持。现在，如果命梁州（四川省东北部及陕西省南部）、益州（四川省中部）的部队，水陆齐进，顺长江而下；荆州（湖北省北部）及故楚王国之地的部队，进逼江陵（湖北省江陵县）；平南将军胡奋、豫州（河南省东部）州长（刺史）王戎，直指夏口（湖北省武汉市）；而徐州（江苏省北部）、扬州（安徽省中部）、青州（山东省北部）、兖州（山东省西部）部队，则在建业（东吴首都，江苏省南京市）会师。

"局促墙角小小地区的东吴，抵抗从四面八方进攻的大军，不可能集中力量，使每一寸边疆，都紧急戒备。巴蜀（四川省）、汉中（陕西省南部）的奇兵乘他们的空虚而入，只要有一处突破，上下震动，纵然有大智慧的人出现，也不能拯救覆亡。东吴依靠长江建国，长江东西长达数千华里，承受敌人攻击的地方太多，永远不能休息。而孙皓又纵情任性，跟部属互相猜忌。中央不信任将领，士兵被困在荒野；没有保卫疆土的计划，也没有安定国家的忠心；平常日子，还三心二意；大兵一旦临头，必然有响应的人，绝对不会上下同心，为国一死，可以断言。

“而且，东吴的军队，攻势凌厉，却不能持久；弓箭盾牌，以及枪戟等武器，都不如中国（晋王朝）坚固锐利，只有水上作战，是他们的长处；可是，我们大军一旦跨过边境，他们就无法保住长江，必须退守城池，则长处无所用，反得使用短处，就不可能是我们的对手。我们大军深入敌人国土，因处处是敌，所以一定人人死拼，斗志高昂；东吴士兵却是在自己乡土之上作战，担心家人安危，每人都有离散之心，用不了多久，就可以取得胜利。”

司马炎深深赞同，但是政府官员却正在忧虑秦州（甘肃省南部）、凉州（甘肃省中部西部）的战事（时鲜卑秃发树机能势力正盛）。羊祜再上书说：“东吴削平之后，蛮夷叛乱自然解决。现在的问题，在于急速完成大功。”但参与决策的人仍不同意，全国武装部队总司令（太尉）贾充、高级咨询官（侍中）荀勖、左卫将军冯𬘘，更坚决反对。羊祜叹息说：“天下不如人意的事，十件之中，常有八九。上天赏赐的东西，拒绝接受，岂不为后世的英雄豪杰，留下遗憾！”只有国务院财政部长（度支尚书）杜预、最高立法长（中书令）张华，跟司马炎的意见相合，赞成羊祜的计划。

7 十月二十一日，晋帝司马炎，娶杨芷当皇后。大赦。杨芷，是司马炎前妻杨艳（武元皇后）的堂妹，美丽而又有德行。最初司马炎下聘礼时，杨芷的叔父杨珧（音yáo〔姚〕）上书说："自从古代起，一家之中，有两位皇后，没有一个能保全她的家族。请求把我这份奏章，藏到皇家祭庙，有一天真的发生我所恐惧的事情，凭此免除灾祸。"司马炎批准。

柏杨曰

杨珧面对必然发生，却不知道什么时候发生的灾祸，心情的恐惧和沉重，可以体会。然而，皇庙藏书，岂有作用？局势平静时，不会有灾祸；一旦有灾祸，一定斩草除根，谁还管他妈的什么皇庙？什么藏书（参考二九一年三月）？不过，问题是，杨珧除了如此做外，又有何法？无力感的悲剧，才是最沉痛的悲剧。国如此，家如此，人也是如此。

十二月，司马炎擢升杨芷的老爹、镇军将军杨骏，当车骑将军，封临晋侯。国务院执行官（尚书）褚䂮（音lüè〔略〕）、郭奕，上书说："杨骏器宇太小，目光如豆，不可以托付给他国家重任。"司马炎不理。而杨骏遂洋洋得意，骄傲不可一世。平南将军胡奋警告杨骏说："你自从有了女儿当后台，就忽然变了嘴脸，是也不是？观察历代史迹，凡是跟皇帝结亲，没有不满门屠灭的，只看来得早，来得晚罢了。"杨骏说："你的女儿还不是也在皇宫？"胡奋说："我的女儿只不过给你的女儿当婢女而已，既不会带给家人好处，也不会带给家人坏处。"

二七七年 丁酉

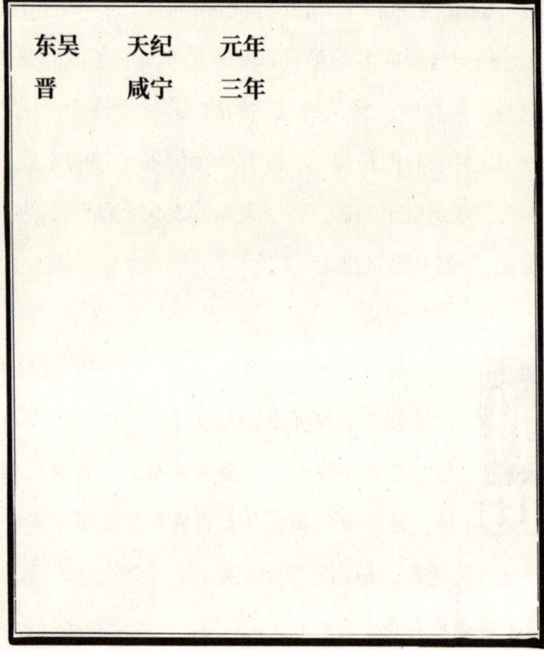

东吴　天纪　元年
晋　咸宁　三年

1 春季，正月一日，日蚀。

2 晋王朝（首都洛阳〔河南省洛阳市东白马寺东〕）封皇子司马裕当始平王。

正月十五日，司马裕逝世。

3 三月，晋王朝平虏军事总监（平虏护军）文鸯，统御凉州（甘肃省中部西部)、秦州(甘肃省南部)、雍州(陕西省中部)各军，攻击鲜卑部落酋长秃发树机能，大破变民集团，各部落二十万人归降。

4 夏季，五月，东吴帝国(首都建业〔江苏省南京市〕)将领邵颛、夏祥，率军七千余人，投降晋王朝(首都洛阳)。

5 秋季，七月，晋王朝中山王司马睦，被指控收容逃犯，贬作丹水县侯。

6 天际紫宫星旁，出现孛星。

7 晋王朝首都卫戍司令(卫将军)杨珧(音yáo〔姚〕)等建议，认为:“古代各封国国君(诸侯)，主要的目的在于散布全国，捍卫中央。而今所有亲王、公爵，都集中京师(首都洛阳)，已失去捍卫的原意。而且非皇族的将领们，驻防边疆时，最好加派皇亲国戚，作为助理。”晋帝(一任武帝)司马炎(本年四十二岁)同意，遂以采邑人口的多少，把封国分为三等，大国设三军，五千人；次国设二军，三千人；小国设一军，一千一百人(平原国、汝南国、琅邪国、扶风国、齐国，属“大国”。梁国、赵国、乐安国、燕国、安平国、义阳国，属“次国”。其余属“小国”)。亲王而身兼司令官(都督)的，把封国迁到司令部附近地区。

八月二十一日，扶风王司马亮改封汝南王，当镇南大将军，兼豫州(河南省东部)军区司令长官(都督豫州诸军事。军区司令部设许昌〔河南省许昌市东〕)；琅邪王司马伦改封赵王、当邺城(河北省临漳县西南邺城镇)留守司令官(督邺城守事)；勃海王司马辅改封太原王、当并州(山西省中部)军区司令(监并州诸军事)；东莞王司马伷驻防徐州(州政府设下邳〔江苏省睢宁县北古邳镇〕），改封琅邪王；汝阴王司马骏驻防关中（陕西省中部），改封扶风王；又改封太原王司马颙为河间王、改封汝南王司马柬为南阳王。司马辅，是故安平王司马孚的儿子；司马颙，是司马孚的孙儿。凡是不兼政府官职的亲王，全部遣送回国；各亲王、各公爵，留恋京师（首都洛阳）繁华，但又不能不走，每人都哭泣流泪，依依而去。

司马炎又封皇子司马玮当始平王、司马允当濮阳王、司马该当新都王、司马遐当清河王。

非皇族官员有大功的，都封郡级公爵，或郡级侯爵。封贾充当鲁郡公，追封王沈当博陵郡公。

改封钜平侯羊祜当南城郡侯，羊祜拒不接受。羊祜每次升官封爵，常常辞让，恳切之情，众人皆知，所以他每次辞让，都特别批准。羊祜事奉司马昭、司马炎父子两代，主管中枢机要。对于所有谋略或兴革建议，都把草稿烧掉，世人完全不知道内容，被推荐当官的人，也都不知道是谁推荐。羊祜常说："政府在官署发表任命，官员却到私人家门拜谢，我不敢这样做。"

8 晋王朝所属兖州（山东省西部）、豫州（河南省东部）、徐州（江苏省北部）、青州（山东省北部）、荆州（湖北省北部）、益州（四川省中部）、梁州（四川省东北部及陕西省南部），七州大水成灾。

9 冬季，十二月，东吴帝国（首都建业）夏口（湖北省武汉市）防卫司令（夏口督）孙慎，率军侵入晋王朝（首都洛阳）的江夏郡（湖北省云梦县）、汝南郡（河南省息县），掳掠居民一千余家而返。晋帝司马炎派侍从官质问羊祜，责备他为什么不派军追击？并打算把荆州州政府

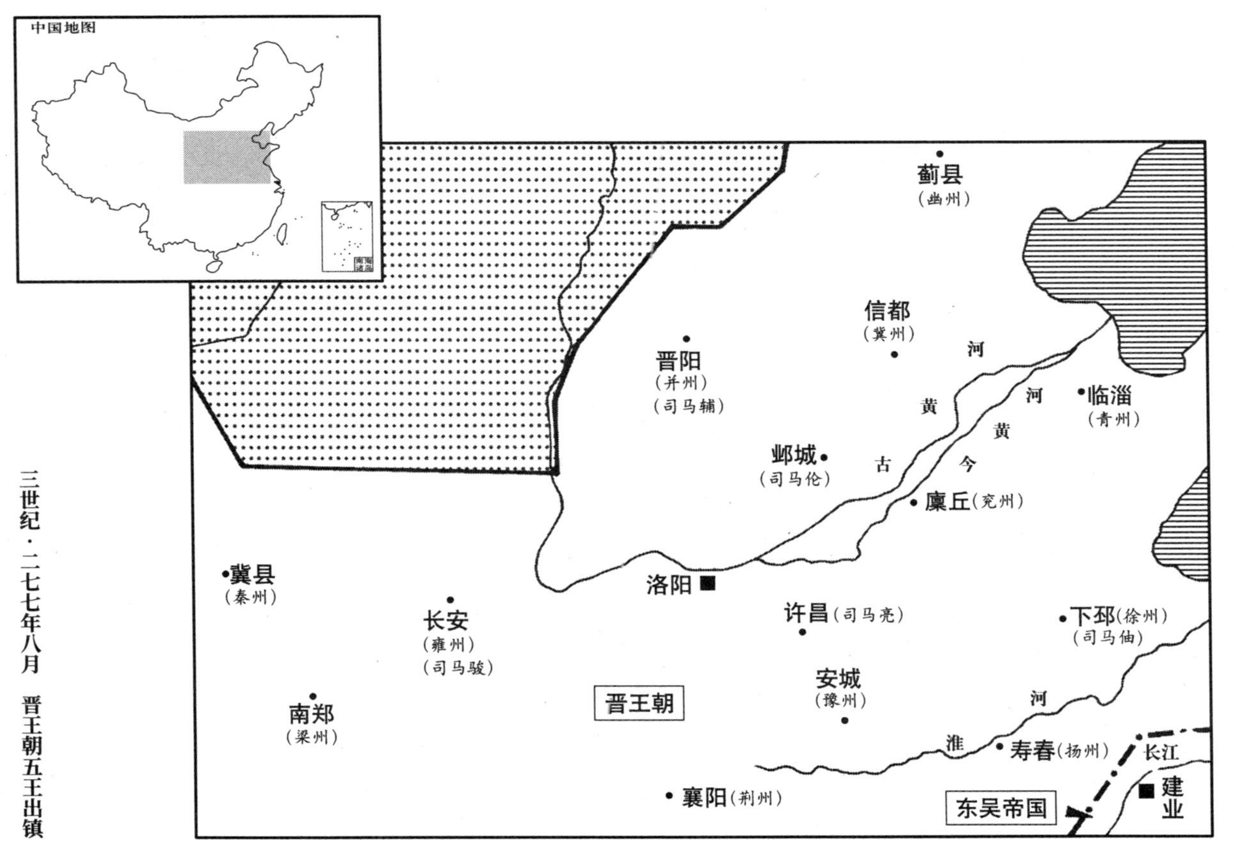

三世纪·二七七年八月　晋王朝五王出镇

由襄阳（湖北省襄阳市）迁回南阳（河南省南阳市）。羊祜回答说："江夏（湖北省云梦县）距襄阳八百华里（航空距离一百八十公里），等得到贼寇（东吴帝国）的消息，贼寇已撤退很多天，步兵怎么能追赶得上？兴师动众，只不过为了免除上级责备，不是我的本意。从前，曹操设置司令官（都督），大多数都跟州政府所在地相近（如扬州州政府设寿春〔安徽省寿县〕，扬州军区司令部也设寿春），因为兵力最好集中，不应分散。疆场之上，一来一往，谨慎防守而已。如果因此把州政府迁走，而贼寇（东吴帝国）出没无常，将来不知道再迁到什么地方。"

10 本年（二七七），晋王朝最高指挥官（大司马）陈骞，从扬州（州政府设寿春〔安徽省寿县〕）到首都洛阳朝见，被免职；以高平公身份，返回私宅。

11 东吴帝国（首都建业）皇帝（四任）孙皓（本年三十六岁），因为会稽郡（浙江省绍兴市）人张俶，精于打别人的小报告，说别人的坏话，所以对他极为宠爱信任，步步高升，最后升到国家安全警卫官（司直中郎将），封侯爵。张俶的老爹在山阴（会稽郡郡政府所在县）县政府当一名民兵，深知他儿子品行不良，作恶多端，上书说："如果命张俶主持国家安全工作，以后如果犯罪，请求不受连坐处分。"孙皓批准。

张俶奏准设置特务侦察官（弹曲）二十人，专门负责调查并指控官员们的不法行为。于是，大家根据自己的爱恨，互相检举告发，监狱爆满，全国上下，一片哗然。张俶既掌握权柄，乘机大肆搜括，作奸犯科，骄傲奢侈，蛮横凶暴。而事情终于败露，张俶跟他的老爹，一齐绑赴刑场，用五马分尸（车裂）酷刑处死。

12 晋王朝（首都洛阳）幽州（州政府设蓟县〔北京市〕）州长（刺史）卫瓘，送鲜卑拓跋部落（王庭设盛乐〔内蒙古和林格尔县〕）太子拓跋沙漠汗回国（参考前年〔二七五〕六月；卫瓘的离间计谋已经完成，才把他送还）。自从拓跋沙漠汗到曹魏帝国当人质（参考二六一年），他老爹拓跋力微的其他儿子，很多受到宠爱。等到拓跋沙漠汗返国，各部落酋长联合陷害他，拓跋沙漠汗竟被诛杀（《魏书》：拓跋力微派各酋长到边界迎接拓跋沙漠汗，酒酣耳热之际，拓跋沙漠汗看到一只飞鸟，说："我送你们一个礼物。"弹弓一发，飞鸟应声而落。当时鲜卑民族只知用弓箭，不知用弹丸，于是全体震惊，互相密商说："观察太子〔拓跋沙漠汗〕的风采，已被中国同化，而且身怀奇术，如果继承大业，定要改变旧有风俗，我们的利益就要丧失，不如其他没有出过国门的皇子们敦厚朴实。"于是，快马加鞭，先行回去报告说："太子〔拓跋沙漠汗〕才艺出众，而且用一张空弓，就可以击落飞鸟，看起来已得到中国的奇异法术，恐怕是乱国害民的预兆。"拓跋力微疑心顿起，遂说："如果不可以接受，就应除掉。"各酋长再南下，诛杀拓跋沙漠汗）。不久，拓跋力微病重，亲信乌桓王库贤当权，接受卫瓘的贿赂，打算挑拨各部落酋长，制造混乱。于是在大庭前磨斧，对各酋长说："可汗（拓跋力微）痛恨你们陷害太子（拓跋沙漠汗），打算把你们的长子全部诛杀，作为报复。"各酋长大起恐慌，一哄逃走（此时北方胡人已有"可汗"之称）。

拓跋力微忧愁而死，年一百零四岁。四子拓跋悉禄继位，势力遂衰。

最初，幽州（河北省北部）、并州（山西省中部），都跟鲜卑部落接壤；东方有刘务桓（匈奴右贤王挛鞮去卑的孙儿刘虎，刘虎生刘务桓），西方有拓跋力微，不断攻击边境。卫瓘用反间计使他们内部发生变化。刘务桓归降，拓跋力微死亡。晋王朝酬庸卫瓘功劳，封卫瓘的老弟三等侯爵（亭侯）。

二七八年 戊戌

东吴 天纪 二年

晋 咸宁 四年

1 春季，正月一日，日蚀。

2 晋王朝（首都洛阳〔河南省洛阳市东白马寺东〕）金殿禁卫司令（司马督）东平郡（山东省东平县南）人马隆，上书说："凉州（州政府设姑臧〔甘肃省武威市〕）州长（刺史）杨欣，失去羌人、胡人的支持，必然失败。"

夏季，六月，杨欣跟鲜卑部落酋长秃发树机能的党羽若罗拔能等，在武威郡（甘肃省武威市）会战，杨欣大败，阵亡。

3 晋帝（一任武帝）司马炎（本年四十三岁）伯父司马师的正妻羊徽瑜（景献皇后）逝世（年六十五岁）。

4 晋王朝征南大将军羊祜患病沉重，要求到首都洛阳朝见。既到洛阳，司马炎特准他乘软轿到金銮宝殿，不行叩拜之礼，即行落座。羊祜当面报告进攻东吴帝国（首都建业〔江苏省南京市〕）计划，司马炎完全赞同。因羊祜病重，不能常到金殿面商，司马炎遂派最高立法长（中书令）张华，到羊祜家请教战略。羊祜说："孙皓（东吴帝）的暴虐，已到极点，我们进攻，用不着战争，就可以征服。万一孙皓死掉，吴国（东吴帝国）出现英明的君王，我们纵有百万精锐大军，连看一眼长江都不可能，那可是最大的后患。"张华完全同意。羊祜说："完成我志愿的，那就是你！"司马炎打算请羊祜带病出征，卧在车上指挥，羊祜说："对付吴国（东吴帝国），不一定非我亲自前往不可。问题在全盘取得胜利之后，陛下恐怕要多多思虑。功名利禄的事，我没有兴趣。只是盼望：对那一片新征服的广大土地，任命官员管理时，要谨慎选择。"

5 秋季，七月二十二日，晋王朝把司马师正妻羊徽瑜（景献皇后），安葬峻平陵。

6 晋王朝司州（京畿总卫戍司令〔司隶校尉〕辖区）、冀州（河北省中部南部）、兖州（山东省西部）、豫州（河南省东部）、荆州（湖北省北部）、扬州（安徽省中部），共六个州，大水成灾；螟虫伤害庄稼。司马炎下诏，质问主管单位（国务院民政部〔左民曹〕及财政部〔度支曹〕）："对人民如何救助？"国务院财政部长（度支尚书）杜预上书，认为：

“这次水灾，东南尤其严重。最好下令兖州（山东省西部）、豫州（河南省东部）等州，把两汉王朝时代留下的旧有河堤，加以整修，使能储蓄河水。其他河川，应迅速铲除河床淤积，使水流畅通，让难民自由捕获各种水产，维持活命，这是目前救难的方法。

“洪水退后，被淹没过，和被淤积过的农田，每亩应只征收几荼盅象征性的田赋，这是明年救难的方法。交通部（太仆）所属牧马事务署（典牧），有专供交配的种牛四万五千余头，平常不从事耕田，有的甚至年龄已老，而还没有穿鼻，应该分发给灾民，用来春耕，等到田产有收成后，再征收租税，这是数年后使他们获利的方法。”

司马炎批准。灾民仰仗这项救济，得以维生。杜预在国务院（尚书）七年（秦州〔甘肃省南部〕州长〔刺史〕任内得罪回京师，迄今九年。参考二七〇年四月），所作的改革，不可胜数，当时的人称之为“杜武库”，形容他意见百出，无所不有。

7 九月，晋王朝任命太傅（上三公之二）何曾当太宰（上三公之一）。

九月十五日，擢升高级咨询官（侍中）、国务院总理（尚书令）李胤当宰相（司徒）。

8 东吴帝国（首都建业）皇帝（四任）孙皓（本年三十七岁），憎恨能力超过自己的人。高级咨询官（侍中）、立法署长（中书令）张尚，是张纮的孙儿（张纮，参考二二九年九月），口才流利，反应敏捷，言谈幽默，结论每每出人意表。孙皓因嫉妒而生愤恨。后来，孙皓问张尚说：“我的酒量可以比谁？”张尚奉承说：“陛下有百觚酒量。”（觚，音

gū〔孤〕。古代大酒杯，容积二升）孙皓说："你明知道孔丘连个王爵都没有，却把我比作孔丘！"（《孔丛子》：战国时代，赵王国平原君赵胜，跟孔子高对饮，强迫孔子高饮酒："俗话说：'伊祁放勋〔尧〕可以喝千盅，孔丘可以喝百觚，仲由勉勉强强，也可喝十杯。'古代圣贤，没有一个不能喝酒的，你推辞什么？"）于是，孙皓借机大发雷霆，逮捕张尚。三公、部长级以下一百余位官员，到皇宫叩头哀请，张尚总算免死，送到建安郡（福建省建瓯市）当造船奴工；但不久，仍在造船厂被诛杀。

9 冬季，十月，晋王朝征召征北大将军卫瓘，当国务院总理（尚书令）。

当时，无论政府或民间，都知道太子司马衷昏庸愚蠢，不能担负帝王重任。卫瓘每次都想提醒晋帝司马炎，可是不敢出口。正好，有一天，司马炎在陵云台设筵，跟高阶层官员聚会，卫瓘假装酒醉，跪到司马炎床前（古人席地而坐），低声说："我有事报告。"司马炎说："阁下报告什么？"卫瓘想说而又临时止住，吞吞吐吐两三次，最后，用手抚摸司马炎坐的御床，叹息说："这个座位可惜！"司马炎立刻领悟，把话岔开，说："阁下真是醉了。"卫瓘从此不再多口。

司马炎设下筵席，命太子宫大小官员，全体进宫欢宴，然后，把国务院呈报的若干请示的疑难案件，密封起来，送给司马衷裁决。太子妃贾南风大为恐慌，急请外人代为回答，答案全都引经据典，文情都合古人的原义。随从员（给使）张泓说："太子（司马衷）不喜爱读书，陛下深知，而回答的文件，却如此深刻华丽，一定会追究代笔的人是谁，反而更加重罪责。不如简单明了，有什么直说什么。"贾南风大喜，对张泓说："就由你回答，将来富贵，跟你同享。”张泓遂即撰写草稿，命司马衷照抄。

司马炎看到这些文件，十分高兴，首先送给卫瓘过目，卫瓘大为狼狈，这时大家才知道卫瓘一定说过什么话。贾充派密使告诉女儿贾南风：“卫瓘那个老不死的奴才，差一点破了你家！”

10 东吴帝国（首都建业）在皖城（庐江郡郡政府所在城，安徽省潜山市）扩大武装屯垦，打算对晋王朝（首都洛阳）发动攻击。晋王朝扬州（安徽省中部）军区司令长官（都督扬州诸军事）王浑，派扬州（州政府设寿春〔安徽省寿县〕）州长（刺史）应绰，击破屯垦军，杀五千余人，焚烧存粮一百八十余万斛，践踏破坏稻田四千余顷，摧毁船舰六百余艘。

11 十一月十六日，晋王朝御医署行政官（太医司马）程据，向皇帝呈献羽毛皮衣（雉头裘。野鸡头上羽毛鲜艳华丽，采集织成）。司马炎下令在金銮宝殿前，把它焚毁。

十一月十九日，下诏内外，有人再敢呈献奇技异服，处罚。

12 晋王朝征南大将军羊祜病重，推荐杜预继任自己的官职。

十一月二十六日，司马炎下诏任命杜预当镇南大将军、荆州（湖北省北部）军区司令长官（都督荆州诸军事）。

羊祜逝世（年五十八岁），司马炎哭泣，十分哀伤；当天，天气严寒，司马炎涕泪流到胡须上，都凝结成冰。羊祜遗命：不准把“南城郡侯”（参考去年〔二七七〕八月）的印信随棺殉葬。司马炎说：“羊祜几年以来，一直拒绝郡侯封爵，身没亡故，此情仍存，现在仍恢复他原有的县侯封爵（钜平县侯），彰显他高贵的美德。”南州（荆州）人民听到羊祜逝世消息，大街小巷，一片哭声，店门自动关闭。东吴帝国（首都建业）边防军将士，也都落泪。羊祜在襄阳（湖北省襄阳市，荆州军区司令部所在）时，喜爱游览岘山（又名岘首山，湖北省襄阳市南四公里。岘，音xiàn〔现〕）。襄阳人在上面建立纪念碑和祭庙，每年节日，按时祭祀，看到纪念碑的人，都忍不住呜咽流泪；遂称该碑为“堕泪碑”。

杜预到襄阳接任后，遴选精锐部队，袭击东吴帝国西陵（湖北省宜昌市）防卫司令（西陵督）张政，大破东吴军。张政，是东吴帝国名将，对自己竟没有戒备而被击败，引为奇耻大辱，不愿把实际受到的损失，报告东吴帝孙皓。杜预打算挑拨离间，遂上书中央，把所有俘虏，完全送回东吴帝国。东吴帝孙皓果然把张政免职，召回京师（首都建业），另派武昌（湖北省鄂州市）防守司令（武昌监）留宪接任。

13 十二月十三日，晋王朝太宰（上三公之一）、朗陵公何曾逝世（年八十岁）。

何曾沉溺于物质享受，生活豪华糜烂，超过皇帝。京畿总卫戍司令（司隶校尉）东莱郡（山东省莱州市）人刘毅，屡次弹劾何曾：浪费数目惊人。司马炎都因何曾是元老级高官，不理会这项弹劾。等到何曾逝世，国立大学教授（博士）新兴郡（山西省忻州市）人秦秀（秦朗的儿子），在讨论应给何曾一个什么绰号时，说：“何曾骄傲奢侈，超过最高限度，浪费的名声，传播天下。宰相是国家的重臣，全国人民的表率，如果他在世的时候不顾一切的肆情纵欲，死了之后又没有贬抑，亲王公爵以及贵族高官，还惧怕什么？依照《谥法》（参考《史记正义论例·谥法解》）：‘名誉跟实质不符合的，称“缪”；行为淫乱放荡的，称“丑”。’应该赐给何曾绰号丑缪公。”司马炎不准，直接下诏赐绰号“孝”（秦秀建议如果批准，何曾便是朗陵丑缪公，现在则是朗陵孝公）。

14 晋王朝前京畿总卫戍司令（司隶校尉）傅玄逝世（年六十二岁）。 766

傅玄性情急切，每次提出弹劾，下午缮写完竣后，就手捧奏章，衣帽整齐，一夜不睡，坐在那里，等待天亮。于是王孙公子，没有人不感恐惧，政府各单位的风气，都跟着整肃。傅玄跟国务院左秘书长（尚书左丞）博陵郡（河北省安平县）人崔洪，至为友善。崔洪也清廉正直，喜爱当面指摘别人过失，但在背后却从不对人批评，所以受到大家尊重。

15 鲜卑部落酋长秃发树机能，长久以来，一直是西部边疆的灾难（二七〇年起兵到本年〔二九八〕，已整九年）。国务院执行长（仆射）李憙，请出动大军讨伐，政府认为：出动大军，是一件大事，叛乱并不值得担心。

二七九年 己亥

东吴　天纪　三年
晋　咸宁　五年

1 春季，正月，晋王朝（首都洛阳〔河南省洛阳市东白马寺东〕）鲜卑部落酋长秃发树机能，攻陷凉州（州政府设姑臧〔甘肃省武威市〕）。晋帝（一任武帝）司马炎（本年四十四岁）后悔没有出动大军，金銮宝殿主持朝会时，叹息说："谁能为我讨伐这个叛徒？"金殿禁卫司令（司马督）马隆报告说："陛下如果能交给我，我负责把他们平定。"司马炎说："只要能够平定贼寇（秃发树机能），为什么不能交给你？只看你的谋略如何。"马隆说："由我亲自招募勇士三千人，不管他们的出身；

率领他们西征，不必忧虑那些寇贼不能消灭。”司马炎批准。

正月一日，任命马隆当讨虏军事总监（讨虏护军），兼武威郡（甘肃省武威市）郡长。政府高级官员全不赞成，提出异议说：“现有的军队，已经够多，不应该节外生枝，另行招兵。马隆不过一个低级军官，信口开河，不能相信。”司马炎不理。马隆招募标准：力量能拉开一百二十斤巨弓，或能拉开一千零八十斤巨弩（用机械力量射箭的弓）的，才有资格录取。设立标杆考试，从早晨到中午，得到三千五百人，马隆说：“够了。”请求亲自到军械库（武库）挑选兵器。军械库管理官（武库令）跟马隆发生争执，愤怒咆哮，总监察官（御史中丞）弹劾马隆，马隆说：“我们就要战死沙场，可是军械库管理官（武库令），发给我们的却是曹魏帝国时代已经锈烂了的兵器，绝不是陛下派我们出征的本意。”司马炎命马隆随意挑选，拨付给马隆远征军三年的辎重，动身出发。

2 最初，南匈奴汗国单于（四十二任〔末任〕）挛鞮呼厨泉，封老哥挛鞮于扶罗的儿子刘豹（二七〇年改姓刘）当左贤王。东汉王朝魏王曹操把匈奴分为五部（参考二一六年七月），任命刘豹当左部统帅；刘豹的儿子刘渊，自幼聪明俊秀，事奉上党郡（山西省黎城县西南）人崔游当教师，学习经书跟史书。曾经对同学上党郡人朱纪、雁门郡（山西省代县）人范隆说：“我常看不起随何、陆贾，他们没有武功；也看不起周勃、灌婴，他们没有学养。随何、陆贾，遇到刘邦（西汉王朝一任帝），而竟不能建立封侯的事业；周勃、灌婴遇到刘恒（西汉王朝五任帝），而竟不能建立学校，振兴文化教育，岂不可惜？”于是同时学习军事。等到长大成人，长臂健壮，精于骑马射箭，力气大过常人，姿态容貌，英俊魁梧。在首都洛阳当人质的时候（时在二六四年，

《资治通鉴》对此没有记载)，安东将军王浑跟儿子王济，对他都十分敬重，屡次推荐给司马炎，司马炎召见他谈话，十分喜爱。王济说："刘渊文武全才，陛下如果把吴国(东吴帝国)交给他，不必担心不会平定。"孔恂、杨珧反对说："不是我们的族类，就不会跟我们一条心。刘渊的才干和见识，很少人能跟他相比，但不可以给他兵权。"后来，凉州(州政府设姑臧)被秃发树机能攻陷，司马炎向李憙询问："谁可以担任元帅？"李憙说："陛下如果真的征调匈奴五部的兵力，给刘渊一个将军的称号，使他们西征，秃发树机能的人头，指日可以砍下。"孔恂说："如果刘渊真的砍下秃发树机能的人头，恐怕凉州(甘肃省中部西部)的灾难更深。"司马炎才停止。

东莱郡(山东省莱州市)人王弥，出身官宦之家，长辈中曾有人担任过部长级高官(王弥的祖父王颀，在曹魏帝国时代，担任玄菟郡〔辽宁省沈阳市东〕郡长)。王弥好学不倦，又有勇力和谋略，精于骑射，青州(山东省北部)人称他"飞豹"。隐士陈留郡(河南省开封市东南陈留镇)人董养看到他，说："你天生的幸灾乐祸，如果天下发生战乱，你不会当一个普通文职官员。"刘渊跟王弥感情至好，对王弥说："王浑、李憙因为是同乡缘故(王浑、李憙都是并州〔山西省中部〕人)，对我有深刻印象。可是，每一次向皇帝推荐，恰恰给我带来危险。"忍不住流泪叹息。齐王司马攸听到这个消息，告诉司马炎说："陛下如果不除掉刘渊，我恐怕并州(山西省中部)的安全，不能久保。"王浑说："这是什么话？大晋王朝正用信义感化安抚异族，怎么可以用毫无根据的疑心，去杀人质？为什么胸襟如此狭窄！"司马炎说："王浑的话对极。"正好刘豹逝世，遂任命刘渊回去接替匈奴左部统帅职位。

3 夏季，四月，晋王朝大赦。

4 晋王朝政府取消武装部队中级军官（部曲督）人质办法。

5 东吴帝国（首都建业〔江苏省南京市〕）桂林郡（广西柳州市）郡长修允逝世，他所属的武装部队，应分配给各将领；部队长（督将）郭马、何典、王族等人，几代都在军中，不愿意分离。正好皇帝（四任）孙皓（本年三十八岁）调查广州（广东及广西）民间户口，郭马等乘民心动荡，聚众起兵，击斩广州（州政府设番禺〔广东省广州市〕）防卫司令（督）虞授。郭马自称交广军区司令长官（都督交广二州诸军事），命何典攻苍梧郡（广西梧州市），王族攻始兴郡（广东省韶关市）。

秋季，八月，东吴政府擢升总参谋长（军师）张悌当丞相，牛渚（安徽省马鞍山市西南采石矶）防卫司令官（都督）何植当宰相（司徒），首都建业警备区司令（执金吾）滕修当最高监察长（司空）。还没有到职，更任命滕修当广州（广东及广西）全权州长（牧），率军一万人，从东路讨伐郭马。此时，郭马已击斩南海郡（广东省广州市）郡长刘略，驱逐广州州长（刺史）徐旗。孙皓又派徐陵（江苏省镇江市京口区）防卫司令（督）陶濬，率军七千人，从西道南下，跟交州（越南北部）全权州长（牧）陶璜会师，共同进击郭马。

6 东吴帝国工人黄耇家中，发现“鬼目菜”；另一位工人吴平家中，发现“买菜”。皇家书库管理官（东观令）查看图书，证明鬼目菜就是灵芝草，买菜就是平虑草。东吴帝孙皓大为高兴，任命黄耇当侍芝官，吴平当平虑官，都颁发青色绶带的银质印信（以两汉王朝官制，这是中二千石，部长级以上高级官位）。

孙皓每次宴会，都要命文武官员全体沉醉。特别指定禁宫侍从宦官（黄门郎）十人，担任执法。宴会结束后，教他们分别奏报官员们有什么过失，连抬头看一眼，或说一句醉话，都要一一列出。情节重大的，立即诛杀；情节轻微的，记录下来。有的活剥脸面，有的挖凿眼珠。于是，上下离心，没有人再肯效忠。

7 晋王朝（首都洛阳）益州（四川省中部）州长（刺史）王濬，上书说："孙皓荒淫凶暴，我们应该迅速讨伐。万一孙皓死掉，他们拥立贤明的君王，就会成为强敌。我造船舰，已经七年（参考二七二年夏季），每天都有朽烂。我今年七十岁，随时都会死亡；这三个条件中，如果缺一（东吴立明主、船毁、王濬死），事情就难以发动。恳求陛下，不要丧失时机。"晋帝司马炎于是下定决心向东吴帝国用兵。但是，恰恰安东将军王浑，上书警告说："孙皓打算北上攻击我国，沿边守军已进入备战状态。"中央政府遂决定改成明年（二八〇）发动。王濬的军事参议官（参军）何攀，奉派正在首都洛阳，上书说："孙皓绝对不敢出兵，我们正好可以利用这种备战形势，使袭击更为容易。"

杜预也上书说："自从闰七月以来，盗匪（东吴帝国）只是下令戒严，可是首都建业（江苏省南京市）的主力军队，并没有西上。依常理判断，他们已束手无策，不能东方西方两全，只有全力保护夏口（湖北省武汉市）以东地区，苟延残喘。不可能增援西部，使首都陷于真空。陛下误会奏报，遂舍弃百年大计，纵容敌人，留下后患，至为可惜。假如说有失败的可能，不出兵还有可说。而我的筹备计划，十分周密，如果成功，则可奠定天下太平的基础；即令不成功，不过浪费一些岁月罢了，又有什么舍不得，不试一试？如果再往后延缓，天时人事，恐怕不像今日，将更为困难。而今，有万分安全，没有一分危险，我已准备妥当，不敢用模棱两可的暧昧之辞，为国家招来后患，请陛下明察。”

整整一个月，不见批示。杜预再上书说：“羊祜当初并没有跟政府其他官员，广泛的交换意见，只秘密跟陛下共同确定讨伐大计，所以引起某些人的议论纷纷。任何事情，都应对它的利害，加以比较。此次大军南下，利有八九，害不过一二，最糟糕的情形，不过是徒劳无功而已。一定要那些反对的官员，说出我们为什么会被击败，他们也说不出理由。只因为这项谋略，没有由他们提出，功勋没有由他们建立，为了掩饰从前错误的言论，不得不顽强到底（指贾充、荀勖、冯纨等）。近来，政府中任何一件措施，都会引起一窝蜂般的反对，虽然各人的看法不一样，但也是因为仗恃陛下宽容，使他们不必忧虑发言的后果，所以才处处表示跟别人不一样。自从入秋以来，全国动员的迹象，已经显露，如果突然中止，孙晧可能因恐惧而采取因应行动，把首都迁到武昌（湖北省鄂州市），再坚壁清野，加强长江以南各城池的防御，使人民远离村庄。我们大军渡江之后，攻城攻不下，乡村又无处掠夺粮食，则明年（二八〇）再采取行动，恐怕一切都晚。”

杜预的奏章到时，司马炎正跟张华在下围棋，张华推开棋盘，垂下双手，说：“陛下圣明，国家富庶，兵力强大。恰恰相反的，孙晧凶暴淫乱，诛杀贤才。现在征讨，可以轻易平定，请不要迟疑。”司马炎遂再下决心，任命张华当国务院财政部长（度支尚书），负责军粮运输。贾充、荀勖、冯纨仍坚决反对，声嘶力竭的反复提出种种困难；司马炎勃然大怒，贾充等才脱下冠帽请罪。国务院执行长（仆射）山涛退朝后，告诉别人说：“除非是圣人，没有外患时，一定会有内忧。今天，饶了吴国（东吴帝国），使它存在，作为我们的警惕，岂不合算！”

冬季，十一月，晋王朝发动对东吴帝国作大规模灭国性总攻击，各路大军，同时开拔。镇军将军琅邪王司马伷（时驻下邳）攻击涂中（安徽省滁州市东南滁河中游），安东将军王浑（时驻寿春）攻击江西地区（安徽省和县一带），豫州（州政府设安城〔河南省正阳县东北〕）州长（刺史）、建威将军王戎攻击武昌（湖北省鄂州市），平南将军胡奋攻击夏口（湖北省武汉市），镇南大将军杜预（时驻襄阳）攻击江陵（湖北省江陵县），龙骧将军王濬，巴东郡（重庆市奉节县东）监军官、鲁国（山东省曲阜市）人唐彬，从巴蜀（四川省）顺长江而下；六路大军，东西并进，总共二十余万人。

司马炎命贾充当钦差大臣，“持节”（晋王朝授节制度有三等：上等“使持节”，权最重，无论平时或战时，都可诛杀郡长〔二千石〕以下。中等“持节”，权次重，平时不可以诛杀官员，只可诛杀平民，但战时可诛杀郡长〔二千石〕以下。“假节”，权最轻，只可在战时诛杀违犯军法的人），“假黄钺”，兼远征军总司令官（大都督）；并由冠军将军杨济做他的副总司令官。贾充仍坚持反对，再一次指出：对东吴帝国的讨伐，绝对不利；同时说自己已经衰老，元帅重任，没有能力承担。司马炎下诏说：“阁下如果不去，我就自己亲征。”贾充不得已，才接受符节、铜斧（黄钺）；率领中央禁卫军，进驻襄阳（湖北省襄阳市），节制调度各路兵马。

8 晋王朝武威郡（甘肃省武威市）郡长马隆，向西推进，渡过温水（流经武威市东）；鲜卑部落酋长秃发树机能等率数万人，固守险要抗拒。马隆因山路崎岖窄狭，遂制造“扁箱车”（顾名思义，车身宽度大幅削减，适合狭径），另建坚固的木质堡垒，放到车上（蔽风雨并阻挡箭射或石块攻击），一面战斗，一面挺进，一千余华里，杀伤敌人无数。

自从马隆出发，音讯断绝，中央深为忧虑，有人肯定他已全军覆没。后来马隆使节于半夜到达首都洛阳，司马炎高兴得抚掌大笑。第二天金銮宝殿朝会上，司马炎召集文武百官，说："要是听你们的建议，凉州（甘肃省中部西部）早没有了。"下诏把代表皇帝的符节颁给马隆，擢升他当宣威将军（杂号将军四十级，宣威将军属第二级）。马隆返抵武威郡（甘肃省武威市），鲜卑酋长猝跋韩且万能，率一万余篷帐归降。

十二月，马隆跟秃发树机能决战，斩秃发树机能，凉州（甘肃省中部西部）完全平定（秃发树机能自二七〇年在万斛堆起兵，战乱整整持续十年）。

9 晋王朝皇帝司马炎，下诏询问政府官员如何改革内政，宰相府左秘书长（司徒左长史）傅咸上书，认为：

"国家经济困难，公私贫乏，主要原因，在于做官的人太多。曹魏帝国时代，'司令长官'（都督诸军事）仅只四名，而今，连同'司令'（监诸军事），有十个之多。姒文命（夏王朝一任帝）时代，分全国为九州，而今，州的数目有当时的两倍（十八州）。可是，户口数目，不过西汉王朝的十分之一（一世纪〇〇年代，西汉王朝末年，户口一千三百二十三万三千六百一十二；人口五千九百一十九万四千九百七十八。现在，三世纪七〇年代，晋王朝〔包括前蜀汉帝国〕，户口九十四万三千四百二十三；人口五百三十七万二千八百九十一。人口仅只西汉王朝的十分之一，户口还不到十分之一），可是郡县更多、将军府更多，每个单位所容纳的官员，一下子就将近一百，对保卫国家，却没有一点用处。五等爵爷，也各有官属。他们的薪俸，全由纳税人供给，这正是困乏的原因。现在的紧急任务，在于减少政府官位，停止民间劳役，上下一致，专心农耕。”傅咸，是傅玄的儿子（傅玄，参考去年〔二七八〕十二月）。

当时又讨论裁减州郡县政府一半雇员（吏），用以加强农业。总立法长（中书监）荀勖认为：“裁减雇员（吏），不如裁减官员；裁减官员，不如裁减事务；裁减事务，不如清心寡欲。从前，萧何、曹参，当西汉王朝的宰相，采取清静无为的态度，人民得以安心休养（参考前一九三年），这就是‘清心寡欲’。制止虚浮夸张的言论，减少没有必要的文书，不挑剔苛求，尽量宽恕部属小的过失，对于喜爱改变传统制度，只求取得利益的人，立即诛杀，这就是‘裁减事务’。把九个次要的部（寺），并入国务院（尚书），把总监察署（兰台，御史台）并入三公府（三公：太尉、司徒、司空），这就是‘裁减官员’。如果硬性规定，全国各级政府的雇员（吏）裁减一半，恐怕文武官职不同，郡跟封国业务不同，工作繁简不同，不能全看成一样。万一废弛公务，又必须再恢复原状，甚至使雇员（吏）的数目，更为加多，不可以不慎重。”

晋王朝

- 晋灭东吴帝国。
- 三国时代终，中国再次统一。
- 鲜卑慕容部落崛起，攻击辽西。

- 罗马皇帝普罗巴斯被刺身死。卡卢斯继位，被雷击死。戴克里先继位。
- 百济王国遣阿直岐出使日本，日本应神天皇留为皇子教师，百济再派博士王仁赴日本，赠《论语》《千字文》，汉字始传入日本，日本自此始有文字。
- 戴克里先分罗马帝国为二，以便治理，从此重心东移。

二八〇年 庚子

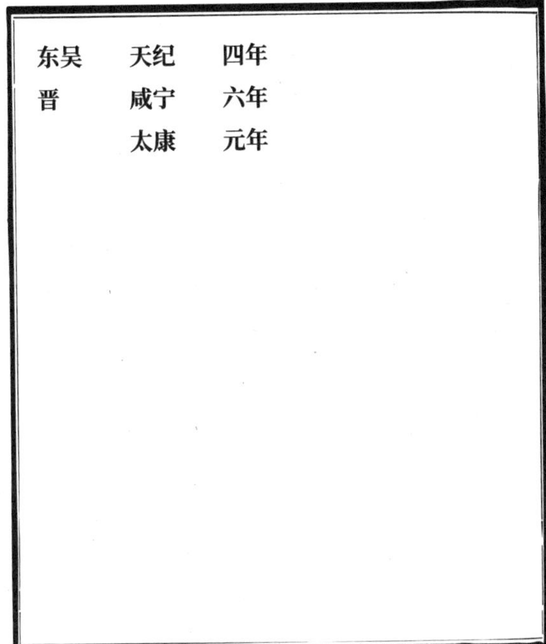

东吴	天纪	四年
晋	咸宁	六年
	太康	元年

1 春季，正月，东吴帝国（首都建业〔江苏省南京市〕）大赦。

2 晋王朝（首都洛阳〔河南省洛阳市东白马寺东〕）镇南大将军杜预，攻击东吴帝国江陵（湖北省江陵县）；安东将军王浑，直指横江（安徽省和县东南长江渡口），攻击东吴帝国沿边城池、军营，势如摧枯拉朽，所向无敌。

二月一日，王濬、唐彬，击破东吴帝国丹阳（湖北省秭归县东）防守司令（丹阳监）盛纪。东吴帝国在长江要塞处，用铁链横断封锁（建平郡〔重庆市巫山县〕郡长吾彦铸铁链横断长江事，参考二七二年夏季），又铸铁锥，一丈余长，沉入长江中游，阻挠船舰通过。王濬建造纵横各百余步的方形大船，满载用稻草做的假人，身披铠甲，手拿武器，命精于游泳的将士，乘小艇开路，铁锥撞到小艇，附着艇底，就被小艇带着顺流而下，沉没在下游河床深处。王濬又制造庞大无比的火炬，长十余丈，直径数十人才可以抱住，灌满麻油，放在船舰前面，遇到截江铁链，燃起火炬熔烧，一会工夫，铁化成汁，铁链中断，航道完全清除。

二月三日，王濬攻克西陵（湖北省宜昌市），斩西陵防卫司令（西陵督）留宪等。

二月五日，攻克荆门（湖北省宜都市西北长江西岸）、夷道（湖北省宜都市），斩夷道防守司令（夷道监）陆晏（陆抗的儿子，年三十一岁）。

杜预派营门官（牙门）周旨等，率突击部队八百人，利用夜色掩护，乘船渡过长江，袭击乐乡（湖北省松滋市东北），沿途遍插旗帜，在巴山（松滋市西北）纵火，东吴帝国司令官（都督）孙歆恐惧，写信给江陵（湖北省江陵县）防卫司令（江陵督）伍延说："晋军从北方到此，好像飞过长江。"周旨在乐乡外设下埋伏，孙歆派军出战，大败回城；周旨伏兵尽出，尾随败军，进入乐乡，孙歆还不知道，晋军一直冲进司令部，把孙歆俘虏后，撤退。

二月八日，王濬击斩东吴舰队司令官（水军都督）陆景。杜预进攻江陵（湖北省江陵县）。

二月十七日，攻克江陵，斩江陵防卫司令（江陵督）伍延。于是沅江、湘江以南（湖南省），直到交州（越南北部）、广州（广东和广西）边界，东吴帝国各郡县，纷纷缴出印信投降。杜预"持节"，传达圣旨，予以安抚。计斩杀及俘虏东吴司令官（都督）、监军官（监军）十四人，营门官（牙门）、郡长等一百二十余人。胡奋也攻克江安（即公安，湖北省公安县）。

二月十八日，晋王朝皇帝（一任武帝）司马炎（本年四十五岁）下诏："王濬、唐彬既已攻克巴丘（湖南省岳阳市），应跟胡奋、王戎，一同夹击夏口（湖北省武汉市）、武昌（湖北省鄂州市），再顺长江而下，直指秣陵（东吴首都建业，江苏省南京市）。杜预应镇抚零陵郡（湖南省永州市）、桂阳郡（湖南省郴州市），招降衡阳郡（湖南省湘潭县西石潭镇）。大军临境之后，荆州南部（湖南省）境内，一纸政治号召的文告，便可全部平定。然后，杜预应分出一部分军队，增援王濬、唐彬。全国武装部队总司令（太尉）贾充，即行移驻项县（河南省沈丘县）。"

王戎派军事参议官（参军）襄阳郡（湖北省襄阳市）人罗尚、南阳郡（河南省南阳市）人刘乔，率军跟王濬会师，进攻武昌（湖北省鄂州市）。东吴帝国江夏郡（郡政府设武昌）郡长刘朗、武昌军区司令官（督武昌诸军事）虞昞，同时投降。虞昞，是虞翻的儿子（虞翻，参考一九六年八月）。

杜预召开军事会议，有人提议："累积百年之久的贼寇（东吴帝国），不可能在一天之内瓦解。而今，春冰融化，各河水势将造成泛滥，大军难以行动，应该等到冬季来临，再行进军。"杜预说："从前，乐毅济西（山东省西部）一战获胜，遂长驱直入，吞并强大的齐王国（参考前二八四年）。而今，大军声威已经传播，好像刀劈竹竿，几节之后，以下就迎刃而解，用不着再使什么劲。"指示进军方略，率军直指东吴帝国首都建业（江苏省南京市）。

东吴帝（四任）孙皓（本年三十九岁）听到王浑大军顺长江而下的消息，命丞相张悌，率丹阳郡（郡政府设建业）郡长沈莹、军事总监（护军）孙震、副总参谋长（副军师）诸葛靓，率军三万人，逆长江而上，迎战晋军。舰队抵达牛渚（安徽省马鞍山市西南采石矶），沈莹说："晋国（晋王朝）在巴蜀（四川省）训练水军，时日已久。我们防守长江上游的部队，一向没有戒备，著名的将领都已死亡，年轻人掌握军权，恐怕不能抵抗。依我的预测，晋军舰队，定会到达此地（牛渚），我们应在此布防，养精蓄锐，等待他们前来，决一死战。如果幸而获胜，长江北岸的敌人，自会清除。而今放弃船舰，北上跟晋军对决，不幸失利，大势就不可挽回。"张悌说："帝国（东吴帝国）一定灭亡，无论贤明或愚劣，没有一个人不知道，用不着等到今天证实。我恐怕巴蜀舰队到此之后，我们的军心震恐，一哄而散，不能重新集结。乘此时机登岸，还可以选择对决时机，如果失败，一同殉国，死无遗恨；如果胜利，敌人逃走，我们的士气高昂，再乘胜西上，在长江中游阻截，不愁不破来敌。假设照你的战略，只恐怕部众逃走一空，束手无策，敌人一到，君臣除了投降外，没有第二条路。连一个死难的人都没有，岂不是帝国的羞辱。"

三月，张悌等登陆，包围王浑部将城阳郡（山东省莒县）民兵司令（都尉）张乔占领的杨荷（安徽省和县北）。张乔占领军才七千人，紧闭城门，请求投降。诸葛靓打算屠城，张悌说："强敌逼面而来，不应该把力量消耗在一支小部队上。而且，诛杀已经投降的人，不是吉祥。"诸葛靓说："他们只因救兵不能及时赶到，力量不能抵抗，所以假装投降，用以拖延我们前进的速度，并不是真的屈服。如果不理他们，定有后患。"张悌不肯接受，只对张乔嘉许安抚，仍留他们驻屯杨荷，大军继续前进。不久，跟晋王朝扬州（安徽省中部）州长（刺史）汝南郡（河南省息县）人周浚遭遇，两军各自构筑营垒阵地，南北对抗。东吴帝国丹阳郡（郡政府设建业）郡长沈莹，亲率精锐部队和敢死队（刀楯）五千人，发动猛烈攻击，一连作三次冲锋，晋军营垒阵地，坚守不动。沈莹只好撤退，而部伍散乱，晋王朝将军薛胜、蒋班，看到东吴军不成行列，急行追击，东吴军节节败退，将领们无法阻止，霎时崩溃。而已投降的张乔，再从背后攻击。东吴军团在板桥（江苏省南京市江宁区西长江东岸），全部覆没。诸葛靓率亲兵数百人逃亡，派人往迎张悌，张悌拒绝。诸葛靓亲自去接，说："国家兴亡，自有天意，不是你一个人所能支持，为什么自己找死？"张悌流泪说："仲思（诸葛靓别名），今天，就是我殉国之日。我还是一个孩子的时候，就受到你家丞相（指诸葛瑾）赏识提拔，时常恐怕死得不是地方，辜负先贤知遇之恩，现在用此身报答国家，还有什么犹豫！"诸葛靓再三拉他，都拉不动，只好流泪辞别，走了一百余步，回头再看，张悌已被晋军斩首。孙震、沈莹等七千八百人，全被击杀，东吴帝国上下震动。

最初，晋王朝皇帝司马炎，命王濬经过建平郡（重庆市巫山县）时，受杜预节制；攻击建业时，受王浑节制。杜预在江陵（湖北省江陵县），对各将领说："如果王濬攻克建平（重庆市巫山县），顺流而下，长驱直入，威名已经建立，不应教他受我的节制；如果不能攻克建平（重庆市巫山县），距我那么远，我又怎么节制？"王濬舰队挺进到西陵（湖北省宜昌市），杜预写信给他说："你既已摧毁坚强的边城，就应直接攻击建业（东吴首都，江苏省南京市），讨伐累积几代的贼寇（东吴帝国），拯救东吴人民于水深火热之中，然后凯旋回京（首都洛阳），将是历代难得一见的大事。"王濬大为高兴，把杜预的信，呈报皇帝。等到张悌战败阵亡，晋王朝扬州州政府总务官（别驾）何恽，对州长（刺史）周浚说："张悌统率东吴全部精锐，在这里被我们歼灭，东吴全国，谁不恐惧？现在，王濬已攻陷武昌（湖北省鄂州市），正乘胜东下，军锋所指，东吴军望风迎降，土崩瓦解之势，已经开始。我建议我们应迅速率军过江，直扑建业（江苏省南京市）。大军突然出现，敌人胆都吓破，用不着战斗，就能生擒孙晧。”周浚欣赏这项谋略，命他去报告安东将军王浑。何恽说：“王浑不懂得事情缓急，唯一的作为是谨慎小心，不求有功，但求无过，一定不会听从。”周浚坚持要报告王浑，王浑果然说：“皇上指定我驻防长江北岸，拒抗东吴军，并没有教我轻率前进。周浚虽然武略盖世，怎么能够孤军平定江东（东吴帝国）？如果违背诏令，胜利不值得称赞；万一失败，罪过可十分严重。而且，皇上命王濬接受我的节制，现在只要你把船舰准备妥当，等王濬舰队到时，一齐出发。”何恽说：“王濬出征万里，战胜强敌，手握已经完成的功业，却来受你节制，从来没有听说过有这种事。而且，明公（王浑）位居上将，抓住机会，自应前进，岂能一件一件，都要皇上指示？现在就渡长江，十拿九稳，有什么怀疑顾虑，而停留在这里不动？这正是敝长官（周浚）所以深感遗憾的原因！”王浑仍不接受。

王濬的巴蜀舰队已过武昌（湖北省鄂州市），直航建业（江苏省南京市）。东吴帝孙晧派游击将军张象，率残余的江防舰队一万人西上迎战，张象在望见王濬舰队先头船只的大旗时，立即投降。王濬船舰布满江面，铠甲武器，照耀白日，旌旗插天，迎风招展，军威壮观。东吴人民，大为恐惧。

东吴帝孙晧最亲信的官员岑昏，因为阴险谄媚，被擢升部长高位，喜爱土木兴建，政府民间，对他十分痛恨，可是，又无可奈何。晋军快要抵达时，宫廷其他亲信数百人，向孙晧叩头请求：“晋军日渐逼近，我们的军队却拒绝拿起武器，陛下将怎么办？”孙晧说：“什么缘故？”大家回答：“都是为了岑昏！”孙晧自言自语说：“既然如此，只有教这奴才向人民请罪。”大家乘势说：“遵命！”一拥而上，抓走岑昏；孙皓一连派人追赶阻止，岑昏已被剁成几段。

东吴帝国徐陵（江苏省镇江市京口区）防卫司令（督）陶濬，奉命讨伐广州郭马（参考去年〔二七九〕八月），走到武昌（湖北省鄂州市），听见晋王朝大举进攻消息，即行回军，返抵首都建业（江苏省南京市），孙皓接见他，询问敌人船舰动向。陶濬回答说："巴蜀船只都小（王濬船舰，庞大无比，说明东吴帝国一团混乱，对敌情毫无所知），如果给我二万人的部队，乘大型战舰迎击，足能把他们击破。"孙皓遂集结所有部队，命陶濬"持节""假黄钺"，预定第二天出发。当天夜间，部队全体逃亡，只留下空营。

当时，王浑、王濬，及琅邪王司马伷，三路大军，齐向建业推进。东吴宰相（司徒）何植、建威将军孙晏，都送出印信符节，往王浑大营投降。孙皓发现众叛亲离，听从宫廷禁卫官司令（光禄勋）薛莹、最高立法长（中书令）胡冲的意见，派出使节，把降书分别送给王浑、王濬、司马伷。又写信给臣属，深刻责备自己，并且强调："而今，大晋王朝，平定四海，正是英雄豪杰献身报国之日，不要因政府改变，年号不同，感到沮丧。"使节先把皇帝印信送给司马伷。

三月十五日，王濬的巴蜀舰队经过三山（江苏省南京市江宁区西南长江东岸），王浑派人带着函件，邀请王濬暂停前进，前来大营举行军事会议。当时，舰队乘风破浪，鼓帆前进，势如万马奔腾，扑向建业。王濬回答说："风大水急，无法抛锚。"当天，王濬武装部队八万人，两船相并，前后衔接一百余华里，战鼓擂动，士卒呐喊，攻入石头城（建业城西北）。孙皓脱光上身，双手绑在背后，抬着棺木，到王濬军营投降；王濬命人解开他的捆绑，焚烧棺木，请进司令部相见，收取东吴帝国的地图和户籍簿册，共计有四州（交州、广州、扬州、荆州）、四十三郡；人民五十二万三千户，士兵二十三万人。（东吴

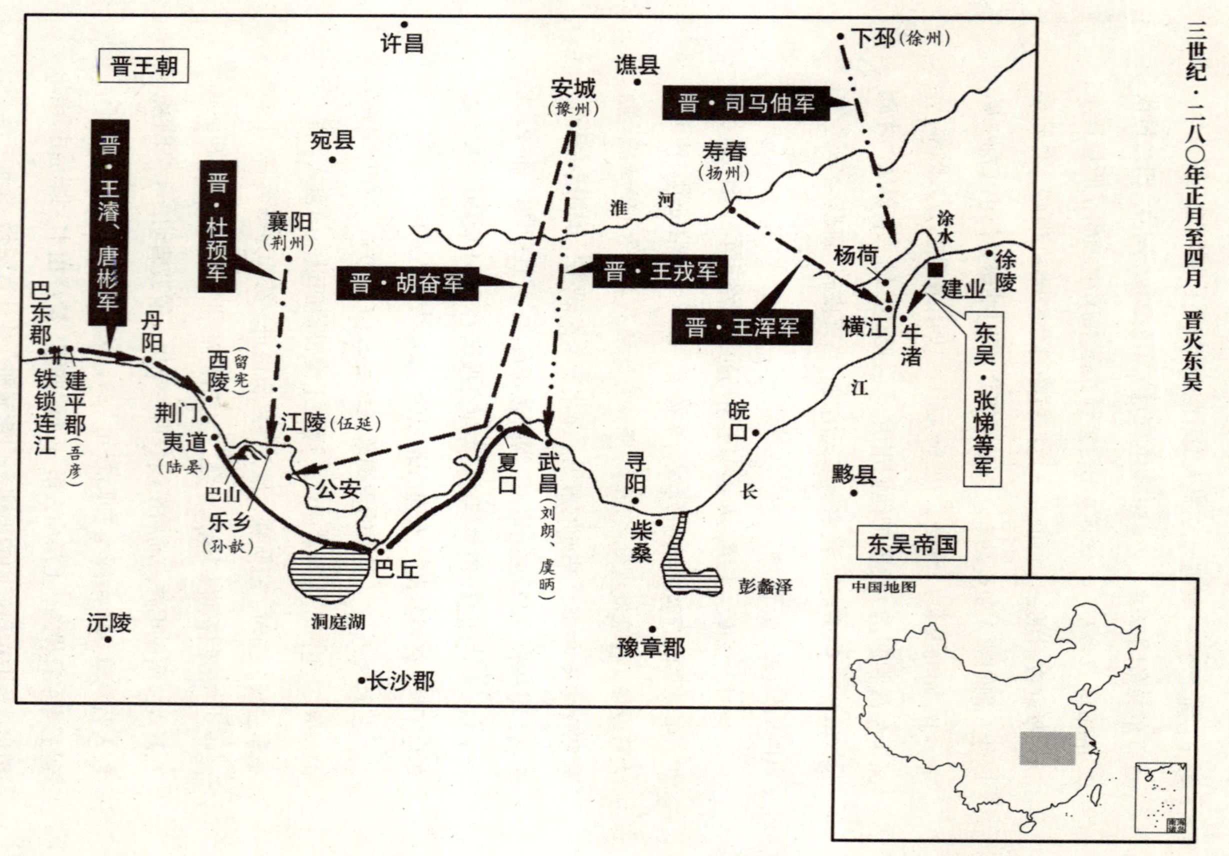

三世纪・二八〇年正月至四月　晋灭东吴

帝国自二二二年建立，本年〔二八〇〕覆亡，共四任君，立国五十九年。三国时代结束，中国恢复统一。）

晋王朝政府得到已经平定东吴帝国消息，文武百官都向晋帝司马炎祝贺；司马炎手拿酒杯，流泪说："这都是羊祜的功劳。"骠骑将军孙秀独不参加（孙秀事，参考二七〇年十一月），面向南方，哭泣说："遥想当年（一九五年），孙策以二十岁年纪，位置不过一个低级军官，创立大业。而今，孙晧把广大江南（长江以南），一次抛弃，皇家祭庙、墓园，从此成为废墟。悠悠苍天，究竟如何安排！"

刘禹锡《西塞山（湖北省黄石市东长江南岸）怀古》：

王濬楼船下益州／金陵王气黯然收／千寻（一"寻"长四公尺）铁锁沉江底／一片降幡出石头／人世几回伤往事／山形依旧枕寒流／从今四海为家日／故垒萧萧芦荻秋。

东吴帝国皇帝孙晧没有出降前，晋王朝政府大臣，都认为绝不可以冒险轻进；只张华坚持，认为一定能够攻克。身为远征军总司令官（大都督）的贾充上书说："东吴地区，不可能完全平定；而今，正是夏季，天气酷热，长江、淮河一带，地势低下，十分潮湿，一定发生瘟疫，最好是召回各路大军，以后再作打算。今天面临险境，即令把张华腰斩，也不足以向天下赎罪。"司马炎说："这是我的意思，张华不过跟我相同罢了。"荀勖再上奏章，要求批准贾充的请求；司马炎不理。杜预听到贾充要求停战消息，急急上书反对，信差刚到轩辕（河南省洛阳市偃师区东南），东吴帝国已经投降。贾充既惭愧又恐惧，亲自到宫门请罪，司马炎安慰他，不作追究。

3 夏季，四月二十八日，晋王朝政府封孙皓当归命侯。 786

四月二十九日，大赦天下，改年号（之前是咸宁六年，之后是太康元年），特准全国人民大吃大喝五天。派使节分赴荆州、扬州（指东吴帝国故地）宣慰。东吴帝国时代州长、郡长以下官员，全不改动；废除东吴帝国时代的苛政，一切要求精简。

故东吴帝国广州（州政府设番禺〔广东省广州市〕）全权州长（牧）滕修，率军讨伐郭马，还没有攻克（参考去年〔二七九〕八月），听到晋王朝大举进攻消息，即回军赴难，抵达巴丘（湖南省岳阳市），孙皓已经投降，遂换上白色衣裳，流涕不止，再回广州，跟广州州长（刺史）闾丰（闾，姓）、苍梧郡（广西梧州市）郡长王毅，把印信送缴晋王朝政府，请求投降。孙皓命交州（州政府设龙编〔越南河内市东北北宁省〕）全权州长（牧）陶璜的儿子陶融，携带他的信件给陶璜，陶璜流泪数日，也送缴印信给晋王朝政府，投降。司马炎命他们仍担任原来的官职。

王濬舰队东下时，东吴帝国各城池守军，望风而降。只建平郡（重庆市巫山县）郡长吾彦，据城固守。最后，听到国亡消息，才出城归附。司马炎任命吾彦当金城郡（甘肃省兰州市东）郡长。

最初，晋王朝政府为了向东吴帝国发动政治号召，对归降的人，都特别优待。所以孙秀（参考二七〇年十二月）、孙楷（参考二七六年六月），都受到殊荣。等到东吴帝国既亡，遂把孙秀降级当伏波将军，孙楷降级当北疆边防司令（度辽将军）。

琅邪王司马伷，派人护送孙皓和孙姓皇族，前往首都洛阳。

五月一日，孙皓抵达，跟他的太子孙瑾，用泥涂到头上，再把双手绑在背后，到洛阳东阳门（洛阳东城中门）。司马炎派皇家礼宾官（谒者）解开他的绳索，赏赐给他衣服、车辆，以及农田三十顷；每年还赏赐米谷、薪饷、绸缎，相待很厚。任命孙瑾当皇家警卫官（中郎），其他封亲王的皇子，都当初级禁卫官（郎中）。东吴帝国素有声望人士，也都以他们的才干，分别擢升任职。孙姓皇族随同渡江的，免除田赋捐税十年，江南（长江以南）人民免除田赋捐税二十年。

五月四日，晋帝司马炎亲自出临金銮宝殿受降，中央政府文武百官、邻国使臣，以及国立大学学生，全体出席典礼，传见归命侯孙皓，跟东吴帝国归降的高级官员。孙皓登殿，叩头，司马炎对孙皓说："我设这座位，等你很久！"孙皓说："我在南方，也设有座位，等待陛下。"贾充问孙皓说："听说你在南方，挖人眼珠，剥人面皮，这算什么刑法？"孙皓说："做人的臣属，谋杀他的君王，奸邪不忠的，就用这种刑法对付他。"贾充说不出话，十分羞愧，而孙皓一点也不觉难堪。

司马炎心地宽厚，所以对亡国之君，至为优待。但对像孙皓这种人渣，应该予以合理制裁，世上才有天理和公道。不分是非的敦厚，只不过一个和稀泥的昏庸汉。孙皓现在已经失势，那些被他酷刑致死者的家属亲友，竟一个个像只老鼠，没有人挺身而起，给予适当的反击，则不但没有正气，而且连人气都已丧失。难道那些人真的就是蝼蚁，无怪孙皓对他们百般凌虐诛杀，毫不在意。

司马炎曾经从容的问散骑侍从官（散骑常侍）薛莹，孙皓所以覆亡的原因。薛莹回答说："孙皓亲近小人，刑罚太滥，大臣和将领，没有安全保障，覆亡原因在此。"有一天，又问吾彦，吾彦说："孙皓英俊，宰相贤明。"司马炎说："如果是这样，怎么会覆亡？"吾彦说："上天的眷顾，到此为止。天道运转，已另有托付，所以被陛下擒获。”司马炎欣赏他的回答。

柏杨曰

薛莹忠诚正直，吾彦则是一个官场小像，既图欺骗国家元首，又图欺骗自己良知；把东吴帝国千万愤怒的人心，和抗暴的行为，一笔抹杀；把暴君的覆亡，归之于上帝，既不得罪有权大爷，又可博得“温柔敦厚”美名，可真是熟透了的老奸巨猾。

4 龙骧将军王濬进入建业（东吴故都）之后，第二天，安东将军王浑才过长江，对王濬不等待他而竟敢先行接受孙皓投降，惭愧悔恨，化成无名怒火，就要攻击王濬。王濬的总务官（别驾）何攀，劝王濬把孙皓送给王浑，王浑才打消念头。扬州（州政府设寿春）州政府总务官（别驾）何恽，看到王浑跟王濬争功，写一份备忘录给他的上司扬州州长（刺史）周浚说：“《尚书》重视谦让，《易经》表扬退避。从前，我们击破张悌，吴国（东吴帝国）士气丧失，王濬抓住这个时机，攻陷它的心脏。如果探讨前因后果，我们的行动实在太慢。现在，既然失去时机，时机就永不会再来，如果此时去争夺这项功劳，王濬决不会忍气吞声，不发一言；他一定会全力反击，那就白白伤了感情。而且会引起各自夸耀、互相负气的丑态，在我而言，实在认为不该如此。”周浚看到这份备忘录，即行劝阻王浑。

王浑不采纳周浚的建议，决心报复。于是，上书司马炎，指控王濬违抗诏令，拒绝接受节制；捏造王濬种种罪行。王浑的儿子王济，娶司马炎的女儿常山公主（名不详）；高贵的亲戚和当权的朋友，以及部属党羽等，满布政府，势不可当。于是，主管官员立即奏请：用囚车把王濬押解回京（首都洛阳），接受军法审判。司马炎不准，仅下诏责备王濬："不遵从王浑命令，只贪小利，违抗诏令。"

王濬上书申辩说：

"最初，接到诏书，命我直指秣陵（建业），又命我受武装部队总司令（太尉）贾充节制。我于三月十五日，抵达三山（江苏省南京市江宁区西南长江东岸），而王浑驻防长江西岸，送信教我前往，而我的舰队正顺风张帆，疾如流星，直扑贼寇（东吴帝国）巨城，无法使舰队在江心停止，再回头晋见王浑。

"我于当天（十五日）中午抵达秣陵（建业），黄昏时分，才接到王浑发下的应受他节制的虎符，命我于第二天（十六日）回军包围石头（建业城西北），又命我把我直属的巴蜀兵团名册，以及镇南兵团名册，立即呈报（镇南兵团，镇南大将军杜预所属，随王濬东下的部队）。我当时认为：孙晧已派来使节，请求投降，没有理由再回军去包围石头。至于士兵名册，数万人之多，不可能仓猝之间，编造完竣；而且也不是眼前的紧急任务，不应分心，绝不是轻视圣明制度。

"当时，孙晧众叛亲离，只剩下他一个匹夫，像贪生怕死的麻雀、老鼠一样，只求饶他一命。可是，长江以北各军，不知道虚实，不能乘机进军生擒，自是一项小小的失误。我适时的抵达，伸手便把孙晧俘虏。想不到因为这个缘故，更受他们怨恚痛恨，说：'我们看守敌人一百天之久，竟落到别人之手！'我愚昧的认为，事奉君王的态度，只要对国家有利，不管是生是死，都要全力以赴。如果为了不愿使自己蒙受嫌疑，逃避责任，免得受到处罚，这是臣僚为了自私，不肯尽忠的做法，不是君王和国家之福。"

王浑再打击王濬，公布周浚的信件，宣称："王濬军队弄到不少吴国（东吴帝国）的金银财宝。"又指控："王濬的营门官（牙门将）李高，放火焚烧孙皓皇宫。”王濬再上书皇帝，说：

“我孤单一身，已和强大的皇亲家族，结下深仇大恨。我深知道，冒犯君王，还有挽救的可能；冒犯当权贵官，祸事难以预测。前伪政府（东吴政府）皇家警卫指挥官（中郎将）孔摅说：二月间，武昌（湖北省鄂州市）失守，我们舰队即将抵达，孙皓巡视石头城（建业城西北）后，回到建业，左右侍从人员，都手拿刀斧，跳踉呼喊，说：‘我们要为陛下决一死战。’孙皓大为高兴，认为一定可以做到，便拿出所有金银财宝，赏赐给他们。可是奸佞小人，有他们的打算，得到金银财宝后，都乘机溜走。

“孙皓这时才感到恐惧，想到投降。使节刚刚派出，左右亲信便抢劫宫中珠宝，掠夺宫中美女，并放火焚烧宫殿。孙皓到处逃窜，唯恐怕不能免死。我抵达之后，才急命主管军官把火扑灭。周浚第一个进入孙皓的皇宫，王浑又是第一个登上禁闭孙皓的囚船。我进孙皓皇宫和上孙皓囚船，都在他们之后。而孙皓皇宫之中，连可以坐下的一席之地都找不到，如果还有残存的金银财宝，周浚、王浑，早已到手！

“周浚等指控我：‘集结巴蜀（四川省）士卒，不立即把孙皓交出，准备叛变。’而又挑拨吴国（东吴帝国）遗民，说我就要展开屠杀，夺取他们的妻子儿女；希望激起他们暴力反抗，造成混乱，就可坐实我的罪行，来报复他们的私恨。谋反大逆这么严重的罪名，都可以加到我头上；其他的恶言诽谤，自然更顺理成章。今年（二八〇）削平吴国（东吴帝国）的盘踞，实在是国家最大的喜事。但在我身上，却受到不少诬陷。”

王濬返抵京师（首都洛阳），主管官员仍不放松，再提弹劾：“王濬违抗诏令，犯‘大不敬’之罪（满门处斩），请下令交付司法部（廷尉）

严办。”司马炎下诏不准。主管官员又奏报：王濬在中央颁布大赦令之后，焚烧贼军（东吴军）船舰一百三十五艘，应交付司法部（廷尉）调查。司马炎下诏：“不必调查。”

王浑、王濬不停的争功，司马炎命司法部长（廷尉）广陵郡（江苏省淮安市淮阴区）人刘颂调查。刘颂调查的结果是：王浑是“上功”、王濬是“中功”。司马炎认为刘颂枉法不公，贬刘颂当京兆郡（陕西省西安市）郡长。

五月庚辰日（五月丁亥朔，没有庚辰），大封功臣，贾充采邑增加八千户；擢升王濬当辅国大将军，封襄阳县侯；杜预封当阳县侯；王戎封安丰县侯；琅邪王司马伷的两个儿子封亭侯；京陵侯王浑采邑增加八千户人家，晋封公爵；国务院执行官（尚书）关内侯张华，晋封广武县侯，采邑增加一万户人家；总立法长（中书监）荀勖因专心主持诏书的功劳，封他一个儿子亭侯。其他三公、部长以下官员，依照等级，各有赏赐。司马炎派人到羊祜家庙，宣读庆祝削平东吴帝国的诏书，封羊祜正妻夏侯女士当万岁乡君（男封“侯”，女封“君”），采邑五千户。

王濬认为自己的功劳大，而竟被王浑父子跟他的亲友党羽压制；每次晋见皇帝，都要陈诉他的功劳，跟被冤枉的情形，有时无法克制自己的愤怒，竟口不择言，说出不应该说出的话。司马炎每次都大度包容。益州（四川省中部）兵团军事总监（益州护军）范通对王濬说：“你的功劳，当然很高，可是你处理这么高功劳的态度，似乎还不能尽善尽美。当初凯旋回京（首都洛阳）之日，就应该脱下军衣，改穿便服，回到自己家宅，一句都不提及削平吴国（东吴帝国）的事。如果有人问你，就回答说：‘这是领袖（皇帝司马炎）的英明领导，将帅的同心合力，我这个年纪老迈的人，有什么贡献！’这是蔺相如使廉颇终于屈服的办法（参考前二七九年），王浑难道不惭愧？”王濬说：“开始时，我恐惧邓艾事件重演（邓艾之死，由于钟会对中央的蒙蔽，诬以谋反〔参考二六三年十二月〕；当时情形，王浑正是使用钟会当年手段），大祸可能临头，不能不陈述当时实情。后来越想越无法承受，这是我的度量不够宽宏。”

当时的人，全都认为王濬的功劳最高，而政府对他的酬庸最轻，替他愤愤不平。国立大学教授（博士）秦秀等，更上书皇帝，申诉王濬的冤屈，司马炎遂再擢升王濬当镇军大将军。

王浑曾经拜访王濬，王濬下令卫士武装戒备，然后相见（当年周勃在他的封国，也是令家人全副武装，才会见郡政府官员〔参考前一七六年〕。周勃、王濬，力足以定天下之难，智足以谋取一国。然而一旦身陷鲨鱼群，惧谗畏讥，方寸都乱，智勇都竭，使人心情沉痛）。

5 镇南大将军杜预，回到襄阳（湖北省襄阳市），认为全国虽然统一，天下太平；但是，忘掉战争的国家，必定危险；所以仍照常进行军事训练，命各城池严加守卫。引导滍水（沙河，东流至河南省叶县东北，注入汝水）、淯水（白河，南流至襄阳市注入汉水）的水，灌溉一万余顷农田。从扬口（湖北省江陵县长江南岸）开始，凿开通往零陵郡（湖南省永州市）、桂阳郡（湖南省郴州市）的水道，便利粮食运输；政府与人民，都受到益处。杜预是一个文弱书生，不会骑马，不会射箭，但指挥作战，取得胜利，各将领都赶不上他。杜预在襄阳，不断赠送礼物给首都洛阳当权的高官和贵族，有人问他为什么要贿赂，杜预说：“我只是防止对我陷害，不求对我帮助！”

6 王浑升任征东大将军，仍镇守寿春（安徽省寿县）。

7 故东吴帝国副总参谋长（副军师）诸葛靓，自逃亡后便没有消息（诸葛靓是诸葛诞的儿子，被送往东吴帝国当人质；参考二五七年四月），晋帝司马炎跟诸葛靓，自幼就是好友。诸葛靓的姐姐是琅邪王司马伷的王妃。司马炎知道他一定藏在姐姐家里，就亲自去看他；诸葛靓逃到洗手间，司马炎又追到洗手间，才把他堵住，对他说："想不到今天，才能相见。"诸葛靓流泪说："我不能像豫让那样身上涂漆（参考前四〇三年），聂政那样自己剥下面皮（参考前三九七年），却再看到圣上，实在惭愧自恨！"司马炎下诏，任命诸葛靓当高级咨询官（侍中），诸葛靓坚决拒绝，回到故乡（琅邪郡阳都县，今山东省沂南县南），终身不面向晋王朝中央政府所在地落座。

8 六月，司马炎再封丹水侯司马睦当高阳王（司马睦被贬事，参考二七七年七月）。

9 秋季，八月五日，司马炎封皇弟司马延祚当乐平王，司马延祚不久逝世。

10 九月六日，全国武装部队总司令（太尉）贾充等，因天下已经一统，不断请求司马炎"封禅"（到泰山祭祀天地），司马炎拒绝。

11 冬季，十月，前将军、青州（山东省北部）州长（刺史）淮南郡（安徽省寿县）人胡威逝世。胡威当国务院执行官（尚书）时，曾经建议：任官的资格，不宜太宽。司马炎说："国务院助理官（尚书郎）以下，我绝不通融。"胡威说："我所请求的，岂是助理官（尚书郎）以下？正是希望对我这样的官员，严格遴选，才可以使政治清明。"

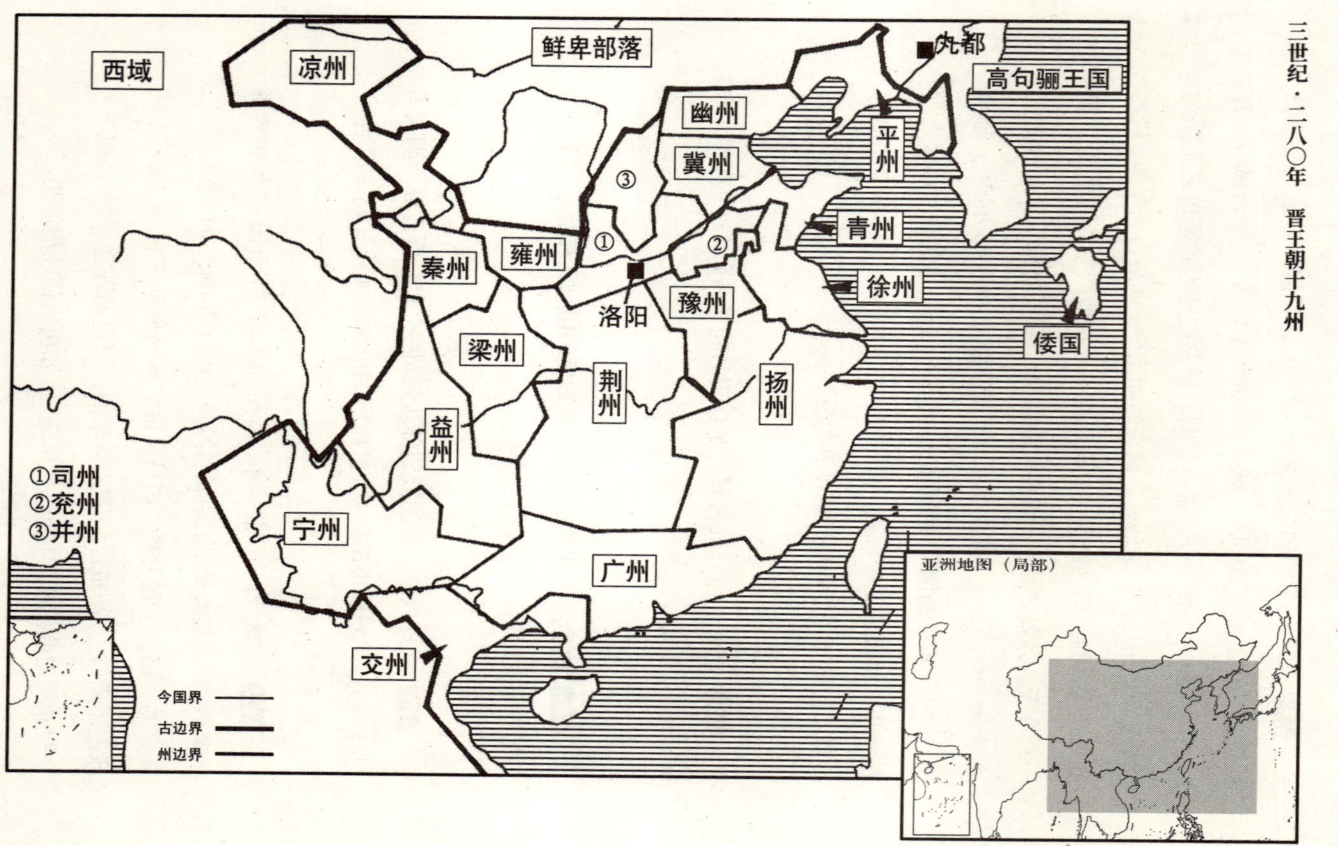

三世纪·二八〇年 晋王朝十九州

12 本年（二八〇），中央政府将京畿总卫戍司令（司隶校尉）所管辖的京畿地区，改称司州。计全国十九州（司州〔州政府设洛阳〕、兖州〔州政府设廪丘·山东省郓城县西北〕、豫州〔州政府初设安城·河南省正阳县东北，后迁陈县·河南省周口市淮阳区〕、冀州〔州政府设信都·河北省衡水市冀州区〕、并州〔州政府设晋阳·山西省太原市〕、青州〔州政府设临淄·山东省淄博市东临淄区〕、徐州〔州政府设彭城·江苏省徐州市〕、荆州〔州政府初设襄阳·湖北省襄阳市，后迁江陵·湖北省江陵县〕、扬州〔州政府初设寿春·安徽省寿县，后迁建业·江苏省南京市〕、凉州〔州政府设姑臧·甘肃省武威市〕、雍州〔州政府设长安·陕西省西安市〕、秦州〔州政府设冀县·甘肃省甘谷县〕、益州〔州政府设成都·四川省成都市〕、梁州〔州政府设南郑·陕西省汉中市〕、宁州〔州政府设滇池·云南省昆明市晋宁区东晋城街道〕、交州〔州政府设龙编·越南河内市东北北宁省〕、广州〔州政府设番禺·广东省广州市〕、幽州〔州政府设涿县·河北省涿州市〕、平州〔州政府设襄平·辽宁省辽阳市〕），共计一百七十三郡和封国、二百四十五万九千八百四十户。

13 皇帝司马炎下诏："自从二世纪八〇年代东汉王朝末年，四海分崩离析，各州州长（刺史）对内管理民政，对外率领武装部队。而今天下一统，自当使干戈宁息。各州州长（刺史）职责，应恢复两汉王朝鼎盛时的原状（只管政治，不管军事），州政府及郡政府所统民兵，全部撤销。大郡设置武官一百人，小郡设置武官五十人。"交州（州政府设龙编）全权州长（牧）陶璜上书说："交州（越南北部）、广州（广东及广西），东西数千华里，不接受政府政令的蛮夷，有六万余家；而政府可以征召差役的，只不过五千余家。两州像牙齿跟嘴唇一样，密切相依，全靠兵力镇压。而宁州（云南省）境内的各蛮夷，都据守各河川的上游，无论水道和陆路，都跟交州（越南北部）相通。州政府的民兵，不宜裁撤，那样做会暴露我们内部的空虚。"国务院执行长（仆射）山涛，也上书说：“不应该撤除州郡政府的武装。”司马炎不采纳。

等到二十年后的四世纪〇〇年代，民变纷起，州郡政府赤手空拳，无法克制，天下遂再陷于大乱，跟山涛所预测的一样。各州州长（刺史）再度兼管军事，州政府的地位更为重要。

14 东汉王朝及曹魏帝国以来，羌人、胡人（匈奴人）、鲜卑人等归降的，多数都使他们进入塞内各郡定居。以后，因为怨恨和愤怒的缘故（不知怨恨愤怒的原因，有些当然是罪有应得而仍怨恨；但恐怕大多数都是因为暴官的虐待，观察石勒的遭遇，当可了然），不断杀害郡长县长，逐渐成为民间祸害。执法监察官（侍御史）西河郡（山西省吕梁市离石区）人郭钦上书说：“蛮夷强横，自古以来，就是国家的大患。曹魏帝国时代，人口稀少，西北各郡居民，几乎全是戎人，甚至心脏地区各郡，如京兆郡（陕西省西安市）、魏郡（河北省临漳县西南邺城镇）、弘农郡（河南省灵宝市东北），也都有戎人。现在虽然服从政府，可是，百年之后，万一风吹草动，他们的骑兵从平阳郡（山西省临汾市）、上党郡（山西省黎城县西南）出发，用不了三天，便到孟津（河南省洛阳市孟津区东黄河渡口）；于是北地郡（陕西省铜川市耀州区）、西河郡（山西省吕梁市离石区）、太原郡（山西省太原市）、冯翊郡（陕西省大荔县）、安定郡（甘肃省镇原县东南屯字镇）、上郡（陕西省韩城市），将全部陷入异族之手，成为他们的庭院。现在正应该乘着我们削平吴国（东吴帝国）的声威，运用谋臣猛将的方略，逐渐把内地和汉人杂居的蛮夷，迁移到边疆地带，严格限制各地异族的交通，恢复从前圣明君王所定的‘荒服’制度（参考二三三年十二月），这是万世的长程计划。”司马炎不理。

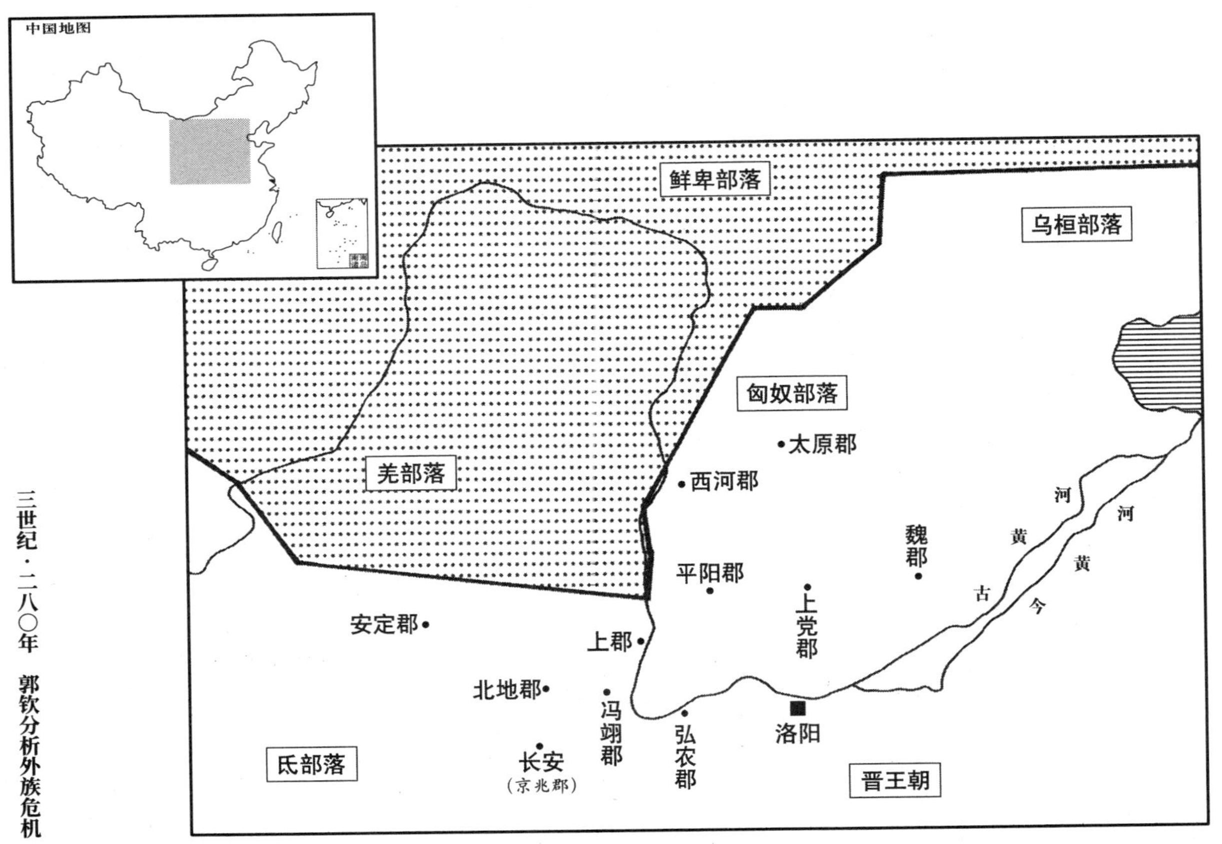

三世纪·二八〇年 郭钦分析外族危机

1 春季，三月，晋王朝（首都洛阳〔河南省洛阳市东白马寺东〕）皇帝（一任武帝）司马炎（本年四十六岁）下诏，挑选孙皓（东吴帝国末任帝）故宫美女五千人进宫。

司马炎既征服东吴帝国，更沉迷欢宴游乐，对国家大事，感到厌倦，为了寻找刺激，把全副精力，放到美女身上。后宫美女，将近一万人，一个个貌美如花，以至司马炎不知道找哪一个上床才好，于是乘坐山羊拉的小车，随山羊的高兴，它停在谁的门口，他就下车找谁陪宿。美女们为了争夺这个唯一的男人，纷纷把竹叶插到门口，把盐水洒到地上，引诱山羊上门（据说，山羊喜吃竹叶，又喜吃咸味）。

皇后杨芷的老爹杨骏、杨骏的老弟杨珧（音yáo〔姚〕）、杨济，利用司马炎的懈怠，开始接管大权，内外来往，互相请托，威势之盛，无论宫廷或政府，没有人能够相比，当时人士称之为“三杨”；旧有的臣属，多数都被疏远。国务院执行长（仆射）山涛数次规劝，司马炎虽然知道，但是不能改正。

2 最初，鲜卑酋长莫护跋，从塞外入居辽西地区（辽宁省西部）棘城（辽宁省义县西），号称“慕容部落”（《晋书》：莫护跋于二三八年，追随司马懿攻击公孙渊，封率义王，居棘城之北），莫护跋生慕容木延，慕容木延生慕容涉归。慕容涉归迁移到辽东郡（辽宁省辽阳市）之北，世代归附中国；并且很多次协助中国军队出征作战，建立功勋，被封“大单于”。

冬季，十月，慕容涉归开始攻击中国所属的昌黎郡（辽宁省义县）。

3 十一月二十五日，高平公（武公）陈骞逝世（年八十一岁）。

4 本年（二八一），扬州（州政府设寿春〔安徽省寿县〕）州长（刺史）周浚，将州政府迁移秣陵（建业，江苏省南京市）。故东吴帝国仍有没有归附的臣民，屡次发生变乱，周浚一一讨伐镇压；对当地长辈父老，都十分礼敬；寻访贤才，恩威并用，东吴故地上下，心悦诚服。

二八二年 壬寅

晋 太康 三年

1 春季，正月一日，晋王朝（首都洛阳〔河南省洛阳市东白马寺东〕）皇帝（一任武帝）司马炎（本年四十七岁）亲自到首都洛阳南郊，祭祀天神；典礼完成后，感慨的问京畿总卫戍司令（司隶校尉）刘毅说：“你看，我可以比两汉王朝哪些君王？”刘毅说：“刘志（东汉王朝十一任帝桓帝）、刘宏（东汉王朝十二任帝灵帝）。”司马炎说：“怎么会糟到这种程度？”刘毅说：“刘志、刘宏卖官的钱流入国库，陛下卖官的钱流到权贵私人口袋。从这一项来说，陛下恐怕还不如刘志、刘宏。”

司马炎大笑说："刘志、刘宏时代，听不到这种直率的话。我有你这样正直的干部，比他们可好得多了。"

刘毅当京畿总卫戍司令（司隶），纠举豪门权贵，毫无顾忌。皇太子司马衷前导仪队，直入皇宫东掖门（任何官员到达宫门，仪队都不能进去，必须下车步行），刘毅上书弹劾。中央军事总监（中护军）、散骑侍从官（散骑常侍）羊琇，对司马炎从前就有恩德（参考二六四年八月），统御中央禁卫军，参与最高机密，前后有十余年；仗恃皇帝的宠爱信任，不断犯法。刘毅弹劾羊琇：罪该诛杀，司马炎派齐王司马攸，用私情请托，请刘毅宽恕羊琇，刘毅只好答应。但总卫戍司令部纠察官（都官从事）广平郡（河北省曲周县东北）人程卫，一直闯进中央军事总监部（护军营），逮捕羊琇的属官，查出羊琇所隐瞒的犯罪实情，立即直接向皇帝上书，指控羊琇所犯种种暴行，然后才通知刘毅。司马炎面对确凿的证据，迫不得已，只好把羊琇免职。然而，不久，仍命羊琇以平民身份当官。

羊琇，是司马师正妻羊徽瑜的堂弟（司马炎的堂舅父）；后将军王恺，是司马昭正妻王元姬的亲弟（司马炎的舅父）；散骑侍从官（散骑常侍）石崇，是石苞的儿子（石苞，参考二七三年二月）。三人都非常富有，竞争比赛，看谁更奢侈、更浪费：王恺用米浆洗锅，石崇用蜡烛代替木柴；王恺用紫色丝绸夹道作屏幛四十华里，石崇则用亮光锦缎夹道作屏幛五十华里（古代权贵出行时，夹道设立布幕，遮蔽寒风尘沙）。石崇用花椒粉涂刷墙壁（花椒性温和而有芳香，二十世纪时已不值钱，但古代因来自西域〔新疆及中亚东部〕之故，价格至为昂贵，只有皇宫才用来涂刷墙壁，所以皇后卧室也称"椒房"），王恺则用胭脂涂刷墙壁。晋帝司马炎总是帮助舅父王恺，曾经送给王恺一棵珊瑚树，高约二尺，王恺向石崇炫耀，石崇拿起铁如意（一种铁铸的"如意"；"如意"，形状略似二十世纪运动器材中的"哑铃"，一般都用璧玉雕成），用力一敲，把它敲碎；王恺大怒，认为石崇嫉妒他的宝物。石崇说："用不着懊恼，我赔你一个。"命左右侍从，把家里珊瑚统统搬来，高三四尺的，有六七棵；跟王恺一样的，更多；王恺惭愧，神不守舍。

车骑将军府军政官（车骑司马）傅咸上书说："从前的圣王，治理天下，人民什么时候吃肉，什么时候穿丝绸，都有规定（五十岁之后才可吃肉，六十岁以后才可以穿丝绸）。我心中认为：奢侈所付出的代价，比天灾还要严重。古代人多地少，家家都有储蓄，因为他们节俭。而今地广人稀，反而家家贫乏，因为大家浪费。如果打算提倡节俭，应当责备浪费。浪费不受责备，甚至被赞扬是一种高尚行为，浪费就没有尽头。"

2 国务院执行官（尚书）张华，他的文学、才干、见识，都十分卓越，拥有盛大的声名；议论的人都认为张华应担任"三公"高官。总立法长（中书监）荀勖、高级咨询官（侍中）冯紞，因为张华坚持讨伐东吴帝国（参考二七九年八月），使他们丢脸，所以对张华厌恶到极点。正好有一天，司马炎问张华说："我如果死了，谁可以托付后事？"张华说："品德高尚，又是皇家至亲，不如齐王（司马攸）。"司马炎失望，心里恼怒。荀勖抓住这个机会，加以挑拨。

正月十八日，司马炎任命张华当幽州（河北省北部）军区司令长官（都督幽州诸军事）。张华前往幽州（州政府设涿县〔河北省涿州市〕），宣慰安抚汉人跟胡人，治绩斐然，声誉更高。司马炎打算把他调回中央。有一天，冯紞正在司马炎身旁，谈到钟会往事，冯紞说："钟会谋反（参考二六四年正月），太祖（司马昭）要负责任。"司马炎拉下脸来说："你说的什么话！"冯紞脱下官帽，请求宽恕，说："我听说，一个优秀的马夫，一定知道如何使用缰绳：什么时候应拉紧，什么时候应放松。所以孔丘认为仲由有强大的能力，却摒弃他；认为冉求谦恭微弱，却推荐他（参考《论语》）。刘邦（西汉王朝一任帝）把五个封王尊崇到最高地位（五王：韩王信、楚王韩信、梁王彭越、淮南王英布、燕王卢绾），最后全都屠杀；刘秀（东汉王朝一任帝）一直抑制各将领，不交给他们权柄，最后全都享受荣华富贵，得终天年。并不是在上位的人有'仁慈''残暴'的不同，也不是在下位的人有'愚蠢''智慧'的不同，而是放纵和约束之间，有重大区别，遂使他们走上不可避免的道路。钟会的才能和智慧，已到极限，可是太祖（司马昭）却对他不断夸奖，擢升他到重要地位，又交付给他庞大的军队，使钟会产生一种印象，认为他的谋略从来不会失败，而功劳已到了国家无法再赏赐他的程度，这才生出叛逆的念头。假令当初，太祖（司马昭）看重他的小才小能，用礼义来节制他，用权威来慑服他，用法条来拘束他，那种叛乱的思想，根本不可能产生。"

司马炎说："你说得对。"冯紞叩头说："陛下既然认为我说的话对，应该想到：冰冻三尺，非一日之寒。不要使像钟会这一类的人，再蹈覆辙。"司马炎说："当今世界上，难道还有钟会？"冯紞要求左右侍从人员全都退出，单独报告说："陛下的智囊，大功显耀天下，身为方面大员，统领武装部队的，都应该一一考虑分析。"司马炎不再说话，但也不再提征召张华回中央的事。

3 三月，安北将军严询，在昌黎郡（辽宁省义县）击败慕容涉归（参考去年〔二八一〕），斩杀及俘虏将近一万人。

4 全国武装部队总司令（太尉）、鲁公贾充，年纪老迈，病势又很沉重。皇帝司马炎派太子司马衷，前往问候。贾充对他死后的法定绰号和史书对他的记载，十分忧虑（贾充有自知之明，仅杀曹髦〔曹魏帝国四任帝〕一件事〔参考二六〇年五月〕，就非被加上“恶谥”不可；而且，他也感觉到他的奸邪行径，无法逃过史学家的论断），堂侄贾模说：“是非善恶，历史一定都会显现，没有人可以掩饰得住。”

夏季，四月二十五日，贾充逝世（年六十六岁），世子贾黎民早死，没有男性继承人（《晋书》：贾充的后妻郭槐，奇妒，贾黎民小娃三岁时，乳娘抱他在阁前玩耍，正好贾充进来，小娃向老爹嬉笑，贾充上前抚摸。郭槐看见，认为贾充跟乳娘有通奸私情，用皮鞭把乳娘打死。小娃思念乳娘，不吃别人的奶，啼哭不止，几天后断气。后来，郭槐又生一个小娃，乳娘抱他，经过庭院时，贾充用手摸小娃头顶，郭槐又认为其中又有奸情，再把乳娘杀掉，小娃思慕乳娘，也死）。后妻郭槐打算由幼女贾午的儿子韩谧（音mì〔蜜〕），作为世孙，当外祖父的合法继承人（贾充担任最高监察长〔司空〕时，延聘南阳郡〔河南省南阳市〕人韩寿当秘书〔司空掾〕，韩寿容貌英俊，行止端庄。贾充每次宴请宾客僚属，幼女贾午一定在屏风后暗中窥探，对韩寿大为欣赏，于是由婢女牵线；韩寿身手敏捷，夜间翻墙而入。贾午从此笑逐颜开，跟往常大不一样，家人蒙在鼓里，无人知道。当时，西域〔新疆及中亚东部〕向中国皇帝进贡一种奇异的香水，只要沾到身上，香味一个月都不消失。皇帝司马炎当作宝贝，大臣中只赏赐给最高指挥官〔大司马〕陈骞跟贾充。贾午就从老爹那里偷出来，送给韩寿。韩寿的同僚闻到这种香味后，告诉贾充。贾充立刻判断是女儿干的事，但门禁森严，他怀疑韩寿从什么地方进来，遂在夜半时分，忽然间大惊小怪，下令搜查，搜查的结果，在院墙东北角上，发现似乎是狐狸爬过的痕迹。贾充拷问女儿的左右侍婢，大家说出实情，贾充只好把女儿嫁给韩寿。这段故事，留下“韩寿偷香”成语）。鲁国公爵府禁卫官司令（郎中令）韩咸、鲁国首府鲁县警备区司令（中尉）曹轸，向郭槐建议说：“传统礼教上，从来没有姓不一样而可以当后裔的规定（中国直到二十世纪，仍是重男轻女社会，只重外在的姓，不重内在的血缘；儿子的子女，跟女儿的子女，血缘上固无分别），而今这样做，是使先公（贾充）在后世受到讥笑，在地下惭愧不安。”郭槐不接受。韩咸等上书皇帝，请求改变内定的继承人；奏章呈上去后，没有下文。郭槐遂上书，说是贾充临死时吩咐，司马炎批准；为了自圆其说，还特别下一诏书，说：“此后，除非功劳之大像太宰（贾充），第一代封爵而又没有儿子像太宰（贾充），都不能援例。”等到祭祀部（太常）讨论贾充的绰号时，国立大学教授（博士）秦秀说：“贾充沉溺在私情之中，违背礼教，破坏人伦。从前，鄫国（山东省兰陵县西北）国君选立外孙、莒国（山东省莒县）国君的儿子做后裔，《春秋》就严肃记载：‘莒人灭鄫国（《春秋》前五六七年：“莒人灭鄫。”《谷梁传》：莒人灭鄫，并不是真正的把鄫国征服并吞，而是指鄫国国君把女儿的儿子当作后裔，主持祭祀），斩断祖先所享受的祭祀，开启政府混乱的泉源，依照《谥法》：‘昏庸糊涂，违法乱纪，称“荒”。’所以贾充应称荒公。”司马炎不许，直拟指定贾充的绰号“武”（如果秦秀的建议批准，贾充就是鲁荒公，现在则成了鲁武公）。

5 闰四月一日，宰相（司徒）、广陆侯（成侯）李胤逝世。

6 齐王司马攸的德行声望，日益升高；荀勖、冯𬘘、杨珧，对这种现象，深为厌恶。冯𬘘向司马炎说：“陛下曾下令所有的爵爷，都回到自己的封国（参考二七七年八月），自应该从最亲近的王爷开始，而最亲的齐王（司马攸），却单独留在京师（首都洛阳）不走，怎么可以？”荀勖说：“政府文武百官，都归心齐王（司马攸），陛下逝世之后，太子（司马衷）恐怕不能继承帝位。陛下不妨试一试：下令齐王（司马攸）回到他的封国（齐国，山东省淄博市东临淄区）。我敢保证，全体官员都会反对。到那时候，就可验证我的判断。”司马炎认为有理。

冬季，十二月十三日，下诏：“上古时代，官分九级，最高的是封国领袖（伯。《周礼》：一级，接受委任〔一命受职〕；二级，接受官服〔再命受服〕；三级，接受官等〔三命受位〕；四级，接受印信〔四命受器〕；五级，接受法令规章〔五命赐则〕；六级，接受官位〔六命赐官〕；七级，接受采邑〔七命赐国〕；八级，担任地方长官〔八命作牧〕；九级，担任独当一面的封国领袖〔九命作伯〕），或到中央主持政府，或到地方镇守山川；但无论在哪里，都居于主宰的地位。高级咨询官（侍中），兼最高监察长（司空）、齐王司马攸，辅佐君王，建立功勋，为皇家任劳任怨。现在任命他当最高指挥官（大司马），兼青州（山东省北部）军区司令长官（都督青州诸军事）；仍保留高级咨询官（侍中）职位。特别加重崇敬的礼仪，主管单位依照先例执行。”又任命汝南王司马亮当全国武装部队总司令（太尉），主管政府机要（录尚书事），兼太子师傅（太子太傅）；擢升特级国务官（光禄大夫）山涛当宰相（司徒）；国务院总理（尚书令）卫瓘当最高监察长。

征东大将军王浑上书，认为：“司马攸是陛下的至亲兄弟，而又有美德，地位正如周王朝的姬旦（周公），最好是留在中央，辅佐皇家，参与国家大事。而今，把司马攸逐出首都（洛阳），给他一个司令长官的虚名，实际上却又不交付给他军权；亏损兄弟间深厚的情义，恐怕不是陛下遵从先帝（司马昭）以及文明太后（司马炎娘亲王元姬）对司马攸的眷恋之情（参考二七六年）。如果说他是同姓的皇族子弟，宠爱太过时，可能发生刘濞、刘戊等‘七国之乱’的变化（参考前一五四年正月），那么，西汉王朝的吕家班（吕雉）、霍家班（霍显）、王家班（王莽），难道他们也是同姓的皇族子弟（王浑之意，认为司马攸不应疑，而“三杨”不应信）？考察古今政治，只要权势过重，一定发生灾难，并不分皇族或非皇族；所以唯一的办法，是走正当道路，寻求忠良。如果用小聪明疑神疑鬼，至亲固然有问题，难道疏远的就能保证没有问题。我愚昧的建议：‘太子太保’（此时未设太子太保）一职，应由司马攸担任，跟汝南王司马亮，首都卫戍司令（卫将军）杨珧，共同辅政。三个人地位相等，足可以互相纠正。既没有偏重一方，互相倾轧的可能，又没有失去仁慈的亲情大恩，应是最完美的措施。”

接着，扶风王司马骏，特级国务官（光禄大夫）李憙，中央军事总监（中护军）羊琇，高级咨询官（侍中）王济、甄德，都恳切劝阻，司马炎全不采纳（因有冯紞的话在先，所以劝阻的人越多，赞扬司马攸的人越多，司马炎的立场也越坚定；在这场政治斗争中，冯紞赢得一次漂亮的胜利）。王济教他的妻子常山公主（司马炎的女儿），甄德教他的妻子长广公主（也是司马炎的女儿），都进宫哭泣请求，请老爹留下叔父司马攸。司马炎大发脾气，对高级咨询官（侍中）王戎说：“我跟司马攸是至亲兄弟，今天教他前往青州（州政府设临淄〔山东省淄博市东临淄区〕），是我们的家务事。可是王济、甄德，却教他们的妻子来哭我这个活人！”把二人逐出宫廷（免除高级咨询官〔侍中〕），任命王济当国立大学校长（国子祭酒），甄德当藩属事务部长（大鸿胪）。

羊琇跟中央禁军总监（北军中候）成粲，打算设法跟杨珧见面，亲自把他刺死。杨珧得到消息，声称患病，不出家门，一面暗示主管官员弹劾羊琇；司马炎遂贬降羊琇当交通部长（太仆）。羊琇又气又恨，一病而死。李憙也以年纪老迈的理由，辞职，病故在自己私宅。李憙在政府任官时，亲戚朋友来找他，他用自己的薪俸维持他们的生活，但从不介绍他们担任官职，世人因此对他十分敬佩。

7 本年（二八二），散骑侍从官（散骑常侍）薛莹逝世（薛莹原是东吴帝国官员，参考二六九年十月）。有人问吴郡（江苏省苏州市）人陆喜说："薛莹在吴国（东吴帝国），恐怕是第一等贤才！"陆喜说："薛莹只能说第四等第五等，怎么能说第一等？孙晧暴虐无道，吴国（东吴帝国）臣民，沉默不说话，隐居不当官的，才是第一等。躲开高位，宁居低位，用俸禄代替耕田，维持生活的，是第二等。慷慨居官，体会国家，立身正直，无畏无惧的，是第三等。利用机会，不断促使政治改革的，是第四等。温和谨慎、不谄媚、不拍马，不过第五等。第五等以下，就用不着谈了。所以，吴国（东吴帝国）上等贤才，都被埋没，远远躲开麻烦。中等贤才有声名，有地位，但却接近灾祸。观察薛莹的一生行事，怎么能算第一等？"

柏杨曰

陆喜这篇评论，充分暴露出来传统知识分子神经质的卑怯。不管国家危机如何严重，不管人民灾难如何普遍，而只求明哲保身，所以才把冷血的下流动物，列为第一等，而把官场混混，列为第二等。认为立身正直，无畏无惧的英雄豪杰，以及不断促使政治改革，不谄媚、不拍马屁的人，不过是一群大小傻瓜，只有远远躲开麻烦，才是光明大道。大小傻瓜接近灾祸，自应受到讥讽。

实践正义是一种能力，面对暴政，所有的知识、学问、道德、勇气，完全崩溃。对别人的赴汤蹈火，反而酸溜溜的在旁边说风凉话，陆喜提供给我们一个无耻之徒的形象。

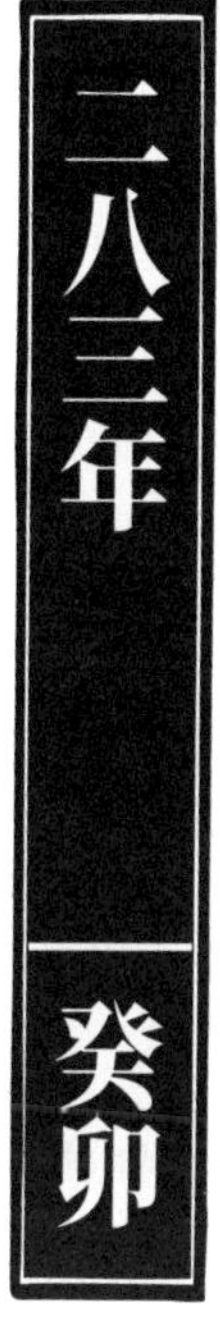

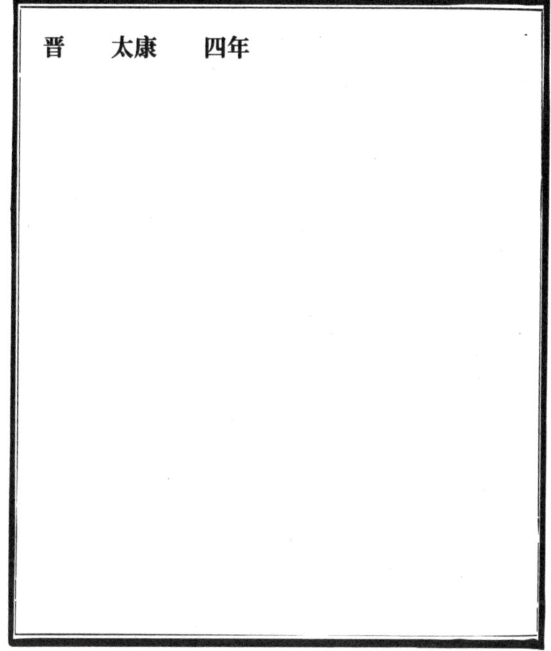

1 春季，正月甲申日（正月辛丑朔，没有甲申），晋王朝（首都洛阳〔河南省洛阳市东白马寺东〕）任命国务院右执行长（尚书右仆射）魏舒当左执行长（左仆射），下邳王司马晃当国务院右执行长（右仆射）。司马晃，是故安平王司马孚的儿子。

2 正月十八日，宰相（司徒）、新沓伯（康伯）山涛逝世（年七十九岁）。

3 晋帝（一任武帝）司马炎（本年四十八岁）命祭祀部（太常）讨论尊崇齐王司马攸，应赏赐什么尊贵器物。国立大学教授（博士）庾旉、太叔广（太叔，复姓）、刘暾、缪蔚、郭颐、秦秀、傅珍等，上书说：

“从前，纪元前十二世纪周王朝挑选德行高贵的大臣，辅佐皇家，皇弟姬旦（周公）、姬封（康叔）、姬载（聃季），都被延揽主持国事，担任三公（姬旦当太宰，姬封当警察部长〔司寇〕，姬载当工程部长〔司空〕），但留在中央时，责任重大；出守封国时，地位轻微。前二世纪西汉王朝时，亲王、侯爵的地位，超过丞相，在京师（首都）进入政府，兼任官职；但返回自己封国，官职即行取消，用不着再加任何官衔虚号，作为荣耀。

“假定齐王（司马攸）是一位贤能的人才，则他以皇弟的尊贵身份，不应该当一个像鲁国、卫国那种普通封国的国君；假定他不是一位贤能人才，就根本不可以在东方大海之滨，给他一大片土地，建立势力。上古礼仪，三公没有一定的职责，只是坐在君王身旁，跟君王研讨国家大计方针，从来没有人去地方上独当一面。只有姬靖（周王朝十一任王宣王）在时局最紧张的时候，命召（穆）公（名不详）出军讨伐淮河一带的蛮夷（参考前八二七年），所以《诗经》上说：‘徐方（淮河平原）叛乱／君王说“镇压它／早早凯旋。”’因为，身为宰相的人，不能长久的逗留首都之外。现在天下太平，四海一家，正需要深入的探讨三件大事：如何敬畏上天，进修品德？如何开发土地，物尽其用？如何治理人民，使家给户足，接受教化？共同奠立万年不坠的基础。而竟把齐王（司马攸）逐出中央，到首都二千华里之外，跟旧有的典章制度，并不符合。”庾旉，是庾纯的儿子。刘暾，是刘毅的儿子。庾旉事先把奏章草稿请老爹庾纯过目，老爹不表反对。

庾旉曾经有事拜访祭祀部长（太常）郑默，跟国立大学校长（博士祭酒）曹志。曹志伤感叹息，说："怎么会把如此贤才，如此亲近的人，不留在中央在根本上协助君王推广教化，反而被放逐海边！晋王朝的锦绣前程，莫非就要变化！"于是上书，说："古代君王的左右大臣，辅佐皇家，跟君王同姓的有姬旦（周公），跟君王异姓的有姜子牙（太公），都身留中央政府，五世之后，灵柩才运回封国安葬（《礼记·檀弓》：姜子牙的封国在营丘〔山东省淄博市东临淄区〕，五世之后，灵柩从首都镐京〔陕西省西安市西镐京社区〕运回营丘安葬），等到周王朝中衰，虽然'五霸'兴起，社会秩序，岂能跟姬旦（周公）、姬奭（召公）时代同日而语？自从伏羲氏（羲皇）以来（中国神话时代最早的神祇是盘古，中国人的祖先。其次则是"三皇""五氏"。三皇：天皇、地皇、人皇。五氏：有巢氏、燧人氏〔燧皇〕、伏羲氏〔羲皇或太皇〕、女娲氏〔女帝〕、神农氏〔炎帝，中国人自称"炎黄子孙"，"炎"指的就是神农氏〕。伏羲氏位于神话时代君王群中第七位），天下岂是一姓所能霸占？只有秉至公之心，跟人民利害一致，才能使政权的生命长久。所以秦王朝和曹魏帝国，打算一人独享，君王身死而国亡；周王朝和西汉王朝愿意分出一部分利益，无论亲近的和疏远的人才，都肯效忠，这是当代的例证。我认为，应接受国立大学教授们的建议。"

司马炎看到后，咆哮起来："连曹志都不了解我，何况别人！（胡三省注："曹志是曹植的儿子，昔日曹丕待曹植，正如同今日司马炎待司马攸，所以才说：'你怎么还不能体谅我的苦心！'"）那些教授（庾旉等）没有回答我问的问题，反而回答我没有问的问题，言论怪诞。"下令有关单位，把祭祀部长（太常）郑默免职。国务院执行官（尚书）朱整、褚䂮（音lüè〔略〕），遂弹劾曹志等："行为超出职掌范围，迷惑政府，把邪恶的言语，披上美德的外衣，假装正直，毫无忌讳。请准予逮捕曹志等，交付司法部（廷尉）定罪。”司马炎下诏：“曹志撤职，保留爵位（鄄城县公），返回私宅；其他官员全体移送司法部（廷尉）惩处。”

庾纯前往司法部（廷尉）自首：“庾旉曾把奏章草稿给我过目，我见识愚昧浅陋，竟没有阻止。”司马炎下诏：“赦免庾纯。”司法部长（廷尉）刘颂，奏报判决：“庾旉等犯了‘大不敬’法条，当在街市斩首。”国务院（尚书）请求准予司法部（廷尉）执行死刑。国务院执行官（尚书）夏侯骏说：“中央政府设立‘八座’官位，正是为了今天。”（总理〔尚书令〕、执行长〔仆射〕、国务院所属六部部长〔六曹尚书〕，世称“八座”。）单独提出异议；左执行长（左仆射）下邳王司马晃，也赞同夏侯骏的异议。奏章在皇宫搁置了七天，司马炎才下诏说：“庾旉是领头的人，自应第一个诛杀，但他的家人已经自首；现在，连同太叔广等七人，都赦免一死，一律撤职。”

二月，司马炎下诏：把济南郡（山东省济南市章丘区）并入齐国（山东省淄博市东临淄区）。

二月十九日，封齐王司马攸的儿子、长乐亭侯司马寔当北海王，命司马攸拥有皇家特有的器物荣耀；赏赐“轩悬”乐器（天子用的乐器称“宫悬”，四面悬挂；亲王用的乐器称“轩悬”，三面悬挂）、六佾舞蹈（佾，音yì〔意〕。佾舞是一种方块形状的舞，纵横都是八人，称“八佾舞”，君王专用。纵横都是六人，称“六佾舞”，封国国君专用）、黄铜巨斧（黄钺），朝见时可以乘坐皇帝出门时“法驾”的备用车队。

4 三月一日，日蚀。

5 齐王司马攸对自己被放逐，怨恨愤懑，一病不起，上书请求准予他留在京师（首都洛阳）陪伴娘亲（王元姬，也是司马炎的娘亲）坟墓，司马炎不许，只派御医前往诊病。御医们知道，如果证明司马攸并没有患病，上级将会回报他们的忠心。于是，异口同声说司马攸根本没有病。首都洛阳市长（河南尹）向雄，上书皇帝说："陛下的老弟和儿子，虽然很多，但是有品德、有声望的却很少。齐王（司马攸）即令在京师（首都洛阳）睡觉，国家也会受到益处，不可不三思。"司马炎不理，向雄愤怒恚恨，逝世。而司马攸的病更为沉重，但司马炎仍催促他马上动身。司马攸勉强打起精神，进宫告辞；司马攸素来重视衣着仪容，所以病虽沉重，仍然竭力支撑，行动一如常人，司马炎越发认为他根本没有病。司马攸出宫后，只有几天，便大口吐血，遽行逝世（年三十六岁）。司马炎亲自前往祭悼，司马攸的儿子司马冏（音jiǒng〔窘〕），痛哭哀号，控诉老爹有病，而御医们却诬称没有病，延误治疗。司马炎下诏诛杀御医；命司马冏继承老爹爵位。

最初，司马炎跟司马攸，兄弟至为亲爱；但受到荀勖、冯紞的挑拨（参考二七六年），使司马炎考虑到身死之后太子的安全，才决定放逐老弟。司马攸既死，司马炎哀恸不已。冯紞在身旁侍候，说："齐王（司马攸）名过其实，天下人无不归心。今天他自然死亡，正是国家的福气，陛下何必那么难过？"司马炎才不再流泪，下诏：司马攸的丧礼，依照安平王（献王）司马孚的前例（参考二七二年二月）。

司马攸一举一动，都规规矩矩，很少过失，连皇帝老哥司马炎对他都很敬畏，每次在一起时，都不随便发言。

6 夏季，五月一日，琅邪王（武王）司马伷（司马懿的儿子）逝世

（年五十七岁）。

7 冬季，十一月，擢升国务院左执行长（尚书左仆射）魏舒当宰相（司徒）。

8 河南（首都洛阳）及荆州（湖北省及湖南省）、扬州（安徽省中部及江南地区）等六个州，大水成灾。

9 归命侯孙晧（东吴帝国末任帝）逝世（年四十二岁）。

10 本年（二八三），鲜卑慕容部落（辽宁省西部）酋长慕容涉归逝世，老弟慕容删篡取政权，打算诛杀慕容涉归的儿子慕容廆（音wěi〔伟〕）；慕容廆逃亡，躲藏在辽东郡（辽宁省辽阳市）人徐郁家。

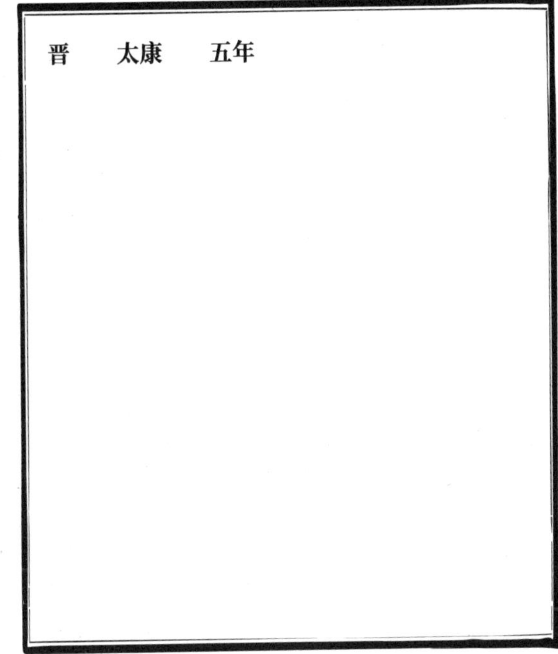

1 春季，正月四日，晋王朝（首都洛阳〔河南省洛阳市东白马寺东〕）中央军械库水井中，发现两条青龙，晋帝（一任武帝）司马炎（本年四十九岁）亲自前往察看，面露喜色。文武百官将要祝贺，国务院左执行长（尚书左仆射）刘毅上书说：

“从前，夏王朝宫廷，忽然降下二龙，最后却为周王朝带来

大祸（纪元前十八世纪，夏王朝末任帝姒履癸在位，有一天，褒国〔陕西省汉中市西 816
北河东店镇〕有两个人，忽然变成两条龙，飞翔一千公里，降落在姒履癸的宫廷之中，口喷唾沫。巫师占卜之后，说："神仙下临凡尘，一定显示吉祥，不如把唾沫收藏起来，只因唾沫是龙的精气，藏起来必有后福。"一千年后，到了纪元前九世纪五〇年代，周王朝十任王姬胡在位，放置龙涎的朱柜，忽然发出光芒。姬胡下令开柜观看，一不小心，打翻在地，龙涎忽然变成一个小鼋〔乌龟的一种〕，姬胡大吃一惊，命宫女们脱光衣服，赤身露体围着它呼叫〔在古代，认为裸体美女可以镇邪驱恶〕，而小鼋忽然不见。就在这时候，一位宫女一不小心，踩了一下小鼋爬过的足迹，心里一动，就怀了身孕。姬胡认为她定是偷情，下令禁闭。四十年后，生下一个女孩。这时姬胡已死，儿子十一任王姬靖继位，把女孩抛到河里溺死。一个因卖桑木弓而犯罪的逃犯，把女孩捡起，逃到褒国。不久，姬靖逝世，儿子十二任王姬宫湦继位，他是一位暴君，当褒国国君褒珦前往首都镐京〔陕西省西安市西镐京社区〕朝见，忠心耿耿，忍不住进言规劝几句时，姬宫湦把褒珦囚禁大牢，任何人任何方法都无法把他救出。褒珦的儿子褒洪德决定用美女攻势，这时，那位在娘亲肚中四十年才降生，而又被抛到河中的女孩——褒姒，已亭亭玉立，美艳绝伦。褒洪德把她献给姬宫湦，姬宫湦大喜过望，立刻把褒珦释放。褒姒不久生下儿子姬伯服。她发动夺嫡斗争，而且获得胜利。前七七三年，申皇后和太子姬宜臼被罢黜，封姬伯服当太子。褒姒可能因为她悲惨身世的缘故，一生中很少露出笑容，老丈夫姬宫湦为了使她一笑，决定采取军事行动，就在骊山〔中国历史上有名的胜地〕燃起烽火，京畿附近的封国国君，认为首都受到攻击，纷纷勤王，星夜进军，当封国国君们从四面八方赶到，发现不过是儿戏的时候，狼狈和恚恨的表情全都显露。褒姒忍不住嫣然一笑，这是为她从没有见过面的娘亲和义父的复仇一笑。两年后的前七七一年，太子姬宜臼的舅父申国国君联合犬戎部落，发动攻击，首都镐京〔陕西省西安市西镐京社区〕陷落，姬宫湦跟姬伯服在逃亡途中，被追兵诛杀，褒姒失踪。镐京在大规模奸淫烧杀后，成为废墟，周王朝不得不迁都洛阳〔河南省洛阳市〕，从此衰落，进入春秋时代）。《易经》说：'龙被压制，不能飞跃天空，因为阳气在下。’考查旧有的档案，从没有因龙祝贺的仪式。”

司马炎接受。

2 最初，曹魏帝国时代，政务署执行长（尚书）陈群，认为当时政务署（尚书）文官司（吏部）不能公平的遴选天下人才，所以命各郡各封国设考选官（中正），州政府设总考选官（大中正）；遴选本郡本州人士，担任官职，品德和才干特别优秀的，则推荐到中央政府。把人的能力和德行，定出九等，称为“九品”（参考二二〇年二月）。言论行为优越的则升官，言论行为堕落的则贬降，文官司（吏部）就根据考选官（中正）的论断，任命他担任公职。然而，长时间下来（迄今已推行六十五年），考选官（中正）人选，有些并不恰当，于是，营私舞弊，毛病层出不穷。

国务院左执行长（左仆射）刘毅上书说：

“现在的考选官（中正），以及九等分级（九品），已丧失当初本意；想高就高，想低就低，全看考选官（中正）高兴或不高兴。别人的荣耀和耻辱，操在他们手中，权力好比君王，威势超过政府。在公的方面，他随意评议，不负失职的责任；在私的方面，他揭发别人的隐私，没有任何顾忌。其实只是用尽心机，追求权力财富。清廉谦让的风气消失，斗争排斥的风气盛行。我内心认为，这是圣明王朝的羞辱。

“考选官（中正）的设立，对国家造成的伤害，至少有八项：等级高低，只看当事人势力大小；是非黑白，只看当事人官位高低。同是一个人，十天之间，论断完全不同。上等的没有一个出身寒微的人士，下等的没有一个是权贵家的子弟；这是其一。设立州的总考选官（大中正），本应该尊重一州的舆论，遴选大家推崇的人才，公正无私，才能够消除反对意见，责任至为重大。可是对总考选官（大中正）的人选，却轻率的任命，使乡里之间，一片愤怒，甚至在中央高官之间，也制造出仇恨；这是其二。原来制定的体制，分为九等（九品），不过是认为人们的才干和德行，有的较优，有的较劣；年龄辈分，有的较高，有的较低。想不到今天的情形是，优劣高低，恰恰颠倒；这是其三。

“陛下对善行有赏，对恶行有罚，一切都依照法令规章。可是，只有考选官（中正），手握全国文官的任免权力，却没有赏罚的规定。不特如此，还禁止别人申诉，考选官（中正）遂来往自如，毫无忌惮。受冤枉、被陷害的人，痛恨自己的正直被诬，却没有管道可以辩护，不得不含辱终身；这是其四。一国人才，多到以千为单位计算，有的迁移其他地方，有的在别处谋生；考选官（中正）跟他们连面都没有见过，又怎能了解他们的才能？可是考选官（中正）无论知道不知道，仍一一论断。于是，赞扬的话，都来自官员之口；诋毁的话，全出于茶余饭后的流言。考选官（中正）如果全靠自己，则了解得太少，网罗面一定不广；如果采纳别人意见，又不可能公平；这是其五。

“政府遴选人才，主要的目的是要他们治理人民。可是今天的情形是，官员能力强而政绩斐然的，反而被考选官（中正）列入下等；而一些混日子的官员，却被考选官列为上等；轻视身体力行，崇拜高谈阔论；助长社会浮华虚无的趋势，废除以事实作为根据的考绩；这是其六。官员之中，能力不同；政府事务，处理的方法也不一样；而今，政府任用官员，不管他的能力和处理事务的方法，而只用等级遴选；等级够的却不具备这种才能；而有才能的，又不能达到某一种等级。等级之设，遂成为空话；实质跟等级不符；这是其七。现在的九等（九品）分级办法，列到下等的，不说明他的过错；列到上等的，不说明他的优点；而只是各人依照各人的心意，喜爱的就列上等，厌恶的就列下等，一味培植私人党羽。于是，天下人士，都把正式业务和分内工作，抛到脑后；而全心全力，追求人事关系；这是其八。由此观察，官名虽然叫‘中正’（考选官），实际上却是奸邪巢穴。对人虽有九等评价，对国家却有八种伤害。从古到今，最大的失策，不能过此。我愚昧的认为，应撤销考选官（中正），废除九等分级（九品），捐弃曹魏帝国的恶法，厘定神圣王朝一代美好的制度。”

全国武装部队总司令（太尉）、汝南王司马亮，最高监察长（司空）卫瓘，也上书说：“曹魏政权建立在天下长期混乱之后，人才流离各地，无法深入考察，所以创设九等分级（九品）制度，只是暂且适应当时的环境。而今，全国统一，教化方才开始，我们认为：应该废除劣法，全国人民以现在的住所，作为永久居留地，自三公、部长级官员以下，现在住在哪里，哪里就是祖籍，不再是游客羁旅，使本土远悬千百华里之外！再撤销考选官（中正）及九等分级（九品）制度，使被推举的人，交由乡里评论；则激烈的斗争可以平息，不再看别人的脸色，而只看自己本身。”

始平王王府教育官（始平王文学）江夏郡（湖北省云梦县）人李重上书（始平王司马玮，是司马炎的儿子），认为：“九等分级（九品）的办法既然废除，应先下令准许人民自由迁移，跟自由选择永久居留地，则属地主义的户籍法，自然实施。”

司马炎虽认为他们说得正确，但始终不能有任何改变。

赵翼曰 国务院左执行长（左仆射）何劭逝世，担任考选官（中正）的袁粲，前来悼丧，何劭的儿子何岐声称有病在身，不能出来叩谢。袁粲只好独自祭拜，遂老羞成怒。出来后，誓言："今年我一定把那婊子养的降到最下等。"陈郡（河南省周口市淮阳区）人王诠说："何岐从前罪行那么多，你为什么不降他的等级？他爹刚死，就降他的等级，人们会抨击你畏惧强权，欺侮孤弱！"可见当时考选官（中正）论断人的高下，全凭自己的私意，想怎么说就怎么说。于是，权贵之家，代代荣耀；平民之家，连往前走一寸都不可能。流弊的严重，已到极点。然而从曹魏帝国，到晋王朝，更到南北朝，三四百年，都无法改正，原因是：当时掌握政府权柄的人，正都是考选官（中正）评价为最高等级（高品）的人，各自维护自己的高贵门第，保持自己的既得利益，所以坚决反对任何改革。而且，施行已久，大家习以为常，上自天子，下到平民，都以为事属当然，因而，任凭谁都无能为力。

3 冬季，十二月十日，大赦。

4 闰十二月，镇南大将军、当阳侯（成侯）杜预逝世（年六十三岁）。

5 本年（二八四），塞外匈奴酋长胡太阿厚，率部属二万九千三百人，归降中国。司马炎命迁到塞内西河郡（山西省吕梁市离石区）。

6 撤销宁州（云南省），并入益州（四川省中部），设南夷保安司令（南夷校尉），保护境内蛮夷（设立宁州事，参考二七一年八月）。

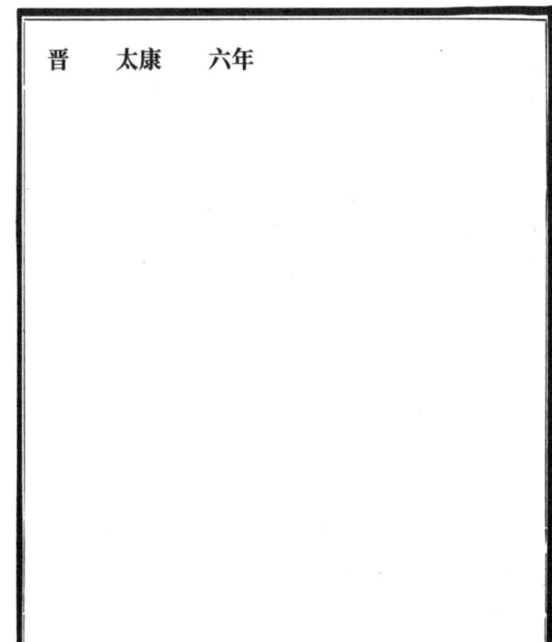

1 春季，正月，晋王朝（首都洛阳〔河南省洛阳市东白马寺东〕）国务院左执行长（尚书左仆射）刘毅退休；不久，逝世。

2 正月九日，任命王浑当国务院左执行长（尚书左仆射）。王浑的儿子王济，这时当高级咨询官（侍中）。王浑主持的事务有一件事处理不当，王济依据法令，加以制裁。王济堂兄王佑，跟王济素不和睦，遂乘机指控王济尖苛无情，连老爹都不能包容，晋帝（一任武帝）司马炎（本年五十岁）遂对王济疏远。后来，又出了差错，王济受到免职处分。王济性情豪爽，生活奢侈，有一天，司马炎对高级咨询官（侍中）和峤说："我想先把王济骂一顿（王济是司马炎的女婿），再给他一个官，怎么样？”和峤说：“王济头脑清楚，恐怕他不肯委屈。”司马炎不理，召见王济，结结实实斥责，最后说：“你惭愧不惭愧？”王济说：“《尺布》《斗粟》的歌谣，常使我替陛下惭愧（指司马炎不能包容亲弟司马攸）。有些人有本领使至亲的人被疏远，我却没有本领使至亲的人被宠信，想起来，对陛下真是惭愧。”司马炎沉默不说话。和峤，是和洽的孙儿（和洽事，参考二〇九年十二月）。

3 青州（山东省北部）、梁州（陕西省南部及四川省东北部）、幽州（河北省北部）、冀州（河北省中部南部）大旱成灾。

4 秋季，八月一日，日蚀。

5 冬季，十二月十七日，镇军大将军、襄阳侯（武侯）王濬逝世（年八十岁）。

6 本年（二八五），鲜卑慕容部落（辽宁省西部）酋长慕容删被他的属下诛杀，部众迎接慕容涉归的儿子慕容廆（音wěi〔伟〕）继位。

慕容涉归跟宇文部落（内蒙古老哈河上游）有仇；慕容廆上书晋王朝政府，请求出兵讨伐宇文部落，晋王朝政府不准。慕容廆大为愤慨，遂攻击辽西郡（河北省卢龙县），杀戮跟俘虏汉人无数。司马炎命幽州（河北省北部）政府军讨伐慕容廆，在肥如（河北省迁安市东北）决战，慕容廆大败，但慕容廆从此每年都侵犯边境，又在东方攻击夫余王国（大兴安岭东东北平原），夫余国王依虑自杀，子弟们撤退到沃沮（朝鲜半岛东北部）。慕容廆把夫余王国首都（吉林省榆树市）全部铲平，俘虏一万余人而回。

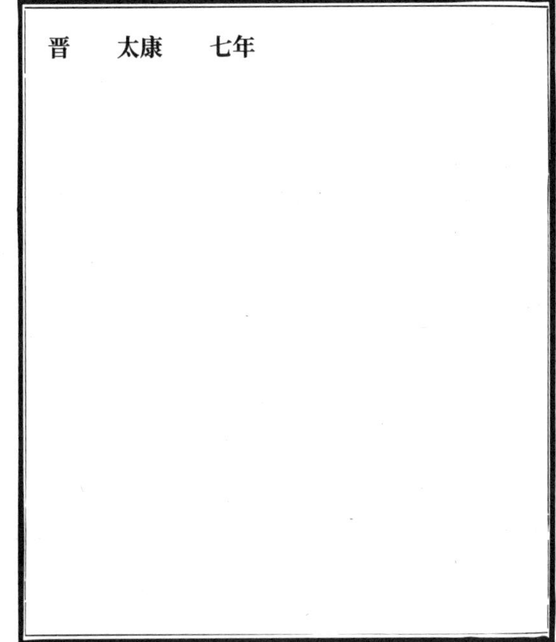

1 春季，正月一日，日蚀。

晋王朝（首都洛阳〔河南省洛阳市东白马寺东〕）宰相（司徒）魏舒声称有病，坚决辞职，批准，以剧阳子爵的身份，回家养病。

魏舒所作所为，一定先实践，然后再宣布。所以离职的那天，没有人知道。卫瓘写信给魏舒说：“常常跟你讨论退休的事，一直没有行动，真是所谓：‘看见它在眼前，却忽然到了后边。’”

2 夏季，鲜卑慕容部落（辽宁省西部）酋长慕容廆（音wěi〔伟〕），攻击辽东郡（辽宁省辽阳市）。故夫余王国（大兴安岭东东北平原）国王依虑的儿子依罗，想率领残存的部众，返回故土，请求中国东夷保安司令（东夷校尉）何龛支援，何龛命大营指挥官（督护）贾沈，率军护送。慕容廆命他的将领孙丁在半途阻截；贾沈奋勇力战，斩孙丁；夫余王国得以复国。

3 秋季，匈奴部落酋长胡都大博、萎莎胡，各率部众十万余人，前往雍州（州政府设长安〔陕西省西安市〕）投降。

4 九月二十九日，扶风王（武王）司马骏（司马懿的儿子）逝世。

5 冬季，十一月四日，任命陇西王司马泰当关中（陕西省中部）军区司令长官（都督关中诸军事）。司马泰，是司马懿老弟司马馗的儿子。

6 本年（二八六），鲜卑拓跋部落（王庭设盛乐〔内蒙古和林格尔县〕）酋长拓跋悉禄逝世，老弟拓跋绰继位。

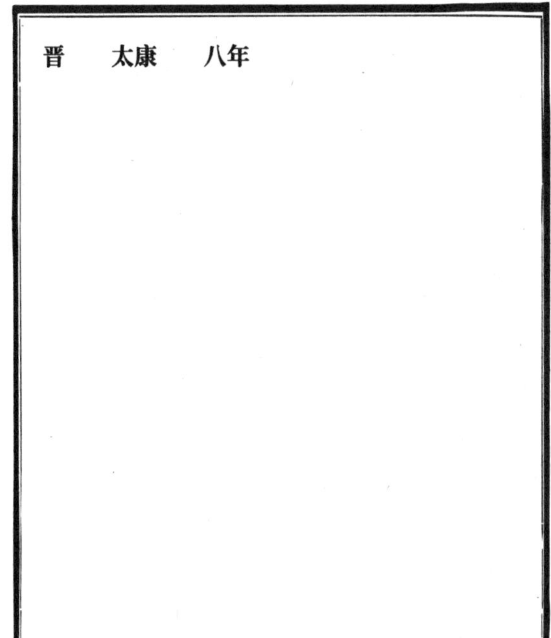

1 春季，正月一日，日蚀。

2 晋王朝首都洛阳（河南省洛阳市东白马寺东）的皇家祭庙地基下陷。

秋季，九月，重新改建，征调工匠六万人。

3 本年（二八七），匈奴司令官（都督）大豆得一育鞠等，率部众一千五百人，归降中国。

二八八年 戊申

晋 太康 九年

1 春季，正月一日，日蚀（胡三省注："一连三年的元旦，都发生日蚀，司马炎不久死亡，晋王朝大乱，上天的警告，至为明显"）。

2 夏季，六月一日，又日蚀。

3 晋王朝（首都洛阳〔河南省洛阳市东白马寺东〕）三十三个郡和封国大旱。

4 秋季，八月十四日，天际群星下坠，势如落雨。

5 地震。

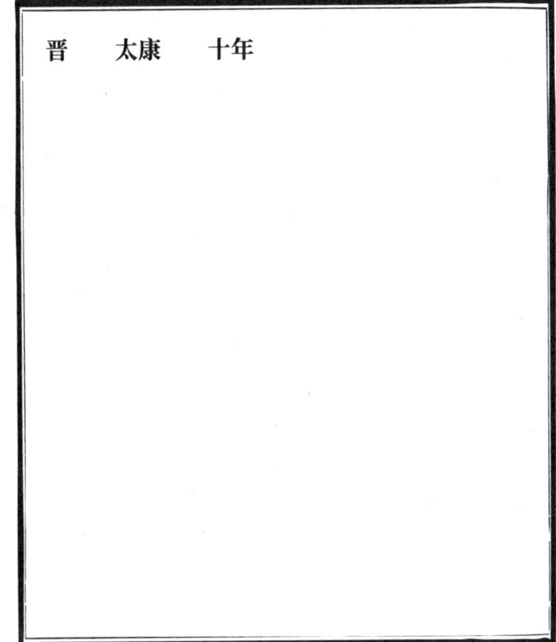

1 夏季，四月，晋王朝（首都洛阳〔河南省洛阳市东白马寺东〕）皇家祭庙整修完成。

四月十一日，全体皇族大祭。大赦。

2 鲜卑慕容部落（辽宁省西部）酋长慕容廆（音wěi〔伟〕），派使节到首都洛阳，请求归降。

五月，晋帝（一任武帝）司马炎（本年五十四岁）下诏，任命慕容廆当鲜卑司令官（鲜卑都督）。慕容廆晋见东夷保安司令（东夷校尉）何龛，依照中国士大夫（高级知识分子以及现任官员或退职士绅）的礼节，头戴冠帽，身穿单衣，走到大门。何龛戒备森严，用军礼接待；慕容廆遂改穿军服进去。有人问他原因，慕容廆说："主人不把我看作士大夫，我就不能不放弃士大夫立场。”何龛听到这话，非常惭愧，对慕容廆有一种奇异感觉，十分敬重。

当时，鲜卑人的另外两支：宇文部落（内蒙古老哈河上游）、段家部落（河北省东北部），势力正强，不断劫掠慕容廆；慕容廆忍气吞声，对他们经常呈献厚重的礼物，言辞十分卑微。段家部落酋长段阶，把女儿嫁给慕容廆，生儿子慕容皝、慕容仁、慕容昭。慕容廆认为辽东郡（辽宁省辽阳市）太荒僻遥远，遂向西迁移到徒河县（辽宁省锦州市）境的青山（辽宁省义县东）。

3 冬季，十月，恢复皇家大会堂（明堂）跟首都洛阳南郊的五帝的祭坛（撤除五帝祭坛事，参考二六六年正月）。

4 十一月丙辰日（十一月壬戌朔，没有丙辰），国务院总理（尚书令）、济北侯（成侯）荀勖逝世。

荀勖有才干，有头脑，精于观察人主的心意。所以，能使人主对他的宠信，坚定不移。在立法院（中书省）的时间很久，专门负责处理皇帝及政府的机要事务。等到调职国务院（尚书省），心情十分怅惘，有人向他道贺，荀勖生气说：“把我从凤凰池赶出来，有什么可以道贺的！”（国务院〔尚书省〕统辖全国民政，属于业务性工作。立法院〔中书省〕职位接近君王，参与决策，权柄至大。凤凰池，也称凤池，说明当时官员对立法院〔中书省〕职位的重视与羡慕。）

5 晋帝司马炎全力追求美女胴体的享受，无止境的性爱，使他患病不起。皇后杨芷的老爹、车骑将军杨骏，厌恶汝南王司马亮，决心把他逐出中央。

十一月二十三日，司马炎下诏任命司马亮当高级咨询官（侍中），兼最高指挥官（大司马），“假黄钺”（皇帝诛杀专用的铜斧），兼总司令官（大都督），兼豫州（河南省东部）军区司令官（督豫州诸军事）；司令部设于许昌（河南省许昌市东）。改封南阳王司马柬当秦王，兼关中（陕西省中部）军区司令长官（都督关中诸军事）。改封始平王司马玮当楚王兼荆州（湖北省及湖南省）军区司令长官（都督荆州诸军事）。改封濮阳王司马允当淮南王兼扬州（安徽省中部及江南地区）军区司令长官（原文是“扬江二州”，后年〔二九一〕七月才设江州；本年还没有江州），一律“假节”（三级权力）。

封皇子司马乂当长沙王、司马颖当成都王、司马晏当吴王、司马炽当豫章王、司马演当代王。封皇孙司马遹（音yù〔遇〕）当广陵王。封淮南王司马允的儿子司马迪当汉王、楚王司马玮的儿子司马仪当毗陵王。改封扶风王司马畅当顺阳王、封司马畅老弟司马歆当新野公；司马畅，是扶风王（武王）司马骏的儿子。又封琅邪王司马觐的老弟司马澹当东武公，另一老弟司马繇当东安公；司马觐，是琅邪王（武王）司马伷的儿子（司马骏、司马伷都是司马懿的儿子）。

6 最初，司马炎把他的小老婆才人（小老婆群第十四级）谢玖，赏赐给太子司马衷，生皇孙司马遹。有一天晚上，皇宫失火，司马炎上楼观察火势。司马遹时年五岁，拉住爷爷的衣襟，拉到黑暗的地方，说：“半夜时分，突然发生事变，应该特别戒备才对，火光那么强，不应该教它照到人主。”司马炎对五岁孙儿的智慧，大为惊奇，曾经对文武官员称赞这位皇孙：很像自己的祖父司马懿。天下人对这位小娃，寄予很大期许。司马炎也知道他那个当太子的儿子司马衷是个蠢材，可是，孙儿司马遹却如此聪明，遂把希望寄托到第三代，所以始终没有改换太子的意思。为了巩固司马衷的地位，采用王佑（参考二八五年正月）的建议，命司马衷同一个娘亲的弟弟司马柬，以及司马玮、司马允，分别镇守军事重地。为了防范皇后娘家杨姓家族的威胁，再任命王佑当中央禁军总监（北军中候），统御首都所有禁卫部队。再用心给皇孙司马遹挑选侍奉官属，认为散骑侍从官（散骑常侍）刘寔清廉高尚，任命他当广陵王（司马遹）师傅（王傅）。

刘寔认为当时风俗败坏，人人钻营奔走，很少立身廉洁，行为谦让，打算教一些刚刚被任命当官、依例前往广陵王府谢恩的人，必须推荐贤能人才，才准许晋见。某一个官职出缺时，就选择被推荐次数最多的人担任。刘寔认为（刘寔著《崇让论》）："人之常情，一旦争夺，对胜过自己的人，一定诋毁；一旦谦让，对胜过自己的人，一定推崇。所以，盛行争夺时，优劣难以分辨；盛行谦让时，贤能容易出头。如果能这样做，大家都谦让的话，修身自爱，推荐他的人也就越多。即令想固守贫贱，也不可得。拼命钻营奔走，却打算要人推荐，犹如往后倒退，却希望前进一样。"（这种谦虚，不是真正的谦让，而是一种夺取的手段，充满功利。）

淮南国（安徽省寿县）郡长（相）刘颂，上书说：

"陛下认为，执法太宽的毛病，已累积得太久，不能一下子使它严格，完全切合实际。然而，矫正世俗，挽救弊端，不应因此停顿，而应逐渐改善。好像船舶在水上行驶，虽不能强行横渡急流，但应该逐渐接近急流，固定目标不变，最后仍会过河。自从六〇年代王朝建立时开始，到今天将近三十年（二六五至二八九，共二十五年），所建立的事业，并不高过从前。以陛下的圣明，还不能革除衰世的弊端，完成开创时的兴隆功勋，使传到后世，岂不可虑？万一到了某一天发生变化，天下不安，追本溯源，责任恐怕仍在陛下身上。

“我曾经听说，为皇家的长久之计，莫过于实行封建，把贤能的亲王分封各地。但也要考察时局形势，使封国国君在采取军事行动时，有足够的力量保护京师（首都洛阳）。可是，同时也要注意到，一旦亲王生出野心，有不轨的行动时，他的武装力量，不能单独完成篡夺。一方面要他强，一方面又要他弱，这是一个两难之局。陛下应该和通古晓今的饱学之士，研究一个可行之法。周王朝封国国君，犯法有罪时，只诛杀国君一人，封国并不撤销（前九一三年，周王朝七任王〔懿王〕姬坚，烹杀齐国五任国君〔哀公〕姜不辰；但仍命姜不辰的老弟姜静继位。前七九六年，周王朝十一任王〔宣王〕姬靖，击斩鲁国十一任国君姬伯御；但仍命姬伯御的叔父姬称继位）。两汉王朝封国国君，一旦犯罪，或没有儿子（嫡子），封国即行废除。而今，应该改正两汉王朝的流弊，恢复周王朝的古制，则在下位的人稳固，在上位的人自然平安。

“天下至大，事务至繁，君王只占一群中的少数，但光芒却如同太阳。所以，圣明君王推广教育文化，主要的只作出指导原则，而应把执行的责任，交给部属。并不是君王不肯辛劳、爱好安逸，而因为这是正常的政治制度。开始推动一项工作时，工作人员的能力如何，很难判断。但等到工作结束，成败分明，就很容易辨别。而今，陛下对每件事情，开始时都十分细心，终结时却不去考核效果，这是使功业不能尽善尽美的主要原因。身为人主，如果真的能够心平气和，掌握重要关键，在成功之后奖赏，在失败之后论罪，文武百官便无法逃避责任。

“上古时候，中央政府设立六位部长，分别处理不同的职务，而以宰相（冢宰）作为首脑（《周礼》：‘天官’宰相〔冢宰〕、‘地官’内政部长〔司徒〕、‘春官’皇族事务部长〔宗伯〕、‘夏官’国防部长〔司马〕、‘秋官’警察部长〔司寇〕、‘冬官’工程部长〔司空〕）。秦王朝及两汉王朝以来，部长增加为九位（九卿），而由丞相领导。到了今天，推演变化，成了国务院（尚书）掌握大权，各部长奉国务院之命行事，比起古代制度，国务院（尚书）的权力太重。我建议应把有关事项，直接交付各部，使各部得以独立行使职权。只由国务院（尚书）总揽大局，代替丞相的地位，在年终时，考核各单位工作，根据考核成绩，分别赏罚，这已经够了。现在的情形是：国务院一举一动，都承受陛下的命令。陛下所作决定如果有什么缺失，就不能责备部属；以致年年都没有建树，却不知道应由谁负责。

“细微的过失和细微的错误，谁都不能避免，如果全都用法律制裁，则无论政府和民间，就没有一个人可以立足。可是，近世以来，负责司法或监察的单位和官员，对大的犯罪，没有人说话，对小的过失错误，却一一检举。主要的原因是，他们既畏惧权势豪门，而又畏惧被指控不负责任，只好张开网罗，搜索一些低阶层官员的轻微瑕疵。于是，弹劾的奏章，一个接连一个，不断呈递。一副大公无私、恪守法纪的模样，用来掩护破坏法律的实质。所以，圣明君王如果不喜爱琐碎细密的案件，斥责这些狡猾险恶的行为，则伤害政府的奸邪，自然销声匿迹。

“创立王朝这样伟大的勋业，在于文化的建设和法制的厘定，使影响力永远维系人心，扶助幼小老弱。后世依靠它，即令君王昏庸，政治仍会清明；即令君王愚蠢，措施仍会明智，这才是追求的目标。至于修建官府房舍，以及其他劳役，对国家已经造成太大损失；何必忧虑不能完成？事实上，不需要陛下做，后世会自己做。而今，倾全力去做伤害国家的土木建设，我认为已经过分。”

司马炎不理。

7 司马炎下诏，任命刘渊当匈奴北部司令官（刘渊原任左部统帅〔左部帅〕。参考二七九年正月。本年〔二八九〕，改称司令官〔都尉〕）。刘渊慷慨好义，毫不吝啬，诚心诚意，与人结交。匈奴五部英雄豪杰，以及幽州（河北省北部）、冀州（河北省中部南部）的知识分子，大都前往投靠。

8 奚轲部落十万人，投降中国（奚轲部落属于何族？在什么地方？没有说明）。